新選明文東洋古典大系

新完譯

世說新語(中)

劉義慶 撰
安吉煥 譯

明文堂

▶ 희평석경(熹平石經) 《시경(詩經)》 대아(大雅)의 일부

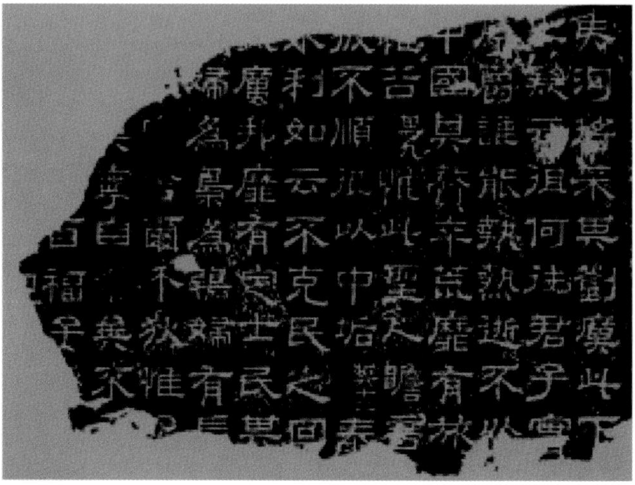

◀ 백옥(白玉)으로 만든 벽(璧) 벽(璧)은 중앙에 원형의 구멍을 뚫은 원판 모양의 옥기(玉器)를 가리킨다. 전국(戰國)시대 후기

▼ 제(齊) 환공(桓公) 관중(管仲)을 등용하여 부국강병을 이루었다.

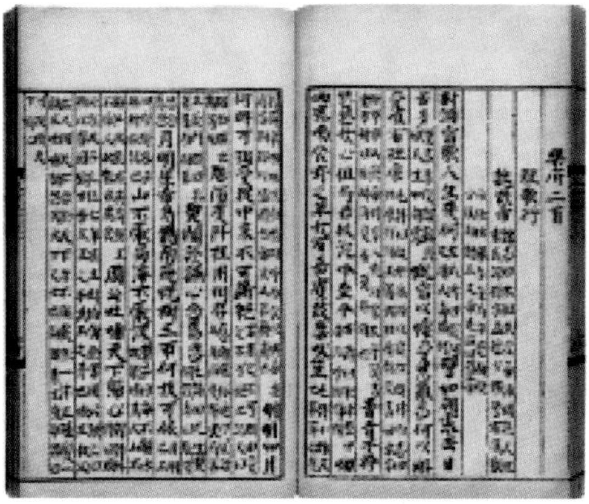

▲ 조조상(曹操像, 왼쪽)과 조조가 지은 단가행(短歌行, 오른쪽)

▲ 제갈량(諸葛亮: 諸葛孔明) 제갈량은 유비(劉備)의 삼고초려(三顧草廬) 끝에 초빙되었고, 촉(蜀)나라를 세우는 데 큰 공을 세웠다.

▼ 형벌도(刑罰圖) 한묘(漢墓) 화상석(畫像石)

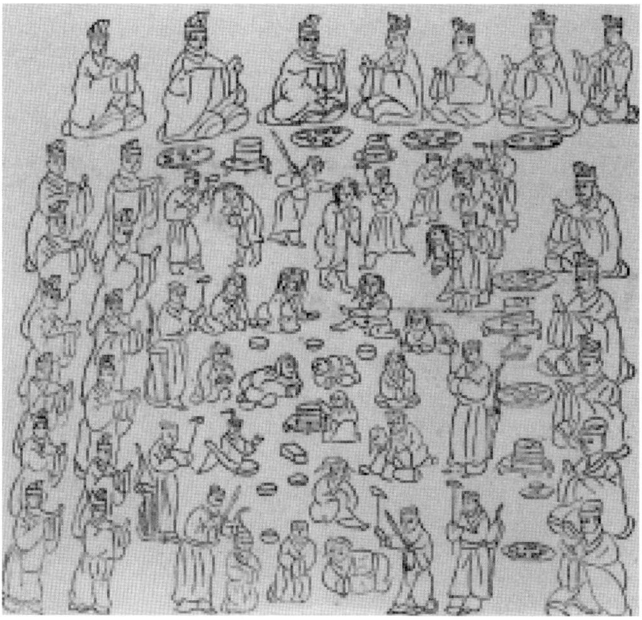

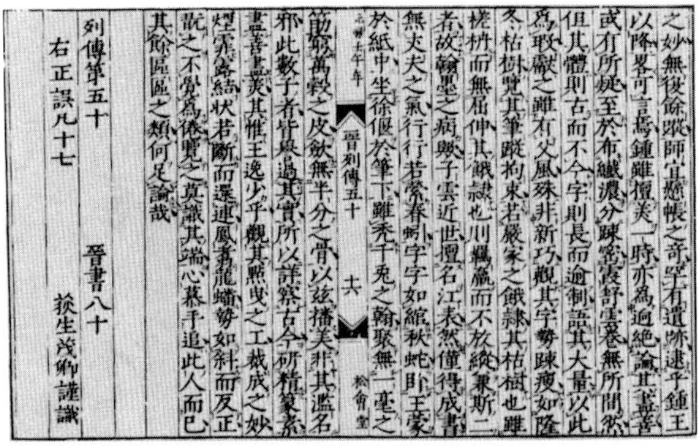

之妙無復餘蹤師宜懸帳之奇罕有遺跡逮乎鍾王
以降畧可言焉鍾雖擅美一時亦爲迥絶論其盡善
或有所疑至於布纖濃分疎密霞舒雲卷無所間然
但其體則古而不今字則長而逾制語其大量以此
爲瑕獻之雖有父風殊非新巧觀其字勢疎瘦如隆
冬枯樹覽其筆蹤拘束若嚴家之餓隷其枯樹也雖
槎枿而無屈伸其餓隷也則羈羸而不放縱兼斯二
者故翰墨之病歟子雲近世擅名江表然僅得成書
無丈夫之氣行行若縈春蚓字字如綰秋蛇臥王濛
於紙中坐徐偃於筆下雖禿千兔之翰聚無一毫之

晉列傳五十　十六

筋窮萬穀之皮斂無半分之骨以兹播美非其濫名
邪此數子者皆擧過其實所以詳察古今研精篆素
盡善盡美其惟王逸少乎觀其點曳之工裁成之妙
煙霏露結狀若斷而還連鳳翥龍蟠勢如斜而反正
翫之不覺爲倦覽之莫識其端心慕手追此人而已
其餘區區之類何足論哉

列傳第五十　晉書八十

右正誤凡十七　荻生茂卿謹識

◀《진서(晉書)》 왕희지 전(王羲之傳) 논찬(論贊)

▶ 한대(漢代)의 학교 한묘(漢墓) 화상석(畫像石)

▼ 난정(蘭亭) 회계(會稽)에 있는 난정에서 명사들이 모여 시를 지었는데 왕희지(王羲之)의 <난정집서(蘭亭集序)>가 유명하다.

머리말

이 《세설신어》가 배경으로 하고 있는 위진시대(魏晋時代 : 220~420년) 2백 년 간은 당시의 사대부(士大夫) 지식인들에게 있어 굉장한 수난(受難)의 시대였다. 내부로는 제위(帝位) 찬탈의 투쟁이 이어졌고 외부로는 북방 이민족의 침입이 창궐하여 부득이 강남(江南) 땅으로 민족 대이동을 해야 하는 등, 그 혼란상은 춘추전국시대(春秋戰國時代)의 동란에 못지않았던 것이다.

권력을 수중에 넣은 새 지배자는 여론을 형성해 나가는 데 영향을 끼치는 지식인층을 자기 진영으로 끌어모으기 위해 갖가지 수단을 동원했다. 동시에 이런 움직임에 반항하고자 하는 지식인들의 일거수일투족에도 눈길을 곤두세우고 있었다.

한편 지식인들도 이런 갖가지 억압에서 벗어나 굳세게 살아갔다. 때로는 반항하는 직접적 행동으로 나오고, 때로는 예법을 무시하고 기묘한 행동을 했다. 죽림칠현(竹林七賢)으로 대표되는 탈속적(脫俗的) 행위는 유동하는 상황 속에서 견디어내기 위한 '연기(演技)'에 지나지 않았다. 물론 그 형식이야 다르지만 권력자들도 '연기'를 몸에 익히어 지배권을 확립하고자 하였다.

《세설신어》는 이처럼 혼미한 시대에 생존을 걸고 여러 가지 '연기'를 연출하고 갖가지 개성을 발휘한 대표적 인물의 일화를 집대성한 것이며, 이른바 위진(魏晋)의 풍격(風格)이 어떠했던 것인지를 구체적·사실적으로 전해주고 있다.

여기에 모은 일화들은 그 모두가 반드시 사실이 아니라고는 하지만 상당히 많은 사실들을 전해주고 있으며 사료적(史料的) 가치로서뿐만 아니라 문학작품으로서도 뛰어난 완성도를 보여주고 있다. 또한 이해하기 쉬운 단문(短文) 형식으로서 뉘앙스가 풍부한 여러 가지 일화가 실려 있어서 씹으면 씹을수록 맛이 있는 표현들이다.

그뿐 아니라 여기에 그려져 있는 인간상(人間像)은 복잡하고 굴절된 성격과 심리를 갖추고 있어서 우리 현대인들에게도 단순한 흥미 이상의 생생한 교훈을 주고 있다. 그러기에 후대 중국인 사대부들의 인격 형성에도 어떤 종류의 영향을 주었다는 말도 결코 헛된 말이 아니다.

이 《세설신어》는 남조(南朝)인 송(宋)나라 유의경(劉義慶)이 편집하고, 역시 남조인 양(梁)나라 유효표(劉孝標)가 내용을 보충하는 한편 주를 단 것이 오늘날 전해온다. 옛날에는 《세설(世說)》 또는 《세설신서(世說新書)》라고 했었다. 〈덕행(德行)〉 〈언어(言語)〉 〈정사(政事)〉 등 모두 36편으로 되어 있는 이 《세설신어》는 '등용문(登龍門)' '군계일학(群鷄一鶴)' 등 명언들의 출전이기도 하다.

끝으로 이 졸역(拙譯)을 허물치 않고 상재(上梓)해 주신 명문당(明文堂) 김동구(金東求) 사장님과 관계직원 여러분께 심심한 감사의 뜻을 전한다.

2004년 1월
편역자 씀

일러두기

1. 송본(宋本)·원본(袁本) 등 두 가지를 대조해보아도 의미가 통하지 않는 곳은 원문은 그대로 두되 정사(正史)와 《태평어람(太平御覽)》, 기타 서적을 참고하여 번역문의 뜻이 통하게 하였고, 그 요지를 끝에 적었다.

2. 유주(劉注)는 활자 급수를 작게 하여 따로 실었다. 원래 이 유주는 본문 사이에 끼워져 있는 것인데 편의상 뒤로 미루고 원래 있던 곳에 (1) (2) (3) …… 등의 어깨번호를 넣어서 구별하였다.

3. 주해(註解)는 본디 유주(劉注)에 있는 것도 있는데, 가급적 간략하게 적었다.

4. 번역문은 현대인들이 이해하기 쉽도록 의역한 곳도 있다.

5. 이 책은 원서(原書)에 따라 상·중·하권으로 나누었다.

세설신어世說新語 중中

차 례

방 정
方 正
………
제5

1. 진태구(陳太丘 : 陳寔)는 친구와 약속하기를 (함께) 출타하기로 하였다. 정오(正午)에 (나가기로) 약속했는데 정오가 지나도 오지 않았다. 진태구는 그냥 나갔다. (그가) 나간 다음 친구가 찾아왔다. 원방(元方 : 陳紀)은 그 당시 일곱살이었는데 문밖에서 놀고 있었다.(1) 손님이 원방에게 "아버지는 계시느냐?"라고 묻자 원방이 대답했다. "오랫동안 기다리셨는데 오시지 않자 그냥 나가셨습니다." 그 말을 들은 친구는 노하며 말했다. "사람도 아니군. 남과 함께 가기로 약속을 했으면서 먼저 나가다니!" 원방이 말했다. "당신께서는 아버지와 정오에 만나기로 약속하셨습니다. 정오가 되도록 오시지 않은 것은 신의(信義)가 없음입니다. 또 자식 앞에서 아버지를 헐뜯는 것은 무례이고요." 친구는 부끄러워하며 수레에서 내려 부르려고 했으나 원방은 뒤도 안 돌아보고 문안으로 들어갔다.

원문| 陳太丘與友期行. 期日中, 過中不至. 太丘舍去. 去後乃至. 元方時年七歲, 門外戲.(1) 客問元方, 尊君在不. 答曰, 待君久, 不至已去. 友人便怒曰, 非人哉. 與人期行, 相委而去.

元方曰, 君與家君期日中. 日中不至, 則是無信. 對子罵父, 則是無禮. 友人慙, 下車引之. 元方入門不顧.

(1) 진식(陳寔)과 진기(陳紀)는 모두 앞에서 나왔다.
陳寔及紀, 並已見.

주해 ㅇ方正(방정)－행동이 올바른 것을 가리킨다. 이 편은 행동이 엄격하며 자기 자신을 굽히지 않은 사람들의 이야기를 모아놓고 있다. ㅇ已見(이견)－〈덕행편(德行篇)〉 6.

2. 남양(南陽 : 하남성)의 종세림(宗世林 : 宗承)은 위(魏) 무제(武帝 : 曹操)와 같은 시대의 사람이었는데 조조의 사람 됨됨이를 매우 경멸하여 그와 사귀지 아니했다. 조조가 사공(司空)이 되고 국정을 이어받게 되자 조용히 종세림을 찾아갔다. "이제는 교제할 수 있겠소이까?" 그러자 종세림은 대답했다. "송백(松柏)의 뜻은 지금도 가지고 있습니다." 종세림은 조조의 뜻을 거역했으므로 소외당했고 그 인덕에 어울리는 지위가 주어지지 아니했다. 그러나 문제(文帝 : 曹丕) 형제는 종세림의 집을 찾을 때마다 모두 그의 의자 앞에서 독배(獨拜)하곤 했다. 그가 존경받았던 것이 이와 같았다.(1)

원문 南陽宗世林, 魏武同時. 而甚薄其爲人, 不與之交. 及魏武作司空, 總朝政, 從容問宗曰, 可以交未. 答曰, 松柏之志猶存. 世林旣以忤旨見疏, 位不配德. 文帝兄弟每造其門, 皆獨拜牀下. 其見禮如此.(1)

(1) 《초국선현전(楚國先賢傳)》에 이런 이야기가 있다. '종승(宗承)의 자는 세림(世林)이고 남양(南陽) 안중(安衆) 사람이며, 아버지 종

자(宗資)는 명성이 높은 사람이었다. 종승은 젊었을 때부터 수덕(修德)하여 행동이 올바르고 속인(俗人)과 의연히 교제를 하지 않았다. 조정에서 불러도 응하지 않았는데 그의 덕망을 듣고 찾아오는 사람이 굉장히 많았다. 위(魏)나라 무제(武帝 : 曹操)가 젊었을 때 이따금 그의 집을 찾았었는데 빈객들이 너무 많아서 이야기를 나눌 수도 없었다. 그래서 종승이 자리에서 일어나기를 기다렸다가 다가가서 손을 잡고 교제하기를 청했지만 종승은 받아들이지 아니했다. 조조는 그후 사공(司空)이 되었으며 한조(漢朝)를 보좌하기에 이르자 종승에게 말했다. "그대는 지난날 나를 상대해주지 않았지만 이제는 교제할 수 있지 않겠소?" 종승은 말했다. "송백(松柏)의 뜻은 지금도 지니고 있습니다." 조조는 기분이 상했으나 종승이 명사였으므로 역시 그를 존경하며 대우했다. 그의 아들 문제(文帝 : 曹丕)에게 명하여 자제(子弟)의 예로 그의 집을 찾아가서 한중태수(漢中太守)를 배명(拜命)케 하였다. 조조가 기주(冀州)를 평정했을 때 그가 따라와 업(鄴) 땅에 이르자 진군(陳群) 등이 모두 그에게 배례(拜禮)했다. 그러나 조조는 여전히 옛날의 감정을 잊지 아니한 채 종승의 지위를 낮게 하면서도 예의는 후하게 차렸다. 그의 집을 찾아가서 국정(國政)에 대하여 물었고 빈객의 상석에 앉혔다. 문제는 그를 초빙하여 직간대부(直諫大夫)로 삼았다. 명제(明帝 : 曹叡)가 불러 승상으로 삼고자 했으나 나이가 많다면서 극구 사양했다.'

楚國先賢傳曰, 宗承字世林, 南陽安衆人. 父資, 有美譽. 承少而脩德雅正, 確然不羣, 徵聘不就, 聞德而至者如林. 魏武弱冠, 屢造其門, 値賓客猥積, 不能得言. 乃伺承起, 往要之, 捉手請交, 承拒而不納. 帝後爲司空, 輔漢朝, 乃謂承曰, 卿昔不顧吾, 今可爲交未. 承曰, 松柏之志猶存. 帝不說, 以其名賢, 猶敬禮之. 敕文帝脩子弟禮, 就家拜漢中太守. 武帝平冀州, 從至鄴, 陳羣等皆爲之拜. 帝猶以舊情介意, 薄其位而優其禮, 就

家訪以朝政, 居賓客之右. 文帝徵爲直諫大夫. 明帝欲引以爲相, 以老固辭.

주해| ㅇ魏武(위무)-《어람(御覽)》 권410 및 《태평광기(太平廣記)》 권235에서 인용한 《세설신어》에는 '여위무(與魏武)'로 되어 있다.

ㅇ松柏之志(송백지지)-송백이 사시(四時)에 그 빛깔을 바꾸지 않는다는 데서 견고하고 변치 않는 사람의 뜻. 《논어(論語)》 〈자한편(子罕篇)〉에 '공자가 말했다. "겨울의 날씨가 추운 다음에 비로소 소나무나 잣나무가 늦게 시드는 것을 알 수 있다(歲寒然後 知松柏之後彫也)."'라고 있다.

ㅇ獨拜(독배)-상대하여 평등하게 예(禮)를 하는 것이 아니라 이쪽에서만 배례를 하는 것.

ㅇ平冀(평기)-기주(冀州)를 평정하다. 건안(建安) 8년(203년), 원소(袁紹)의 아들 원상(袁尙)을 토벌한 것(《三國志》 〈武帝紀〉).

3. 위(魏) 문제(文帝 : 曹丕)가 (천자의 자리를) 선양받았을 때, 진군(陳羣)은 근심스런 표정이었다. 문제가 물었다. "짐(朕)은 천명(天命)을 받아 제위에 오른 것이오. 그대는 어찌하여 언짢은 표정을 짓고 있는 게요?" 진군이 대답했다. "신(臣)과 화흠(華歆)은 선조(先朝)를 가슴에 새기어, 잊지 못하고 있는지라 비록 지금 성덕(聖德)의 교화를 기뻐하고 있으나 여전히 (先朝에 대한) 절의(節義)가 안색에 나타나는 것입니다."(1)

원문| 魏文帝受禪, 陳羣有慼容. 帝問曰, 朕應天受命. 卿何以不樂. 羣曰, 臣與華歆服膺先朝. 今雖欣聖化, 猶義形於色.(1)

(1) 화교(華嶠)의 《보서(譜叙)》에 이런 이야기가 있다. '위(魏)나라가 선양을 받았을 때 조신(朝臣) 삼공(三公) 이하 모두가 작위(爵位)를 받았는데 화흠(華歆)은 시세에 거역하는 태도를 취했다 하여

사공으로 옮겨졌고 작위도 승진되지 아니했다. 문제(文帝)는 오래도록 그 일을 불유쾌하게 생각하다가 상서령(尙書令)인 진군(陳羣)에게 물었다. "짐(朕)은 천명을 받은 것이기에 백관들 모두 기뻐하지 않는 사람이 없소이다. 상국(相國 : 화흠)과 그대만은 기뻐하지 않는데, 대체 무슨 까닭이오?" 진군이 일어나 자리를 벗어나더니 무릎을 꿇고 말했다. "신(臣)과 상국은 지난날 한조(漢朝)를 섬겼었습니다. 이제 폐하의 천하가 된 것을 마음속으로는 기뻐하고 있습니다만 선조(先朝)에 대한 절의(節義)의 마음이 안색에 나타나는 것입지요. 폐하께 미움을 살까 두렵습니다." 문제는 크게 기뻐하는 한편 탄식했고 그를 특히 중시하게 되었다.'

華嶠譜敍曰, 魏受禪, 朝臣三公以下, 並受爵位, 華歆以形色忤時, 徙爲司空, 不進爵. 文帝久不懌, 以問尚書令陳羣曰, 我應天受命, 百辟莫不悦喜, 形於聲色. 而相國及公, 獨有不怡者, 何邪. 羣起, 離席長跪曰, 臣與相國, 曾事漢朝, 心雖悦喜, 義形於色. 亦懼陛下實應見憎. 帝大悦, 歎息良久, 遂重異之.

주해 ㅇ服膺(복응)－마음에 걸리어 잊지 못하는 것.
ㅇ長跪(장궤)－바닥에 양 무릎을 대고 꿇어앉되 허리와 허벅다리를 곧추 세우는 자세.

4. 곽회(郭淮)는 관중도독(關中都督)이 되자 민심을 많이 얻었고 여러 차례 전공(戰功)도 세웠다.(1) 곽회의 아내는 태위(太尉) 왕릉(王凌)의 여동생이었는데 왕릉의 사건에 연좌되어 함께 처형당하게 될 처지였다.(2) 사자(使者)가 압송하겠다는 재촉이 심하자 곽회는 아내에게 길 떠날 준비를 시키는 한편 날짜를 잡아 출발시키려고 했다.

주(州) 관소(官所)의 문무제관(文武諸官)과 백성들은 곽회에게 거병(擧兵)할 것을 권유했지만 곽회는 받아들이지 아니했다. 약속한 당일이 되자 아내를 보냈는데 뒤따라가면서 울부짖는 백성들이 수만 명이나 되었다. 수십 리를 갔을 때다. 곽회는 그제서야 좌우에 명하여 부인을 따라가서 데려오라고 하였다. 그러자 문무제관들은 서둘러 달려갔는데 마치 자신에게 위급한 일이 닥친 것 같았다. 이윽고 돌아오자 곽회는 선제(宣帝 : 司馬懿)에게 편지를 썼다. '저에게는 다섯 아들이 있는데 모두 슬픔에 잠기어 어미를 생각하고 있습니다. 어미가 죽게 되면 다섯 아들 모두가 죽겠지요. 다섯 아들 모두가 죽게 되면 저도 살아 있을 수 없습니다.' 그래서 사마의는 (조정에) 상주하여 곽회의 아내를 특별히 용서해 주게 하였다.(3)

원문| **郭淮作關中都督, 甚得民情, 亦屢有戰庸.(1) 淮妻, 太尉王凌之妹, 坐凌事當幷誅.(2) 使者徵攝甚急. 淮使戒裝, 克日當發. 州府文武及百姓勸淮擧兵, 淮不許. 至期遣妻. 百姓號泣追呼者數萬人. 行數十里, 淮乃命左右追夫人還. 於是文武奔馳, 如徇身首之急. 旣至, 淮與宣帝書曰, 五子哀戀, 思念其母. 其母旣亡, 則無五子. 五子若殞, 亦復無淮. 宣帝乃表, 特原淮妻.(3)**

(1) 《위지(魏志)》에 이런 이야기가 있다. '곽회(郭淮)의 자는 백제(伯濟)이며 태원(太原) 양곡(陽曲) 사람이다. 건안연간(建安年間)에 평원부승(平原府丞)에 임명되었다. 황초(黃初) 원년(220년), 문제(文帝 : 曹丕)의 즉위를 축하하는 사절을 보냈는데 (자신은 도중에) 지체되어 제때에 도착하지 못했다. 군신들의 축하 모임에서 황제가 정색하며 그를 질책하였다. "옛날 우(禹)임금이 제후들을 도산(塗山)에 모이도록 했을 때 방풍씨(防風氏)가 늦게 왔기 때문에 사형에 처하고 시체를 달아맸었소. 지금 온 천하가 함께 경축하는 마당에 그대는 제일 늦게 도착했으니 어찌된 일이오?" 곽회가 대답했다. "옛날 오제(五帝)는 먼저 백성들을 우선적으로 교

화하고 덕으로 인도했습니다. 하(夏)나라 때에 정치가 쇠하여 처음으로 형벌을 사용했다고 합니다. 지금 신(臣)은 당(唐 : 堯)·우(虞 : 舜)와 같은 시대를 만났으니 방풍씨와 같은 처형은 면할 수 있을 줄 압니다." 문제는 기뻐하며 그를 옹주자사(雍州刺史)로 발탁하고 정서장군(征西將軍)으로 승진시켰다. 곽회는 관중(關中)에서 30여년을 지내는 동안 공적이 두드러져 의동삼사(儀同三司)로 승진하였다. 대장군(大將軍)이 추증되었다.'

魏志曰, 淮字伯濟, 太原陽曲人. 建安中, 除平原府丞. 黃初元年, 奉使賀文帝踐祚, 而稽留不及, 羣臣歡會, 帝正色責之曰, 昔禹會諸侯於塗山, 防風氏後至, 便行大戮. 今溥天同慶, 而卿最留遲, 何也. 淮曰, 臣聞五帝先教, 導民以德, 夏后政衰, 始用刑辟. 今臣遭唐, 虞之世, 是以知免防風氏之誅. 帝悅之. 擢爲雍州刺史, 遷征西將軍. 淮在關中三十餘年, 功績顯著, 遷儀同三司. 贈大將軍.

(2) 《위략(魏略)》에는 이런 이야기가 있다. '왕릉(王凌)의 자는 언운(彥雲)이며 태원(太原) 기(祁) 땅 사람이다. 사공(司空)·태위(太尉)·정동장군(征東將軍)을 역임했다. 은밀히 초왕(楚王) 조표(曹彪)를 옹립하고자 했으므로 사마선왕(司馬宣王 : 司馬懿)이 스스로 토벌하러 나갔다. 왕릉은 자신의 몸을 묶고 죄를 인정했으며, 멀리서 태부(太傅 : 司馬懿)에게 말했다. "당신께서 편지 한 쪽만 보내셔도 제가 어찌 안갈 수 있겠습니까?" 태부는 대답했다. "그대는 편지를 받고도 오지 않을 사람이기 때문이야!" 그리고 그를 서쪽[洛陽]으로 호송케 했다. 왕릉은 자기 죄가 무겁다는 것을 알았고, 그 때문에 관(棺)에 박을 못을 요청함으로써 태부의 의중을 떠보았는데 태부는 그것을 주었다. 왕릉은 항성(項城)에까지 오자, 밤중에 속관을 불러놓고 결별의 말을 했다. "향년 80, 여기서 죽는 것도 천명(天命)이리라." 그리고 마침내 자살했다.'

魏略曰, 凌字彦雲, 太原祁人. 歷司空, 太尉, 征東將軍. 密欲立楚王彪, 司馬宣王自討之. 凌自縛歸罪, 遙謂太傅曰, 卿直以折簡召我, 我當不至邪. 太傅曰, 以卿非肯逐折簡者也. 遂使人送至西. 凌自知罪重, 試索棺釘, 以觀太傅意. 太傅給之. 凌行至項城, 夜呼掾屬與決曰, 行年八十, 身命俱滅. 命邪. 遂自殺.

(3) 《세어(世語)》에 이런 이야기가 있다. '곽회(郭淮)의 아내는 죄에 연좌되기에 이르렀고 시어사(侍御史)가 붙잡으러 왔다. 그러자 독장(督將 : 부대장) 및 강족(羌族)과 호족(胡族)의 우두머리 수천 명이 머리를 조아리며 곽회에게 부인을 놓아달라는 상주문을 올리라고 청했다. 그러나 곽회는 따르지 아니했다. 부인이 압송길에 오르자 눈물을 흘리지 않는 자가 없었으며 모두가 주먹을 불끈 쥐고 분노하면서 길을 막으려고 하였다. 곽회의 아들 다섯 명은 머리를 찧어 피를 흘리면서 곽회에게 청했다. 곽회는 차마 이를 볼 수가 없어서 마침내 뒤쫓으라고 명했다. 이에 수천 명의 기병(騎兵)이 추격했고 (아내를) 데려왔다. 곽회는 편지를 써서 사마의에게 호소했다. "다섯 아들이 어미를 불쌍히 여기어 자신들의 목숨도 아끼지 아니하니, 만약 그 어미가 죽는다면 다섯 아들은 살 수 없을 것이고, 다섯 아들이 죽는다면 저 또한 살 수가 없을 것입니다. 이제 급히 뒤쫓아가서 다시 데려온 것은 진실로 국법에 어긋나는 일이오니 법에 따라 죄를 받음이 마땅합니다." 편지가 도착하자 사마의는 상주(上奏)하여 용서해 주기로 하였다.'

世語曰, 淮妻當從坐, 侍御史往收. 督將及羌, 胡渠帥千人叩頭, 請淮上表留妻, 淮不從. 妻上道, 莫不流涕, 人人扼腕, 欲劫留之. 淮五子叩頭流血請淮. 淮不忍視, 乃命追之. 於是數千騎往追還. 淮以書白司馬宣王曰, 五子哀母, 不惜其身. 若無其母, 是無五子. 五子若亡, 亦無淮也. 今輒追還, 若於法未通, 當受罪於主者. 書至, 宣王乃表原之.

주해 ㅇ淩事(능사)－가평(嘉平) 원년(元年 : 249년), 왕릉(王淩)이 생질인 영호우(令狐愚)와 공모하여 당시의 천자인 제왕(齊王) 방(芳)을 폐위시키고 초왕(楚王) 표(彪 : 曹操의 아들)를 옹립하려고 했던 사건(《三國志》 권28 〈王淩傳〉).

ㅇ魏志(위지)－《삼국지(三國志)》 권26 〈곽회전(郭淮傳)〉.

ㅇ平原府丞(평원부승)－평원내사(平原內史)의 최고위 보좌관.

ㅇ稽留不及(계류불급)－《삼국지》 〈곽회전〉에 의하면 도중, 질병에 걸렸기 때문이라고 한다.

ㅇ防風氏(방풍씨)－하(夏)나라 시대 제후(諸侯)의 이름(《國語》 권5 〈魯語〉 下).

ㅇ三十餘年(삼십여년)－송본(宋本)에는 '20여년'으로 되어 있다.

ㅇ征東將軍(정동장군)－사정장군(四征將軍)의 하나.

ㅇ折簡(절간)－짧은 편지. 약식(略式)으로 부를 때에 사용한다.

ㅇ送至西(송지서)－여기서 서(西)란 도읍 낙양(洛陽)을 가리킨다.

5. 제갈량(諸葛亮)이 위수(渭水) 가에 진을 치자 관중(關中)은 큰 소동이 일어났다.(1) 위(魏) 명제(明帝 : 曹叡)는 진(晋) 선제(宣帝 : 司馬懿)가 진지에서 나아가 싸울 것을 크게 걱정하여 신비(辛毗)를 보내어 군단의 사마(司馬)로 삼았다.(2) 사마의는 제갈량과 위수를 끼고 대진했는데 제갈량은 온갖 방법으로 도전했다. 사마의는 크게 분노하여 응전코자 했다. 제갈량이 첩자를 보내어 적군의 동정을 살피도록 하였는데 돌아온 첩자는 이렇게 보고했다. "한 노인이 황월(黃鉞)을 들고 의연하게 군문(軍門)에 서있기 때문에 적군은 출동할 수가 없습니다." 그러자 제갈량은 말했다. "그 사람은 틀림없이 신좌치(辛佐治)이다."(3)

원문 諸葛亮之次渭濱, 關中震動.(1) 魏明帝深懼晉宣王戰, 乃遣辛毗爲軍司馬.(2) 宣王旣與亮對渭而陳, 亮設誘譎萬方. 宣

王果大忿, 將欲應之以重兵. 亮遣閒諜覘之. 還曰, 有一老夫, 毅然仗黃鉞, 當軍門立. 軍不得出. 亮曰, 此必辛佐治也.(3)

(1) 《촉지(蜀志)》에 이런 이야기가 있다. '제갈량의 자는 공명(孔明)이며 낭야(琅邪) 양도(陽都) 사람이다. 형주(荊州)에 우거(寓居)하면서 손수 논밭을 갈고 있었는데 즐겨 〈양보음(梁甫吟)〉을 읊었다. 신장이 8척이었는데 언제나 자기 자신을 관중(管仲)·악의(樂毅)에 비유하곤 하였다. 그러나 당시 사람들은 아무도 그것을 인정해 주지 아니했다. 다만 박릉(博陵)의 최주평(崔州平)과 영천(潁川)의 서원직(徐元直 : 徐庶)만은 사실이 그러하다고 말했다. 촉(蜀)나라 선주(先主 : 劉備)가 신야(新野)에 주둔하고 있을 때다. 서서가 선주와 만나서 이야기했다. "제갈공명은 와룡(臥龍)입니다. 장군께서는 한번 만나보실 생각이 없으십니까?" 선주가 "그대가 가서 데려올 수 없겠소?"라고 말하자 서서는 "그 사람은 이쪽에서 찾아가 만날 수는 있지만 억지로 데려올 수는 없습니다."라고 대답했다. 그래서 선주는 스스로 제갈량을 찾아갔다. 선주는 관우(關羽)·장비(張飛)에게 "나에게 제갈공명이 있다는 것은 마치 물고기가 물을 얻은 것과 같소."라고 말했다. 승상(丞相)·익주목(益州牧)으로 누천(累遷)되었다. 군단을 이끌고 북정(北征)했다가 위수(渭水) 남쪽에서 세상을 떠났다.'

蜀志曰, 亮字孔明, 琅邪陽都人. 客于荊州, 躬耕壟畝, 好爲梁甫吟. 長八尺, 每自比管仲樂毅, 時人莫之許也. 唯博陵崔州平, 潁川徐元直, 謂爲信然. 先主屯新野, 徐庶見先主曰, 諸葛孔明, 臥龍也. 將軍豈願見之乎. 先主曰, 君與俱來. 庶曰, 此人可就見, 不可屈致也. 先主遂詣亮. 謂關羽, 張飛曰, 孤之有孔明, 猶魚之有水也. 累遷丞相, 益州牧. 率衆北征, 卒於渭南.

(2) 《위지(魏志)》에 이런 말이 있다. '신비(辛毗)의 자는 좌치(佐治)이

며 영천(潁川) 양적(陽翟) 사람이다. 위위(衛尉)로 누천(累遷)되었다.'

魏志曰, 毗字佐治, 潁川陽翟人. 累遷衛尉.

(3) 《진양추(晋陽秋)》에 이런 이야기가 있다. '제갈량이 미(郿) 땅에 쳐들어가 위수(渭水) 남쪽에 진을 쳤을 때, 조서(詔書)를 내리어 고조(高祖 : 司馬懿)로 하여금 방어토록 하였다. 제갈량은 군사를 교묘하게 통솔하였고 군령(軍令)도 엄명하였다. 더구나 멀리 원정한 그의 군단은 군량의 운반도 어려웠으므로 조속히 야전을 벌여야 유리하다고 생각했다. 위(魏)나라 조정에서는 제갈량이 출병했다는 소식을 접하자 싸우지 않고 그를 굴복시키려 했고 사마의도 그렇게 하려고 생각했다. 그래서 대군을 이끌고 있음으로써 적군의 업신여김을 막고자 했으며, 멀리서나마 겁을 먹는다든가 나약한 모습을 보임으로써 대세를 그르쳐서는 안된다고 생각하여, 말에게 먹이를 먹이는 동안에도 갑옷을 입고 항상 집어삼킬 것 같은 위세를 보여주었다. 제갈량은 싸움을 걸면서 사마의에게 건괵(巾幗)을 보냈는데 이 건괵은 부녀자들의 머리장식품이다. 그것으로 사마의를 노하게 만들어, 조구(曹咎)의 이득을 얻고자 했다. 위나라 조정에서는 사마의가 분노를 못참을 것을 걱정하여 경골(硬骨)의 신하인 위위(衛尉) 신비(辛毗)에게 절(節)을 내리어 사마의 군단의 사마(司馬)로 삼아 파견했다. 제갈량이 도전해 왔을 때, 과연 사마의는 격분하여 응전코자 했으나 신비가 절(節)을 들고 군문 중앙에 서있으면서 막자 사마의는 출병을 하지 않았다. 그 모습을 보고 들은 병사들은 사기가 더욱 높아졌다. 식자들은 생각하기를 신하의 몸으로 천만의 대군을 거느린다 하더라도 왕자(王者)가 파견한 사람에게는 굴복하는 법이라고 했다. 그 자랑거리의 심원하기가 모두 이와 같았다.'

晋陽秋曰, 諸葛亮寇于郿, 據渭水南原, 詔使高祖拒之. 亮善撫

御, 又戎政嚴明. 且僑軍遠征, 糧運艱澀, 利在野戰. 朝廷每聞其出, 欲以不戰屈之, 高祖亦以爲然. 而擁大軍禦侮於外, 不宜遠露怯弱之形, 以虧大勢. 故秣馬坐甲, 每見呑併之威. 亮雖挑戰, 或遺高祖巾幗. 巾幗, 婦女之飾. 欲以激怒, 冀獲曹咎之利. 朝廷慮高祖不勝忿憤, 而衛尉辛毗骨鯁之臣, 帝乃使毗仗節, 爲高祖軍司馬. 亮果復挑戰, 高祖乃奮怒, 將出應之. 毗仗節中門而立, 高祖乃止. 將士聞見者, 益加勇銳. 識者以人臣雖擁衆千萬, 而屈於王人. 大畧深長, 皆如此之類也.

주해 | ○黃鉞(황월)－황금의 월(鉞). 천자가 전쟁터에 나가는 장수에게 주었다.

○蜀志(촉지)－《삼국지(三國志)》 권35 〈제갈량전(諸葛亮傳)〉.

○梁甫吟(양보음)－악부(樂府)의 하나.

○崔州平(최주평)－《삼국지》 〈제갈량전(諸葛亮傳)〉을 인용한 《최씨보(崔氏譜)》에 '주평(州平)은 태위(太尉) 열(烈)의 아들이고 균(均)의 동생이다'라고 되어 있다.

○衛尉(위위)－구경(九卿)의 한 사람으로서 천자의 문위(門衛)와 둔병(屯兵)을 관장하는 벼슬.

○亮雖挑戰(양수도전)－수(雖)는 연자(衍字), 혹은 아래 글에 탈자(脫字)가 있는 것일까?

○曹咎之利(조구지리)－조구는 항우(項羽)의 무장(武將). 한고조(漢高祖)의 군사와 싸웠을 때 성고(成皐) 땅을 굳게 지키면서 싸우지 말라고 명했는데도 불구하고 거듭해오는 도전에 격노하여 마침내 나가 싸우다가 패사(敗死)했다(《史記》 권7 〈項羽本紀〉).

○節(절)－8척(尺)의 자루에 깃과 쇠꼬리 등을 매단 기(旗)로서 천자가 사자(使者)라든가 대장(大將)에게 준다.

6. 하후현(夏侯玄)이 붙잡혔을 때,[(1)] 종육(鍾毓)은 정위(廷尉)였다. (종육의 동생) 종회(鍾會)는 그때까지 하후현과 면식이 없었으므로

함부로 행동을 취했다. 하후현이 말했다. "비록 죄수의 몸이라 하더라도 결코 당신의 말에 따르지 않을 것입니다."(2) 고문을 당했지만 처음부터 한마디도 말하지 않은 채 동시(東市)에서 처형당할 때도 안색 하나 변하지 않았다.(3)

원문| 夏侯玄旣被桎梏,(1) 時鍾毓爲廷尉. 鍾會先不與玄相知, 因便狎之. 玄曰, 雖復刑餘之人, 未敢聞命.(2) 考掠初無一言, 臨刑東市, 顔色不異.(3)

(1) 《위씨춘추(魏氏春秋)》에 이런 이야기가 있다. '하후현(夏侯玄)의 자는 태초(太初)이고 초국(譙國) 사람이다. 하후상(夏侯尙)의 아들이며 대장군(大將軍 : 司馬師)의 전처(前妻) 오빠이다. 사람 됨됨이는 고명(高名)했으며 언변이 뛰어났고 박학했다. 정시(正始) 연간에 호군(護軍)이 되었다. 조상(曹爽)이 주살당한 후에 태상(太常)으로 초청되었다. 마음속으로 (禍를) 면치 못할 것을 알고는 사람들과 교제하지 않았으며 기록물도 남겨놓지 아니했다. 태부(太傅 : 司馬懿)가 죽고 나자 허윤(許允)이 하후현에게 말했다. "그대는 더 이상 근심할 게 없게 되었소." 하후현은 탄식하며 말했다. "사종(司宗 : 許允), 당신은 어찌하여 세상일을 보지 못하시오? 그분[司馬懿]은 그래도 나를 가까운 집안 사람으로 대우해 주었지만 자원(子元 : 司馬師)과 자상(子上 : 司馬昭)은 나를 받아들이지 않을 것이외다." 나중에 중서령(中書令) 이풍(李豊)이 대장군(大將軍 : 司馬師)의 집정(執政)을 싫어하여 하후현으로 그를 대신케 하려고 도모했다. 대장군은 그런 정보를 입수하고는 이풍을 죽이고 하후현을 체포하여 정위(廷尉)에게 인도했다.'
간보(干寶)의 《진기(晋紀)》에 이런 이야기가 있다. '처음에 이풍이 계책을 세울 때, 하후현에게 그 의도를 일러 달라고 했다. 하후현이 대답했다. "마땅히 자세한 사정을 알아야겠습니다." 그러나 이

풍은 그것을 일러주지 않았다. 그래서 화를 입게 된 것이다.'

魏氏春秋曰, 玄字太初, 譙國人. 夏侯尙之子, 大將軍前妻兄也. 風格高朗, 弘辯博暢. 正始中, 護軍. 曹爽誅, 徵爲太常. 內知不免, 不交人事, 不畜筆硏. 及太傅薨, 許允謂玄曰, 子無復憂矣. 玄歎曰, 士宗, 卿何不見事乎. 此人猶能以通家年少遇我. 子元, 子上不吾容也. 後中書令李豊惡大將軍執政, 遂謀以玄代之. 大將軍聞其謀, 誅豊, 收玄送廷尉.

干寶晉紀曰, 初, 豊之謀也, 使告玄. 玄答曰, 宜詳之爾. 不以聞也. 故及於難.

(2) 《세어(世語)》에는 이런 이야기가 있다. '하후현은 정위(廷尉)의 관소(官所)에 인도되었는데 결코 입을 열려고 하지 않았다. 정위 종육(鍾毓)이 스스로 하후현을 조사코자 하였다. 하후현이 정색을 하며 말했다. "나에게 무엇을 자백하라는 게요? 영사(令史) 대신 나를 다그치려는 게요? 그러면 당신이 나 대신 (진술서를) 작성하시구려." 종육은 하후현이 명사인데다가 절조가 높은 터라, 굴복시킬 수가 없으나, 옥사(獄事)는 어떻게든 끝내야 했으므로, 밤이 되자 사실과 부합되도록 진술서를 꾸미고 눈물을 흘리면서 하후현에게 내밀었다. 하후현은 그것을 보고 말했다. "그런 것 같지는 않은데……." 종회(鍾會)는 하후현보다 연하(年下)였고 하후현과는 친교가 없었다. 이날 종육의 옆에 있으면서 버릇없이 굴었다. 하후현은 엄숙한 표정을 지으며 말했다. "종군(鍾君), 어찌 그런 태도를 취할 수 있단 말인가?"'

《명사전(名士傳)》에는 이런 이야기가 있다. '처음에 하후현은 종육의 뜻이 자기와 같지 않으므로 사귀지 아니했었다. 하후현이 체포되었을 때 종육은 정위(廷尉)였는데 하후현의 손을 잡고 말했다. "태초(太初 : 하후현의 字)여, 어쩌다가 이런 꼴이 되었는고?" 하후현은 단호하게 말했다. "이제 죄수의 몸이 되었다 하더라도 새삼스럽게 교분을 맺을 수는 없어!"

생각하건대 곽반(郭頒)은 서진(西晋) 사람으로서 시대가 가깝고, 그의 《진위세어(晋魏世語)》는 내용이 상세하다. 손성(孫盛)의 《위씨춘추(魏氏春秋)》 등은 모두 이것에 따르고 있는데, 하나같이 하후현이 종회를 거부했다고 적었다. 그러나 마지막에 쓰여진 원굉(袁宏)의 《명사전》은 전사(前史)에 따르지 아니하고 그것이 종육이었다고 적은 것은 잘못이라고 해야 할 것이다.'

世語曰, 玄至廷尉, 不肯下辭, 廷尉鍾毓自臨履玄. 玄正色曰, 吾當何辭. 爲令史責人邪. 卿便爲吾作. 毓以玄名士, 節高不可屈, 而獄當竟, 夜爲作辭, 令與事相附, 流涕以示玄. 玄視之曰, 不當若是邪. 鍾會年少於玄, 玄不與交, 是日於毓坐狎玄. 玄正色曰, 鍾君, 何得如是.

名士傳曰, 初, 玄以鍾毓志趣不同, 不與之交. 玄被收時, 毓爲廷尉, 執玄手曰, 太初, 何至於此. 玄正色曰, 雖復刑餘之人, 不可得交.

案, 郭頒, 西晋人, 時世相近, 爲晋魏世語, 事多詳覈. 孫盛之徒, 皆采以著書, 並云玄距鍾會. 而袁宏名士傳最後出, 不依前史, 以爲鍾毓, 可謂謬矣.

(3) 《위지(魏志)》에 이런 말이 있다. '하후현은 뛰어난 기량(器量)과 경세(經世)의 뜻을 지녔었는데 처형당할 때도 안색 하나 변하지 않았으며 그 태도는 실로 침착했다.'

魏志曰, 玄格量弘濟, 臨斬, 顔色不異, 擧止自若.

주해 | ㅇ桎梏(질곡)—질(桎)은 족쇄, 곡(梏)은 수갑이다.

ㅇ東市(동시)—낙양(洛陽)에 있었으며 사람을 처형하던 장소.

ㅇ大將軍前妻(대장군전처)—대장군은 사마사(司馬師). 그 전처란 경회(景懷) 하후황후(夏侯皇后). 이름은 휘(徽), 자는 원용(媛容)(《晋書》 권31 〈后妃傳〉 上).

ㅇ內知不免(내지불면) – 《삼국지(三國志)》 권9 〈하후현전(夏侯玄傳)〉에 '현(玄)은 조상(曹爽)의 고모의 아들'이라고 되어 있다. 즉 조상과 하후현은 내외종간이었으므로 죄를 면할 수 없음을 미리 알고 있었던 것이다.
ㅇ履(이) – 다스린다는 의미.
ㅇ爲令史責人邪(위령사책인야) – 영사(令史)란 공부(公府)에 있으면서 문서를 관장하는 관원. 구경(九卿)인 종육이 영사가 해야 하는 일을 하고 있으므로 하후현이 책망했던 것이다(《通鑑》 권76의 胡注).
ㅇ晋魏世語(진위세어) – 일반적으로 《위진세어(魏晋世語)》라고 하며 그 약칭이 《세어(世語)》이다.

7. 하후태초(夏侯泰初 : 夏侯玄)는 광릉(廣陵)의 진본(陳本)과 사이가 좋았다. 진본과 하후현이 진본의 어머니 앞에서 술을 마시고 있을 때,[(1)] 진본의 아우 진건(陳騫)[(2)]이 밖에서 돌아와 뚜벅뚜벅 방문 앞에까지 왔다. 그러자 하후현이 일어서며 말했다. "합석하는 것은 상관없지만 예(禮)를 어겨서는 안된다."[(3)]

| 원문 | **夏侯泰初與廣陵陳本善. 本與玄在本母前宴飮.[(1)] 本弟騫[(2)]行還. 徑入至堂户. 泰初因起曰, 可得同, 不可得而雜.[(3)]**

(1) 《세어(世語)》에 이런 이야기가 있다. '진본(陳本)의 자는 휴원(休元)이며 임회(臨淮) 동양(東陽) 사람이다.'
《위지(魏志)》에 이런 말이 있다. '진본은 광릉(廣陵) 동양(東陽) 사람이며 아버지 진교(陳矯)는 사도(司徒)이다. 진본은 군수(郡守)·정위(廷尉)를 역임했는데 어느 임지(任地)에서나 대강의 원칙만 지키고 대강의 규칙만을 사용하는 한편, 부하들 의사에 맡기는 등 통솔의 재능을 보였다. 사소한 일에는 스스로 관여하지 않았고 법률도 읽지 않았지만 훌륭한 정위라고 칭송되었다. 진북장군(鎭北將軍)에 옮겨졌다.'

世語曰, 本字休元, 臨淮東陽人.

魏志曰, 本, 廣陵東陽人. 父矯, 司徒. 本歷郡守, 廷尉, 所在操綱領, 擧大體, 能使羣下自盡, 有率御之才. 不親小事, 不讀法律, 而得廷尉之稱. 遷鎭北將軍.

(2) 《진양추(晉陽秋)》에 이런 이야기가 있다. '진건(陳騫)의 자는 휴연(休淵)이며 사도(司徒) 진교(陳矯)의 둘째 아들이다. 직언(直言)하는 성품은 아니었지만 말을 잘했고 지모가 뛰어났다. 벼슬하여 대사마(大司馬)에 이르렀다.'

晉陽秋曰, 騫字休淵, 司徒第二子. 無謇諤風, 滑稽而多智謀. 仕至大司馬.

(3) 《명사전(名士傳)》에는 이런 말이 있다. '하후현(夏侯玄)은 향당(鄕黨)에서는 연치(年齒)를 귀하게 여기기 때문에 근본적으로 덕망과 지위를 막론하고 연장자에게 반드시 절을 해야 한다고 생각했다. 진본과 함께 (진본의) 어머니 앞에서 술을 마시고 있을 때 진건이 들어오자 (하후현이) 나간 것은 그가 (진건과) 동석할 수는 있지만 어울릴 수는 없기 때문이었다.'

名士傳曰, 玄以鄕黨貴齒, 本不論德位, 年長者心爲拜. 與陳本母前飮, 騫來而出, 其可得同, 不可得而雜者也.

주해 | ㅇ鎭北將軍(진북장군)—사진장군(四鎭將軍)의 하나.
ㅇ滑稽(골계)—박식웅변(博識雄辯). 해학(諧謔)하여 남들을 말로 압도하는 것을 가리킴.

8. 고귀향공(高貴鄕公 : 曹髦)이 죽자 조정 안팎이 시끄러웠다.[(1)] 사마문왕(司馬文王 : 司馬昭)이 시중인 진태(陳泰)에게 물었다.[(2)] "어떻게 하면 이 소요를 진정시킬 수 있겠소?" 진태가 대답했다. "오직

가충(賈充)을 죽이어 천하에 사죄하는 수밖에 없습니다.” 문왕은 말했다. “그 이하의 방법은 없겠소?” 진태는 대답했다. “그 이상의 방법은 있겠습니다만 그 이하의 방법은 없습니다.”(3)

원문| 高貴鄕公薨, 內外諠譁.(1) 司馬文王問侍中陳泰曰,(2) 何以靜之. 泰云, 唯殺賈充以謝天下. 文王曰, 可復下此不對曰, 但見其上, 未見其下.(3)

(1) 《위지(魏志)》에 이런 이야기가 있다. ‘고귀향공(高貴鄕公)의 휘(諱)는 모(髦)이고 자는 언사(彦士)이며 문제(文帝 : 曹丕)의 손자이자 동해정왕(東海定王) 조림(曹霖)의 아들이다. 처음에 염현(郯縣)의 고귀향공(高貴鄕公)에 봉해졌다. 학문을 좋아했고 일찍이 대성했다. 제왕(齊王 : 曹芳)이 폐위되자 군신(群臣)은 그를 맞아 천자의 자리에 앉혔다.’
《한진춘추(漢晋春秋)》에는 이런 이야기가 있다. ‘조방(曹芳) 폐위 사건 이후 위(魏)나라에서는 궁궐의 숙위(宿衛)를 줄이어 이미 갑옷을 걸치는 사람이 없었고 여러 문을 지키는 병사도 노약자밖에 없었다. 조모(曹髦)는 권세가 날로 쇠미해감을 보고 분노를 참지 못하다가 시중인 왕침(王沈)와 상서(尙書)인 왕경(王經), 산기상시(散騎常侍) 왕업(王業)을 불러놓고 말했다. “사마소가 찬탈하려는 야심이 있음은 누구나 다 알고 있소이다. 나는 이대로 좌시하다가 폐위당하는 수치를 받을 수는 없소. 오늘 그대들과 함께 출진하여 그를 치고자 하오.” 왕경이 간했으나 받아들이지 않더니 품안에서 판령(板令)을 꺼내어 땅에 던지면서 말했다. “일은 정해졌소! 비록 죽는다 해도 후회는 없소이다. 하물며 꼭 죽는다고 할 수 없음임에랴!” 그리고 들어가서 태후(太后 : 明帝의 郭皇后)에게 아뢰었다. 왕침과 왕업은 사마소에게 서둘러 고했고 사마소는 이에 대비했다. 한편 조모는 동복(僮僕) 수백 명을 이끌고 태고를 울리면서 함성을 지르며 출진했다. 사마소의 동생인 둔기장교(屯騎將校) 사마주(司馬伷)가 궁전에 들어가려고 하다가 동쪽 사마문(司馬門)에서 조모와 마주쳤다. 좌우에 있던 자들이 나무라자 사마주는 도망쳤다. 중호군(中護君)인 가충(賈充)이 조모를 기다렸다가 남쪽 궐문(闕門) 근방에서 싸웠다. 조모가 스스로 검을 빼들자 병사들은 도망치려고 하였다. 태자사인(太子舍人)인 성제(成濟)가 가충에게 물었다. “큰일났습니다. 어찌하면 좋겠습니까?” 가충이 대답했다. “나리께서 너희를 기르신 것은 오늘을 위해서이다! 오늘 일에 있어서는 문답(問答)이 필요없다!” 성제는 곧바로 달려나갔고 조모를 찔렀는데 그 칼끝은 등을 꿰뚫었다.'

《위씨춘추(魏氏春秋)》에는 이런 이야기가 있다. '제(帝 : 曹髦)는 대장군 사마소를 주살코자 하여 우선 관원에게 조서(詔書)를 내려, (사마소의) 직위를 상국(相國)으로 승진시키는 한편 구석(九錫)을 수여하기로 했다. 그날 밤 황제는 몸소 용종복야(宂從僕射)인 이소(李昭), 황문종관(黃門從官)인 초백(焦伯) 등을 이끌고 능운대(陵雲臺)에서 내려가 스스로 무장하면서 병사들에게 무기를 주고, 이 기회에 (사마소를) 부르는 사자(使者)를 보내는 한편 출진해서 그를 치려고 했는데 때마침 비가 내리어 중지했다. 그리고 다음날, 왕경(王經) 등을 만난 자리에서 황색 비단에 쓴 조서를 품속에서 꺼내며 말했다. “이런 일을 참아낼 수 있다면 참지 못하는 일이 있을 것인가? 지금 당장 이 일을 결행할 것이야!” 그리고 황제는 검을 빼들고 연(輦)에 오르더니 궁궐을 지키는 숙위(宿衛)와 창두(倉頭)·관동(官僮)들을 거느리고 진태고(陣太鼓)를 울리며 운룡문(雲龍門)을 나서려고 했다. 그러자 가충(賈充)이 밖에서 들어왔고 황제의 군대는 패하여 흩어졌다. 그래도 황제는 “나는 천자이다.”라고 외치면서 검을 들고 분전했는데 감히 덤비는 자가 없었다. 가충은 장병들을 질타했다. 그러자 기독(騎督)인 성졸(成倅)의 동생 성제(成濟)가 창을 들고 나아갔고 황제는 싸

우다가 죽었다. 그때 장대같은 비가 내리고 천둥이 치면서 사방이 캄캄해졌다.'

魏志曰, 高貴鄕公, 諱髦, 字彦士, 文帝孫, 東海定王霖之子也. 初封郯縣高貴鄕公. 好學, 夙成. 齊王廢, 羣臣迎之, 卽皇帝位. 漢晉春秋曰, 自曹芳事後, 魏人省徹宿衛, 無復鎧甲. 諸門戎兵, 老弱而已. 曹髦見威權日去, 不勝其忿. 召侍中王沈, 尙書王經, 散騎常侍王業謂曰, 司馬昭之心, 路人所知也, 吾不能坐受廢辱. 今日當與卿自出討之. 王經諫, 不聽. 乃出懷中板令投地, 曰, 行之決矣. 正使死, 何所恨. 況不必死邪. 於是入白太后. 沈, 業奔走告昭, 昭爲之備. 髦遂率僮僕數百, 鼓譟而出. 昭弟屯騎校尉伷入, 遇髦於東止車門, 左右訶之, 伷衆奔走. 中護軍賈充又逆髦, 戰於南闕下. 髦自用劍, 衆欲退. 太子舍人成濟問充曰, 事急矣. 當云何. 充曰, 公畜汝等, 正爲今日. 今日之事, 無所問也. 濟卽前刺髦, 刃出於背.

魏氏春秋曰, 帝將誅大將軍, 詔有司復進位相國, 加九錫. 帝夜自將冗從僕射李昭, 黃門從官焦伯等下陵雲臺, 鎧杖授兵, 欲因際會, 遣使自出致討, 會雨而却. 明日, 遂見王經等, 出黃素詔於懷曰, 是可忍也, 孰不可忍. 今當決行此事. 帝遂拔劍升輦, 率殿中宿衛倉頭官僮, 擊戰鼓, 出雲龍門. 賈充自外而入, 帝師潰散. 帝猶稱天子, 手劍奮擊, 衆莫敢逼. 充率厲將士, 騎督成倅弟濟以矛進, 帝崩于師. 時暴雨, 雷電晦冥.

(2) 《위지(魏志)》에 이런 이야기가 있다. '진태(陳泰)의 자는 현백(玄伯)이며 사공(司空) 진군(陳羣)의 아들이다.'

魏志曰, 泰字玄伯, 司空羣之子也.

(3) 간보(干寶)의 《진기(晉紀)》에 이런 말이 있다. '고귀향공(高貴鄕公)이 죽자, 사마문왕(司馬文王 : 司馬昭)은 조정 신하들을 불러

놓고 이 일에 대해서 의논코자 했는데 태상(太常)인 진태(陳泰)는 오지 않았다. 그 외숙(外叔)인 순의(荀顗)로 하여금 그를 불러 출석 여부를 묻도록 했다. 진태가 말했다. “세상 논자(論者)들은 저를 외숙과 비교합니다만 이번의 경우 외숙께서는 저에게 미치지 못하십니다.” 자제들과 친척들이 모두 강권하는 바람에 눈물을 흘리면서 입궐했다. 문왕은 깊숙한 방에서 기다리고 있다가 말했다. “현백(玄伯 : 陳泰), 그대는 나에게 어찌하려고 하는 게요?” 진태가 대답했다. “가충(賈充)을 죽이어 천하에 사죄하셔야 합니다.” 문왕이 말했다. “나를 위해 좀더 나은 방법을 생각해 주오.” 진태가 대답했다. “그보다 심한 방법은 있습니다만 그 이하의 방법은 알지 못합니다.” 그래서 문왕은 더 이상 묻지 않았다.’

《한진춘추(漢晋春秋)》에 이런 이야기가 있다. ‘조모(曹髦)가 죽자 그 일에 대한 보고를 들은 사마소는 몸을 땅에 내던지며 말했다. “천하 사람들은 나를 어떻게 볼 것인가?” 그리고 백관을 불러놓고 이 일에 대하여 의논했다. 사마소는 눈물을 흘리며 진태(陳泰)에게 물었다. “나는 어찌해야겠소?” 진태가 대답했다. “공(公)께서는 몇대에 걸치어 보좌를 훌륭히 하시어 그 공로는 천하에 견줄 자가 없습니다. 그러기에 저는 공의 공적이야말로 옛 선현들과 짝하고 그 명성은 후세에 전해질 것으로 생각했습니다. 그런데 불시에 군주를 시해하는 사건이 일어났다는 것은 얼마나 유감스런 일입니까? 당장에 가충(賈充)을 참(斬)하신다면 스스로 떳떳함을 지킬 수 있을 것입니다.” 사마소는 말했다. “공려(公閭 : 賈充)는 죽일 수 없소. 그대는 다른 방법을 생각해 주오.” 진태는 소리높여 말했다. “생각하건대 다만 이보다 심한 계략이 있을 뿐입니다. 달리 다른 계략은 없습니다.” 그리고 돌아가자 자살했다.’

《위씨춘추(魏氏春秋)》에 이런 말이 있다. ‘진태(陳泰)는 대장군(大將軍 : 司馬昭)에게 가충을 죽이라고 권했다. 대장군은 말했다. “그대는 다른 방법을 생각해 주오.” 진태는 대답했다. “그 다음

말을 저에게 하라시는 겁니까?" 그리고 피를 토하더니 죽었다.'
干寶晋紀曰, 高貴鄕公之殺, 司馬文王召朝臣謀其故, 太常陳泰不至. 使其舅荀顗召之, 告以可不. 泰曰, 世之論者, 以泰方於舅, 今舅不如泰也. 子弟内外咸共逼之, 垂涕而入. 文王待之曲室, 謂曰, 玄伯, 卿何以處我. 對曰, 可誅賈充以謝天下. 文王曰, 爲吾更思其次. 泰曰, 唯有進於此, 不知其次. 文王乃止.
漢晋春秋曰, 曹髦之薨, 司馬昭聞之, 自投於地曰, 天下謂我何. 於是召百官議其事. 昭垂涙問陳泰曰, 何以居我. 泰曰, 公光輔數世, 功蓋天下, 謂當並迹古人, 垂美於後. 一旦有殺君之事, 不亦惜乎. 速斬賈充, 猶可以自明也. 昭曰, 公閭不可得殺也, 卿更思餘計. 泰厲聲曰, 意唯有進於此耳, 餘無足委者也. 歸而自殺.
魏氏春秋曰, 泰勸大將軍誅賈充. 大將軍曰, 卿更思其他. 泰曰, 豈可使泰復發後言. 遂嘔血死.

주해 | ㅇ板令(판령)－밀봉하지 아니한 격문(檄文)의 조서(詔書).

ㅇ正使(정사)－비유란 뜻.

ㅇ止車門(지거문)－사마문(司馬門). 태자라든가 제왕(諸王)이 사마문에서 수레를 멈추고 내리기 때문에 이렇게 부른다.

ㅇ宂從僕射(용종복야)－정확하게는 중황문용종복야(中黃門宂從僕射)를 가리키며, 금중문(禁中門)을 지키는데 황제가 출입할 때 기종(騎從)하는 6백석(石)의 관원. 환관(宦官)이 맡는다.

ㅇ黃門從官(황문종관)－황문(黃門)은 궁중의 작은 문. 그 안에 있는 황제의 신변에 관계되는 일을 맡은 관원. 이 경우에는 황문시랑(黃門侍郎)의 이칭(異稱)일 것으로 생각된다.

ㅇ黃素詔(황소조)－황색으로 염색한 소(素)에 쓴 조서. 소(素)란 촘촘한 백색 비단을 말함.

ㅇ倉頭(창두)－정확하게는 창두(蒼頭)라고 쓰는데, 원래는 관노(官奴) 가운데 문자를 읽고 쓸 수 있는 자를 선별하여, 그들에게 파란 두건을 쓰게 하고 백관에게 종속시킨 데서 유래한다. 후에 일반 남자 노예의 호

칭이 되었다.

9. 화교(和嶠)는 무제(武帝 : 司馬炎)의 친애함과 존경을 받았다. 무제가 화교에게 말했다. "동궁(東宮 : 司馬衷, 후일의 惠帝)은 요즈음 다소 진보가 있는 듯한데 그대가 시험해 주지 않겠소?" 돌아왔을 때 "어떻습니까?"라고 묻자 대답했다. "황태자님의 성질은 조금도 바뀌지 않았습니다."(1)

원문| 和嶠爲武帝所親重. 語嶠, 東宮頃似更成進. 卿試往看. 還問. 何如. 答云, 皇太子聖質如初.(1)

(1) 《진제공찬(晋諸公贊)》에 이런 이야기가 있다. '화교(和嶠)의 자는 장여(長輿)이고 여남(汝南) 서평(西平) 사람이며 아버지 화유(和逌)는 태상(太常)으로 명성이 있었다. 화교는 젊었을 때부터 기량이 뛰어나다고 알려졌으며 가충(賈充)에게 인정을 많이 받았다. 가충은 언제나 세조(世祖 : 司馬炎)에게 그를 칭찬했다. 상서(尙書) · 태자소부(太子少傅)를 역임했다.'
간보(干寶)의 《진기(晋紀)》에 이런 이야기가 있다. '황태자〔司馬衷〕는 순박한 성질로, 남의 말을 믿고 의심하지 아니했다. 시중인 화교는 무제(武帝)에게 자주 말했다. "말세(末世)에는 거짓이 많은데 황태자께서는 무엇이든지 신용하고 계십니다. 천자의 그릇이 아닙니다. 황태자께서 폐하의 사업을 계승하지 못할까 걱정입니다. 바라옵건대 문왕(文王) · 무왕(武王)께서 제위(帝位)를 계승하신 예를 생각해 주십시오." 무제는 전부터 적자(適子)를 중시하고 있기는 했지만 제왕(齊王 : 司馬攸) 옹립파의 주장이 있는 것을 알고 있었으므로 태자를 궁중에 못들어오게 했던 것이다. 후에 무제는 화교에게 말했다. "황태자가 요즈음 조정에 참래하는 것을 보니 어느 정도 진보한 것으로 보입니다. 그대가 순시중(荀侍中 : 荀顗)과 함께 가서 이야기를 나누어 보았으면 하오." 명령에 따라 다녀온 순의가 황제에게 아뢰었다. "황태자님의 식견은 몰라볼 정도로 달라져서 말씀하신 대로였습니다." 다시 화교에게 묻자 그가 대답했다. "그 성질은 그대로입니다." 황제는 아무 말도 하지 않았다.'

《진양추(晋陽秋)》에 이런 말이 있다. '세조(世祖 : 武帝)는 사마충(司馬衷 : 惠帝)이 천하의 대업(大業)을 계승하지 못하는 게 아닌가 하여 걱정하던 끝에 화교와 순욱(荀勗)을 보내어 상황을 살피고 오게 하였다. 보고 온 다음 순욱은 칭찬하며 말했다. "황태자님의 덕(德)은 한층 훌륭해지시어 이전과는 비교할 수 없게 되시었습니다." 화교는 말했다. "황태자님의 성질은 이전 그대로입니다. 이 일은 폐하의 사사로운 일이시며 저희들이 관여할 일이 아닙니다." 세상에서는 이 말을 듣고 화교의 충성심을 칭송했고, 순욱은 제거해야 할 사람이라고 생각했다.'

생각하건대 순의는 청아하고 아첨하지 않는 성품이었다. 이를 위의 두 설(說)에 비추어 볼 때 손성(孫盛)의 《진양추》 쪽이 타당하다 하겠다.

晉諸公贊曰, 嶠字長輿, 汝南西平人. 父逌, 太常, 知名. 嶠少以雅量稱, 深爲賈充所知, 每向世祖稱之. 歷尚書, 太子少傅.

干寶晉紀曰, 皇太子有醇古之風, 美於信受. 侍中和嶠數言於上曰, 季世多僞, 而太子尚信. 非四海之主. 憂太子不了陛下家事. 願追思文 · 武之祚. 上旣重長適, 又懷齊王朋黨之論, 弗入也. 後上謂嶠曰, 太子近入朝, 吾謂差進. 卿可與荀侍中共往言. 及顗奉詔還, 對上曰, 太子明識弘新, 有如明詔. 問嶠, 嶠對曰, 聖質如初. 上默然.

晉陽秋曰, 世祖疑惠帝不可承繼大業, 遣和嶠, 荀勗往觀察之. 旣見, 勗稱歎曰, 太子德更進茂, 不同於故. 嶠曰, 皇太子聖質如初. 此陛下家事, 非臣所盡. 天下聞之, 莫不稱嶠爲忠, 而欲灰滅昜也.

案, 荀顗淸雅, 性不阿諛. 校之二說, 則孫盛爲得也.

주해| ㅇ文武之祚(문무지조)－주(周)나라 문왕(文王)이 장남인 백읍고(伯邑考)를 제쳐두고 그 동생 무왕(武王)을 제위(帝位)에 앉혔던 일.
ㅇ二說(이설)－간보(干寶)의 《진기(晋紀)》와 손성(孫盛)의 《진양추(晋陽秋)》를 가리킨다.

10. 제갈정(諸葛靚)은 오(吳)나라가 멸망한 다음, 진(晋)나라에 왔다. 대사마(大司馬)에 임명되었는데 나아가지 아니했다. 진나라 왕실에 원한이 있어서 언제나 낙수(洛水)에 등을 돌리고 앉아 있었다. 무제(武帝 : 司馬炎)와는 일찍부터 알고 지내는 사이였으며 무제는 그와 만나고 싶어했는데 그럴 기회가 없었다. 그래서 제갈비(諸葛妃)에게 제갈정을 불러오라고 부탁했다. 이윽고 그가 오자 황제는 태비(太妃)가 있는 곳에 가서 그와 만났다. 수인사가 끝나고 주연이 무르익었을 때 황제가 말했다. "물론 그대는 죽마(竹馬)의 우정을 잊지 않았겠지?" 제갈정이 대답했다. "숯을 먹고, 몸에 옻칠을 하여 원수를 갚지도 못한 채 오늘 다시 성안(聖顔)을 뵙게 될 줄은 몰랐습니다." 그리고 눈물을 마구 쏟았다. 황제는 부끄러워하며 나갔다.(1)

원문| 諸葛靚後入晋, 除大司馬召不起. 以與晋室有讎, 常背洛水而坐. 與武帝有舊, 帝欲見之而無由. 乃請諸葛妃呼靚. 旣來, 帝就太妃閒相見. 禮畢, 酒酣, 帝曰, 卿故復憶竹馬之好不. 靚曰, 臣不能呑炭漆身. 今日復覩聖顔. 因涕泗百行. 帝於是慙悔而出.(1)

(1) 《진제공찬(晋諸公贊)》에 이런 이야기가 있다. '오나라가 멸망하자

제갈정(諸葛靚)은 낙양(洛陽)에 왔다. 아버지 제갈탄(諸葛誕)이 태조(太祖 : 司馬昭)에 의해 죽음을 당했으므로 맹세코 세조(世祖 : 司馬炎)를 알현코자 하지 않았다. 세조의 숙모인 낭야왕(琅邪王 : 司馬伷)의 비(妃)는 제갈정의 누나였다. 그후 제갈정이 누나에게 왔을 때 찾아가서 만나려고 했다. 제갈정은 변소 안으로 도망쳤다. 그러기에 지극한 효자로 이름이 높았다. 그 무렵 혜강(嵇康)도 처형되었는데 혜강의 아들 혜소(嵇紹)는 탕음지전(蕩陰之戰)에서 싸우다가 죽었다. 세상의 논자(論者)들은 말했다. "혜소와 제갈정, 두 사람을 보고 비로소 충효의 길에는 각각 구별이 있음을 안다."'

晉諸公贊曰, 吳亡, 靚入洛, 以父誕爲太祖所殺, 誓不見世祖. 世祖叔母琅邪王妃, 靚之姊也. 帝後因靚在姊間, 往就見焉. 靚逃於廁中. 於是以至孝發名. 時嵇康亦被法, 而康子紹死蕩陰之役. 談者咸曰, 觀紹, 靚二人, 然後知忠孝之道, 區以別矣.

주해 | ㅇ大司馬(대사마)-《진서(晋書)》 권77 〈제갈회전(諸葛恢傳)〉에 의하면 '시중(侍中)' 임명의 조(詔)를 받았는데 사양했다고 되어 있다.

ㅇ呑炭漆身(탄탄칠신)-《사기(史記)》 권86 〈자객열전(刺客列傳)〉에 있는 예양(豫讓)의 고사(故事). 숯을 먹고 벙어리가 되고 옻칠을 하여 문둥병 환자로 보이게 한 다음 원수를 갚았다고 한다.

ㅇ蕩陰之役(탕음지역)-동해왕(東海王) 사마월(司馬越)이 혜제(惠帝)를 받들어 영흥(永興) 원년(304년) 가을, 성도왕(成都王) 사마영(司馬穎)을 북벌(北伐)코자 했는데 탕음 땅에서 궤멸당한 전투.

ㅇ區以別矣(구이별의)-제갈정과 혜소는 모두 그 아버지가 사마소에 의해 죽음을 당했는데 제갈정은 아버지 원수인 진조(晋祖)를 섬기지 않았으나 혜소는 아버지의 원수인 진조를 섬겼고, 더구나 탕음지전에서 혜제(惠帝 : 司馬昭의 손자)를 지키다가 죽었다.

11. 무제(武帝 : 司馬炎)가 화교(和嶠)에게 말했다. "나는 먼저 왕무자(王武子 : 王濟)를 심하게 꾸짖은 연후에 그에게 작위(爵位)를 주려고 생각하오." 화교가 말했다. "왕무자는 기골이 센 사람이기 때문에 아마 굴복시키실 수 없을 것입니다." 황제는 그래서 왕무자를 불러놓고 심하게 꾸짖었다. 그리고 말했다. "어때? 부끄럽지 아니한가?"(1) 왕무자가 말했다. "'한 자의 베와 한 말의 조'라는 노래를 생각하면 언제나 폐하를 위해 부끄럽게 생각합니다.(2) 남들은 소원한 사람도 친밀하게 할 수 있지만 저로서는 친밀한 사람을 소원하게 할 수가 없습니다. 이 점에서 폐하께 부끄러운 것입니다."

원문| **武帝語和嶠曰, 我欲先痛罵王武子, 然後爵之. 嶠曰, 武子儁爽, 恐不可屈. 帝遂召武子苦責之, 因曰, 知愧不.(1) 武子曰, 尺布斗粟之謠, 常爲陛下恥之.(2) 他人能令疎親, 臣不能使親疎. 以此愧陛下.**

(1) 《진제공찬(晋諸公贊)》에 이런 이야기가 있다. '제왕(齊王 : 司馬攸)이 봉지로 내려가게 되었는데 왕제(王濟)는 몇번씩이나 무제(武帝)에게 간하여 중지시키기를 청했다. 또 여러 차례에 걸쳐 자기 아내인 상산공주(常山公主)와 견덕(甄德)의 아내인 장광공주(長廣公主)를 함께 입궐시키어 머리를 바닥에 대고 제왕의 재류(在留)를 간청토록 하였다. 세조(世祖 : 武帝)는 화를 많이 내면서 왕융(王戎)에게 말했다. "내 형제들은 모두 친한데 지금 제왕을 그 나라로 내려보내는 것은 우리 집안 사정이 있기 때문이다. 그런데 견덕과 왕융은 그 아내들을 자주 입궐시키어 마치 내가 죽기라도 한 것처럼 곡을 하도록 하는구려. 왕제 등도 그러하니 그 아내들이야 오죽하겠소?" 왕제는 이 일로 질책을 받았고 국자좨주(國子祭酒)로 좌천당했다.'

晉諸公贊曰, 齊王當出藩, 而王濟諫請無數. 又累遣常山王與婦

長廣公主共入, 稽顙陳乞留. 世祖甚恚, 謂王戎曰, 我兄弟至親, 今出齊王, 自朕家計. 而甄德, 王濟連遣婦入來, 生哭人邪. 濟等尙爾, 況餘者乎. 濟自此被責, 左遷國子祭酒.

(2) 《한서(漢書)》에 이런 말이 있다. '회남여왕(淮南厲王) 장(長)은 고조(高祖 : 劉邦)의 막내아들이다. 모반의 죄를 범했다 하여 그의 형인 문제(文帝)는 그를 촉(蜀) 땅으로 귀양보냈다. 여왕 장은 도중에 식사를 들려고 하지도 않은 채 죽고 말았다. 그래서 백성들이 노래를 지어 말했다. "한 자의 베로도 재봉할 수가 있고, 한 말의 조라도 찧을 수 있는데, 형제 두 사람은 서로 포용할 수가 없다네."' 찬(瓚)의 주(注)에 이렇게 말했다. '한 자의 베라 해도 재봉하여 서로 입을 수 있고, 한 말의 조라 해도 찧어서 서로 먹을 수 있건만, 같은 천자(天子)의 친속(親屬)이면서 서로 포용하지 못했음을 이름이다.'

漢書曰, 淮南厲王長, 高祖少子也. 有罪, 文帝徙之於蜀. 不食而死. 民作歌曰, 一尺布尙可縫, 一斗粟尙可舂. 兄弟二人不能相容.

瓚注曰, 言一尺布帛, 可縫而共衣, 一斗米粟, 可舂而共食, 況以天子之屬而不相容也.

주해 | ㅇ疏親(소친)·親疏(친소)－《진서(晋書)》 권42 〈왕제전(王濟傳)〉에서는 각각 '친소(親疏)·친친(親親)'으로 적고 있다.

ㅇ常山王(상산왕)－왕(王)자는 주(主) 또는 공주(公主)의 잘못. 주(主)·공주(公主)는 황제의 딸을 가리키는데 상산공주는 무제의 누나에 해당하며 왕제의 아내이다(《晋書》 〈王濟傳〉 및 《文選》 권58 〈褚淵碑文〉의 李善注에서 인용한 王隱의 《晋書》 참조).

ㅇ婦長廣公主(부장광공주)－부(婦)자 위에 견덕(甄德)이란 이름자가 결락된 것으로 생각된다. 장광공주는 무제의 여자 형제에 해당된다(《晋書》 권31 〈后妃傳〉의 文明皇后의 條 참조).

ㅇ稽顙(계상)－앉아서 머리를 잠시동안 바닥에 대고 있는 예(禮).
ㅇ生哭(생곡)－죽은 자에게 하는 곡을 살아 있는 사람에게 하는 것.
ㅇ國子祭酒(국자좨주)－국자학(國子學)의 장관. 요즈음의 국립대학교 총장에 해당한다. 진(晋) 무제(武帝) 함녕(咸寧) 2년(276) 천자의 도성(都城) 안에 설치되었는데 전국에서 귀족의 자제들을 교육시켰다(《晋書》 권3 〈武帝紀〉).
ㅇ漢書(한서)－권44 〈회남여왕장전(淮南厲王長傳)〉.
ㅇ瓚注(찬주)－이 주(注)의 글은 〈회남여왕장전(淮南厲王長傳)〉에 인용되어 있다. 찬(瓚)의 성(姓)은 불상(不詳)이며 백납본(百衲本) 《한서(漢書)》의 권말(卷末) 교어(校語)에 의하면 진대(晋代)의 설찬(薛瓚)·간찬(干瓚)·부찬(傅瓚) 등의 찬자(撰者)가 후보에 거론되고 있다.
ㅇ天子之屬(천자지속)－원본(袁本)은 속(屬)을 광(廣)으로 적었고 《한서(漢書)》에 인용한 찬주(瓚注)는 '천하지광(天下之廣)'으로 적고 있다.

12. 두예(杜預)가 형주(荊州)에 부임할 때, 칠리교(七里橋)에서 머물렀고 조신(朝臣)들이 모두 모여 송별연을 열었다.(1) 두예는 젊었을 때 신분이 낮았고 협사(俠士)의 기질이 있었기 때문에 사람들로부터 인정을 받지 못했었다. 양제(楊濟)는 명문가의 준걸로서 참지를 못하여 앉지도 않고 가버렸다.(2) 잠시 후 화장여(和長輿 : 和嶠)가 와서, "양우위(楊右衛 : 楊濟)는 어디 있소?"라고 물었다. 한 손님이 대답했다. "아까, 자리에 앉지도 않은 채 가버렸습니다." 화장여는 말했다. "틀림없이 대하문(大夏門) 근처에서 말을 타고 서성이고 있을 것이오." 그리고 대하문에 가자 과연 대규모의 기병(騎兵)들을 열병(閱兵)하고 있었다. 화장여는 그를 데려다가 수레에 밀어넣고 함께 되돌아와서 아까처럼 자리에 앉았다.

원문| 杜預之荊州, 頓七里橋, 朝士悉祖.(1) 預少賤, 好豪俠, 不爲物所許. 楊濟旣名氏雄俊, 不堪, 不坐而去.(2) 須臾, 和長

輿來, 問楊右衛何在. 客曰, 向來, 不坐而去. 長輿曰, 必大夏門下盤馬. 往大夏門, 果大閱騎. 長輿抱內車, 共載歸, 坐如初.

(1) 왕은(王隱)의 《진서(晋書)》에 이런 이야기가 있다. '두예(杜預)의 자는 원개(元凱)이며 경조(京兆) 두릉(杜陵) 사람이다. 한(漢)나라 어사대부(御史大夫) 두연년(杜延年)의 11세손이다. 조부인 두기(杜畿)는 위(魏)나라 태보(太保)였고 아버지 두서(杜恕)는 유주(幽州)와 형주자사(荊州刺史)였다. 두예는 지모가 뛰어나고 치란 흥망(治亂興亡)의 이치에 밝았다. 그는 항상 "덕을 세우는 일은 미칠 바 못되지만 공을 세우고 훌륭한 저술(著述)을 남기는 것이 내가 원하는 것이다."라고 말했다. 하남윤(河南尹)으로 누천(累遷)되었고 진남장군(鎭南將軍)·도독형주제군사(都督荊州諸軍事)가 되었으며 양양(襄陽)에 주둔했다. 오(吳)나라를 평정한 공로에 의해 당양후(當陽侯)에 봉해졌다. 두예는 기예의 재능이 없어서 그 자신은 말을 타지도 못했고, 활쏘기에서는 과녁을 맞추지도 못했는데 큰일이 일어날 때마다 언제나 장수의 자리에 올랐다. 정남장군(征南將軍)·의동삼사(儀同三司)가 추증되었다.'

王隱晉書曰, 預字元凱, 京兆杜陵人. 漢御史大夫延年十一世孫. 祖畿, 魏太保. 父恕, 幽州荊州刺史. 預知謀淵博, 明於治亂. 常稱, 立德者非所企及, 立功立言所庶幾也. 累遷河南尹. 爲鎭南將軍, 都督荊州諸軍事, 鎭襄陽. 以平吳勳, 封當陽侯. 預無伎藝之能, 身不跨馬, 射不穿札, 而每有大事, 輒在將帥之限. 贈征南將軍, 儀同三司.

(2) 《팔왕고사(八王故事)》에는 이런 말이 있다. '양제(楊濟)의 자는 문통(文通)이고 홍농(弘農) 사람이며 양준(楊駿)의 동생이다. 재주와 식견이 있었으며 태자태보(太子太保)에 누천(累遷)되었는데 양준과 함께 주살당했다.

八王故事曰, 濟字文通, 弘農人, 楊駿弟也. 有才識. 累遷太子太保, 與駿同誅.

주해 ㅇ七里橋(칠리교)－도읍 낙양(洛陽)의 동쪽 교외.
ㅇ鎭南將軍(진남장군)－사진장군(四鎭將軍)의 하나.
ㅇ太子太保(태자태보)－황태자를 가르치는 벼슬.

13. 두예(杜預)가 진남장군에 임명되자 조정 신하들이 찾아와서 모두 긴의자에 앉았다.(1) 배숙칙(裴叔則 : 裴楷)도 와있었다. 양치서(羊穉舒 : 羊琇)가 늦게 도착하여 말했다. "두원개(杜元凱 : 杜預)는 손님들을 또 긴의자에 앉혔군." 그리고 앉지도 않은 채 돌아갔다.(2) 두예는 배숙칙에게 그를 쫓아가라고 부탁했다. 양치서는 몇리쯤 간 곳에서 말을 멈추었다가 이윽고 두예에게로 돌아왔다.

원문 杜預拜鎭南將軍, 朝士悉至, 皆在連榻坐.(1) 時亦有裴叔則. 羊穉舒後至曰, 杜元凱乃復連榻坐客. 不坐便去.(2) 杜請裴追之. 羊去數里住馬, 旣而俱還杜許.

(1) 《어림(語林)》에 이런 이야기가 있다. '서진(西晉)의 지방사령관이 돌아오자 원개(元凱 : 杜預)는 자리를 함께하려 하지 않았다. 두예는 오(吳) 땅에 원정했다가 돌아오자 혼자 앉아 있을 뿐 손님과 자리를 함께하려 하지 않았다.'
語林曰, 中朝方鎭還, 不與元凱共坐. 預征吳還, 獨榻, 不與賓客共也.

(2) 《진제공찬(晉諸公贊)》에는 이런 말이 있다. '양수(羊琇)의 자는 치서(穉舒)이며 태산(泰山) 사람이다. 사물에 막히는 것이 없었으

며 뛰어난 재능이 있었다. 세조(世祖 : 司馬炎)와 동갑이었고 사이가 좋았다. 사마염에게 말했다. "후일 그대가 부귀하게 되어 나를 써준다면 영군(領軍)·호군(護軍)의 장군을 각각 10년씩 맡겠네." 세조가 즉위하자 좌장군(左將軍)·특진(特進)으로 누천(累遷)되었다.'

晉諸公贊曰, 羊琇字穉舒, 泰山人. 通濟有才幹. 與世祖同年相善, 謂世祖曰, 後富貴時, 見用作領, 護軍各十年. 世祖卽位, 累遷左將軍, 特進.

주해 ㅇ時亦有裴叔則(시역유배숙칙) 羊穉舒後至(양치서후지)-《진서(晉書)》 권93 〈양수전(羊琇傳)〉에는 '수여배해후지(琇與裴楷後至)'라고 되어 있어서 배해와 양수 두 사람이 모두 늦게 온 것으로 되어 있다.

ㅇ作領(작령) 護軍各十年(호군각십년)-《문선(文選)》 권59에서 인용한 《진제공찬(晉諸公贊)》에는 '작령호군태자첨사(作領護軍太子詹事)'라고 되어 있다.

ㅇ特進(특진)-공덕이 특별히 빼어나서 조정이 경외하는 제후(諸侯)·왕공(王公)·장군에게 내리는 관위(官位). 삼공(三公)의 아래이다.

14. 진(晉) 무제(武帝 : 司馬炎) 때 순욱(荀勗)이 중서감(中書監)이 되었고,(1) 화교(和嶠)가 중서령(中書令)이 되었다. 옛날의 관습에 의하면 중서성(中書省)의 감(監)과 영(令)은 같은 수레에 타도록 되어 있었다. 그런데 화교는 성품이 곧아서, 언제나 순욱이 아첨한다며 미워했다.(2) 그후 관소에 수레가 오자 화교는 곧바로 수레에 올라 정면을 향하고 앉았으므로 순욱이 탈 여지가 없었다. 순욱은 하는 수 없이 다른 수레를 구하여 겨우 갈 수가 있었다. 감(監)과 영(令)에게 각각 다른 수레를 내주는 일은 이때부터 시작되었던 것이다.(3)

원문 **晉武帝時, 荀勗爲中書監,(1) 和嶠爲令. 故事, 監, 令**

由來共車. 嶠性雅正, 常疾勗諂諛.(2) **後公車來, 嶠便登, 正向前坐, 不復容勗. 勗方更覓車, 然後得去. 監, 令各給車自此始.**(3)

(1) 우예(虞預)의 《진서(晉書)》에 이런 이야기가 있다. '순욱(荀勗)의 자는 공증(公曾)이고 영천(潁川) 영음(潁陰) 사람이며 한(漢)나라 사공(司空) 순상(荀爽)의 증손이다. 10여세 때 문장을 잘 지었다. 외조부인 종요(鍾繇)는 말했다. "이 아이는 틀림없이 증조부(순상)처럼 될 것이야." 안양령(安陽令)이 되었는데 그곳 백성들은 그가 살아 있을 때, 그를 위해 사당을 세웠다. 시중(侍中)·중서감(中書監)으로 누천(累遷)되었다.'

虞預晉書曰, 勗字公曾, 潁川潁陰人, 漢司空爽曾孫也. 十餘歲能屬文. 外祖鍾繇曰, 此兒當及其曾祖. 爲安陽令, 民生爲立祠. 累遷侍中, 中書監.

(2) 왕은(王隱)의 《진서(晉書)》에 이런 이야기가 있다. '순욱은 상대방에게 아첨하는 성품이었는데 태자(太子 : 司馬衷)를 추켜세워서 제왕(齊王 : 司馬攸)을 봉지(封地)로 보내게 하였다. 그 당시 사람들은 은밀히 "나라에 등을 돌리고 백성들을 괴롭히기를 손자(孫資)와 유방(劉放) 같도다. 후세에 만일 훌륭한 사관(史官)이 있게 된다면 틀림없이 영행전(佞倖傳)에 기록할 것이다."라고 수군거렸다.'

王隱晉書曰, 勗性佞媚, 譽太子, 出齊王. 當時私議, 損國害民, 孫劉之匹也. 後世若有良史, 當著佞倖傳.

(3) 조가지(曹嘉之)의 《진기(晉紀)》에는 이런 말이 있다. '중서감(中書監)과 중서령(中書令)은 언제나 같은 수레에 타고 입조(入朝)했다. 화교(和嶠)가 영(令)이 되고 순욱(荀勗)이 감(監)이 되자 화교는 강직한 성품이어서 수레를 독점하여 타고 다녔다. 감(監)

과 영(令)이 수레를 따로 타게 된 것은 이때부터 시작된 것이다.'
曹嘉之晉紀曰, 中書監, 令常同車入朝. 至和嶠爲令, 而荀勗爲監, 嶠意强抗, 專車而坐. 乃使監, 令異車, 自此始也.

주해| ㅇ中書監(중서감)－중서령(中書令)과 함께 중서성(中書省)의 장관. 위(魏)나라 문제(文帝) 황초연간(黃初年間 : 220~226) 이후 정치의 중요한 업무를 담당시키기 위해 감(監)·영(令) 등 두 명의 장관을 두게 되었다(《通典》 권21 〈職官〉 3).

ㅇ正向前坐(정향전좌)－두 사람이 수레에 탈 때에는 서로 마주보고 앉게 되어 있다.

ㅇ外祖(외조)－《진서(晉書)》 권39 〈순욱전(荀勗傳)〉에는 '종외조(從外祖)'로 되어 있다.

ㅇ孫劉之匹(손유지필)－손(孫)은 손자(孫資)이고 유(劉)는 유방(劉放)이다. 위(魏)나라 문제(文帝) 때 유방은 중서감이 되고 손자는 중서령이 되어 기밀을 장악하고 다음 대인 명제(明帝) 대가 되자 황제의 뜻에 영합하며 아첨하여 특별한 신임을 받았다. 두 사람이 계책을 꾸미어 명제의 유아(遺兒)인 제왕(齊王)의 후견인이 되어 연왕(燕王) 조우(曹宇)를 물러나게 한 다음 조상(曹爽)과 사마의(司馬懿) 등 두 사람을 추천했던 일은 위왕조 쇠퇴의 한 원인이 되었다(《三國志》 권14 〈劉放傳〉 〈孫資傳〉).

15. 산공(山公 : 山濤)의 장남〔山該〕은 키가 작았는데 둥근 모자를 쓰고 수레에 기대듯 앉아 있었다. 무제(武帝)가 한번 보고 싶다고 했다. 산공은 거절할 수가 없어서 아들에게 물었는데 아이는 가지 않겠노라고 했다. 그래서 당시 사람들은 이 아이가 산공보다 낫다고 평했다.(1)

원문| **山公大兒短箸帢, 車中倚. 武帝欲見之. 山公不敢辭,**

問兒. 兒不肯行. 時論乃云, 勝山公.(1)

(1) 《진제공찬(晉諸公贊)》에 이런 이야기가 있다. '산해(山該)의 자는 백륜(伯倫)이며 사도(司徒)인 산도(山濤)의 장남이다. 기량과 식견이 뛰어났으며 벼슬하여 좌위장군(左衛將軍)에 이르렀다.'
晉諸公贊曰, 山該字伯倫, 司徒濤長子也. 雅有器識, 仕至左衛將軍.

주해 | ㅇ山公大兒(산공대아)－여기서는 산도(山濤)의 장남 산해(山該)로 되어 있는데 《진서(晉書)》 권43 〈산해전(山該傳)〉에서는 셋째 아들인 산윤(山允)의 이야기로 되어 있다. 산윤은 곱사등이로서 키가 작았다.
ㅇ短箸帢(단저갑)－원본(袁本)은 저단갑(箸短帢)으로 적고 있다. 갑(帢)이란 위(魏)나라 무제(武帝 : 曹操)가 옛날에 사슴 가죽으로 만든 피변(皮弁)이란 관(冠)을 흉내내어 만든, 각(角)이 없는 간략한 모자로서 그 색깔을 가지고 귀천의 신분을 구별했다(《三國志》 권1의 裴注에서 인용한 《傅子》).
ㅇ左衛將軍(좌위장군)－이런 장군 명칭은 실제로는 없고 전후좌우장군(前後左右將軍) 중 하나였으리라.

16. 상웅(向雄)이 하내군(河內郡)의 주부(主簿)였을 때, 상웅에게 직접적인 관계가 없는 공무상의 사건이었건만 태수 유회(劉淮)는 무턱대고 화를 내며 상웅을 태형(笞刑)에 처한 다음 추방했다. 그후 상웅은 황문랑(黃門郎)이 되고 유회는 시중(侍中)이 되었는데, 애초부터 서로 말을 나누지 않았다. 무제(武帝 : 司馬炎)는 그 말을 듣고 군신간(君臣間)에 사이를 회복토록 하라는 명령을 내렸다. 상웅은 하는 수 없이 유회에게로 가서 재배를 하고 말했다. "저는 칙명을 받고 오기는 왔습니다만 군신간의 의(義)가 끊기는 일은 어쩔 수가 없는 일

이잖습니까?" 그리고 곧 돌아갔다. 무제는 아직도 두 사람이 화해하지 않았다는 말을 듣고는 화를 내며 물었다. "나는 그대에게 군신간의 사이를 회복하라고 명했거늘 어찌하여 아직도 절교를 하고 있는 게요?"(1) 상웅이 대답했다. "옛날, 군자는 사람을 쓰는 데도 예(禮)에 따르고 사람을 물리치는 데도 예에 따르라고 하였습니다. 오늘날의 군자는 사람을 쓸 때에는 무릎에 앉힐 듯하다가 사람을 물리칠 때에는 연못에 밀어넣듯 합니다. 제가 유하내(劉河內)에 대하여 '적군의 대장'이 되지 않는 것만도 다행스런 일입니다. 어찌 새삼스럽게 군신관계를 회복시킬 수 있겠습니까?" 무제는 그대로 내버려두었다.(2)

원문| 向雄爲河内主簿, 有公事不及雄. 而太守劉淮横怒, 遂與杖遣之. 雄後爲黄門郎, 劉爲侍中, 初不交言. 武帝聞之, 敕雄復君臣之好. 雄不得已詣劉, 再拜曰, 向受詔而來, 而君臣之義絶, 何如. 於是卽去. 武帝聞尚不和, 乃怒問雄曰, 我令卿復君臣之好, 何以猶絶.(1) 雄曰, 古之君子, 進人以禮, 退人以禮. 今之君子, 進人若將加諸膝, 退人若將墜諸淵. 臣於劉河内, 不爲戎首, 亦已幸甚. 安復爲君臣之好. 武帝從之.(2)

(1) 《한진춘추(漢晉春秋)》에 이런 이야기가 있다. '상웅(向雄)의 자는 무백(茂伯)이며 하내(河内) 사람이다.'
《세어(世語)》에는 이런 이야기가 있다. '상웅은 절의와 기개가 있었는데 벼슬하여 황문랑(黄門郎)·호군장군(護軍將軍)에 이르렀다.'
생각하건대 왕은(王隱)·손성(孫盛)의 책에 실려 있는 '고군(故君)과 얘기하지 않는 것에 관한 논의(不與故君相聞議)'에서 '옛날 진초(晉初) 무렵, 하내온현(河内溫縣)의 영교(領校) 상웅(向雄)은 희우(犧牛)를 운송함에 있어, 군태수(郡太守)에게 먼저 바치지 않고 상례에 따라 도읍 낙양으로 운송했다. 그러는 동안에 마침 날씨가 무더워서 소가 죽고 말았다. 주군(州郡)의 법은 엄중하여 군태수 오분(吳奮)은 상웅을 소환하여 태형(笞刑)에 처하려고 했다. 상웅은 처형에 불복하면서 "군우(郡牛)가 죽었으니 정우(呈牛)가 죽는 수도 있습니다."라고 말했다. 오분은 크게 노하여 상웅을 하옥(下獄)하고 엄하게 다스리려고 했다. 마침 그때 사예교위(司隷校尉)가 상웅을 불러 도관종사(都官從事)로 삼았고 몇해 지나서 황문시랑이 되었다. 오분은 시중(侍中)이 되어 같은 성(省)에 있었는데 서로 피하고 만나지 않았다. 무제(武帝 : 司馬炎)는 이 사실을 듣고 상웅에게 술과 예물을 들고 가서 오분과 화해하게 하였다. 그래서 상웅은 칙명에 따랐다.' 이것에 의하면 유회(劉淮)의 일은 아니다.

《진제공찬(晉諸公贊)》에는 이런 말이 있다. '유회(劉淮)의 자는 군평(君平)이며 패국(沛國) 저추(杼秋) 사람이다. 젊었을 때부터 청정한 인품으로 칭찬받았다. 하내태수(河內太守)·시중(侍中)·상서복야(尚書僕射)·사도(司徒)에 누천(累遷)되었다.'

漢晉春秋曰, 雄字茂伯, 河內人.

世語曰, 雄有節槩, 仕至黃門郎, 護軍將軍.

案, 王隱, 孫盛不與故君相聞議曰, 昔在晉初, 河內溫縣領校向雄, 送御犧牛, 不先呈郡, 輒隨比送洛. 値天大熱, 郡送牛多暍死. 臺法甚重, 太守吳奮召雄與杖. 雄不受杖, 曰, 郡牛者亦死也. 呈牛者亦死也. 奮大怒, 下雄獄, 將大治之. 會司隸辟雄都官從事, 數年爲黃門侍郎. 奮爲侍中, 同省, 相避不相見. 武帝聞之, 給雄酒禮, 使詣奮解. 雄乃奉詔. 此則非劉淮也.

晉諸公贊曰, 淮字君平, 沛國杼秋人. 少以淸正稱. 累遷河內太守, 侍中, 尚書僕射, 司徒.

(2) 《예기(禮記)》에 이런 이야기가 있다. '노(魯)나라 목공(穆公)이 자사(子思)에게 물었다. "옛 주군(主君)을 위해 고국으로 돌아가서

복상(服喪)하는 것은 예로부터 내려오는 예(禮)인가요?" 자사가 대답했다. "옛날의 군자는 사람을 등용할 때에도 예에 따르고 사람을 물리칠 때에도 예에 따랐습니다. 그런 까닭에 옛 주군을 위해 고국으로 돌아가서 복상했던 것입니다. 오늘날의 군자는 사람을 쓸 때에는 무릎에 앉힐 정도로 친밀하게 합니다만 사람을 물리칠 때에는 연못에 밀어넣듯 합니다. 물리침을 받은 사람이 적군의 수령이 되지 않는 것만도 다행스런 일이지 않겠습니까? 그런데 어찌 고국으로 돌아가서 복상을 하겠습니까?"'

정현(鄭玄)의 주(注)에 이런 말이 있다. '군병(軍兵)의 장수가 되어 공격해 들어가므로 융수(戎首 : 적군의 수령)라고 말한 것이다.'

禮記曰, 穆公問於子思曰, 爲舊君反服, 古邪. 子思曰, 古之君子, 進人以禮, 退人以禮. 故有舊君反服之禮. 今之君子, 進人若將加諸膝, 退人若將墜諸淵. 無爲戎首, 不亦善乎. 又何反服之有.

鄭玄曰, 爲兵主來攻伐, 故曰戎首也.

주해 | ㅇ劉淮(유회)-《진서(晉書)》 권48 〈상웅전(向雄傳)〉에서는 유의(劉毅)라고 적고 있다.

ㅇ君臣之好(군신지호)-지방장관과 그 속관(屬官)의 관계는 황제와 신하의 관계에 비교되었었다.

ㅇ護軍將軍(호군장군)-《진서》 〈상웅전〉에는 '정로장군(征虜將軍)'으로 되어 있다.

ㅇ犧牛(희우)-제사 때 제물로 바치는 데 사용되는 순색의 소. 군태수에게 바치는 소를 정우(呈牛)라 하고 군에서 도읍에 바치는 소는 군우(郡牛)라고 했다.

17. 제왕(齊王) 사마경(司馬冏)이 대사마(大司馬)가 되어 조정을

보좌했을 때[1] 혜소(嵇紹)는 시중(侍中)이었는데 사마경에게 가서 정무(政務)에 대하여 상담했다. 사마경은 잔치를 베풀고 갈여(葛旟)[2]와 동애(董艾)[3] 등을 불러 함께 시국을 논하였다. 갈여 등이 사마경에게 아뢰었다. "혜시중(嵇侍中)은 관현악기의 명수입니다. 바라건대 한번 연주시켜 보십시오." 그래서 악기를 건네주었다. 혜소는 그것을 밀어 놓으며 받지 아니했다. 사마경은 말했다. "오늘은 서로 즐기자는 게요. 그대는 어찌하여 거절하는 게요?" 혜소가 말했다. "공(公)께서는 황실(皇室)을 도와 정사(政事)의 본보기를 보여주시려고 하십니다. 저는 낮은 관직에 있는 몸이긴 하지만 상백(常伯 : 侍中)의 직책에 있습니다. 생각하건대 사죽(絲竹)을 연주하는 것은 악관(樂官)이 할 일입니다. 선왕(先王)께서 정해주신 예복(禮服)을 입고 악인의 시늉을 낼 수는 없습니다. 그래도 꼭 원하신다면 굳이 사양하지는 않겠습니다. 그러면 관을 벗고 사복으로 갈아입겠습니다. 이렇게 하고자 하는 것이 제 뜻입니다." 갈여 등은 못마땅하게 생각하면서 나갔다.

원문| **齊王冏爲大司馬輔政.[1] 嵇紹爲侍中, 詣冏諮事. 冏設宰會, 召葛旟,[2] 董艾等,[3] 共論時宜. 旟等白冏, 嵇侍中善於絲竹. 公可令操之. 遂送樂器. 紹推却不受. 冏曰, 今日共爲歡, 卿何卻邪. 紹曰, 公協輔皇室, 令作事可法. 紹雖官卑, 職備常伯. 操絲比竹, 蓋樂官之事. 不可以先王法服, 爲伶人之業. 今逼高命, 不敢苟辭. 當釋冠冕, 襲私服. 此紹之心也. 旟等不自得而退.**

(1) 우예(虞預)의 《진서(晉書)》에 이런 이야기가 있다. '사마경(司馬冏)의 자는 경치(景治)이며 제왕(齊王) 사마유(司馬攸)의 아들이다. 어렸을 때부터 총명했는데 성장하자 베풀기를 좋아했다. 조왕(趙王) 윤(倫)이 제위(帝位)를 찬탈했을 때 사마경은 의병을 일으

키어 윤(倫)을 주살했다. 대사마(大司馬)에 임명되어 구석(九錫)을 받았으며 정사는 모두 그가 하였다. 그러나 함부로 소인(小人) 등을 임용하는 한편 조정에 들어가지 않다가 장사왕(長沙王 : 司馬乂)에게 주살당했다.'

虞預晉書曰, 冏字景治, 齊王攸子也. 少聰惠, 及長, 謙約好施. 趙王倫簒位, 冏起義兵誅倫, 拜大司馬, 加九錫, 政皆決之. 而恣用羣小, 不復朝覲, 遂爲長沙王所誅.

(2) 《제왕관속명(齊王官屬名)》에 이런 말이 있다. '갈여(葛旟)의 자는 허여(虛旟)이며 제왕(齊王) 경(冏)의 종사중랑(從事中郎)이었다.' 《진양추(晉陽秋)》에는 이런 이야기가 있다. '제왕(齊王 : 司馬冏)이 의병을 일으키자 갈여는 장사(長史)로 전임되었다. 조왕(趙王) 윤(倫)을 쳐부수자 동애(董艾) 등과 함께 권세를 잡고 마음대로 휘둘렀다. 사마경이 패하자 주살당하였다.'

齊王官屬名曰, 旟字虛旟, 齊王從事中郎.

晉陽秋曰, 齊王起義, 轉長史. 旣克趙王倫, 與董艾等專執威權. 冏敗, 見誅.

(3) 《팔왕고사(八王故事)》에 이런 이야기가 있다. '동애(董艾)의 자는 숙지(叔智)이며, 홍농(弘農) 사람이다. 조부인 동우(董遇)는 위(魏)나라 시중(侍中)이었고 아버지 동수(董綏)는 비서감(秘書監)이었다. 동애는 젊었을 때 공명(功名)을 좋아했고 사인(士人)으로서의 예절을 지켰는데 제왕(齊王)이 의병을 일으켰을 때 동애는 신급령(新汲令)이었는데 군사를 이끌고 나갔다. 그래서 제왕(齊王)은 동애를 우장군(右將軍)으로 삼았다. 제왕이 패하자 주살당했다.'

八王故事曰, 艾字叔智, 弘農人. 祖遇, 魏侍中. 父綏, 秘書監, 艾少好功名, 不脩士檢. 齊王起義, 艾爲新汲令, 赴軍, 用艾領右將軍. 王敗, 見誅.

주해| ㅇ作事可法(작사가법)－《좌전(左傳)》 양공(襄公) 31년조에 '일을 함에 법도가 되게 하고 덕행(德行)을 본받게 한다(作事可法, 德行可象)'라고 되어 있다.

ㅇ常伯(상백)－시중(侍中)의 옛이름.

18. 노지(盧志)는 여럿이 있는 자리에서[(1)] 육사형(陸士衡 : 陸機)에게 물었다. "육손(陸遜)과 육항(陸抗)[(2)]은 그대와 어떤 관계요?" 육기가 대답했다. "그대와 노육(盧毓)·노정(盧珽)[(3)]의 관계와 마찬가지요." 육사룡(陸士龍 : 陸雲)은 안색을 바꾸었다.[(4)] 그는 문을 나서자 형에게 말했다. "왜 그런 얘기를 한 겁니까? 그의 얼굴을 보니 어쩌면 알지 못하고 있던 것 같던데요." 육사형은 정색을 하며 말했다. "우리 아버지와 할아버지의 명성은 천하에 알려져 있는데 어찌 모를 리가 있단 말인가? 귀신 자식 같은 자 같은 것이 일부러 그런 시늉을 냈던 것이야."[(5)] 세상의 논자(論者)들은 육씨 형제의 우열을 가리지 못하고 있었는데 사공(謝公 : 謝安)이 이 일을 가지고 (그들의 우열을) 가리었다.

원문| **盧志於衆坐[(1)]問陸士衡, 陸遜, 陸抗是君何物.[(2)] 答曰, 如卿於盧毓, 盧珽.[(3)] 士龍失色.[(4)] 旣出戶, 謂兄曰, 何至如此. 彼容不相知也. 士衡正色曰, 我父祖名播海內. 寧有不知. 鬼子敢爾.[(5)] 議者疑二陸優劣. 謝公以此定之.**

(1) 《세어(世語)》에 이런 이야기가 있다. '노지(盧志)의 자는 자통(子通)이고 범양(范陽) 사람이며 상서(尙書) 노정(盧珽)의 막내아들이다. 젊었을 때 이름이 알려졌다. 업령(鄴令)으로 벼슬을 시작하여 성도왕(成都王 : 司馬穎)의 장사(長史)·위위경(衛尉卿)·상서랑(尙書郞)을 역임했다.'

世語曰, 志字子通, 范陽人, 尙書珽少子. 少知名. 起家鄴令, 歷成都王長史, 衛尉卿, 尙書郎.

(2) 육항(陸抗)은 앞에서 나왔다.
《오서(吳書)》에 이런 이야기가 있다. '육손(陸遜)의 자는 백언(伯言)이며 오군(吳郡) 사람이다. 대대로 고관을 지낸 집안의 후손이다. 처음에 해창령(海昌令)에 임명되었는데 신군(神君)으로 불려졌으며 승상(丞相)으로 누천(累遷)되었다.'
抗已見.
吳書曰, 遜字伯言, 吳郡人. 世爲冠族. 初領海昌令, 號神君, 累遷丞相.

(3) 《위지(魏志)》에 이런 이야기가 있다. '노육(盧毓)의 자는 자가(子家)이며 탁(涿) 땅 사람이다. 아버지 노식(盧植)은 세상에 명성이 있었다. 이부랑(吏部郎)·상서(尙書)에 누천되었다. 사람을 선발할 때 그 인격과 행위는 중시하고 변설이나 재능은 두 번째로 미루었다. 사공(司空)으로 승진되었다. 노정(盧珽)은 함희연간(咸熙年間)에 태산태수(泰山太守)가 되었다. 자는 자홀(子笏)이고 벼슬은 상서(尙書)에 이르렀다.
魏志曰, 毓字子家, 涿人. 父植, 有名於世. 累遷吏部郎, 尙書. 選擧, 先性行而後言才. 進司空. 珽咸熙中, 爲泰山太守. 字子笏, 位至尙書.

(4) 육운(陸雲)은 따로 나온다.
雲別見.

(5) 《공씨지괴(孔氏志怪)》에 이런 이야기가 있다. '노충(盧充)은 범양(范陽) 사람이다. 그의 집 서쪽 30리 되는 곳에 최소부(崔少府)의

묘(墓)가 있었다. 노충은 동지(冬至) 전날 자기 집 서쪽으로 사냥을 나갔다. 노루를 발견하자 활을 들고 쏘았다. 화살이 명중하여 노루가 쓰러졌는데 곧 다시 일어섰다. 노충은 그 뒤를 따라가다가 어느덧 멀리까지 가고 말았다. 그러자 그 길 북쪽 1리가량 되는 곳에 고관의 저택 대문과 같은 것이 보였다. 문지기가 말했다. "들어오시지요." 노충은 물었다. "이곳은 어느 분 저택인가요?" 문지기가 대답했다. "소부(少府) 나리 댁입니다." 노충이 말했다. "이런 보잘것없는 신분으로 어찌 고귀한 분을 뵈올 수 있으리까?" 그러자 곧 한 사람이 새옷 한 벌을 싼 보자기를 가지고 와서 그를 맞이했다. 그것을 몸에 입자 맞춤옷처럼 모두 잘 맞았다. 그가 안으로 들어가서 소부(少府)를 만나고 통성명을 하자 술과 고기 안주가 즐비하게 나왔다. 최소부가 말했다. "이전에 그대의 아버지로부터 편지를 받았는데 그대에게 내 막내딸을 주라는 것이었소. 그래서 이렇게 초대했던 거요." 그리고 편지를 꺼내어 노충에게 보여주었다. 아버지가 세상을 떠날 때 노충은 어렸는데 아버지 필적을 일찍이 본 적이 있었으므로 흐느껴 울다가 그 혼담을 승낙했다. 그러자 최소부는 곧 아내에게 명하여 딸을 단장시키도록 하고 노충을 동쪽 사랑채로 보냈다. 노충이 가자 상대 여성은 이미 수레에서 내리어 좌석 옆에 서있었는데 두 사람은 교배례(交拜禮)를 했다. 혼례식이 있은 후 사흘이 지나자 노충은 돌아와서 최소부를 뵈었다. 최소부가 말했다. "자네는 이제 돌아가는 게 좋겠어. 딸아이는 임신한 것 같군. 아들이 태어나면 반드시 자네에게 돌려보낼 것이야. 딸이 태어나면 내가 맡아서 기르기로 하겠네." 그러더니 밖에 명하여 곧 수레를 준비해서 손님을 모셔다 드리는 것이었다. 최소부는 문앞까지 나와서 배웅했는데 손을 잡으며 눈물을 흘렸다. 이별의 정은 살아있는 사람과 조금도 다름이 없었다. 한편 의복 한 벌과 침구 한 벌을 주었다. 노충이 수레에 타자 번개처럼 달리어 금방 자기 집에 도착했다. 가족들은 노충의 모습을 보자

희비가 엇갈리었고 이것저것 상황에 대해서 물었다. 그래서 노충은 최소부가 죽은 사람이며 그의 무덤 속에 들어갔었다는 사실을 알고는 새삼스럽게 놀라며 탄식했다. 그리고 4년이 지난 3월 3일, 냇가에서 계제사(禊祭祀)를 하며 즐기고 있는데 문득 한 대의 우거(牛車)가 떠올랐다가 가라앉는 것을 목격했다. 그 수레가 냇가로 올라와서 멎었다. 노충이 다가가서 수레의 뒷문을 열어보니 최소부의 딸이 세 살된 아들과 함께 타고 있었다. 노충이 보고 기뻐하며 그 손을 잡으려고 하자 딸은 손을 들어 뒤에 있는 수레를 가리키며 말했다. "아버지가 만나보시겠다고 하십니다." 곧 최소부가 나타났다. 노충이 다가가서 그때 이후로 있었던 일을 묻자 최소부의 딸이 아들을 안고 와서 노충에게 건네주었다. 또 황금 주발을 주고 이별을 나누었으며 아울러 다음과 같은 시(詩)를 한 수 주었다. "밝게 반짝이는 영지(靈芝)의 자질, 빛나고 아름답게 얼마나 무성한가! 때가 되어 고운 꽃 피어나니 경이로움에 신기함 드러내네. 맺은 꽃봉오리 피어보지도 못한 채, 한여름에 서리맞아 시들었네. 빛나는 영화(榮華) 길이 어둠 속으로 사라지고 인생길 영원히 펼칠 길 없는데 음양의 이치 깨닫지 못하였네. 홀연 철인(哲人)이 강림할 때까지는 잠시의 만남과 빠른 이별도 모두 천지신명께 달려있는 것이로다. 무엇을 내 낭군에게 드릴까? 황금 주발로 아이를 양육할 수 있다네. 은애(恩愛)함도 이제는 이별이니, 끊어지듯 아프기만 한 이내 간장이여!" 노충이 아이와 주발과 시(詩)를 받자 문득 두 수레는 보이지 않았다. 아이를 데리고 돌아오니 좌중의 사람들은 망령(亡靈)이라 생각하고 모두 멀리서 침을 뱉었는데 아이의 모습은 아까 그대로였다. 아이에게 "누가 네 아버지냐?"라고 물으니 아이는 곧바로 노충의 품에 안기었다. 처음에 사람들은 언짢은 기분이었지만 시(詩)를 돌려가며 읽는 사이에 죽은 자와 살아있는 자 사이의 오묘한 교분에 개연히 탄식하였다. 노충은 장터로 주발을 팔러 나갔는데 값을 높이 불러 금방 팔려고 하지 않은 채 주발의 값어치를 아는 사람이 나타나기를 기다렸다. 문득 한 노비(老婢)가 주발을 사고 싶다며 묻더니 돌아가서 주인에게 보고했다. 주인이란 바로 최소부 딸의 이모였다. 곧 아이를 조사해 보려고 사람을 보내니 과연 그대로였다. (그 주인이) 노충을 만나 말했다. “내 조카딸인 최소부의 딸은 시집가기 전에 죽었습니다. 집안 사람들은 그 죽음을 애통해하며 황금 주발 한 개를 관(棺) 속에 넣어주었답니다. 지금 당신이 가지고 있는 그 주발을 보니 (그것과) 아주 흡사하군요. 그 주발을 입수(入手)하게 된 경위를 들려주지 않으렵니까?” 노충은 있었던 일을 그대로 대답해 주었다. 그래서 곧 그 아이를 맞으러 노충네 집으로 갔다. 그 아이는 최소부의 딸도 닮았고 노충과도 닮아 있었다. 최소부 딸의 이모는 말했다. “내 조카딸은 3월 말경에 태어났지요. 그 아버지가 말하기를 ‘봄철은 따뜻하고 온화하니[煖溫] 훌륭하고 강하게[休強] 키웠으면 한다’라며 즉석에서 자를 온휴(溫休)라고 지었지요. 온휴는 대저 혼령과 결혼을 한다[幽婚]란 뜻이니 그럴 조짐이 이미 나타났던 것입니다.”라고 하였다. 아이는 성장하여 마침내 훌륭한 인물이 되어 여러 군(郡)의 태수(太守)를 역임했고 뛰어난 치적을 세웠다. 그 후손에서 노식이 태어났고 한(漢)나라 상서(尙書)가 되었으며 노식의 아들 노육(盧毓)은 위(魏)나라 사공(司空)이 되었다. 대대로 고관이 되어 현재에 이르고 있다.’

孔氏志怪曰, 盧充者, 范陽人. 家西三十里有崔少府墓. 充先冬至一日, 出家西獵. 見一麞, 擧弓而射. 卽中之, 麞倒而復起. 充逐之, 不覺遠. 忽見一里門如府舍. 門中一鈴下有唱家前. 充問, 此何府也. 答曰, 少府府也. 充曰, 我衣惡, 那得見貴人. 卽有人提襆新衣迎之. 充著, 盡可體, 便進見少府. 展姓名, 酒炙數行. 崔曰, 近得尊府君書, 爲君索小女婚, 故相延耳. 卽擧書示充. 充父亡, 時雖小, 然已見父手迹. 便歔欷無辭. 崔卽敕內, 令女郎莊嚴, 便充就東廊. 充至, 婦已下車, 立席頭, 共拜. 三

日畢, 還見崔. 崔曰, 君可歸矣. 女有娠相, 生男, 當以相還. 生女, 當留自養. 敕外嚴車送客. 崔送至門, 執手零涕, 離別之感, 無異生人. 復致衣一襲, 被褥一副. 充便上車, 去如電逝, 須臾至家. 家人相見悲喜, 推問, 知崔是亡人, 而入其墓. 追以懊惋. 居四年, 三月三日臨水戲, 忽見一犢車, 乍浮乍沒. 旣上岸, 充往開車後户, 見崔氏女與三歲男兒共載. 充見之忻然, 欲捉其手. 女擧手指後車曰, 府君見人. 卽見少府. 充往問訊, 女抱兒還充. 又與金盌別, 幷贈詩曰, 煌煌靈芝質, 光麗何猗猗. 華豔當時顯, 嘉異表神奇. 含英未及秀, 中夏罹霜萎. 榮曜長幽滅, 世路永無施. 不悟陰陽運, 哲人忽來儀. 會淺離別速, 皆由靈與祇. 何以贈余親. 金盌可頤兒. 愛恩從此別, 斷絶傷肝脾. 充取兒椀及詩, 忽不見二車處. 將兒還, 四坐謂是鬼媚, 僉遙唾之, 形如故. 問兒, 誰是汝父. 兒逕就充懷. 衆初怪惡, 傳省其詩, 慨然歎死生之玄通也. 充詣市賣盌, 高擧其價, 不欲速售, 冀有識者. 歘有一老婢, 問充得盌之由. 還報其大家, 卽女姨也. 遣視之, 果是. 謂充曰, 我姨姊, 崔少府女, 未嫁而亡. 家親痛之, 贈一金盌, 著棺中. 今視卿盌, 甚似. 得椀本末, 可得聞不. 充以事對. 卽詣充家迎兒. 兒有崔氏狀, 又似充. 姨曰, 我甥生三月末閒産, 父曰春煖溫也. 願休强也. 卽字溫休. 溫休, 蓋幽婚也. 其兆先彰矣. 兒遂成爲令器. 歷數郡二千石, 皆著績. 其後生植, 爲漢尚書. 植子毓, 爲魏司空. 冠蓋相承至今也.

주해 | ㅇ陸遜(육손) · 陸抗(육항) – 육기(陸機) · 육운(陸雲) 형제의 조부와 아버지이다.

ㅇ盧毓(노육) · 盧珽(노정) – 노지(盧志)의 조부와 아버지이다.

ㅇ士龍失色(사룡실색) – 노지(盧志)가 육기(陸機)의 할아버지와 아버지의 휘(諱 : 이름)를 불렀기 때문에 육기도 상대방의 할아버지와 아버지의 휘를 불렀던 것이다. 할아버지나 아버지의 휘를 부르는 것은 굉장한 실

례이며 시호나 관직명 또는 자(字) 등을 부르는 게 예였다.
- 子通(자통)－《진서(晋書)》 권44 〈노지전(盧志傳)〉에는 '자도(子道)'로 되어 있다.
- 已見(이견)－〈정치편(政治篇)〉 4.
- 魏志(위지)－《삼국지(三國志)》 권22 〈노육전(盧毓傳)〉.
- 別見(별견)－〈상예편(賞譽篇)〉 20.
- 少府(소부)－현위(縣尉)의 별칭.
- 有唱家前(유창가전)－《수신기(搜神記)》에는 '창객전(唱客前)'으로 되어 있다.
- 一犢車(일독거)－《수신기》에는 '이독거(二犢車)'로 되어 있다.
- 唾之(타지)－유령은 인간이 뱉는 침을 싫어한다고 했다.
- 遣視之(견시지)－《수신기》에는 '견아시지(遣兒視之)'로 되어 있다.
- 舅生(구생)－《수신기》에는 '외생(外甥)'으로 되어 있다.
- 溫休(온휴), 蓋幽婚(개유혼)－'온휴(溫休)'의 반절(反切)이 유(幽)자가 되고, '휴온(休溫)'의 반절이 혼(婚)자가 되기 때문에 유혼(幽婚)의 징조라고 생각했던 것이다. 유혼이란 죽은 영혼과 결혼하는 것을 뜻한다.

19. 양침(羊忱)은 성격이 매우 강직했다. 조왕(趙王) 사마윤(司馬倫)이 상국(相國)이었을 때 양침은 태부(太傅 : 司馬越)의 장사(長史)였다. 조왕 사마윤은 사령(辭令)을 내리어 (양침을) 자신의 군사(軍事)에 참여시키려고 했다. 사자(使者)가 갑자기 나타났는데 양침은 화를 입게 되는 것이 두려워서, 말에 안장을 올려놓을 틈도 없었으므로 나마(裸馬)에 몸을 의지하고 도망쳤다. 사자는 그를 추격했지만 양침은 명궁(名弓)으로 좌우 양쪽에서 화살을 날리므로 아무리 애를 써도 나아갈 수가 없었다. 그래서 마침내 도망칠 수가 있었다.(1)

| 원문 | 羊忱性甚貞烈. 趙王倫爲相國, 忱爲太傅長史. 乃版以參相國軍事. 使者卒至. 忱深懼豫禍, 不暇被馬. 於是帖騎而

避. 使者追之. 忱善射, 左右發, 使者不敢進. 遂得免.[(1)]

(1) 《문자지(文字志)》에 이런 이야기가 있다. '양침(羊忱)의 자는 장화(長和)이며, 일명 도(陶)라고도 한다. 태산(泰山) 평양(平陽) 사람이다. 대대로 고관을 지낸 집안으로 아버지 양요(羊繇)는 거기연(車騎掾)이었다. 양침은 태부의 장사, 양주자사(揚州刺史) 등을 역임하고 시중(侍中)으로 옮겼다. 영가(永嘉) 5년(311) 난을 만나 죽음을 당했다. 향년 50여세였다.'

文字志曰, 忱字長和, 一名陶. 泰山平陽人. 世爲冠族. 父疏, 車騎掾. 忱歷太傅長史, 揚州刺史, 遷侍中. 永嘉五年, 遭亂被害. 年五十餘.

주해 | ㅇ太傅(태부)－주대(周代) 삼공(三公)의 하나로서 진대(晋代)에는 삼공보다 벼슬이 높았으며 상공(上公)이라 칭했는데 실권은 없었다. 당시의 태부는 동해왕(東海王) 사마월(司馬越).

ㅇ版(판)－판(板)이라고도 쓰며 사령(辭令)을 뜻한다. 천자는 황지(黃紙)에 쓴 사령을 이 나무판에 붙여서 발령하고, 그 이외의 관료가 부하를 부를 때에는 백지를 판에 붙인 것을 사용했다. 판에 관한 기록은 송(宋)나라 정대창(程大昌)의 《연번로(演繁露)》 권10 백판천자(白板天子)의 조(條)에 '위진(魏晋)으로부터 양진(梁陳)에 이르기까지 벼슬을 주는 데 판(板)이 있었다. 길이 1척 2촌, 두께 1촌, 너비 7촌, 수관(授官)의 사(辭)가 판 위에 있으며 곡두서(鵠頭書)를 이룬다'라고 했다.

ㅇ泰山平陽人(태산평양인)－왕조(汪藻)의 《양씨보(羊氏譜)》에 의하면 양씨는 태산 남성(南城)의 일족(一族).

ㅇ疏(소)－원본(袁本)은 요(繇)로 썼고 〈방정편(方正篇)〉 25와 〈상예편(賞譽篇)〉 11에서 인용한 《양씨보(羊氏譜)》 모두 요(繇)로 적고 있다. 여기서는 원본(袁本)에 따라 번역했다.

20. 왕태위(王太尉 : 王衍)는 유자숭(庾子嵩 : 庾敳)과 친교가 없었

는데 유자숭은 왕연에게 자주 '경(卿)'이라고 불렀다. 왕연이 말했다. "그대는 나를 그런 호칭으로 부르지 마오." 유자숭이 말했다. "당신은 당신대로 나를 그대〔君〕로 부르고, 나는 나대로 당신을 '경(卿)'이라고 부를 뿐이오. 나는 내 방식대로 할 것이고 당신은 당신 방식대로 하면 되는 것이외다."

원문| **王太尉不與庾子嵩交. 庾卿之不置. 王曰, 君不得爲爾. 庾曰, 卿自君我, 我自卿卿. 我自用我法. 卿自用卿法.**

주해| ㅇ卿(경)·君(군)—'경'은 벗하는 사이의 동년배, 혹은 그 이하의 사람에 대해서 사용하는 대칭어(對稱語)이다. '군'은 이 경보다 다소 공손한 말이다. 여기서는 친한 사이도 아니건만 왕연이 유자숭을 '경'이라고 부른 것이 문제가 되었다.

21. 완선자(阮宣子 : 阮脩)가 사(社 : 土地神)의 나무를 베려고 했을 때,(1) 이를 막는 사람이 있었다. 완선자가 말했다. "토지신이 나무라면 나무를 벨 경우 토지신은 없어질 것이니 상관없을 것이고, 나무가 토지신이라면 나무를 베는 경우 토지신은 다른 나무로 옮겨가게 될 것이오."

원문| **阮宣子伐社樹,(1) 有人止之. 宣子曰, 社而爲樹, 伐樹則社亡. 樹而爲社, 伐樹則社移矣.**

(1) 완수(阮脩)는 앞에서 나왔다.
《춘추전(春秋傳)》에 이런 이야기가 있다. '공공씨(共工氏)에게는 아들이 있었는데 구룡(勾龍)이라 했으며 후토(后土)가 되었다. 후토는 사(社)이다.'
《풍속통(風俗通)》에 이런 이야기가 있다. '《효경(孝經)》에 말했다.

"토지신이란 땅이다. 땅은 광대하기 때문에 이것을 모두 제사지낼 수가 없다. 그러므로 흙을 쌓아서 사(社)라 하고 제사지내는 것이다. 이것을 제사지내는 것은 그 땅의 은택에 보답하는 것이다."' 그렇다면 사(社)는 본디 구룡을 제사지내는 것이지 땅을 제사지내는 것이 아니다.

阮脩已見.

春秋傳曰, 共工氏有子曰勾龍, 爲后土. 后土爲社.

風俗通曰, 孝經稱, 社者, 土也. 廣博不可備敬. 故封土爲社, 而祀之. 報功也.

然則社自祀勾龍, 非土之祭也.

주해 ㅇ社(사)－토지신(土地神).
ㅇ已見(이견)－〈문학편(文學篇)〉 18.
ㅇ春秋傳(춘추전)－《춘추좌씨전(春秋左氏傳)》 소공(昭公) 29년.
ㅇ風俗通(풍속통)－현재의 《풍속통의(風俗通義)》 권8.
ㅇ孝經稱(효경칭)－현재의 《효경(孝經)》에는 이 문구가 없다.

22. 완선자(阮宣子 : 阮脩)는 귀신이 있느냐 없느냐에 대해서 논했다. 어떤 사람은 사람이 죽더라도 영혼은 있다고 생각했으나 완선자만 홀로 없다고 했다. "이제 유령을 본 사람은 생시(生時)의 의복을 입고 있었다고 했는데 만약 사람이 죽더라도 영혼이 있다고 한다면 의복에도 역시 영혼이 있단 말인가?"(1)

원문 阮宣子論鬼神有無者. 或以人死有鬼. 宣子獨以爲無, 曰, 今見鬼者云, 箸生時衣服. 若人死有鬼, 衣服復有鬼邪.(1)

(1) 《논형(論衡)》에 이런 이야기가 있다. '세상에서는 사람이 죽으면

유령이 된다고들 하는데 그것은 잘못이다. 사람은 죽더라도 유령이 되지 않으며 지(知)가 없다면 사람을 해칠 수가 없다. 만약에 유령이 죽은 사람의 영혼이라고 한다면 사람이 보았을 때 벌거숭이이지 의복은 안보일 것이다. 왜냐하면 의복에는 영혼이 없기 때문이다. 이렇게 볼 때 유령을 보았을 경우 그 의복을 입은 모습이 사람의 형태를 하고 있다면 유령의 형체도 또한 그 사람의 모습을 하고 있게 된다. 사람의 모습을 하고 있다면 그것은 죽은 사람의 영혼이 아님을 알 수 있다. 무릇 천지 사이에 '귀신'이란 것이 있기는 하지만 그것은 죽은 사람의 영혼은 아니다.'

論衡曰, 世謂人死爲鬼, 非也. 人死不爲鬼, 無知不能害人. 如審鬼者死人精神, 人見之, 宜從裸袒之形, 無爲見衣帶被服也. 何則, 衣無精神也. 由此言之, 見衣服象人, 則形體亦象人, 象人知非死人之精神也. 凡天地之間有鬼, 非人死之精神也.

주해 | ㅇ論衡(논형)－권20 〈논사편(論死篇)〉을 요약한 것이다.

23. 원황제(元皇帝 : 司馬睿)가 즉위하자 정후(鄭后)에 대한 총애가 심한 나머지 명제(明帝 : 司馬紹)를 물리치고 간문제(簡文帝 : 司馬昱)를 태자로 세우고자 했다. 그러나 당시의 논자들이 모두 말했다. "연장자를 물리치고 연소자를 세우는 것은, 이미 도의상 윤리에 어긋나는 일이며, 그런데다가 명제는 총명하고 결단력도 있으므로 더더욱 태자로 적합한 분이시다." 주의(周顗)와 왕도(王導) 등, 제공(諸公)은 모두 간절하게 충간(忠諫)했다.(1) 단 조현량(刁玄亮 : 刁協)만은 소주(少主 : 司馬昱)를 받들면서 황제의 생각에 아부코자 하였다. 원제는 곧 시행코자 하면서도 제공(諸公)이 조칙을 받들지 않을 것을 두려워하여, 우선 주후(周侯 : 周顗)와 승상(丞相 : 王導)을 불러들이고 그 사이에 조칙을 내리어 조현량에게 건네주려고 했다.(2) 주후와 왕도가

입조하여 막 계단에 다가가려고 했을 때, 황제는 일부러 전령을 보내어, 그 자리에서 발길을 멈추고 동쪽에 있는 방으로 가게 하였다. 주후는 미처 그 까닭을 알아차리지 못하고 계단을 내려갔다. 승상 왕도는 전령을 밀치고 곧바로 옥좌 앞으로 나아가서 아뢰었다. "폐하께서는 어떤 일로 신(臣)을 부르셨습니까?" 황제는 그저 잠자코 있을 뿐이었는데 품속에서 황지(黃紙)의 조서를 꺼내어 찢어 버렸다. 이렇게 해서 후사(後嗣)가 겨우 정해졌다. 주후는 그제서야 비로소 부끄러워하며 말했다. "나는 평소 내가 무홍(茂弘 : 王導)보다 낫다고 했었는데 이제야 비로소 내가 따르지 못한다는 것을 알게 되었다."(3)

원문| 元皇帝旣登祚, 以鄭后之寵, 欲舍明帝而立簡文. 時議者咸謂, 舍長立少, 旣於理非倫. 且明帝以聰亮英斷, 益宜爲儲副. 周王諸公並苦爭懇切.(1) 唯刁玄亮獨欲奉少主, 以阿帝旨. 元帝便欲施行, 慮諸公不奉詔, 於是先喚周侯丞相入, 然後欲出詔付刁.(2) 周王旣入, 始至階頭, 帝逆遣傳詔, 遏使就東廂. 周侯未悟, 卽卻略下階. 丞相披撥傳詔, 徑至御牀前, 曰, 不審陛下何以見臣. 帝默然無言. 乃探懷中黃紙詔裂擲之. 由此皇儲始定. 周侯方慨然愧歎曰, 我常自言勝茂弘, 今始知不如也.(3)

(1) 《중흥서(中興書)》에 이런 이야기가 있다. '정태후(鄭太后)의 자는 아춘(阿春)이며 형양(滎陽) 사람이다. 젊어서 아버지를 여의고 처음에는 전씨(田氏)에게 시집갔다. 남편이 죽고 나자 외숙인 오씨(吳氏) 집에 몸을 의탁하고 있었다. 때마침 중종(中宗 : 元帝)의 경후(敬后) 우씨(虞氏)가 붕어했으므로 중종은 오씨네 집 딸을 후궁으로 맞아들이려고 했다. 후(后 : 鄭太后)가 오씨 집 딸과 후원에서 놀고 있을 때 이 후(后)에 관한 일을 중종에게 이야기한 사람이 있었다. 그래서 그녀를 후궁으로 맞아들이고 부인(夫人)으

로 삼았으며 깊이 총애했는데 간문제(簡文帝)를 낳았다. 간문제가 즉위하자 그 어머니를 높이어 문선태후(文宣太后)로 하였다.'

中興書曰, 鄭太后字阿春, 滎陽人. 少孤, 先嫁田氏. 夫亡, 依舅吳氏. 時中宗敬后虞氏先崩, 將納吳氏. 后與吳氏女遊後園, 有言之於中宗者. 納爲夫人, 甚寵, 生簡文. 帝卽位, 尊之曰文宣太后.

(2) 조협(刁協)을 가리킴이다.

刁協.

(3) 《중흥서(中興書)》에 이런 이야기가 있다. '원제는, 명제(明帝 : 司馬紹)도, 낭야왕(琅邪王) 사마부(司馬裒)도 모두 경후(敬后)의 소생은 아니지만 사마부에게는 대성하게 될 기량(器量)이 있고, 명제보다 뛰어나다고 생각했다. 그래서 무심코 왕도(王導)에게 물었다. "태자를 세우는 데는 그 덕(德)에 의하는 것이지 연령에 의한 것은 아니오. 현재 두 명 중 어느 쪽이 낫다고 생각하오?" 왕도는 말했다. "세자(世子 : 紹)도 선성(宣城 : 裒)도 총명한 덕을 갖추고 계시어 우열을 가릴 수 없습니다. 하온즉 연세를 기준으로 할 일입니다." 그래서 마음을 바꾸어 부(裒)를 낭야왕에 봉했다.'

이 기사는 《세설(世說)》과는 다르다. 그러나 하법성(何法盛)도 근거를 가지고 있을 것이니 과연 어느 쪽이 진실일까? 또한 간절하게 충간을 했다는 것은 있을 것 같은 도리이겠으나 계단을 올라가서 말한 왕도(王導)의 한마디는 어떤 특별한 것을 말했던 것도 아닌데 어찌하여 천자가 그로 인하여 계획을 바꿀 수 있었단 말인가?

中興書曰, 元皇以明帝及琅邪王裒並非敬后所生, 而謂裒有大成之度, 勝於明帝. 因從容問王導曰, 立子以德不以年. 今二子孰賢. 導曰, 世子, 宣城俱有爽明之德, 莫能優劣. 如此, 故當以年. 於是更封裒爲琅邪王.

而此與世說互異. 然法盛採摭典故, 以何爲實. 且從容諷諫, 理或可安, 豈有登階一言, 曾無奇說, 便爲之改計乎.

주해| ㅇ傳詔(전조)－전조동(傳詔童). 대개는 환관(宦官)이 이 일을 맡았다.

ㅇ法盛(법성)－하법성(何法盛). 《중흥서(中興書)》의 저자.

24. 왕승상(王丞相 : 王導)은 처음 강남(江南)에 건너갔을 때, 오(吳) 땅 사람들의 원조를 얻어야겠다는 생각에서 육태위(陸太尉 : 陸玩)에게 혼사를 맺자고 청했는데 육완은 이렇게 대답했다. "작은 언덕에서는 송백(松柏)이 나지 않습니다. 향초(香草)와 취초(臭草)는 같은 그릇 속에 들어가지 않고요.(1) 나는 보잘것없는 자입니다만 질서를 문란케 할 혼담은 결코 응할 수 없습니다."(2)

원문| 王丞相初在江左, 欲結援吳人, 請婚陸太尉. 對曰, 培塿無松柏, 薰蕕不同器.(1) 玩雖不才, 義不爲亂倫之始.(2)

(1) 두예(杜預)의 《좌전(左傳)》 주(注)에 이런 이야기가 있다. '배루(培塿)는 작은 언덕, 송백(松柏)은 큰 나무이다.' '훈(薰)은 향초(香草), 유(蕕)는 취초(臭草).'

杜預左傳注曰, 培塿, 小阜. 松柏, 大木也. 薰, 香草. 蕕, 臭草.

(2) 육완(陸玩)은 앞에서 나왔다.

玩已見.

주해| ㅇ培塿無松柏(배루무송백)－《좌전(左傳)》 양공(襄公) 24년에 있

는 말.

- 薰蕕不同器(훈유부동기)－《공자가어(孔子家語)》〈치사편(致思篇)〉에 '훈유(薰蕕)는 같은 그릇에 담을 수 없다'라고 되어 있다.
- 培塿無松柏云云(배루무송백운운)－일부러 겸손을 가장하여, 혼담을 거절한 것이다.
- 杜預左傳注(두예좌전주)－전반부는 양공(襄公) 24년, 후반부는 희공(僖公) 4년의 '일훈일유(一薰一蕕), 상유유취(尙猶有臭)'에 대한 주(注).
- 已見(이견)－〈정사편(政事篇)〉 13.

25. 제갈회(諸葛恢)의 장녀(長女 : 文彪)는 태위(太尉) 유량(庾亮)의 아들[庾會]에게 시집갔고,(1) 차녀(次女)는 서주자사(徐州刺史)인 양침(羊忱)의 아들[羊楷]에게 시집갔다.(2) 유량의 아들이 소준(蘇峻)에게 죽음을 당하자 (제갈회의 장녀는) 다시 강반(江虨)에게 시집갔다.(3) 제갈회의 아들[諸葛衡]은 등유(鄧攸)의 딸을 맞아 장가들었다.(4) 당시 사상서(謝尙書 : 謝裒)는 제갈회의 막내딸[文熊]과의 혼담을 요구했는데 제갈회가 말했다. "양씨(羊氏)・등씨(鄧氏)와는 대대로 혼인을 해왔어. 나는 강씨(江氏)네에 마음을 가지고 있으며 유씨(庾氏)네는 우리 집안을 마음에 두고 있지. 이런 처지에 사부(謝裒)의 아들[謝石]과 혼사를 할 수 있나?"(5) 제갈회가 죽자 그 막내딸은 사씨(謝氏)네로 출가했다.(6) 그래서 왕우군(王右軍 : 王羲之)이 사씨네에 가서 신부를 보니, (신부는) 아직도 제갈회의 가르침을 지키고 있으며, 그 위의는 단정했고, 용모와 몸가짐이 빛나듯 정연했다. 왕희지는 감탄하며 말했다. "내가 살아있으면서 딸을 시집보낸다 해도 저렇게 키워낼 수 있을까?"

|원문| 諸葛恢大女, 適太尉庾亮兒.(1) 次女適徐州刺史羊忱兒.(2) 亮子被蘇峻害, 改適江虨.(3) 恢兒娶鄧攸女.(4) 于時謝尙

書求其小女婚, 恢乃云, 羊, 鄧是世婚. 江家我顧伊, 庾家伊顧我. 不能復與謝裒兒婚.(5) 及恢亡, 遂婚.(6) 於是王右軍往謝家看新婦, 猶有恢之遺法. 威儀端詳, 容服光整. 王歎曰, 我在遣女裁得爾耳.

(1) 《제갈회별전(諸葛恢別傳)》에 이런 이야기가 있다. '제갈회의 자는 도명(道明)이며 낭야(琅邪) 양도(陽都) 사람이다. 조부인 제갈탄(諸葛誕)은 위(魏)나라 사공(司空), 아버지 제갈정(諸葛靚)도 명성이 높았다. 제갈회는 젊었을 때부터 명성이 있었으며 현명하다고 칭송되었다. 난리를 피하여 강남으로 건너간 후 중종(中宗 : 元帝)이 불러서 주부(主簿)로 삼았으며 상서령(尚書令)으로 누천(累遷)되었다.'

《유씨보(庾氏譜)》에는 이런 말이 있다. '유량(庾亮)의 아들인 유회(庾會)는 제갈회의 딸 문표(文彪)에게 장가들었다.'

유회(庾會)는 따로 나온다.

恢別傳曰, 恢字道明, 琅邪陽都人. 祖誕, 魏司空. 父靚, 亦知名. 恢少有令問, 稱爲明賢. 避難江左, 中宗召補主簿, 累遷尚書令.

庾氏譜曰, 庾亮子會, 娶恢女, 名文彪.

庾會別見.

(2) 《양씨보(羊氏譜)》에 이런 이야기가 있다. '양해(羊楷)의 자는 도무(道茂)이다. 조부인 양요(羊繇)는 거기연(車騎掾)이었고 아버지 양침(羊忱)은 시중(侍中)이었다. 양해는 벼슬하여 상서랑(尚書郞)에 이르렀다. 제갈회의 차녀(次女)에게 장가들었다.'

羊氏譜曰, 羊楷字道茂. 祖繇, 車騎掾. 父忱, 侍中. 楷仕至尚書郎. 娶諸葛恢次女.

(3) 강반(江虨)은 따로 나온다.

彪別見.

(4) 《제갈씨보(諸葛氏譜)》에 이런 이야기가 있다. '제갈회(諸葛恢)의 아들인 제갈형(諸葛衡)의 자는 준문(峻文)이며 벼슬하여 형양태수(滎陽太守)에 이르렀다. 하남(河南) 등유(鄧攸)의 딸에게 장가들었다.'

諸葛氏譜曰, 恢子衡, 字峻文, 仕至滎陽太守. 娶河南鄧攸女.

(5) 《영가류인명(永嘉流人名)》에 이런 말이 있다. '사부(謝裒)의 자는 유유(幼儒)이며 진군(陳郡) 사람이다. 아버지 사형(謝衡)은 박사(博士)였고, 사부는 시중(侍中)·이부상서(吏部尙書)·오국내사(吳國內史)를 역임했다.'

永嘉流人名曰, 裒字幼儒, 陳郡人. 父衡, 博士. 裒歷侍中, 吏部尚書, 吳國內史.

(6) 《사씨보(謝氏譜)》에는 이런 이야기가 있다. '사부(謝裒)의 아들인 사석(謝石)은 제갈회(諸葛恢)의 막내딸인 문웅(文熊)에게 장가들었다.'

《중흥서(中興書)》에 이런 기록이 있다. '사석(謝石)의 자는 석노(石奴)이며 상서령(尙書令)을 역임했다. 세금을 마구 거둬들이어 당시에 비난을 받았다.'

謝氏譜曰, 裒子石, 娶恢小女, 名文熊.

中興書曰, 石字石奴, 歷尚書令. 聚斂無厭, 取譏當世.

주해 | ㅇ被蘇峻害(피소준해)—성제(成帝) 때 소준(蘇峻)의 위망(威望)은 높아져서 유량(庾亮)의 부름을 받아 대사농(大司農)이 되자 마침내 반란을 기도했다(327년).

ㅇ世婚(세혼)—《태평어람(太平御覽)》 권541에 인용한 《세설(世說)》에는 '평혼(平婚)'으로 되어 있다. 이 경우는 균형이 맞는 결혼이란 뜻일까?

- 看新婦(간신부) — 상병화(尙秉和)의 《중국사회풍속사(中國社會風俗史)》에 의하면 당시 신부를 구경하는 풍습이 있었다.
- 庾會別見(유회별견) — 〈아량편(雅量篇)〉 17.
- 彪別見(반별견) — 〈방정편(方正篇)〉 42.

26. 주숙치(周叔治 : 周謨)가 진릉태수(晋陵太守)가 되었을 때, 장형(長兄)인 주후(周侯 : 周顗)와 중형(仲兄)인 중지(仲智 : 周嵩)가 전별하러 갔다. 주숙치는 헤어지려고 할 때 눈물을 흘렸다. 중지가 화를 내며 말했다. "이 녀석은 아녀자 같아! 사람과 이별하면서 울기만 하다니!" 그리고 그냥 버리고 떠났다.(1) 주후는 홀로 남아서 함께 술을 마시며 이야기를 나누었다. 헤어질 때는 눈물을 흘리고 숙치의 등을 어루만지면서 말했다. "아노(阿奴)! 부디 몸조심해라."(2)

원문| 周叔治作晉陵太守, 周侯, 仲智往別. 叔治以將別, 涕泗不止. 仲智恚之曰, 斯人乃婦女. 與人別, 唯啼泣. 便舍去.(1) 周侯獨留與飮酒言話. 臨別流涕, 撫其背曰, 阿奴, 好自愛.(2)

(1) 등찬(鄧粲)의 《진기(晋紀)》에 이런 이야기가 있다. '주모(周謨)의 자는 숙치(叔治)이며 주의(周顗)의 막내동생이다. 벼슬하여 중호군(中護軍)에 이르렀다. 주숭(周嵩)의 자는 중지(仲智)이며 주모의 형이다. 선천적으로 강직·과감했으며 언제나 그 재기(才氣)로 남을 능멸했다. 주의가 살해되었을 때 왕돈(王敦)은 사람을 보내어 조상케 했다. 주숭이 말했다. "죽은 형은 천하의 의사(義士)요. 그런 사람이 천하의 불의한 자에게 죽음을 당한 것이오. 무슨 조문이 필요하겠소?" 왕돈은 (이 일을) 매우 마땅치 않게 생각했는데 그래도 종사중랑(從事中郎)에 기용했다가 사건에 연루되었다

하여 주숭을 주살(誅殺)했다.'

《진양추(晋陽秋)》에 이런 이야기가 있다. '주숭(周嵩)은 부처를 섬겼는데 형을 받을 때도 경문(經文)을 외웠다.'

鄧粲晋紀曰, 周謨字叔治, 顗次弟也. 仕至中護軍. 嵩字仲智, 謨兄也. 性狡直果俠, 每以才氣陵物. 顗被害, 王敦使人弔焉. 嵩曰, 亡兄, 天下有義人. 爲天下無義人所殺. 復何所弔. 敦甚銜之. 猶取爲從事中郎, 因事誅嵩.

晋陽秋曰, 嵩事佛, 臨刑猶誦經.

(2) 아노(阿奴)란 주모(周謨)의 어렸을 때 자(字)이다.

阿奴, 謨小字.

주해 | ㅇ性狡直果俠(성교직과협)－《진서(晋書)》 권61 〈주숭전(周嵩傳)〉에 따르면 '교(狡)'를 '견(狷)'으로 적고 있다.

ㅇ次弟(차제)－주준(周浚)에게는 의(顗)·숭(嵩)·모(謨) 등, 세 아들이 있었는데 주모는 주의의 다음다음 동생이다.

ㅇ顗被害(의피해)－왕돈(王敦)은 평소부터 주의(周顗)의 재주를 시기하고 그의 힐책을 두려워하던 끝에, 원제(元帝) 영창(永昌) 원년(322), 주의를 체포케 하고 대연(戴淵)과 함께 석두(石頭)의 남문 밖에서 죽였다(《晋書》 권69 〈周顗傳〉, 《資治通鑑》 권92).

ㅇ因事誅嵩(인사주숭)－명제(明帝) 태녕(太寧) 2년(324) 정월, 왕돈은 주숭과 주연(周莚)이 이탈(李脫)과 함께 반역을 도모하고 있다고 무고하고 주숭·주연 등을 붙잡아 군중(軍中)에서 죽였다(《資治通鑑》 권93).

27. 주백인(周伯仁 : 周顗)이 이부상서(吏部尙書)였을 때, 관소에 있다가 밤중에 병에 걸려 위독하게 되었다. 당시 조현량(刁玄亮 : 刁協)은 상서령(尙書令)이었는데 정성을 다해서 간병했다. 얼마 후 다소 나아졌다.[1] 다음날 아침, 동생인 중지(仲智 : 周嵩)에게 기별하자

중지는 허둥지둥 달려왔다. (그가) 방안에 들어서자마자 조협은 침상에서 내려가 중지를 향하여 큰 소리로 울어대며 백인이 어제 밤 위급했던 상황을 말했다. 중지는 조협을 두들겨 팼는데 그로 인하여 조협은 놀라면서 문까지 물러갔다. 중지는 방에 들어가서 병에 관한 것은 묻지도 않고 다만 "형님은 서진(西晋)의 조정에서 화장여(和長輿 : 和嶠)와 쌍벽을 이루시는데 어찌하여 아첨배인 조협 따위와 친하게 지내시는 겁니까?"라고 말하더니 그냥 나가 버렸다.

원문| 周伯仁爲吏部尚書, 在省內夜疾危急. 時刁玄亮爲尚書令, 營救備親好之至. 良久小損.(1) 明旦報仲智, 仲智狼狽來. 始入户. 刁下牀對之大泣, 說伯仁昨危急之狀. 仲智手批之, 刁爲辟易於户側. 旣前, 都不問病, 直云, 君在中朝, 與和長輿齊名. 那與佞人刁協有情. 逕便出.

(1) 우예(虞預)의 《진서(晋書)》에 이런 이야기가 있다. '조협(刁協)의 자는 현량(玄亮)이고 발해(渤海) 요안(饒安) 사람이다. 젊었을 때부터 학문을 좋아했는데 깊이 궁구하지는 않았지만 많은 것에 널리 통했다. 동진(東晋)시대의 제도는 모두 조협에 의해 정해졌다. 상서령(尚書令)에 누천(累遷)되었고 중종(中宗 : 司馬睿)에게 깊은 신임을 받았다. 왕돈(王敦)에게 미움을 받다가 군사를 일으키어 왕돈을 치려고 했으나 강남으로 패주(敗走)했고 죽음을 당했다.'
虞預晋書曰, 刁協字玄亮, 渤海饒安人. 少好學, 雖不研精, 而多所博涉. 中興制度, 皆稟於協. 累遷尚書令, 中宗信重之. 爲王敦所忌, 擧兵討之, 奔至江南, 爲人所殺.

주해| ㅇ吏部尙書(이부상서)-상서성(尙書省) 안에서 관리 임용을 관장하는 이부의 장관.
ㅇ尙書令(상서령)-상서성의 장관. 재상(宰相).

ㅇ營救(영구)－남의 곤경을 구해 주는 것. 여기서는 간병(看病)이란 의미이다.
ㅇ小損(소손)－병세(病勢)가 다소 호전된 것.
ㅇ中興(중흥)－진(晋)나라가 중원(中原)에서 쫓겨나 강남에 새 정권을 재건한 것. 이른바 동진(東晋).

28. 왕함(王含)이 여강(廬江)태수가 되자 탐욕을 부린 까닭에 평판이 안좋았다. 왕돈(王敦)은 형을 옹호하기 위하여 일부러 사람들이 많이 모인 자리에서 (형을) 칭찬하며 말했다. "형님은 군(郡)에서 틀림없이 잘하고 계실 것이외다. 여강의 인사들이 모두 칭송하고 있어요." 당시 하충(何充)은 왕돈의 주부(主簿)였는데 그 자리에 있다가 엄숙한 표정으로 말했다. "저는 여강 출신인데, 제가 듣고 있는 바와는 다릅니다." 왕돈은 가만히 있었다. 좌우의 사람들은 그로 인하여 불안해했으나 하충은 태연자약했으며 안색 하나 변하지 않았다.(1)

원문| **王含作廬江郡, 貪濁狼籍. 王敦護其兄, 故於衆坐稱, 家兄在郡定佳, 廬江人士咸稱之. 時何充爲敦主簿. 在坐, 正色曰, 充卽廬江人, 所聞異於此. 敦默然. 旁人爲之反側, 充晏然神意自若.(1)**

(1) 《중흥서(中興書)》에 이런 이야기가 있다. '왕돈(王敦)은 천자를 위협할 정도의 위세를 가지고 현준(賢俊)한 선비들을 모으고 있었는데 하충(何充)을 불러 주부(主簿)로 삼았다. 하충은 왕돈에게 모반할 뜻이 있다는 것을 알고는 소원히 하며 가까이하려고 하지 않았다. 왕돈이 "왕함(王含)은 정치를 잘하고 있다."며 칭송했을 때, 한자리에 있던 자들은 왕돈이 두려워서 그저 끄덕일 뿐이었으나 하충은 홀로 반대의견을 내놓았다. 그때 사람들은 그로 인하여

안색을 잃었다. 이 일로 말미암아 왕돈의 비위를 건드리어 쫓겨나 동해왕(東海王 : 司馬越)의 문학(文學)이 되었다.'

中興書曰, 王敦以震主之威, 收羅賢儁, 辟充爲主簿. 充知敦有異志, 逡巡疎外. 及敦稱含有惠政, 一坐畏敦, 擊節而已, 充獨抗之. 其時衆人爲之失色. 由是忤敦, 出爲東海王文學.

주해 ㅇ反側(반측)－침착하지 못한 모습.

ㅇ擊節(격절)－박자를 맞추는 것. 전(轉)하여 상대방의 뜻에 장단을 맞추는 것.

ㅇ文學(문학)－서적(書籍)의 교정, 문장 작성 등을 관장하는 관직.

29. 고맹저(顧孟箸 : 顧顯)가 어느 때, 주백인(周伯仁 : 周顗)에게 술을 권했는데, 주백인은 그것을 받지 않았다. 그래서 기둥 쪽으로 갔고, 기둥에게 술을 권하면서 말했다. "동량(棟梁)이 되었다고 해서 마음대로 해도 되는 거요?" 주백인은 그 말을 듣자 기뻐했는데 그때부터 두 사람은 절친한 사이가 되었다.(1)

원문 **顧孟箸嘗以酒勸周伯仁, 伯仁不受. 顧因移勸柱, 而語柱曰, 詎可便作棟梁自遇. 周得之欣然. 遂爲衿契.**(1)

(1) 서광(徐廣)의 《진기(晋紀)》에 이런 이야기가 있다. '고현(顧顯)의 자는 맹저(孟箸)이며 오군(吳郡) 사람이다. 표기장군(驃騎將軍) 고영(顧榮)의 형의 아들이다. 젊었을 때부터 명성이 높았다. 태흥(泰興 : 太興) 연간에 기랑(騎郎)이 되었다. 젊은 나이에 세상을 떠났는데, 당시 사람들은 이 일을 애도하며 아쉬워했다.'

徐廣晋紀曰, 顧顯字孟箸, 吳郡人, 驃騎榮兄子. 少有重名, 泰興中爲騎郎. 蚤卒, 時爲悼惜之.

주해 ㅇ棟梁(동량)－마룻대와 들보. 여기서는 주의(周顗 : 周伯仁)가 이부상서(吏部尙書)가 되어, 국가의 중진이었으므로 그것을 기둥에 비유하여 동량이라고 말했던 것이다(《晋書》 권69 〈周顗傳〉에 '中興建, 補吏部尙書'라고 되어 있다).

ㅇ衿契(금계)－흉금을 터놓고 이야기를 나누는 친구.

ㅇ騎郎(기랑)－기(騎)를 관장하는 낭중(郎中).

30. 명제(明帝 : 司馬紹)가 서당(西堂)에 제공(諸公)을 모으고 주연을 베풀었다. 아직 그다지 취기가 돌지 않았을 때에 황제가 물었다. "지금 명신(名臣)들이 모두 모여 있소이다. 요순(堯舜)의 시대와 비교할 때 어떻겠소?" 당시 주백인(周伯仁 : 周顗)은 상서복야(尙書僕射)였는데 목소리를 높이어 말했다. "지금은 (옛날과) 같은 군주라고는 하지만, 어찌 성왕(聖王)의 치세와 같다 운운 하겠습니까?" 황제는 크게 노하여 안으로 들어가자마자 몸소 조칙을 내리고자 황지(黃紙)에 가득 써서, 그대로 정위(廷尉)에게 보내어 그를 체포케 하여 죽이려고 했다.(1) 그런데 며칠 후 조칙이 내려졌고 주백인은 석방되었다. 군신(郡臣)들은 그에게 위로하러 갔다. 주백인이 말했다. "틀림없이 죽지는 않을 것으로 생각했었소. 그 정도의 죄는 아니었으니까요."

원문 **明帝在西堂, 會諸公飮酒. 未大醉. 帝問, 今名臣共集. 何如堯舜. 時周伯仁爲僕射. 因厲聲曰, 今雖同人主, 復那得等於聖治. 帝大怒, 還內, 作手詔, 滿一黃紙. 遂付廷尉令收, 因欲殺之.(1) 後數日, 詔出周. 羣臣往省之. 周曰, 近知當不死. 罪不足至此.**

(1) 생각하건대 명제(明帝)는 이때 아직 즉위하지 않았으며, 주의(周顗)는 이미 왕돈(王敦)에 의해 죽음을 당했다. 이 이야기는 잘못

된 것이다.

案, 明帝未卽位. 顗已爲王敦所殺. 此說非也.

주해 | ㅇ明帝(명제)－유주(劉注)에도 있는 것처럼 명세라고 한 것은 잘못이고 원제(元帝 : 司馬睿)가 맞는다. 이 이야기는 원제 이야기로서 《진서(晋書)》 권69 〈주의전(周顗傳)〉에도 보인다.

ㅇ僕射(복야)－상서복야(尙書僕射)로서, 상서령(尙書令)과 함께 재상의 임무를 수행하던 관직.

ㅇ黃紙(황지)－천자의 조칙(詔勅).

ㅇ近知(근지)－《진서》 권69 〈주의전〉에는 '근일지죄고지부지우사(近日之罪固知不至于死)'로 적고 있다. 이것에 의하면 '지난번의 죄는……'이란 뜻이 된다.

31. 왕대장군(王大將軍 : 王敦)이 당장 장강(長江)으로 공격해 내려가려고 했을 때 사람들은 모두 그럴 리가 없다고들 말했다. 주백인(周伯仁 : 周顗)이 말했다. "오늘날, 천자라 하더라도 요순(堯舜)은 아닌즉 어찌 과오가 없을 수 있겠소? 또 인신(人臣)인 자가 어찌 군사를 이끌고 조정을 칠 수가 있겠소? 그러나 처중(處仲 : 王敦)은 반항심이 무서울 정도로 강하고 고집이 센 사람이오. 왕평자(王平子 : 王澄)도 (그에게 죽음을 당하여) 지금은 이 세상 사람이 아니잖소."(1)

원문 | **王大將軍當下, 時咸謂無緣爾. 伯仁曰, 今主非堯舜, 何能無過. 且人臣安得稱兵以向朝廷. 處仲狼抗剛愎. 王平子何在.**(1)

(1) 《주의별전(周顗別傳)》에 이런 이야기가 있다. '왕돈(王敦)은 유외(劉隗)를 쳤다. 그때 온태진(溫太眞 : 溫嶠)은 동궁서자(東宮庶子)였는데 승화문(承華門) 밖에서 주의와 만나서 말했다. "이번 대장

군(大將軍 : 王敦)의 거병(擧兵)은 의(義)에 어긋나는 바가 없다고 생각합니다." 주의는 이렇게 말했다. "자네는 나이도 젊고 세상 경험도 적어. 인신(人臣)된 자가 이런 일로 난(亂)을 일으키는 게 아니야. 몇해씩이나 함께 군주로 받들었으면서 이런 짓을 해도 좋단 말인가? 더군다나 처중(處仲 : 王敦)은 난폭하고 고집이 센 사람이야. 평자(平子 : 王澄)도 이미 죽음을 당하여 이 세상 사람이 아니잖은가?"'

《진양추(晋陽秋)》에는 이런 이야기가 있다. '왕징(王澄)이 형주자사(荊州刺史)로 있었을 때 군적(群賊)이 봉기했다. 그래서 예장(豫章)으로 도망했다. 그러나 이전부터 있었던 명성만 믿고 왕돈(王敦)을 모욕했다. 왕돈은 용사 노융(路戎) 등을 시켜 잠복해 있다가 왕징을 교살(絞殺)했다.'

《배자(裴子)》에는 이런 말이 있다. '왕평자(王平子)가 형주(荊州)에서 장강(長江)을 따라 내려가자 대장군은 그를 죽이려고 노렸다. 그러나 왕평자 좌우에는 20명이나 되는 역사(力士)가 있었고, 모두 철제 방패와 철제 채찍을 가지고 있었고 평자는 언제나 옥침(玉枕)을 가지고 있었다. 그래서 대장군은 형주의 문관·무관을 위로하는 한편 20명의 역사들에게 주식(酒食)을 제공했는데 그들은 모두 움직일 수 없게 되었다. 대장군은 왕평자의 옥침을 빌리고 얼른 그것을 가지고 침상에서 내려가고자 했다. 평자가 손을 내밀어 대장군을 잡으려고 했는데 띠가 끊어졌다. 평자는 역사와 격렬하게 싸우다가 옥상에까지 도망했는데 얼마 후에 죽었다.'

顗別傳曰, 王敦討劉隗. 時溫太眞爲東宮庶子, 在承華門外與顗相見曰, 大將軍此擧有在, 義無有濫. 顗曰, 君年少, 希更事, 未有人臣若此而不作亂. 共相推戴數年而爲此者乎. 處仲狼抗而强忌, 平子何在.

晋陽秋曰, 王澄爲荊州, 羣賊並起, 乃奔豫章. 而恃其宿名, 猶陵侮敦. 敦伏勇士路戎等搤而殺之.

裴子曰, 平子從荊州下, 大將軍伺欲殺之. 而平子左右有二十人甚健, 皆持鐵楯馬鞭, 平子恆持玉枕. 大將軍乃犒荊州文武, 二十人積飮食, 皆不能動, 乃借平子玉枕, 便持下牀. 平子手引大將軍帶絶, 與力士鬪, 甚苦, 乃得上屋上, 久許而死.

주해 | ㅇ玉枕(옥침)－옥(玉)으로 만든 베개. 《진서(晋書)》 권43 〈왕징전(王澄傳)〉에 '……징(澄), 항상 옥침을 가지고 있으면서 그것으로 자신을 방어했다. 운운'이라고 되어 있다. 이 글만으로는 이해하기 어려운데 《진서》 〈왕징전〉에 의하면 다음과 같다. '왕돈은, 명성이 있어서 모든 사람들로부터 흠모되고 있는 왕징을 두려워했다. 왕징 자신도 왕돈을 모욕하고 있었다. 왕돈은 점점 노하던 끝에 왕징을 숙박시키고 은밀히 죽이고자 했다. 그러나 왕징에게는 20명의 용사들이 철제 채찍을 가지고 호위하고 있으며 왕징 자신도 옥침을 가지고 있었던 까닭에 공격할 수가 없었다. 그래서 왕돈은 왕징 좌우에 있는 자들에게 술을 먹이어 취하게 하고, 또 그 옥침을 빌려 가지고 침상에서 내려온 후에 죽이려고 했던 바, 왕징은 왕돈의 옷을 잡아당겼다. 그러자 왕돈의 띠가 끊어졌다. 왕징은 들보를 타고 도망쳤으나 역사 노융(路戎)에게 죽음을 당했다.'

32. 왕돈(王敦)은 장강(長江)을 따라 내려가 도읍을 공격하려고, 배를 석두(石頭)에 대고 명제(明帝 : 司馬紹)를 폐위시키고자 했다. 빈객들이 자리를 가득 메우자 왕돈은 명제가 총명하다는 것을 잘 알고 있었기 때문에 불효(不孝)함을 들어 폐위시키기로 하고 명제의 불효한 행동을 이야기했는데 그때마다 일일이 이렇게 덧붙였다. "이것은 온태진(溫太眞 : 溫嶠)이 한 말이오. 온교는 전에 동궁솔(東宮率)을 지내다가 나중에 내 사마(司馬)로 있었으니 상세하게 알고 있을 것이외다." 잠시 후 온교가 왔다. 그래서 왕돈은 위의를 갖추면서 온교에게 물었다. "태자의 인품은 어떠한고?" 온교가 대답했다. "소인은 군

자를 측량할 수 없습니다." 왕돈은 안색을 매섭게 바꾸고 목소리를 높이며, 위력으로 자기 뜻에 따르도록 하고자 했다. 그래서 다시 온교에게 물었다. "태자는 어떤 점에서 훌륭하다고 말할 수 있는가?" 온교가 대답했다. "심원(深遠)함을 연구하고 원대함을 궁구하는 것은 대개 천박한 식견으로 헤아릴 수 있는 바가 아닙니다. 그러나 예(禮)로 부모님을 모시는 것은 가히 효성스럽다고 말할 수 있습니다."(1)

원문| 王敦旣下, 住船石頭, 欲有廢明帝意. 賓客盈坐. 敦知帝聰明, 欲以不孝廢之, 每言帝不孝之狀. 而皆云, 溫太眞所說. 溫嘗爲東宮率, 後爲吾司馬. 甚悉之. 須臾, 溫來. 敦便奮其威容, 問溫曰, 皇太子作人何似. 溫曰, 小人無以測君子. 敦聲色並厲, 欲以威力使從己. 乃重問溫, 太子何以稱佳. 溫曰, 鉤深致遠, 蓋非淺識所測. 然以禮侍親. 可稱爲孝.(1)

(1) 유겸지(劉謙之)의 《진기(晋紀)》에 이런 이야기가 있다. '왕돈(王敦)은 명제(明帝)를 폐위시키고자 하여 사람들에게 말했다. "태자는 아들로서의 도(道)가 결여되어 있소. 온사마(溫司馬 : 溫嶠)는 지난날 동궁(東宮)에 있었으니 그 일을 잘 알고 있소이다." 온교가 숨기지 않고 사실대로 이야기하자 왕돈은 노하면서 부끄러워 했다.'
劉謙之晋紀曰, 敦欲廢明帝, 言於衆曰, 太子子道有虧, 溫司馬昔在東宮悉其事. 嶠旣正言, 敦忿而愧焉.

주해| ㅇ東宮率(동궁솔)-태자궁 관속의 하나. 명제(明帝)가 태자였을 때 온교는 태자중서자(太子中庶子)였다(《晋書》 권67 〈溫嶠傳〉).
ㅇ司馬(사마)-장군·도독(都督)의 속관. 군사(軍事)를 장악했다.
ㅇ鉤深致遠(구심치원)-《역경(易經)》 〈계사전(繫辭傳)〉 상(上)에 있는 말. 사물의 심원한 것을 구명하는 것.

33. 왕대장군(王大將軍 : 王敦)이 반란을 일으키어 석두(石頭)에까지 오자, 주백인(周伯仁 : 周顗)은 나가서 면회했다. (왕돈이) 주의에게 말했다. "그대는 어찌하여 나를 배반〔負〕한 거요?" 주의가 대답했다. "당신의 병거는 정의를 짓밟았기에 나는 외람스럽게도 천자(天子)의 육군(六軍)을 이끌게 되었습니다. 그런데도 관군의 위세가 떨치지 못하여 당신에게 패배〔負〕한 것입니다."(1)

원문| **王大將軍旣反, 至石頭. 周伯仁往見之. 謂周曰, 卿何以相負. 對曰, 公戎車犯正, 下官忝率六軍. 而王師不振. 以此負公.**(1)

(1) 《진양추(晋陽秋)》에는 이런 이야기가 있다. '왕돈이 장강(長江)을 내려와 공격하자 관군은 대패했다. 주의(周顗)의 장사(長史)인 학하(郝嘏)와 좌우 문무관들은 주의에게 피난하라고 권했는데 주의는 말했다. "나는 대신(大臣)의 자리에 있소. 조정이 기울었다고 해서 어찌 치욕을 견디어내며 초야에 살기를 구하고 오랑캐에게 몸을 맡길 수 있겠소?" 그리고는 조신(朝臣)들과 함께 왕돈에게로 찾아갔다. 왕돈이 말했다. "근자의 싸움에서 아직 여력이 남아 있는가?" 주의가 대답했다. "힘이 부족되는 것을 유감스럽게 생각합니다. 어찌 여력 따위가 있겠습니까."'
晋陽秋曰, 王敦旣下, 六軍敗績, 顗長史郝嘏及左右文武, 勸顗避難. 顗曰, 吾備位大臣, 朝廷傾撓, 豈可草閒求活, 投身胡虜邪. 乃與朝士詣敦. 敦曰, 近日戰有餘力不. 對曰, 恨力不足, 豈有餘邪.

주해| ㅇ何以相負(하이상부)－《자치통감(資治通鑑)》 권92 〈진기(晋紀)〉 14의 호삼성(胡三省) 주(注)에 의하면, '민제(愍帝) 건흥(建興) 원년, 주의는 두도(杜弢)에 의해 곤욕을 치르다가 예장(豫章)에서 왕돈에게

의지한 적이 있다. 즉 그에게 신세를 진 것이다'라고 되어 있다. 주의는 이처럼 왕돈에게 일찍이 도움을 받은 적이 있으므로 이렇게 말한 것이다.

ㅇ六軍(육군)－천자의 군대. 《주례(周禮)》에 '왕은 육군(六軍), 대국은 삼군(三軍), 운운'이라고 했다.

ㅇ以此負公(이차부공)－왕돈은 주의가 자기에게 졌던 신세를 망각하고 저항했던 것을 '어찌하여 배반〔負〕했는가?'라고 했던 것인데 주의는 일부러 졌다〔負〕는 뜻으로 해석하고 자기가 유감스럽게도 진〔負〕 것을 말한 것이리라.

34. 소준(蘇峻)이 석두(石頭)까지 쳐들어오자 문무백관은 뿔뿔이 흩어져 도망치고[(1)] 단지 시중(侍中) 종아(鍾雅)만 천자 곁을 떠나지 않았다. 어떤 사람이 종아에게 물었다. "괜찮음을 보면 나아가고 어려움을 보면 물러나는 것이 옛 도(道)입니다. 당신은 성품이 곧으므로 적군은 틀림없이 당신을 용서해 주지 않을 것이오. 왜 임기응변으로 대처하지 아니하고 스스로 자신의 파멸을 기다리고 있는 겁니까?" 종아는 대답했다. "나라가 어지러운데도 바로잡지 못하고 군주가 위태로운데도 구할 수 없으면서 각자 도망쳐서 살아남기만 원하고 있소이다. 나는 동호(董狐)가 죽간(竹簡)을 들고 찾아오는 것을 두려워하는 것이오."

원문| **蘇峻旣至石頭, 百僚奔散.[(1)] 唯侍中鍾雅獨在帝側. 或謂鍾曰, 見可而進, 知難而退, 古之道也. 君性亮直, 必不容於寇讎. 何不用隨時之宜, 而坐待其弊邪. 鍾曰, 國亂不能匡, 君危不能濟. 而各遜遁以求免. 吾懼董狐將執簡而進矣.**

(1) 왕은(王隱)의 《진서(晋書)》에 이런 이야기가 있다. '소준(蘇峻)의 자는 자고(子高)이며 장광(長廣) 액(掖) 땅 사람이다. 젊었을 때

부터 재능과 학식이 있었는데 벼슬하여 군주부(郡主簿)가 되었고, 효렴(孝廉)으로 천거되었다. 중원(中原)이 문란해지자 유랑민과 토착민 등 6천여호를 규합하여 액현(掖縣)에 보루를 쌓고 왕화(王化)를 선양하는 한편 죽은 사람들의 뼈를 수습하여 장사지내 주었다. 원근 사람들은 그 은덕에 감동했으며 모두가 그를 종주(宗主)로 추대했다. 왕돈(王敦) 정벌에 공적을 올리어 소릉공(邵陵公)에 봉해졌고 역양태수(歷陽太守)로 옮겼다. 소준의 외영(外營) 부장(部將)이 상서하여 말했다. "태고(太鼓)가 스스로 울리고 있습니다." 소준은 몸소 태고를 찢어 버리고 말했다. "내 고향에서도 이따금 이런 일이 있었는데 그런 때는 마을이 텅 비게 되곤 했었어." 얼마 후 조서(詔書)가 내려졌고 소준에게 올라오라 했다. 소준은 말했다. "조정에서는 내가 모반하고 있다는 게야. 모반한다는 말을 듣게 된 이상 어찌 살아남을 수 있겠는가? 나는 산마루에서 정위(廷尉)를 바라볼지언정 정위로 하여금 산마루에서 바라보게 할 수는 없어." 그리고 난을 일으켰다.'

《진양추(晋陽秋)》에는 이런 이야기가 있다. '소준은 군사 2만을 이끌고 횡강(橫江) 나루에서 강을 건너 장산(蔣山)에 이르렀으며, 천자의 군사는 패배했다.'

王隱晉書曰, 峻字子高, 長廣掖人. 少有才學, 仕郡主簿, 擧孝廉. 値中原亂, 招合流舊六千餘家, 結壘本縣, 宣示王化, 收葬枯骨. 遠近感其恩義, 咸共宗焉. 討王敦有功, 封公, 遷歷陽太守. 峻外營將表曰, 鼓自鳴, 峻自斫鼓曰, 我鄕里時有此, 則空城. 有頃, 詔書徵峻. 峻曰, 臺下云我反. 反, 豈得活邪. 我寧山頭望廷尉, 不能廷尉望山頭. 乃作亂.

晉陽秋曰, 峻率衆二萬, 濟自橫江, 至於蔣山, 王師敗績.

주해 | ㅇ唯侍中鍾雅獨在帝側(유시중종아독재제측)－《진서(晋書)》 권70 〈종아전(鍾雅傳)〉에 의하면 종아는 유초(劉超)와 함께 천자를 시위

했다고 되어 있다.

- 見可而進(견가이진), 知難而退(지난이퇴)－《좌전(左傳)》 선공(宣公) 12년조에 '괜찮을 것 같으면 나아가고 어려울 것 같으면 물러나는 것이 군(軍)의 선정(善政)이다'라고 되어 있는 것에 바탕을 두고 있다.
- 國亂不能匡(국란불능광), 君危不能濟(군위불능제)－《좌전(左傳)》 양공(襄公) 25년조에 '군주가 어두우면 바르게 살 수 없고 위태로울 때 죽음을 구해낼 수 없다'고 한 것에 바탕을 두고 있다.
- 董狐(동호)－춘추시대 진(晋)나라에 있었던 훌륭했던 사관(史官). 《좌전》 선공(宣公) 2년조에 '공자(孔子)가 말했다. 동호는 옛날의 양리(良吏)였다. 법을 기록하기를 숨기지 아니했다'라고 되어 있다.
- 執簡(집간)－《좌전》 양공 25년조에 '남사씨(南史氏)는 태사(太史)가 죽음에 가깝다는 말을 듣자 간(簡)을 들고[執] 가다'라고 되어 있다. 간(簡)은 옛날 글을 쓸 때 사용하던 죽찰(竹札)인데 대나무를 불에 쪄서 기름을 빼고 거기에 문자를 기록했던 것이다.
- 値中原亂(치중원란)－서진(西晋) 말에 있었던 영가지란(永嘉之亂)을 가리킨다.
- 歷陽太守(역양태수)－《진서(晋書)》 권100 〈소준전(蘇峻傳)〉에는 '역양내사(歷陽內史)'로 되어 있다.
- 外營(외영)－본군(本軍)에 대한 별동대란 뜻일까?
- 臺下云我反(대하운아반)－대하(臺下 : 朝廷)란 직접적으로는 유량(庾亮)을 가리킨다.

35. 유공(庾公 : 庾亮)이 도읍에서 도망칠 무렵, 종아(鍾雅)에게 후사를 부탁하며 간곡히 말했다. 종아가 말했다. "마룻대가 부러지고 서까래가 무너지게 된 것은 누구 책임인가요?" 유량이 말했다. "오늘날의 사태에 대해서는 더 이상 이야기하지 마시오. 그대는 다만 내가 적군에게 승리하고 실지회복의 공을 세우는 일만을 기다리시오." 종아는 말했다. "당신은 틀림없이 순임보(荀林父)에 비하여 부끄럽지

않은 분이라고 생각합니다."[1]

원문| **庾公臨去, 顧語鍾後事, 深以相委. 鍾曰, 棟折榱崩, 誰之責邪. 庾曰, 今日之事, 不容復言. 卿當期克復之效耳. 鍾曰, 想足下不愧荀林父耳.**[1]

(1) 《춘추전(春秋傳)》에는 이런 이야기가 있다. '초(楚)나라 장왕(莊王)이 정(鄭)나라를 포위했을 때 진(晋)나라는 순임보(荀林父)로 하여금 군사를 이끌고 가서 정나라를 구원케 했는데 초나라와 필(邲) 땅에서 싸웠다. 진나라 군사는 대패했다. 환자(桓子 : 荀林父)는 귀국하여 죽음을 청했다. 진나라 평공(平公)은 그 청원을 받아들이고자 했는데 사정자(士貞子)가 간하는 바람에 그만두었다. 그후 순임보는 적적(赤狄)을 곡량(曲梁) 땅에서 격파했다. 진후(晋侯)는 은상으로 환자(순임보)에게는 적(狄) 땅의 가신(家臣) 1천 호를 주었고, 사백(士伯 : 士貞子)에게는 과연(瓜衍)의 땅을 주면서 말했다. "내가 적(狄) 땅을 얻은 것은 그대의 공로요. 그대가 없었더라면 나는 백씨(伯氏 : 순임보)를 잃었을 것이외다."'

春秋傳曰, 楚莊王圍鄭, 晉使荀林父率師救鄭, 與楚戰於邲. 晉師敗績. 桓子歸, 請死. 晉平公將許之, 士貞子諫而止. 後林父敗赤狄于曲梁. 賞桓子狄臣千室, 亦賞士伯以瓜衍之田. 曰, 吾獲狄田, 子之功也. 微子, 吾喪伯氏矣.

주해| ㅇ庾公臨去(유공임거)－소준(蘇峻)의 난으로 도읍 건강(建康)이 함락되고 유량(庾亮)이 도망갔을 때의 일.

ㅇ棟折榱崩(동절최붕)－《좌전(左傳)》 양공(襄公) 31년조에 정(鄭)나라 자산(子産)이 자피(子皮)에게 "선생은 정(鄭)나라에 있어 마룻대입니다. 마룻대가 부러지면 서까래가 무너집니다."라고 말한 것이 보이는데 상관이 쓰러지면 연이어서 하료(下僚)도 무너진다는 것이다. 여기서는 국가의 붕괴를 가리킨다.

ㅇ春秋傳(춘추전)－《좌전》 선공(宣公) 12년조 및 15년조의 기사를 요약 한 것.

36. 소준(蘇峻)이 난을 일으키어 도읍을 점령했을 때, 공군(孔群)은 횡당(橫塘)에서 광술(匡術)에게 협박당한 일이 있었다. 난리가 평정된 다음 왕승상(王丞相 : 王導)은 광술의 목숨을 구해 주었다.(1) 많은 사람들이 모인 자리에서 농담을 주고받다가 광술에게 일러, 공군에게 술을 권하도록 함으로써 횡당에서 있었던 원한을 풀게 하도록 하였다. 공군이 대답하여 말했다. "덕(德)은 공자(孔子)와 같지 아니한데 화(禍)는 광인(匡人)으로부터 받았습니다.(2) 비록 봄기운이 가득 퍼지어 매[鷹]가 변하여 비둘기가 된다 하더라도 (그 정체를) 아는 사람은 역시 그 눈을 싫어합니다."(3)

| 원문 | **蘇峻時, 孔羣在橫塘爲匡術所逼. 王丞相保存術.(1) 因衆坐戲語, 令術勸羣酒, 以釋橫塘之憾. 羣答曰, 德非孔子, 厄同匡人.(2) 雖陽和布氣, 鷹化爲鳩, 至於識者, 猶憎其眼.(3)**

(1) 《회계후현기(會稽後賢記)》에 이런 이야기가 있다. '공군(孔群)의 자는 경휴(敬休)이며 회계 산음(山陰) 사람이다. 조부인 공축(孔竺)은 오(吳)나라 예장태수(豫章太守)였고 아버지 공혁(孔奕)은 전초령(全椒令)이었다. 공군은 재주가 있었는데 벼슬하여 어사중승(御史中丞)에 이르렀다.'
《진양추(晋陽秋)》에는 이런 말이 있다. '광술(匡術)은 부릉령(阜陵令)이었는데 도망을 쳤지만 갈 곳이 없었다. 유량(庾亮)이 소준(蘇峻)을 부르자 광술은 소준에게 유량을 주멸(誅滅)하라고 진언했다. 이리하여 광술은 소준과 함께 모반했다. 후에 완성(宛城)을 들어 항복했다.'

會稽後賢記曰, 羣字敬休, 會稽山陰人. 祖竺, 吳豫章太守. 父奕, 全椒令. 羣有智局, 仕至御史中丞.
晉陽秋曰, 匡術爲阜陵令, 逃亡無行. 庾亮徵蘇峻, 術勸峻誅亮, 遂與峻同反. 後以宛城降.

(2) 《공자가어(孔子家語)》에 이런 이야기가 있다. '공자가 송(宋)나라에 가던 도중 광인(匡人) 간자(簡子)가 병사들을 풀어 공자를 포위했다. 자로(子路)는 격노하여 극(戟)을 휘두르며 싸우려고 했다. 공자는 그것을 말리면서 말했다. "시서(詩書)를 가르치지 않고 예악(禮樂)을 가르치지 않은 것은 나의 과실이다. 그러나 만약 선왕(先王)의 도(道)를 강론했는데도 잘못을 저지른다면 그것은 결코 나의 죄가 아니고 천명(天命)일 것이야. 노래하라. 너와 창화(唱和)하리라." 자로는 검(劍)을 두드렸고 공자는 이에 창화하였다. 세 곡이 끝나자 광인은 무장을 풀었다.'
家語曰, 孔子之宋, 匡簡子以甲士圍之. 子路怒, 奮戟將戰. 孔子止之曰, 夫詩書之不講, 禮樂之不習, 是丘之過也. 若述先王之道而爲咎者, 非丘罪也. 命也夫. 歌, 予和汝. 子路彈劍, 孔子和之. 曲三終, 匡人解甲罷.

(3) 《예기(禮記)》 월령(月令)에 이런 이야기가 있다. '중춘(仲春)에 매〔鷹〕가 변하여 비둘기〔鳩〕가 된다.'
정현(鄭玄)의 주(注)에서는 이렇게 말했다. '구(鳩)는 뻐꾸기이다.'
《하소정(夏小正)》에 이런 이야기가 있다. '매는 뻐꾸기가 된다. 매는 작은 새를 잡아먹을 때는 매이며, 작은 새를 잡아먹지 않을 때는 비둘기가 된다. 변화를 잘하여 인(仁)에 따라간다. 그러므로 매와 비둘기 양쪽을 갖추고 있는 것이다.'
禮記月令曰, 仲春之月, 鷹化爲鳩.
鄭玄曰, 鳩, 播穀也.

夏小正曰, 鷹則爲鳩. 鷹也者, 其殺之時也. 鳩也者, 非殺之時也. 善變而之仁, 故具之.

주해 | ㅇ在橫塘爲匡術所逼(재횡당위광술소핍)－《진서(晋書)》 권78 〈공군전(孔群傳)〉에 의하면 공군이 친척 형인 공유(孔愉)를 따라 외출했을 때, 당시 소준(蘇峻)의 총애를 받아 세력을 누리고 있던 광술(匡術)과 횡당(橫塘) 땅에서 만났다. 공유가 멈춰서서 광술에게 이야기를 걸려고 했건만 공군이 눈길조차 주지 않았으므로 광술은 화를 내며 참(斬)하려고 하였다. 그러나 형의 만류로 겨우 난을 면했다는 이야기이다. 〈방정편(方正篇)〉 38 참조.

ㅇ德非孔子(덕비공자), 厄同匡人(액동광인)－공자(孔子)와 공군(孔群)의 공(孔)을 연결시키고 광인(匡人)과 광술(匡術)의 광(匡)을 연결시키고 있다. 한편 《논어(論語)》 〈자한편(子罕篇)〉에 공자가 광(匡) 땅에서 양호(陽虎)와 비슷하게 생겼다 하여 화를 당한 이야기가 있다.

ㅇ敬休(경휴)－《진서》 권78 〈공군전(孔群傳)〉에서는 '경림(敬林)'으로 적고 있다. 여기서는 송본(宋本)에 따른다.

ㅇ家語(가어)－《공자가어(孔子家語)》 권5 〈곤서편(困誓篇)〉에 같은 글이 보인다.

37. 소자고(蘇子高 : 蘇峻)의 난(亂)이 평정되자[(1)] 왕도(王導)와 유량(庾亮) 등 제공(諸公)이 공정위(孔廷尉 : 孔坦)를 기용하여 단양윤(丹陽尹)으로 삼고자 하였다. 쟁난이 있은 후인지라 백성들은 피폐해 있었다. 공탄(孔坦)은 탄식하며 말했다. "옛날 숙조(肅祖 : 明帝)께서 붕어하셨을 때, 여러분께서는 폐하의 병상(病床)을 지키고 함께 은총을 입었으며 조명(詔命)을 받으셨습니다. 나는 신분도 낮고 조명을 받는 자리에 배석하지도 못했습니다. 그런데 어려운 일이 생기자 나 같은 사람을 앞장세우려고 하십니다그려. 그것은 마치 도마 위에 있는 썩은 고기를 사람이 회를 치도록 맡겨두는 것과 같지 않

습니까?" 그리고 옷을 털며 가버렸다. 제공(諸公)은 그 임명을 그만 두었다.(2)

원문| 蘇子高事平,(1) 王, 庾諸公欲用孔廷尉爲丹陽. 亂離之後, 百姓彫弊. 孔慨然曰, 昔肅祖臨崩, 諸君親升御床, 並蒙眷識, 共奉遺詔. 孔坦疎賤, 不在顧命之列. 旣有艱難, 則以微臣爲先. 今猶俎上腐肉, 任人膾截耳. 於是拂衣而去. 諸公亦止.(2)

(1) 《영귀지(靈鬼志)》 〈요징(謠徵)〉에 이런 이야기가 있다. '명제(明帝) 초년(初年)에 "높은 산이 무너지고 바위가 저절로 부숴지네." 란 속요(俗謠)가 있었다. 고산은 소준(蘇峻)을 가리키는 것이고 석(石 : 碩, 바위)은 소준의 동생을 가리킨다. 후에 제공(諸公)이 소준을 주살(誅殺)했다. 소석(蘇碩)은 아직 석두(石頭)에 있었는데 이윽고 패주하다가 추격하는 자에 의하여 죽음을 당했다.'
靈鬼志謠徵曰, 明帝初, 有謠曰, 高山崩, 石自破. 高山, 峻也, 碩, 峻弟也. 後諸公誅峻, 碩猶據石頭, 潰散而逃, 追斬之.

(2) 생각하건대 왕은(王隱)의 《진서(晋書)》에는 '소준의 난이 평정되자 도간(陶侃)은 공탄(孔坦)을 등용하여 예장태수(豫章太守)를 삼으려고 하였다. 공탄은 어머니가 늙은 것을 이유로 하여 사양하고 취임하지 않았다. 조정에서는 오군태수(吳郡太守)를 삼고자 했으나 오군에는 명족(名族)이 많은 데다가 공탄은 젊은 나이였으므로 오흥내사(吳興內史)로 임명했다'고 되어 있다. 경사윤(京師尹 : 丹陽尹)에 대해서는 듣지 못했다.
案王隱晋書, 蘇峻事平, 陶侃欲將坦上用爲豫章太守. 坦辭母老不行. 臺以爲吳郡, 吳郡多名族, 而坦年少, 乃授吳興內史. 不聞尹京.

주해 ㅇ丹陽(단양)－단양윤(丹陽尹)으로 도읍 건강(建康)의 장관.

ㅇ肅祖(숙조)－명제(明帝 : 司馬紹)의 묘호(廟號).

ㅇ顧命(고명)－천자가 죽을 때 신하들을 불러놓고 후사를 부탁하며 명령하는 것.

ㅇ靈鬼志謠徵(영귀지요징)－《수서(隋書)》〈경적지(經籍志)〉에 '영귀지(靈鬼志) 3권 순씨찬(荀氏撰)'이라고 되어 있다. 요징(謠徵)은 그 편명(篇名)일까?

ㅇ尹京(윤경)－수도의 장관, 즉 단양윤(丹陽尹)이다.

38. 공거기(孔車騎 : 孔愉)는 중승(中丞 : 孔群)과 함께 출타했다.(1) 어도(御道)에서 여러 빈객(賓客)을 거느리고 오는 광술(匡術)과 만났다. 그러자 광술은 거기(車騎) 쪽을 향하여 말을 건넸다. 중승은 바라보지도 않고 말하는 것이었다. "독수리가 변하여 비둘기가 되더라도 뭇새들은 역시 그 눈을 미워하는 법이지요." 광술은 격노하여 베려고 했다. 거기가 수레에서 내려 광술을 껴안으며 말렸다. "종제(從弟)는 미쳤소. 내 체면을 보아 참아 주오." 그래서 겨우 목숨을 구했다.

원문 **孔車騎與中丞共行.(1) 在御道逢匡術. 賓從甚盛. 因往與車騎共語. 中丞初不視. 直云, 鷹化爲鳩, 衆鳥猶惡其眼. 術大怒, 便欲刃之. 車騎下車抱術曰, 族弟發狂. 卿爲我宥之. 始得全首領.**

(1) 《공유별전(孔愉別傳)》에 이런 이야기가 있다. '공유(孔愉)의 자는 경강(敬康)이며 회계(會稽) 산음(山陰) 사람이다. 처음에 중종(中宗 : 司馬睿)의 참군(參軍)으로 부름을 받고 화일(華軼)을 토벌하는 데 공을 세워 여부정후(餘不亭侯)에 봉해졌다. 공유는 젊었을 때 거북 한 마리를 잡았는데 그것을 여불계(餘不溪)에 놓아준 일

이 있었다. 거북은 도중 몇번이나 목을 왼쪽으로 구부리며 그를 돌아보았다. 그후 인(印)을 주조하자 인에 달려있는 거북이 왼쪽을 돌아보는 형태였다. 다시 주조를 해도 역시 마찬가지였다. 인공(印工)이 아뢰자 공유는 그 이유를 깨달았으며 그것을 받아가지고 몸에 찼다. 상서좌복야(尚書左僕射)에 누천(累遷)되었고 거기장군(車騎將軍)이 추증되었다.'

孔愉別傳曰, 愉字敬康, 會稽山陰人. 初辟中宗參軍, 討華軼有功, 封餘不亭侯. 愉少時嘗得一龜, 放於餘不溪中, 龜中路左顧者數過. 及後鑄印, 而龜左顧. 更鑄, 猶如此. 印師以聞, 愉悟, 取而佩焉. 累遷尚書左僕射, 贈車騎將軍.

주해 | ㅇ族弟(족제)－공유(孔愉)와 공군(孔群)은 종형제(從兄弟) 사이다. 즉 공군은 공혁(孔奕)의 아들이고 공유는 공염(孔恬)의 아들이며 모두 공축(孔竺)의 손자이다.

ㅇ華軼(화일)－화흠(華歆)의 증손자로 서진(西晋) 말기에 강주자사(江州刺史)를 역임하고 사마예(司馬睿 : 나중의 元帝)에게 충성을 표하지 않았으므로 주살당했다(《晋書》 권61 〈華軼傳〉).

ㅇ左顧(좌고)－왼쪽으로 돌리는 것.

ㅇ龜左顧(귀좌고)－관직에 있는 사람은 거북이 달린 도장을 옆구리에 찬다. 그 거북이 왼쪽으로 고개를 돌리고 있었던 것이다.

39. 매이(梅頤)는 일찍이 도공(陶公 : 陶侃)에게 은혜를 베푼 적이 있었다. 그후 매이가 예장태수(豫章太守)로 있을 때 사건이 일어나 왕승상(王丞相 : 王導)이 그를 체포토록 했다. 도간이 말했다. "천자는 아직 춘추가 어리셔서 정무(政務)는 모두 제후(諸侯)에 의해 행해지고 있어. 왕공(王公 : 王導)에게 결박당했다면 이 도공이 석방시키지 못할 것도 없지." 그리고 사람을 보내어 강구(江口)에서 매이를 빼어오게 하였다.[(1)] 매이가 도공을 만나 배례(拜禮)하자 도공이 이를

말렸다. 매이가 말했다. "매중진(梅仲眞 : 梅頤)의 무릎은 내일이면 다시 구부러지지 않을 것입니다."

원문 **梅頤嘗有惠於陶公. 後爲豫章太守, 有事, 王丞相遣收之. 侃曰, 天子富於春秋, 萬機自諸侯出. 王公旣得錄, 陶公何爲不可放. 乃遣人於江口奪之.[(1)] 頤見陶公拜. 陶公止之. 頤曰, 梅仲眞膝, 明日豈可復屈邪.**

(1) 《진제공찬(晋諸公贊)》에 이런 이야기가 있다. '매이(梅頤)의 자는 중진(仲眞)이며 여남(汝南) 서평(西平) 사람이다. 젊었을 때부터 학문을 좋아하여 은둔하면서 사물의 진실을 궁구했고 진퇴했다.'
《영가류인명(永嘉流人名)》에는 이런 말이 있다. '매이(梅頤)는 영군장군(領軍將軍)의 사마(司馬)였다. 매이의 동생인 매도(梅陶)의 자는 숙진(叔眞)이다.'
등찬(鄧粲)의 《진기(晋紀)》에 이런 이야기가 있다. '일찍이 도간(陶侃)을 왕돈(王敦)에게 비방하는 자가 있었다. 그래서 종제(從弟)인 왕이(王廙)를 도간 대신 형주자사(荊州刺史)에 임명하고 도간을 광주(廣州)로 좌천시켰다. 도간의 문무속관들은 왕이를 거부하며 도간의 유임을 청원했다. 왕돈은 이 말을 듣자 크게 노했다. 도간이 광주에 가기 위해 왕돈이 있는 곳을 지나가자 왕돈은 군사를 내어 도간을 죽이고자 했다. 왕돈의 자의참군(諮議參軍)인 매도(梅陶)가 왕돈에게 간언했으므로 생각을 바꾸고 예를 후하게 하여 임지로 전송했다. 왕은(王隱)의 《진서(晋書)》도 이것과 똑같다. 두 책이 서술하고 있는 것을 보면 도간에게 은혜를 베푼 것은 매도(梅陶)이지 매이(梅頤)가 아니다.'
晋諸公贊曰, 頤字仲眞, 汝南西平人. 少好學, 隱退而求實進止. 永嘉流人名曰, 頤, 領軍司馬. 頤弟陶, 字叔眞.

鄧粲晉紀曰, 初有譖侃於王敦者. 乃以從弟廙代侃爲荊州, 左遷侃廣州. 侃文武距廙而求侃. 敦聞大怒. 及侃將莅廣州過敦, 敦陳兵欲害侃. 敦諮議參軍梅陶諫敦, 乃止, 厚禮而遣之. 王隱晉書亦同. 案, 二書所敍, 則有惠於陶, 是梅陶, 非頤也.

주해 | ㅇ少好學隱退(소호학은퇴)−송본(宋本)에는 '소이학은퇴(少以學隱退)'라고 되어 있다.

ㅇ而求實進止(이구실진지)−송본(宋本)에는 '재실진지(才實進止)'로 되어 있다.

ㅇ頤弟陶(이제도) 字叔眞(자숙진)−도자(陶字), 두 글자가 송본(宋本)에는 없다. 여기서는 원본(袁本)을 따랐다.

40. 왕승상(王丞相 : 王導)은 기녀(妓女)에게 가무(歌舞)를 시키고자 하여 무대를 마련했다. 채공(蔡公 : 蔡謨)이 그 자리에 있었는데 불쾌해하며 떠나버렸다. 왕승상도 붙잡으려고 하지 아니했다.(1)

원문 | **王丞相作女伎, 施設牀席. 蔡公先在坐, 不悅而去. 王亦不留.**(1)

(1) 《채사도별전(蔡司徒別傳)》에 이런 이야기가 있다. '채모(蔡謨)의 자는 도명(道明)이며 제양(濟陽) 고성(考城) 사람인데 박학다식하였다. 강남으로 피난하여 좌광록(左光祿)·녹상서사(錄尙書事)·양주자사(揚州刺史)를 역임했다. 세상을 떠나자 사공(司空)이 추증되었다.'

蔡司徒別傳曰, 謨字道明, 濟陽考城人. 博學有識. 避地江左, 歷左光祿, 錄尙書事, 揚州刺史. 薨, 贈司空.

주해 | ㅇ濟陽(제양)−《진서(晋書)》 권77 〈채모전(蔡謨傳)〉에는 '진류

(陳留)'라고 되어 있다.
- 左光祿(좌광록)－궁궐의 수비를 관장하는 관직명.
- 錄尙書事(녹상서사)－삼공(三公) 위에 있으면서 국정을 다스렸다. 위진(魏晋) 이후에는 공경(公卿) 중 권력자가 이 자리에 임명되었다.

41. 하차도(何次道 : 何充)와 유계견(庾季堅 : 庾冰) 두 사람은 모두 재상(宰相)이었다.(1) 성제(成帝 : 司馬衍)가 붕어했을 당시에는 아직 뒤를 이을 군주가 정해지지 아니했다. 하충은 적자(嫡子 : 司馬丕)를 세우려고 했는데 유빙과 조정의 신하들은 때마침 외적(外敵)의 세력이 강하고 적자가 너무 어리므로 강제(康帝 : 司馬岳)를 세웠다.(2) 강제는 즉위하자 군신들을 모아놓은 자리에서 하충에게 물었다. "짐(朕)이 이제 대업(大業)을 잇게 된 것은 누구 건의에 의한 것이었소?" 하충은 대답했다. "폐하께서 천자의 자리에 오르시게 된 것은 유빙의 공이지 신(臣)의 힘은 아니었습니다. 신의 의견이 채택되었더라면 지금의 성명(盛明)한 세상은 보지 못했을 것입니다."(3) 황제는 언짢은 표정을 지었다.

원문| 何次道, 庾季堅二人並爲元輔.(1) 成帝初崩, 于時嗣君未定. 何欲立嗣子, 庾及朝議以外寇方强, 嗣子沖幼, 乃立康帝.(2) 康帝登阼, 會羣臣, 謂何曰, 朕今所以承大業, 爲誰之議. 何答曰, 陛下龍飛, 此是庾冰之功, 非臣之力. 于時用微臣之義, 今不覩盛明之世.(3) 帝有慚色.

(1) 《진양추(晋陽秋)》에 이런 이야기가 있다. '유빙(庾冰)의 자는 계견(季堅)이며 태위(太尉) 유량(庾亮)의 동생이다. 젊었을 때부터 절조가 있었으며 형인 유량은 언제나 동생의 인물 됨됨이를 높이 인정하여 "우리 집안의 안평중(晏平仲 : 晏嬰)이다."라고 말했다. 거

기장군(車騎將軍)·강주자사(江州刺史)에 누천(累遷)되었다.'

晉陽秋曰, 庾冰字季堅, 太尉亮之弟也. 少有檢操, 兄亮常器之曰, 吾家晏平仲. 累遷車騎將軍, 江州刺史.

(2) 《중흥서(中興書)》에는 이런 이야기가 있다. '강제(康帝)의 휘(諱)는 악(岳)이고 자는 세동(世同)이며 성제(成帝)의 동복제(同腹弟)이다. 성제가 붕어하자 즉위했다. 당시 22세였다.'

中興書曰, 帝諱岳, 字世同, 成帝同母弟也. 成帝崩, 卽位, 年二十二.

(3) 《진양추(晉陽秋)》에는 이런 말이 있다. '앞서 현제(顯帝 : 成帝)가 붕어하자 유빙(庾冰)은 연장자로 군주를 세우자고 했고, 하충(何充)은 태자(太子)를 받들어야 한다고 했다. 언쟁을 벌였는데도 받아들여지지 않자 하충은 조정에 있기가 거북해져서 외직(外職)을 청했다. 유빙이 도읍을 떠나 무창(武昌)에 진을 치게 되자 하충은 경구(京口)에서 달려와 황제에게 말했다. "유빙이 지방에 있어서는 아니됩니다. 지난날 폐하께서 천자의 자리에 오르시게 되고 진조(晉朝)의 덕을 다시 성명(盛明)하게 하신 것은 유빙의 공로이며 그 일에 신(臣)은 조금도 관여하지 않았습니다."'

晉陽秋曰, 初, 顯宗臨崩, 庾冰議立長君, 何充謂宜奉皇子. 爭之不得, 充不自安, 求處外任. 及冰出鎭武昌, 充自京馳還, 言於帝曰, 冰不宜出. 昔年陛下龍飛, 使晉德再隆者, 冰之勳也. 臣無與焉.

주해 | ㅇ成帝初崩(성제초붕)－성제는 함강(咸康) 8년(342), 6월 계사(癸巳)에 붕어했다.

ㅇ外寇方强(외구방강)－당시 동진(東晉)의 북쪽 국경에서는 후조(後趙)의 석호(石虎 : 字는 季龍)가 강력한 세력으로 진(晉)나라에 위협을 가하고 있었다.

- 陛下龍飛(폐하용비)－용비란 말은《역경(易經)》건괘(乾卦), 구오(九五)의 효사(爻辭)에 '비룡(飛龍)은 하늘에 있어서 대인(大人)을 보는데 이롭다'라고 되어 있는 것에 바탕을 둔다. 용이 때와 장소를 얻어 하늘로 날아오르는 모습을 표상하는데 인간으로 말하면 성인(聖人)의 덕(德)을 갖춘 사람이 천자의 자리에 오르는 경우 등을 가리킨다.
- 晏平仲(안평중)－춘추시대 제(齊)나라에서 영공(靈公)·장공(莊公)을 섬기었고 경공(景公) 때 재상(宰相)이 되었던 안영(晏嬰). 세상에 절검역행(節儉力行)한 인물로 알려졌다. 평중은 그의 자이다(《史記》권62 〈晏嬰傳〉에서 인용한《索隱》에 의하면 平이 시호이고 자가 仲이라고 했다).
- 顯宗(현종)－사마연(司馬衍)의 묘호(廟號). 성제(成帝)는 그의 시호.
- 自京馳還(자경치환)－의미가 통하지 않으므로《진서(晋書)》권77 〈하충전(何充傳)〉에, 하충이 경구(京口)에서 진치고 있었다는 것에 따라 번역했다.

42. 강복야(江僕射 : 江虨)가 젊었을 때 왕승상(王丞相 : 王導)이 그를 불러 함께 바둑을 두었다. 왕도의 실력은 언제나 두 점을 놓고 두어야 하는데도 대등하게 두려고 했다. 어떻게 두는지 잠시 보고 있자니 강반(江虨)은 돌을 놓으려고 하지 않았다. 왕도가 "자네는 왜 두지 않는 게야?"라고 말하자 강반이 대답했다. "아무래도 이렇게 두어서는 안될 것 같습니다."(1) 옆에 있던 손님이, "이 젊은이의 바둑 실력은 대단하군요."라고 말하자 왕도는 천천히 머리를 들면서 말했다. "이 젊은이는 오직 바둑만 잘 두는 게 아니오."(2)

원문| **江僕射年少, 王丞相呼與共棊. 王手嘗不如兩道許, 而欲敵道戲. 試以觀之, 江不卽下. 王曰, 君何以不行. 江曰, 恐不得爾.(1) 傍有客曰, 此年少, 戲迺不惡. 王徐擧首曰, 此年少,**

非唯圍棊見勝.(2)

(1) 서광(徐廣)의 《진기(晉紀)》에 이런 이야기가 있다. '강반(江虨)의 자는 사현(思玄)이며 진류(陳留) 사람이다. 박학으로 이름이 알려졌으며 바둑도 명수였다. 동진(東晋)의 고관이 되었고 상서좌복야(尙書左僕射), 호군장군(護軍將軍)에 누천(累遷)되었다.'
徐廣晉紀曰, 江虨字思玄, 陳留人. 博學知名, 兼善弈. 爲中興之冠, 累遷尙書左僕射, 護軍將軍.

(2) 범왕(范汪)의 《기품(棊品)》에는 이런 말이 있다. '강반은 왕염(王恬) 등과 함께 바둑 실력이 제1품이었고 왕도는 제5품이었다.'
范汪棊品曰, 虨與王恬等棊第一品, 導第五品.

주해| ㅇ不如兩道許(불여양도허)－왕도의 바둑 실력은 강반에게 바둑돌 두 개를 놓고 두어야 하는 역량임을 가리킨다.
ㅇ敵道(적도)－대등하게 바둑을 두는 것, 즉 호선(互先).

43. 공군평(孔君平 : 孔坦)이 중태에 빠졌을 때 회계내사(會稽內史)였던 유사공(庾司空 : 庾冰)이 문병하러 갔다. 정중하게 문병을 한 다음 그를 향하여 눈물을 흘렸다. 유빙이 병상에서 내려가자 공군평은 개탄하며 말했다. "대장부가 임종하려는 마당에 국가 안녕에 대한 술책을 물으려 하지는 않고 아녀자처럼 문병을 하다니……." 유빙은 이 말을 듣자 돌아가서 사과하고 그의 의견을 구했다.(1)

원문| **孔君平疾篤. 庾司空爲會稽, 省之. 相問訊甚至, 爲之流涕. 庾旣下牀. 孔慨然曰, 大丈夫將終, 不問安國寧家之術, 迺作兒女子相問. 庾聞, 廻謝之, 請其話言.**(1)

(1) 왕은(王隱)의 《진서(晋書)》에 이런 이야기가 있다. '공탄(孔坦)은 방정함과 강직함으로 인망이 있었다.'
王隱晉書曰, 坦方直而有雅望.

44. 환대사마(桓大司馬 : 桓溫)가 유윤(劉尹 : 劉惔)을 찾아갔던 바 누워있는 채로 일어나지 아니했다. 환온이 탄환(彈丸)을 장전하고 베개를 겨냥하여 쏘았다. 탄환은 이불 언저리에서 부서져 흩어졌다. 유담(劉惔)이 정색을 하며 일어나서 말했다. "사군(使君)은 어찌하여 이런 곳에서 전쟁하여 승리를 얻으려 하시오?"(1) 환온은 매우 한스럽다는 표정이었다.(2)

원문| **桓大司馬詣劉尹, 臥不起. 桓彎彈彈劉枕. 丸迸碎牀褥間. 劉作色而起曰, 使君如馨地, 寧可鬪戰求勝.(1) 桓甚有恨容.(2)**

(1) 《중흥서(中興書)》에 이런 이야기가 있다. '환온(桓溫)은 일찍이 서주자사(徐州刺史)였다.'
패국(沛國)은 서주(徐州)에 속했는데 그래서 환온을 사군(使君)이라고 불렀던 것이다. 전쟁을 한다는 것은 환온이 장군이었기 때문이다.
中興書曰, 溫曾爲徐州刺史.
沛國屬徐州, 故呼溫爲使君. 鬪戰者, 以溫爲將也.

(2) 유윤(劉尹)은 유진장(劉眞長 : 劉惔)이다. 앞에서 나왔다.
劉尹眞長. 已見.

주해| ㅇ如馨(여형)－형(馨)은 조어(助語)로서 '이러한' 또는 '그러한'의 의미.

ㅇ寧可鬪戰求勝(영가투전구승)－평북장군(平北將軍), 서주(徐州)·연주(兗州) 이주자사(二州刺史)였던 환온(桓溫)은 태화(太和) 4년(369), 전연(前燕)의 모용수(慕容垂)에게 격파당했는데 유담(劉惔)은 그것을 비웃어 말했던 것이다.

ㅇ沛國屬徐州云云(패국속서주운운)－패국(沛國)은 서주자사였던 환온의 자사구역(刺史區域). 사군(使君)은 그 통치 영역내의 백성이나 관원이 자사에 대해서 사용하던 존칭. 유담은 당시 단양윤(丹陽尹)이었는데 그 출신지가 패국이었기 때문에 환온을 '사군'이라고 불렀던 것이다. 환온은 후에 형주자사(荊州刺史)에 취임한다. 그때 유담이 이윽고는 모반할 것을 예견하고 있었다(〈識鑒篇〉 19).

ㅇ已見(이견)－〈덕행편(德行篇)〉 35.

45. 후배인 젊은 무리 가운데 심공(深公 : 竺法深)을 비판하는 자가 많았다. 그래서 심공은 말했다. "주둥이가 노란 젊은이들은 노대가(老大家)를 비평하는 게 아니야. 나는 그 옛날 언제나 원제(元帝)·명제(明帝) 두 황제와, 왕(王 : 王導)·유(庾 : 庾亮) 이공(二公)과도 교분이 있었어."(1)

▌원문▏ 後來年少, 多有道深公者. 深公謂曰, 黃吻年少, 勿爲評論宿士. 昔嘗與元明二帝王庾二公周旋.(1)

(1) 《고일사문전(高逸沙門傳)》에 이런 말이 있다. '진(晋)나라 원제(元帝)·명제(明帝), 이제(二帝)는 그 마음을 유현허무(幽玄虛無)의 경지에 두고, 그 생각을 불교에 기울였다. 빈우(賓友)의 예(禮)로 법사(法師)를 대우했다. 왕공(王公 : 王導)·유공(庾公 : 庾亮)은 법심(法深)에게 심복(心服)하며 존경의 마음을 가지고 기꺼이 똑같은 동료가 되었던 것이다.'

高逸沙門傳曰, 晋元明二帝, 游心玄虛, 託情道味. 以賓友禮待

法師. 王公, 庾公, 傾心側席, 好同臭味也.

주해| ㅇ傾心側席(경심측석)－마음을 기울이어 현인(賢人)으로 대우하고 존경하는 것.
ㅇ好同臭味(호동취미)－'동취미(同臭味)'는 같은 동료가 된다는 의미.

46. 왕중랑(王中郎 : 王坦之)이 젊었을 무렵,[(1)] 강반(江虨)은 복야(僕射)로서 관리를 선발하는 일을 관장하고 있었는데 왕탄지를 상서랑(尙書郎)에 내정코자 하였다. 이 이야기를 왕탄지에게 귀띔해 주는 자가 있었다. 그러자 왕탄지가 말했다. "강남에 건너와 보니 상서랑에는 이류(二流) 집안의 인물이 등용되고 있는데, 어찌하여 나를 (그런 자리에) 앉히려는 것이야." 강반은 이 말을 듣고 취소했다.[(2)]

원문| **王中郎年少時,[(1)] 江虨爲僕射, 領選, 欲擬之爲尙書郎. 有語王者. 王曰, 自過江來, 尙書郎正用第二人. 何得擬我. 江聞而止.[(2)]**

(1) 왕탄지(王坦之)는 앞에서 나왔다.
坦之已見.

(2) 생각하건대 《왕표지별전(王彪之別傳)》에 이런 이야기가 있다. '왕표지의 당숙(堂叔)인 왕도(王導)는 왕표지에게 말했다. "선관(選官)이 너를 상서랑(尙書郎)에 천거하려고 하는데 가급적이면 제왕(諸王)의 보좌역이 되도록 해라." 이에 의해 이 낭관이 한소(寒素) 출신자가 앉는 벼슬자리란 것을 알 수 있다.'
按王彪之別傳曰, 彪之從伯導謂彪之曰, 選曹擧汝爲尙書郎, 幸可作諸王佐邪. 此知郎官, 寒素之品也.

주해 | ㅇ僕射(복야), 領選(영선)－복야(僕射)는 〈방정편(方正篇)〉 30의 주해 참조. 복야와 상서령(尙書令)이 선관(選官)하는 것을 영선(領選)이라고 하며 이부랑(吏部郎) 등이 하는 것을 참장(參掌)이라고 한다.

ㅇ已見(이견)－〈언어편(言語篇)〉 72.

ㅇ從伯(종백)－왕표지(王彪之)의 아버지인 왕빈(王彬)은 왕도(王導)와 종형제간이었다.

ㅇ寒素(한소)－한소과(寒素科). 여기에 천거되는 사람은 대개 가문이 낮고, 인물이 뛰어난 자들이었다. 상서랑(尙書郎)은 유주(劉注)에 의하면 반드시 한소(寒素)의 품(品)은 아니다. 왕씨(王氏) 사람들이 상서랑에 기용되는 것을 기피했던 것은 그들이 대대로 초일류의 명문가였기 때문이다. 이 단락의 이야기는 왕탄지가 상서랑을 제2류의 인물이 앉는 관직이라며 취임하지 아니한 것이 방정(方正)했음을 시사하는 것이다.

47. 왕술(王述)이 상서령(尙書令)에 전직되었을 때, 그 인사 발령이 나자마자 곧 배명(拜命)했다. 그러자 그 아들인 문도(文度 : 王坦之)가 말했다. "두씨(杜氏)나 허씨(許氏)에게 양보하는 게 마땅하지 않았을까요?" 남전(藍田 : 王述)이 말했다. "너는 내가 이 임무를 감당할 수 없다는 게냐?" 문도가 말했다. "어찌 감당하시지 못하겠습니까? 다만 양보를 잘 하는 것은 원래 훌륭한 일이며 빼놓을 수 없는 일이잖습니까?" 남전이 개연히 말했다. "이미 감당할 수 있다고 말했잖느냐! 그런데 어찌 겸양할 필요가 있겠는고! 사람들은 네가 나보다 훌륭하다고 말하더라만 역시 나에게 미치지 못하는구나."(1)

원문 | 王述轉尙書令, 事行便拜. 文度曰, 故應讓杜許. 藍田云, 汝謂我堪此否. 文度曰, 何爲不堪. 但克讓自是美事. 恐不可闕. 藍田慨然曰, 旣云堪. 何爲復讓. 人言汝勝我, 定不如我.(1)

(1) 《왕술별전(王述別傳)》에 이런 이야기가 있다. '왕술은 언제나 처세할 때, 우선 자기 자신을 돌아보고 그후에 행동을 해야 하되, 예의상 형식적인 겸양은 하지 아니한다. 그러므로 사퇴해야 할 때는 어디까지나 사퇴해야 한다고 생각했다. 그 곧고 바름에서 벗어나지 않는 것이 모두 이와 같았다.'

述別傳曰, 述常以謂人之處世, 當先量己而後動, 義無虛讓. 是以應辭便當固執. 其貞正不踰, 皆此類.

주해 | ㅇ杜許(두허)-불명(不明).

ㅇ克讓(극양)-《서경(書經)》〈요전(堯典)〉에 '진실로 공손하고 겸양하다(允恭克讓)'라고 되어 있다.

48. 손흥공(孫興公 : 孫綽)이 유공(庾公 : 庾亮)에 대한 뇌문(誄文)을 지었는데 그 글에는 서로 마음이 통했던 듯한 말이 많았다.(1) 다 쓴 다음 유도은(庾道恩 : 庾羲)에게 보여주었다. 유도은은 그것을 읽은 다음 탄식했고 돌려주면서 말했다. "선친(先親)과 당신은 원래 이 정도의 관계에까지는 이르지 못했었습니다."(2)

원문 | **孫興公作庾公誄, 文多託寄之辭.(1) 旣成, 示庾道恩. 庾見, 慨然送還之, 曰, 先君與君, 自不至於此.(2)**

(1) 《손작집(孫綽集)》에 뇌문(誄文)을 실어놓았다. "아아, 나는 당신과 마찬가지로 우아한 생각을 가지고 그 인품을 이해하며 마음을 통해 스승처럼 받들고 싶소. 군자의 교제는 사심(私心)이 없는 것이며 마음을 비우고 선(善)한 마음을 받아들이어 성실한 말을 하고 서로가 충고했습니다. 나는 실로 불민하지만 삼가 내 몸을 수양하고자 노력하고 있습니다. 길이길이 당신의 말씀을 간직하며 슬픔으로 말씀을 읊조립니다."

綽集載誄文曰, 咨予與公, 風流同歸. 擬量託情, 視公猶師. 君子之交, 相與無私. 虛中納是, 吐誠誨非. 雖實不敏, 敬佩弦韋. 永戢話言, 口誦心悲.

(2) 도은(道恩)은 유희(庾羲)의 어렸을 때의 자이다.

서광(徐廣)의 《진기(晋紀)》에 이런 말이 있다. '유희(庾羲)의 자는 숙화(叔和)이며 태위(太尉) 유량(庾亮)의 셋째 아들이다. 고상하고 솔직한 인품이었다. 건위장군(建威將軍)과 오국내사(吳國內史)가 되었다.'

道恩, 庾羲小字.

徐廣晋紀曰, 羲字叔和, 太尉亮第三子. 拔尙率到. 位建威將軍, 吳國內史.

주해 | ㅇ庾公誄(유공뢰)－손작(孫綽)은 이밖에 유량(庾亮)의 비문(碑文)도 지었다. 《세설(世說)》〈용지편(容止篇)〉의 주(注 : 〈庾亮碑文〉)라든가 《예문유취(藝文類聚)》 권46 직관부(職官部) 2 태위조(太尉條 : 〈太尉庾亮碑〉) 참조.

ㅇ誄(뇌)－망자(亡者)의 살아있을 때의 행장을 찬양하고 그 죽음을 애도하는 문장.

ㅇ綽集(작집)－《수서(隋書)》〈경적지(經籍志)〉에는 《진위위경손작집(晋衛尉卿孫綽集)》 15권(梁 25권)을 저록(著錄)함.

ㅇ佩弦韋(패현위)－《한비자(韓非子)》〈관행편(觀行篇)〉에 '서문표(西門豹)는 성질이 급했다. 그러므로 언제나 부드러운 가죽 끈[韋]을 허리에 감아, 자기 마음을 누그러뜨리려고 했다. 그와는 반대로 동안우(董安于 : 趙簡子의 신하)는 성질이 지나치게 느긋했기 때문에 활줄[弦]을 허리에 묶어서 자신을 긴장시켰다'라고 되어 있는 것에 바탕을 두고 있다. 이 일로서 자기 자신의 성격상 결점을 고치고자 노력하는 뜻으로 사용된다.

49. 왕장사(王長史 : 王濛)가 동양태수(東陽太守)의 자리를 원했을 때 무군(撫軍 : 司馬昱)은 기용하지 않았다.[(1)] 그후 왕장사의 병이 위중해지고 곧 임종하게 되었을 때, 무군은 애통해하면서 "(이대로 끝난다면) 내가 중조(仲祖 : 王長史)의 기대에 배반하게 되겠어."라며 장사를 (동양태수에) 임명토록 명했다. 그러자 장사는 말했다. "사람들이 회계왕(會稽王 : 撫軍)을 멍청하다고 하는데 사실 멍청하구나."[(2)]

원문| **王長史求東陽, 撫軍不用.[(1)] 後疾篤臨終, 撫軍哀歎曰, 吾將負仲祖. 於此, 命用之. 長史曰, 人言會稽王癡. 眞癡.[(2)]**

(1) 간문제(簡文帝)를 가리킨다.
簡文.

(2) 왕몽(王濛)은 앞에서 나왔다.
王濛已見.

주해| ㅇ撫軍(무군)－간문제(簡文帝)는 처음에 무군장군(撫軍將軍)에 임명되었다.
ㅇ已見(이견)－〈언어편(言語篇)〉 66.

50. 유간(劉簡)은 환선무(桓宣武 : 桓溫)의 별가(別駕)였다가 후에 동조참군(東曹參軍)이 되었는데[(1)] 너무 강직하기 때문에 소원당하고 있었다. 어느 때 의견을 구하는 자리에서 유간은 한마디도 말하지 아니했다. 환선무가 "유동조(劉東曹), 어찌하여 의견을 말하지 않는고?"라고 묻자 유간은 "채용되지 않을 게 뻔하기 때문입니다."라고 대답했는데 환선무도 나무라고자 하지 않았다.

원문| 劉簡作桓宣武別駕, 後爲東曹参軍.(1) 頗以剛直見疎. 嘗聽訊, 簡都無言. 宣武問, 劉東曹何以不下意. 答曰, 會不能用. 宣武亦無怪色.

(1) 《유씨보(劉氏譜)》에 이런 이야기가 있다. '유간(劉簡)의 자는 중약(仲約)이며 남양(南陽) 사람이다. 조부인 유교(劉喬)는 예주자사(豫州刺史), 아버지 유정(劉挺)은 영천태수(潁川太守)였다. 유간은 벼슬하여 대사마참군(大司馬參軍)에까지 올랐다.'
劉氏譜曰, 簡字仲約, 南陽人. 祖喬, 豫州刺史. 父挺, 潁川太守. 簡仕至大司馬参軍.

주해| ○別駕(별가)－주(州) 속관(屬官)의 최고직(最高職).
○東曹參軍(동조참군)－대사마(大司馬)의 참군으로서 동조(東曹)를 담당한다. 동조는 군(郡)의 태수와 속관 및 무관(武官)의 임면(任免)을 관장한다.

51. 유진장(劉眞長 : 劉惔)과 왕중조(王仲祖 : 王濛)가 함께 출타했다. 해가 지는데 아직 식사를 하지 못하고 있었다. 안면이 있는 서민이 음식을 차려서 대접했다. 그 음식상은 아주 호사로웠는데 유진장은 사양했다. 왕중조가 말했다. "다소 요기만이라도 하는 거요. 어찌하여 그토록 사양하는 거요?" 유진장이 대답했다. "서민과 교분을 나누면 안되지요."(1)

원문| 劉眞長, 王仲祖共行. 日旰未食. 有相識小人貽其餐. 肴案甚盛, 眞長辭焉. 仲祖曰, 聊以充虛, 何苦辭. 眞長曰, 小人都不可與作緣.(1)

(1) 공자(孔子)는 '오로지 여인과 소인(小人)은 다루기 어렵다. 가까이

하면 불손해지고 멀리하면 원망한다'고 했다. 유윤(劉尹 : 劉眞長)의 마음은 이것에 의한 것이리라.

孔子稱, 唯女子與小人爲難養. 近之則不遜, 遠之則怨. 劉尹之意, 蓋從此言也.

주해 | ㅇ孔子稱(공자칭)－《논어(論語)》〈양화편(陽貨篇)〉에 있는 구절.

52. 왕수령(王脩齡 : 王胡之)은 전에 동산(東山)에서 살고 있을 때 매우 빈궁했다.(1) 도호노(陶胡奴 : 陶範)는 오정령(烏程令)으로 있었는데(2) 쌀을 한 배 보내주었다. 그러나 그는 (그것을) 받지 않았고 다만 이렇게 말할 뿐이었다. "이 왕수령이 만약 굶게 된다면 물론 사인조(謝仁祖 : 謝尙)에게 가 먹을 것을 구할 것이야. 도호노의 쌀 따위는 필요치 않아."

원문 | **王脩齡嘗在東山甚貧乏.(1) 陶胡奴爲烏程令.(2) 送一船米遺之, 却不肯取. 直答語, 王脩齡若飢, 自當就謝仁祖索食. 不須陶胡奴米.**

(1) 왕사주(王司州 : 王胡之)는 앞에서 나왔다.
司州已見.

(2) 호노(胡奴)는 도범(陶範)의 어렸을 때 자이다.
《도간별전(陶侃別傳)》에 이런 이야기가 있다. '도범(陶範)의 자는 도칙(道則)이며 도간(陶侃)의 열번째 아들이다. 도간의 아들들 가운데 그 이름이 가장 알려져 있었다. 상서(尙書)·비서감(秘書監)을 역임했다.' 하법성(何法盛)은 아홉째 아들이라고 적고 있다.
胡奴, 陶範小字也.

陶侃別傳曰, 範字道則, 侃第十子也. 侃諸子中最知名. 歷尙書, 秘書監. 何法盛以爲第九子.

주해 | ㅇ東山(동산)－회계(會稽)에 있다. 은사(隱士)들이 많이 살던 곳.
ㅇ已見(이견)－〈언어편(言語篇)〉 81.
ㅇ何法盛(하법성)－《중흥서(中興書)》 78권의 저자(著者).

53. 완광록(阮光祿 : 阮裕)[(1)]은 국상(國喪)에 참석하기 위해서 도읍에 갔는데 은호(殷浩) · 유담(劉惔) 등을 찾아보지 않고, 일을 마치자 곧 돌아왔다. 사람들은 모두 그를 따라했다. 완광록도 또한 당시 명사(名士)들이 반드시 따라올 것임을 알고 있었기 때문에 서둘러 돌아갔다. 방산(方山)에까지 따라갔지만 따라잡지 못했다.[(2)] 유윤(劉尹 : 劉惔)은 당시 회계태수(會稽太守)를 원하고 있었는데 탄식하며 말했다. "내가 그곳(회계태수)에 가더라도 틀림없이 안석(安石 : 謝安) 근처에 배를 정박시킬 것이야. 사광(思曠 : 阮裕) 곁에는 다가가지 않을 것이라구. 그 자는 금방 몽둥이를 들고 나에게 덤벼들 것이니까. 쉽지 않은 일이지."

원문 | **阮光祿[(1)]赴山陵, 至都, 不往殷劉許. 過事便還. 諸人相與追之. 旣亦知時流必當逐己, 乃遄疾而去. 至方山不相及.[(2)] 劉尹時索會稽. 乃歎曰, 我入, 當泊安石渚下耳. 不敢復近思曠傍. 伊便能捉杖打人. 不易.**

(1) 완유(阮裕)는 앞에 나왔다.
阮裕已見.

(2) 《중흥서(中興書)》에 이런 이야기가 있다. '완유(阮裕)는 종일 취

하여 있으면서 일을 하지 않았는데 사람들은 스스로 그를 존경했다.'

中興書曰, 裕終日頹然, 無所錯綜, 而物自宗之.

주해 ㅇ赴山陵(부산릉) 至都(지도)—이때 마침 성제(成帝 : 司馬衍)가 붕어했기 때문에 국장을 치르기 위해 도읍에 올라갔을 것이다(《晋書》 권49 〈阮裕傳〉).

ㅇ方山(방산)—'방산'이란 이름의 산은 여러 곳에 있는데 여기서는 아마 건강(建康 : 南京) 동남쪽에 있는 방산(일명 天印山)을 가리키는 것이리라.

ㅇ思曠傍(사광방)—완유(阮裕)는 당시 회계(會稽)의 섬산(剡山)에 은거하고 있었다(《晋書》 〈本傳〉).

ㅇ已見(이견)—〈덕행편(德行篇)〉 32.

54. 왕(王 : 王濛)·유(劉 : 劉惔)가 환공(桓公 : 桓溫)과 함께 복주산(覆舟山)에 올라 경치를 구경하고 있었다. 술이 거나하게 취하자 유담(劉惔)은 다리를 들어 환공의 목에 얹었다. 환공은 참다 못하여 손을 들어 그것을 뿌리쳤다. 돌아온 다음 왕장사(王長史 : 王濛)가 유담에게 말했다. "그 수족(手足)이나 목소리로는 다룰 수 없는 인간이오."(1)

원문 **王劉與桓公共至覆舟山看. 酒酣後, 劉牽脚加桓公頸. 桓公甚不堪, 擧手撥去. 旣還, 王長史語劉曰, 伊詎可以形色加人不.**(1)

(1) 《환온별전(桓溫別傳)》에 이런 이야기가 있다. '환온은 호방하고 고매한 기품이 있었다.'

溫別傳曰, 溫有豪邁風氣也.

주해 | ㅇ形色云云(형색운운)－도리로 타일러 꼼짝 못하게 하는 것이 아니라, 거친 말투와 동작으로 상대방을 꼼짝 못하게 만들려고 해도 되지 않는다는 뜻.
ㅇ加(가)－능가하다.

55. 환공(桓公 : 桓溫)이 환자야(桓子野 : 桓伊)에게 물었다. "사안석(謝安石 : 謝安)은 동생 만석(萬石 : 謝萬)이 전쟁에서 틀림없이 패할 것을 예측하고 있었으면서 왜 말리지 않았을까?"(1) 환자야가 대답했다. "범하기 어려운 면이 있었기 때문일 것입니다." 환공이 정색을 하며 말했다. "사만석은 나약하고 범재(凡才)였어. 어찌 범하기 어려운 위엄이 있었으리요."

원문 | **桓公問桓子野, 謝安石料萬石必敗, 何以不諫.(1) 子野答曰, 故當出於難犯耳. 桓作色曰, 萬石撓弱凡才. 有何嚴顏難犯.**

(1) 자야(子野)는 환이(桓伊)의 어렸을 때의 자이다.
《속진양추(續晉陽秋)》에 이런 이야기가 있다. '환이(桓伊)의 자는 숙하(叔夏)이며 초국(譙國) 질(銍) 땅 사람이다. 아버지 환경(桓景)은 호군장군(護軍將軍)이었다. 환이는 젊었을 때부터 재예(才藝)가 있었으며 또 음률에 통했다. 그 위에 총명하고 사물에 구애되지 않았는데 왕몽(王濛)과 유담(劉惔)에게 인정을 받았다. 예주자사(豫州刺史)에 누천(累遷)되었고 우장군(右將軍)이 추증되었다.'
子野, 桓伊小字也.
續晉陽秋曰, 伊字叔夏, 譙國銍人. 父景, 護軍將軍. 伊少有才藝, 又善聲律, 加以標悟省率, 爲王濛, 劉惔所知. 累遷豫州刺史, 贈右將軍.

주해 ㅇ必敗(필패)－동진(東晋)의 목제(穆帝) 승평(升平) 3년(359) 겨울 10월, 사만(謝萬)은 조명(詔命)을 받들고 치담(郗曇)과 함께 북정(北征)하여 연(燕)나라를 치려고 했는데, 치담이 병 때문에 퇴각코자 하는 것을, 연나라 세력이 강성하기 때문으로 생각하고, 군단을 이끌고 후퇴하던 중 추격을 당하여 궤멸되었다(《晋書》 권79 〈謝萬傳〉, 《資治通鑑》 권100 〈晋紀〉 22).

56. 나군장(羅君章 : 羅含)이 일찍이 남의 집에 있을 때, 집주인이 그 자리에 있던 손님과 이야기를 나누도록 했던바 그는 대답했다. "지인(知人)은 이제 많이 있습니다. 이 이상 번거롭게 하지 말아 주십시오."(1)

원문 **羅君章曾在人家, 主人令與坐上客共語. 答曰, 相識已多, 不煩復爾.**(1)

(1) 《나부군별전(羅府君別傳)》에 이런 이야기가 있다. '나함(羅含)의 자는 군장(君章)이며 계양(桂陽) 조양(棗陽) 사람이다. 생각하건대 초(楚)나라 웅성(熊姓)인 사람의 자손이 나국(羅國)을 개척하고, 그 결과 지명(地名)을 따서 씨족(氏族)의 명(名)으로 삼은 것이리라. 후에 상수(湘水) 근처에 유우(流寓)했으므로 계양(桂陽) 사람이 되었다. 나함은 임해태수(臨海太守) 나언(羅彦)의 증손이요, 형양태수(滎陽太守) 나수(羅綏)의 막내아들이다. 환선무(桓宣武 : 桓溫)가 불러 별가(別駕)를 삼았는데 관사(官舍)가 시끄러우므로 성(城)의 서쪽 연못에 있는 작은 섬에 초막을 지었다. 나무를 베어 침상을 만들고 갈대를 엮어 자리를 만들고 거친 베옷을 입고 거친 밥을 먹었지만 편안한 마음에 여유가 있었다. 환공(桓公 : 桓溫)이 일찍이 여러 사람이 모인 자리에서 말했다. "이 사람

은 본디 강남(江南)에서 빼어난 인재였소. 어찌 다만 형초(荊楚)의 인재일 뿐이라고 말하리까?" 산기상시(散騎常侍)·정위(廷尉)·장사(長沙)의 상(相)으로 누천(累遷)되었다. 관직에서 사퇴한 다음 중산대부(中散大夫)가 되었으며, 문에 행마(行馬)를 설치했다. 나함이 관사(官舍)에 있을 때부터 한 마리의 백작(白雀)이 지붕 위에 둥지를 틀었고, 관직을 사퇴하고 집에 돌아오자 계단 앞에 돌연 난초와 국화가 났다. 이것이 그의 효험이 아니라고 할 수 있겠는가?'

羅府君別傳曰, 含字君章, 桂陽耒陽人. 蓋楚熊姓之後, 啓土羅國, 遂氏族焉. 後寓湘境, 故爲桂陽人. 含, 臨海太守彦曾孫, 滎陽太守綏少子也. 桓宣武辟爲別駕, 以官廨諠擾, 於城西池小洲上立茅茨. 伐木爲牀, 織葦爲席, 布衣蔬食, 晏若有餘. 桓公嘗謂衆坐曰, 此自江左之淸秀, 豈唯荊楚而已. 累遷散騎常侍, 廷尉, 長沙相. 致仕, 中散大夫, 門施行馬. 含自在官舍, 有一白雀棲堂宇. 及致仕還家, 階庭忽蘭菊挺生. 豈非至行之徵邪.

주해 | ㅇ行馬(행마)－마책(馬柵). 대문 앞에 설치하여 인마(人馬)의 출입을 통제하는 울짱. 《낭야대취편(琅琊代醉篇)》 권36 행마조(行馬條)에 '위진시대(魏晉時代) 이후로 벼슬이 귀품(貴品)에 오르면 그 집 문에 행마(行馬)를 설치한다. 행마는 나무 한 개를 가로로 놓고 두 개의 나무를 서로 뚫어서 가로지름으로써 사각(四角)을 이룬다. 이것을 문에 설치하고 금약(禁約)으로 삼는다'라고 되어 있다.

ㅇ白雀(백작)－하얀 새. 《본초강목(本草綱目)》 권48 금부(禽部) 작조(雀條) 집해항(集解項)에 '백조가 있는데 위서(緯書)에 서응(瑞應)이 감(感)하는 바라고 했다'라고 되어 있다.

57. 한강백(韓康伯 : 韓伯)이 병이 들어 단장을 짚고 뜰을 산책하고 있었다.(1) 사가(謝家)의 사람들 모두가 부귀하여 수레 소리를 내며 길

을 가는 것을 보고는 탄식하며 말했다. "이것은 왕망(王莽)의 시대와 똑같지 아니한가?"[2]

원문| **韓康伯病, 拄杖前庭消搖.[1] 見諸謝皆富貴, 轟隱交路, 歎曰, 此復何異王莽時.[2]**

(1) 한백(韓伯)은 앞에 나왔다.
韓伯已見.

(2) 《한서(漢書)》에 이런 이야기가 있다. '왕망(王莽) 일문(一門)은 무려 제후가 10명, 대사마(大司馬)가 5명이었는데 외척(外戚)이라 하더라도 이보다 성(盛)한 일족은 없었다.'
漢書曰, 王莽宗族, 凡十侯, 五大司馬, 外戚莫盛焉.

주해| ㅇ轟隱(굉은)－거마(車馬) 소리가 시끄럽게 들려오는 것.
ㅇ王莽時(왕망시)－왕망 일문(一門)은 전한(前漢) 말, 원제(元帝)의 황후가 된 왕황후(王皇后 : 元后)의 외척으로 조정에 대두했다. 원후가 낳은 태자가 즉위하자[成帝], 원후의 동생인 왕봉(王鳳)·왕담(王譚)·왕숭(王崇)·왕상(王商)·왕립(王立)·왕근(王根)·왕봉(王逢) 등이 모두 제후에 봉해졌다. 같은 원후의 동생이면서 일찍 죽었기 때문에 열후(列侯)에 봉해지지 못했던 왕만(王曼)의 아들 왕망은 이윽고 한왕조(漢王朝)를 찬탈하여 신(新) 왕조를 세우게 된다. 왕씨의 외척으로서의 세력은 전한시대의 다른 외척 세력, 예컨대 선제(宣帝) 때의 사씨(史氏)·허씨(許氏)와 비하여 열후가 된 인원수도 많았으며, 또 원후가 오래도록 건재했었던 점도 감안할 때 비류(比類)가 없을 만큼 강대했음을 알 수 있다(《漢書》 권99 〈王莽傳〉).
ㅇ韓伯已見(한백이견)－〈덕행편(德行篇)〉 83.
ㅇ外戚(외척)－천자(天子) 어머니의 친정 일족. 황후의 친정 일족.

58. 왕문도(王文度 : 王坦之)가 환공(桓公 : 桓溫)의 장사(長史)였을 때, 환공은 아들을 위해 왕문도의 딸에게 청혼했다. 왕문도는 아버지 왕남전(王藍田)과 의논하겠다고 약속했다.(1) 집에 돌아오니, 왕남전은 왕문도를 무척 사랑하는 터라 성인(成人)이 되었건만 아직도 무릎에 앉히는 것이었다. 왕문도가 환온이 자기 딸을 달라고 청혼한 일을 아뢰었다. 그러자 왕남전은 매우 노하여 왕문도를 무릎에서 내려놓으며 말했다. "네가 이처럼 어리석은 줄 몰랐다. 환온의 얼굴이 두려워서…… 군인(軍人) 따위에게 어찌 딸을 주겠느냐?" 왕문도가 돌아와서 보고했다. "저의 집에서는 이미 혼처를 정해두었습니다." 환공이 말했다. "알겠네. 이 일은 그대의 춘부장이 승낙하지 않았음이 분명해." 그후 환온의 딸은 왕문도의 아들에게 시집갔다.(2)

원문| 王文度爲桓公長史. 桓爲兒求王女. 王許諮藍田.(1) 旣還. 藍田愛念文度, 雖長大, 猶抱著膝上. 文度因言, 桓求己女婚. 藍田大怒, 排文度下膝曰, 惡見文度已復癡, 畏桓溫面. 兵, 那可嫁女與之. 文度還報云, 下官家中先得婚處. 桓公曰, 吾知矣. 此尊府君不肯耳. 後桓女遂嫁文度兒.(2)

(1) 왕탄지(王坦之)와 왕술(王述)은 모두 앞에 나왔다.
王坦之, 王述並已見.

(2) 《왕씨보(王氏譜)》에 이런 이야기가 있다. '왕탄지(王坦之)의 아들 왕개(王愷)는 환온(桓溫)의 차녀, 자는 백자(伯子)인데 그녀를 아내로 맞이했다.'
《중흥서(中興書)》에는 이런 말이 있다. '왕개(王愷)의 자는 무인(茂仁)이며 오국내사(吳國內史)·단양윤(丹陽尹)을 역임했다. 태상(太常)이 추증되었다.'

王氏譜曰, 坦之子愷, 娶桓溫第二女字伯子.
中興書曰, 愷字茂仁, 歷吳國內史, 丹陽尹, 贈太常.

주해 ㅇ已見(이견)－왕탄지(王坦之)는 〈언어편(言語篇)〉 72에, 왕술(王述)은 〈문학편(文學篇)〉 22에 보인다.
ㅇ愷(개)－환온(桓溫)의 딸에게 장가든 것은 왕개(王愷)의 동생인 왕유(王愉)이다. 《진서(晋書)》 권75 〈왕유전〉에 '유(愉)는 환씨(桓氏)네 사위이다'라고 되어 있다.

59. 왕자경(王子敬 : 王獻之)이 아직 몇살 안되었을 무렵, 문생(門生)들이 저포(樗蒲)놀이를 하고 있는 것을 보다가 승부가 결정되었다고 보고는 "남풍(南風 : 남방의 노래)은 상대가 안되겠어."라고 말했다.(1) 문생들은 그가 어린 것을 비웃으며 말했다. "이 도령아, 홈통으로 표범을 보는지라, (때로는 표범) 무늬 하나만 보고 하는 말이야!" 왕자경은 노하며 말했다. "멀리는 순봉천(荀奉倩 : 荀粲)에 대해서, 가까이는 유진장(劉眞長 : 劉惔)에 대해서 얼굴을 들지 못하겠군!" 그리고 그대로 옷을 털면서 떠나 버렸다.(2)

원문 王子敬數歲時, 嘗看諸門生樗蒱. 見有勝負, 因曰, 南風不競.(1) 門生輩輕其小兒, 迺曰, 此郎亦管中窺豹, 時見一斑. 子敬瞋目曰, 遠慚荀奉倩, 近愧劉眞長. 遂拂衣而去.(2)

(1) 《춘추전(春秋傳)》에 이런 이야기가 있다. '초(楚)나라가 정(鄭)나라를 공격하려고 했다. 사광(師曠)이 말했다. "걱정할 것 없습니다. 저는 종종 남방(南方)의 노래를 부릅니다만 남방의 소리는 떨치지 못합니다. 대개는 죽은 소리입지요. 초나라는 틀림없이 승산이 없습니다."'

두예(杜預)의 주(注)에 말했다. "노래부르는 것은 율려(律呂)에 맞추어 팔방의 노래를 읊조리는 것이다. 남방의 노래는 그 소리가 약하기 때문에 '상대가 되지 못한다'고 한 것이다."

春秋傳曰, 楚伐鄭. 師曠曰, 不害. 吾驟歌南風, 南風不競, 多死聲. 楚必無功.

杜預曰, 歌者吹律以詠八風. 南風音微, 故曰不競也.

(2) 순(荀)·유(劉)는 앞에 나왔다.

荀劉已見.

주해 ㅇ樗蒱(저포)－놀이의 한 가지.

ㅇ南風不競(남풍불경)－《춘추좌씨전(春秋左氏傳)》에 나오는 말. 사광(師曠)이 북방과 남방의 노래를 불러보고는 남방의 노래가 약하기 때문에 남쪽 초(楚)나라의 힘이 약하다는 것을 알아냈다는 이야기.

ㅇ管中窺豹(관중규표)－《장자(莊子)》〈추수편(秋水篇)〉에 '단지 관(管)을 사용하여 하늘을 살피고, 송곳을 사용하여 땅을 가리키면 작을 수밖에 없다'고 되어 있는 말을 근거로 삼은 것이다.

ㅇ春秋傳(춘추전)－《춘추좌씨전(春秋左氏傳)》 양공(襄公) 18년조.

ㅇ荀劉已見(순유이견)－순(荀)은 〈문학편(文學篇)〉 9, 유(劉)는 〈덕행편(德行篇)〉 35에 보인다. 두 사람 모두 젊었을 때에도 천재(天才)라는 영예가 있었다.

60. 사공(謝公 : 謝安)은 양수(羊綏)가 훌륭한 인물이란 말을 듣고, 자기 뜻을 전하여 부르고자 했으나 양수는 가려고 하지 않았다.(1) 그 후 양수가 태학박사(太學博士)가 되었으며 어느 때에 용건이 있어서 사공을 만나자 사공은 곧바로 그를 주부(主簿)로 임명했다.

원문 **謝公聞羊綏佳, 致意令來, 終不肯詣.(1) 後綏爲太學博**

士, 因事見謝公. 公卽取以爲主簿.

(1) 《양씨보(羊氏譜)》에 이런 이야기가 있다. '양수(羊綏)의 자는 중언(仲彦)이며 태산(太山) 사람이다. 아버지 양해(羊楷)는 상서랑(尙書郞)을 지냈다. 양수는 벼슬을 하여 중서시랑(中書侍郞)에 이르렀다.'

羊氏譜曰, 綏字仲彦, 太山人. 父楷, 尙書郞. 綏仕至中書侍郞.

주해 | ㅇ太學博士(태학박사)－도읍에 설치했던 태학(太學)의 교수. 당시 일반적으로 신분이 높은 가문의 사람은 오르기 싫어하던 한직이었다.

61. 왕우군(王右軍 : 王羲之)은 사공(謝公 : 謝安)과 함께 완공(阮公 : 阮裕)을 찾았다.[1] 문앞까지 와서 사안에게 말했다. "두말할 것도 없이 우리 두 사람은 이 집 주인을 추앙해야 하오." 사안이 말했다. "남을 추앙한다는 것은 실로 어려운 일이지요."

원문 | **王右軍與謝公詣阮公.[1] 至門, 語謝, 故當共推主人. 謝曰, 推人正自難.**

(1) 완공(阮公)이란 완사광(阮思曠 : 阮裕)을 가리킴이다.

阮思曠也.

62. 태극전(太極殿)이 낙성되었을 때,[1] 왕자경(王子敬 : 王獻之)은 사공(謝公 : 謝安)의 장사(長史)였다. 사공은 판(版 : 扁額)을 보내어 왕자경으로 하여금 휘호토록 하였다. 왕자경은 불만스러운 얼굴로 사자(使者)에게 고했다. "문밖에 던져 버리시오!" 사안이 그후 왕자경

을 만났을 때 말했다. "제자(題字)를 써서 전(殿)에 거는 게 어떻겠소? 옛날 위조(魏朝)의 위탄(韋誕) 등도 다 그렇게 했었소." 왕자경은 대답했다. "그것이 곧 위왕조의 명운이 오래 가지 못했던 이유입니다." 사안은 (그 말을) 명언이라고 생각했다.(2)

원문| 太極殿始成.(1) 王子敬時爲謝公長史. 謝送版, 使王題之. 王有不平色. 語信云, 可擲著門外. 謝後見王曰, 題之上殿何若. 昔魏朝韋誕諸人, 亦自爲也. 王曰, 魏阼所以不長. 謝以爲名言.(2)

(1) 서광(徐廣)의 《진기(晋紀)》에 이런 이야기가 있다. '효무제(孝武帝 : 司馬曜)의 영강(寧康) 2년(374), 상서령(尙書令)인 왕표지(王彪之) 등은 새로이 궁전을 짓도록 상주했다. 태원(太元) 3년(378) 2월, 조정 안팎을 지키는 군사 6천 명이 건조에 착수했고 7월이 되어 완공했다. 태극전(太極殿)은 높이가 8장(丈), 길이 27장, 너비 10장이었다. 상서(尙書)인 사만(謝萬)이 감독했는데 관내후(關內侯)에 봉해졌고 대장(大匠)인 모안지(毛安之)는 관중후(關中侯)에 봉해졌다.'
徐廣晋紀曰, 孝武寧康二年, 尙書令王彪之等, 啓改作新宮. 太元三年二月, 內外軍六千人, 始營築, 至七月而成. 太極殿高八丈, 長二十七丈, 廣十丈. 尙書謝萬監視, 賜爵關內侯. 大匠毛安之, 關中侯.

(2) 송(宋)나라 명제(明帝)의 《문장지(文章志)》에 이런 이야기가 있다. '태원연간(太元年間)에 새 궁전이 낙성되었는데 사람들은 왕헌지(王獻之)에게 편액의 제자(題字)를 쓰게 하여 만대의 보물로 삼자고 상담했다. 사안(謝安)이 왕헌지와 이야기를 나누던 끝에 이런 이야기를 했다. "위(魏)나라 시대에 능운각(陵雲閣)을 지었

는데 그 편액 쓰는 것을 잊었다는 게요. 그래서 발판을 매고 위중장(韋仲將 : 韋誕)에게 그곳에 올라가 쓰도록 했답니다. 내려오자 (그의) 수염과 머리털이 하얗게 셌고 숨을 몰아쉬었다고 합니다. (그는) 집에 돌아가서 자제들에게 말하기를 앞으로는 서도(書道)를 하지 않겠다고 했답디다." 사안은 이 이야기로 그의 마음을 돌리려고 했던 것인데 왕헌지는 그러한 사안의 뜻을 눈치채고 정색하며 말했다. "그것 참 이상한 일이로군요. 위중장(韋仲將)은 위 왕조의 대신(大臣)인데 어찌 그에게 그런 일을 시켰던 것일까요? 위나라 왕조의 명운이 오래 가지 못했던 이유를 알 수 있겠습니다." 사안은 그의 마음을 알고, 더 이상 무리하게 시키려고 하지 않았다.'

宋明帝文章志曰, 太元中, 新宮成, 議者欲屈王獻之題榜, 以爲萬代寶. 謝安與王語次, 因及魏時起陵雲閣忘題榜, 乃使韋仲將縣橙上題之. 比下, 須髮盡白, 裁餘氣息. 還語子弟云, 宜絶楷法. 安欲以此風動其意. 王解其旨, 正色曰, 此奇事. 韋仲將, 魏朝大臣, 寧可使其若此. 有以知魏德之不長. 安知其心, 廼不復逼之.

주해 | ㅇ太極殿(태극전)-원래는 위(魏)나라 명제(明帝)가 청룡(青龍) 3년(235)에 지은 궁전 이름. 진대(晋代) 이후로는 천자가 거처하는 정전(正殿)의 명칭으로 사용되었다(《初學記》 권24 殿條).

ㅇ信(신)-사자(使者)란 의미이다.

ㅇ尙書謝萬監視(상서사만감시)-태원(太元) 3년(378)에는 이미 사만은 죽었을 것이니 여기서 사만이라고 한 것은 잘못인 듯하다(《晋書》 권79 〈謝安傳〉 및 付載된 〈謝萬·謝石傳〉에는 각각 사안이 66세, 사만은 42세, 사석이 62세에 세상을 떠난 것으로 되어 있고, 《資治通鑑》에 의하면 형인 사안은 太元 10년(385)에 세상을 떠났으며 동생인 사석은 太元 13년(388)에 죽은 것으로 되어 있는데 이런 것에 따라 逆算함).

ㅇ大匠(대장)-궁궐이나 종묘 등의 수축 및 토목·식수(植樹) 등을 관장하는 관직명. 대장경(大匠卿).

63. 왕공(王恭)은 강노노(江盧奴 : 江敳)에게 장사(長史)가 되어 달라고 하기 위해 아침 일찍 강노노를 찾아갔던바, 강노노는 아직 잠자리에 있었다. 왕공은 자리에 앉았는데 얼른 말을 꺼내지 못한 채 있다가 잠시 후 말을 꺼냈다. 강노노는 대답을 하지 않고[1] 다만 사람을 불러 술을 가져오게 하더니 자기 혼자 마실 뿐 왕공에게는 주지 않았다. 왕공이 웃으면서 말했다. "어떻게 혼자서만 마실 수 있소?" 강노노는 "그대에게도 주리까?"라더니 다시 왕공을 위해 술을 따르게 했다. 왕공은 술을 마시고 나자 하고 싶었던 말을 하고 일어서서 나갔다. 아직 문을 나가기도 전에 강노노는 탄식하며 말했다. "사람이 자기 자신을 헤아린다는 것은 정말로 어려운 일이로다."[2]

원문| **王恭欲請江盧奴爲長史, 晨往詣江, 江猶在帳中. 王坐, 不敢卽言. 良久乃得及. 江不應.[1] 直喚人取酒, 自飮一椀, 又不與王. 王且笑且言, 那得獨飮. 江云, 卿亦復須邪. 更使酌與王. 王飮酒畢, 因得自解去. 未出户, 江歎曰, 人自量固爲難.[2]**

(1) 노노(盧奴)는 강애(江敳)의 어렸을 때 자(字)이다.

《진안제기(晋安帝紀)》에 이런 이야기가 있다. '강애(江敳)의 자는 중개(仲凱)이며 제양(濟陽) 사람이다. 조부인 강정(江正)은 산기상시(散騎常侍), 아버지 강반(江彪)은 복야(僕射)였다. 모두 정직하고 꾸밈을 모르는 인품으로서 그 시대에 이름을 떨쳤다. 강애는 내외의 관직을 역임했는데 대범하여 구애되지 않았던 것으로 이름이 나있었다. 황문시랑(黃門侍郎) · 표기장군(驃騎將軍)의 자의참군(諮議參軍)을 역임했다.'

盧奴, 江敳小字也.

晉安帝紀曰, 敳字仲凱, 濟陽人. 祖正, 散騎常侍. 父彪, 僕射. 並以義正器素, 知名當世. 敳歷位内外, 簡退箸稱. 歷黃門侍郎,

驃騎諮議.

(2) 《송서(宋書)》에 이런 이야기가 있다. '강애는 상주자사(湘州刺史) 강이(江夷)의 아버지이다. 강이의 자는 무원(茂遠)이며 상주자사를 지냈다.'

宋書曰, 敳卽湘州江夷之父也. 夷字茂遠, 湘州刺史.

주해 ㅇ祖正(조정) - 《진서(晋書)》 권56에는 '강통(江統)'으로 적고 있다.

64. 효무제(孝武帝 : 司馬曜)가 왕상(王爽)에게 물었다. "그대는 그대의 형에 비하면 어떠하오?" 왕상이 대답했다. "풍격이 준수한 점에서는 제가 형에게 미치지 못합니다만 충효(忠孝)에 있어서는 결코 남에게 뒤지지 않습니다."(1)

원문 孝武問王爽, 卿何如卿兄. 王答曰, 風流秀出, 臣不如恭. 忠孝亦何可以假人.(1)

(1) 《중흥서(中興書)》에 이런 이야기가 있다. '왕상(王爽)은 충효스럽고 정직한 사람이었다. 열종(烈宗 : 孝武帝)이 붕어하자 왕국보(王國寶)가 밤중에 궁궐 문을 열고 들어와 유조(遺詔)를 작성코자 했다. 왕상은 (이때) 황문랑(黃門郎)이었는데 이를 막으면서 말했다. "지금은 선제(先帝)께서 갓 붕어하신 때이며 아직 태자께서는 제위(帝位)에 오르시지 아니하셨소. 이런 때 굳이 들어오려는 자가 있다면 (목을) 베어 버리고 말겠소이다." 왕국보는 두려워하며 마음을 돌렸다.'

中興書曰, 爽忠孝正直. 烈宗崩, 王國寶夜開門入, 爲遺詔. 爽爲黃門郎, 距之曰, 大行晏駕, 太子未立, 敢有先入者, 斬. 國寶

懼, 乃止.

주해| ㅇ大行(대행)－천자가 붕어하고 아직 시호(諡號)를 정하지 못한 때의 존칭.
ㅇ晏駕(안가)－천자가 붕어하는 것.

65. 왕상(王爽)이 사마태부(司馬太傅 : 司馬道子)와 술을 나누고 있었다. 사마태부가 취하여 왕상을 '어린아이'라고 불렀다. 왕상이 말했다. "돌아가신 조부 장사(長史 : 王濛)는 간문제(簡文帝 : 司馬昱)와 포의지교(布衣之交)를 맺으셨습니다. 돌아가신 고모와 누님은 두 분 황제의 황후이셨구요. 어찌 어린아이라고 부를 수 있습니까?"(1)

원문| **王爽與司馬太傅飮酒. 太傅醉, 呼王爲小子. 王曰, 亡祖長史, 與簡文皇帝爲布衣之交. 亡姑亡姊, 伉儷二宮. 何小子之有.**(1)

(1) 《중흥서(中興書)》에 이런 이야기가 있다. '왕몽(王濛)의 딸은 휘(諱)가 목지(穆之)인데 애제(哀帝 : 司馬丕)의 황후였다. 왕온(王蘊)의 딸은 휘가 법혜(法惠)인데 효무제(孝武帝 : 司馬曜)의 황후였다.'
中興書曰, 王濛女, 諱穆之爲哀帝皇后. 王蘊女, 諱法惠爲孝武皇后.

주해| ㅇ伉儷(항려)－항(伉)도 여(儷)도 모두 배우자란 뜻이다.
ㅇ王蘊(왕온)－왕상(王爽)의 아버지이자 왕몽(王濛)의 아들.

66. 장현(張玄)은 왕건무(王建武 : 王忱)와 그때까지는 안면이 없었다.(1) 그후 범예장(范豫章 : 范寧)의 집에서 만났는데 범예장은 두 사

람에게 이야기를 나누라고 권했다.[2] 장현은 단정하게 앉으며 옷깃을 여몄는데 왕건무는 한참동안 바라보고만 있을 뿐 응대하지 않았다. 장현이 크게 실망하여 곧장 떠나려고 하자 범예장이 한사코 붙잡았는데 그는 결국 머무르려고 하지 않았다. 범예장은 왕건무의 외숙부였으므로[3] 왕건무를 책망하며 말했다. "장현은 오(吳) 땅의 명사들 가운데 수재로 꼽히며 또한 지금 세상에서 존경을 받고 있어. 그런데 이런 지경에 이르다니, 정말로 이해가 되지 않는다." 왕건무는 웃으면서 말했다. "장조희(張祖希 : 張玄)가 만약 서로 사귀고 지내려고 한다면 자기가 스스로 우리집에 찾아와야지요." 범예장이 서둘러 이 사실을 장현에게 알리자 장현은 속대(束帶)하고 그를 만나러 갔다. 마침내 두 사람은 술잔을 나누며 이야기를 나누었는데 주객 모두 어색한 기색이 없었다.

원문| 張玄與王建武先不相識.[1] 後遇於范豫章許. 范令二人共語.[2] 張因正坐斂衽. 王熟視良久不對. 張大失望, 便去. 范苦譬留之, 遂不肯住. 范是王之舅.[3] 乃讓王曰, 張玄, 吳士之秀, 亦見遇於時. 而使至於此, 深不可解. 王笑曰, 張祖希若欲相識, 自應見詣. 范馳報張, 張便束帶造之. 遂擧觴對語, 賓主無愧色.

(1) 장현(張玄)은 앞에 나왔다. 건무(建武)는 왕침(王忱)이다.
《진안제기(晉安帝紀)》에 이런 이야기가 있다. '왕침(王忱)은 처음에 형주자사(荊州刺史)가 되었으며 후에 건무장군(建武將軍)이 되었다.'
張玄已見. 建武, 王忱也.
晉安帝紀曰, 忱初作荊州刺史, 後爲建武將軍.

(2) 범영(范寗)은 앞에 나왔다.

范甯已見.

(3) 《왕씨보(王氏譜)》에 이런 이야기가 있다. '왕탄지(王坦之)는 순양군(順陽郡) 범왕(范汪)의 딸인 개(蓋)에게 장가들었다. 즉 범영(范甯)의 여동생에게 장가들었는데 왕침(王忱)을 낳았다.'

王氏譜曰, 王坦之娶順陽郡范汪女, 名蓋, 卽甯妹也. 生忱.

주해 | ㅇ張玄已見(장현이견)－〈언어편(言語篇)〉 51.
ㅇ范甯已見(범영이견)－〈언어편〉 97.

아 량
雅 量
………
제6

1. 예장태수(豫章太守)인 고소(顧劭)[(1)]는 고옹(顧雍)의 아들이다. 고소가 예장군에서 죽었다. 때마침 고옹은 여러 속관(屬官)들을 모아 놓고 바둑을 두고 있었다.[(2)] 사자(使者)가 와서 아뢰었으나 아들의 편지는 없었다. 안색에는 조금도 변함을 나타내지 않았으나 마음속으로는 그 까닭을 깨닫고, 손톱으로 손바닥을 찔렀는데 피가 흘러 자리를 적셨다. 빈객이 간 다음에야 비로소 탄식하며 말했다. "나에게는 연릉(延陵 : 季札)과 같은 고상한 마음이 없어. 이런 처지에 눈물로 인하여 눈이 상했다는 질책을 받을 수야 없지."[(3)] 그리고서는 마음을 크게 먹고 슬픔을 떨쳐버렸으며 태연한 안색을 지었다.

▌원문| **豫章太守顧劭,[(1)] 是雍之子. 劭在郡卒. 雍盛集僚屬自圍棊.[(2)] 外啓信至, 而無兒書. 雖神氣不變, 而心了其故, 以爪掐掌, 血流沾褥. 賓客既散, 方歎曰, 已無延陵之高. 豈可有喪明之責.[(3)] 於是豁情散哀, 顏色自若.**

(1) 환제(環濟)의 《오기(吳紀)》에 이런 이야기가 있다. '고소(顧劭)의

자는 효칙(孝則)이며 오군(吳郡) 사람이다. 27세에 기가(起家)하여 예장태수(豫章太守)가 되었다. 선행(善行)을 장려함으로써 백성들을 가르치어 그 교화(敎化)가 크게 행해졌다.'
環濟吳紀曰, 劭字孝則, 吳郡人. 年二十七, 起家爲豫章太守. 擧善以敎民, 風化大行.

(2) 《강표전(江表傳)》에는 이런 이야기가 있다. '고옹(顧雍)의 자는 원탄(元歎)이다. 일찍이 채백개(蔡伯喈 : 蔡邕)에게서 배웠다. 채백개는 그를 훌륭하게 여기어 자신의 이름을 그에게 주었다.'
《오지(吳志)》에는 이런 이야기가 있다. '고옹(顧雍)은 상서령(尙書令)에 누천(累遷)되었고 양수향후(陽遂鄕侯)에 봉해졌다. 양수향후로 임명받고 귀가했는데 집안 사람들조차 그 사실을 아는 사람이 없었다. 사람됨이 술을 마시지 아니했고 과묵했다. 손권(孫權)은 일찍이 말했다. "고후(顧侯)가 자리에 있으면 사람들을 즐겁지 못하게 한다." 벼슬은 승상(丞相)에 이르렀다.'
江表傳曰, 雍字元歎, 曾就蔡伯喈. 伯喈賞異之, 以其名與之. 吳志曰, 雍累遷尙書令, 封陽遂鄕侯. 拜侯還第, 家人不知. 爲人不飮酒, 寡言語. 孫權嘗曰, 顧侯在坐, 令人不樂. 位至丞相.

(3) 《예기(禮記)》에 이런 이야기가 있다. '연릉(延陵)의 계자(季子)가 제(齊)나라에 갔다가 돌아올 때가 되었는데 그의 장남이 죽었다. 그래서 영(嬴) 땅과 박(博) 땅 사이에 매장했다. 공자(孔子)는 "연릉의 계자는 오(吳)나라에서 예(禮)를 잘 아는 사람이다."라며 가서 그 장례지내는 것을 보았다. 그러자 무덤의 깊이는 지하수가 나오는 데까지 이르지 못하고 시체는 평소에 입던 옷으로 염했다. 매장이 끝나고 흙을 덮는데 그 폭과 길이가 묘혈(墓穴)을 덮을 정도였으며 그 높이는 몸을 굽혀야 손이 닿을 정도였다. 계찰(季札)은 성토를 끝내자 왼쪽 어깨를 드러내고 오른쪽으로 봉분을 돌면

서 세 차례 곡을 하며 말했다. "육신이 흙으로 돌아가는 것은 천명(天命)이다. 혼령은 어디든 갈 수 있는 것이고." 그리고 그곳에서 떠났다. 공자는 말했다. "연릉 계자의 예는 실로 법도에 맞는다." 자하(子夏)는 그 아들이 죽자 실명(失明)하고 말았다. 증자(曾子)가 찾아가서 말했다. "친구가 실명했으니 곡을 해야겠소." 증자가 곡을 하자 자하도 울면서 말했다. "천명이야. 나에게는 아무 죄도 없거늘." 그러자 증자가 노하여 말했다. "자하(子夏 : 商)여! 그대에게 어찌 죄가 없으리요. 나는 그대와 함께 수수(洙水)·사수(泗水) 사이에서 선생님을 섬겼었소. 그대는 지금 서하(西河) 가에 은퇴하고 있는데 그곳 지방 사람들은 그대를 선생님인 줄 오인(誤認)하고 있소이다. 이것이 그대의 첫 번째 죄요, 그대의 아버지가 돌아가셨을 때 그대가 치른 장례가 특별했다는 소문이 없었소. 그것이 그대의 두 번째 죄요. 그대의 아들이 죽자 그대는 실명했는데 이것이 그대의 세 번째 죄요." 자하는 지팡이를 집어던지며 배례(拜禮)하고 말했다. "내가 잘못했소. 내 잘못이외다."'

禮記曰, 延陵季子適齊, 及其反也, 其長子死, 葬於嬴博之閒. 孔子曰, 延陵季子, 吳之習於禮者也, 往而觀其葬焉. 其坎深, 不至於泉, 其斂以時服. 旣葬而封, 廣輪掩坎, 其高可隱也. 旣封, 左袒, 右還其封. 且號者三曰, 骨肉歸復于土, 命也. 若魂氣, 則無不之也. 而遂行. 孔子曰, 延陵季子之於禮也, 其合矣乎. 子夏喪其子, 而喪其明. 曾子弔之曰, 朋友喪明則哭之. 曾子哭, 子夏亦哭曰, 天乎. 予之無罪也. 曾子怒曰, 商, 汝何無罪也. 吾與汝事夫子於洙泗之閒, 退而老於西河之上, 使西河之民, 疑汝於夫子, 爾罪一也. 喪爾親, 使民未有聞焉, 爾罪二也. 喪爾子, 喪爾明, 爾罪三也. 子夏投其杖而拜曰, 吾過矣. 吾過矣.

주해 | ㅇ以其名與之(이기명여지)－채옹(蔡邕)의 옹(邕)자를 따서 고

옹(顧雍)이라고 이름했다. 옹(雍)과 옹(邕)은 고자(古字)에서 통용되었다. 《삼국지(三國志)》 권52에서 인용한 《오록(吳錄)》의 설에는 '인이위자언(因以爲字焉)'이라고 되어 있으며 채옹이 감탄했으므로 자(字)를 '원탄(元歎)'이라 했다고 되어 있다.

ㅇ廣輪(광륜)－광(廣)은 동서(東西), 윤(輪)은 남북(南北), 즉 종횡(從橫)이다.

ㅇ左袒(좌단)－왼쪽 어깨를 드러내는 것. 길례(吉禮)이다. 흉례(凶禮)에는 우단(右袒)을 한다.

ㅇ右還(우환)－흉례이다.

ㅇ禮記曰(예기왈)－'연릉계자(延陵季子)'부터 '기합의호(其合矣乎)'까지는 〈단궁편(檀弓篇)〉 하(下)에 있고, '자하상기자(子夏喪其子)'부터 '오과의(吾過矣)'까지는 〈단궁편〉 상(上)에 있다.

2. 혜중산(嵇中散 : 嵇康)은 낙양(洛陽)의 동시(東市)에서 처형당할 때도 안색 하나 바꾸지 않은 채 금(琴)을 달라고 하여 광릉산(廣陵散)을 연주했다. 곡이 끝나자 말했다. "원효니(袁孝尼 : 袁準)가 일찍이 이 곡을 배우고 싶다고 청했는데 나는 아까워서 끝내 전수하지 않았지. 이 광릉산도 이것을 마지막으로 하여 두절되고 말 것이로다."(1) 태학(太學)의 학생 3천 명이 상소하여 스승을 뵙고 싶다며 구명을 청했으나 받아들여지지 않았다. 문왕(文王 : 司馬昭)도 이윽고 그 처형을 후회했다.(2)

원문| **嵇中散臨刑東市, 神氣不變. 索琴彈之, 奏廣陵散. 曲終曰, 袁孝尼嘗請學此散, 吾靳固未與. 廣陵散於今絶矣.(1) 太學生三千人上書請以爲師, 不許. 文王亦尋悔焉.(2)**

(1) 《진양추(晉陽秋)》에 이런 이야기가 있다. '처음에 혜강(嵇康)은 동평(東平)의 여안(呂安)과 친했었다. 여안의 적형(嫡兄)인 여손

(呂遜)이 여안의 아내인 서씨(徐氏)와 사통했다. 여안은 여손을 고소하고 아내와 이혼하려는 생각으로 혜강에게 상담했던바 혜강은 그를 타이르며 말렸다. 여손은 신변의 불안을 느끼다가 여안이 어머니를 때렸다고 밀고하고, 상소하여 변경으로 유배시키도록 청했다. 여안은 유배가게 되었을 때, 자신을 변호하면서 진술하던 중에 혜강의 이야기를 언급했다.'

《문사전(文士傳)》에 이런 이야기가 있다. '여안(呂安)의 사건이 일어나자 혜강은 법정에 나아가 그 일을 변론했는데 종회(鍾會)가 혜강에 대해서 논고하였다. "지금 황도(皇道)가 밝게 사해(四海)에 떨치어 그 어떤 변경에서도 거짓을 말하는 백성이 없고, 마을에서도 서로 이론(異論)을 말하는 자가 없습니다. 그런데 혜강은 위로는 천자에게 불충하고 아래로는 왕후(王侯)를 바르게 섬기지 못했으며 시세(時世)를 가벼이 보고 세상에 오만하니 사물에 도움이 되지 아니합니다. 오늘날의 세상에 무익하며 더구나 양속(良俗)을 해치고 있습니다. 옛날 태공망(太公望 : 呂尙)이 화사(華士)를 주살하고, 공자(孔子)가 소정묘(少正卯)를 죽이게 된 것도 그들이 재주만 믿고 군중을 문란케 하도록 꼬드겼기 때문입니다. 혜강을 주살하지 않는다면 왕도(王道)를 맑게 할 수 없습니다." 이리하여 혜강은 붙잡혔고 뇌옥에 갇히었다. 처형당하게 되었을 때 형제와 친족들이 모두 이별을 고했는데 혜강은 안색 하나 변하지 않은 채 형(兄 : 嵇喜)에게 물었다. "금(琴)을 가지고 오시었소?" 형이 "가지고 왔어."라고 말하자 혜강은 금을 받아 〈태평인(太平引)〉을 연주했다. 곡이 끝나자 탄식하며 말했다. "〈태평인〉도 이것으로 끊어지겠구나."'

晉陽秋曰, 初, 康與東平呂安親善. 安嫡兄遜, 淫安妻徐氏. 安欲告遜遣妻, 以諮於康, 康喩而抑之. 遜內不自安, 陰告安撾母, 表求徙邊. 安當徙, 訴自理, 辭引康.

文士傳曰, 呂安罹事, 康詣獄以明之. 鍾會庭論康曰, 今皇道開

明, 四海風靡, 邊鄙無詭隨之民, 街巷無異口之議. 而康上不臣天子, 下不事王侯, 輕時傲世, 不爲物用, 無益於今, 有敗於俗. 昔太公誅華士, 孔子戮少正卯, 以其負才, 亂羣, 惑衆也. 今不誅康, 無以淸潔王道. 於是錄康閉獄. 臨死, 而兄弟親族, 咸與共別, 康顔色不變, 問其兄曰, 向以琴來不邪. 兄曰, 以來. 康取調之, 爲太平引. 曲成, 歎曰, 太平引於今絶也.

(2) 왕은(王隱)의 《진서(晋書)》에 이런 이야기가 있다. '혜강이 옥에 갇히자 태학(太學)의 학생 수천 명이 그 석방을 청원했다. 그때 호준(豪俊)한 젊은이들은 모두 혜강을 따라 옥으로 들어갔으나 혜강은 그들을 타일러 곧 산개(散開)시켰다. 혜강은 여안과 함께 주살당했다.'

王隱晋書曰, 康之下獄, 太學生數千人請之, 于時豪俊, 皆隨康入獄. 悉解喩, 一時散遣. 康竟與安同誅.

주해 | ㅇ嵇中散(혜중산)－중산(中散)은 중산대부(中散大夫)의 약칭. 《진서(晋書)》 권49 〈혜강전(嵇康傳)〉에 의하면 혜강은 위(魏)나라 종실과 혼인관계를 맺어 중산대부가 되었다.

ㅇ廣陵散(광릉산)－금곡(琴曲)의 이름. 산(散)은 조(操)·농(弄)·인(引) 등과 비슷하며 곡(曲)이란 뜻. 《진서》 권49 〈혜강전〉에 따르면 혜강이 화양정(華陽亭)에 머물렀던 날 밤 자신은 고인(古人)이라고 말하는 손님이 나타나 혜강에게 이 곡을 주었고, 남에게 가르쳐 주어서는 안 된다는 맹세를 시켰다고 한다.

ㅇ靳固(근고)－남에게 전해주는 것을 아깝게 여기며 굳게 비밀에 부치는 것.

ㅇ遜(손)－《삼국지(三國志)》 권21 〈왕찬전(王粲傳)〉 부재(付載) 〈혜강전〉의 배주(裴注)에서 인용한 《위씨춘추(魏氏春秋)》 등, 일반적으로는 '손(巽)'자를 사용했다.

ㅇ詭隨(궤수)－《시경(詩經)》 〈대아(大雅)〉 '민로(民勞)'를 인용한 모전(毛傳)에 '남의 착한 것을 헐뜯고 남의 악한 것을 따른다(詭人之善 隨

人之惡)'라고 했다.

ㅇ太公誅華士(태공주화사)—태공망(太公望) 여상(呂尙)이 제(齊)나라에 봉해졌을 때 광율(狂矞)·화사(華士) 형제를 주살했다는 이야기는 《한비자(韓非子)》 〈외저설(外儲說)〉에 보인다.

ㅇ孔子戮少正卯(공자육소정묘)—공자가 노(魯)나라 정치를 문란케 한 소정묘(少正卯 : 少正은 官名, 이름이 卯)를 주살한 것은 《순자(荀子)》 〈유좌편(宥坐篇)〉, 《사기(史記)》 권47 〈공자세가(孔子世家)〉, 《공자가어(孔子家語)》 〈시주편(始誅篇)〉 등에 보인다.

3. 하후태초(夏侯太初 : 夏侯玄)가 어느 때 기둥에 기대어 편지를 쓰고 있었다. 그때 큰비가 내리더니 돌연 벼락이 쳐, 기대고 있던 기둥이 쪼개졌다. 태초가 입고 있던 의복도 그을렸지만 (그는) 안색 하나 변하지 않은 채 쓰고 있던 편지를 계속 써나갔다. 빈객들과 좌우에 있던 사람들은 모두 놀라서 안절부절못했다.(1)

원문| 夏侯太初嘗倚柱作書. 時大雨, 霹靂破所倚柱. 衣服燋然, 神色無變, 書亦如故. 賓客左右, 皆跌蕩不得住.(1)

(1) 고개지(顧愷之)의 《서찬(書贊)》에 이 이야기가 보인다.
《어림(語林)》에 이런 이야기가 있다. '하후태초(夏侯太初)는 위제(魏帝)를 따라 어릉(御陵)에 참배하러 갔다가 송백(松柏) 아래에 참열하고 있었다. 그때 갑자기 비가 쏟아지더니 태초가 서있는 나무에 벼락이 떨어졌다. 그의 관(冠)이 그을려서 망가졌다. 좌우에 있던 사람들은 그것을 보고 모두 몸을 엎드렸는데 태초는 안색조차 변하지 않았다.'
장영서(臧榮緖)의 《진서(晋書)》에는 제갈탄(諸葛誕)의 이야기라고 했다.

見顧愷之書贊.

語林曰, 太初從魏帝拜陵, 陪列於松柏下. 時暴雨, 霹靂正中所立之樹. 冠冕燋壞, 左右覩之皆伏, 太初顔色不改.

臧榮緖又以爲諸葛誕也.

주해 | ㅇ諸葛誕(제갈탄)－《북당서초(北堂書鈔)》 권152 벽력(霹靂) 25에서 인용한 조가지(曹嘉之)의 《진기(晋紀)》에는 '제갈탄은 기매(氣邁)하다고 했다. 일찍이 기둥에 기대어 글을 쓰는데 벼락이 그 기둥을 쳤다. 그러나 제갈탄은 태연자약했다'라고 되어 있다.

4. 왕융(王戎)이 일곱살 때 아이들과 놀고 있다가 길가의 오얏나무에 가지가 떨어질 정도로 열매가 달려 있는 것을 보았다. 아이들은 다투어가며 땄지만 왕융은 손을 내밀지 아니했다. 사람들이 그 까닭을 묻자 (그는) 대답했다. "나무가 길가에 나있는데도 열매가 많이 달려 있다는 것은 그 오얏 열매가 쓸 것임에 틀림없습니다." 따보니 과연 그의 말대로였다.(1)

원문 | 王戎七歲, 嘗與諸小兒遊, 看道邊李樹多子折枝. 諸兒競走取之, 唯戎不動. 人問之, 答曰, 樹在道邊而多子, 此必苦李. 取之信然.(1)

(1) 《명사전(名士傳)》에 이런 이야기가 있다. '왕융(王戎)은 이 일로 어렸을 때부터 신동(神童)이란 칭찬이 자자했다.'

名士傳曰, 戎由是幼有神理之稱也.

5. 위(魏) 명제(明帝 : 曹叡)는 선무장(宣武場)에서 호랑이 발톱과 이빨을 잘라서 백성들에게 구경시키도록 했다. 그때 왕융(王戎)은 일

곱살이었는데 그것을 구경하러 갔다. 호랑이가 틈을 엿보다가 울타리에 올라타며 포효하자 그 소리가 땅을 진동시켰다. 구경하던 사람들은 모두 기겁을 하여 넘어지고 엎드리곤 했지만 왕융은 태연히 침착했으며 조금도 두려워하는 기색이 없었다.(1)

원문| **魏明帝於宣武場上，斷虎爪牙，縱百姓觀之．王戎七歲，亦往看．虎承閒攀欄而吼，其聲震地．觀者無不辟易顚仆．戎湛然不動，了無恐色．**(1)

(1) 《죽림칠현론(竹林七賢論)》에 이런 이야기가 있다. '명제(明帝 : 曹叡)는 누각(樓閣)에서 내려다보다가, 좌우에 있는 자들에게 왕융(王戎)의 성명을 물어보게 하고는 이를 세상에서 진귀한 아이라고 생각했다.'
竹林七賢論曰，明帝自閣上望見，使人問戎姓名，而異之．

주해| ㅇ宣武場(선무장)－낙양성(洛陽城) 북쪽에 있었던 연병장.

6. 왕융(王戎)이 시중(侍中)이었을 때 남군태수(南郡太守)인 유조(劉肇)가 통 속에 담긴 전포(箋布) 5단(端)을 보내왔다. 왕융은 받지 않았는데 감사하는 답신을 보냈다.(1)

원문| **王戎爲侍中，南郡太守劉肇遺筒中箋布五端．戎雖不受，厚報其書．**(1)

(1) 《진양추(晋陽秋)》에 이런 이야기가 있다. '사예교위(司隷校尉)인 유의(劉毅)가 상주(上奏)하여 아뢰었다. "남군태수(南郡太守) 유조(劉肇)는 포(布) 50필을 다른 것과 함께 전(前) 예주자사(豫州

刺史) 왕융(王戎)에게 선물했습니다. 반드시 함거(檻車)로 그를 부르시어 정위(廷尉)에 넘기시고 그의 죄를 밝히시며 영구히 관직을 박탈하십시오." 왕융은 (그가 보낸) 답신이 당도하지 않았던 고로 죄를 면할 수 있었다.'

《죽림칠현론(竹林七賢論)》에는 이런 이야기가 있다. '왕융이 유조에게 쓴 편지에 대하여 논자(論者)는 모두 이를 비방했다. 세조(世祖 : 司馬炎)는 이 일에 대해서 걱정했는데 구두로 조서를 내리어 말했다. "왕융과 같은 사나이가 사심(私心)을 품을 까닭이 없다." 그래서 논자들은 조용해졌다. 왕융도 이 일에 대하여 특별한 예(禮)를 말하지 않았다.'

晉陽秋曰, 司隷校尉劉毅奏, 南郡太守劉肇, 以布五十疋, 雜物遺前豫州刺史王戎. 請檻車徵付廷尉治罪, 除名終身. 戎以書未達, 不坐.

竹林七賢論曰, 戎報肇書, 議者僉以爲譏. 世祖患之, 乃發口詔曰, 以戎之爲士. 義豈懷私. 議者乃息. 戎亦不謝.

주해 | ㅇ筒中箋布(통중전포)－통 속에 넣은 상질의 세포(細布). 일명 황윤포(黃潤布)라고 한다. 《진서(晋書)》 권43 〈왕융전(王戎傳)〉에는 '세포오십단(細布五十端)'이라고 되어 있다.

ㅇ司隷校尉(사예교위)－기내(畿內)의 비위를 조사하는 관리.

ㅇ檻車(함거)－죄인 호송용 수레.

ㅇ口詔(구조)－구두로 내리는 주상의 명령.

7. 배숙칙(裴叔則 : 裴楷)은 체포되었어도 안색 하나 변하지 않았다. 태도도 침착했다. 종이와 붓을 달라더니 유서를 썼다. 유서를 다 썼는데 구명(救命)을 청하는 자가 많았으므로 사면을 받게 되었다. 그후 의동삼사(儀同三司)의 벼슬에 올랐다.(1)

원문 裴叔則被收, 神氣無變, 擧止自若. 求紙筆作書. 書成, 救者多. 乃得免. 後位儀同三司.(1)

(1) 《진제공찬(晋諸公贊)》에 이런 이야기가 있다. '배해(裴楷)의 아들 배찬(裴瓚)은 양준(楊駿)의 딸에게 장가들었다. 양준이 주살당하자 배해는 인척관계라 하여 체포되었고 정위(廷尉)에게 넘겨졌다. 시중(侍中)인 부지(傅祗)는 배해의 평소 마음가짐을 증언했으므로 사면을 받을 수 있었다.'

《명사전(名士傳)》에는 이런 이야기가 있다. '초왕(楚王 : 司馬瑋) 사건 때 이조(李肇)는 배해의 명성이 높은 것을 시기하던 끝에 그를 붙잡아 죽이려고 했다. 배해는 안색 하나 바꾸지 아니했고 태도도 침착할 뿐이었다. 사람들이 그의 구명을 청원했으므로 사면되었다.'

《진양추(晋陽秋)》에 이런 이야기가 있다. '배해는 왕융(王戎)과 함께 의동삼사(儀同三司)가 가(加)해졌다.'

晋諸公贊曰, 楷息瓚, 取楊駿女. 駿誅, 以楷婚黨, 收付廷尉. 侍中傅祗證楷素意, 由此得免.

名士傳曰, 楚王之難, 李肇惡楷名重, 收將害之. 楷神色不變, 擧動自若. 諸人請救, 得免.

晋陽秋曰, 楷與王戎, 俱加儀同三司.

주해 ㅇ儀同三司(의동삼사)-개부의동삼사(開府儀同三司)의 약어. 부(府 : 官廳)를 열고 의(儀 : 禮遇)는 삼사(三司 : 三公)와 같다는 뜻. 원래 장군에게 주어지는 특전이었는데 진대(晋代) 이후에는 장군이 아닌 문관(文官)도 광록대부(光祿大夫) 이상인 사람은 개부(開府)할 수 있었다. 《진서(晋書)》 권35 〈배해전(裴楷傳)〉에 '광록대부 개부의동삼사가 더해지다'라고 되어 있다.

ㅇ駿誅(준주)-혜제(惠帝) 원강(元康) 원년(元年 : 291), 혜제의 가후(賈

后)는 정치에 참여하고 싶은 생각에서 정치를 보좌하던 양준(楊駿)을 모함하고 그와 동시에 양준의 딸인 양태후(楊太后)를 섬기지 않으려는 초왕(楚王) 사마위(司馬瑋)를 입조시키어 양준을 견제토록 했다. 그리고 맹관(孟觀)·이조(李肇)를 시키어 황제에게 졸라서 양준을 폐하는 조서를 내리게 하고 양준 일족을 모조리 죽였다(《晋書》 권40 〈楊駿傳〉).

ㅇ楚王之難(초왕지난)－태재(太宰)인 사마량(司馬亮)과 태보(太保)인 위관(衛瓘)은 초왕 사마위(司馬瑋)의 비뚤어진 성격을 싫어하던 끝에 북군중후(北軍中侯)의 벼슬을 배해(裴楷)로 교체하고 그를 제왕(諸王)과 함께 도읍으로 보내려고 하였다. 그러자 초왕 사마위는 이 두 사람을 미워하다가 혜제(惠帝) 원강(元康) 원년(元年 : 291) 양준(楊駿)이 주살당한 직후 조명(詔命)이라고 속이고 사마량과 위관 등 두 사람을 주살했다. 그후 얼마 안되어 초왕 사마위는 일찍이 모반하려 했다 하여 체포되었고 참수당했다(《晋書》 권59 〈楚隱王瑋傳〉). 이로 인하여 외척인 가씨(賈氏)의 정권이 확립되었고 그와 동시에 팔왕(八王)의 난(亂)에 접어들게 되었다.

8. 왕이보(王夷甫 : 王衍)가 어느 때 친척되는 자에게 일을 부탁했는데 며칠이 지나도 해주지 않았다. 마침 연회에서 만났으므로 그 사람에게 말했다. "지난번 당신에게 일을 부탁했는데 왜 해주지 않는 겁니까?" 친척되는 사나이는 매우 노하면서 곧장 찬합을 들어 왕이보의 얼굴을 향해 던졌다. 왕이보는 아무 말도 하지 않은 채 얼굴을 씻고 나서 왕승상(王丞相 : 王導)의 팔을 잡아끌며 함께 우거(牛車)를 타고 돌아갔다. 수레 안에서 거울을 들여다보며 승상에게 말했다. "당신께서는 내 눈초리를 좀 보십시오. 소의 등을 똑바로 바라보고 있지요."(1)

원문| 王夷甫嘗屬族人事, 經時未行. 遇於一處飮燕, 因語之曰, 近屬尊事, 那得不行. 族人大怒, 便擧樏擲其面. 夷甫都無

言, 盥洗畢, 牽王丞相臂, 與共載去. 在車中照鏡, 語丞相曰, 汝看我眼光, 迺出牛背上.[(1)]

(1) 왕이보(王夷甫)는 아마도 자기의 풍격이 빼어나 다른 사람과 다투는 지경에는 이르지 않을 것이라고 스스로 생각했던 듯하다.
王夷甫蓋自謂, 風神英俊, 不至與人校.

주해 ㅇ尊(존)－남자에 대한 존칭.
ㅇ檽(유)－찬합.
ㅇ出牛背上(출우배상)－오로지 소의 등만 직시할 뿐, 마음이 동요되지 않음을 말한 것이다.

9. 배하(裴遐)가 주복(周馥)의 처소에 있을 때 주복은 주인으로서 연회를 베풀었다.[(1)] 배하가 사람과 바둑을 두고 있자니 주복의 사마(司馬)가 술을 따르러 왔는데 바둑에 한참 몰두하고 있던 터라 술을 금방 마시지 못했다. 화가 난 사마는 배하를 땅바닥으로 끌어내렸다. 배하는 자리로 돌아왔는데 거동은 평상시와 같았고 안색도 바뀌지 않은 채 아까처럼 바둑을 계속 두었다. 왕이보(王夷甫 : 王衍)가 배하에게 물었다. "그때 어떻게 안색조차 변하지 않은 채 있을 수 있었소이까?" 배하는 이렇게 대답했다. "다만 승부에 열중했기 때문입니다."[(2)]

원문 **裴遐在周馥所, 馥設主人.**[(1)] **遐與人圍棊, 馥司馬行酒, 正戲, 不時爲飮. 司馬恚, 因曳遐墜地. 遐還坐, 擧止如常, 顔色不變. 復戲如故. 王夷甫問遐, 當時何得顔色不異. 答曰, 直是闇當故耳.**[(2)]

(1) 등찬(鄧粲)의 《진기(晉紀)》에 이런 이야기가 있다. '주복(周馥)의

자는 조선(祖宣)이며 여남(汝南) 사람이다. 유준(劉準) 대신 진동장군(鎭東將軍)이 되었으며 수양(壽陽)을 다스렸다. 격문(檄文)을 사방으로 보내어 천자(天子 : 懷帝)를 받들어 영접코자 했다. 원황(元皇 : 司馬睿)이 감탁(甘卓)을 시켜 이를 공격케 했는데 주복은 도망가다가 도중에 죽었다.'

鄧粲晉紀曰, 馥字祖宣, 汝南人. 代劉淮爲鎭東將軍, 鎭壽陽. 移檄四方, 欲奉迎天子. 元皇使甘卓攻之, 馥出奔, 道卒.

(2) '암고당이(闇故當耳)'로 되어 있기도 하고 '진시투장고이(眞是鬪將故耳)'로 되어 있기도 하다.

一作闇故當耳. 一作眞是鬪將故耳.

주해 | ㅇ闇當(암당)－미상(未詳). 《세설전본(世說箋本)》에서 인용한 《세설휴(世說觿)》에 암당은 암합(闇合)이라고 되어 있으며 '모르는 사이에 그렇게 되었다'라고도 해석될 것이다.

ㅇ劉淮(유회)－송본(宋本)·원본(袁本) 모두 유회(劉淮)로 적고 있는데 〈방정편(方正篇)〉 16에서 언명한 이유에 근거하여 번역문에서는 유준(劉準)으로 고쳤다.

10. 유경손(劉慶孫 : 劉輿)이 태부(太傅 : 司馬越)의 막부(幕府)에 있었을 때, 당시 사람들로서 그로 인하여 곤경에 처해진 자가 많았다. 오직 유자숭(庾子嵩 : 庾敳)만은 세상일에 구애됨 없이 유유히 살았기 때문에 걸려들 여지가 없었다. 후에 유자숭이 검약(儉約)하여 집안이 부유해지자 태부를 설득하여 천만 금을 꾸어 달라고 하되 거절하면 그것을 핑계삼아 곤경에 몰아넣고자 했다.[1] 태부가 여러 사람이 모여 있는 데서 이 일에 대하여 묻자, 유자숭은 술에 만취하여 있었는데 책상 위에 떨어져 있는 두건에 머리를 박아서 뒤집어쓰며 천천히 대답했다. "우리집에는 물론 2, 3천만 금 정도 있습니다. 좋으실 대로

하십시오." 그래서 유경손은 두손을 들고 말았다. 그후 어떤 사람이 유자숭에게 이 일에 대해서 이야기하자 유자숭은 "소인의 생각으로 군자의 마음을 헤아리는 것이라고 할 수 있지요."라고 말했다.

원문| 劉慶孫在太傅府, 于時人士, 多爲所構. 唯庾子嵩縱心事外, 無迹可閒. 後以其性儉家富, 說太傅令換千萬. 冀其有吝, 於此可乘.(1) 太傅於衆坐中問庾. 庾時頹然已醉, 幘墮几上, 以頭就穿取, 徐答云, 下官家故可有兩娑千萬. 隨公所取. 於是乃服. 後有人向庾道此. 庾曰, 可謂以小人之慮, 度君子之心.

(1) 《진양추(晋陽秋)》에 이런 이야기가 있다. '유여(劉輿)의 자는 경손(慶孫)이며 중산(中山) 사람이다. 호협하고 재략이 있었는데 붕당을 맺기 좋아했다. 범양왕(范陽王) 사마효(司馬虓)에게 신임을 받았는데 사마효가 죽자 태부(太傅 : 司馬越)가 그를 불러 모든 일을 다 맡기고 장사(長史)로 삼았다.'
《팔왕고사(八王故事)》에 이런 이야기가 있다. '사마월의 자는 원초(元超)이며 고밀왕(高密王) 사마태(司馬泰)의 장남이다. 젊었을 때부터 언제나 신분에 구애받지 않는 교제를 중시했으며 안팎 사람들이 심복했다. 사공(司空)·태부(太傅)에 누천(累遷)되었다.'
晋陽秋曰, 劉輿字慶孫, 中山人. 有豪俠才算, 善交結. 爲范陽王虓所暱, 虓薨, 太傅召之, 大相委仗, 用爲長史.
八王故事曰, 司馬越字元超, 高密王泰長子. 少尙布衣之操, 爲中外所歸. 累遷司空, 太傅.

주해| ㅇ兩娑千萬(양사천만)—사(娑)는 사(些)와 통한다. 또 양용(楊勇)의 《세설신어교전(世說新語校箋)》에서 인용한 유분수(劉盼遂)의 《세설신어교전》에서는 양사(兩娑)를 양삼(兩三)의 뜻으로 취하고 있다.

ㅇ庾曰云云(유왈운운)－《진서(晋書)》 권50 〈유애전(劉敳傳)〉에서는 사마월(司馬越)이 '소인의 마음으로 군자의 마음을 헤아리지 마라'고 말한 것으로 되어 있다. 이 말은 《좌전(左傳)》 소공(昭公) 28년조의 '소인의 복심(腹心)을 가지고 군자의 마음인 양 한다'란 구절에 근거한다.
ㅇ長子(장자)－《진서(晋書)》 권59 〈동해왕월전(東海王越傳)〉에는 '차자(次子)'로 되어 있다.

11. 왕이보(王夷甫 : 王衍)와 배경성(裴景聲 : 裴邈)은 생각과 뜻을 달리하고 있었다. 배경성은 어떻게 해서든 자기에게 따르도록 하고자 했지만 아무리 애써도 그의 마음을 돌리게 할 수가 없었다. 그래서 일부러 왕이보에게 갔고 말을 함부로 하며 그를 욕했다. 배경성은 왕이보가 대꾸해오면 그때 세상으로부터 비난을 함께 당하고자 했다. 왕이보는 안색 하나 바꾸지 아니하고 서서히 말했다. "심술궂은 놈 같으니라구. 드디어 본성을 드러냈구먼."(1)

원문 王夷甫與裴景聲志好不同. 景聲惡欲取之, 卒不能回. 乃故詣王, 肆言極罵, 要王答己, 欲以分謗. 王不爲動色, 徐曰, 白眼兒遂作.(1)

(1) 《진제공찬(晋諸公贊)》에 이런 이야기가 있다. '배막(裴邈)의 자는 경성(景聲)이며 하동(河東) 문희(聞喜) 사람이다. 젊었을 때부터 통달한 재주가 있었는데 그의 종형(從兄)인 배위(裴頠)는 그의 재주를 칭찬하며 청담(淸談)할 때마다 종일종야(終日終夜)에 이르렀다. (배막은) 자기의 논리 구성이 대부분 백중할 것으로 생각했지만 언제나 당하기만 할 뿐 종형의 위로 나설 수가 없었다. 태부(太傅 : 司馬越)의 종사중랑(從事中郎) · 좌사마(左司馬)를 역임하고, 동해왕(東海王 : 司馬越)의 감군(監軍)이 되었다. 젊었을 때는 문학자(文學者)였는데 누천(累遷)된 후, 무장(武將)이 되었

다. 무장으로서의 재능은 없었지만 과묵하고 침착한 점으로 칭송되었다.'

晉諸公贊曰, 邈字景聲, 河東聞喜人. 少有通才, 從兄頠器賞之, 每與清言, 終日達曙. 自謂理構多如, 輒每謝之, 然未能出也. 歷太傅從事中郞, 左司馬, 監東海王軍事. 少爲文士, 而經事爲將. 雖非其才, 而以罕重稱也.

주해 ㅇ分謗(분방)—상대방을 도발하도록 만들고 욕설을 하게 하여 자기와 같은 비방을 받도록 한다는 의미.

ㅇ白眼兒(백안아)—진(晋)나라 완적(阮籍)의 고사(故事)에 백안의 고사가 있다. 세상을 비뚤게 사는 자란 뜻.

12. 왕이보(王夷甫 : 王衍)는 배성공(裴成公 : 裴頠)보다 네 살 위였는데 서로 안면이 없었다. 때마침 어떤 곳에서 동석했는데 주변 사람들은 모두 당시의 명사들이었다. 그들은 왕이보에게 물었다. "배령(裴令 : 裴頠)의 명성을 어찌 따질 필요가 있겠습니까?" 그러자 왕이보는 배성공을 경(卿 : 자네)이라고 불렀다. 배성공이 말했다. "당신[君]은 당신 생각대로 부르는 게 좋겠습니다."(1)

원문 **王夷甫長裴成公四歲, 不與相知. 時共集一處. 皆當時名士. 謂王曰, 裴令令望何足計. 王便卿裴. 裴曰, 自可全君雅志.**(1)

(1) 배위(裴頠)는 앞에 나왔다.

裴頠已見.

주해 ㅇ卿裴(경배)……君雅志(군아지)—2인칭을 나타내는 '경(卿)'이란 말의 사용에 대해서는 〈방정편(方正篇)〉 20의 주해 참조.

ㅇ已見(이견)－〈언어편〉 23.

13. 어떤 나그네가 “유공(庾公 : 庾亮)은 동쪽으로 내려와서 도읍에 쳐들어오고자 합니다.”라고 말했다. 그 말을 들은 어떤 사람이 왕공(王公 : 王導)에게 말했다. “은연중, 경비를 다소라도 엄중하게 하여 불의의 사태에 대비하는 게 좋겠습니다.” 왕공이 대답했다. “나와 원규(元規 : 庾亮)는 공히 조신(朝臣)의 신분이려니와 원래는 그런 신분을 떠나 친하게 사귀어오던 터요. 만약 쳐들어온다면 나는 각건(角巾)을 쓰고 얼른 오의항(烏衣巷)으로 돌아가고 말겠소.(1) 어찌 경계를 엄중하게 할 필요 따위가 있으리까.”(2)

원문| **有往來者云, 庾公有東下意. 或謂王公, 可潛稍嚴, 以備不虞. 王公曰, 我與元規, 雖俱王臣, 本懷布衣之好. 若其欲來, 吾角巾徑還烏衣.(1) 何所稍嚴.(2)**

(1) 《단양기(丹陽記)》에 이런 이야기가 있다. ‘오의(烏衣)란 지명(地名)의 기원은 삼국시대 오(吳)나라 때 오의영(烏衣營)이 두어졌던 것에 의한다. 강남(江南)에 동진(東晋)의 정권이 세워진 이후 낭야(琅邪)의 왕씨(王氏) 일족이 이곳에 살았다.’
丹陽記曰, 烏衣之起, 吳時烏衣營處所也. 江左初立, 琅邪諸王所居.

(2) 《중흥서(中興書)》에는 이런 이야기가 있다. ‘그 이후 병란(兵亂)은 없어졌으며 안팎이 평화롭게 다스려졌다.’
中興書曰, 於是風塵自消, 内外緝穆.

주해| ㅇ有往來者(유왕래자)－《진서(晋書)》 권65 〈왕도전(王導傳)〉에서는 남만교위(南蠻校尉) 도칭(陶稱)이 한 말로 되어 있다.

ㅇ庾公有東下意(유공유동하의)－유량(庾亮)은 소준(蘇峻)이 일으킨 난의 책임을 지고 도읍을 떠나 무호(蕪湖)에 진을 치고 있었는데 그후 유량 반란의 소문이 자주 유포되었다.
ㅇ角巾(각건)－은자(隱者)가 쓰는 각이 진 두건.
ㅇ烏衣營(오의영)－오의(烏衣)는 강소성(江蘇省) 강녕현(江寧縣) 동남쪽의 지명(地名). 영(營)은 군영(軍營)이다.

14. 왕승상(王丞相 : 王導)의 주부(主簿)가 막하에 있는 자를 조사코자 하였다. 왕공(王公)이 주부에게 말했다. "그대와 마음을 합치어 일을 해나가고 싶기는 하네만 남의 책상 위에 놓인 일까지 알려고 하지는 말아 주게."

원문| **王丞相主簿欲檢校帳下. 公語主簿, 欲與主簿周旋, 無爲知人几案閒事.**

주해| ㅇ主簿(주부)－장부를 관장하는 속관.
ㅇ檢校(검교)－조사하는 것.

15. 조사소(祖士少 : 祖約)는 재물을 좋아하고 완요집(阮遙集 : 阮孚)은 나막신을 좋아했다. 언제나 함께 열심히 수집하기에 여념이 없었다. 둘 다 기벽(奇癖)이었는데 그 우열을 가릴 수가 없었다.(1) 어떤 사람이 조사소를 찾아갔던바 조사소는 재물 감정을 하고 있는 중이었다. 손님이 찾아왔으므로 재물을 넣어두려고 했으나 넣어두지를 못하고 나머지 작은 상자 두 개를 등 뒤에 밀어놓자 몸을 비스듬히 뉘었는데 마음이 안정되지 않은 모습이었다. 또 어떤 사람이 완요집을 찾아갔던바 완요집은 몸소 불을 피우고 나막신에 납(蠟)칠을 하고 있었는데 탄식하며 말했다. "도대체 한평생 동안 몇 켤레의 나막신을 신

을 수 있는 것일까?" 그런데 그의 표정은 여유가 있었다. 그리하여 우열이 처음으로 결정되었던 것이다.[(2)]

원문| **祖士少好財, 阮遙集好屐. 並恆自經營. 同是一累, 而未判其得失.[(1)] 人有詣祖, 見料視財物. 客至. 屛當未盡, 餘兩小簏著背後, 傾身障之, 意未能平, 或有詣阮. 見自吹火蠟屐. 因歎曰, 未知一生當著幾量屐. 神色閑暢. 於是勝負始分.[(2)]**

(1) 《조약별전(祖約別傳)》에 이런 이야기가 있다. '조약의 자는 사소(士少)이며 범양(范陽) 도(道) 땅 사람이다. 평서장군(平西將軍)·예주자사(豫州刺史)에 누천(累遷)되었고 수양(壽陽)에 진치고 있었는데 소준(蘇峻)과 함께 반란을 일으켰다. 소준이 패하자 조약은 후조(後趙)의 석륵(石勒)에게 투항했다. 조약은 본디 유주(幽州) 고관의 집안 출신으로서 빈객이 문에 넘치고 있었다. 석륵은 고루(高樓)에 올라가 조약의 성대한 거기(車騎)의 모습을 보고 크게 놀랐다. 그런데 조약은 고향 원주민들의 전답을 뺏었으므로 토지 소유자들 대부분이 그를 원망했다. 석륵은 이 점에 화를 냈고 마침내 조약을 주살하고 말았다.'

《진양추(晋陽秋)》에는 이런 이야기가 있다. '완부(阮孚)의 자는 요집(遙集)이고 진류(陳留) 사람이며 완함(阮咸)의 둘째 아들이다. 젊었을 때부터 재기가 있었는데 특별히 준재(俊才)라고 할 정도는 아니었다. 시중(侍中)·이부상서(吏部尙書)·광주자사(廣州刺史)로 누천(累遷)되었다.'

祖約別傳曰, 約, 字士少, 范陽道人. 累遷平西將軍, 豫州刺史. 鎭壽陽, 與蘇峻反. 峻敗, 約投石勒. 約本幽州冠族, 賓客塡門. 勒登高望見車騎, 大驚. 又使占奪鄕里先人田地, 地主多恨. 勒惡之, 遂誅約.

晋陽秋曰, 阮孚字遙集, 陳留人, 咸第二子也. 少有智調, 而無

儁異. 累遷侍中, 吏部尙書, 廣州刺史.

(2) 《완부별전(阮孚別傳)》에 이런 말이 있다. '완부는 풍격은 있었으나 자유분방하여 젊었을 때부터 완씨 가문의 방일(放逸)한 가풍을 갖추고 있었다.'

孚別傳曰, 孚風韻疎誕, 少有門風.

주해 | ㅇ屐(극)－나무로 만든 나막신.

ㅇ屛當(병당)－설치하다는 뜻. 병당(摒擋)으로도 쓴다.

ㅇ幾量(기량)－양(量)은 양(兩). 신발의 수를 세는 양사(量詞)이다.

ㅇ道(도)－원본(袁本)은 주(遒)로 적고 있다. 《진서(晋書)》〈지리지(地理志)〉 상(上)에 의하면 범양국(范陽國)에 도현(道縣)은 없고 주현(遒縣)은 있으므로, 주(遒)라고 하는 것이 옳을 것이다.

16. 허시중(許侍中 : 許璪)과 고사공(顧司空 : 顧和)은 모두 승상(丞相 : 王導)의 종사(從事)였다. 그 무렵 두 사람은 후대를 받고 있었으며 잔치와 집회 자리에 거의 동석하지 않는 일이 없었다.[(1)] 어느 때, 한밤중까지 승상의 집에서 놀았는데 두 사람이 마음껏 즐기었다. 그러자 승상은 자기 침실로 두 사람을 보내어 잠자게 하였다. 고사공은 새벽까지 뒤척이면서 잠을 이루지 못했다. 허시중은 침상에 들어가자마자 크게 코를 골기 시작했다. 승상은 손님들을 돌아보며 말했다. "저 안에선 좀처럼 잠을 자지 못할 것인데……."[(2)]

원문 | **許侍中, 顧司空俱作丞相從事, 爾時已被遇, 遊宴集聚, 略無不同.[(1)] 嘗夜至丞相許戲, 二人歡極. 丞相便命使入己帳 眠. 顧至曉迴轉, 不得快熟. 許上牀, 便咍臺大鼾. 丞相顧諸客曰, 此中亦難得眠處.[(2)]**

(1) 《진백관명(晋百官名)》에 이런 이야기가 있다. '허조(許璪)의 자는 사문(思文)이며 의흥(義興) 양선(陽羨) 사람이다.'
《허씨보(許氏譜)》에 이런 이야기가 있다. '허조의 조부 허염(許艷)은 자가 자량(子良)이고 영흥장(永興長)을 지냈다. 아버지 허배(許裴)는 자가 계현(季顯)이고 오정령(烏程令)을 지냈다. 허조는 벼슬하여 이부시랑(吏部侍郞)에 이르렀다.'
晋百官名曰, 許璪字思文, 義興陽羨人.
許氏譜曰, 璪祖艷, 字子良, 永興長. 父裴, 字季顯, 烏程令. 璪仕至吏部侍郞.

(2) 고화(顧和)의 자는 군효(君孝)이며 젊었을 때 이름이 알려졌다. 친척인 고영(顧榮)이 말했다. "이 아이는 우리 가문의 준마(駿馬)이다. 우리 집안을 반드시 일으킬 것이다." 벼슬을 하여 상서령(尙書令)에 이르렀다. 5명의 아들이 있었다. 치(治) · 외(隗) · 순(淳) · 이지(履之)이다.
顧和字君孝, 少知名. 族人顧榮曰, 此吾家騏驥也. 必興吾宗. 仕至尙書令. 五子, 治, 隗, 淳, 履之.

주해 | ㅇ丞相(승상)－당시 왕도(王導)는 양주자사(揚州刺史)였다.
ㅇ咍臺(해대)－코 고는 소리.
ㅇ五子(오자)－아들이 다섯이 있다고 했는데 여기서는 네 명의 이름만 적고 있다. 참고로 왕조(汪藻)의 《고씨보(顧氏譜)》에 의하면 이 네 명 외에 '대민(臺民)'이란 이름이 보인다.

17. 유태위(庾太尉 : 庾亮)는 풍채가 당당했으며 가볍게 행동하지 아니했다. 당시 사람들은 모두 그것은 겉치레뿐이라고 생각했다. 유량에게는 몇살밖에 되지 않은 장남(長男 : 庾會)이 있었는데 그의 침착

한 성질은 아주 자연스러웠으므로 사람들은 그것이 천성이란 것을 알았다. 온태진(溫太眞 : 溫嶠)이 어느 때 휘장 뒤에 숨어 있으면서 놀래준 일이 있었는데, 그 아이는 안색 하나 바꾸지 않고 침착하게 무릎을 꿇으며 말하는 것이었다. "군후(君侯)께서는 왜 이런 일을 하십니까?" 세상 논자(論者)들은, 이 아이는 아버지 유량(庾亮)에 뒤지지 않는다고 평했다. 이 유회는 소준(蘇峻)의 난 때 죽음을 당했다.(1) 어떤 사람은 "아공(阿恭 : 庾會)을 보면 원규(元規 : 庾亮)가 겉치레를 한 것이 아님을 알 수 있다."고 하였다.(2)

원문| 庾太尉風儀偉長, 不輕擧止. 時人皆以爲假. 亮有大兒數歲. 雅重之質, 便自如此, 人知是天性. 溫太眞嘗隱幔怛之此兒神色恬然. 乃徐跪曰, 君侯何以爲此. 論者謂不減亮. 蘇峻時遇害.(1) 或云, 見阿恭, 知元規非假.(2)

(1) 《유씨보(庾氏譜)》에 이런 이야기가 있다. '유회(庾會)의 자는 회종(會宗)이며 태위(太尉) 유량(庾亮)의 장남이다. 함화(咸和) 6년(331) 나이 19세로 죽음을 당했다.'
庾氏譜曰, 會字會宗, 太尉亮長子. 年十九, 咸和六年遇害.

(2) 아공(阿恭)은 유회의 어렸을 때 자이다.
阿恭, 會小字.

주해| ㅇ見阿恭(견아공)－《진서(晋書)》 권73 〈유빈전(庾彬傳)〉에는 이 이야기를 유빈의 것이라고 했다. 또 《태평어람(太平御覽)》 권699 복용부(服用部) 1 만조(幔條)에서 인용한 《세설(世說)》에는 '유태위량유아연수세(庾太尉亮有兒年數歲)' 운운이라고 되어 있으며 아(兒)자 위에 '대(大)'자가 안 보인다.

18. 저공(褚公 : 褚裒)이 장안령(章安令)에서 태위(太尉 : 庾亮)의 기실참군(記室參軍)으로 옮기게 되었다.(1) 저공의 이름은 이미 널리 알려져 있었는데 신분이 낮았기 때문에 얼굴을 아는 자는 아직 많지 않았다. 저공은 동쪽을 향해 출발하여 장사꾼의 배에 탔다. 환송하는 관원도 몇명 있었고 전당정(錢塘亭)에서 숙박했다.(2) 당시 오흥(吳興)의 심씨(沈氏 : 沈充)가 현령(縣令)이었는데,(3) 마침 손님을 전송하기 위해 절강(浙江)을 건너던 때였다. 현령의 손님이 나오자 여관 관원이 저공을 쫓아내어 소 외양간으로 가게 하였다. 절강의 조수가 만조(滿潮)가 되었으므로 심현령은 일어나 배회하다가 "외양간에 있는 자는 누구인가?"라고 물었다. 관원이 "어제 촌놈이 한 놈 와서 여관에 묵었는데(4) 중요한 손님이 오시게 되었으므로 잠시 저곳으로 옮겼습니다."라고 대답했다. 현령은 취기도 있는 터라 멀리서 소리쳤다. "어이, 떡이라도 먹지 않겠나? 이름은 뭐라고 하지? 함께 이야기나 나누지 않으려나?" 그 말을 들은 저공은 손을 들어, "하남(河南)의 저계야(褚季野)야."라고 대답했다. 원근불문하고 저공의 이름은 꽤 널리 알려져 있었으므로 현령은 크게 당황했다. 그는 저공을 다른 곳으로 옮겨가게 하지도 않은 채 그대로 외양간에서 명함을 내밀며 인사를 했다. 그리고 소와 양을 잡아서 요리를 만들어 저공 앞에 차려놓았고 또 여관 관원을 채찍으로 때리어 무례했음을 사과했다. 저공은 현령과 함께 술을 나누었는데 말씨도 표정도 평소와 변함이 없어서 아무 일도 없었던 것 같았다. 현령은 저공을 현 경계까지 전송했다.

원문 褚公於章安令遷太尉記室參軍.(1) 名字已顯而位微, 人未多識. 公東出, 乘估客船. 送故吏數人, 投錢塘亭住.(2) 爾時吳興沈爲縣令.(3) 當送客過浙江. 客出, 亭吏驅公移牛屋下. 潮水至, 沈令起彷徨, 問牛屋下是何物人. 吏云, 昨有一傖父, 來寄亭中.(4) 有尊貴客, 權移之. 令有酒色, 因遙問, 傖父欲食餅

不, 姓何等, 可共語. 褚因擧手答曰, 河南褚季野. 遠近久承公名. 令於是大遽, 不敢移公, 便於牛屋下脩刺詣公. 更宰殺爲饌, 具於公前, 鞭撻亭吏, 欲以謝慙. 公與之酌宴, 言色無異, 狀如不覺. 令送公至界.

(1) 생각하건대 유량(庾亮)의 《계참좌명(啓參佐名)》에는 '저부(褚裒)는 단지 참군(參軍)이었을 뿐, 기실(記室)의 일을 장악하고 있지는 않았다'라고 되어 있다.
案, 庾亮啓參佐名, 裒時直爲參軍, 不掌記室也.

(2) 《전당현기(錢塘縣記)》에는 이런 이야기가 있다. '전당현은 바다와 가까우므로 조수가 만조가 되면 물이 찬다. 현의 호족(豪族)들은 돈[錢]을 모으고 사람을 고용하여 흙을 운반해다가 둑[塘]을 쌓았다. 거기에서 이런 이름이 붙여진 것이다.'
錢塘縣記曰, 縣近海, 爲潮漂沒. 縣諸豪姓, 斂錢雇人, 輦土爲塘. 因以爲名也.

(3) 미상(未詳).
未詳.

(4) 《진양추(晉陽秋)》에 이런 이야기가 있다. '오(吳) 땅 사람들은 북방 사람을 쟁(傖 : 촌놈)이라고 부른다.'
晉陽秋曰, 吳人以中州人爲傖.

주해 | ㅇ記室參軍(기실참군)－참군(參軍)의 하나로 문서 기록을 관장하는 막료.
ㅇ送故吏(송고리)－《수서(隋書)》 권26 〈백관지(百官志)〉 상(上)에, 군현(郡縣)에는 '영신(迎新)·송고(送故) 등을 하는 관원이 있었다'라고 되어 있다.

ㅇ吳興沈(오흥심) – 원본(袁本)은 '오흥심충(吳興沈充)'으로 적고 있다.
ㅇ潮水至(조수지) – 절강(浙江 : 錢塘江)에서는 하수(河水)가 차서 조수(潮水)와 부딪치어 심한 물결 소리와 해명(海鳴)을 일게 한다. 추석 때 심한데 특히 음력 8월 18일을 조생일(潮生日)이라 부르며 수많은 구경꾼들이 모여든다. 절강의 관조(觀潮)라 하여 예로부터 유명하다.
ㅇ傖父(쟁부) – 쟁(傖)은 천하다는 의미. 유주(劉注)에 있는 것처럼 오(吳) 땅 사람이 북방 사람을 조롱하여 이렇게 부른다.

19. 치태부(郗太傅 : 郗鑒)가 경구(京口)에 있을 때 서생(書生)을 사자(使者)로 보내어 왕승상(王丞相)에게 편지를 전하게 했는데 (편지에는) 사윗감을 구한다고 했다. 왕승상이 치감(郗鑒)이 보낸 사자에게 말했다. "그대가 동쪽 별채에 가서 마음대로 고르도록 하게." 그 서생이 돌아와서 아뢰었다. "왕씨댁 아들들은 모두 다 훌륭한데 사윗감을 고르러 사자가 왔다는 말을 듣고 모두 자긍심을 보였습니다. 그런데 딱 한 사람만은 동쪽 침대에 배를 드러내놓은 채로 누워서 아무 말도 듣지 못한 듯했습니다." 치감은 "바로 그가 좋겠군."이라고 말했다. 알아보니 그는 일소(逸少 : 王羲之)였다. 그래서 딸을 그에게 시집보냈다.(1)

원문| 郗太傅在京口. 遣門生與王丞相書, 求女壻. 丞相語郗信, 君往東廂, 任意選之. 門生歸, 白郗曰, 王家諸郎, 亦皆可嘉, 聞來覓壻, 咸自矜持. 唯有一郎, 在東牀上坦腹臥, 如不聞. 郗公云, 正此好. 訪之, 乃是逸少. 因嫁女與焉.(1)

(1) 《왕씨보(王氏譜)》에 이런 이야기가 있다. '일소(逸小)는 왕희지(王羲之)의 어렸을 때의 자(字)이다. 왕희지의 아내는 태부(太傅) 치감(郗鑒)의 딸로서 이름은 선(璿)이고 자(字)는 자방(子房)이다.'

王氏譜曰, 逸少, 羲之小字. 羲之妻, 太傅郗鑒女, 名璿, 字子房也.

주해 | ㅇ郗太傅(치태부)－송본(宋本)·원본(袁本) 모두 태부(太傅)로 적고 있다. 그러나 《진서(晋書)》 권67 〈치감전(郗鑒傳)〉, 권80 〈왕희지전(王羲之傳)〉, 《세설(世說)》 〈덕행편(德行篇)〉 24, 유주(劉注) 인용의 《치감별전(郗鑒別傳)》, 〈언어편(言語篇)〉 38, 〈규잠편(規箴篇)〉 14에는 모두 태위(太尉)로 되어 있다.

ㅇ臥(와)－《진서》 권80 〈왕희지전〉에는 '배를 드러내고 먹다 운운'으로 되어 있다.

20. (晋나라 조정을) 강남으로 옮겼을 당시, 벼슬에 임명되면 모두 맛있는 음식을 대접하는 경향이 있었다. 양만(羊曼)이 단양윤(丹陽尹)에 임명되었을 때다. 일찍 온 손님은 모두 맛있는 음식을 먹었다. 시간이 흘러 차츰 음식이 떨어지게 되자, 맛있는 음식을 먹을 수 없었다. 손님이 오는 순서에 따랐지, 그 신분의 귀천을 따질 수 없었던 것이다.(1) 양고(羊固)가 임해태수(臨海太守)에 오르자 온종일 맛있는 음식을 냈다. 밤늦게 오더라도 호화로운 식사를 대접받았다. 당시 사람들은 평하기를, '양고의 호화로움이 양만의 솔직함에 미치지 못한다'고 하였다.(2)

원문 | **過江初, 拜官, 輿飾供饌. 羊曼拜丹陽尹, 客來早者, 並得佳設. 日晏漸罄, 不復及精. 隨客早晚, 不問貴賤.(1) 羊固拜臨海, 竟日皆美供, 雖晚至者, 亦獲盛饌. 時論以固之豊華, 不如曼之眞率.(2)**

(1) 《양만별전(羊曼別傳)》에 이런 말이 있다. '양만의 자는 연조(延祖)이고 태산(泰山) 남성(南城) 사람이며 아버지 양감(羊監)은 양평태수(陽平太守)를 지냈다. 양만은 방종·활달한데다가 술을 마

시면 예절을 무시했다. 진류(陳留)의 완방(阮放) 등과 연주(兗州)의 팔달(八達)로 불렸다. 단양윤(丹陽尹)에 누천(累遷)되었으며 소준(蘇峻)에게 살해당했다.'

曼別傳曰, 曼字延祖, 泰山南城人. 父監, 陽平太守. 曼頹縱宏任, 飮酒誕節, 與陳留阮放等, 號兗州八達. 累遷丹陽尹, 爲蘇峻所害.

(2) 《명제동궁료속명(明帝東宮僚屬名)》에는 이런 이야기가 있다. '양고(羊固)의 자는 도안(道安)이며 태산(太山) 사람이다.'

《문자지(文字志)》에 이런 말이 있다. '양고의 조부 양탄(羊坦)은 거기장군(車騎將軍)의 장사(長史)였다. 양고는 초서와 행서를 잘 써서 당시에 명성을 떨쳤다. 난을 피하여 강남으로 건너가, 황문시랑(黃門侍郞)에까지 누천(累遷)되었다. 청렴과 근검으로 칭송되었으며 죽은 다음에 대홍려(大鴻臚)가 추증되었다.'

明帝東宮僚屬名曰, 固字道安, 太山人.

文字志曰, 固父坦, 車騎長史. 固善草行, 著名一時. 避亂渡江, 累遷黃門侍郞. 褒其淸儉, 贈大鴻臚.

주해 | ㅇ與飾(여식)－여(與)를 송본(宋本)·원본(袁本) 모두 여(輿)로 적고 있는데 아마도 여(與)의 잘못일 것으로 생각되므로 여기서는 고쳤다. 한편 왕조(汪藻)의 《세설서록(世說敍錄)》의 교이(校異) 및 《진서(晉書)》 권49 〈양만전(羊曼傳)〉에는 '상식(相飾)'으로 되어 있다.

ㅇ竟日(경일)－송본(宋本)은 '경일(竸日)'로 되어 있다.

ㅇ延祖(연조)－《진서(晉書)》 〈양만전(羊曼傳)〉에는 '조연(祖延)'으로 적고 있다.

ㅇ監(감)－원본(袁本) 및 《진서》 〈양만전〉은 '기(暨)'로 적고 있다.

ㅇ八達(팔달)－《진서》 권49 〈광일전(光逸傳)〉에 '광일(光逸)은 호무보지(胡毋輔之)·사곤(謝鯤)·완방(阮放)·필탁(畢卓)·양만(羊曼)·환이(桓彝)·완부(阮孚) 등과 산발나정(散髮裸裎)하고 문을 닫고 매일 마

셨다.…… 당시 사람들은 이들을 팔달(八達)이라고 하였다'라고 되어 있다.

21. 주중지(周仲智 : 周嵩)가 술을 마시고 취하여, 눈을 부릅뜨고 얼굴을 돌리더니 백인(伯仁 : 周顗)에게 말했다. "형의 재능은 동생인 나만 못하면서도 부당하게 명성만 높잖소?" 그러는가 했더니 촛불을 집어 백인에게 던졌다. 그러자 백인은 웃으면서 말했다. "아우의 화공(火攻)은 하책(下策)이로군."(1)

원문| **周仲智飮酒醉, 瞋目還面, 謂伯仁曰, 君才不如弟, 而橫得重名, 須臾, 擧蠟燭火擲伯仁. 伯仁笑曰, 阿奴火攻, 固出下策耳.**(1)

(1) 《손자병법(孫子兵法)》에 이런 말이 있다. '화공(火攻)에는 다섯 가지가 있다. 첫째는 병사들을 불태우는 것, 둘째는 군량(軍糧) 따위를 불사르는 것, 셋째는 치중(輜重)을 태우는 것, 넷째는 적군(敵軍)에게 불을 지르는 것, 다섯째는 부대에 불을 지르는 것이다. 무릇 군대에서는 반드시 이 다섯 가지 화공의 변화를 사용해야만 화공의 효과가 분명해진다.'

孫子兵法曰, 火攻有五. 一曰火人, 二曰火積, 三曰火車, 四曰火軍, 五曰火隊. 凡軍必知五火之變. 故以火攻者明也.

주해| ㅇ孫子兵法(손자병법)－《손자(孫子)》〈화공편(火攻篇)〉에 의하면, 화거(火車)를 화치(火輜 : 輜는 輜重이란 의미)로, 화군(火軍)을 화고(火庫 : 창고를 불태우는 것)로 적고 있다. 한편 《수서(隋書)》〈경적지(經籍志)〉에는 《손자병법》 제2권(吳將 孫武撰, 魏武帝注, 梁3卷)과 《손자병법》 1권(魏武·王凌集解)의 책을 저록(著錄)했다.

22. 고화(顧和)가 처음 양주종사(揚州從事)가 되었을 때다. 삭일(朔日)에 출사(出仕)하던 중, 잠시 안에 들어가지 않고 수레를 주(州) 관소(官所) 문밖에 세우고 있었다. 주후(周侯 : 周顗)가 승상(丞相 : 王導)을 방문코자, 고화의 수레 곁을 지나갔는데,(1) 고화는 태연히 이를 잡고 있으면서 움직이려고 하지 않았다. 주후는 일단 지나갔다가 다시 돌아와서 고화의 가슴을 가리키며 물었다. "이 속에는 무엇이 있는가?" 고화는 여전히 이를 잡으면서 천천히 대답했다. "이 안은 헤아릴 수 없는 곳입니다." 주후는 관소 안에 들어가서 승상에게 고했다. "당신네 주(州)의 관원 중에는 상서령(尙書令)과 복야(僕射)가 될 만한 재능을 가지고 있는 자가 한 명 있소이다."(2)

원문| 顧和始爲揚州從事, 月旦當朝, 未入頃, 停車州門外. 周侯詣丞相, 歷和車邊,(1) 和覓虱, 夷然不動. 周旣過, 反還, 指顧心曰, 此中何所有. 顧搏虱如故, 徐應曰, 此中最是難測地. 周侯旣入, 語丞相曰, 卿州吏中, 有一令僕才.(2)

(1) 《어림(語林)》에 이런 이야기가 있다. '주후(周侯)는 술을 마시고 취하여 겹옷을 걸치고 두 사나이의 부축을 받으면서 승상의 처소로 왔다.'

語林曰, 周侯飮酒已醉, 著白袷, 憑兩人來詣丞相.

(2) 《중흥서(中興書)》에는 이런 말이 있다. '고화(顧和)는 절조와 도량이 있어서 젊었을 때부터 이름이 알려졌다.'

中興書曰, 和有操量, 弱冠知名.

주해| ㅇ丞相(승상)－왕도(王導)를 가리킨다. 왕도는 당시 양주자사(揚州刺史)였다.

23. 유태위(庾太尉 : 庾亮)는 소준(蘇峻)과 싸우다가 패하자 좌우 10여명을 이끌고 작은 배에 올라 서쪽을 향하여 패주했다.(1) 반란군이 추격해 와서 덮치자 유량의 좌우에 있던 자들이 그들을 쏘았는데 실수하여 조타수를 맞췄고 현음(弦音)과 함께 그가 쓰러졌다. 배 안에 있던 자들은 모두 대경실색하며 우왕좌왕했다. 유량은 동요하는 기색도 없더니 서서히 말했다. "그런 솜씨로 어찌 적도(賊徒)를 맞힐 수 있겠는가?" 그러자 사람들은 안정을 되찾았다.

원문| **庾太尉與蘇峻戰, 敗, 率左右十餘人, 乘小船西奔.**(1) **亂兵相剝掠, 射誤中柂工, 應弦而倒. 擧船上咸失色分散. 亮不動容, 徐曰, 此手那可使箸賊. 衆迺安.**

(1) 《진양추(晋陽秋)》에 이런 이야기가 있다. '소준(蘇峻)이 모반을 일으키자 조서(詔書)를 내리어 유량(庾亮)으로 하여금 토벌군을 이끌고 나가 싸우게 했다. 유량은 건양문(建陽門) 밖에서 싸웠다. 관군이 패하자 유량은 전진(戰陣)에서 세 명의 동생을 데리고 온교(溫嶠)에게로 도망쳤다.'

晋陽秋曰, 蘇峻作逆, 詔亮都督征討, 戰于建陽門外. 王師敗績, 亮於陳攜三弟奔溫嶠.

주해| ㅇ射誤中柂工(사오중타공)-《진서(晋書)》 권73 〈유량전(庾亮傳)〉에는 '양좌우사적(亮左右射賊), 오중타공(誤中柂工)'으로 되어 있다.

ㅇ建陽門(건양문)-《진서》 권7 〈성제기(成帝紀)〉 함화(咸和) 3년(328)조에는 선양문(宣陽門)으로 되어 있다.

ㅇ三弟(삼제)-유역(庾懌) · 유조(庾條) · 유익(庾翼) 등 세 명의 동생.

24. 유소정서(庾小征西 : 庾翼)는 어느 때 외출하여 아직 돌아오지

않았다. 장모인 완씨(阮氏)는 유만안(劉萬安 : 劉綏)의 아내로서,(1) 딸과 함께 안릉성(安陵城) 누각 위에 올라가 있었다. 잠시 후 유익이 돌아왔다. 준마에 채찍을 가하는데 거여(車輿)와 경호도 엄청났다. 완씨가 딸에게 말했다. "유서방은 말을 잘 탄다고 들었는데 한번 구경할 수 없을까?" 아내가 유익에게 말하자(2) 유익은 곧 노상에서 따르던 행렬을 해산시키고 승마 솜씨를 보여주었다. 그런데 두 바퀴가량 돌다가 그만 말에서 떨어지고 말았다. 그러나 태연한 표정을 짓고 있었다.

원문| **庾小征西, 嘗出未還. 婦母阮是劉萬安妻.(1) 與女上安陵城樓上. 俄頃翼歸. 策良馬, 盛輿衛. 阮語女, 聞庾郎能騎, 我何由得見. 婦告翼.(2) 翼便爲於道開鹵簿盤馬. 始兩轉, 墜馬墮地, 意色自若.**

(1) 《유씨보(劉氏譜)》에 이런 이야기가 있다. '유수(劉綏)의 아내는 진류(陳留) 완번(阮蕃)의 딸로서 자는 유아(幼娥)이다.'
유수는 따로 나온다.
劉氏譜曰, 劉綏妻陳留阮蕃女, 字幼娥.
綏別見.

(2) 《유씨보(庾氏譜)》에 이런 말이 있다. '유익(庾翼)은 고평(高平) 유수(劉綏)의 딸, 자는 정녀(靜女)를 아내로 취했다.'
庾氏譜曰, 翼娶高平劉綏女, 字靜女.

주해| ㅇ庾小征西(유소정서)－유익(庾翼)은 유량(庾亮)이라든가 유빙(庾冰)에 비하여 소유(小庾)로 불렸으며(〈識鑒篇〉 19, 〈規箴篇〉 18), 유량의 뒤를 이어 정서장군(征西將軍)이 되었다.
ㅇ鹵簿(노부)－천자의 행렬을 가리킨다. 행행(行幸)할 때 큰 방패〔鹵 : 大盾〕로 앞뒤에서 경호하고 그 행렬의 순서를 장부(帳簿)에 기입하는 까

닭에 이런 이름이 붙었다.
ㅇ綏別見(수별견)－〈상예편(賞譽篇)〉 64.

25. 선무(宣武 : 桓溫)는 간문제(簡文帝 : 司馬昱)·태재(太宰 : 武陵王 司馬晞)와 함께 수레에 타고 가다가, 은밀히 사람에게 명하여 수레 앞뒤에서 북을 치고 함성을 지르게 하였다. 행렬은 깜짝 놀라 혼란에 빠졌다. 태재는 두려움에 떨며 수레에서 내려 달라고 했다. 뒤돌아서 간문제를 보니 조용히 있으면서 미동도 하지 않았다. 선무가 말했다. "조정 안에도 이런 현인(賢人)은 있는 법이로군."(1)

▌원문│ 宣武，與簡文，太宰共載．密令人在輿前後鳴鼓大叫．鹵簿中驚擾．太宰惶怖求下輿．顧看簡文，穆然淸恬．宣武語人曰，朝廷閒，故復有此賢．(1)

(1) 《속진양추(續晉陽秋)》에 이런 이야기가 있다. '간문제(簡文帝)는 온후한 성격으로 당당한 기량을 갖추고 있었다. 일찍이 환온(桓溫)과, 태재(太宰)인 무릉왕(武陵王) 사마희(司馬晞)와 함께 수레에 동승했다. 판교(板橋)에까지 왔을 때 환온은 은밀히 명하여, 아무런 이유도 없이 각적(角笛)을 불며 북을 치게 하였다. 대오는 모두 놀라서 당황했다. 환온도 크게 놀란 시늉을 했다. 사마희는 부들부들 떨고 있었는데 간문제는 태연자약할 뿐, 그 목소리도 안색도 변함이 없었다. 환온은 이 일로 인하여 언제나 간문제의 덕량(德量)을 칭송했다. 그리하여 세상의 논자(論者)들은 환온은 두려움을 잘 탄다고 말했던 것이다.'

續晉陽秋曰，帝性溫深，雅有局鎭．嘗與桓溫，太宰武陵王晞同乘．至板橋，溫密敕令無因鳴角鼓譟．部伍並驚馳．溫佯駭異．晞太震，帝擧止自若，音顔無變．溫每以此稱其德量．故論者謂

溫服憚也.

주해| ㅇ太宰(태재)－동진(東晋) 원제(元帝)의 넷째 아들인 사마희(司馬晞)는 간문제(簡文帝)의 형으로서 무릉왕(武陵王)에 봉해졌으며 태재에 임명되었다. 태재는 태사(太師)를 가리킴인데 진(晋)나라에서는 경제(景帝)의 휘(諱)를 피하여 태재라고 했다. 벼슬로는 삼공(三公)의 자리에 해당되었으나 실제의 권력은 없었다.

ㅇ板橋(판교)－진(鎭)의 이름. 강소성 강녕현(江寧縣) 서남쪽에 있었다.

26. 왕소(王劭)와 왕회(王薈)가 함께 선무(宣武 : 桓溫)를 찾아갔는데,(1) 마침 유희(庾希) 일가(一家)를 체포하러 가는 사자(使者)와 만나게 되었다.(2) 왕회는 당황하며 물러가려고 했는데 왕소는 가만히 앉아서 미동도 하지 않았으며 사자가 돌아오기를 기다렸다가 그 일건이 결정된 것을 본 다음 물러갔다. 논자들은 왕소 쪽이 더 낫다고 했다.

원문| 王劭, 王薈共詣宣武,(1) 正值收庾希家.(2) 薈不自安, 逡巡欲去. 劭堅坐不動, 待收信還, 得不定迺出. 論者以劭爲優.

(1) 《소회별전(劭薈別傳)》에 이런 이야기가 있다. '왕소(王劭)의 자는 경륜(敬倫)이며 승상(丞相) 왕도(王導)의 다섯째 아들이다. 성품이 고귀하고 담백했으며 심오한 철리(哲理)에도 정통했다. 대사마(大司馬) 환온(桓溫)은 봉추(鳳雛)라며 칭찬했다. 상서복야(尙書僕射)·오국내사(吳國內史)에 누천(累遷)되었다. 왕회(王薈)의 자는 경문(敬文)이며 승상 왕도의 막내아들이다. 고결하다는 명성이 있었으며 온화하고 느긋하여 남과 다투지를 아니했다. 벼슬은 진군장군(鎭軍將軍)에 이르렀다.'

劭薈別傳曰, 劭字敬倫, 丞相導第五子. 淸貴簡素, 研味玄賾.

大司馬桓溫稱爲鳳鶵. 累遷尙書僕射, 吳國內史. 薈字敬文, 丞相最小子. 有淸譽, 夷泰無競. 仕至鎭軍將軍.

(2) 《중흥서(中興書)》에는 이런 이야기가 있다. '유희(庾希)의 자는 시언(始彦)이며 사공(司空) 유빙(庾冰)의 장남이다. 서주(徐州)·연주(兗州) 등 두 주의 자사(刺史)에 누천(累遷)되었다. 유희 형제들이 모두 부귀해지고 현달했는데 환온(桓溫)은 이를 시기하던 끝에 유희를 모함하여 면관(免官)시켰다. 그로 인하여 유희는 마침내 기양(暨陽)으로 도망쳤다. 그전에 곽박(郭璞)이 점을 쳐보고 말했다. "유빙의 자손에서는 반드시 큰 재앙이 일어난다. 단 삼양(三陽)을 견고히 해야 그 자손이 살아남을 것이다." 그리하여 유희는 산양(山陽)에 진치기를 청했고 동생인 유우(庾友)는 동양태수(東陽太守)가 되었으며 유희 자신은 기양에 집을 꾸렸다. 환온이 유희를 주살하자 동생인 유유(庾柔)와 유천(庾倩)은 유희가 수난당한다는 말을 듣고 해릉(海陵)으로 도망쳤다. 후에 경구(京口)로 돌아와서 군중을 모았으나 실패하여 환온에게 주살당했다.'

中興書曰, 希字始彦, 司空冰長子. 累遷徐, 兗二州刺史. 希兄弟貴盛, 桓溫忌之, 諷免希官, 遂奔于暨陽. 初, 郭璞筮, 冰子孫必有大禍, 唯固三陽可以有後. 故希求鎭山陽, 弟友爲東陽, 希自家暨陽. 及溫誅希, 弟柔, 倩聞希難, 逃於海陵. 後還京口聚衆, 事敗, 爲溫所誅.

주해 | ㅇ得不定(득부정)－불(不)자는 어조사이거나 연자(衍字)일 것이다.

ㅇ郭璞(곽박)－문희(聞喜) 사람으로 곽원(郭瑗)의 아들이며 자는 경순(景純)이다. 박학하고 재주가 많았으며 점도 잘 쳤다.

ㅇ冰子孫(빙자손)－《진서(晋書)》 권73 〈유빙전(庾冰傳)〉에는 그의 일곱 아들이라며 희(希)·습(襲)·우(友)·온(蘊)·천(倩)·막(邈)·유(柔) 등의 이름을 들고 있다.

ㅇ三陽(삼양)－산양(山陽)·동양(東陽)·기양(暨陽) 등 세 곳을 가리킨다.
ㅇ及溫誅希(급온주희)－《진서》 권73 〈유희전(庾希傳)〉에는 동생인 유(柔)와 천(倩)이 주살당했다는 말을 듣고 유희가 도망쳤다고 되어 있어서 《중흥서》의 기사와 다르다.

27. 환선무(桓宣武 : 桓溫)는 치초(郗超)와 함께 조정 신하들을 숙청하는 일에 대하여 의논했다. 그 명부가 완성되자 그날 밤은 같이 잤다.(1) 다음날 아침 일어난 선무는 사안(謝安)과 왕탄지(王坦之)를 불러들이고, 그 명부를 집어던지어 그들에게 보여주었다. 그때 치초는 아직 침상 휘장 안에 있었다. 사안은 아무 말도 하지 않았는데 왕탄지는 곧바로 되던져주면서 "너무 많습니다."라고 말했다. 선무가 붓을 들어 삭제코자 했던바 치초는 어느덧 휘장을 사이에 두고 선무에게 속삭이듯 말했다. 사안은 빙그레 웃으면서 말했다. "치생(郗生)이야말로 막중(幕中)의 빈객(賓客)이라 할 만하군."(2)

| 원문 | **桓宣武與郗超議芟夷朝臣. 條牒旣定, 其夜同宿.(1) 明晨起, 呼謝安, 王坦之入, 擲疏示之. 郗猶在帳內. 謝都無言, 王直擲還, 云多. 宣武取筆欲除, 郗不覺竊從帳中與宣武言. 謝含笑曰, 郗生可謂入幕賓也.(2)**

(1) 《속진양추(續晉陽秋)》에 이런 이야기가 있다. '치초(郗超)는 환온(桓溫)이 웅무(雄武)하므로 머지 않아 천하 사람들을 추천하는 운(運)을 가진 사람으로 생각하고 자진하여 그에게 몸을 의지하고 있었다. 환온도 그를 상당히 중시하고 있었기 때문에 은밀한 모계(謀計) 때마다 그를 참여시키지 않는 일이 없었다.'
續晉陽秋曰, 超謂溫雄武, 當樂推之運, 遂深自委結. 溫亦深相器重. 故潛謀密計, 莫不預焉.

(2) 장(帳)을 유(帷)로 적은 판본도 있다.

帳, 一作帷.

주해 | ㅇ入幕賓(입막빈)－막빈(幕賓), 즉 막료(幕僚)란 뜻인데 여기서는 치초(郗超)가 장막 안에 있는 것을 해학적으로 한 말이다.

ㅇ樂推(낙추)－《노자(老子)》 제66장에 '이로써 천하를 추측하기를 즐기고 싫어하지 아니한다'라고 되어 있는 것에 바탕을 두고 있다.

28. 사태부(謝太傅 : 謝安)는 동산에서 유유자적하고 있었는데 어느 때 손흥공(孫興公 : 孫綽) 등과 바다에 배를 띄우고 놀았다.(1) 바람이 일더니 파도가 세차게 쳤다. 손작 · 왕희지(王羲之) 등은 모두 당황하면서 배를 돌리라고 했다. 태부는 기운차게 시를 읊조리고 있을 뿐 아무 말도 하지 않았다. 뱃사람은 태부가 태평한 표정으로 즐기고 있는 분위기이기 때문에 그냥 배를 전진시키지 않을 수 없었다. 이윽고 바람이 거세지면서 파도가 더욱 격렬해지자 사람들은 소란스럽게 움직이면서 가만히 앉아 있지를 못했다. 태부가 서서히 말했다. "그럼 슬슬 돌아가볼까." 사람들은 그 말이 떨어지자마자 곧 배를 돌렸다. 이 일로 인하여 태부의 기량(器量)이 조야(朝野)를 안정시키기에 족하다는 것이 밝혀졌던 것이다.

원문 | **謝太傅盤桓東山. 時與孫興公諸人汎海戲.(1) 風起浪涌, 孫, 王諸人色並遽, 便唱使還. 太傅神情方王, 吟嘯不言. 舟人以公貌閑意說, 猶去不止. 旣風轉急, 浪猛. 諸人皆諠動不坐. 公徐云, 如此, 將無歸. 衆人卽承響而回. 於是審其量, 足以鎭安朝野.**

(1) 《중흥서(中興書)》에 이런 이야기가 있다. '사안(謝安)은 이전에

회계(會稽)에 있으면서 지도림(支道林 : 支遁) · 왕희지(王羲之) · 허순(許詢) 등과 함께 놀았다. 밖에서는 산수에서 사냥과 고기잡이를 하고 안에서는 담론하며 글을 지었다. 세상에 나갈 생각은 조금도 없었다.'

中興書曰, 安, 元居會稽, 與支道林, 王羲之, 許詢共遊處. 出則漁弋山水, 入則談說屬文, 未嘗有處世意也.

주해 | ㅇ盤桓(반환)—세상에 나오려고 하지 않고 유유히 놀며 즐기는 것.

ㅇ王(왕)—왕성한 것. 왕(旺)과 같다.

ㅇ將無歸(장무귀)—'장무(將無)'는 '……가 아니겠는가'란 의미. 〈문학편(文學篇)〉 18 참조.

29. 환공(桓公 : 桓溫)은 무장한 군사를 숨겨놓고 연회를 열어, 여러 조정 신하들을 부르고, 사안(謝安) · 왕탄지(王坦之) 등을 주살코자 했다.(1) 왕탄지는 두려워하며 사안에게 물었다. "대체 어찌하면 좋겠소?" 사안은 표정 하나 바꾸지 아니하고 문도(文度 : 王坦之)에게 말했다. "진왕조(晋王朝)의 존망이 우리의 태도 하나에 달려 있소." 그리고 함께 갔다. 왕탄지가 두려워하는 모습은 그 안색에도 나타났는데 사안의 늠름한 태도는 그 얼굴에 그대로 드러났다. 계단을 향하고 자리에 나아갈 때, 낙양 서생의 창법으로 '도도한 저 물결이여'란 시를 읊조렸다. 환온은 그 광대하고 심원한 기품에 눌리어 곧 군사를 해산시켰다.(2) 왕탄지와 사안의 명성은 그때까지는 같았는데 이 일이 있은 다음 비로소 우열이 결정되었다.

원문 | **桓公伏甲設饌, 廣延朝士, 因此欲誅謝安, 王坦之.(1) 王甚遽, 問謝曰, 當作何計. 謝神意不變, 謂文度曰, 晉阼存亡,**

在此一行. 相與俱前. 王之恐狀, 轉見於色, 謝之寬容, 愈表於貌. 望階趨席, 方作洛生詠, 諷浩浩洪流. 桓憚其曠遠, 乃趣解兵.(2) 王, 謝舊齊名, 於此始判優劣.

(1) 《진안제기(晋安帝紀)》에 이런 이야기가 있다. '간문제(簡文帝 : 司馬昱)가 붕어했을 때 환온에게 유조(遺詔)를 내려 제갈량(諸葛亮)과 왕도(王導) 등의 고사(故事)를 따르라고 하였다. 환온은 매우 노하며 이것은 자신의 권력을 약화시키려는 것으로서 사안과 왕탄지 등의 건의에 의한 것으로 생각했다. 도읍에 들어와 선제(先帝)의 대상(大喪)을 치를 때 백관들은 길가에서 그에게 배례하고 명성이 높은 고관들 모두가 두려움에 떨며 안색을 잃었다. 어떤 사람은 이 일이 있은 후로 왕탄지와 사안을 죽이려고 했다고도 한다.'
晋安帝紀曰, 簡文晏駕, 遺詔桓溫依諸葛亮, 王導故事. 溫大怒, 以爲黜其權, 謝安, 王坦之所建也. 入赴山陵, 百官拜于道側, 在位望者, 戰慄失色. 或云自此欲殺王謝.

(2) 생각하건대 송(宋) 명제(明帝)의 《문장지(文章志)》에 이런 이야기가 있다. '사안은 낙하서생영(洛下書生詠)을 잘 읊조렸는데 젊었을 때부터 콧병이 있어서 콧소리를 탁하게 냈다. 그후 대부분의 명사(名士)들도 그런 식으로 읊었는데 그를 따를 수가 없어서 손으로 코를 잡고 읊었다. 환온은 신정(新亭)에 머무르고 있을 때 다수의 위병(衛兵)을 좌우에 도열시켜 놓고 사안과 왕탄지를 불러, 그 자리에서 죽이려고 하였다. 왕탄지는 들어서자마자 두려워하며 홀(笏)을 거꾸로 들고 식은땀을 흘리어 옷을 적셨다. 사안은 표정도 동작도 변하는 일 없이 눈을 들어 줄곧 환온의 위병들을 바라보면서 환온에게 말했다. "나는 제후(諸侯)에게 도(道)가 있으면 주위에 있는 나라들이 지켜준다는 말을 들었습니다. 그런데

명공(明公)께서는 어찌하여 이런 자들을 벽 사이에 배치해두실 필요가 있단 말입니까?" 환온은 웃으면서 말했다. "아무래도 그렇게 하지 않을 수 없었던 거요." 그리고 오만한 마음이 풀어진 그는 좌우에 있던 자들을 물리친 다음 연회를 베풀고 잔을 권하며 환담으로 시간을 보냈다.'

按宋明帝文章志曰, 安能作洛下書生詠, 而少有鼻疾, 語音濁. 後名流多斅其詠, 莫能及, 手掩鼻而吟焉. 桓溫止新亭, 大陳兵衛. 呼安及坦之, 欲於坐害之. 王入失厝, 倒執手版, 汗流霑衣. 安神姿擧動, 不異於常, 擧目徧歷溫左右衛士, 謂溫曰, 安聞諸侯有道, 守在四鄰. 明公何須壁閒箸阿堵輩. 溫笑曰, 正自不能不爾. 於是矜莊之心頓盡. 命卻左右, 促燕行觴, 笑語移日.

주해 | ㅇ洛生詠(낙생영)－낙하서생영(洛下書生詠)이라고도 한다. 코먹은 소리로 읊는 것인데 당시는 그것이 유행되었다. 〈경저편(輕詆篇)〉 26에도 낙생영(洛生詠)에 대한 이야기가 있다.

ㅇ浩浩洪流(호호홍류)－혜강(嵇康)의 〈증수재입군(贈秀才入軍)〉(《文選》 권24) 5수(首) 중 제3수째 시에 '도도한 저 물결이여(浩浩洪流) 우리 방기(邦畿)를 둘러싸네(帶我邦畿)' 운운이라고 되어 있다.

ㅇ諸葛亮(제갈량) 王導故事(왕도고사)－제갈량과 왕도는 모두 어린 황제를 보좌하면서 나랏일을 보았음을 가리킨다.

ㅇ在位望者(재위망자)－《자치통감(資治通鑑)》 권103(孝武皇帝, 寧康元年)에는 '유위망자(有位望者)'로 적고 있다.

30. 사태부(謝太傅 : 謝安)와 왕문도(王文度 : 王坦之)가 함께 치초(郗超)를 찾아갔다. 해가 졌는데도 아직 만날 수가 없었다. 왕탄지가 그냥 돌아가려고 하자 사안이 말했다. "지금 생명이 걸려있는데 잠시도 참지 못하겠다는 게요?"(1)

원문 謝太傅與王文度共詣郗超. 日旰未得前. 王便欲去. 謝曰, 不能爲性命忍俄頃.(1)

(1) 치초(郗超)는 환온(桓溫)의 신임을 받아 (사람들의) 생사여탈권(生死與奪權)을 마구 휘두르고 있었다.
超得寵桓溫, 專殺生之威.

주해 ㅇ專殺生之威(전살생지위)－〈아량편(雅量篇)〉 27을 참조할 것.

31. 지도림(支道林 : 支遁)이 동쪽으로 돌아가게 되었을 때(1) 당시의 명사들을 모아 정로정(征虜亭)에서 송별연을 열었다.(2) 채자숙(蔡子叔 : 蔡系)은 먼저 와있다가 임공(林公 : 支遁) 가까이에 앉았다.(3) 사만석(謝萬石 : 謝萬)은 늦게 왔는데 조금 떨어진 곳에 앉았다. 채자숙이 잠시 자리를 떠나자 사만석이 그 자리에 가서 앉았다. 채자숙이 돌아와 그 자리에 사만석이 앉아있는 것을 보자 방석째 들어서 사만석을 집어던지고 자기가 다시 그 자리에 앉았다. 사만석은 관(冠)이 벗겨졌는데 천천히 일어나 옷을 털고 자리에 앉았다. 그는 부드러운 표정이었으며 노하거나 투덜대지 아니했다. 좌정한 다음 채자숙에게 말했다. "그대는 참 이상도 하구려. 내 얼굴이 상할 뻔했잖소?" 채자숙이 대답했다. "나는 본디 그대의 얼굴 따위는 생각하지도 않았소이다." 그후 두 사람은 모두 그때의 일을 마음에 두지 아니했다.

원문 支道林還東,(1) 時賢並送於征虜亭.(2) 蔡子叔前至, 坐近林公.(3) 謝萬石後來, 坐小遠. 蔡暫起, 謝移就其處. 蔡還, 見謝在焉, 因合褥擧謝擲地, 自復坐. 謝冠幘傾脫. 乃徐起振衣就席, 神意甚平, 不覺瞋沮. 坐定, 謂蔡曰, 卿奇人, 殆壞我面. 蔡答曰, 我本不爲卿面作計. 其後二人俱不介意.

(1) 《고일사문전(高逸沙門傳)》에 이런 이야기가 있다. '지둔(支遁)은 애제(哀帝 : 司馬丕)의 영접을 받아 오랫동안 도읍에 머물고 있었는데 마음은 언제나 고향에 있었다. 그래서 왕도(王都)를 떠나겠다고 고하고 돌아와 암혈(巖穴)에서 살았다.'

高逸沙門傳曰, 遁爲哀帝所迎, 游京邑久, 心在故山, 乃拂衣王都, 還就巖穴.

(2) 《단양기(丹陽記)》에는 이런 이야기가 있다. '태안연간(太安年間)에 정로장군(征虜將軍) 사안(謝安)이 정자를 세웠다. 그래서 이런 이름이 붙여진 것이다.'

丹陽記曰, 太安中, 征虜將軍謝安立此亭, 因以爲名.

(3) 《중흥서(中興書)》에 이런 말이 있다. '채계(蔡系)의 자는 자숙(子叔)이고 제양(濟陽) 사람이며 사도(司徒) 채모(蔡謨)의 둘째 아들이다. 사물에 대한 조리에 밝았는데 벼슬하여 무군장사(撫軍長史)에 이르렀다.'

中興書曰, 蔡系字子叔, 濟陽人, 司徒謨第二子. 有文理, 仕至撫軍長史.

주해 | ㅇ謝冠幘傾脫(사관책경탈)-《진서(晋書)》 권79 〈사만전(謝萬傳)〉에는 '일찍이 채계(蔡系)와 손님들을 정로정(征虜亭)에서 송별했다. 채계와 언쟁을 했다. 채계는 사만을 평상에서 밀어 떨어지게 했다. 관(冠)이 벗겨졌다……'라고 되어 있어서 이 이야기와는 다소 다르다.
ㅇ太安(태안)-서진(西晋) 혜제(惠帝 : 司馬衷)의 연호(年號). 302~303년.

32. 치가빈(郗嘉賓 : 郗超)은 석도안(釋道安)의 덕망에 감동하고 경모(敬慕)하여[(1)] 쌀 1천 석을 보내면서 몇장이나 되는 장문(長文)의

편지를 써서 정성어린 마음을 보냈다. 석도안의 답장에는 단지 이렇게 적혀 있었다. '쌀을 보내주시어 먹지 않으면 안되는 몸의 번거로움을 더하게 되었습니다.'

원문| **郗嘉賓欽崇釋道安德問,**(1) **餉米千斛, 修書累紙, 意寄殷勤. 道安答直云, 損米, 愈覺有待之爲煩.**

(1) 《도안화상전(道安和上傳)》에 이런 이야기가 있다. '석도안(釋道安)은 상산(常山) 박류(薄柳) 사람인데 본성(本姓)은 위(衛)이며 12세에 출가했다. 천성이 영민했으나 용모는 추했다. 불도징(佛圖澄)은 그를 매우 중시했다. 석씨(石氏)의 난이 일어나자 육혼산(陸渾山)으로 피하여 (곡물을 끊고) 나무 열매를 먹으면서 학문에 열중했다. 모용준(慕容俊)에게 쫓기어 양양(襄陽)에 머물렀다. 불법(佛法)이 동쪽으로 전해지면서 경적(經籍)에 오류가 많았는데 그것을 고치어 조목과 장절(章節)을 만들고 편목을 명시하는 한 편 주해(注解)를 달았다. 지도림(支道林 : 支遁)을 비롯하여 모두가 그의 교리를 받들었다. 병(病) 없이 살다가 죽었다.'

安和上傳曰, 釋道安者, 常山薄柳人, 本姓衛. 年十二作沙門, 神性聰敏, 而貌至陋, 佛圖澄甚重之. 値石氏亂, 於陸渾山木食修學. 爲慕容俊所逼, 乃住襄陽. 以佛法東流, 經籍錯謬, 更爲條章, 標序篇目, 爲之注解. 自支道林等皆宗其理. 無疾卒.

주해| ㅇ有待(유대)－불교어(佛教語). 범부(凡夫)란 의미이다. 의식(衣食) 등에 의지해야만 생활할 수 있기 때문이다.

ㅇ石氏(석씨)－후조(後趙)의 석륵(石勒)·석호(石虎) 등의 일족. 원래는 갈족(羯族 : 흉노의 일족).

ㅇ慕容俊(모용준)－모용은 복성(複姓)이며 전연(前燕)의 경소제(景昭帝). 모용황(慕容皝)의 둘째 아들. 자는 선영(宣英), 어렸을 때의 자는 하뢰

발(賀賴跋), 묘호(廟號)는 열조(烈祖)이다. 업(鄴) 땅에 도읍을 했고 재위는 11년이다.

33. 사안남(謝安南 : 謝奉)은 이부상서(吏部尚書)에서 면직되어 동쪽으로 돌아가고,(1) 사태부(謝太傅 : 謝安)는 환공(桓公 : 桓溫)의 사마(司馬)로 부임하기 위하여 서쪽으로 향했는데 두 사람은 파강(破岡)에서 만났다. (이제) 멀리 헤어져야 하므로 3일 동안 머무르며 이야기를 나누었다. 태부는 그가 면직당한 것을 위로코자 했으나 사안남은 그때마다 말머리를 돌렸다. 그러는 사이에 이틀 밤이 지났는데도 불구하고 결국 그 점에 대해서는 이야기를 하지 못한 채 끝내고 말았다. 태부는 매우 유감스럽게 생각하며 배를 같이 타고 가는 사람에게 말했다. "사봉은 실로 재미있는 인물이야."

| 원문 | **謝安南免吏部尚書還東,(1) 謝太傅赴桓公司馬出西, 相遇破岡. 旣當遠別. 遂停三日共語. 太傅欲慰其失官, 安南輒引以他端, 雖信宿中塗, 竟不言及此事. 太傅深恨在心未盡. 謂同舟曰, 謝奉故是奇士.**

(1) 《진백관명(晋百官名)》에 이런 이야기가 있다. '사봉(謝奉)의 자는 홍도(弘道)이고 회계(會稽) 산음(山陰) 사람이다.'
《사씨보(謝氏譜)》에는 이런 이야기가 있다. '사봉(謝奉)의 조부인 사단(謝端)은 산기상시(散騎常侍), 아버지인 사봉(謝鳳)은 승상(丞相 : 王導)의 주부(主簿)이다. 사봉은 안남장군(安南將軍), 광주자사(廣州刺史), 이부상서(吏部尚書)를 역임했다.'
晋百官名曰, 謝奉字弘道, 會稽山陰人.
謝氏譜曰, 奉祖端, 散騎常侍. 父鳳, 丞相主簿. 奉歷安南將軍, 廣州刺史, 吏部尚書.

주해 | ㅇ信宿(신숙)－이틀 밤 묵는다는 뜻. 《좌전(左傳)》 장공(莊公) 3년 조에 '무릇 사(師)가 나아갈 때 하룻밤 묵는 것을 사(舍)라 하고, 이틀 밤 묵는 것을 신(信)이라 하며, 신에 이어지는 것을 차(次)라고 한다'고 되어 있다.

34. 대공(戴公 : 戴逵)이 동쪽에서 도읍으로 오자 사태부(謝太傅 : 謝安)가 만나러 갔다. 사안은 일찍부터 대규를 가볍게 여겼는데, 만났건만 그저 금(琴)과 서(書)에 대한 것을 논할 뿐이었다. 대규는 조금도 인색한 태도가 없었을 뿐만 아니라 금과 책에 대한 이야기를 나누어도 점점 더 정묘했다. 사안은 차츰 대규의 기량(器量)을 알아냈다.(1)

원문 | **戴公從東出, 謝太傅往看之. 謝本輕戴, 見但與論琴書. 戴旣無吝色, 而談琴書愈妙. 謝悠然知其量.**(1)

(1) 《진안제기(晋安帝紀)》에 이런 이야기가 있다. '대규(戴逵)의 자는 안도(安道)이고 초국(譙國) 사람이다. 젊었을 때부터 청순한 지조가 있었으며 담박하고 활달하여 유진장(劉眞長 : 劉惔)에게 인정을 받았다. 성격이 매우 쾌활하여 편안하게 삶을 즐기었다. 기꺼이 금(琴)을 탔으며 문장을 잘 지었다. 특별히 유연(遊宴)을 좋아하여 명문가의 풍류객과 교제했다. 구애받지 아니하는 은자(隱者)라고 칭해졌다. 여러번 초징(招徵)을 거부하여 마침내 고상한 인물이라는 명예를 얻었다.'

晋安帝紀曰, 戴逵字安道, 譙國人. 少有淸操, 恬和通任, 爲劉眞長所知. 性旣快暢, 泰於娛生. 好鼓琴, 善屬文. 尤樂遊燕, 多與高門風流者遊. 談者許其通隱. 屢辭徵命, 遂箸高尙之稱.

주해 | ㅇ通隱(통은)－구애받지 않는 은자(隱者).

35. 사안(謝安)이 어떤 사람과 바둑을 두고 있을 때 돌연 사현(謝玄)이 회수(淮水) 전선(戰線)에서 보낸 사자(使者)가 왔다. 받은 편지를 다 읽고 나자 아무 말도 하지 않은 채 다시 바둑판에 천천히 돌아앉았다. 손님이 회수에서의 승패는 어떻게 되었느냐고 묻자 대답했다. "아이들이 적군을 크게 격파했다는 게요." 안색도 태도도 평소와 변함이 없었다.(1)

▌원문│ 謝公與人圍棊, 俄而謝玄淮上信至. 看書竟, 默然無言, 徐向局. 客問淮上利害, 答曰, 小兒輩大破賊. 意色擧止, 不異於常.(1)

(1) 《속진양추(續晋陽秋)》에 이런 이야기가 있다. '일찍이 부견(苻堅)이 남쪽으로 쳐내려왔을 때, 도읍 사람들은 놀라며 동요했다. 사안은 두려워하는 기색도 없이 수레를 준비시키어 별장으로 향했으며 형의 아들 사현(謝玄)과 바둑을 두었다. 밤이 되어 돌아와서 밀린 일을 척척 처리했는데 순식간에 모두 정리했다. 적군을 격파했어도 기뻐하는 기색조차 없었다. (그의) 큰 기량(器量)이 이와 같았다.'

《사거기전(謝車騎傳)》에는 이런 이야기가 있다. '저적(氐賊) 부견(苻堅)은 온 나라를 들어 출병했는데 그 수가 백만이라고 했다. 조정에서는 제군(諸軍)을 보내어 이를 막았는데 그 군사는 모두 8만 명 ―. 부견은 수양(壽陽)에 진주했고 사현(謝玄)은 전봉도독(前鋒都督)이 되어 종제(從弟)인 사염(謝琰) 등과 정예군을 선발하여 결전했다. 부견에게 시상(矢傷)을 입히고 수만 명을 포로로 잡았으며 가짜 천자의 연(輦)과 운모거(雲母車)를 노획했다. 또 뺏은 보물이 산더미처럼 쌓였고 비단과 모직물 등이 만단(萬端)이나 되었으며 소·말·나귀·노새·낙타 등이 10만 마리나 되었다.'

續晉陽秋曰, 初, 苻堅南寇, 京師大震. 謝安無懼色, 方命駕出墅, 與兄子玄圍棊. 夜還, 乃處分, 少日皆辦. 破賊又無喜容. 其高量如此.

謝車騎傳曰, 氐賊苻堅, 傾國大出, 衆號百萬. 朝廷遣諸軍距之, 凡八萬. 堅進屯壽陽, 玄爲前鋒都督, 與從弟琰等選精銳決戰. 射傷堅, 俘獲數萬計, 得僞輦及雲母車. 寶器山積, 錦罽萬端, 牛馬驢騾駝十萬頭.

주해| ㅇ淮上利害(회상이해)－태원(太元) 8년(383)의 비수지전(淝水之戰)을 가리킨다.

ㅇ苻堅(부견)－전진(前秦)의 왕.

ㅇ破賊又無喜容(파적우무희용)－《진서(晋書)》 권79 〈사안전(謝安傳)〉에 의하면 집에 돌아온 다음, 너무 기뻐하던 나머지 문지방을 넘다가 나막신이 걸리어 넘어지면서 이가 부러졌다고 되어 있다.

ㅇ僞輦(위연)－연(輦)은 천자가 타는 수레. 동진(東晋) 쪽에서 볼 때 가짜 연이다.

ㅇ罽(계)－모직물.

ㅇ端(단)－옛날 길이를 재던 단위로서 1단은 약 20척(尺).

36. 왕자유(王子猷 : 王徽之)와 왕자경(王子敬 : 王獻之)이 어느 때 같이 한방에 앉아 있었다. 그때 돌연 안쪽에서 불이 났다. 왕자유는 허겁지겁 달아나 피난을 했는데 나막신을 신을 틈도 없었다.(1) 왕자경은 태연한 얼굴로 천천히 좌우 사람을 불러 부축케 하며 밖으로 나갔는데 평소와 변함이 없었다.(2) 세상 사람들은 이 일을 가지고 왕씨 형제의 기량(器量)을 정했다.

원문| 王子猷, 子敬曾俱坐一室. 上忽發火. 子猷遽走避, 不惶取屐.(1) 子敬神色恬然, 徐喚左右, 扶憑而出, 不異平常.(2)

世以此定二王神宇.

(1) 《진백관명(晋百官名)》에 이런 이야기가 있다. '왕휘지(王徽之)의 자는 자유(子猷)이다.'

《중흥서(中興書)》에는 이런 이야기가 있다. '왕휘지는 왕희지(王羲之)의 다섯째 아들이다. 성격이 활달하고 거침없었으며 방달(放達)한 인물이 되려고 했다. 벼슬은 황문시랑(黃門侍郎)에 이르렀다.'

晋百官名曰, 王徽之, 字子猷.

中興書曰, 徽之, 羲之第五子. 卓犖不羈, 欲爲傲達. 仕至黃門侍郎.

(2) 《속진양추(續晋陽秋)》에 이런 말이 있다. '왕헌지는 세상 예법을 몸에 익히지 아니했으나 그 행동거지는 경망스럽지 아니했다.'

續晋陽秋曰, 獻之雖不脩常貫, 而容止不妄.

주해 | ㅇ屐(극)－나막신. 〈아량편(雅量篇)〉 15 주해 참조.

ㅇ神宇(신우)－인물의 기우(氣宇). 기량(器量).

ㅇ常貫(상관)－상격(常格). 격(格)은 식(式), 즉 세상의 격식, 세상의 예절 등의 뜻이다.

37. 부견(苻堅)이 가까운 국경지대에 출몰하곤 했다.(1) 사태부(謝太傅 : 謝安)가 자경(子敬 : 王獻之)에게 말했다. "한번 나가서 그 일대를 정리해 볼까."

원문 | **苻堅遊魂近境.(1) 謝太傅謂子敬曰, 可將當軸, 了其此處.**

(1) 부견(苻堅)은 따로 나온다.

堅別見.

주해 ㅇ遊魂近境(유혼근경)－당시 부견은 화북(華北) 전역을 지배하에 두고 동진(東晋)의 북변(北邊)에까지 육박해오는 기세였다. 유혼(遊魂)은 혼을 유행(遊行)시킨다는 의미이겠으나 여기서는 헤매고 다닌다는 정도의 뜻으로 사용되고 있다.
ㅇ當軸(당추)－정국(政局)의 중추(中軸)에 해당하는 것.
ㅇ別見(별견)－〈식감편(識鑒篇)〉 22.

38. 왕승미(王僧彌 : 王珉)와 사거기(謝車騎 : 謝玄)가 함께 왕소노(王小奴 : 王薈)의 집에 모였다.(1) 왕승미가 술잔을 들어 사거기에게 권하며 말했다. "사군(使君)께서는 한잔 드십시오." 사거기가 말했다. "좋소."(2) 그러자 왕승미는 벌떡 일어나서 안색을 바꾸며 말했다. "당신은 본디 오흥(吳興)의 골짜기에서 낚시질이나 하던 사람이 아니오? 어찌 감히 으스대는 게요?"(3) 사거기는 천천히 손뼉을 치고 웃으면서 말했다. "위군(衛軍 : 王薈)이여, 왕승미는 자기 자신도 모르는 채 도리어 도시 사람을 무시하는구려."

원문 **王僧彌, 謝車騎共王小奴許集.(1) 僧彌擧酒勸謝云, 奉使君一觴. 謝曰, 可爾.(2) 僧彌勃然起, 作色曰, 汝故是吳興溪中釣碣耳, 何敢譸張.(3) 謝徐撫掌而笑曰, 衛軍, 僧彌殊不肅省, 乃侵陵上國也.**

(1) 왕민(王珉)·사현(謝玄)은 모두 앞에서 나왔다. 소노(小奴)는 왕회(王薈)의 어렸을 때 자(字)이다.
王珉, 謝玄並已見. 小奴, 王薈小字也.

(2) 사현은 일찍이 서주자사(徐州刺史)였으므로 사군(使君)이라고 불

렸다.

謝玄曾爲徐州, 故云使君.

(3) 사현의 숙부 사안(謝安)이 일찍이 오흥태수(吳興太守)였을 때 사현은 어렸는데 숙부를 따라 놀았다. 그래서 왕민(王珉)은 이렇게 말했던 것이다.

玄叔父安, 曾爲吳興, 玄少時從之遊. 故珉云然.

주해 | ㅇ釣碣(조갈)－물속에 있는 비석. 여기서는 낚시질하는 사람의 모습을 가리킨다. 혹은 갈(碣)은 갈(褐)의 잘못으로서 비천한 사람의 옷, 즉 조갈(釣褐)이라고 하면 천한 낚시꾼의 옷이란 뜻일까?(《世說箋本》의 注). 한편 《태평어람(太平御覽)》 권834에서 인용한 사현(謝玄)의 '형에게 보내는 글'에 '거가대도무소위(居家大都無所爲), 정이수륜위사(正以垂綸爲事), 족이영일(足以永日)'이라고 한 기록을 볼 때 사현(謝玄)은 평생을 두고 낚시질을 아주 좋아했던 것을 알 수 있겠다.

ㅇ譸張(주장)－허풍을 떨다. 속이다. 여기서는 으스대다란 의미.

ㅇ上國(상국)－지방에 비하여 도시에 가까운 곳을 의미함.

ㅇ已見(이견)－왕민(王珉)은 〈정사편(政事篇)〉 24, 사현(謝玄)은 〈언어편(言語篇)〉 78에 나왔다.

39. 왕동정(王東亭 : 王珣)이 환선무(桓宣武)의 주부(主簿)가 되었다. 훌륭한 가문 출신 덕택으로 명성을 얻고 있었던 까닭에 환공은 그의 인품과 가문이 부내(府內) 전체의 명성이 되기를 강력히 원망(願望)하고 있었다. 왕순이 처음 환공을 뵙고 인사했을 때 예의범절에 어긋나는 일이 있었건만 안색 하나 변하는 일이 없었다. 그 자리에 있던 빈객들은 금방 그를 비웃었다. 그러자 환공이 말했다. "그의 모습을 보아하니 필연코 보통사람이 아니외다. 내가 한 가지, 시험을 해보겠소." 그후 월초(月初)의 조회 때다. 왕순이 속관들과 함께 관청

앞에 엎드리고 있는데 안에서 환공이 말을 달리어 곧바로 나오더니 그들 사이로 돌진했다. 좌우 사람들 모두가 넘어지고 자빠지면서 도망을 치는데 왕순만은 조금도 당황하지 않았다. 이렇게 해서 명성이 크게 올랐으며 모두가 "그 사람이야말로 재상(宰相)의 그릇이다."라고 말했다.(1)

▌원문| **王東亭爲桓宣武主簿. 旣承藉有美譽. 公甚欲其人地, 爲一府之望. 初見謝失儀, 而神色自若. 坐上賓客, 卽相貶笑. 公曰, 不然. 觀其情貌, 必自不凡. 吾當試之. 後因月朝閣下伏, 公於內走馬直出突之. 左右皆宕仆, 而王不動. 名價於是大重. 咸云, 是公輔器也.**(1)

(1) 《속진양추(續晋陽秋)》에 이런 이야기가 있다. '왕순은 처음에 대사마(大司馬)의 연(掾)으로 부름을 받았다. 환온(桓溫)은 그를 매우 중시하며 언제나 칭찬했다. "속관인 왕순은 틀림없이 젊은 나이로 삼공(三公)의 자리에 오를 것이야. 실로 믿기 어려운 인재거든."'

續晋陽秋曰, 珣初辟大司馬掾, 桓溫至重之, 常稱, 王掾必爲黑頭公, 未易才也.

▌주해| ㅇ承藉(승자)—조상의 명성이나 세력을 업는 것.

ㅇ見謝(견사)—만나뵙고 인사하는 것.

ㅇ公輔(공보)—삼공(三公)과 사보(四輔 : 太師·太傅·太保·少傅). 모두 천자를 보좌하는 대관(大官)들이다.

ㅇ黑頭公(흑두공)—'흑두삼공(黑頭三公)'이라고도 하며 젊었을 때, 즉 아직 머리가 검을 때 삼공의 현위(顯位)에 오르는 사람을 가리킨다. 비슷한 말에 '흑두상(黑頭相 : 少壯의 재상)'이라든가 '흑두상서(黑頭尙書 : 少壯의 尙書)' 등의 말이 있다.

40. 진(晋)나라 태원(太元 : 376~396년) 연간 말년에 혜성이 나타났다. 효무제(孝武帝 : 司馬曜)는 마음속으로 이것을 굉장히 좋지 않게 여겼다.(1) 밤중에 화림원(華林園)에서 술을 마시다가 잔을 들어 별에게 내밀며 말했다. "혜성이여, 그대에게 한잔 술을 바치노라. 예로부터 어느 시대에 만년(萬年)의 수(壽)를 누린 천자가 있었던고."

원문| **太元末, 長星見. 孝武心甚惡之.(1) 夜, 華林園中飮酒, 擧桮屬星云, 長星, 勸爾一桮酒. 自古何時有萬歲天子.**

(1) 서광(徐廣)의 《진기(晋紀)》에 이런 이야기가 있다. '태원(太元) 20년(395년) 9월에 하얀 솜 같은 봉성(蓬星)이 나타나더니 동남쪽으로 흘러가 수녀(須女)를 지나고 곡성(哭星)에 이르렀다.'
생각하건대 태원 말년에는 단지 이 이상(異狀)만 있었을 뿐 장성(長星)이란 말은 듣지 못했다. 더구나 한문제(漢文帝) 8년에 '장성(長星)이 동쪽에 출현했다'고 되어 있으며 문영(文潁)의 주(注)에 "장성에는 빛의 꼬리가 있고 그 길이는 혹은 하늘에 가득 차고, 혹은 10장(丈), 2, 3장(丈)이라는 등 일정하지가 않다. 이 별이 나타나면 자주 병란(兵亂)이 일어난다."라고 말했다. 그후 16년이 지나서 문제가 붕어했다. 이로써 장성은 천자의 수명과 관계가 없다는 것을 알 수 있다. 《세설(世說)》의 이야기는 허언(虛言)이다.
徐廣晋紀曰, 太元二十年九月, 有蓬星如粉絮, 東南行, 歷須女, 至哭星.
案, 太元末, 唯有此妖, 不聞長星也. 且漢文八年, 有長星出東方. 文潁注曰, 長星有光芒, 或竟天, 或長十丈, 或二三丈, 無常也. 此星見, 多爲兵革事. 此後十六年, 文帝乃崩. 益知長星非關天子. 世說虛也.

주해| ㅇ長星(장성)－혜성(彗星). 《한서(漢書)》 권4 〈문제기(文帝

紀)〉의 주(注)에 '장성은 대개 병혁지사(兵革之事)를 주관한다'라고 되어 있다.

- 華林園(화림원) – 건강성(建康城) 안에 있던 정원. 〈언어편(言語篇)〉 61 참조.
- 桮(배) – 술잔. 배(盃)와 같다.
- 蓬星(봉성) – 별 이름. 《진서(晋書)》 권12 〈천문지(天文志)〉에 '봉성은 크기가 두 말들이의 그릇과 같고 빛깔은 하얗다. 일명 왕성(王星)이라고도 하는데 그 모양은 밤의 불꽃과 같다'고 했다. 《수서(隋書)》 권20 〈천문지〉에는 봉성이 출현하면 '천하가 태평해지고 오곡이 익는다'라고 되어 있다.
- 須女(수녀) – 별 이름. 직녀성(織女星) 남쪽의 네 별.
- 哭星(곡성) – 별 이름. 《성경(星經)》 권하(卷下)에 '곡(哭)은 이성(二星), 허(虛 : 二十八宿의 하나, 虛宿)의 남쪽에 있다. 사곡(死哭)의 일을 주관한다'라고 되어 있다.
- 漢文八年(한문팔년)…… – 《한서》 권4 〈문제기〉와 그 문영(文穎)의 주(注).

41. 은형주(殷荊州 : 殷仲堪)에게 친구가 있었는데 그가 부(賦)를 지었다. 그것은 속석(束晳)의 희작류(戱作流)였다.(1) 은중감은 크게 문재(文才)가 있다고 생각했고 그 일을 왕공(王恭)에게 이야기했다. "요즈음 진귀하고 재미있는 문장을 보았습니다." 그러면서 문갑 속에 있던 그 문장을 꺼냈다. 왕공이 그것을 읽는 동안 은중감은 웃음을 참을 수가 없었다. 왕공은 다 읽고 나자 웃지도 않고, 좋고 나쁨을 이야기하지 않았다. 다만 여의(如意)로 그 위를 눌러놓을 뿐이었다. 은중감은 실망하여 머쓱해졌다.

▌원문| 殷荊州有所識, 作賦. 是束晳慢戱之流.(1) 殷甚以爲有才, 語王恭, 適見新文甚可觀. 便於手巾函中出之. 王旣讀, 殷

笑之不自勝. 王看竟, 旣不笑, 亦不言好惡, 但以如意帖之而已. 殷悵然自失.

(1) 《문사전(文士傳)》에 이런 이야기가 있다. '속석(束晳)의 자는 광미(廣微)이고 양평(陽平) 원성(元城) 사람이며 한(漢)나라 태자태부(太子太傅) 소광(疏廣)의 자손이다. 왕망(王莽)의 말년, 소광의 증손인 맹달(孟達)이 동해(東海)에서 난을 피하여 원성으로 왔고 성을 고쳤는데 소(疏)의 족(足)변을 빼고 속씨(束氏)로 했다. 석(晳)은 박학다식해서 남들이 묻는 질문에 대답하지 못하는 것이 없었다. 원강연간(元康年間)에 어떤 사람이 숭고산(嵩高山) 마루에서 죽간(竹簡) 한 장을 주웠는데 그 위에 두 행(行)의 과두문자(科斗文字)가 적혀 있었다. 사공(司空)인 장화(張華)가 그것에 대하여 속석에게 물었던바, 속석은 대답하기를, "이것은 후한(後漢) 명제(明帝 : 劉莊)의 현절릉(顯節陵) 속에서 나온 간책문(簡策文)입니다."라고 했다. 조사해 보니 과연 그러했다. 일찍이 〈병부(餠賦)〉 등의 글을 지었는데 해학적인 것이 많았다. 39세에 죽었는데 원성에서는 그날 하루 철시(撤市)했다.'

文士傳曰, 晳字廣微, 陽平元城人, 漢太子太傅疏廣後也. 王莽末, 廣曾孫孟達自東海避難元城, 改姓, 去疏之足, 爲束氏. 晳博學多識, 問無不對. 元康中, 有人自嵩高山下, 得竹簡一枚, 上兩行科斗書, 司空張華以問晳, 晳曰, 此明帝顯節陵中策文也. 檢校果然. 曾爲餠賦諸文, 文甚俳諧. 三十九歲卒, 元城爲之廢市.

주해 | ㅇ如意(여의)－승려가 설법이나 독경할 때 손에 드는 막대기.

ㅇ元康中(원강중)－서진(西晋) 혜제(惠帝)의 연호(291~299). 《어람(御覽)》 권606에서 인용한 바에 의하면 《문사전(文士傳)》에는 태강중(太康中)이라고 적고 있다.

ㅇ竹簡(죽간)－급총서(汲冢書 : 《逸周書》《穆天子傳》《竹書紀年》)를 가리킴. 급군(汲郡 : 하남성) 위(魏)나라 안리왕(安釐王)의 능에서 발견했다. 발견한 해는 《진서(晋書)》〈무제기(武帝紀)〉에서는 함녕(咸寧) 5년, 〈속석전(束皙傳)〉에서는 태강(太康) 2년, 〈율력지(律曆志)〉에서는 태강 원년이라고 되어 있는데 통상 태강 2년(281)인 것으로 생각하고 있다. 이것의 정리에는 순욱(荀勗)·위항(衛恒)·속석(束皙)·화교(和嶠) 등이 맡았다. 그 발견자는 부준(不準)이라고 한다.

42. 양수(羊綏)의 둘째 아들인 양부(羊孚)는 젊었을 때부터 뛰어난 재능을 갖추고 있었다. (그리고) 사익수(謝益壽 : 謝混)와 서로 친교를 맺고 있었다.(1) 어느 날 이른 아침에 사익수네 집을 방문했다. 아직 식사 전이었는데 갑자기 왕제(王齊 : 王熙)와 왕도(王睹 : 王爽)가 왔다.(2) 이전부터 양부와는 안면이 없던 터라 왕씨 형제는 자리에 앉자, 불유쾌한 표정을 지으며 양부를 쫓아내야겠다고 생각했다. 양부는 그러는 그들에게는 눈길도 주지 않은 채 단지 안석 위에 다리를 걸쳐 놓고 태연히 둘러보고 있었다. 사익수는 안부 인사를 하고 나자 다시 양부와 즐겁게 담론했다. 왕씨들은 비로소 양부의 뛰어난 점을 깨닫고, 그들과 어울려 이야기를 나누었다. 잠시 후 식사가 나왔는데 왕씨 형제는 먹을 생각조차 하지 않았고, 사익수는 양부에게 식사를 권할 뿐이었다. 양부는 왕씨 형제와는 응대할 사이도 없이 식사만 열심히 하더니, 다 먹고 나자 곧 돌아가려고 했다. 붙잡았지만 양부는 더 이상 머무려고 하지 않고 단지 이렇게 말할 뿐이었다. "아까는 명령에 따르지 못했습니다만, 그것은 아직 나라 안이 비어 있었기 때문이었소." 왕씨 형제란 왕효백(王孝伯)의 두 동생이다.

원문| 羊綏第二子孚, 少有儁才. 與謝益壽相好.(1) 嘗蚤往謝許. 未食, 俄而王齊, 王睹來.(2) 旣先不相識, 王向席, 有不說

色, 欲使羊去. 羊了不眄, 唯腳委几上, 詠矚自若. 謝與王敍寒溫數語畢, 還與羊談賞. 王方悟其奇, 乃合共語. 須臾食下, 二王都不得餐, 唯屬羊不暇. 羊不大應對之, 而盛進食, 食畢便退. 遂苦相留, 羊義不住. 直云, 向者不得從命, 中國尙虛. 二王, 是孝伯兩弟.

(1) 익수(益壽)는 사혼(謝混)의 어렸을 때 자(字)이다.

益壽, 謝混小字也.

(2) 왕도(王睹)는 앞에 나왔다.

제(齊)는 왕희(王熙)의 어렸을 때 자(字)이다.

《중흥서(中興書)》에 이런 이야기가 있다. '왕희의 자는 숙화(叔和)이며 왕공(王恭)의 다음 동생이다. 파양공주(鄱陽公主)에게 장가들었고 태자세마(太子洗馬)가 되었는데 요절했다.'

王睹已見.

齊, 王熙小字也.

中興書曰, 熙字叔和, 恭次弟. 尙鄱陽公主, 太子洗馬, 蚤卒.

주해 | ㅇ向者不得從命(향자부득종명), 中國尙虛(중국상허)－문의(文意)로 생각해볼 때 명(命)이란 왕씨 형제가 양부(羊孚)를 내쫓아야겠다는 의향을 나타냈을 때를 가리키고, 중국(中國)이란 배 속의 은어(隱語)인 것으로 생각된다. 또 이 이야기의 저변에는 정치적 의미가 깔려 있는 게 아닌가 하는 생각도 들지만 확인할 수가 없다.

ㅇ已見(이견)－〈문학편(文學篇)〉 101에 나왔다.

ㅇ鄱陽公主(파양공주)－간문제(簡文帝 : 司馬昱)의 딸.

식감 識鑒 제7

1. 조공(曹公 : 曹操)이 젊었을 때 교현(喬玄)과 만났다. 교현이 말했다. "천하는 실로 문란해지고 군웅(郡雄)이 호랑이처럼 서로 싸우고 있네. 이를 다스리고 통일시킬 사람은 그대말고 누가 있겠는가? 그러나 그대는 난세(亂世)의 영웅이요 치세(治世)의 간적(姦賊)이야. 나는 이제 늙고 말았네. 그대가 부귀해지는 것을 볼 수가 없어. 부탁하네. 그때에는 (내) 자손들을 보살펴주게나."(1)

원문| 曹公少時見喬玄. 玄謂曰, 天下方亂, 羣雄虎爭. 撥而理之. 非君乎. 然君實是亂世之英雄, 治世之姦賊. 恨吾老矣. 不見君富貴, 當以子孫相累.(1)

(1) 《속한서(續漢書)》에 이런 이야기가 있다. '교현(喬玄)의 자는 공조(公祖)이며 양국(梁國) 휴양(睢陽) 사람이다. 젊었을 때 《예기(禮記)》와 《엄씨춘추(嚴氏春秋)》를 배웠으며 상서령(尙書令)으로 누천(累遷)되었다. 교현은 엄정하고 공명했으며 재략(才略)이 있었고 사람을 꿰뚫어보기를 잘했다. 당시 위(魏)나라 무제(武

帝 : 曹操)가 유생(儒生)이었을 때, 즉 아직 이름이 알려지지 않았을 때 교현은 그를 보통사람이 아니라고 인정했다.'

《위서(魏書)》에는 이런 이야기가 있다. '교현은 태조(太祖 : 曹操)를 보고 말했다. "나는 수많은 선비를 보아왔는데 그대만한 인물은 없었어. 천하는 당장에라도 문란하려 하고 있는데 이를 안정시킬 수 있는 인물은 그대말고는 없을 거야."'

생각하건대 《세어(世語)》에는 '교현이 태조(조조)에게 말했다. "그대는 아직 명성이 알려져 있지 않으니 허자장(許子將 : 許劭)과 교제하는 게 좋겠어." 그리하여 태조가 허자장에게로 가자 허자장은 그를 받아들였다'고 되어 있으며 손성(孫盛)의 《잡어(雜語)》에는 '태조가 일찍이 허자장에게 물었다. "나는 어떤 사람이겠소?" 허자장은 잠자코 있었는데 자꾸만 묻자 이렇게 대답했다. "치세(治世)의 능신(能臣)이지만 난세(亂世)의 간웅(姦雄)이오." 태조는 크게 웃었다.' 《세설(世說)》의 이야기는 잘못이다.

續漢書曰, 玄字公祖, 梁國睢陽人. 少治禮及嚴氏春秋, 累遷尚書令. 玄嚴明有才略, 長於知人. 初, 魏武帝爲諸生, 未知名也, 玄甚異之.

魏書曰, 玄見太祖曰, 吾見士多矣, 未有若君者. 天下將亂, 非命世之才, 不能濟也. 能安之者, 其在君乎.

按世語曰, 玄謂太祖, 君未有名, 可交許子將. 太祖乃造子將, 子將納焉. 孫盛雜語曰, 太祖嘗問許子將, 我何如人. 固問, 然後子將答曰, 治世之能臣, 亂世之姦雄. 太祖大笑. 世說所言, 謬矣.

주해 | ㅇ識鑒(식감)-인물 감정. 인물의 기량(器量)을 분별하는 것.

ㅇ喬玄(교현)-《후한서(後漢書)》 본전(本傳)과 《삼국지(三國志)》 권1에는 '교(喬)'를 '교(橋)'로 적고 있다.

ㅇ撥(발)-난(亂)을 평정하는 것. '이(理)'는 통치하는 것.

ㅇ嚴氏春秋(엄씨춘추)－한(漢)나라 엄팽조(嚴彭祖)의《춘추》. 엄팽조는 하비(下邳) 사람으로서 자는 공자(公子). 안안락(顔安樂)과 함께 휴맹(眭孟)에게서《공양춘추(公羊春秋)》를 배웠는데 여기에서《공양춘추》에 안엄학(顔嚴學)이 일어났다.

ㅇ許子將(허자장)－후한(後漢) 평여(平輿) 사람이며 이름은 소(劭)이다. 종형(從兄)인 허정(許靖)과 함께 매월 삭일(朔日)에 향리의 인물 감정을 했다. 이것을 여남(汝南)의 월단(月旦)이라고 한다.

ㅇ雜語(잡어)－《삼국지》 권1 〈무제기(武帝紀)〉에 인용한 주(注)에는 손성(孫盛)의《이동잡어(異同雜語)》라고 되어 있다.

ㅇ固問(고문)－《삼국지》〈무제기〉에서 인용한 손성의《이동잡어》에는 이 두 글자 위에 '자장부답(子將不答)'이란 4자가 있다. 여기서는 이것을 보충하여 번역했다.

2. 조공(曹公 : 曹操)이 배잠(裴潛)에게 물었다. "그대는 전에 유비(劉備)와 형주(荊州) 땅에서 같이 있었는데 그의 재략(才略)은 어떻다고 생각하오?" 배잠이 대답했다. "중원(中原)의 땅에 두면 세상을 문란케는 할 수 있어도 세상을 다스리지는 못할 것입니다. 만약 변경에 있는 요새지 땅을 지키게 한다면 충분히 한 지방의 군주가 될 것입니다."(1)

원문| 曹公問裴潛曰, 卿昔與劉備共在荊州. 卿以備才如何. 潛曰, 使居中國, 能亂人, 不能爲治. 若乘邊守險, 足爲一方之主.(1)

(1)《위지(魏志)》에 이런 이야기가 있다. '배잠(裴潛)의 자는 문행(文行)이며 하동(河東) 사람이다. 난을 피하여 형주(荊州)로 가자 유표(劉表)는 빈객의 예로 우대했다. 배잠은 은밀히 왕찬(王粲)과 사마지(司馬芝)에게 말했다. "유목(劉牧 : 劉表)은 패왕(霸王)의 그릇이 아닌데도 서백(西伯 : 文王)을 자임하고 있소. 머지않아

패할 것이외다." 그는 마침내 남쪽으로 건너가 장사(長沙)로 갔다. 상서령(尙書令)으로 누천(累遷)되었고 태상(太常)이 추증되었다.'

魏志曰, 潛字文行, 河東人. 避亂荊州, 劉表待以賓客禮. 潛私謂王粲, 司馬芝曰, 劉牧非霸王之才, 而欲以西伯自處, 其敗無日矣. 遂南渡適長沙. 累遷尙書令. 贈太常.

주해 | ㅇ魏志(위지)—《삼국지(三國志)》 권23 〈배잠전(裴潛傳)〉.

ㅇ劉牧(유목)—유표(劉表)가 형주(荊州)의 목(牧 : 長官)이었기 때문에 이렇게 불렀다.

ㅇ矣(의). 遂南渡適長沙(수남도적장사)—이상 7자는 송본(宋本)에는 없지만 원본(袁本)에 따라 보충했다.

3. 하안(何晏) · 등양(鄧颺) · 하후현(夏侯玄)은 모두 부하(傅嘏)와 교유하기를 원했으나 부하는 끝내 응낙하지 아니했다.(1) 그래서 그들은 순찬(荀粲)에게 부탁하여 중개를 해주도록 하여 교분을 맺고자 했다. 순찬이 부하에게 말했다. "하후태초(夏侯太初 : 夏侯玄)는 당대의 명사로서 마음을 비우고 당신과 교제하기를 바라고 있소. 그런데 당신은 교유할 수 없다고 생각하고 있소이다그려. 교제를 하면 좋은 일이 있겠지만 교제를 하지 않는다면 점점 사이가 벌어질 것이외다. 당신네들 두 사람이 교유를 나눈다면 국가적으로도 다행스런 일입니다. 그 옛날 인상여(藺相如)가 염파(廉頗)에게 머리를 숙였던 것도 이런 이유에서였소."(2) 부하는 대답했다. "하후태초는 뜻이 크기는 하지만 이것저것 마음을 괴롭히는 일이 많고, 허명(虛名)을 얻기를 잘하니 그야말로 매끄러운 말솜씨로 나라를 기울게 하는 인물이오. 하안(何晏)과 등양(鄧颺)은 일은 해낼 수 있으나 침착성이 없고, 매사에 박식하여 통달하기는 하지만 요령이 모자라며 밖으로는 이득을 좋아하고 안으로는 자신을 단속하지 못하오. 또 동료들을 좋아하긴 하는데 자

기와 뜻을 달리하는 자는 미워하고, 말이 많으며 자기보다 나은 자를 질투하는구려. 말이 많으면 다투는 일이 많고 훌륭한 사람을 질투하면 친한 사람이 없어지오. 내가 보건대 이 세 사람은 모두 덕(德)을 해치는 자들에 지나지 않소이다. 그들과 멀리 지내면서도 재난에 휘말리지 않을까 걱정을 하는데 하물며 친하게 교제할 수 있으리이까?" 그후 모두 그의 말대로 되었다.(3)

원문| 何晏, 鄧颺, 夏侯玄並求傅嘏交, 而嘏終不許.(1) 諸人乃因荀粲說合之. 謂嘏曰, 夏侯太初, 一時之傑士, 虛心於子. 而卿意, 懷不可. 交合則好成, 不合則致隙. 二賢若穆, 則國之休. 此藺相如所以下廉頗也.(2) 傅曰, 夏侯太初, 志大心勞, 能合虛譽. 誠所謂利口覆國之人. 何晏, 鄧颺有爲而躁, 博而寡要, 外好利而內無關籥. 貴同惡異, 多言而妬前. 多言多釁, 妬前無親. 以吾觀之, 此三賢者, 皆敗德之人爾. 遠之猶恐罹禍, 況可親之邪. 後皆如其言.(3)

(1) 《위략(魏略)》에 이런 이야기가 있다. '등양(鄧颺)의 자는 현무(玄茂)이고 남양(南陽) 완(宛) 땅 사람이며 등우(鄧禹)의 자손이다. 젊었을 때부터 가능성이 있는 사람이란 명성을 얻었다. 위(魏)나라 명제(明帝 : 曹叡) 때 중서랑(中書郎)이 되었는데 이승(李勝) 등과 경박하고 사치스런 행위를 했다 하여 쫓겨났다. 정시연간(正始年間 : 240~249)에 시중상서(侍中尙書)로 옮겼다. 사람 됨됨이가 재물을 좋아했는데 장애(臧艾)가 아비의 첩(妾)을 등양에게 주고 벼슬자리를 얻었으므로 도읍에서는 "벼슬을 부(富)와 바꾼 등현무(鄧玄茂)"란 평을 받았다. 하안(何晏)은 이따금 등양의 말에 따라 인선(人選)을 잘못했다. 조상(曹爽)의 일파로 몰려 주살당했다.'
魏略曰, 鄧颺字玄茂, 南陽宛人. 鄧禹之後也. 少得士名. 明帝

時，爲中書郎，以與李勝等爲浮華被斥．正始中，遷侍中尙書．爲人好貨，臧艾以父妾與颺，得顯官．京師爲之論曰，以官易富鄧玄茂．何晏選不得人，頗由颺，以黨曹爽誅．

(2) 《사기(史記)》에 이런 이야기가 있다. '인상여(藺相如)는 큰 공을 세워 상경(上卿)이 되었는데 그 지위는 염파(廉頗)보다 상좌(上座)가 되었다. 염파는 노하여 인상여에게 봉변을 주려고 하였다. 인상여는 언제나 아프다는 핑계를 대고(즉 염파와 서열을 다투지 않고), 염파가 오는 것을 보면 수레를 옆길로 몰아 피했다. 인상여의 부하들은 그의 비굴함을 보고 그의 곁을 떠나고자 했는데 인상여가 말했다. "대저 진왕(秦王)처럼 위세당당한 자에게도 나는 그의 조정 안에서 호통을 쳐주었다네. 내가 어찌 염파장군을 무서워하겠는가? 생각하건대 진(秦)나라는 강하고 우리 조(趙)나라는 약한데 우리 두 사람이 있기에 진나라는 조나라에게 도전하지 못하는 것이야. 지금 두 호랑이가 서로 싸우면 당연한 일이지만 두 사람 모두 살아남지 못할 것이야. 나는 나라의 위급함을 생각하여 사원(私怨)은 뒤로 미루고 있는 것이다." 염파는 그 말을 듣고 인상여에게 사죄했다.'

史記曰，相如以功大拜上卿，位在廉頗右．頗怒，欲辱之．相如每稱疾，望見，引車避匿．其舍人欲去之．相如曰，夫以秦王之威而吾廷叱之，何畏廉將軍哉．顧秦彊趙弱，秦以吾二人故，不敢加兵於趙．今兩虎鬪，勢不俱生．吾以公家急而後私讎也．頗聞，謝罪．

(3) 《부자(傅子)》에 이런 이야기가 있다. '그 당시 하안(何晏)은 재능과 변설로 외척 세도가에서 유명했다. 등양(鄧颺)은 남들과 교제하기를 좋아하여 도당을 만들어 이름을 세상에 알리고 있었다. 하후현(夏侯玄)은 명문가의 자제로서 젊었을 때에 명성이 있었다.

세 사람 모두 부하(傅嘏)와 교제하기를 원했으나 부하는 받아들이지 아니했다. 부하의 친구 순찬(荀粲)은 뛰어난 식견과 고원한 뜻을 가지고 있었지만, 그러면서도 부하로 하여금 이 세 사람과 교제했다고 한다.'

傅子曰, 是時何晏以才辯顯於貴戚之閒. 鄧颺好交通, 合徒黨, 鬻聲名於閭閻. 夏侯玄以貴臣子, 少有重名. 皆求交於嘏, 嘏不納也. 嘏友人荀粲有淸識遠志, 然猶勸嘏結交云.

주해 | ㅇ傅嘏(부하)－〈문학편(文學篇)〉 9 참조. 사마씨(司馬氏)와 한패가 되어 하안(何晏)·등양(鄧颺)·하후현(夏侯玄) 등 조상(曹爽) 옹립파와 대립하는 처지에 있었다.

ㅇ利口覆國之人(이구복국지인)－영리하게 말 잘하는 자가 나라를 뒤엎고 망치게 한다. 《논어(論語)》〈양화편(陽貨篇)〉에 있는 말임.

ㅇ博而寡要(박이과요)－《사기(史記)》 권130 〈태사공자서(太史公自序)〉의 사마담(司馬談)이 육가(六家)의 요지(要旨)를 논한 조(條)에 '유자(儒者)는 박학해도 요령이 적고 애써도 공로가 적다'고 하였다.

ㅇ關籥(관약)－관약(關鑰)과 마찬가지이며 빗장과 자물쇠. 즉 사물의 요추(要樞)를 가리킨다.

ㅇ釁(흔)－극(隙)과 같으며 사이가 틀어지는 것.

ㅇ後皆如其言(후개여기언)－하안(何晏)·등양(鄧颺)은 조상(曹爽) 추방 때 사마의(司馬懿)에게 주살당했고 하후현(夏侯玄)도 마침내 사마사(司馬師)와 대립하다가 죽음을 당했다.

ㅇ史記(사기)－권81 〈염파인상여전(廉頗藺相如傳)〉.

ㅇ以功大拜上卿(이공대배상경)－인상여는 일찍이 화씨벽(和氏璧)을 진(秦)나라가 빼어가려는 것을 방지하였고 조왕(趙王)이 진왕(秦王)과 회견할 때에는 조왕이 받은 수모를 씻었는데, 그 공에 의하여 상경(上卿)이 되었다. 상은 경(卿) 중 최고의 자리.

ㅇ貴戚(귀척)－군주의 친척. 모계(母系)·처계(妻系)도 포함된다.

4. 진(晋) 무제(武帝 : 司馬炎)가 선무장(宣武場)에서 열병(閱兵)을 했다. 무제는 군비(軍備)를 그만두고 문교(文敎)를 갖춰보려는 생각에서 친히 그 자리에 임하고 군신(群臣)들을 불렀다. 산공(山公 : 山濤)은 그렇게 하면 안되겠다는 생각에서 상서(尙書)들과 함께 손자(孫子) · 오자(吳子)의 용병술(用兵術)에 대한 참뜻을 설명하며 끝까지 논쟁을 벌였다. 그 자리에 있던 사람들은 모두 감탄해마지 않았으며 입을 모아 말했다. "산소부(山少傅 : 山濤)는 천하의 명론가(名論家)이다."(1) 후에 제왕(諸王)들이 오만을 떨며 망령되이 화란(禍亂)을 불러일으켰다. 그러자 도적이 방방곡곡에서 봉기했는데 대부분의 군국(郡國)들은 무방비상태였으므로 제압할 수가 없었고 그 세(勢)가 점점 더 늘어났다. 모두 공(公)이 예언했던 대로였던 것이다. 당시 사람들은 "산도는 손오병법(孫吳兵法)을 배우지 않았어도 자연히 그 도리를 터득했다."라고 말했다. 왕이보(王夷甫 : 王衍)도 또한 감탄하며 말했다. "산공(山公)은 (자기도) 모르는 사이에 도(道)에 합치하고 있다."(2)

| 원문 | 晉武帝講武於宣武場. 帝欲偃武修文, 親自臨幸, 悉召羣臣. 山公謂不宜爾, 因與諸尚書言孫吳用兵本意, 遂究論. 擧坐無不咨嗟. 皆曰, 山少傅乃天下名言.(1) 後諸王驕汰, 輕遘禍難. 於是寇盜處處蟻合, 郡國多以無備, 不能制服, 遂漸熾盛. 皆如公言. 時人以謂, 山濤不學孫吳, 而闇與之理會. 王夷甫亦歎云, 公闇與道合.(2)

(1) 《사기(史記)》에 이런 이야기가 있다. '손무(孫武)는 제(齊)나라 사람이고 오기(吳起)는 위(衛)나라 사람이다. 모두 병법(兵法)에 뛰어났다.'

史記曰, 孫武, 齊人. 吳起, 衛人. 並善兵法.

(2) 《죽림칠현론(竹林七賢論)》에는 이런 이야기가 있다. '함녕연간(咸

寧年間)에 오(吳) 땅이 평정되자 무제(武帝)는 도림(桃林)·화산(華山)의 고사(故事)에 따라 병역을 중단하여 평화가 도래했음을 만천하에 알리고자 하였다. 그리하여 주군(州郡)은 모두 군사를 해산하고 대군(大郡)인 경우에는 무리(武吏) 100명, 소군(小郡)은 50명을 남겨두었다. 당시 도읍에서는 아직 열병(閱兵)을 하고 있었는데 산도(山濤)는 (그 점이 안타까워) 손자(孫子)·오자(吳子)의 용병술에 대한 진의(眞意)를 논하였다.' 산도의 사람 됨됨이는 언제나 과묵했었는데 생각하기를, 나라를 다스리는 자는 전쟁을 잊어서는 안된다고 했기에 그런 변론을 했을 것이다.

《명사전(名士傳)》에는 이런 이야기가 있다. '산도는 위진(魏晋)시대 사이에 살았는데 특히 이름을 드러낸 일이 없다. 어느 때 상서(尙書) 노흠(盧欽)과 용병의 진의에 대해서 논급했는데 무제(武帝)는 그것을 듣고 "산소부(山少傅 : 山濤)는 명론가(名論家)이다."라고 말했다.'

《죽림칠현론(竹林七賢論)》에 이런 말이 있다. '영녕연간(永寧年間) 후, 제왕(諸王)이 전란을 일으키고 곧이어 호족(胡族)이 무리지어 일어나니, 모두 산도가 한 말대로 되었다.'

《명사전(名士傳)》에는 이런 이야기가 있다. '왕이보(王夷甫)는 산도를 찬탄하며 말했다. "산도는 도(道)에 깊이 통하고 있는데, 그 깊이를 측량할 수가 없다." 그에 대한 비평은 모두 이와 같았다.'

竹林七賢論曰, 咸寧中, 吳旣平, 上將爲桃林華山之事, 息弭役兵, 示天下以大安. 於是州郡悉去兵, 大郡置武吏百人, 小郡五十人. 時京師猶講武, 山濤因論孫吳用兵本意. 濤爲人常簡默. 蓋以爲國者, 不可以忘戰, 故及之.

名士傳曰, 濤居魏晉之閒, 無所標名. 嘗與尚書盧欽言及用兵本意. 武帝聞之曰, 山少傅名言也.

竹林七賢論曰, 永寧之後, 諸王構禍, 狡虜欻起, 皆如濤言.

名士傳曰, 王夷甫推歎濤. 晻晻爲與道合, 其深不可測. 皆此類也.

주해 | ㅇ偃武修文(언무수문)－무력을 거두고 문교(文教)를 닦다.《서경(書經)》〈무성편(武成篇)〉에 있는 말이다.

ㅇ諸王驕汰(제왕교태), 輕遘禍難(경구화난)－무제(武帝 : 司馬炎)의 아들 혜제(惠帝) 시대에 문제(文帝)의 서제(庶弟)인 조왕(趙王) 윤(倫)이 영강(永康) 원년(300)에 난을 일으킨 것을 시작으로 하여 제왕(諸王) 8명이 서로 싸웠는데 그로 인하여 5호(胡) 16국(國)의 봉기가 있었던 것. 소위 팔왕(八王)의 난(亂) 이후에 있었던 혼란을 가리키는 것임.

ㅇ史記(사기)－《사기》 권65 〈손자오기열전(孫子吳起列傳)〉 5.

ㅇ桃林華山之事(도림화산지사)－주(周)나라 무왕(武王)이 주왕(紂王)을 멸망시킨 다음 군마(軍馬)를 거두어 화산(華山) 남쪽으로 돌아가고, 도림(桃林) 들판에 소를 풀어놓아 평화를 되찾은 것(《書經》 武成篇〉).

ㅇ尙書(상서)－상서성(尙書省 : 중앙의 政務 집행관청)의 육부(六部), 즉 이(吏)·호(戶)·예(禮)·병(兵)·형(刑)·공(工)의 각 장관을 가리킨다.

5. 왕이보(王夷甫 : 王衍)의 아버지 왕예(王乂)는 평북장군(平北將軍)이었다. 공무상의 사건으로 도읍에 사자(使者)를 보내어 논술(論述)토록 했는데 효과가 있지 아니했다. 당시 왕이보는 도읍에 있었으므로 수레를 준비시키어 상서복야(尙書僕射)인 양호(羊祜)와 상서인 산도(山濤)를 면회했다. 왕이보는 아직 소년이었는데 용모가 수려하고 재능이 남달랐으며 논법이 명쾌한 데다가 내용 또한 조리에 맞았다. 산도는 그를 실로 얻기 어려운 인물이라 생각했고, 그가 돌아가는 뒷모습을 언제까지나 바라보다가 탄식하며 말했다. "아들을 낳으려면 저 왕이보와 같아야 해." 그러나 양호는 이렇게 말했다. "천하를 문란케 만들 자는 틀림없이 저 아이일 것이오."(1)

원문 | 王夷甫父乂, 爲平北將軍. 有公事, 使行人論不得. 時夷甫在京師. 命駕見僕射羊祜, 尙書山濤. 夷甫時總角, 姿才秀異, 敍致旣快, 事加有理. 濤甚奇之, 旣退, 看之不輟. 乃歎

曰, 生兒不當如王夷甫邪. 羊祜曰, 亂天下者, 必此子也.[(1)]

(1) 《진양추(晋陽秋)》에 이런 이야기가 있다. '왕이보(王夷甫)의 아버지 왕예(王乂)는 (자신을 탄핵하는 글에 대한) 명령서(命令書)가 올라와 파면될 처지에 이르렀다. 그때 왕이보는 17세로서 계모(繼母)의 사촌 오라비인 양호(羊祜)를 만나 사정을 이야기했다. 그 언사(言辭)가 매우 당당했는데 양호가 그것을 받아들이지 않자 왕이보는 옷을 털며 일어나서 돌아갔다. 양호가 고개를 돌리어 빈객들을 바라보며 말했다. "저 아이는 장래에 반드시 이름을 날리고 당대의 고관이 될 것이오. 그러나 양속(良俗)을 문란케 하고 교화(教化)를 손상케 하는 것도 반드시 저 아이일 것이외다."'
《한진춘추(漢晋春秋)》에 이런 이야기가 있다. '처음에 양호는 군법에 따라 (왕이보의 사촌인) 왕융(王戎)을 참형에 처하려고 했었다. 또 왕이보는 양호가 자기를 가리켜 반드시 실패할 것이라고 한 말에 화가 나서 양호를 존경하지 않았다. 세상 사람들은 그 때문에 이렇게 말했다. "왕융과 왕연 등 두 사람이 조정 안에 있는 동안에는 양호 나리의 유덕(有德)함을 칭송하려는 자가 없을 것이다."'
晋陽秋曰, 夷甫父乂, 有簡書將免官. 夷甫年十七, 見所繼從舅羊祜, 申陳事狀. 辭甚俊偉, 祜不然之, 夷甫拂衣而起. 祜顧謂賓客曰, 此人必將以盛名處當世大位. 然敗俗傷化者, 必此人也.
漢晋春秋曰, 初, 羊祜以軍法欲斬王戎, 夷甫又忿祜言其必敗, 不相貴重. 天下爲之語曰, 二王當朝, 世人莫敢稱羊公之有德.

주해 | ㅇ亂天下者(난천하자)－후에 왕연(王衍)의 실정(失政)으로 말미암아 서진(西晋)은 석륵(石勒)과 유요(劉曜) 등에 의해 멸망하고 만 일을 가리킨다.

ㅇ年十七(연십칠)－《진서(晋書)》 권43 〈왕연전(王衍傳)〉에는 '연십사(年十四)'로 되어 있다.

ㅇ所繼從舅(소계종구)－소계(所繼)는 계모(繼母), 종구(從舅)는 어머니의 종형제(從兄弟)를 가리킴.

ㅇ以軍法欲斬王戎(이군법욕참왕융)－오(吳)나라 봉황(鳳凰) 원년(272) 보천지전(步闡之戰) 때 왕융(王戎)에게 실수가 있어서 군법에 회부되었던 일을 가리킴. 보천지전이란 오나라 서릉독(西陵督) 보천이 서진(西晋)에 투항하자 그를 토벌하려 했던 오나라 장군 육항(陸抗)과 그를 구출코자 했던 서진(西晋)의 장군 양호(羊祜)가 싸운 전쟁을 가리킴(《三國志》 권58 〈陸抗傳〉).

6. 반양중(潘陽仲 : 潘滔)이, 어린 시절의 왕돈(王敦)을 보고 말했다. "그대는 벌과 같은 눈이 이미 튀어나와 있지만 승냥이와 같은 목소리는 아직 내지를 못할 뿐이야. 틀림없이 사람을 잡아먹을 수는 있지만 또 틀림없이 사람에게 잡아먹힐 수도 있을 것이야."(1)

원문| **潘陽仲見王敦小時, 謂曰, 君蜂目已露, 但豺聲未振耳. 必能食人, 亦當爲人所食.**(1)

(1) 《진양추(晋陽秋)》에 이런 이야기가 있다. '반도(潘滔)의 자는 양중(陽仲)이고 형양(滎陽) 사람이며 태상(太常) 반니(潘尼)의 조카이다. 문재(文才)와 학식이 있었다. 영가(永嘉) 말년에 하남윤(河南尹)이 되었는데 살해당했다.'

《한진춘추(漢晋春秋)》에는 이런 이야기가 있다. '일찍이 왕이보(王夷甫)는 동해왕(東海王) 사마월(司馬越)에게 진언하여 왕돈(王敦)을 양주자사(揚州刺史)로 전임시켰다. 반도(潘滔)는 처음에 태부(太傅 : 司馬越)의 장사(長史)로 있었기 때문에 태부에게 말했다. "왕처중(王處仲 : 王敦)은 벌과 같은 눈이 이미 튀어나와 있으며 승냥이와 같은 목소리를 아직 내지 못하고 있을 뿐입니다. 지금 왕처중을 강남(江南)으로 보낸다면 그의 사나운 마음을 마음껏 휘두르게 하는 결과가 될 것입니다. 이는 그를 도적으로 키우는 결과가 됩니다."'

《진양추(晋陽秋)》에 이런 이야기가 있다. '왕돈은 태자사인(太子舍人)으로서 반도(潘滔)와 동료였다. 그래서 이런 이야기가 있었던 것이다.'

습착치(習鑿齒 : 《漢晋春秋》)와 손성(孫盛 : 《晋陽秋》)의 두 설(說)은 다소 다르게 되어 있다.

《춘추전(春秋傳)》에는 이런 말이 있다. '초(楚)나라 영윤(令尹)인 자상(子上)이 세자(世子) 상신(商臣)을 비평하여 말했다. "벌과 같은 눈초리에 승냥이 같은 목소리를 가지고 있다. 잔인한 인간이다."'

晋陽秋曰, 潘滔字陽仲, 滎陽人, 太常尼從子也. 有文學才識. 永嘉末, 爲河南尹, 遇害.

漢晋春秋曰, 初, 王夷甫言東海王越, 轉王敦爲揚州. 潘滔初爲太傅長史, 言於太傅曰, 王處仲蜂目已露, 豺聲未發, 今樹之江外, 肆其豪彊之心, 是賊之也.

晋陽秋曰, 敦爲太子舍人, 與滔同僚, 故有此言.

習, 孫二說, 便小還異.

春秋傳曰, 楚令尹子上謂世子商臣, 蜂目而豺聲, 忍人也.

주해 | ㅇ江外(강외)－장강(長江 : 양자강) 이남 지방을 가리킨다.

ㅇ賊之(적지)－《진서(晋書)》 권98 〈왕돈전(王敦傳)〉에는 '견적(見賊)'으로 적고 있다.

ㅇ春秋傳(춘추전)－《좌전(左傳)》 문공(文公) 원년.

7. 석륵(石勒)은 책을 읽지 않았으므로[(1)] 부하에게 《한서(漢書)》를

읽으라고 시켰다. 역이기(酈食其)가 육국(六國)의 자손을 세워 왕으로 삼을 것을 진언하고 한왕(漢王)이 이를 받아들이고 인장(印章)을 새기어 마침내 그것을 주려고 할 단계에 이르자 크게 놀라면서 말했다. "이 방법은 틀림없이 실패할 것이야. 어찌 천하를 보유할 수 있으리요?" 이윽고 유후(留侯 : 張良)가 그 일을 간(諫)하는 대목을 읽자 말했다. "그 사람이 있었기에 가능했군그래!"(2)

▌원문▏ 石勒不知書,(1) 使人讀漢書. 聞酈食其勸立六國後, 刻印將授之, 大驚曰, 此法當失. 云何得遂有天下. 至留侯諫, 迺曰, 賴有此耳.(2)

(1) 《석륵전(石勒傳)》에 이런 이야기가 있다. '석륵의 자는 세룡(世龍)이고 상당(上黨) 무향(武鄕) 사람이며 흉노(匈奴)의 후손이다. 용감하고 기사(騎射)를 좋아했다. 진(晋)나라 원강(元康) 중에 중원(中原)을 방랑하다가 평원(平原) 임평(茌平) 사람 사환(師歡)의 집에 고용되어 있었는데 언제나 전쟁터에서 울리는 고각(鼓角)과 금탁(金鐸) 소리가 들려오므로 석륵은 이 일을 은밀히 이상하게 생각했다. 당초 석륵의 고향에 있는 북원산(北原山) 땅속에서 한 돌이 날마다 자라나서 철기병(鐵騎兵) 모양이 되었고, 나라 안에서 인삼이 나더니 그 잎과 꽃이 무성하게 자라났다. 그때 마을의 노인들과 관상쟁이가 입을 모아 말했다. "이 호인(胡人)의 용모는 심상치 아니하여 도무지 추측하기 어려운 면이 있어." 그래서 마을 사람들에게 후히 대접하도록 일렀으나 사람들은 이 일을 비웃으며 믿지 않았다. 영가(永嘉) 초, 호걸들이 연이어서 거병(擧兵)했을 때, 석륵은 호인인 왕양(王陽) 등 18기(騎)와 함께 급상(汲桑)에게로 달려가 좌전독(左前督)이 되었다. 급상이 패하자 모두 석륵을 추대하여 수령으로 삼았다. 주현(州縣)을 쳐서 함락시키었고 양국(襄國)에 도읍했다. 후에 제호(帝號)를 참칭했으며 죽은

다음에는 명황제(明皇帝)로 시호가 바쳐졌다.'

石勒傳曰, 勒字世龍, 上黨武鄕人, 匈奴之苗裔也. 雄勇好騎射. 晉元康中, 流宕山東, 與平原茌平人師歡家庸, 耳恆聞鼓角鞞鐸之音, 勒私異之. 初, 勒鄕里原上地中, 生石日長, 類鐵騎之象. 國中生人參, 葩葉甚盛. 于時父老相者皆云, 此胡體貌奇異, 有不可知. 勸邑人厚遇之, 人多哂而不信. 永嘉初, 豪傑並起, 與胡王陽等十八騎詣汲桑, 爲左前督. 桑敗, 共推勒爲主. 攻下州縣, 都於襄國. 後僭正號, 死, 謚明皇帝.

(2) 등찬(鄧粲)의 《진기(晉紀)》에 이런 이야기가 있다. '석륵은 글자를 쓰지도 못했고 읽을 수도 없었다. 언제나 군중(軍中)에서 부하에게 책을 읽도록 했는데 듣기만 해도 그 의미를 모두 이해했다.' 《한서(漢書)》에는 이런 말이 있다. '항우(項羽)는 한왕(漢王 : 劉邦)을 형양(滎陽)에서 급습했다. 한왕은 역이기(酈食其)와 초(楚)나라 국력을 약화시키기 위한 수단을 의논했는데 역이기는 육국(六國)의 자손들을 세워 왕으로 삼으라는 진언을 했다. 그래서 한왕은 곧 인장을 새기라고 명했다. 장량(張良)은 후에 한왕을 알현하고 그 일의 잘못됨을 아뢰었다. 한왕은 하던 식사를 중단하더니 입안의 음식을 뱉으며 역이기를 욕하면서 말했다. "그 서생 녀석 같으니라구! 자칫했더라면 내 대사(大事)를 그르칠 뻔 했어!" 그리고 곧 인장들을 녹여 버리게 했다.'

鄧粲晉紀曰, 勒手不能書, 目不識字. 每於軍中令人誦讀, 聽之, 皆解其意.

漢書曰, 項羽急圍漢王於滎陽, 漢王與酈食其謀撓楚權. 食其勸立六國後. 王令趣刻印. 張良入諫, 以爲不可. 輟食吐哺, 罵酈生曰, 豎儒. 幾敗乃公事. 趣令鎖印.

주해 | ㅇ漢書(한서)－권40 〈장량전(張良傳)〉.

○六國(육국)－한(韓)·위(魏)·조(趙)·제(齊)·연(燕)·초(楚).
○山東(산동)－함곡관(函谷關), 또는 화산(華山)의 동쪽.
○耳恒聞(이항문)－전란에서 공을 세울 조짐을 들었던 것이다.
○國中(국중)－《진서(晋書)》의 같은 기록에는 '가원중(家園中)'으로 적고 있다.
○左前督(좌전독)－《진서》의 같은 기록에는 '전대독(前隊督)'으로 적고 있다.

8. 위개(衛玠)는 다섯 살된 무렵, 그 뛰어난 재사(才思)로 사랑받을 만한 면이 있었다. 조부인 태보(太保 : 衛瓘)가 말했다. "이 아이는 남보다 빼어난 점이 있어. 그러나 나는 너무 늙어서 그 성장과정을 볼 수가 없겠구나."(1)

원문| 衛玠年五歲, 神衿可愛. 祖太保曰, 此兒有異. 顧吾老, 不見其大耳.(1)

(1) 《진제공찬(晋諸公贊)》에 이런 이야기가 있다. '위관(衛瓘)의 자는 백옥(伯玉)이고 하동(河東) 안읍(安邑) 사람이다. 젊었을 때 그 명철함과 성실함을 칭송받았다. 부하(傅嘏)는 그를 아주 중시하여 영무자(甯武子 : 甯兪)라고 했다. 벼슬을 하여 태보(太保)에 이르렀으며 초왕(楚王) 사마위(司馬瑋)에게 죽음을 당했다.'
《위개별전(衛玠別傳)》에 이런 이야기가 있다. '위개는 가식이 없고, 빼어난 풍격을 지니고 있어서 숱한 사람들 중에서도 그 모습이 한눈에 두드러졌다. 조부인 태보(太保) 위관은 위개가 다섯 살 때, 그를 보고 말했다. "이 아이는 실로 총명하고 보통사람과는 다르다. 나는 너무 늙었으므로 아마도 그 대성(大成)하는 것을 볼 수 없을 것이다."'

晉諸公贊曰, 瓘字伯玉, 河東安邑人. 少以明識淸允稱. 傅嘏極貴重之, 謂之甯武子. 仕至太保, 爲楚王瑋所害.
玠別傳曰, 玠有虛令之秀, 淸勝之氣, 在羣伍之中, 有異人之望. 祖太保見玠五歲曰, 此兒神爽聰令, 與衆大異. 恐吾年老, 不及見爾.

주해| ㅇ甯武子(영무자)－영유(甯兪). 무(武)는 시호이다. 망명하고 있던, 암우(暗愚)한 성공(成公)을 나라로 모셔온 공적을 비롯하여, 성공을 훌륭히 보좌한 인물로 알려졌다. 공자(孔子)는 그를 평하여, "영무자는 나라에 도가 있으면 아는 척하고, 나라에 도가 없으면 어리석은 척했다. 그의 아는 척하는 품은 누구도 따를 수가 없다(甯武子 邦有道則知 邦無道則愚. 其知可及也 其愚不可及也)."라고 하였다(《論語》〈公冶長篇〉).

9. 유월석(劉越石 : 劉琨)이 말했다. "화언하(華彦夏 : 華軼)는 식견과 재능은 부족되지만 그 용맹함과 과감성은 남음이 있어."(1)

원문| **劉越石云, 華彦夏識能不足, 彊果有餘.**(1)

(1) 우예(虞預)의 《진서(晋書)》에 이런 말이 있다. '화일(華軼)의 자는 언하(彦夏)로 평원(平原) 사람이며, 위(魏)나라 태위(太尉) 화흠(華歆)의 증손이다. 강주자사(江州刺史)로 누천(累遷)되었다. 마음을 다하여 선비들에게 겸손히 대했으므로 선비들로부터 대단한 인망을 얻었다. 원황(元皇 : 司馬睿)의 명령에 따르지 않았으므로 주살당했다.'
《한진춘추(漢晋春秋)》에 이런 말이 있다. '유곤(劉琨)은 화일(華軼)이 틀림없이 실패할 것을 알고, 그것은 그 자신이 자초한 것이라고 말했다.'

虞預晉書曰, 華軼字彦夏, 平原人. 魏太尉歆曾孫也. 累遷江州刺史. 傾心下士, 甚得士歡心. 以不從元皇命見誅.
漢晉春秋曰, 劉琨知軼必敗, 謂其自取之也.

주해| ㅇ見誅(견주)－영가지란(永嘉之亂) 때 회제(懷帝)가 있는 낙양(洛陽) 도읍이 고립되었건만 화일은 계속하여 군주를 위해 공헌함으로써 신하로서의 충절(忠節)을 잃지 않았다. 그후 낭야왕(琅邪王) 사마예(司馬睿)의 휘하에 있었는데 그의 명령에 따르지 않았으므로 주살당했다(《晉書》 권61 〈華軼傳〉).

10. 장계응(張季鷹 : 張翰)은 제왕(齊王)의 동조연(東曹掾)으로 부름을 받아 낙양에 와있었는데 가을바람이 부는 것을 보자, 고향인 오(吳) 땅의 고채(菰菜) 국과, 농어회 생각이 나서 말했다. "인생에서 제일 중요한 것은 자기 뜻대로 만족함을 얻는 것이야. 어찌하여 고향에서 수천 리나 떠나서 벼슬자리에 묶여 있으면서 명예나 작위(爵位)를 구하고 있을 것인가?" 그리하여 수레를 준비시키고 곧 고향으로 돌아갔다. 얼마 후 제왕(齊王)이 패했으므로 당시 사람들은 조짐을 알아차리는 데 기민한 사람이었다고 말했다.(1)

원문| 張季鷹辟齊王東曹掾, 在洛. 見秋風起, 因思吳中菰菜羹, 鱸魚膾, 曰, 人生貴得適意爾. 何能羈宦數千里以要名爵. 遂命駕便歸. 俄而齊王敗, 時人皆謂爲見機.(1)

(1) 《문사전(文士傳)》에 이런 이야기가 있다. '장한(張翰)의 자는 계응(季鷹)이며 아버지 장엄(張儼)은 오(吳)나라 대홍려(大鴻臚)였다. 장한은 빼어난 재능과 명망이 있었다. 박학한 데다가 글을 잘 지었는데 그 자리에서 글을 지어내도 언사와 내용이 모두 청신하

였다. 대사마(大司馬) 제왕경(齊王冏)이 불러서 동조연(東曹掾)을 삼았다. 장한이 고향 사람인 고영(顧榮)에게 말했다. "지금 천하는 마(麻)처럼 뒤엉켜 있소. 사해(四海)에 이름이 있는 사람들은 (벼슬길에서) 물러나고 싶어하지만 그것은 무척이나 어렵구려. 나는 본디 산림 속에서 살던 몸으로, 벌써 오랫동안 이 세상에 희망을 잃고 있소이다. 당신은 명찰을 잘 활용하여 앞일에 방비하고 지략을 가지고 뒷일을 걱정해 주오." 고영은 그의 손을 잡으며 슬픈 목소리로 말했다. "나 역시 그대와 함께 남산에서 고사리를 캐고 삼강(三江)의 물을 마시고 싶소이다." 장한은 병을 이유로, 고향에 돌아갔으므로 관소에서는 곧 그를 이적(吏籍)에서 삭제했다. 장한은 극진한 효자여서 어머니가 돌아가자 슬픈 나머지 예법에 넘을 정도로 수척해지고 말았다. (그는) 나이가 많다는 것을 핑계로 세상사와 인연을 끊고 살다가 병으로 집에서 죽었다.'

文士傳曰, 張翰字季鷹. 父儼, 吳大鴻臚. 翰有淸才美望, 博學善屬文, 造次立成, 辭義淸新. 大司馬齊王冏辟爲東曹掾. 翰謂同郡顧榮曰, 天下紛紛未已. 夫有四海之名者, 求退良難, 吾本山林閒人, 無望於時久矣. 子善以明防前, 以智慮後. 榮捉其手, 愴然曰, 吾亦與子採南山蕨, 飮三江水爾. 翰以疾歸, 府以輒去除吏名. 性至孝, 遭母艱, 哀毁過禮. 自以年宿, 不營當世, 以疾終于家.

주해 | ○東曹掾(동조연)－대사마(大司馬)의 부국(部局)인 동조(東曹)의 속관.

○菰菜羹(고채갱), 鱸魚膾(노어회)－《진서(晋書)》 권92 〈장한전(張翰傳)〉에는 '고채(菰菜), 순갱(蓴羹), 노어회'로 되어 있다.

○南山(남산)－고유명사임과 동시에 백이(伯夷)·숙제(叔齊)의 고사(故事)를 가지고 있다.

○三江(삼강)－송강(松江)·누강(婁江)·동강(東江) 등 세 강.

11. 제갈도명(諸葛道明 : 諸葛恢)은 강남으로 건너갈 때, 스스로 도명(道明)이라 이름했는데 그 명성은 왕도(王導) · 유량(庾亮)에 버금갔다.(1) 일찍이 임기령(臨沂令)으로 있을 때 승상(丞相 : 王導)이 말했다. "그대는 틀림없이 흑발재상(黑髮宰相)이 될 것이오."(2)

원문| **諸葛道明初過江左, 自名道明, 名亞王庾之下.(1) 先爲臨沂令. 丞相謂曰, 明府當爲黑頭公.(2)**

(1) 《중흥서(中興書)》에 이런 말이 있다. '제갈회(諸葛恢)는 병란을 피하여 강남으로 옮겨갔다. 그는 영천(潁川)의 순도명(荀道明 : 荀闓) · 진류(陳留)의 채도명(蔡道明 : 蔡謨)과 나란히 명성이 높아서 불리기를 중흥(中興)의 삼명(三明)이라고 했다. 당시 사람들은 "도읍의 삼명은 각각 유명하다. 채씨는 유아(儒雅)하고 순(荀) · 갈(葛)은 청(淸)하다."라고 하였다.'

中興書曰, 恢避難過江. 與潁川荀道明, 陳留蔡道明俱有名譽, 號曰, 中興三明. 時人爲之語曰, 京都三明各有名. 蔡氏儒雅, 荀葛淸.

(2) 《어림(語林)》에는 이런 이야기가 있다. '승상(丞相 : 王導)이 사공(司空)에 임명되었을 때 제갈도명(諸葛道明 : 諸葛恢)이 그 자리에 있었다. 왕도는 자기 관(冠)을 가리키며 말했다. "그대도 틀림없이 이것을 쓰게 될 것이오."'

語林曰, 丞相拜司空, 諸葛道明在公坐. 導指冠冕曰, 君當復著此.

주해| ㅇ臨沂(임기)－산동성 임기현(臨沂縣).

ㅇ黑頭公(흑두공)－흑두는 노인의 백두(白頭)에 비교하는 말로서 여기서의 흑두는 소장(少壯)의 나이로 삼공(三公)의 자리에 오르는 사람을 가리킨다. 한편 제갈회(諸葛恢)는 후일 과연 상서복야(尙書僕射)에 올랐다(《晋書》 권77 〈諸葛恢傳〉).

ㅇ中興三明(중흥삼명)－동진시대(東晋時代) 3명의 도명(道明)이란 의미.
ㅇ儒雅(유아)－학문과 교양이 있다는 뜻. 이 구절에서는 명(名)과 청(淸)이 압운(押韻).

12. 왕평자(王平子 : 王澄)는 평소 미자(眉子 : 王玄)와 교분이 없었는데 (이런 말을) 했다. "너무나 뜻이 커. 결국에는 마을 보루 옆에서 횡사(橫死)하고 말거야."(1)

원문| 王平子素不知眉子, 曰, 志大無量, 終當死塢壁閒.(1)

(1) 《진제공찬(晋諸公贊)》에 이런 이야기가 있다. '왕현(王玄)의 자는 미자(眉子)이며 왕이보(王夷甫 : 王衍)의 아들이다. 동해왕(東海王) 사마월(司馬越)이 불러 연(掾)으로 삼았다. 그후 진류태수(陳留太守)가 되었는데 형벌을 심하게 가하다가 그 지방의 경고단(警固團)에 의해 살해되었다.'
晋諸公贊曰, 王玄字眉子, 夷甫子也. 東海王越辟爲掾. 後行陳留太守, 大行威罰, 爲塢人所害.

주해| ㅇ無量(무량)－원본(袁本)은 '기량(其量)'으로 되어 있다. 원본에 의하면 '뜻이 그 기량(器量)보다 너무 크다'는 뜻이 되리라.
ㅇ塢壁(오벽)－향촌(鄕村)에 흙으로 보루를 쌓고 도둑을 막는 것.
ㅇ塢人(오인)－미상(未詳). 어쩌면 토루(土壘)에서 경비하는 사람을 가리키는 것일까? 한편 《진서(晋書)》 권43 〈왕연전(王衍傳)〉에는 '황폐지시(荒弊之時) 인정불부(人情不附) 장부조적(將赴祖逖) 위도소해언(爲盜所害焉)'이라고 되어 있다.

13. 왕대장군(王大將軍 : 王敦)이 도읍으로 쳐내려갈 때 양랑(楊朗)

이 전념으로 간했지만 따르지 아니했다. 그래서 하는 수 없이 왕돈에게 협력하기로 하고 중명운로거(中鳴雲露車)에 올라 선봉에서 나아가며 말했다. "제 북소리를 듣고 돌격하면 틀림없이 승리합니다." 왕돈은 그때 그의 손을 잡으며 말했다. "일이 성취된 다음에는 그대를 틀림없이 형주자사(荊州刺史)로 삼을 것이오." 그런데 일이 성취된 다음 그 약속을 잊어버리어 (그만) 남군태수(南郡太守)에 임명하고 말았다.(1) 이윽고 왕돈이 패한 다음 명제(明帝 : 司馬紹)는 양랑을 붙잡아다가 그를 죽이려고 했는데 명제가 얼마 후 붕어하는 바람에 면할 수가 있었다. 그런 연후에 삼공(三公)의 자리를 겸하고 수십 명이나 되는 속관을 채용했다. 이 사람들은 그 당시에는 아직 무명(無名)이었는데 후에 모두 중용되었다. 그래서 당시 사람들은 양랑에게는 사람을 보는 눈이 있다고 칭송했다.

원문| **王大將軍始下, 楊朗苦諫不從. 遂爲王致力, 乘中鳴雲露車, 逕前曰, 聽下官鼓音, 一進而捷. 王先把其手曰, 事克, 當相用爲荊州, 旣而忘之, 以爲南郡.(1) 王敗後, 明帝收朗, 欲殺之. 帝尋崩, 得免. 後兼三公, 署數十人爲官屬. 此諸人當時並無名, 後皆被知遇. 于時稱其知人.**

(1) 《진백관명(晋百官名)》에 이런 이야기가 있다. '양랑(楊朗)의 자는 세언(世彦)이며 홍농(弘農) 사람이다.'
《양씨보(楊氏譜)》에 이런 이야기가 있다. '양랑의 조부인 양효(楊囂)는 전군교위(典軍校尉), 아버지는 기주자사(冀州刺史)를 지냈다.'
왕은(王隱)의 《진서(晋書)》에 이런 말이 있다. '양랑은 기량(器量)과 재주와 식견이 있었으며 당시에 임무를 완수했다. 벼슬하여 옹주자사(雍州刺史)를 지냈다.'

晉百官名曰, 朗字世彦, 弘農人.
楊氏譜曰, 朗祖囂, 典軍校尉. 父冀州刺史.
王隱晉書曰, 朗有器識才量, 善能當世. 仕至雍州刺史.

주해| ㅇ中鳴(중명)－운거(雲車) 안에 종과 북을 설치하고 군단의 진퇴를 지시·명령하는 것이리라.

ㅇ雲露車(운로거)－운거(雲車)라고도 하며, 높게 만든 병거(兵車)를 가리킨다. 적군의 진퇴를 정찰하는 수레이다.

ㅇ南郡(남군)－호북성 동부 및 남부의 땅.

ㅇ父(부)－원본(袁本)에는 이 부(父)자 밑에 회(淮)자가 있다. 즉 양랑의 아버지 이름이 회(淮)란 것이다. 한편 《삼국지(三國志)》 권19 〈조식전(曹植傳)〉의 주(注)에서 인용한 《세어(世語)》에는 '준(準)의 자는 시구(始丘), 혜제(惠帝) 말년 기주자사(冀州刺史)가 되었다'고 하여 왕랑의 아버지 이름이 준(準)으로 되어 있다.

14. 주백인(周伯仁 : 周顗)의 어머니가 동짓날, 술잔을 들어 세 아들에게 주면서 말했다. "나는 처음 운좋게도 장강(長江)을 건넜지만 몸을 의탁할 곳이 없을 것으로 생각했었다. 그러나 너희는 각각 가운(家運)의 덕으로 한 명도 빠짐없이 내 앞에 있구나. 나는 이제 아무 걱정도 없다." 주숭(周嵩)이 자리에서 일어나 무릎을 꿇고 울면서 말했다. "어머님 말씀대로 되지 아니할 것입니다. 형인 백인(伯仁)의 됨됨이는, 뜻은 크지만 재능이 모자라고, 명성은 높지만 식견이 어두우며 남의 약점을 찌르기 좋아합니다. 이것은 내 몸을 보존하는 도(道)가 아닙니다. 저 숭(嵩)은 거칠어서 남을 해치는 성격이므로 이 또한 세상에서 받아들이지 아니할 것입니다. 다만 동생인 아노(阿奴 : 周謨)만은 평범하므로 틀림없이 어머님 곁에서 섬길 수 있을 것입니다."(1)

원문| 周伯仁母, 冬至擧酒賜三子曰, 吾本謂度江託足無所.

爾家有相, 爾等並羅列. 吾復何憂. 周嵩起, 長跪而泣曰, 不如阿母言. 伯仁爲人, 志大而才短, 名重而識闇. 好乘人之弊. 此非自全之道. 嵩性狼抗, 亦不容於世. 唯阿奴碌碌. 當在阿母目下耳.[(1)]

(1) 등찬(鄧粲)의 《진기(晋紀)》에 이런 이야기가 있다. '아노(阿奴)는 주숭의 동생 주모(周謨)이다.'
주씨 3형제에 대해서는 모두 앞에 나왔다.
鄧粲晉紀曰, 阿奴, 嵩之弟周謨也.
三周並已見.

주해 | ㅇ相(상)-도움. 신명(神明)의 도움이 있는 것.
ㅇ長跪(장궤)-땅바닥에 두 무릎을 대고 허리를 곧추세우고 무릎꿇는 것.
ㅇ非自全之道(비자전지도)-형인 주의(周顗)는 영창(永昌) 원년(322), 왕돈의 미움을 받다가 죽음을 당했고, 둘째 형인 주숭(周嵩)도 2년 뒤인 태녕(太寧) 2년에 형과 마찬가지로 왕돈에 의해 죽음을 당했다.
ㅇ已見(이견)-주의는 〈언어편(言語篇)〉 30에, 주숭과 주모는 〈방정편(方正篇)〉에 각각 이미 나왔다.

15. 왕대장군(王大將軍 : 王敦)이 죽자 아들인 왕응(王應)은 왕세유(王世儒 : 王彬)에게 몸을 의탁하려고 했다. 왕세유는 강주자사(江州刺史)로 있었다. 왕돈의 형 왕함(王含)은 왕서(王舒)에게 몸을 의탁하고자 했다. 왕서는 형주자사(荊州刺史)로 있었다. 왕함이 왕응에게 "대장군은 지난날 왕빈과 어떤 사이였었다고 생각하느냐? 그래도 너는 그에게 몸을 의탁하려고 하느냐?"라고 말하자 왕응이 대답했다. "그러하기에 더욱 그렇게 말하는 것입니다.[(1)] 강주(江州 : 王世儒)는 세(勢)가 강성한 사람에게도 두려워하지 않고 (자기 의견을) 주장하

는 인물입니다. 이는 보통사람이 할 수 있는 일이 아닙니다. 쇠퇴해져서 불우해진 (우리를) 보면 틀림없이 연민의 정을 느낄 것입니다.[(2)] 왕서는 원칙을 어기지 않는 사람입니다. 어찌 의외의 일을 할 수 있겠습니까?" 왕함은 그 말에 따르지 않고 결국 함께 왕서에게로 의탁하러 갔는데 왕서는 과연 왕함 부자를 장강에 빠뜨리고 말았다.[(3)] 왕빈은 왕응이 찾아올 것이란 말을 듣고, 은밀히 배를 준비하고 기다렸으나 끝내 오지 않자 매우 유감스럽게 생각했다.[(4)]

원문| **王大將軍旣亡, 王應欲投世儒. 世儒爲江州. 王含欲投王舒. 舒爲荊州. 含語應曰, 大將軍平素與江州云何. 而汝欲歸之. 應曰, 此乃所以宜往也.[(1)] 江州當人彊盛時, 能抗同異. 此非常人所行. 及覩衰厄, 必興愍惻.[(2)] 荊州守文. 豈能作意表行事. 含不從, 遂共投舒. 舒果沈含父子于江.[(3)] 彬聞應當來, 密具船以待之, 竟不得來, 深以爲恨.[(4)]**

(1) 《진양추(晋陽秋)》에 이런 이야기가 있다. '왕응(王應)의 자는 안기(安期)이며 왕함(王含)의 아들이다. 왕돈(王敦)은 아들이 없었으므로 양자로 맞아들이어 무위장군(武衛將軍)에 임명하고 부관(副官)으로 썼는데 (그후 王舒에게) 주살당했다.'

晋陽秋曰, 應字安期, 含子也. 敦無子, 養爲嗣, 以爲武衛將軍, 用爲副貳, 伏誅.

(2) 《왕빈별전(王彬別傳)》에는 이런 이야기가 있다. '왕빈의 자는 세유(世儒)이고 낭야(琅邪) 사람이다. 조부인 왕람(王覽), 아버지 왕정(王正)은 모두 덕망이 있었다. 왕빈은 남들보다 뛰어난 기상이 있었으며 아정(雅正)한 풍격이 있었다. 원제(元帝 : 司馬睿)와는 내외종간이었으며 제업(帝業)을 보좌하여 시중(侍中)으로 누천(累遷)되었다. 종형(從兄)인 왕돈(王敦)이 석두(石頭)로 공격해

내려와서 주백인(周伯仁 : 周顗)을 죽였을 때, 왕빈은 주의와 평소부터 친교가 있었기 때문에 나아가 그 시신 앞에 곡을 하며 매우 슬퍼했다. 이윽고 왕돈을 만났는데 왕돈은 왕빈이 슬퍼하는 모습을 이상히 여기어 물었다. 왕빈이, "좀전에 주백인을 조상했는데 그 슬픔을 억누를 길이 없었습니다."라고 대답했다. 왕돈은 "주백인은 스스로 형벌을 불러들인 것이야. 너는 어찌하여 그런 생각을 하느냐?"라고 나무랐다. 왕빈은 "주백인은 훌륭하고 명예가 있는 사나이입니다. 무슨 죄가 있단 말입니까?"라더니 왕돈을 책망하며 말했다. "(형님은) 반기를 들어 주상을 범하고 충량한 선비들을 살육했습니다." 그 말은 강개에 가득 차 있었고 눈물까지 흘렸다. 왕돈은 매우 노했다. 승상(丞相 : 王導)이 그 자리에 있다가 왕빈의 신상이 걱정되어 "무릎을 꿇고 빌어라."고 명했지만 왕빈은 "다리가 아픕니다. 아까 천자를 뵈었을 때조차도 배례를 하지 못했습니다. 어찌 무릎을 꿇을 수가 있겠습니까?"라고 말했다. 왕돈은 "다리와 목, 어느 쪽이 소중한가?"라고 말하기는 했지만 친척임을 감안하여 죽이지는 않았다. 강주자사(江州刺史)·상서좌복야(尙書左僕射)에 누천(累遷)되었고 위장군(衛將軍)이 추증되었다.'

王彬別傳曰, 彬字世儒, 琅邪人. 祖覽父正, 並有名德. 彬爽氣出儕類, 有雅正之韻. 與元帝姨兄弟, 佐佑皇業, 累遷侍中. 從兄敦下石頭, 害周伯仁. 彬與顗素善, 往哭其尸, 甚慟. 旣而見敦, 敦怪其有慘容, 而問之. 答曰, 向哭周伯仁, 情不能已. 敦曰, 伯仁自致刑戮, 汝復何爲者哉. 彬曰, 伯仁淸譽之士, 有何罪. 因數敦曰, 抗旌犯上, 殺戮忠良. 音辭慷慨, 與淚俱下. 敦怒甚. 丞相在坐, 代爲之懼, 命彬曰, 拜謝. 彬曰, 有足疾. 比來見天子尙不欲拜, 何跪之有. 敦曰, 脚疾何如頸疾. 以親故不害之. 累遷江州刺史, 左僕射. 贈衛將軍.

(3) 《왕서전(王舒傳)》에는 이런 말이 있다. '왕서의 자는 처명(處明)

이고 낭야(琅邪) 사람이다. 조부인 왕람(王覽)은 고명한 인물이었고 아버지 왕회(王會)는 어사(御史)였다. 왕서는 성품이 소박했으며 문무의 재간이 있었다. 중종(中宗 : 元帝 司馬睿)은 북중랑장(北中郎將)·형주자사(荊州刺史)·상서복야(尙書僕射)로 임명했다. 회계태수(會稽太守)로 나갔는데 그 아버지 이름이 회(會)였으므로 여러번 상소하여 사퇴했다. 소준(蘇峻) 토벌에 공이 있어서 팽택후(彭澤侯)로 봉해졌고 거기대장군(車騎大將軍)에 추증되었다.'

王舒傳曰, 舒字處明, 琅邪人. 祖覽, 知名. 父會, 御史. 舒器業簡素, 有文武幹. 中宗用爲北中郎將, 荊州刺史, 尙書僕射. 出爲會稽太守, 以父名會, 累表自陳. 討蘇峻有功, 封彭澤侯. 贈車騎大將軍.

(4) 왕함(王含)이 왕서(王舒)에게 몸을 의탁하려고 하자 왕서는 도리어 군사를 내어 치려고 했다. 그래서 왕함 부자(父子)는 강물에 몸을 던져 죽었다. 옛날 역기(酈寄)는 친구를 팔았기에 비난을 받았거니와 하물며 형제를 팔아서 신변의 안전을 도모하다니 왕서는 인간도 아니다.

含之投舒, 舒遣軍逆之, 含父子赴水死. 昔酈寄賣友見譏, 況販兄弟以求安. 舒非人矣.

주해 | ㅇ守文(수문)—문(文)은 법률·규칙. 표자정규(杓子定規)로 일을 처리하는 것.

ㅇ酈寄賣友(역기매우)—역기는 한초(漢初)의 장군 역상(酈商)의 아들이다. 북군(北軍)을 장악하고 있던 여록(呂祿)과 친구 사이였는데 태위(太尉) 주발(周勃)과 한패가 되고 여록을 속이어 여씨(呂氏) 일족의 주멸(誅滅)을 도왔기 때문에 세상 사람들은 역기가 친구를 팔았다고들 비웃었다(《史記》 권95, 《漢書》 권45). 한편 '역기매우(酈寄賣友)'는 《몽구(蒙求)》의 표제(標題)가 되기도 했다.

ㅇ王氏(왕씨)－왕씨의 친척관계를 표로 나타내면 다음과 같다.

16. 무창(武昌)의 맹가(孟嘉)는 유태위(庾太尉 : 庾亮)의 주종사(州從事)가 되어 이미 그 명성이 알려져 있었다. 저태부(褚太傅 : 褚裒)는 인물을 감식하는 눈이 있었다. 예장태수(豫章太守)에서 면직당하여 돌아오던 도중, 무창에 들러 유량에게 물었다. "맹종사(孟從事)는 훌륭한 인물이라고 듣고 있는데 지금 이곳에 있습니까?" 유량이 대답했다. "그대가 찾아보시오." 저부는 잠시 둘러보다가 맹가를 가리키며 말했다. "이 사람은 다소 다른 사람과 다르군요. 이 사람이 아닙니까?" 유량은 크게 웃으며 말했다. "그렇소." 당시 사람들은 저부의 뛰어난 감식안에 감탄했으며 또 맹가가 칭찬받는 것을 기뻐했다.[(1)]

| 원문 | 武昌孟嘉作庾太尉州從事, 已知名. 褚太傅有知人鑒, 罷豫章還, 過武昌, 問庾曰, 聞孟從事佳, 今在此不. 庾云, 試自求之. 褚眄睞良久, 指嘉曰, 此君小異, 得無是乎. 庾大笑曰, 然. 于時旣歎褚之默識, 又欣嘉之見賞.[(1)]

(1) 《맹가별전(孟嘉別傳)》에 이런 이야기가 있다. '맹가의 자는 만년(萬年)이고 강하(江夏) 맹(鄳) 땅 사람이다. 증조부 맹종(孟宗)은 오(吳)나라 사공(司空), 조부 맹집(孟揖)은 진(晋)나라 여릉태수(廬陵太守)였다. 증조부 맹종은 무창(武昌) 양신현(陽新縣)에 장사지내졌으며 자손들이 그곳에 살았다. 맹가는 젊었을 때부터 조

행(操行)이 바른 것으로 이름이 나있었다. 태위(太尉)인 유량(庾亮)은 강주자사(江州刺史)로 있을 때 맹가를 불러 여릉종사(廬陵從事)로 배속시켰다. 맹가가 임지에 갔다가 돌아왔으므로 유량은 그를 인견하고 그곳의 풍속이 어떠한지를 물었다. 맹가가 대답했다. “기다려 주십시오. 가서 종사리(從事吏)에게 물어보겠습니다.” 유량은 주미(麈尾)를 들어 입을 가리며 웃었다. 그리고 동생 유익(庾翼)에게 말했다. “맹가는 과연 성덕인(盛德人)이야.” 그후 권학종사(勸學從事)로 옮겨주었다.

태부인 저부는 사람을 알아보는 눈이 있었다. 유량이 설날 잔치를 베풀었을 때, 저부가 유량에게 물었다. “강주(江州)에는 맹가란 자가 있는 것 같은데 어디 있소이까?” 유량이 말했다. “이 자리에 있소이다. 그대가 찾아보시구려.” 저부는 잠시 둘러보더니 맹가를 가리키며 말했다. “저 사람이잖소이까?” 유량은 빙긋이 웃으며 저부가 맹가를 알아맞힌 것을 기뻐하고 또 맹가가 저부에게 인정받는 것을 흐뭇하게 생각했으며 점점 더 그를 중용했다. 후에 맹가는 정서장군(征西將軍) 환온(桓溫)의 참군(參軍)이 되었다. 9월 9일 환온이 용산(龍山)에서 놀 때 막료들이 모두 모였다. 그때 좌사(佐史)들은 모두 군복을 입고 있었다. 바람이 불자 맹가의 모자가 날려 떨어졌는데 환온은 좌우 사람들에게 가만있으라고 이르고 그의 행동을 살폈다. 맹가는 전혀 (모자가 벗겨진 것을) 눈치채지 못하고 있었는데 변소에 갔으므로, 환온은 명하여 그 모자를 돌려주라고 하였다. 환온은 손성(孫盛)에게 그를 비아냥대는 문장을 짓도록 했으며 완성되자 맹가의 자리에 놓아두게 하였다. 맹가는 돌아오더니 즉석에서 문장을 지어 답했다. 좌석에 있던 사람들은 모두 감탄했다. 맹가는 대주객으로서 아무리 마셔도 문란해지는 일이 없었다. 그래서 환온이 물었다. “술의 어떤 점이 좋아서 그토록 마시는 건가?” 맹가는 대답했다. “공(公)은 아직 주중(酒中)의 아취를 모르십니다.” 또 물었다. “기악(伎樂)을 듣는 데 현

(弦)은 적(笛)에 미치지 못하고, 적(笛)은 육성(肉聲)에 미치지 못하는데 그 이유는 무엇인고?" 대답했다. "차츰 자연에 가까워지기 때문입니다." 종사중랑(從事中郞)에 옮겨지고 장사(長史)로 옮겼다. 53세로 세상을 떠났다.'

嘉別傳曰, 嘉字萬年, 江夏鄳人. 曾祖父宗, 吳司空. 祖父揖, 晉廬陵太守. 宗葬武昌陽新縣, 子孫家焉. 嘉少以淸操知名. 太尉庾亮領江州, 辟嘉部廬陵從事. 下都還, 亮引問風俗得失. 對曰, 待還, 當問從事吏. 亮擧麈尾掩口而笑, 語弟翼曰, 孟嘉故是盛德人. 轉勸學從事.

太傅褚裒有器識, 亮正旦大會, 裒問亮, 聞江州有孟嘉, 何在. 亮曰, 在坐, 卿但自覓. 裒歷觀久之, 指嘉曰, 將無是乎. 亮欣然而笑, 喜裒得嘉, 奇嘉爲裒所得, 乃益器之. 後爲征西桓溫參軍, 九月九日, 溫遊龍山, 參寮畢集, 時佐史並箸戎服, 風吹嘉帽墮落, 溫戒左右勿言, 以觀其擧止. 嘉初不覺, 良久如廁, 命取還之, 令孫盛作文嘲之, 成, 箸嘉坐. 嘉還卽答, 四坐嗟嘆. 嘉善酣暢, 愈多不亂. 溫問, 酒有何好, 而卿嗜之. 嘉曰, 明公未得酒中趣爾. 又問, 聽伎, 絲不如竹, 竹不如肉, 何也. 答曰, 漸近自然. 轉從事中郞, 遷長史. 年五十三而卒.

주해 | ㅇ眄睞(면래)-곁눈질하다.

ㅇ默識(묵식)-가만있어도 한눈으로 보아 인물의 기량(器量)을 금방 알아내는 것. 《논어(論語)》 〈술이편(述而篇)〉에 '묵묵히 속으로 깨닫고 배우기에 물리지 않는다(默而識之 學而不厭) 운운'이라고 되어 있다.

ㅇ下都還(하도환)-송본(宋本)·원본(袁本) 모두 같다. 도연명(陶淵明)의 〈진고정서대장군장사맹부군전(晋故征西大將軍長史孟府君傳)〉에 '하군환(下郡還)'이라고 되어 있는 것에 따라 번역했다. 한편 《진서(晋書)》 권98 〈맹가전(孟嘉傳)〉에는 '가환도(嘉還都)'로 되어 있다.

ㅇ待還(대환)-도연명의 〈진고정서대장군장사맹부군전〉에는 '가부지(嘉不知) 환전당문종리(還傳當問從吏)'라고 되어 있으며 '숙사(宿舍)에 돌아

와 보고'란 의미가 된다.
ㅇ勸學從事(권학종사)－학문에 관한 일을 관장하는 보좌관.
ㅇ九月九日(구월구일)－중양절(重陽節). 등고(登高)의 풍습이 있었다.
ㅇ佐史(좌사)－요좌(僚佐)의 속관.

17. 대안도(戴安道 : 戴逵)는 10여세 되었을 무렵 와관사(瓦官寺)에서 그림을 그리고 있었다. 장사(長史 : 王濛)가 그것을 보고 말했다. "이 아이는 그저 그림을 잘 그릴 뿐만 아니라,(1) 앞으로 틀림없이 이름을 드날리게 될 것이다. 나는 이미 나이가 많으니 그의 전성(全盛)을 보지 못하는 게 유감스럽다."

원문| 戴安道年十餘歲, 在瓦官寺畫. 長史見之曰, 此童非徒能畫,(1) 亦終當致名. 恨吾老, 不見其盛時耳.

(1) 《속진양추(續晋陽秋)》에 이런 이야기가 있다. '대규(戴逵)는 그림을 잘 그렸는데 단청(丹靑)의 오묘함은 극에 이르렀다.'
續晉陽秋曰, 逵善圖畫, 窮巧丹靑也.

주해| ㅇ瓦官寺(와관사)－건강(建康 : 南京)에 있었던 사찰.
ㅇ長史(장사)－원본(袁本)은 '왕장사(王長史)'로 적고 있다.
ㅇ丹靑(단청)－빨간[丹]색과 파란[靑]색. 광의로는 그림을 뜻하기도 한다.

18. 왕중조(王仲祖 : 王濛)·사인조(謝仁祖 : 謝尙)·유진장(劉眞長 : 劉惔)은 연이어 단양(丹陽)의 묘소에 가서 은양주(殷揚州 : 殷浩)를 찾았는데 그가 은서(隱棲)하려는 뜻을 번복케 하기는 어려웠다.(1) 왕몽과 사상이 의논했다. "연원(淵源 : 殷浩)이 일어서지 않는다면 도대체 천하 백성들은 어떻게 된단 말이오?" 두 사람은 심각하게 걱정을

했다. 그러자 유담이 말했다. "그대들은 연원이 일어서지 않는 것을 진심으로 걱정하고 있는 게요?"

원문 | **王仲祖, 謝仁祖, 劉眞長俱至丹陽墓所省殷揚州. 絶有確然之志.[(1)] 旣反, 王, 謝相謂曰, 淵源不起, 當如蒼生何. 深爲憂歎. 劉曰, 卿諸人眞憂淵源不起邪.**

(1) 《중흥서(中興書)》에 이런 이야기가 있다. '은호(殷浩)는 여러 해 동안 은거하고 있었으며 자주 부름을 받았으나 부임하지 아니했다.'

中興書曰, 浩棲遲積年, 累聘不至.

주해 | ㅇ至丹陽墓所(지단양묘소)－당시 은호는 단양의 묘소에서 묘지기를 하며 10년쯤 은거하고 있었다. 한편 《세설전본(世說箋本)》에는 '혹이묘소위(或以墓所爲) 호부묘자비야(浩父墓者非也). 호병거시(浩屛居時) 부선위장사(父羨爲長沙) 후호위양주자사(後浩爲揚州刺史) 조부우(遭父憂) 거직(去職)'이라고 되어 있어서, 이때 은호의 은거가 아버지의 죽음에 의한 것이 아니라고 설명하고 있다.

ㅇ當如蒼生何(당여창생하)－《진서(晋書)》 권79 〈사안전(謝安傳)〉에도 '안석불긍출(安石不肯出) 장여창생하(將如蒼生何)'라고 되어 있다. 당시 재상이었던 사마욱(司馬昱)은 환온(桓溫)의 압력을 벗어나는 유일한 수단으로서 은호의 기용을 생각하고 있었다. 후일 은호는 과연 이 초빙을 받아들이어 양주자사(揚州刺史)가 되었으며 조정일에 참여했다.

19. 소유(小庾 : 庾翼)는 죽음에 임하여 스스로 자기 아들인 원객(園客 : 庾爰之)을 후임(後任 : 荊州刺史)을 시키고 싶다는 상소를 올렸다.[(1)] 조정에서는 (다른 사람을 임명하면) 원객이 명령에 따르지 않을 것을 걱정했는데 누구를 파견해야 좋을지 몰랐다. 그래서 협의하

다가 환온(桓溫)을 임명했다. 그러자 유윤(劉尹 : 劉惔)이 말했다. "그를 보내면 틀림없이 서초(西楚)의 땅을 평정할 수는 있지만 이윽고는 다시 억제할 수 없게 될 것입니다."(2)

원문| 小庾臨終, 自表以子園客爲代.(1) 朝廷慮其不從命, 未知所遣. 乃共議用桓溫. 劉尹曰, 使伊去, 必能克定西楚. 然恐不可復制.(2)

(1) 원객(園客)은 유원지(庾爰之)의 어렸을 때 자(字)이다.
《유씨보(庾氏譜)》에 이런 이야기가 있다. '유원지의 자는 중진(仲眞)이고 유익(庾翼)의 차남이다.'
《중흥서(中興書)》에는 이런 이야기가 있다. '유원지에게는 아버지 유익과 흡사한 풍격이 있었다. 환온(桓溫)은 그를 예장(豫章)으로 옮겨 살게 하였는데 36세로 세상을 떠났다.'
園客, 爰之小字也.
庾氏譜曰, 爰之字仲眞, 翼第二子.
中興書曰, 爰之有父翼風. 桓溫徙于豫章, 年三十六而卒.

(2) 《도간별전(陶侃別傳)》에 이런 말이 있다. '유익(庾翼)은 죽을 때 아들인 유원지를 형주자사의 후임자로 삼고 싶다는 상소를 올렸다. 하충(何充)은 말했다. "도공(陶公 : 陶侃)은 원로공신이면서도 죽음에 임하여 모든 것을 반환했습니다. 또 승상(丞相 : 王導)은 죽음을 맞기 전에 아들 경예(敬豫 : 王恬)가 이미 사품장군이었는데 지금도 그대로입니다. 또 친척으로는 도은(道恩 : 庾羲)이 산기시랑(散騎侍郎)인 채로 있는 등 아직까지 파격적인 승진은 없었습니다." 그래서 서주자사(徐州刺史)인 환온(桓溫)을 안서장군(安西將軍) · 형주자사로 삼았다.'
송(宋)나라 명제(明帝 : 劉彧)의 《문장지(文章志)》에는 이런 이야기가 있다. '유익은 자기 아들을 후임자로 삼고 싶다는 상소를 올렸으나 조정에서는 이 일을 두려워했다. 논자(論者)들은 환온(桓溫)을 보내자고 했다. 당시, 간문제(簡文帝 : 司馬昱)가 정치를 보좌하고 있었는데 이에 찬성했다. 그러자 유담(劉惔)은, "환온이 가게 되면 틀림없이 서초(西楚)의 땅을 평정할 수는 있겠습니다만 이윽고는 다시 억제할 수 없게 될 것입니다. 바라옵건대 대왕 자신께서 장강(長江) 상류 땅을 다스리십시오. 제가 종군사마(從軍司馬)의 직을 맡겠습니다."라고 했으나 간문제는 받아들이지 않았다. 환온은 그후 과연 유담이 예상했던 대로 되었다.'

陶侃別傳曰, 庾翼薨, 表其子爰之代爲荊州. 何充曰, 陶公重勳也, 臨終高讓, 丞相未薨, 敬豫爲四品將軍, 于今不改, 親則道恩, 優游散騎. 未有超卓若此之授. 乃以徐州刺史桓溫, 爲安西將軍, 荊州刺史.

宋明帝文章志曰, 翼表其子代任, 朝廷畏憚之. 議者欲以授桓溫. 時簡文輔政, 然之. 劉惔曰, 溫去, 必能定西楚, 然恐不能復制. 願大王自鎭上流, 惔請爲從軍司馬. 簡文不許. 溫後果如惔所算也.

주해| ㅇ小庾(소유)－형인 유량(庾亮)에 대하여 동생인 유익(庾翼)을 '소유'라고 한다. 이 유익은 동진(東晋) 목제(穆帝) 영화(永和) 원년(元年 : 345)에 죽었다.

ㅇ慮其不從命(여기부종명)－세습에 의해 세력이 증대되어, 조정의 명령을 듣지 않게 되는 것을 우려했었다.

ㅇ劉尹(유윤)－송본(宋本)에는 '윤(尹)'자가 없다. 윤은 단양윤(丹陽尹)으로서 벼슬 이름이다.

ㅇ西楚(서초)－건강(建康) 서쪽에 있는 형주(荊州) 땅을 가리킨다.

ㅇ臨終高讓(임종고양)－죽음에 임하여 위계(位階)와 인수(印綬)를 조정에 깨끗이 되돌려주는 것.

ㅇ四品將軍(사품장군)－《진서(晋書)》 권65 〈왕도전(王導傳)〉 부재(付載)

〈왕염전(王恬傳)〉에 보이는 '후장군(後將軍)'도, 〈덕행편(德行篇)〉 29에서 인용한 《문학지(文學志)》의 '중군장군(中軍將軍)'도 모두 삼품장군(三品將軍)이다.

ㅇ親則道恩(친즉도은)－명제(明帝 : 司馬紹)의 유황후(庾皇后 : 諱는 文君)는 유량(庾亮) 유익(庾翼)의 누이동생에 해당되며 유희(庾羲)의 숙모이다. 이 유황후는 성제(成帝)와 강제(康帝)를 낳았고 유익이 죽던 해는 강제의 아들인 목제(穆帝 : 司馬聃)의 치세였다. 이런 관계로 '친(親)'이라고 한 것이다.

ㅇ優游散騎(우유산기)－우유는 같은 관직에 머물러 있으면서 진급을 하지 않는 것. 산기는 산기시랑(散騎侍郎)으로서 명문가의 자제들이 뽑히는 관직.

ㅇ大王(대왕)－당시 사마욱(司馬昱)은 회계왕(會稽王)이었다.

ㅇ上流(상류)－장강(長江) 상류의 형주(荊州) 땅을 가리킨다. 서초(西楚)라고도 한다.

20. 환공(桓公 : 桓溫)이 촉(蜀) 땅을 공격하려고 했다. 정무를 맡고 있는 자들은 모두, 오랫동안 이세(李勢)가 촉 땅에 있으면서 대대로 조부·부(父)의 세력을 이어받고 있고 또 그 위에 지형은 장강(長江) 상류의 삼협(三峽)을 수비하고 있은즉 승리하기가 쉽지 않을 것이라고 생각했다. 다만 유윤(劉尹 : 劉惔)만은 이렇게 말했다. "그는 반드시 촉에게 이길 수 있을 것이오. 그가 승부를 거는 것을 보건대 반드시 이길 수 있는 경우가 아니면 싸우지 않기 때문이오."(1)

원문| **桓公將伐蜀. 在事諸賢, 咸以李勢在蜀旣久, 承藉累葉. 且形據上流三峽, 未易可克. 唯劉尹云, 伊必能克蜀. 觀其蒲博, 不必得, 則不爲.**(1)

(1) 《화양국지(華陽國志)》에 이런 이야기가 있다. '이세(李勢)의 자는 자인(子仁)이고 약양(略陽) 임위(臨渭) 사람이다. 원래는 파서

(巴西) 탕거(宕渠)의 종인(賨人)이었다. 그의 선조인 이특(李特 : 成漢의 始祖, 景帝)은 진(晋)나라의 쟁란을 틈타 촉 땅에 근거지를 두었고 이특의 아들인 이웅(李雄)은 성도(成都)에서 황제라 칭했다. 이세의 조부인 이양(李驤)은 이특의 동생이다. 이양은 이수(李壽)를 낳고 이수는 찬탈하여 제위(帝位)에 올랐다. 이세는 이수의 아들이다. 진(晋)나라 안서장군(安西將軍 : 桓溫)이 촉 땅을 공격할 때 이세는 항복하여 양주(揚州 : 建康)로 보내졌다. 성한(成漢)이 일어나서 멸망할 때까지 6대(代) 37년이다.'

《환온별전(桓溫別傳)》에는 이런 이야기가 있다. '당초 조정에서는, 촉 땅은 멀고 험준한 땅인데 환온의 군사가 적고 후속부대를 가지지 못한 채 깊숙이 침공했으므로 매우 걱정하고 있었다. 그런데 환온은 곧바로 성도(成都)를 목표로 하여 진군했고 이세는 사로잡히었다.'

《어림(語林)》에는 이런 말이 있다. '유윤(劉尹 : 劉惔)은 환공(桓公 : 桓溫)이 승부수를 걸 때면 언제나 필승을 거두는 것을 보았으므로 "그대는 그토록 승전하는 것이 좋다면 한번 출전해 보지 않겠는가?"라고 말했다. 환온이 촉 땅을 토벌하게 되었을 때에 그런 까닭으로 이런 말을 했던 것이다.'

華陽國志曰, 李勢字子仁, 洛陽臨渭人. 本巴西宕渠賨人也. 其先李特, 因晉亂據蜀, 特子雄, 稱號成都. 勢祖驤, 特弟也. 驤生壽, 壽簒位自立. 勢卽壽子也. 晉安西將軍伐蜀, 勢歸降, 遷之揚州. 自起至亡六世, 三十七年.

溫別傳曰, 初, 朝廷以蜀險遠, 而溫衆寡少, 懸軍深入, 甚以憂懼. 而溫直指成都, 李勢面縛.

語林曰, 劉尹見桓公, 每嬉戲, 必取勝. 謂曰, 卿乃爾好利, 何不焦頭. 及伐蜀, 故有此言.

주해 | ㅇ承藉累葉(승자누엽)－승자는 부조(父祖)의 세력을 이어받는

것. 누엽은 누대(累代)와 같다.

ㅇ三峽(삼협) ― 장강(長江) 상류, 사천(四川)·호북(湖北) 양성(兩省)의 경계에 있는 험준한 계곡. 무협(巫峽)·구당협(瞿塘峽)·서릉협(西陵峽).

ㅇ蒲博(포박) ― 저포박혁(樗蒲博奕). 도박.

ㅇ洛陽(낙양) ― 송본(宋本)·원본(袁本) 모두 낙양으로 적고 있는데 약양(略陽)의 잘못이다(《晋書》 권14 〈地理志〉 상, 秦州條). 여기서는 약양(略陽)으로 바로잡았다.

ㅇ巴西(파서) ― 파(巴)는 오늘날의 사천성(四川省) 중경(重慶) 지방.

ㅇ賨人(종인) ― 파주(巴州)의 이민족(異民族). 진(秦)나라 시황제(始皇帝)는 천하를 통일한 다음 파인(巴人)에게 해마다 전(錢) 40의 부(賦)를 과(課)했는데 파인은 이 부를 종(賨)이라 칭했다. 종인(賨人)이란 이름도 이것에 따른 것이라고 한다(《晋書》 권120 李特載記). 성한(成漢)의 이씨(李氏)는 저족(氐族)이다.

ㅇ因晋亂據蜀(인진란거촉) ― 진(晋)나라 익주자사(益州刺史)인 조흠(趙廞)은 이특(李特) 등의 힘을 빌어 촉 땅에서 자립코자 했는데 도리어 이특에게 쫓겨나고 나중에는 이특이 익주목도독양익이주제군사(益州牧都督梁益二州諸軍事)를 자칭하며 독립했다(《晋書》 권120 李特載記).

ㅇ三十七年(삼십칠년) ― 이특의 독립(302)에서 이세(李勢)가 환온에게 항복하기(347)까지, 성한(成漢)은 6대 46년 간이다.

ㅇ懸軍(현군) ― 후속부대를 가지지 아니하고 고립하여 적중(敵中) 깊숙이 침공한 군대.

ㅇ面縛(면박) ― 손을 뒤로 묶는 것.

ㅇ焦頭(초두) ― 머리를 그슬리는 것. 《한서(漢書)》 권68 〈곽광전(霍光傳)〉에 '초두난액(燋頭爛額)'이라고 되어 있는데 불이 났을 때 머리를 그슬리고 얼굴을 짓무르게 하여 움직이는 것을 가리킨다.

21. 사공(謝公 : 謝安)은 동산(東山)에서 기녀(妓女)들에게 둘러싸여 있었다. 간문제(簡文帝 : 司馬昱)가 말했다. "안석(安石)은 반드시

출마(出馬)할 것이야. 사람들과 즐거움을 같이하는 이상 사람들과 근심을 같이 안할 수 없지."(1)

원문| **謝公在東山畜妓. 簡文曰, 安石必出. 旣與人同樂, 亦不得不與人同憂.**(1)

(1) 송(宋) 명제(明帝)의 《문장지(文章志)》에 이런 이야기가 있다. '사안(謝安)은 속사(俗事)를 제쳐두었고 세상의 관습에는 신경을 쓰지 않으면서 언제나 기녀(妓女)에게 에워싸여 그들을 데리고 마음대로 놀았다.'
宋明帝文章志曰, 安縱心事外, 疎略常節, 每畜女妓, 攜持遊肆也.

주해| ㅇ東山(동산)－절강성 상우현(上虞縣) 서남쪽에 있으며 당시에는 이곳에 은거하는 선비들이 많이 모였었다.
ㅇ同樂(동락)－《맹자(孟子)》〈양혜왕장구(梁惠王章句)〉 하(下)에 '지금 임금께서 백성들과 더불어 즐긴다면 곧 왕자(王者)가 될 것입니다(今王與百姓同樂 則王矣)'라고 했다.

22. 치초(郗超)와 사현(謝玄)은 사이가 좋지 않았었다. 때마침 부견(苻堅)이 동진(東晋)을 병합코자 했는데 우선 양(梁)·기(岐)의 땅을 침범하고, 다시 호시탐탐 회수(淮水) 남쪽도 노리고 있었다.(1) 당시 조정에서는 사현을 파견하여 북벌(北伐)시키고자 하는 의견이 많았는데 세상의 논자들 사이에는 찬반 양론이 있었다. 그러나 치초만큼은, "그는 틀림없이 해낼 것이오. 옛날 나는 그와 함께 환선무(桓宣武 : 桓溫)의 막부에 있었는데 그가 인재를 등용하는 방법을 보면, 등용한 사람에게는 그 힘을 모두 발휘케 하고, 신분이 아주

낮은 자까지도 등용했었소. 이런 점으로 볼 때 틀림없이 공훈을 세울 수 있을 것이오."라고 말했다. 사현이 큰 공을 거두자 당시 사람들은 모두 치초의 선견지명에 감탄했다. 그와 동시에 그가 호오(好惡)의 정에 따라 남의 아름다운 점을 덮어 버리는 일이 없음을 높이 평가했다.(2)

원문| **郗超與謝玄不善. 苻堅將問晉鼎, 旣已狼噬梁, 岐, 又虎視淮陰矣.(1) 于時朝議遣玄北討. 人閒頗有異同之論. 唯超曰, 是必濟事. 吾昔嘗與共在桓宣武府, 見使才皆盡, 雖履屐之閒, 亦得其任. 以此推之, 容必能立勳. 元功旣擧, 時人咸歎超之先覺, 又重其不以愛憎匿善.(2)**

(1) 차빈(車頻)의 《진서(秦書)》에 이런 이야기가 있다. '부견(苻堅)의 자는 영고(永固)이며 무도(武都)의 저족(氐族)이다. 본성(本姓)은 포(蒲)였는데 조부인 포홍(蒲洪)이 예언서를 사칭하여 성을 부(苻)로 고쳤다. "나는 천부(天苻)의 명을 받고 진실코 왕이 될 것이다."란 마음이었다. 부견이 태어날 때 붉은빛이 그 방에 비추었고 막상 탄생하니 그의 등에 붉은색의 전서체(篆書體) 문자 같은 것이 희미하게 돋아나 있었다. 그는 어려서부터 훌륭한 기량(器量)을 지니고 있었다. 석호(石虎)의 사예교위(司隷校尉)였던 서정(徐正)은 사람을 식별하는 눈이 있어 유명했는데 부견이 여섯 살 때의 어느 날, 길에서 놀고 있었던 바, 서정은 그를 보고 특출한 아이란 생각이 들어, "애야, 여기는 큰길이다. 아이들이 놀다간 붙잡혀간단다."라고 하자 부견은 "관리가 붙잡아가는 것은 죄인이지, 아이들은 안잡아 갑니다."라고 말했다. 서정은 좌우 사람들에게 말했다. "이 아이에게는 왕자(王者) 패자(覇者)가 될 상(相)이 있다." 석씨(石氏)가 문란해지자 부견의 백부(伯父)인 부건(苻健)

과 아버지인 부웅(苻雄)은 서쪽 끝 관중(關中)으로 옮겨갔다. 어느 때 부건은 꿈속에서 천제(天帝)의 사자(使者)가 붉은 의관을 걸치고 오더니 견두(肩頭)를 용양장군(龍驤將軍)에 임명했음을 알려주었다. 견두는 부견의 어렸을 때의 자(字)이다. 부건은 그를 곧 용양장군에 임명하여 하늘의 뜻에 따랐다. 후에 부건은 제호(帝號)를 참칭하다가 죽었는데 그 아들 부생(苻生)이 대신 제위에 올랐으나 흉포했으므로 군신(群臣)들은 그를 죽이고 부견을 세웠다. 부견이 선 지 15년, 장락공(長樂公) 부비(苻丕)를 보내어 양양(襄陽)을 공략했다. 19년에는 군사를 크게 일으키어 동진(東晉)을 정벌코자 했다. 군세(軍勢)가 백만이라 하였고 수륙(水陸)으로 군단을 진군시키어 항성(項城)에 진을 쳤다. 항성에서 장안(長安)에 이르는 천리에 군기(軍旗)가 연이어 펄럭이고 있었다. 마침내 사자(使者)를 파견하여 동진에 고하기를, "이미 동진의 군주를 위해 장안성(長安城) 안에 광대한 저택을 지어놓았소. 그러니 이제 강남으로 건너가 맞이할 것이니 날짜를 택하여 저택에 돌아오도록 하시오."라고 했다.'

車頻秦書曰, 苻堅字永固, 武都氐人也. 本性蒲, 祖父洪, 詐稱讖文, 改曰苻. 言己當王應苻命也. 堅初生, 有赤光流其室, 及誕, 背赤色, 隱起若篆文. 幼有美度. 石虎司隷徐正名知人, 堅六歲時, 嘗戲於路, 正見而異焉, 問曰, 苻郎, 此官街. 小兒行戲, 不畏縛邪. 堅曰, 吏縛有罪, 不縛小兒. 正謂左右曰, 此兒有王霸相. 石氏亂, 伯父健及父雄西入關. 健夢天神使者朱衣冠, 拜肩頭爲龍驤將軍. 肩頭, 堅小字也. 健卽拜爲龍驤, 以應神命. 後健僭帝號, 死, 子生立, 凶暴, 羣臣殺之而立堅. 堅立十五年, 遣長樂公丕攻沒襄陽. 十九年, 大興師伐晉. 衆號百萬, 水陸俱進, 次于項城. 自項城至長安, 連旗千里, 首尾不絕. 乃遣告晉曰, 已爲晉君, 於長安城中建廣夏之室. 今故大擧渡江相迎, 克日入宅.

(2) 《중흥서(中興書)》에 이런 이야기가 있다. '당시 저적(氐賊)이 강성해지자 조정에서는 의논하기를 문무에 뛰어난 장군으로서 북방을 진무(鎭撫)할 수 있는 인물을 찾았던 바 위대장군(衛大將軍)인 사안(謝安)이 말했다. "제 조카 사현(謝玄)이라면 이 일을 감당할 수 있을 것입니다." 중서랑(中書郞)인 치초(郗超)는 그 말을 듣고 감탄하며 말했다. "사안이 중론(衆論)을 물리치고 친족을 천거한 것은 현명한 일이야. 사현은 반드시 그의 추천을 저버리지 않을 것이야."'

中興書曰, 于時氐賊彊盛, 朝議求文武良將可鎭靖北方者, 衛大將軍安曰, 唯兄子玄可任此事. 中書郞郗超聞而嘆曰, 安違衆擧親, 明也. 玄必不負其擧.

주해 | ㅇ問晋鼎(문진정)－부견(苻堅)이 동진(東晋) 천하를 빼앗을 야심이 있다는 뜻. 춘추시대 초왕(楚王)이 주(周)나라에 가서 제위전승(帝位傳承)의 보기(寶器)로 전해오는 정(鼎)의 경중(輕重)을 물은, 《좌전(左傳)》 선공(宣公) 3년조의 고사(故事)에 의한다. 당시 전진(前秦)의 부견은 장안(長安)을 중심으로 큰 융성기를 구축하고 그 여세를 몰아 동진을 병합시키려고 남하를 시도했던 것이다. 그러나 태원(太原) 8년(383), 비수지전(淝水之戰)에서 동진의 장수 사현(謝玄)에 의해 패하여 퇴각했다.

ㅇ狼噬(낭서)－무서운 기세로 영토를 침략하는 것.

ㅇ梁(양), 岐(기)－하남성 남부에서 호북성 북부에 걸친 양주(梁州)·기주(岐州).

ㅇ淮陰(회음)－강소성에 회음 땅이 있는데 여기서는 회수(淮水)의 남쪽으로 풀었다.

ㅇ履屐之閒(이극지한)－하층의 미천한 관직.

ㅇ元功(원공)－국가를 위해서 세운 큰 공적.

ㅇ氐人(저인)－티베트계(系)의 부족으로서 5호(胡)의 하나.

ㅇ父洪(부홍) 詐稱讖文(사칭참문)－참문(讖文)이란 미래를 예언한 문구.

《진서(晋書)》 권112 부홍재기(苻洪載記)에 '홍(洪)도 역시 참문에 초부(艸付)에 왕(王)이 되고 또 그 손자 견(堅)의 등에 초부(艸付)란 글자가 있는 것에 따라 마침내 성을 부씨(苻氏)로 고쳤다'라고 되어 있다.

ㅇ苻命(부명)－부명(符名)과 통하며 하늘이 천자(天子)로 삼고자 하는 자에 대하여 나타내 주는 표시.

ㅇ篆文(전문)－《진서》 권113 부견재기(苻堅載記)에 '등에 붉은 글이 있으며 은기(隱起)하여 자(字)를 이루되 초부신우토(艸付臣又土 : 글자를 맞춰보면 苻堅이 된다), 함양(咸陽)의 왕이로다'라고 되어 있다.

ㅇ司隷(사예)－사예교위(司隷校尉)로서 국도(國都)의 비위(非違)를 조사하는 관리.

ㅇ徐正(서정)－《진서》 동재기(同載記) 및 현행 《십륙국춘추(十六國春秋)》에는 서통(徐統)으로 되어 있다. 《진서》 각주(斠注)의 설에는 양대(梁代)에 휘(諱)를 피하여 통(統)을 정(正)으로 했을 것이라고 했다.

ㅇ官街(관가)－《진서》 동재기(同載記)에는 '관지어가(官之御街)'라고 되어 있으며 관리가 출사(出仕)할 때에 지나는 큰 길을 가리킨다.

ㅇ王覇相(왕패상)－장래 왕자(王者)나 패자(覇者)가 될 인상(人相). 도덕에 의해 천하를 다스리는 자를 왕(王)이라 하고 권력에 의해 천하를 다스리는 자를 패(覇)라고 한다.

ㅇ 徤(건)－《진서》, 《십륙국춘추》에는 '건(健)'으로 되어 있다.

ㅇ龍驤將軍(용양장군)－잡호장군(雜號將軍)의 하나로서 서진(西晋)의 무제(武帝) 때부터 두었다.

ㅇ長樂公丕(장락공비)－부견의 장서자(長庶子)인 부비(苻丕).

ㅇ項城(항성)－오늘날의 하남성 항현(項縣) 부근.

ㅇ廣夏(광하)－하(夏)는 하(厦)로서 광대한 저택을 가리킨다.

23. 한강백(韓康伯 : 韓伯)과 사현(謝玄)은 사이가 그다지 안좋았다. 사현이 북정(北征)나간 다음 세상에서는 전과(戰果)가 오르지 않을 게 아니냐고 의심하고 있었다. 한강백이 말했다. "그 사람은 명성을 좋아하는 사람이니까 틀림없이 전쟁을 잘할 것이외다."(1) 사현은

이 말을 듣고 크게 노했는데 어느 때 대중에게 분연히 말했다. "당당한 사나이가 천 명의 군사를 이끌고 사지(死地)에 뛰어드는 것은 군주와 부모를 섬기기 위해서이다. 명성을 위한 것이란 말을 어찌 할 수 있겠는가?"

| 원문 | 韓康伯與謝玄亦無深好, 玄北征後, 巷議疑其不振. 康伯曰, 此人好名, 必能戰.[(1)] 玄聞之甚忿, 常於衆中厲色曰, 丈夫提千兵, 入死地, 以事君親故發. 不得復云爲名.

(1) 《속진양추(續晉陽秋)》에 이런 이야기가 있다. '사현(謝玄)은 시국에 대한 식견이 올바르고 경국(經國)의 재략(才略)이 있었다.'
續晉陽秋曰, 玄識局貞正, 有經國之才略.

24. 저기생(褚期生 : 褚爽)이 젊었을 때 사공(謝公 : 謝安)은 그 인물을 높이 인정하여 언제나 말했다. "저기생이 만약 장차 훌륭하게 되지 않는다면 나는 이제 두번 다시 인물 감정을 하지 않을 것이다."[(1)]

| 원문 | 褚期生少時, 謝公甚知之. 恆云, 褚期生若不佳者, 僕不復相士.[(1)]

(1) 기생(期生)은 저상(褚爽)의 어렸을 때 자(字)이다.
《속진양추(續晉陽秋)》에 이런 이야기가 있다. '저상(褚爽)의 자는 무홍(茂弘)이고 하남(河南) 사람이다. 태부(太傅) 저부(褚裒)의 손자이며 비서감 저소(褚韶)의 아들이다. 태부 사안(謝安)은 젊었을 때의 그를 보고 감탄하며 말했다. "만약 기생(期生)이 장차 훌륭한 사람이 되지 못한다면 나는 이제 두번 다시 젊은이에 대해서 논하지 않겠다." 성장해감에 따라 과연 빼어나게 영매(英邁)한 풍격이 있었다. 노장(老莊)의 말을 즐겨했고, 당시 세상의 영예 따위에는 눈길조차 주지 아니했다. 다만 은중감(殷仲堪)하고만은 사이가 좋았다. 중서랑(中書郎)·의흥태수(義興太守)에 누천(累遷)되었다. 딸은 공제(恭帝 : 司馬德文)의 황후(皇后)가 되었다.'

期生, 褚爽小字也.

續晋陽秋曰, 爽字茂弘, 河南人. 太傅裒之孫, 秘書監韶之子. 太傅謝安見其少時, 歎曰, 若期生不佳, 我不復論士. 及長, 果俊邁有風氣. 好老莊之言, 常世榮譽, 弗之屑也. 唯與殷仲堪善. 累遷中書郎, 義興太守. 女爲恭帝皇后.

주해 ㅇ茂弘(무홍)－《진서(晋書)》 권93 〈저상전(褚爽傳)〉에는 '홍무(弘茂)'로 되어 있다.

ㅇ韶(소)－《진서》 〈저상전〉에는 '흠(歆)'으로 되어 있다.

ㅇ恭帝皇后(공제황후)－《진서》 권32 〈후비전(后妃傳)〉 하(下)에는 '공사저황후(恭思褚皇后), 휘(諱)는 영원(靈媛), 하남(河南) 양적(陽翟) 사람. 의흥태수(義興太守) 상(爽)의 딸이다'라고 되어 있다.

25. 치초(郗超)는 부원(傅瑗)과 친하게 교제하고 있었다. 부원은 두 아들을 인사시켰는데 모두 총발(總髮)이었다. 치초는 잠시 응시하고 있다가 부원에게 말했다. "동생이 재능이나 명성 모두 뛰어나겠으나 그대의 가문을 지키는 것은 결국 형 쪽일 것이오." 두 아들이란 다름아닌 부량(傅亮) 형제[傅迪과 동생 傅亮]이다.(1)

원문 **郗超與傅瑗周旋. 瑗見其二子, 並總髮. 超觀之良久, 謂瑗曰, 小者才名皆勝. 然保卿家, 終當在兄. 卽傅亮兄弟也.**(1)

(1) 《부씨보(傅氏譜)》에 이런 이야기가 있다. '부원(傅瑗)의 자는 숙

옥(叔玉)이며 북지(北地) 영주(靈州) 사람이다. 호군장군(護軍將軍)의 장사(長史)와 안성태수(安城太守)를 역임했다.'

《송서(宋書)》에는 이런 이야기가 있다. '부적(傅迪)의 자는 장유(長猷)이며 부원(傅瑗)의 장남이다. 관직은 오병상서(五兵尙書)에 이르고 태상(太常)이 추증되었다.'

구연지(丘淵之)의 《문장록(文章錄)》에는 이런 말이 있다. '부량(傅亮)의 자는 계우(季友)이며 부적(傅迪)의 동생이다. 상서령(尙書令)·좌광록대부(左光祿大夫)를 역임했다. 원가(元嘉) 3년, 죄에 의해 주살당했다.'

傅氏譜曰, 瑗字叔玉, 北地靈州人. 歷護軍長史, 安城太守.

宋書曰, 迪字長猷, 瑗長子也. 位至五兵尙書, 贈太常.

丘淵之文章錄曰, 亮字季友, 迪弟也. 歷尙書令, 左光祿大夫. 元嘉三年, 以罪伏誅.

주해 | ㅇ總髮(총발)-총각(總角)이라고도 하는데 우리나라의 총각과는 뜻이 다르다. 옛날 소년의 머리 묶는 방법의 하나. 머리를 좌우로 나누어 귀 위에서 둥글게 묶는 것이다. 전(轉)하여 머리를 그렇게 묶는 연령층을 가리키는 말로 쓰이기도 했다.

ㅇ護軍長史(호군장사)-호군장군 군부의 속료장(屬僚長).

ㅇ安城太守(안성태수)-《송서(宋書)》 제43 〈부량전(傅亮傳)〉에는 '안성(安城)'을 '안성(安成)'으로 적고 있다.

ㅇ宋書(송서)-권43 〈부량전(傅亮傳)〉.

ㅇ五兵尙書(오병상서)-상서성(尙書省) 내에서 군사를 관장하는 병부(兵部)의 장관. 중병(中兵)·외병(外兵)·기병(騎兵)·별병(別兵)·도병(都兵) 등이 있었기에 이렇게 말한다.

ㅇ以罪伏誅(이죄복주)-문제(文帝) 원가(元嘉) 3년(426), 부량(傅亮)은 서선지(徐羨之)·사회(謝晦)와 함께 영양왕(營陽王 : 少帝 劉義符)과 여릉왕(廬陵王 : 劉義眞) 등 두 왕을 살해한 죄를 물어 주살했다(《資治通鑑》 권120).

26. 왕공(王恭)이 부친 왕온(王蘊)을 따라 회계(會稽)에 있을 때, 왕대(王大 : 王忱)가 도읍에서 성묘(省墓)를 하러 왔다.[(1)] 왕공은 잠시 묘소에 가서 왕대와 만나려고 했다. 두 사람은 일찍이 사이가 좋았기 때문에 10여일이 지나서야 돌아왔다. 아버지가 어째서 그렇게 여러 날이나 걸렸느냐고 묻자 왕공이 대답했다. "아대(阿大 : 王忱)와 이야기를 나누다가 그만 늦었습니다." 그러자 아버지가 말했다. "아마도 아대는 네 친구가 아닐 것이다. 결국 두 사람의 우정은 파탄이 나고 말 것이야." 과연 그 말대로 되었다.[(2)]

원문| **王恭隨父在會稽. 王大自都來拜墓.[(1)] 恭暫往墓下看之. 二人素善, 遂十餘日方還. 父問恭何故多日. 對曰, 與阿大語, 蟬連不得歸. 因語之曰, 恐阿大非爾之友, 終乖愛好. 果如其言.[(2)]**

(1) 왕공(王恭)의 아버지 왕온(王蘊)과 왕침(王忱)은 모두 앞에 나왔다.
恭父蘊, 王忱並已見.

(2) 왕침과 왕공은 왕서(王緖)에 의해 사이가 갈라졌으며 끝내 서로 증오하게 되었다. 따로 나온다.
忱與恭爲王緖所間, 終成怨隙. 別見.

주해| ㅇ在會稽(재회계)－《진서(晋書)》 권93 〈왕온전(王蘊傳)〉에 의하면 왕온은 회계내사(會稽內史)로 있었던 적이 있다.
ㅇ王大(왕대)－왕침(王忱)은 어렸을 때 자(字)를 불대(佛大)라 했고 '왕대'라고 불렀었다.
ㅇ蟬連(선련)－매미의 울음소리처럼 끊이는 일 없이 이어지는 것.
ㅇ已見(이견)－왕침(王忱)은 〈덕행편(德行篇)〉 44에 보인다. 왕온(王蘊)에 대해서는 그 어디에도 주(注)가 없으니 산일(散佚)된 것일까?
ㅇ怨隙(원극)－원한이 있어서 사이가 안좋은 것.
ㅇ別見(별견)－〈상예편(賞譽篇)〉 153.

27. 차윤(車胤)의 아버지〔車育〕가 남평군(南平郡)의 공조(功曹)로 있을 때 태수(太守)인 왕호지(王胡之)는 사마무기(司馬無忌)의 화(禍)를 피하기 위해 군(郡)의 관소를 풍수(灃水) 남쪽으로 옮겼다. 그때 차윤은 열 살 남짓이었는데 왕호지는 외출을 할 때마다 언제나 담 너머로 그를 보고 비범한 아이라고 생각했다. 그래서 차윤의 아버지에게 말했다. "이 아이는 틀림없이 높은 이름을 얻게 될 것이야!" 그 이후로 연회를 열 때면 어김없이 차윤을 불렀다. 차윤은 성장한 다음에도 환선무(桓宣武 : 桓溫)에게 인정을 받았으며 다사제제(多士濟濟)한 세상에서 빼어난 이름을 드날렸다. 벼슬은 선조상서(選曹尙書)에 이르렀다.(1)

원문| 車胤父作南平郡功曹. 太守王胡之避司馬無忌之難, 置郡于灃陰. 是時胤十餘歲, 胡之每出, 嘗於籬中見而異焉. 謂胤父曰, 此兒當致高名. 後遊集. 恆命之. 胤長, 又爲桓宣武所知. 清通於多士之世, 官至選曹尙書.(1)

(1) 《속진양추(續晋陽秋)》에 이런 이야기가 있다. '차윤(車胤)의 자는 무자(武子)이며 남평(南平) 사람이다. 아버지 차육(車育)은 군주부(郡主簿)였다. 태수(太守)인 왕호지(王胡之)는 사람을 감별하는 눈이 있었는데 차윤을 보고 그 아버지에게 말했다. "이 아이는 틀림없이 그대의 가문을 일으킬 것이오. 잘 길러내고 학문을 가르치시오." 차윤은 학문에 임하여 성실하고 부지런했으며, 학문을 널리 섭렵하되 게으르지 아니했다. 집안이 가난했으므로 자주 기름이 떨어졌으므로 여름철에는 베로 만든 자루 속에 수십 마리의 반딧불이를 잡아넣어서, 밤낮으로 공부에 힘썼다. 성장한 다음에는 풍모가 아름답고 재지(才智)가 명민했다. 환온(桓溫)은 형주자사(荊州刺史)였을 때 그를 불러 종사(從事)로 삼았는데 1년 안에 치중(治中)이 되었다. 차윤은 박학다식할 뿐만 아니라 남을 인정

해 주고 격려해 주었다. 당시 성대한 모임이 있으면 차윤은 반드시 참석했다. 사람들은 모두 "차공(車公)이 없으면 즐겁지 않다."고 말했다. 태부(太傅) 사공(謝公 : 謝安)은 잔치를 베풀 때면 자리를 마련하고 그를 초대했다. 단양윤(丹陽尹) · 호군장군(護軍將軍) · 이부상서(吏部尙書)에 누천(累遷)되었다.'

續晉陽秋曰, 胤字武子, 南平人. 父育, 爲郡主簿. 太守王胡之有知人識裁, 見謂其父曰, 此兒當成卿門戶. 宜資令學問. 胤就業恭勤, 博覽不倦. 家貧不常得油, 夏月則練囊盛數十螢火以繼日焉. 及長, 風姿美劭, 機悟敏率. 桓溫在荊州取爲從事, 一歲至治中. 胤旣博學多聞, 又善於潔賞. 當時每有盛坐, 胤必同之. 皆云, 無車公不樂. 太傅謝公遊集之日, 開筵以待之. 累遷丹陽尹, 護軍將軍, 吏部尙書.

주해 | ㅇ南平郡(남평군)－오늘날의 호남성(湖南省) 땅.

ㅇ功曹(공조)－주군(州郡)의 속관.

ㅇ司馬無忌之難(사마무기지난)－사마무기의 아버지인 민왕(閔王) 사마승(司馬承)은 왕돈(王敦)과 싸워서 패하여 사로잡혔다. 호송하던 도중 왕돈의 명을 받은 왕호지(王胡之)의 아버지 왕익(王廙)에 의해 살해되었다. 사마무기는 아버지의 원수를 갚기 위해, 왕익의 아들인 왕호지와 왕기지(王耆之) 등을 죽이려고 했었다. 사마무기의 난이란 이것을 가리킨다(《晉書》 권37 〈司馬承傳〉 · 〈司馬無忌傳〉).

ㅇ選曹尙書(선조상서)－이부상서(吏部尙書)를 가리키는 말이다. 문관의 인사를 관장하는 이부(吏部)의 장관.

ㅇ郡主簿(군주부)－군(郡)의 서기.

ㅇ治中(치중)－치중종사(治中從事)의 약어. 별가종사(別駕從事) 다음가는 요직이다.

28. 왕침(王忱)이 죽고 서쪽의 수비자 후임이 아직 정해지지 않았

다. 조정의 고관들은 각각 (후임자 되기를) 희망하고 있었다. 당시 문하성(門下省)에 있던 은중감(殷仲堪)은 요직의 지위에 있었어도 가문과 명망이 낮아서, 사람들은 아직 한 지역을 방어하기에는 역부족이라고 생각했다. 그런데 동진(東晋)의 효무제(孝武帝 : 司馬曜)는 측근 심복자 중에서 발탁해야겠다며 마침내 은중감을 형주자사(荊州刺史)로 삼았다. 일이 결정되었으나 임명 조칙(詔勅)이 아직 발령되지 않았을 때, 왕순(王珣)이 은중감에게 물었다. "섬서(陝西 : 荊州)의 장관은 아직 결정되지 않았나요?" 은중감이 대답했다. "이미 정해졌습니다." 그래서 왕순은 공경(公卿)의 이름들을 차례로 열거하면서 물었으나, 모두 아니라는 대답이었다. 왕순은 재능이나 가문으로 보아 자신만만했으므로 틀림없이 자기가 임명되었을 것으로 생각하고 이렇게 물었다. "나 아닙니까?" 은중감이 대답했다. "그렇지 않은 것 같습니다." 그날 밤 조칙이 내려 은중감이 임명되었음이 밝혀졌다. 왕순은 친한 사람에게 말했다. "어찌 황문랑(黃門郎)의 신분으로 이런 대임(大任)을 맡을 수 있단 말이오? 이번 은중감의 등용은 국가가 멸망할 조짐이외다."(1)

| 원문 | 王忱死, 西鎭未定. 朝貴人人有望. 時殷仲堪在門下, 雖居機要, 資名輕小, 人情未以方嶽相許. 晉孝武欲拔親近腹心, 遂以殷爲荊州. 事定, 詔未出. 王珣問殷曰, 陝西何故未有處分. 殷曰, 已有人. 王歷問公卿, 咸云非. 王自許才地必應在己, 復問, 非我邪. 殷曰, 亦似非. 其夜詔出用殷. 王語所親曰, 豈有黃門郎而受如此任. 仲堪此擧, 迺是國之亡徵.(1)

(1) 《진안제기(晋安帝紀)》에 이런 말이 있다. '효무제(孝武帝)는 붕어 후의 일을 깊이 생각하던 끝에 은중감을 발탁하여 왕침(王忱) 대신 형주자사(荊州刺史)로 삼았다. 은중감은 명성이 있었는데 논자(論

者)들은 아직 한 지역의 방어를 맡기기에는 역부족일 것으로 생각했다. (어쨌든) 이렇게 해서 은중감은 황제의 심복으로 신임을 받고 장강(長江) 상류의 요충지 방어의 중임을 맡았는데 논자들은 위태로운 일이라고 말했다. 과연 환현(桓玄)에게 패하고 말았다.'

晋安帝紀曰, 孝武深爲晏駕後計, 擢仲堪代王忱爲荊州. 仲堪雖有美譽, 議者未以方嶽相許也. 旣受腹心之任, 居上流之重, 議者謂其殆矣. 終爲桓玄所敗.

주해 ㅇ西鎭(서진)－형주자사(荊州刺史)를 가리킴. 당시 형주는 북방 5호(胡)의 침략에서 동진(東晋)을 지켜내는 일대 거점이었다.

ㅇ朝貴(조귀)－조정의 고관과 귀족.

ㅇ門下(문하)－황제에 직속하는 고문기관으로서 문하성(門下省)을 가리킴.

ㅇ方嶽(방악)－방백악목(方伯嶽牧)의 약어로서, 국가의 수호가 되는 지방장관.

ㅇ陝西(섬서)－옛날 섬(陝) 땅을 경계로 하여 주공(周公)이 섬동(陝東)을, 소공(召公)이 섬서(陝西)를 지배했던 고사(故事)에 따라 도읍 건강(建康)에서 서쪽 형주(荊州)를 가리켜 이렇게 말했다.

ㅇ許(허)－원본(袁本)은 '계(計)'로 적고 있다.

ㅇ黃門郞(황문랑)－올바르게는 황문시랑(黃門侍郞)이라 칭하는데 황제를 시종(侍從)하고 시중(侍中)과 함께 문하(門下)의 중사(衆事)를 관장하는 관직.

ㅇ晏駕(안가)－황제가 죽는 것.

ㅇ爲桓玄所敗(위환현소패)－융안(隆安) 3년(399), 강주자사(江州刺史) 환현(桓玄)은 형주(荊州)를 공략하여 은중감(殷仲堪)을 죽이고 원흥(元興) 2년(403)에는 안제(安帝)로부터 동진(東晋)의 정권을 찬탈했음.

상예
賞譽
제8

1. 진중거(陳仲擧 : 陳蕃)는 일찍이 감탄하며 말했다. "주자거(周子居 : 周乘)와 같은 인물이야말로 진정 나라를 다스릴 그릇이다.[(1)] 보검(寶劍)에 비유한다면 지금 세상의 간장(干將)이다."[(2)]

원문| 陳仲擧常歎曰, 若周子居者, 眞治國之器.[(1)] 譬諸寶劍, 則世之干將.[(2)]

(1) 《여남선현전(汝南先賢傳)》에 이런 이야기가 있다. '주승(周乘)의 자는 자거(子居)이고 여남(汝南) 안성(安城) 사람이다. 태어나면서부터 총명하고 의연하여 특출했는데 진중거(陳仲擧 : 陳蕃)·황숙도(黃叔度 : 黃憲) 등의 무리가 아니면 사귀지 아니했다. 진중거는 일찍이 감탄하며 말했다. "주자거는 진실로 나라를 다스릴 그릇이다." 태산태수(太山太守)가 되었는데 갖가지 인정(仁政)을 베풀었다.'
汝南先賢傳曰, 周乘字子居, 汝南安城人. 天資聰明, 高峙嶽立, 非陳仲擧, 黃叔度之儔則不交也. 仲擧常歎曰, 周子居者, 眞治國之器也. 爲太山太守, 甚有惠政.

(2) 《오월춘추(吳越春秋)》에 이런 이야기가 있다. '오왕(吳王) 합려(闔閭)는 간장(干將)에게 검(劍)을 만들라고 명했다. 간장은 오나라 사람으로서 그 아내는 막야(莫邪)라고 했다. 간장은 천하에서 정영(精英)한 쇠를 모아들이고 천지음양의 기(氣)를 우러러 받고, 백신(百神)도 이것에 강림했는데, 그래도 쇠가 녹아 흐르지 아니했다. 그리하여 부부가 머리카락과 손톱을 잘라서 노(爐) 속에 집어던지니 쇠가 녹았고 두 자루의 검이 완성되었다. 양검(陽劍)을 간장(干將)이라 했고 귀갑문(龜甲文)을 새겼으며, 음검(陰劍)를 막야(莫邪)라고 했고 물결무늬를 새겼을 뿐이다. 간장은 양검을 감추고 음검을 가져다가 합려에게 바쳤다. 합려는 이것을 매우 진중(珍重)하게 여겼다.'

吳越春秋曰, 吳王闔閭請干將作劍. 干將者, 吳人, 其妻曰莫邪. 干將採五山之精, 六金之英, 候天地, 伺陰陽, 百神臨視, 而金鐵之精未流. 夫妻乃剪髮及爪, 而投之鑪中, 金鐵乃濡, 遂成二劍. 陽曰干將, 而作龜文, 陰曰莫邪, 而作漫理. 干將匿其陽, 出其陰, 以獻闔閭, 闔閭甚寶重之.

주해| ㅇ賞譽(상예)－인물을 비평한 명언(名言). 간결하고 아치(雅致)한 칭송의 말들을 모아놓은 것이다.

ㅇ吳越春秋(오월춘추)－권2 〈합려내전(闔閭內傳)〉.

ㅇ六金之英(육금지영)－《오월춘추》에는 '육합지금영(六合之金英)'으로 되어 있으며 여기서는 그것에 따랐다.

2. 세상 사람들은 이원례(李元禮 : 李膺)를 평하여 "곧게 뻗은 소나무 밑에 부는 바람과 같다."고 하였다.(1)

원문| **世目李元禮, 謖謖如勁松下風.**(1)

(1) 《이씨가전(李氏家傳)》에 이런 이야기가 있다. '이응(李膺)은 그 인물이 산과 같이 높고 연못과 같이 맑으며 그 의연한 풍모는 세상에서 중시되었다. 중국 사람들은 칭송하여 말하기를 "영천(潁川)의 이부군(李府君 : 李膺)은 위대하기가 옥산(玉山)과 같다. 여남(汝南)의 진중거(陳仲擧)는 헌걸차기가 천리마(千里馬)와 같다. 남양(南陽)의 주공숙(朱公叔 : 朱穆)은 고상하기가 송백(松柏)의 아래를 걸어가는 것과 같다."라고 말했다.'

李氏家傳曰, 膺嶽崎淵淸, 峻貌貴重. 華夏稱曰, 潁川李府君, 頵頵如玉山. 汝南陳仲擧, 軒軒如千里馬. 南陽朱公叔, 飂飂如行松柏之下.

주해 ○目(목)－품평(品評)하는 것.

○謖謖(속속)－바람이 이는 모양. 일설에는 숙숙(肅肅)과 통한다고도 했다. 한편 《금루자(金樓子)》 권6 잡기(雜記) 하편(下篇)에는 '이원례(李元禮), 열렬(洌洌)하여 장송(長松) 밑의 바람과 같다'라고 되어 있다.

○勁松(경송)－'경(勁)'은 강하다는 의미. 눈·서리에도 지지 않는 것.

○頵頵(군군)－《설문(說文)》에는 '군(頵)은 두군군(頭頵頵)으로서 큰 것'이라고 되어 있다. '군(頵)'은 머리가 큰 모양. '군군'은 인물이 위대한 것을 뜻한다.

○飂飂(유류)－《설문》에는 '유(飂)는 고풍(高風)이다'라고 되어 있다. '유류'는 삽상(颯爽)한 모양.

3. 사자미(謝子微 : 謝甄)는 허자장(許子將 : 許劭) 형제를 보고 말했다. "평여(平輿)의 연못에는 두 마리의 용(龍)이 살고 있다." 또 허자정(許子政 : 許虔)을 20세쯤에 보고 감탄하며 말했다. "허자정이야말로 한 나라를 다스릴 그릇이다. 색(色)을 올바르게 직언(直言)하는 것은 진중거(陳仲擧)에 비할 만하고,[1] 악(惡)을 징벌하고 불초(不肖)를 물리치는 것은 범맹박(范孟博 : 范滂)과 마찬가지이다."[2]

▌원문▕ 謝子微見許子將兄弟, 曰, 平輿之淵, 有二龍焉. 見許子政弱冠之時, 歎曰, 若許子政者, 有幹國之器. 正色忠謇, 則陳仲擧之疋.(1) 伐惡退不肖, 范孟博之風.(2)

(1) 《여남선현전(汝南先賢傳)》에 이런 이야기가 있다. '사견(謝甄)의 자는 자미(子微)이며 여남(汝南) 소릉(邵陵) 사람이다. 인물을 잘 감식했는데 곽임종(郭林宗 : 郭泰)의 감식도 그를 따르지 못했다. 허자장(許子將 : 許劭) 형제가 20세 되었을 무렵 (그들을) 보고 "평여(平輿)의 연못에는 두 마리의 용이 산다."라고 말했다. 벼슬하여 예장종사(豫章從事)가 되었다. 허건(許虔)의 자는 자정(子政)이며 평여 사람이다. 그 사람 됨됨이는 고결·아정(雅正)하고 활달했다. 사자미(謝子微 : 謝甄)는 허건 형제를 보고 감탄하며 말했다. "허자정이야말로 나라를 다스릴 그릇이다." 허건의 동생 허소(許劭)는 그 명성이 나타나기 전, 당시 사람들은 허건에게 미치지 못할 것으로 생각했다. 형인 허건은 항상 무릎을 치면서 허소를 칭찬했고 자신은 미치지 못한다고 생각했다. 처음으로 출사(出仕)하여 군공조(郡功曹)가 되었는데 간악한 자를 물리치자 군(郡) 안이 숙연해졌다. 나이 35세로 세상을 떠났다.'
《해내선현전(海內先賢傳)》에 이런 이야기가 있다. '허소(許劭)의 자는 자장(子將)이며 허건(許虔)의 동생이다. 그 사람 됨됨이가 산처럼 높고 연못처럼 조용하며 행동은 자로 잰 듯하였다. 소릉(邵陵)의 사자미(謝子微)는 빼어난 재능과 사람을 꿰뚫어보는 식견이 있었는데 허소가 10세쯤 되었을 때 보고 감탄하며 말했다. "이 아이야말로 세상에서 뛰어난 인물이다." 처음에 허소는 번자소(樊子昭)를 시중의 상점에서 뽑아냈고, 우승현(虞承賢)을 여관에서 불러냈으며, 이숙재(李叔才)를 무명 상태에서 불렀고, 곽자유(郭子瑜)를 말단 관리에서 발탁했다. 광릉(廣陵)의 서맹본(徐孟本 : 徐璆)이 여남태수(汝南太守)가 되어 오자 허소의 고명(高名)

을 듣고 그를 공조(功曹)로 불렀다. 당시 원소(袁紹)는 재상의 가문 출신이었으므로 복양(濮陽)의 장(長)으로 있었다. 관직을 사임하고 여남으로 돌아올 때 거기(車騎)를 거느리며 여남 경계로 접어들려고 하자 감탄하며 말했다. "허자장(許子將 : 許劭)은 청정(淸正)한 인품을 지닌 사람이거늘 내가 어찌 이처럼 화려한 모습으로 그를 만날 수 있겠는가?" 그리고 단기(單騎)로 돌아갔다. 공부(公府)의 연(掾)으로 초빙되었고 또 여러 벼슬에 초빙되었으나 모두 취임하지 아니하고 강남으로 피난했다가 예장(豫章)에서 죽었다.'

汝南先賢傳曰, 謝甄字子微, 汝南邵陵人. 明識人倫, 雖郭林宗不及甄之鑒也. 見許子將兄弟弱冠時, 則曰, 平輿之淵有二龍. 仕爲豫章從事. 許虔字子政, 平輿人. 體尙高潔, 雅正寬亮. 謝子微見虔兄弟, 歎曰, 若許子政者, 幹國之器也. 虔弟劭, 聲未發時, 時人以謂不如虔. 虔恆撫髀稱劭, 自以爲不及也. 釋褐爲郡功曹, 黜姦廢惡, 一郡肅然. 年三十五卒.

海內先賢傳曰, 許劭字子將, 虔弟也. 山峙淵停, 行應規表. 邵陵謝子微高才遠識, 見劭十歲時, 歎曰, 此乃希世之偉人也. 初, 劭拔樊子昭於市肆, 出虞承賢於客舍, 召李叔才於無聞, 擢郭子瑜於小吏. 廣陵徐孟本來臨汝南, 聞劭高名, 召功曹. 時袁紹以公族爲濮陽長. 棄官還, 副車從騎, 將入郡界, 乃歎曰, 許子將秉持淸格, 豈可以吾輿服見之邪. 遂單馬而歸. 辟公府掾, 敦辟皆不就. 避地江南, 卒於豫章也.

(2) 장번(張璠)의 《한기(漢紀)》에 이런 말이 있다. '범방(范滂)의 자는 맹박(孟博)이며 여남(汝南) 세양(細陽) 사람이다. 공조(功曹)가 되었으며 공부(公府)의 연(掾)으로 부름을 받았다. 그는 스스로 나아가 천하를 숙청하려는 뜻을 가지고 있었다. 범방의 소문을 듣자 어떤 고을에서나 부정한 관리는 모두 인수(印綬)를 풀어놓

고 도망쳤다. 범방은 당고지란(黨錮之亂)에 연좌되어 주살당했다.'
張璠漢紀曰, 范滂字孟博, 汝南伊陽人. 爲功曹, 辟公府掾. 升車攬轡, 有澄淸天下之志. 百城聞滂高名, 皆解印綬去. 爲黨事見誅.

주해 | ㅇ平輿(평여)－허건(許虔)·허소(許劭)가 살던 여남군(汝南郡)의 현(縣) 이름. 《후한서(後漢書)》〈허소전(許劭傳)〉 이현(李賢) 주(注)에는 '평여고성재(平輿故城在) 금예주여양현동북(今豫州汝陽縣東北), 유이룡향(有二龍鄕) 월단리(月旦里)'라고 되어 있다. 오늘날의 하남성 여남현 부근.

ㅇ幹國之器(간국지기)－나라를 다스리는 기량(器量). 간(幹)은 관장한다는 의미이다.

ㅇ忠謇(충건)－충언직간(忠言直諫)의 뜻.

ㅇ陳仲擧(진중거)－진번(陳蕃)은 청류 관료의 대표적인 인물로서 환관(宦官)에 대항하다가 역으로 주살당했다. 〈덕행편(德行篇)〉 1 등을 참조할 것.

ㅇ邵陵(소릉)－《후한서》〈곽태전(郭太傳)〉에 첨부된 〈사견전(謝甄傳)〉에는 '소릉(召陵)'으로 되어 있다(郭太의 太는 范曄의 아버지 諱인, 泰자를 피한 것).

ㅇ撫髀(무비)－무릎[髀]을 치면서 감탄하는 것.

ㅇ釋褐(석갈)－신분이 천한 자가 입는 성근 베옷을 벗고 관복을 입는다는 의미로서, 처음으로 사관(仕官)하는 것.

ㅇ郡功曹(군공조)－인사(人事)라든가 고과(考課)를 관장하는 군(郡)의 속관.

ㅇ拔樊子昭於市肆(발번자소어시사)－《삼국지》 권23 〈화흡전(和洽傳)〉의 배주(裴注)에서 인용한 《여남선현전(汝南先賢傳)》에는 '소시발명번자소어육책지사(劭始發明樊子昭於鬻幘之肆), 출우영현어목수(出虞永賢於牧豎), 소이숙재향려지간(召李淑才鄕閭之間), 곽자유안마지리(郭子瑜鞍馬之吏), 원양고조(援楊考祖), 거화양사(擧和陽士), 자육현자(玆六賢者), 개당세지령의야(皆當世之令懿也)'라고 되어 있다. 번자소(樊子昭)

에 대해서는 〈품조편(品藻篇)〉 2의 유주(劉注) 4 참조.

ㅇ徐孟本(서맹본)－서구(徐璆). 단 《후한서(後漢書)》 〈본전(本傳)〉에는 '자맹옥(字孟玉)'이라 했고, 《삼국지》 권1의 배주(裴注)에서 인용한 《선 현 행장(先賢行狀)》에는 '자맹평(字孟平)'이라고 적었는데 본명과의 관계로 생각할 때 맹옥 쪽이 올바를 것이다.

ㅇ公族(공족)－원소(袁紹)는 사세오공(四世五公)의 명가문 출신이었다(《廿史劄記》 권5 四世三公條 참조).

ㅇ濮陽長(복양장)－《후한서》 〈허소전(許劭傳)〉에는 '복양령(濮陽令)'으로 적고 있다. 영(令)은 현령(縣令).

ㅇ棄官還(기관환)－어머니의 죽음을 당하여 관직을 사직하는 것(《후한서》 〈袁紹傳〉).

ㅇ輿服(여복)－승거(乘車), 의복.

ㅇ公府掾(공부연)－공부(公府)란 삼부(三府)라고도 하며 삼공(三公 : 太尉・司徒・司空)의 막부를 가리킨다. 그 속관이 공부연이다.

ㅇ伊陽(이양)－《후한서》 〈범방전(范滂傳)〉에 '여남정강인(汝南征羌人)'이라고 되어 있으며 그 이현(李賢) 주(注)에는 '사승서왈(謝承書曰), 여남세양인(汝南細陽人)'이라고 되어 있다. 여남군에 이양(伊陽)이란 현명(縣名)은 없으므로 '이양(伊陽)'은 '세양(細陽)'의 잘못이리라. 번역문은 '세양'으로 고쳤다.

ㅇ升車攬轡(승거람비)－《후한서》 〈범방전〉에 의하면 기주(冀州)가 기근으로 도적이 무리지어 일어났을 때 범방이 청조사(淸詔使 : 칙명에 의해 지방을 檢察하는 임시관직)의 명을 받고 시찰하러 갔을 때를 가리킨다.

ㅇ解印綬(해인수)－인수(印綬)란 관직을 나타내는 도장과 그것을 매다는 끈으로서 임관과 동시에 받는다. 그러므로 인수를 푼다는 것은 사임한다는 의미이다.

ㅇ黨事(당사)－연희(延熹) 9년(166)에 이어진 두 번째 당고지옥(黨錮之獄). 영제(靈帝) 건녕(建寧) 2년(169), 외척인 두무(竇武)는 진번(陳蕃)과 손잡고 환관(宦官)들을 주멸(誅滅)코자 했으나 그 계획이 발각되어 역으로 조절(曹節)을 중심으로 하는 환관들에 의해, 백명 이상이나 죽

음을 당한 사건. 이때 범방은 우방(虞放)·이응(李膺)·이밀(李密) 등과 함께 투옥되었다가 죽었다.

4. 공손도(公孫度)가 병원(邴原)을 평했다. "말하자면 구름 속에 있는 백학(白鶴)이다. 연작(燕雀)의 그물로 잡을 수 있는 자가 아니야."(1)

원문| 公孫度目邴原, 所謂雲中白鶴. 非燕雀之網所能羅也.(1)

(1) 《위서(魏書)》에 이런 이야기가 있다. '공손도(公孫度)의 자는 숙제(叔濟)이며 양평(襄平) 사람이다. 기주자사(冀州刺史)·요동태수(遼東太守)로 누천(累遷)되었다.'
《병원별전(邴原別傳)》에는 이런 이야기가 있다. '병원의 자는 근구(根矩)이며 동관(東管) 주허(朱虛) 사람이다. 어렸을 때 아버지를 여의었다. 몇살 안되었을 때 서당 앞을 지나가면서 울고 있었다. 훈장이 "애야, 왜 우느냐?"라고 묻자 병원이 대답했다. "대개 학문을 할 수 있는 것은 부모가 있기 때문입니다. 첫 번째로는 아버지가 계셨으면 하는 생각과 두 번째로는 학문을 할 수 있었으면 하는 생각에 슬퍼서 울었던 것입니다." 훈장은 (그를) 불쌍하게 생각하여 말했다. "정말로 학문을 하고 싶다면 학비는 안 받겠다." 이렇게 해서 학업을 할 수 있었는데 자라나자 박학다식했고 그 행위는 실로 뛰어났다. 세상이 어지러워지려는 것을 알아차리고 요동(遼東)에 피난했던 바 (요동태수인) 공손도(公孫度)가 그를 후하게 예우했다. 중원의 쟁란(爭亂)이 끝나자 고향에 돌아가려고 생각했는데 공손도는 허락하지 아니했다. 병원은 은밀히 여장(旅裝)을 갖춘 다음 마을 사람들에게 "이웃 군(郡)으로 옮겨간다."고 말했고 그들의 의견을 구하자 모두들 좋다고 말했다. 병원은 일찍부터 고기잡이를 하는 대선(大船)을 가지고 있었으므로 마을 사람들을 초치하여 잔뜩 취하도록 마시게 하고 나서 한밤중이 되자 출발했다. 며칠이 지나서야 겨우 눈치를 챈 관원이 병원을 추격하려고 했지만 공손도는 말했다. “병원은 이른바 구름 속의 백학(白鶴)이다. 메추라기를 잡는 그물 따위로 잡을 수는 없어.” 위왕(魏王 : 曹操)은 병원을 불러 좨주(祭酒)로 삼았고 오관중랑장(五官中郎將 : 曹丕)의 장사(長史)로 누천(累遷)되었다.'

魏書曰, 度字叔濟, 襄平人. 累遷冀州刺史, 遼東太守.

邴原別傳曰, 原字根矩, 東管朱虛人. 少孤, 數歲時, 過書舍而泣. 師問曰, 童子何泣也. 原曰, 凡得學者, 有親也. 一則願其不孤, 二則羡其得學, 中心感傷, 故泣耳. 師惻然曰, 苟欲學, 不須資也. 於是就業. 長則博覽洽聞, 金玉其行. 知世將亂, 避地遼東. 公孫度厚禮之. 中國旣寧, 欲還鄕里, 爲度禁絶. 原密自治嚴, 謂部落曰, 移比近郡. 以觀其意, 皆曰樂移. 原舊有捕魚大船, 請村落皆令熟醉, 因夜去之. 數日, 度乃覺, 吏欲追之. 度曰, 邴君所謂雲中白鶴. 非鶉鷃之網所能羅也. 魏王辟祭酒, 累遷五官中郎將長史.

주해 | ㅇ叔濟(숙제) - 《삼국지》 권8 〈공손도전(公孫度傳)〉에는 '승제(升濟)'로 되어 있다.

ㅇ東管朱虛(동관주허) - 《삼국지》 권11 〈병원전(邴原傳)〉에는 '북해주허(北海朱虛)'로 되어 있다. '동관(東管)'이란 글자는 어쩌면 '동완(東莞)'의 잘못일까?

ㅇ金玉其行(금옥기행) - 《시경(詩經)》 〈대아(大雅)〉 '역복(棫樸)'에 '쇠와 옥의 바탕을 따르네(金玉其相)'라고 있다.

ㅇ治嚴(치엄) - 여장(旅裝)을 갖추는 것. 후한(後漢) 명제(明帝)의 휘(諱)가 장(裝)인 것을 피하여 '엄(嚴)'이라고 한다.

ㅇ祭酒(좨주) - 《삼국지》 권11 〈병원전〉 주(注)에 인용한 《병원별전(邴原別傳)》에 '위태조(魏太祖)의 사공(司空)으로 썼다가 동합좨주(東閤祭酒)로 썼다'고 했다.

5. 종사계(鍾士季 : 鍾會)는 왕안풍(王安豊 : 王戎)을 평하여 "왕융군은 깨달음이 빠르고 내 마음을 잘 알아낸다."(1)라 했고 또 "배공(裴公 : 裴楷)의 담론은 며칠이 지나도 끝나지 않는다."라고 하였다.(2) 이부랑(吏部郎)에 결원(缺員)이 있었는데 문제(文帝 : 司馬昭)는 그 적임자를 종회에게 물었다. 종회는 "배해는 청통(淸通)하고 왕융(王戎)은 간요(簡要)합니다. 두 사람 모두 적임자입니다."라고 말했다. 그래서 배해를 등용했다.(3)

| 원문 | **鍾士季目王安豊, 阿戎了了解人意.(1) 謂, 裴公之談, 經日不竭.(2) 吏部郎闕, 文帝問其人於鍾會. 會曰, 裴楷淸通, 王戎簡要. 皆其選也. 於是用裴.(3)**

(1) 왕은(王隱)의 《진서(晉書)》에 이런 이야기가 있다. '왕융은 젊었을 때 총명했고 깨달음이 빨랐다.'
王隱晉書曰, 戎少淸明曉悟.

(2) 배위(裴頠)는 앞에서 나왔다.
裴頠已見.

(3) 생각하건대 제서(諸書)는 모두 '종회는 배해·왕융을 진(晉)나라 문왕(文王)에게 추천했고 문왕은 불러서 연(掾)을 삼았다'라고 했다. 이부랑(吏部郎) 운운은 듣지 못했다.
案諸書皆云, 鍾會薦裴楷, 王戎於晉文王, 文王辟爲掾. 不聞爲吏部郎.

| 주해 | ㅇ了了(요료)－깨닫기를 잘하는 것.
ㅇ淸通(청통)－머리가 명석하고 사물에 구애받지 아니하는 것.
ㅇ簡要(간요)－간결하며 요체를 파악하는 것.

ㅇ裴頠已見(배위이견)－송본(宋本)·원본(袁本) 모두 배위(裴頠)로 적고 있는데 《세설(世說)》 본문 및 《진서(晋書)》 권35 〈배해전(裴楷傳)〉에 의하면 배위는 배해의 잘못이다. 〈덕행편(德行篇)〉 18.

6. 왕준충(王濬沖 : 王戎)과 배숙칙(裴叔則 : 裴楷) 등 두 사람이 어렸을 때 종사계(鍾士季 : 鍾會)를 찾아갔다. 잠시 후 떠나자 손님이 종회에게 물었다. "아까 그 두 소년을 어떻게 생각하십니까?" 종회가 대답했다. "배해는 청통(淸通)하고 왕융은 간요(簡要)하오. 20년쯤 지나면 이 두 사람은 틀림없이 이부상서(吏部尚書)가 될 것이오. 그 때에는 천하에 묻혀 있는 인재들이 없을 것으로 기대되오."(1)

원문| **王濬沖, 裴叔則二人, 總角詣鍾士季. 須臾去後, 客問鍾曰, 向二童何如. 鍾曰, 裴楷淸通, 王戎簡要. 後二十年, 此二賢當爲吏部尚書. 冀爾時天下無滯才.**(1)

(1) 《진양추(晋陽秋)》에 이런 이야기가 있다 '왕융(王戎)이 소년시절, 종회(鍾會)는 그를 비범한 아이라고 생각했다.'
晋陽秋曰, 戎爲兒童, 鍾會異之.

주해| ㅇ總角(총각)－관례하기 전의 소년의 머리 모양. 우리나라에서의 총각이란 뜻과는 다르다. 주로 소년이란 뜻으로 쓰인다.

ㅇ當爲吏部尚書(당위이부상서)－왕융은 이부상서가 되었으나 배해는 되지 못했다. 이부상서는 관리의 천거를 관장하는 관직이므로 천하에 숨겨진 인재가 없게 될 것이라고 말했던 것이다.

7. 세상에 유행되던 말에, "후진(後進)의 머리가 되는 사람으로는

배수(裴秀)가 있다."[1]라 했다.

▌원문│ 諺曰, 後來領袖有裴秀.[1]

(1) 우예(虞預)의 《진서(晋書)》에 이런 이야기가 있다. '배수의 자는 계언(季彦)이며 하동(河東) 문희(聞喜) 사람이다. 아버지 배잠(裴潛)은 위(魏)나라 태상(太常)이었다. 배수는 뛰어난 풍모와 절조를 지니고 있었으며, 여덟살 때부터 글을 잘 지었다. 숙부 배휘(裴徽)는 명성이 높았다. 배수가 열살쯤 되었을 때, 빈객들은 배휘를 찾아왔다가 돌아갈 때는 언제나 배수에게 들리곤 하였다. 그런 일을 두고 당시 사람들은 "후진(後進)의 영수(領袖)에는 배수가 있다."고들 말했다. 대장군(大將軍 : 曹爽)이 불러서 연(掾)을 삼았다. 아버지가 죽자 재산을 모두 형[裴衍]에게 양보했다. 25세에 황문시랑(黃門侍郎)으로 옮겼다. 진(晋)나라가 위(魏)나라로부터 선양(禪讓)을 받자 거록공(鉅鹿公)에 봉해졌다. 그후 좌광록대부(左光祿大夫)·사공(司空)에 누천(累遷)되었다. 48세로 세상을 떠나자 원공(元公)이란 시호가 내려졌고 왕실의 종묘(宗廟)에 합사(合祀)되었다.'

虞預晋書曰, 秀字季彦, 河東聞喜人. 父潛, 魏太常. 秀有風操, 八歲能著文. 叔父徽, 有聲名. 秀年十餘歲, 有賓客詣徽, 出則過秀. 時人爲之語曰, 後進領袖有裴秀. 大將軍辟爲掾. 父終, 推財與兄. 年二十五, 遷黃門侍郎. 晋受禪, 封鉅鹿公. 後累遷左光祿, 司空. 四十八薨, 謚元公, 配食宗廟.

▌주해│ ㅇ領袖(영수)－영(領)은 옷깃, 수(袖)는 소매. 이 두 군데를 잡으면 아주 쉽게 옷을 들어올릴 수 있다. 따라서 사람을 이끄는 자란 뜻으로 쓰인다. 즉 지도자란 의미이다.

ㅇ配食宗廟(배식종묘)－주신(主神) 외에 다른 것을 합치어 모시는 것. 배수는 무제(武帝 : 司馬炎)의 신임을 두텁게 받아서, 석포(石苞) 등과 함

께 왕공(王公)이라 칭해졌으며 종묘(宗廟)에 합사되었다(《晋書》 권35 〈裴秀傳〉).

8. 배영공(裴令公 : 裴楷)은 하후태초(夏侯太初 : 夏侯玄)를 평하여 말했다. "그를 만나면 엄숙하기가 마치 묘당(廟堂) 안에 들어간 것과 같아서 위의(威儀)를 갖추지 않더라도 사람들이 저절로 경의를 표하게 된다."(1) 혹은 이렇게 말했다고도 한다. "하후태초를 만나면 마치 종묘(宗廟)에 들어간 것처럼 그 빛이 나는 모습이 예기(禮器)와 악기를 보는 것만 같고, 종사계(鍾士季 : 鍾會)를 만나면 마치 무기고(武器庫)를 참관하는 것처럼 쌍날창과 미늘창을 보는 것만 같으며, 부란석(傅蘭碩 : 傅嘏)을 만나면 그 광대함이 갖추지 않은 것이 없고, 산거원(山巨源 : 山濤)을 만나면 마치 산에 올라서 아래를 내려다보는 것처럼 아득히 심원하다는 생각이 든다."(2)

원문| **裴令公目夏侯太初, 肅肅如入廊廟中, 不脩敬而人自敬.(1) 一曰, 如入宗廟, 琅琅但見禮樂器. 見鍾士季, 如觀武庫, 但覩矛戟. 見傅蘭碩, 汪廧靡所不有. 見山巨源, 如登山臨下, 幽然深遠.(2)**

(1) 《예기(禮記)》에 이런 이야기가 있다. '주풍(周豊)이 노(魯)나라 애공(哀公)에게 말했다. "종묘 사직 안에서는 일부러 경의(敬意)를 표하지 않더라도 백성들은 자연히 경의를 알고 있습니다."'
禮記曰, 周豊謂魯哀公曰, 宗廟社稷之中, 未施敬而民自敬.

(2) 하후현(夏侯玄) · 종회(鍾會) · 부하(傅嘏) · 산도(山濤)는 모두 앞에 나왔다.
玄, 會, 嘏, 濤並已見上.

주해 ㅇ肅肅(숙숙)－엄숙하고 신중한 모습.

ㅇ廊廟(낭묘)－묘당(廟堂). 정사를 보는 대전(大殿).

ㅇ琅琅(낭랑)－옥기(玉器)가 마주치는 소리, 또는 빛이 나는 모양.

ㅇ但覩矛戟(단도모극)－《진서(晋書)》 권35 〈배해전(裴楷傳)〉에는 '삼삼단견(森森但見) 모극재전(矛戟在前)'이라고 되어 있다.

ㅇ蘭碩(난석)－《삼국지》 권21 〈부하전(傅嘏傳)〉에는 '난석(蘭石)'으로 되어 있다.

ㅇ汪廧(왕장)－《진서》 〈배해전〉에는 '왕상(汪翔)'으로 적고 있다. '왕양(汪洋)'과 같다.

ㅇ禮記(예기)－〈단궁하(檀弓下)〉.

ㅇ已見(이견)－하후현은 〈방정편(方正篇)〉 6, 종회는 〈언어편(言語篇)〉 12, 부하는 〈문학편(文學篇)〉 9, 산도는 〈정사편(政事篇)〉 5에 이미 나왔음.

9. 양공(羊公 : 羊祜)이 낙양(洛陽)으로 돌아올 때 곽혁(郭弈)은 야왕현(野王縣)의 현령이었다.(1) 양공은 그 현 경계에까지 오자 사람을 보내어 곽혁을 초청했다. 곽혁은 스스로 나아갔다. 그래서 양공을 만났는데 감탄하며 말했다. "양숙자(羊叔子 : 羊祜)는 나보다 못지 않은 것 같도다." 다시 양공에게로 갔다가 잠시 후 돌아온 그는 다시 감탄하며 말했다. "양숙자는 나보다 훨씬 뛰어나도다." 이윽고 양공이 떠나갈 때 곽혁은 며칠 동안이나 배웅을 하며 수백 리나 따라가고 말았다. 그 때문에 현계(縣界)를 무단히 넘었다는 죄로 면직되었는데 그는 다시 감탄하며 말했다. "양숙자는 안자(顏子 : 顏回)에 뒤지지 않는다."

원문 **羊公還洛, 郭弈爲野王令.(1) 羊至界, 遣人要之. 郭便自往. 旣見, 歎曰, 羊叔子何必減郭太業. 復往羊許, 小悉還, 又歎曰, 羊叔子去人遠矣. 羊旣去, 郭送之彌日, 一擧數百里.**

遂以出境免官. 復歎曰, 羊叔子何必減顏子.

(1) 《진제공찬(晉諸公贊)》에 이런 이야기가 있다. '곽혁(郭奔)의 자는 태업(泰業)이며 태원(太原) 양곡(陽曲) 사람이다. 대대로 명문귀족이었다. 곽혁은 재능과 명망이 있었으며 옹주자사(雍州刺史)·상서(尙書)를 역임했다.'

晉諸公贊曰, 奔字泰業, 太原陽曲人. 累世舊族. 奔有才望, 歷雍州刺史, 尙書.

주해 ㅇ郭奔(곽혁)—《진서(晉書)》 권45의 본전(本傳)과 《삼국지》 권26의 배주(裴注)에서 인용한 《진제공찬(晉諸公贊)》에는 '혁(奔)'자를 '혁(奕)'으로 적고 있다.

ㅇ野王(야왕)—오늘날의 하남성 심양현(沁陽縣).

ㅇ郭太業(곽태업)—여기서 스스로 자(字)를 칭하고 있는 것은 자부하는 마음을 나타내고 있는 것이다.

ㅇ小悉(소슬)—소식(小息)·소선(小選)과 같은 뜻으로서 잠시 후란 뜻.

ㅇ彌日(미일)—날이 지나서란 의미.

ㅇ顏子(안자)—안회(顏回). 자(字)는 자연(子淵). 덕행(德行)에 있어 으뜸이라 했으며 공자(孔子)의 문중에서 가장 훌륭한 인물로 친다.

ㅇ累世舊族(누세구족)—대대로 명문귀족이었다는 뜻. 곽혁(郭奔)은 곽회(郭淮)의 동생인 곽진(郭鎭)의 아들이다. 곽회는 관중도독(關中都督)이 되었으며 민정(民政)과 군사(軍事)에 큰 공이 있어서 의동삼사(儀同三司)로 옮긴 인물(〈方正篇〉 5 참조). 그 동생 곽배(郭配)는 성양태수(城陽太守), 곽예(郭豫)는 상국참군(相國參軍), 곽진(郭鎭)은 알자복야(謁者僕射)가 되었다(《三國志》 권26의 裴注에서 인용한 《晉諸公贊》 참조).

10. 왕융(王戎)이 산거원(山巨源 : 山濤)을 평하여 말했다. "마치 가공하지 않은 옥(玉)이나 정련하지 않은 금(金)과 같은 인물이야. 모

두들 보물이라며 귀히 여기기는 하는데 그 그릇 됨을 무엇이라고 일컬어야 할지 알 수가 없어."[1]

원문| **王戎目山巨源, 如璞玉渾金. 人皆欽其寶, 莫知名其器.**[1]

(1) 고개지(顧愷之)의 《화찬(畵贊)》에 이런 이야기가 있다. '산도(山濤)는 특별히 이름을 나타내려고 하는 일이 없었으며 순박하고 심오하고 과묵하여 사람들이 그 (인품의) 한계를 알 수가 없었다. 더구나 은밀히 노장(老莊)의 도(道)에 들어 있었으므로 (그를) 보는 사람은 그를 무어라고 표현하지 못했지만 그 기량(器量)의 위대함에 경복(敬服)했다.'
顧愷之畫贊曰, 濤無所標名, 淳深淵默, 人莫見其際. 而嚚然亦入道, 故見者莫能稱謂, 而服其偉量.

주해| ㅇ璞玉渾金(박옥혼금)－캐낸 다음 다듬지 아니한 옥(玉)과 정련되지 않은 금(金). 즉 뛰어난 소질이 있는 사람이지만 겉으로 드러나지 않는 것을 가리킨다.

ㅇ莫知名其器(막지명기기)－그 기량(器量)의 크기를 측량할 수 없는 것. 《노자(老子)》 제28장에, '박(樸 : 璞)이 흩어지면 곧 기(器)가 된다', 또 《논어(論語)》 〈위정편(爲政篇)〉에 '군자(君子)는 기(器)가 아니다' 등의 말이 있다.

ㅇ嚚然(효연)－조용한 모습.

11. 양장화(羊長和 : 羊忱)의 아버지 양요(羊繇)는 태부(太傅) 양호(羊祜)와 사촌간이었는데도 사이가 좋았다. 벼슬을 하여 거기연(車騎掾)에까지 이르렀으나 젊어서 세상을 떠났다. (그런 까닭에) 양장화의 형제 다섯 명은 어려서 아버지를 여의었던 것이다.[1] 양호는 조상을 하러 갔는데 양장화가 탄식하며 슬퍼하는 모습과 태도가 마치 어른과

같은 것을 보고 감탄하며 말했다. "종형(從兄)께서는 돌아가시지 않은 것 같다."

원문| **羊長和父繇, 與太傅祜同堂相善. 仕至車騎掾, 蚤卒. 長和兄弟五人, 幼孤.[(1)] 祜來哭, 見長和哀容擧止, 宛若成人, 迺歎曰, 從兄不亡矣.**

(1) 《양씨보(羊氏譜)》에 이런 이야기가 있다. '양요(羊繇)의 자는 감보(堪甫)이며 태산(太山) 사람이다. 조부인 양속(羊續)은 한(漢)나라 태위(太尉)로 부름을 받았으나 나아가지 않았다. 아버지 양비(羊祕)는 경조태수(京兆太守)였다. 양요는 거기연(車騎掾)을 역임하고 악국정(樂國禎)의 딸에게 장가들어 병(秉)·급(給)·식(式)·양(亮)·침(忱) 등을 낳았다.'

羊氏譜曰, 繇字堪甫, 太山人. 祖續, 漢太尉, 不拜. 父祕, 京兆太守. 繇歷車騎掾, 娶樂國禎女, 生五子. 秉, 給, 式, 亮, 忱也.

주해| ㅇ同堂(동당)—증조부(曾祖父)가 같은 친족간.
ㅇ車騎掾(거기연)—거기장군(車騎將軍)의 속관.

12. 산공(山公 : 山濤)이 완함(阮咸)을 이부랑(吏部郎)에 천거코자 하며 (그를) 평해서 말했다. "순진 과욕하므로 그 어떤 물건으로도 그의 마음을 움직이게 할 수가 없어."[(1)]

원문| **山公擧阮咸爲吏部郎, 目曰, 淸眞寡欲, 萬物不能移也.**[(1)]

(1) 《명사전(名士傳)》에 이런 이야기가 있다. '완함(阮咸)의 자는 중

용(仲容)이고 진류(陳留) 사람이며 완적(阮籍)의 형(兄 : 阮熙)의 아들이다. 자유분방하고 활달하여 사물에 구애받는 일이 없었다. 당시 사람들은 모두 그가 하는 일을 이상하게 여겼다. 그러나 그와 함께 있어 보면 욕심이 적고 슬픔과 즐거움의 진솔한 감정이 남들보다 훨씬 뛰어났기 때문에 나중에는 모두 이전의 평판을 잊어버리곤 했다. 산기시랑(散騎侍郎)으로 있을 때 산도(山濤)가 이부랑으로 천거하였는데 무제(武帝 : 司馬炎)는 임용하지 않았다. 태원(太原)의 곽혁(郭奕)은 그를 보고 심취하여 무심코 탄복했다. 음률을 해득했는데 술을 좋아하다가 세상을 떠났다.'

산도(山濤)의 《계사(啓事)》에 이런 이야기가 있다. '이부랑(吏部郎)인 사요(史曜)가 그 관직을 떠나 결원(缺員)이 되었다. 선출함에 있어 산도는 완함을 천거하며 말했다. "순진하고 가식이 없으며 욕심이 적고, 청탁(淸濁)을 깊이 헤아리어, 어떠한 것으로도 그의 마음을 움직일 수 없습니다. 만약 관리를 선발하는 관직에 있게 된다면 틀림없이 당대에 절묘함을 발휘할 것입니다." 그러나 조서(詔書)가 내리어 육량(陸亮)이 임용되었다.'

《진양추(晋陽秋)》에 이런 글이 있다. '완함의 행동이 지금까지 예법에 어긋나는 경우가 많았기 때문에 산도가 이부랑에 천거했지만 세조(世祖 : 武帝)는 윤허하지 아니했다.'

《죽림칠현론(竹林七賢論)》에는 이런 이야기가 있다. '산도는 처음부터 황제가 임용하지 않을 것을 알고 있으면서 완함을 천거했던 것은, 세상에 다시없는 준재(俊才)의 그 마음을 알아주는 사람이 없음을 애석하게 생각했기 때문이다. 대저 완함이 범하고 있는 것이 세상 밖의 뜻이었음을 고려하여 그를 청순하고 욕심이 적다고 칭송한다면 그 탈속적인 뜻이 저절로 드러날 것으로 생각했기 때문이다.'

名士傳曰, 咸字仲容, 陳留人, 籍兄子也. 任達不拘, 當世皆怪其所爲, 及與之處, 少嗜欲, 哀樂至到, 過絶於人, 然後皆忘其

向議. 爲散騎郎, 山濤擧爲吏部, 武帝不用. 太原郭奕見之心醉, 不覺嘆服. 解音, 好酒以卒.

山濤啓事曰, 吏部郎史曜出處缺. 當選, 濤薦咸曰, 眞素寡欲, 深識淸濁, 萬物不能移也. 若在官人之職, 必妙絶於時. 詔用陸亮.

晉陽秋曰, 咸行已多違禮度. 濤擧以爲吏部郞, 世祖不許.

竹林七賢論曰, 山濤之擧阮咸, 固知上不能用, 蓋惜曠世之儁, 莫識其意故耳. 夫以咸之所犯方外之意, 稱其淸眞寡欲, 則迹外之意自見耳.

주해| ㅇ方外之意(방외지의)－방(方)이란 구역(區域)이란 뜻으로서, 전(轉)하여 세상적인 통념이 통하는 범위. 방외지의란 그 통념의 범위를 넘은 심경을 가리킨다. 이 방외란 말은《장자(莊子)》〈대종사편(大宗師篇)〉에 보인다.

ㅇ迹外之意(적외지의)－'방외지의(方外之意)'와 같다. 적(迹)은 사람이 밟은 발자취. 즉 선례(先例). 따라서 세속을 초월하여 자유롭게 살아가는 심경을 가리킨다.

13. 왕융(王戎)은 완문업(阮文業 : 阮武)을 평하여 말했다. "청고(淸高)한 인품으로 사람을 보는 눈이 있다. 한초(漢初) 이래 이 정도의 인물은 아직 없었다."(1)

원문| 王戎目阮文業, 淸倫有鑒識. 漢元以來, 未有此人.(1)

(1) 두독(杜篤)의《신서(新書)》에 이런 이야기가 있다. '완무(阮武)의 자는 문업(文業)이며 진류(陳留) 위지(尉氏) 사람이다. 아버지 완심(阮諶)은 시중(侍中)을 지냈다. 완무는 활달하고 박식했으며 신중하고 고상한 인물이었다.'

《진류지(陳留志)》에는 이런 이야기가 있다. '완무는 위(魏)나라 말의 청하태수(淸河太守)이다. 한 집안의 아이인 완적(阮籍)이 어리어 아직 이름이 알려지지 않았을 때 완무는 완적을 보고 비범하다 했고 자기보다 낫다고 생각했다. 사람을 알아보는 것이 대개 이러했다. 저서(著書) 18편이 있는데 이것을《완자(阮子)》라고 한다. 집에 물러나 살다가 생애를 마쳤다.'

곽태(郭泰)의 친구인 송자준(宋子俊 : 宋沖)은 곽태를 칭찬하여 말했다. "한(漢)나라 초기로부터 이때까지 임종(林宗 : 郭泰)에 필적할 만한 인물은 없다."

杜篤新書曰, 阮武字文業, 陳留尉氏人. 父諶, 侍中. 武闊達博通, 淵雅之士.

陳留志曰, 武, 魏末河清太守. 族子籍, 年總角, 未知名, 武見而偉之, 以爲勝己. 知人多此類. 著書十八篇, 謂之阮子, 終於家.

郭泰友人宋子俊, 稱泰, 自漢元以來, 未有林宗之匹.

주해 | ㅇ河淸(하청)－송본(宋本)·원본(袁本) 모두 하청(河淸)으로 적고 있는데《삼국지(三國志)》권16〈두서전(杜恕傳)〉주(注)에서 인용한《두씨신서(杜氏新書)》에는 '위지청하태수(位止淸河太守)'라고 되어 있으며 여기서는 이것에 따라 바로잡았다.

14. 무원하(武元夏 : 武陵)는 배(裴 : 裴楷)와 왕(王 : 王戎)을 평하여 말했다. "왕융은 간약(簡約)을 숭상했으며, 배해는 청통(淸通)하다."(1)

원문 | **武元夏目裴, 王曰, 戎尚約, 楷清通.**(1)

(1) 우예(虞預)의《진서(晋書)》에 이런 이야기가 있다. '무해(武陔)의 자는 원하(元夏)이고 패국(沛國) 죽읍(竹邑) 사람이며, 아버지 무주(武周)는 광록대부(光祿大夫)이다. 무해와 두 동생 무흠(武

歆)·무무(武茂)는 어렸을 때부터 평판이 높았고 기량(器量)을 칭찬받았지만, 향리 사람들과 집안 어른들은 그것이 어느 정도인지 알 수 없었다. 당시 같은 군(郡)에 살던 유공영(劉公榮 : 劉昶)은 사람을 감식하는 명인이었는데 어느 때 무주네 집을 찾았다. 무주는 세 아들을 그에게 보여주었다. 유공영은 말했다. “그대의 세 아들은 모두 나라 안에서 따를 자가 없는 인물이 될 것이오. 원하(元夏)의 기량(器量)이 제일 뛰어나서 재상(宰相)의 풍도가 있소이다. 사관(仕官)하여 일을 하면 틀림없이 아공(亞公)에까지 승진할 것이외다. 숙하(叔夏 : 武歆)·계하(季夏 : 武茂) 형제도 상백(常伯)·납언(納言) 이하는 아닐 것이오.” 무해는 좌복야(左僕射)에까지 이르렀다.’

虞預晉書曰, 武陔字元夏, 沛國竹邑人. 父周, 魏光祿大夫. 陔及二弟歆, 茂, 皆總角見稱, 並有器望, 鄕人諸父, 未能覺其多少. 時同郡劉公榮名知人, 嘗造周, 周見其三子. 公榮曰, 君三子皆國士, 元夏器量最優, 有輔佐之風. 力仕宦, 可爲亞公. 叔夏, 季夏不減常伯納言也. 陔至左僕射.

주해| ㅇ歆(흠)－《진서(晋書)》 권45 〈무해전(武陔傳)〉에는 ‘소(韶)’로 적고 있다.

ㅇ力仕宦(역사환)－《삼국지》 권27 〈호질전(胡質傳)〉의 주(注)에서 인용한 우예(虞預)의 《진서》에는 ‘전력사환(展力士宦)’, 《진서》 〈무해전(武陔傳)〉에는 ‘진력취열(陳力就列)’로 되어 있다.

ㅇ亞公(아공)－삼공 다음의 벼슬자리.

ㅇ常伯(상백)·納言(납언)－모두 천자를 가까이에서 모시는 벼슬.

15. 유자숭(庾子嵩 : 庾敳)이 화교(和嶠)를 평하여 말했다. “무성하게 서있기가, 천장(千丈)의 소나무와 같고, 울퉁불퉁 옹이가 나있기는

하지만 큰 저택을 짓는 데 사용한다면 기둥이나 들보감은 충분히 될 수 있을 것이다."(1)

▌원문| 庾子嵩目和嶠, 森森如千丈松, 雖磊砢有節目, 施之大廈, 有棟梁之用.(1)

(1) 《진제공찬(晉諸公贊)》에는 이런 이야기가 있다. '화교(和嶠)는 언제나 그 외숙부 하후현(夏侯玄)의 인품을 사모하고 있었다. 그래서 조정 선비들 가운데 홀로 탁월하게 뛰어났기 때문에 당시의 동료들은 그의 풍의(風儀)와 절도를 꺼리었다.'

晉諸公贊曰, 嶠常慕其舅夏侯玄爲人. 故於朝士中峨然不羣, 時類憚其風節.

▌주해| ㅇ目和嶠(목화교)－유자숭(庾子嵩)의 평어(評語)는 《진서(晉書)》 속에서 화교(和嶠)에 대한 평어로 기록되어 있다(권45 〈和嶠傳〉). 그와 동시에 온교(溫嶠)에 대한 그것으로도 기록되어 있다(권50 〈庾敳傳〉). 유(庾)・화(和)・온(溫) 세 사람의 연령이라든가 활약시기 등으로 추측하여, 송(宋)나라 왕관국(王觀國)의 《학림(學林)》(권3 史訛) 이래, 이 평어는 온교에 대한 평어로 이해하는 것이 사실(史實)에 맞는 것으로 보고 있다.

ㅇ森森(삼삼)－높이 치솟은 모양.

ㅇ磊砢(뇌가)－울퉁불퉁 마디(옹이)가 나있는 모양.

ㅇ大廈(대하)－큰 저택. 여기서는 국가를 의미한다. 대하(大廈)의 동량(棟梁)은 국가의 중임을 맡는 인물이란 의미.

16. 왕융(王戎)이 말했다. "태위(太尉 : 王衍)는 풍채가 뛰어나서 실로 옥림옥수(玉林玉樹)와 같다. 본디 세속(世俗)을 초탈(超脫)한 인물이다."(1)

▌원문▏ 王戎云, 太尉神姿高徹, 如瑤林瓊樹. 自然是風塵外物.(1)

(1) 《명사전(名士傳)》에 이런 이야기가 있다. '이보(夷甫 : 王衍)는 태어나면서부터 풍모가 남보다 뛰어나 명수(明秀)하기가 신(神)과 같았다.'

《팔왕고사(八王故事)》에 이런 이야기가 있다. '석륵(石勒)은 이보(夷甫)를 보고 장사(長史)인 공장(孔萇)에게 말했다. "나는 오랫동안 세상 경험을 해왔지만 이런 인물은 만나본 적이 없어. 살려둬도 괜찮겠는가?" 공장이 "그는 진(晋)의 삼공(三公)입니다. 우리에게 도움이 되지 아니합니다."라고 대답하자 석륵은 말했다. "그러나 칼날을 댈 수는 없지." 그리고 밤중에 담장을 밀어서 깔려 죽게 하였다.'

名士傳曰, 夷甫天形奇特, 明秀若神.

八王故事曰, 石勒見夷甫, 謂長史孔萇曰, 吾行天下多矣, 未嘗見如此人. 當可活不. 萇曰, 彼晉三公, 不爲我用. 勒曰, 雖然, 要不可加以鋒刃也. 夜使推牆殺之.

17. 왕여남(王汝南 : 王湛)은 친상(親喪)의 상기(喪期)가 이미 끝났지만 그대로 묘소에 머무르고 있었다. 종형(從兄 : 王渾)의 아들인 왕제(王濟)는 묘소에 참배하러 올 때마다 숙부(叔父 : 王湛)에게 들르지 않았으며 숙부도 기다리지 아니했다. 왕제는 설령 어쩌다가 들린다 하더라도 간단한 인사말만 할 뿐이었다. 나중에 불쑥 시험삼아 은자의 시사(時事)를 물어보았는데, 그 대답이 매우 논리적이었고 왕제의 생각을 뛰어넘는 바가 있어서 왕제는 깜짝 놀랐다. 그리하여 계속 함께 토론을 했는데 점차 정미(精微)한 경지에 이르렀다. 왕제는 이전에는 조카로서의 경의(敬意)를 거의 차리지 않았는데 그의 이야

기를 듣고는 자기도 모르게 경외심이 생기어 마음과 몸이 모두 숙연해졌다. 그는 그곳에 그대로 머무르며 함께 토론하면서 며칠 밤낮을 보냈다. 왕제도 또한 남보다 뛰어난 준걸이었지만 스스로 돌아볼 때 도저히 따를 수 없음을 깨닫고 깊이 한숨을 내쉬며 말했다. "우리 문중에 명사가 있었건만 30년 동안이나 알아차리지 못했다니……." 왕제가 돌아가려고 하자 숙부는 문까지 배웅하러 나왔다. 왕제를 수행하는 종기(從騎) 가운데 매우 다루기 어려운 말이 있었으며 이 말을 탈 수 있는 사람은 드물었다. 왕제가 숙부에게 "승마(乘馬)를 좋아하십니까?"라고 물으니 왕담이 말하기를 "그것도 좋아하지."라고 했다. 왕제가 그 타기 어려운 말을 몰도록 했더니 숙부는 말타는 자세가 절묘했고 채찍질하는 모습이 가벼워서 그 어떤 명기수라 하더라도 따르지 못할 정도였다. 왕제는 숙부의 헤아리기 어려운 재능이 한두 가지가 아님을 보고 점점 더 감탄했다.(1) 집에 돌아오자 아버지 왕혼(王渾)이 왕제에게 물었다. "잠시 다녀오겠다더니 어찌하여 며칠씩이나 걸린 게냐?" 왕제가 대답했다. "비로소 숙부 한 분을 알게 되었습니다." 왕혼이 그 까닭을 물자 왕제가 저간의 일을 감탄하며 자세히 설명했다. 왕혼은 물었다. "우리와 비교할 때 어떻더냐?" 왕제가 대답했다. "저 이상의 인물이십니다." 무제(武帝 : 司馬炎)는 왕제와 만나면 언제나 왕담(王湛)을 조롱하여 말하기를 "그대의 집에는 바보 숙부가 있다던데 아직도 살아있는가?"라고 했는데 그때마다 왕제는 대답할 말이 없었다. 그러나 일단 숙부의 위대함을 알고 나서는 무제가 물으면 왕제는 자신있게 대답했다. "저의 숙부는 바보가 아닙니다." 그리고 실은 훌륭한 인물이라며 칭송했다. 그러자 무제가 "누구와 비교할 수 있겠는고?"라고 물었다. 왕제는 대답했다. "산도(山濤)보다는 아래이고 위서(魏舒)보다는 위입니다."(2) 이렇게 해서 왕담은 이름을 드날렸는데 나이 28세에 비로소 사관(仕官)했다.

원문| 王汝南旣除所生服, 遂停墓所. 兄子濟, 每來拜墓, 略

不過叔. 叔亦不候濟. 脫時過, 止寒溫而已. 後聊試問近事, 答對甚有音辭, 出濟意外. 濟極惋愕, 仍與語, 轉造精微. 濟先略無子姪之敬, 旣聞其言, 不覺懍然, 心形俱肅. 遂留共語, 彌日累夜. 濟雖儁爽, 自視缺然. 乃喟然歎曰, 家有名士, 三十年而不知. 濟去, 叔送至門. 濟從騎有一馬, 絶難乘, 少能騎者. 濟聊問叔, 好騎乘不. 曰, 亦好爾. 濟又使騎難乘馬, 叔姿形旣妙. 回策如縈, 名騎無以過之. 濟益歎其難測, 非復一事.(1) 旣還, 渾問濟, 何以暫行累日. 濟曰, 始得一叔. 渾問其故, 濟具歎述如此. 渾曰, 何如我. 濟曰, 濟以上人. 武帝每見濟, 輒以湛調之, 曰, 卿家癡叔死未. 濟常無以答. 旣而得叔後, 武帝又問如前. 濟曰, 臣叔不癡. 稱其實美. 帝曰, 誰比. 濟曰, 山濤以下, 魏舒以上.(2) 於是顯名. 年二十八, 始宦.

(1) 등찬(鄧粲)의 《진기(晋紀)》에 이런 이야기가 있다. '왕담(王湛)의 자는 처충(處沖)이며 태원(太原) 사람이다. 그 감춰진 덕(德)은 아무도 아는 사람이 없었으며, 형제와 일족(一族)들도 그를 바보라고 생각했는데 다만 아버지 왕창(王昶)만 그의 이재(異才)를 인정하고 있었다. 왕창이 세상을 떠나자 왕담은 그 묘지 옆에 여막을 지었다. 종형(從兄)의 아들인 왕제(王濟)가 그를 찾아가 《주역(周易)》이 머리맡에 있는 것을 보고 왕담에게 물었다. "숙부께서는 이것을 가지고 무얼하십니까? 읽어보기라도 하셨나요?" 그러자 왕담은 웃으며 말하기를, "몸의 상태가 좋을 때면 어쩌다 읽을 뿐이야. 오늘은 너와 이야기를 나누어볼까?"라고 했다. 그리고 함께 《주역》에 대해서 담론을 했는데 분석이 심오한 경지에 이르렀으며 논변이 오묘하고 논지가 뛰어나서, 왕제로서는 들어보지도 못한 내용이었다. 왕제는 가늠할 수 없는 재능에 감탄했다. 그는 원래 말[馬]을 좋아했는데 타고 다니는 말이 준일하고 빨라서 마

음속으로 매우 아끼고 있었다. (그 말을 본) 왕담이 말했다. "이 말은 다소 빠르기는 하겠지만 힘이 약하여 고된 일을 감당하기 어렵겠다. 근자에 독우(督郵)의 말을 보았는데 이 말보다 낫더라. 다만 영양상태가 좋지 못하더라." 그래서 왕제는 독우의 말을 빌려가지고 10여일 동안 곡물을 먹인 다음 왕담과 시합을 하기로 했다. 왕담은 한 번도 말을 타본 적이 없었건만 곧장 치달렸는데 완급의 조절이 왕제와 다름이 없었으며 두 필의 말도 엇비슷했다. 왕담이 말했다. "이번에는 평탄하고 넓은 마찻길을 곧바로 달렸을 뿐이므로 말의 우열을 가릴 수가 없었다. 한번 작은 구릉(丘陵)이 있는 곳으로 달려보자." 그래서 작은 구릉이 있는 곳으로 말을 달리며 회전을 시켰다. 그러자 왕제의 말은 과연 쓰러지고 말았다. 왕담의 빼어난 재주와 식견이 이와 같았다.'

鄧粲晉紀曰, 王湛字處沖, 太原人. 隱德, 人莫之知, 雖兄弟宗族, 亦以爲癡, 唯父昶異焉. 昶喪, 居墓次. 兄子濟往省湛, 見牀頭有周易, 謂湛曰, 叔父用此何爲. 頗曾看不. 湛笑曰, 體中佳時, 脫復看耳. 今日當與汝言. 因共談易. 剖析入微, 妙言奇趣, 濟所未聞. 歎不能測. 濟性好馬, 而所乘馬駿駛, 意甚愛之. 湛曰, 此雖小駛, 然力薄不堪苦. 近見督郵馬, 當勝此, 但養不至耳. 濟取督郵馬穀食十數日, 與湛試之. 湛未嘗乘馬, 卒然便馳騁, 步驟不異於濟, 而馬不相勝. 湛曰, 今直行車路, 何以別馬勝不. 唯當就蟻封耳. 於是就蟻封盤馬, 果倒踣. 其儁識天才乃爾.

(2) 《진양추(晋陽秋)》에 이런 이야기가 있다. '왕제는 사람을 감식하는 눈이 있었으며 사람의 아속(雅俗)이나 시비(是非)에 대해서 칭찬하는 일이 거의 없었는데 왕담을 만나보고는 그 인덕(人德)이 큰 점에 감복했다. 당시 사람들은 왕담을 평하여 "위로 산도(山濤)에 비교해서는 부족하지만, 아래로 위서(魏舒)에 비교하면

남음이 있다."라고 했는데 왕담은 이 말을 듣고 말하기를 "나를 계손씨(季孫氏)와 맹손씨(孟孫氏) 사이에 두려고 하는가?"라고 말했다.'

왕은(王隱)의 《진서(晋書)》에는 이런 말이 있다. '위서(魏舒)의 자는 양원(陽元)이고 임성(任城) 사람이다. 어렸을 때 아버지를 여의고 외가인 영씨(甯氏)네서 자랐다. 영씨네서 저택을 신축하려고 했을 때, 가상(家相)을 보는 사람이 "틀림없이 훌륭한 외손(外孫)이 나올 것입니다."라고 말했다. 외할머니는 마음속으로 위씨네 외손자가 어렸지만 현명하므로 그런 점괘가 나왔을 것으로 생각했다. 위서가 말했다. "어머님의 가문을 위해 이 점괘를 실현해 보겠다." 그는 어렸을 때 지둔(遲鈍)이라고 불렸는데 숙부인 위형(魏衡)은 위서에게 수차(水車)를 관리하는 일을 시키면서 언제나 "위서가 8백 호의 장(長)만 되어 줘도 나는 만족하겠다."라고 말했다. 위서는 그런 말에는 신경도 쓰지 않았다. 위서는 신장이 8척 2촌이었는데 세상의 보통사람들이 행하는 바는 배우지 아니했다. 젊었을 때부터 활쏘기를 잘했는데 가죽옷을 입고 산택(山澤)에 들어가 사냥을 할 때마다 많이 잡아오곤 하였다. 후장군(後將軍) 종육(鍾毓)의 장사(長史)가 되었는데 종육이 측근자들과 활쏘기 시합을 할 때면, 위서는 항상 옆에 있으면서 맞히는 화살의 수를 기록하곤 했다. 어느 때 조원(組員)이 부족했으므로 위서를 그 수에 충원했다. 그러자 쏘는 화살 모두가 명중했으며 그 행동거지가 고상했으므로 그 묘기를 충분히 보여주었다. 종육은 감탄하며 미안해하면서 말했다. "내가 그대의 재능을 충분히 발휘시키지 못했네. 그대의 활솜씨가 이처럼 뛰어날 줄이야……." 뒤에 상국참군(相國參軍)으로 옮겼다. 진왕(晋王 : 후의 文帝 司馬昭)은 조정에서 퇴출할 때마다 그를 배웅하여 평했다. "위서는 당당하여 사람들의 영수(領袖)이다." 시중(侍中)·사도(司徒)로 누천(累遷)되었다.'

晉陽秋曰, 濟有人倫鑒識, 其雅俗是非, 少所優調. 見湛, 歎服其德宇. 時人謂湛, 上方山濤不足, 下比魏舒有餘. 湛聞之曰, 欲以我處季孟之閒乎.

王隱晉書曰, 魏舒字陽元, 任城人. 幼孤, 爲外氏甯家所養. 甯氏起宅, 相者曰, 當出貴甥. 外祖母意以盛氏甥小而惠, 謂應相也. 舒曰, 當爲外氏成此宅相. 少名遲鈍. 叔父衡使守水碓, 每言, 舒堪八百户長, 我願畢矣. 舒不以介意. 身長八尺二寸, 不修常人近事. 少工射, 箸韋衣入山澤, 每獵大獲. 爲後將軍鍾毓長史. 毓與參佐射戲, 舒常爲坐畫籌. 後値朋人少, 以舒充數. 於是發無不中, 加博措閑雅, 殆盡其妙. 毓歎謝之, 曰, 吾之不足盡卿, 如此射矣. 轉相國參軍. 晉王每朝罷, 目送之曰, 魏舒堂堂, 人之領袖. 累遷侍中, 司徒.

주해 | ㅇ所生(소생)－낳아준 부모. 이 경우는 아버지 왕창(王昶). 《진서(晉書)》 권75 〈왕담전(王湛傳)〉에 '아버지상을 당하여 묘지 옆에 거하며 여막의 문을 닫고 조용히, 세상과 교유하지 않았다'라고 했다.

ㅇ脫(탈)－만약. 가령이란 뜻.

ㅇ自視缺然(자시결연)－스스로 돌아보고 부족함을 느끼다. 《장자(莊子)》 〈소요유편(逍遙遊篇)〉 참조.

ㅇ三十年(삼십년)－30년이란 실수(實數)가 아니라 개수(槪數)를 말한 것이다. 오랜 세월이란 정도의 뜻.

ㅇ處沖(처충)－《진서(晉書)》 권98 〈왕돈전(王敦傳)〉에는 처중(處仲)으로 적고 있다.

ㅇ宗族(종족)－부계(父系)의 친척.

ㅇ體中佳時(체중가시)－《진서》 권75 〈왕담전(王湛傳)〉에는 '휴중불가시(休中不佳時), 탈복간이(脫復看耳)'라고 되어 있다.

ㅇ督郵(독우)－군수(郡守)의 속료(屬僚). 군 관할하에 있는 현(縣)의 행정을 감독하는 관원.

ㅇ蟻封(의봉)－의총(蟻塚). 높고 크게 쌓아올려져서 무덤과 같은 것.

ㅇ少所優調(소소우조)－원본(袁本)에는 '소소우윤(少所優潤)'으로 적고 있다.

ㅇ季孟之間(계맹지간)－《논어(論語)》〈미자편(微子篇)〉에, '제경공이 공자에 대한 대우를 논의했다(齊景公 待孔子曰). "계씨와 같이 최고로는 대우하지 못하지만 계씨와 맹씨의 중간 정도로는 대우하겠다(若季氏 則吾不能 以季孟之間 待之)"'라고 한 것에 따름. 여기서 계씨란 노(魯)나라 대부(大夫)인 계손씨(季孫氏), 맹씨는 맹손씨(孟孫氏)로서 계맹(季孟) 사이란 그 양씨(兩氏)의 중간 대우, 정도란 뜻임.

ㅇ外氏(외씨)－외가(外家).

ㅇ盛氏甥小而惠(성씨생소이혜)－송본(宋本)·원본(袁本) 모두 성씨(盛氏). 어쩌면 영씨(甯氏)에게 위씨(魏氏)와 성씨(盛氏) 등 두 외손이 있었던 것일까? 단,《진서(晋書)》권41 〈위서전(魏舒傳)〉에는 '위씨생소이혜(魏氏甥小而惠)'로 되어 있으므로 여기서는 위씨로 번역한다.

ㅇ水碓(수대)－수력(水力)을 이용하여 찧는 방아. 물방아.

ㅇ八百戶長(팔백호장)－소읍(小邑)의 장(長).

ㅇ畫籌(획주)－명중시키는 화살의 수(數)를 계산하는 것.

ㅇ朋人(붕인)－활쏘기 시합을 할 때 두 사람이 한 조를 만드는 것.

ㅇ博措(박조)－《세설전본(世說箋本)》의 두주(頭注)에는 '아마도 거조(擧措)로 써야 했다'라고 되어 있다.

ㅇ吾之不足盡卿(오지부족진경), 如此射矣(여차사의)－이 글은 탈오(脫誤)인 듯하다. 《진서》권41 〈위서전(魏舒傳)〉에는 '오지부족이진경재(吾之不足以盡卿才), 유여차사의(有如此射矣), 기일사재(豈一事哉)'로 되어 있다.

18. 배복야(裵僕射 : 裵頠)는 당시 사람이 "담론의 숲이다."라고 하였다.[(1)]

원문| 裵僕射, 時人謂爲言談之林藪.[(1)]

(1) 《혜제기거주(惠帝起居注)》에 이런 이야기가 있다. '배위(裵頠)의

철리(哲理)는 매우 심오하면서도 해박하여 난제(難題)를 논의하는 데 능했다.'

惠帝起居注曰, 頠理甚淵博, 贍於論難.

주해 ㅇ林藪(임수)-초목이 우거진 숲. 여기서는 담론에 심오하고 해박한 철리(哲理)가 있음을 가리킨다.

19. 장화(張華)는 저도(褚陶)를 만난 다음 육평원(陸平原 : 陸機)에게 말했다. "당신네들 형제(陸機·陸雲)는 은하수에서 뛰는 용이고 고언선(顧彦先 : 顧榮)은 조양(朝陽)에서 우는 봉(鳳)이오. 동남 지방의 보물이 이미 바닥이 난 것으로 생각했는데 뜻밖에도 다시 저생(褚生 : 褚陶)을 보게 되었소." 육기는 말했다. "당신께서는 지금까지 울지 아니하고, 뛰지 아니하는 인물들을 보지 못하신 것뿐입니다."(1)

원문 **張華見褚陶, 語陸平原曰, 君兄弟龍躍雲津, 顧彦先鳳鳴朝陽. 謂東南之寶已盡, 不意復見褚生. 陸曰, 公未覩不鳴不躍者耳.**(1)

(1) 《저씨가전(褚氏家傳)》에 이런 이야기가 있다. '저도(褚陶)의 자는 계아(季雅)이고 오군(吳郡) 전당(錢塘) 사람이며 저선생(褚先生 : 褚少孫)의 후예이다. 저도는 남이 따를 수 없을 정도로 총명했는데 열세살 때 〈구조부(鷗鳥賦)〉 〈수대부(水碓賦)〉를 지었다. 완릉(宛陵)의 엄중필(嚴仲弼 : 嚴隱)은 저도를 보고 비범하다고 생각했으며, "저선생(褚先生)이 다시 나타났다."고 말했다. 젊었을 때 놀이를 좋아하지 아니했으며 청담하고 과묵했으며, 고전(古典)을 읽으면서 홀로 즐겼다. 그리고 친한 사람에게, "성현의 말이 모두 책 속에 있어. 이것을 안 읽고 도대체 어디서 찾을 것인가?"

라고 말했다. 주군(州郡)에서 불렀으나 취임하지 아니했다. 오(吳)나라가 진(晋)나라에 항복하자 세조(世祖 : 武帝 司馬炎)는 대랑(臺郎)·건충교위(建忠校尉)에 임명했다. 사공(司空)인 장화(張華)가 저도에게 써보낸 편지에서 말했다. "이륙(二陸 : 陸機·陸雲)은 용이 강한(江漢)에서 뛰어오른 것 같고, 언선(彦先)은 봉(鳳)이 조양(朝陽)에서 우는 것 같았소. 그 이후 남방의 보물은 이미 끝이 났다며 언제나 걱정하고 있었는데 이제 그대를 얻게 되었구려. 이로써 오(吳) 땅의 연주(延州 : 季札)의 덕이 아직도 끊이지 않았고 산천의 보물이 아직도 다 없어지지 않았다는 것을 알았소." 벼슬하여 중위(中尉)에 이르렀다.'

褚氏家傳曰, 陶字季雅, 吳郡錢塘人, 褚先生後也. 陶聰惠絶倫, 年十三, 作鷗鳥, 水碓二賦. 宛陵嚴仲弼見而奇之曰, 褚先生復出矣. 弱不好弄, 清淡閑默, 以墳典自娱. 語所親曰, 聖賢備在黃卷中. 捨此何求. 州郡辟不就. 吳歸命, 世祖補臺郎, 建忠校尉. 司空張華與陶書曰, 二陸龍躍於江漢, 彦先鳳鳴於朝陽, 自此以來, 常恐南金已盡, 而復得之於吾子. 故知延州之德不孤, 淵岱之寶不匱. 仕至中尉.

주해 | ○雲津(운진)-은하수.

○朝陽(조양)-《시경(詩經)》〈대아(大雅)〉'권아(卷阿)'에 '봉황이 저 높은 산등성이에서 울고, 오동나무가 산 동쪽 기슭에서 자라났네(鳳凰鳴矣 于彼高岡 梧桐生矣 于彼朝陽)'라고 되어 있는데 그 모전(毛傳)에 '산의 동쪽을 조양(朝陽)이라 한다'라고 했다.

○褚先生(저선생)-저소손(褚少孫). 전한(前漢)시대 패(沛) 땅 사람. 왕식(王式)에게 사사했고 박사(博士)가 되었다(《漢書》 권88 〈儒林傳〉).

○嚴仲弼(엄중필)-엄은(嚴隱). 〈상예편(賞譽篇)〉 20 유주(劉注) (1)을 참조.

○墳典(분전)-삼분오전(三墳五典). 삼황오제(三皇五帝)가 썼다고 전해지는 고대(古代)의 책 이름.

ㅇ黃卷(황권)－책. 옛날의 책은 벌레먹는 것을 막기 위해, 나무껍질을 사용하여 노란색으로 염색한 종이를 사용했다고 한다.

ㅇ吳歸命(오귀명)－280년, 오(吳)나라 손호(孫皓)가 진(晋)나라에 항복하고 진나라 명령에 복종한 것.

ㅇ臺郎(대랑)－상서랑(尙書郎).

ㅇ建忠校尉(건충교위)－교위(校尉)의 하나. 무관(武官).

ㅇ南金(남금)－남방에서 산출되는 양질의 황금. 《시경(詩經)》 〈노송(魯頌)〉 '반수(泮水)'에 '큰 거북과 상아와 남쪽에서 나는 많은 금을 보냈네(元龜象齒 大賂南金)'라고 되어 있다.

ㅇ延州(연주)－연릉(延陵)은 오(吳)나라 계찰(季札)이 봉해졌던 곳. 《진서(晋書)》 권92 〈문원전(文苑傳)〉 중 저도전(褚陶傳)에는 '연문(延門)'으로 적고 있다.

ㅇ德不孤(덕불고)－《논어》 〈이인편(里仁篇)〉에 '공자가 말했다. "덕(德)은 외롭지 않다. 반드시 이웃이 있다(子曰, 德不孤 必有鄰)."'라고 되어 있다.

ㅇ淵岱(연대)－산천(山川). 《진서》 권92에 '천악(川嶽)'이라고 적은 것은 당(唐) 태조(太祖) 이연(李淵)의 휘(諱)를 피하기 위한 것.

ㅇ中尉(중위)－한(漢)나라에서는 집금오(執金吾)라 하여 경사(京師)의 경호와 치안을 맡았다.

20. 어떤 사람이 수재(秀才 : 蔡洪)에게 물었다. "오(吳) 땅의 명문구족(舊族)은 어떠합니까?" 그는 대답했다. "오부군(吳府君 : 吳展)은 성군(聖君) 시대의 노련한 인물이며 태평성대의 걸출한 인재이지요. 주영장(朱永長 : 朱誕)은 백성을 다스리는 지극한 품격을 지녔으며, 공평한 인선(人選)을 하는 고명(高名)을 지녔구요. 엄중필(嚴仲弼 : 嚴隱)은 깊은 소택(沼澤)에서 우는 학(鶴)이자 그윽한 계곡에서 노니는 흰망아지이고요. 고언선(顧彦先 : 顧榮)은 팔음(八音)으로 조화된 금슬(琴瑟)이자 오색으로 아롱진 무늬이구요. 장위백(張威伯 : 張

暢)은 추운 겨울에도 무성한 소나무이며 어두운 밤에도 빛이 나는 빛이지요. 육사형(陸士衡 : 陸機)과 육사룡(陸士龍 : 陸雲)은 높이 나는 홍곡(鴻鵠)이며, 쳐주기를 기다리는 북이랍니다.(1) 대저 이런 여러 명현(名賢)들은 커다란 붓을 쟁기로 삼고 종이를 밭으로 삼으며, 유현묵사(幽玄默思)를 경작으로 삼고, 철리(哲理)를 풍성한 열매로 삼으며 담론을 화려한 꽃으로 삼고, 충서(忠恕)를 소중한 보물로 삼으며 문장을 짓되 비단에 수놓듯이 짓고, 오색을 모아 비단 짜듯이 하며 겸허함을 방석삼아 앉고, 예양(禮讓)을 휘장삼아서 치며 인의(仁義)를 집삼아서 행동하고, 도덕을 저택삼아서 수양을 하고 있소이다."(2)

원문 | **有問秀才, 吳舊姓何如. 答曰, 吳府君, 聖王之老成, 明時之儁乂. 朱永長, 理物之至德, 淸選之高望. 嚴仲弼, 九皐之鳴鶴, 空谷之白駒. 顧彦先, 八音之琴瑟, 五色之龍章. 張威伯, 歲寒之茂松, 幽夜之逸光. 陸士龍, 鴻鵠之裴回, 懸鼓之待槌.(1) 凡此諸君, 以洪筆爲鉏耒, 以紙札爲良田, 以玄默爲稼穡, 以義理爲豊年, 以談論爲英華, 以忠恕爲珍寶. 箸文章爲錦繡, 蘊五色爲繒帛, 坐謙虛爲席薦, 張義讓爲帷幙, 行仁義爲室宇, 修道德爲廣宅.(2)**

(1) 수재(秀才)는 채홍(蔡洪)이다. 《채홍집(蔡洪集)》에 실려 있는 〈자사(刺史) 주준(周俊)에게 주는 글〉에 이런 이야기가 있다. '어느 날, 천자를 모시고 앉아 있을 때, 화제가 오(吳) 땅의 명사(名士)들에게 미치자 나에게 친히 하문하시었습니다. 뜻밖의 명령인지라 그때는 사양하고 대답을 못했습니다만 그 이름과 행장(行狀)을 조목조목 열거하라는 칙명이 내렸기에 물러나 생각을 해보았습니다. 이에 알고 있는 바를 적습니다. 오전(吳展)은 자가 사계(士季)

이며 하비(下邳) 사람으로서 충직함은 잘못을 바로잡기에 충분하고 청렴함은 풍속을 쇄신하기에 충분하며, 신실함은 신명(神明)과 통할 만하고 재능은 세상을 다스릴 만합니다. 오나라에서 벼슬을 하여 광주자사(廣州刺史)와 오군태수(吳郡太守)를 지냈으나, 오 땅이 평정된 뒤에는 하비(下邳)로 돌아와 두문불출하고 스스로를 지키면서 빈객들과 교제하지 않았습니다. 진실로 성군(聖君) 시대의 노련한 인물이요, 태평성대의 걸출한 인재입니다. 주탄(朱誕)의 자는 영장(永長)이며 오군(吳郡) 사람입니다. 몸소 화평함을 실천하면서 재덕(才德)을 간직하고 이치에 통달했습니다. 오나라 조정에서 현량(賢良)으로 천거되어 의랑(議郎)에까지 올랐으나, 지금은 고향에 돌아와 집에 있습니다. 진실로 백성을 다스리는 지극한 품덕을 지녔고, 공평한 인선(人選)을 행하는 높은 명망을 지녔습니다. 엄은(嚴隱)의 자는 중필(仲弼)이며 오군(吳郡) 사람입니다. 타고난 기품이 청순하며, 사려가 깊고 도량이 큽니다. 오나라 조정에서 현량(賢良)으로 천거되어 완릉령(宛陵令)을 지냈으나 오나라가 평정된 후로는 관직에서 떠났습니다. 깊은 소택(沼澤)에서 우는 학(鶴)이요, 그윽한 계곡에서 노니는 흰망아지입니다. 장전(張鴫)의 자는 위백(威伯)이며 오군(吳郡) 사람입니다. 타고난 성품이 강인하고 총명하며 뜻과 행동이 청명하여 혼란한 가운데에 있으면서 전혀 흔들리지 않았습니다. 추운 겨울날의 무성한 소나무요, 어두운 밤에 빛이 나는 빛입니다.'

《육운별전(陸雲別傳)》에 이런 이야기가 있다. '육운의 자는 사룡(士龍)이며 오나라 대사마(大司馬) 육항(陸抗)의 다섯째 아들이자 육기(陸機)의 친동생이다. 학문이 깊었던 준재(俊才)였다. 용모가 훌륭했고 변론에 뛰어났으며 박문강기(博聞强記)하여 저술(著述)을 잘했다. 여섯살 때 시를 잘 지어 당시 사람들은 그를 항탁(項託)이나 양오(揚烏)의 무리라고 했다. 18세 때 자사(刺史)인 주준(周俊)은 그를 주부(主簿)로 발탁했다. 주준은 언제나 감탄하며 말했다. "육사룡은 당세의 안연(顔淵)이다." 태자사인(太子舍人)·청하내사(淸河內史)로 누천(累遷)되었다. 성도왕(成都王 : 司馬穎)에게 죽음을 당했다.'

秀才, 蔡洪也. 集載洪與刺史周俊書曰, 一日侍坐, 言及吳士, 詢于芻蕘, 遂見下問. 造次承顔, 載辭不擧, 敕令條列名狀, 退輒思之. 今稱疏所知. 吳展字士季, 下邳人. 忠足矯非, 淸足厲俗, 信可結神, 才堪幹世. 仕吳爲廣州刺史, 吳郡太守. 吳平, 還下邳, 閉門自守, 不交賓客. 誠聖王之老成, 明時之儁乂也. 朱誕字永長, 吳郡人. 體履淸和, 黃中通理. 吳朝擧賢良, 累遷議郞. 今歸在家. 誠理物之至德, 淸選之高望也. 嚴隱字仲弼, 吳郡人. 稟氣淸純, 思度淵偉. 吳朝擧賢良, 宛陵令. 吳平, 去職. 九皐之鳴鶴, 空谷之白駒也. 張曜字威伯, 吳郡人. 稟性堅明, 志行淸朗, 居磨涅之中, 無淄磷之損. 寒歲之松栢, 幽夜之逸光也.

陸雲別傳曰, 雲字士龍, 吳大司馬抗之第五子, 機同母之弟也. 儒雅有俊才. 容貌瓌偉, 口敏能談, 博聞强記, 善著述. 六歲便能賦詩, 時人以爲項託, 揚烏之疇也. 年十八, 刺史周俊命爲主簿. 俊常歎曰, 陸士龍當今之顔淵也. 累遷太子舍人, 淸河內史. 爲成都王所害.

(2) 생각하건대 채홍(蔡洪)이 논한 사인(士人)은 16명으로서 그 중에는 육기 형제가 들어있지 않다. 또 '범차제군(凡此諸君)' 이하의 문장도 없다. 아마도 후일에 첨가한 것이리라.

案蔡所論士十六人, 無陸機兄弟. 又無凡此諸君以下, 疑益之.

주해 | ㅇ秀才(수재)－인재를 천거할 때의 과명(科名). 후한(後漢)에서는 무재(茂才)라고 했다.

ㅇ老成(노성)－노성인(老成人). 경험을 쌓고, 훌륭한 덕을 완성하고 있

는 사람. 《시경(詩經)》 〈대아(大雅)〉 '탕(蕩)'에 '비록 나이 많고 훌륭한 사람은 없다고 하지만 여전히 법도는 있다(雖無老成人 尙有典刑)'라고 하였다.

- 九皐(구고)－높고 깊은 언덕. 《시경》 〈소아(小雅)〉 '학명(鶴鳴)'에 '학이 높은 언덕에서 우네(鶴鳴于九皐)'라고 했다.
- 空谷(공곡)－큰 골짜기. 《시경》 〈소아(小雅)〉 '백구(白駒)'에 '새하얀 흰망아지가 저 깊은 골짜기에 있다(皎皎白駒 在彼空谷)'라고 되어 있다.
- 八音(팔음)－8종의 악기. 금(金)·석(石)·사(絲)·죽(竹)·포(匏)·토(土)·혁(革)·목(木)을 가리킨다.
- 五色(오색)－오채(五彩). 황(黃)·청(靑)·적(赤)·백(白)·흑(黑) 등 다섯 가지 색.
- 陸士龍(육사룡)－원본(袁本)에는 '육사형사룡(陸士衡士龍)'으로 되어 있다.
- 裴回(배회)－배회(徘徊)와 같다.
- 以玄默爲稼穡(이현묵위가색), 以義理爲豊年(이의리위풍년)－침정묵상(沈靜默想)하여 풍부한 철리(哲理)를 얻는 것.
- 忠恕(충서)－진심과 이해. 《논어(論語)》 〈이인편(里仁篇)〉에 '선생님의 도(道)는 충(忠)과 서(恕)일 따름이다(夫子之道 忠恕而已矣)'라고 되어 있다.
- 蘊五色(온오색)－원본(袁本)에는 '온오경(蘊五經)'으로 되어 있다.
- 周俊(주준)－《진서(晋書)》 권61 본전(本傳)에는 '주준(周浚)'으로 되어 있다.
- 詢于芻蕘(순우추요)－《시경》 〈대아(大雅)〉 '판(板)'의 구절. '추요(芻蕘)'는 나무꾼. 즉 천한 신분이란 의미. 여기서는 스스로 겸양하여 한 말이다.
- 造次(조차)－순간적인 경우를 가리킨다.
- 承顔(승안)－눈치를 살피는 것.
- 黃中通理(황중통리)－《역경(易經)》 곤괘(坤卦)에 '군자는 황중(黃中)으로 이(理)에 통한다'라고 되어 있다. '황중'은 재덕(才德)을 깊이 감

추고 겉으로 나타내지 않는 것. '통리'는 도리에 통하는 것.

- 議郎(의랑)－문관 낭관(郎官)의 최고위로서 광록훈(光祿勳)에 속한다.
- 磨涅之中(마날지중)－《논어》〈양화편(陽貨篇)〉에 '갈아도 닳지 않으니 굳다고 아니 말하랴(不曰堅乎 磨而不磷), 물들여도 검어지지 않으니 희다고 아니하랴(不曰白乎 涅而不緇)'고 되어 있다. 아주 굳은 물건은 갈아도 닳지 않으며 매우 새하얀 것은 물을 들여도 검어지지 않는 것, 즉 군자는 혼란한 탁류 속에서도 그 몸을 더럽히지 않는다는 의미이다.
- 項託(항탁)·揚烏(양오)－《사기(史記)》 권71 〈감라전(甘羅傳)〉에 '항탁(項橐)은 7세 때 공자(孔子)의 스승이 되었다'라고 되어 있다. '항탁(項橐)'은 '항탁(項託)'으로도 쓴다. 양오(揚烏)는 양웅(揚雄)의 아들. 모두가 신동(神童)이다.

21. 어떤 사람이 왕이보(王夷甫 : 王衍)에게 물었다. "산거원(山巨源 : 山濤)의 철리(哲理)는 어떠합니까? 누구의 유(類)인가요?" 왕연이 대답했다. "이 사람은 본디 청담(淸談)을 가지고 임하고자 하지 않았었소. 그러나 노장(老莊)의 책을 읽은 것도 아니건만 이따금 이야기하는 것을 듣건대 (그 노장의) 취에 합치하고 있소."(1)

원문| **人問王夷甫, 山巨源義理何如. 是誰輩. 王曰, 此人初不肯以談自居. 然不讀老莊, 時聞其詠, 往往與其旨合.**(1)

(1) 고개지(顧愷之)의 《화찬(畵贊)》에 이런 이야기가 있다. '산도(山濤)는 몸에 지니고 있으면서도 이것을 나타내려고 하지 않았다.' 모두가 이런 식이었다.
顧愷之畫贊曰, 濤有而不恃. 皆此類也.

22. 낙양(洛陽)에 온아한 인물로 삼하(三嘏)가 있었다. 유수(劉粹)

의 자는 순하(純嘏)이고 유굉(劉宏)의 자는 종하(終嘏)이며 유막(劉漠)의 자는 충하(沖嘏)이다. 이 3형제들은 왕안풍(王安豊 : 王戎)의 외조카이다. 그리고 모두 왕안풍의 사위들이다. 유굉은 유진장(劉眞長 : 劉惔)의 조부이다.(1) 낙양에서 이름을 떨치던 사람은 풍혜경(馮惠卿)으로, 이름은 손(蓀)이며 풍파(馮播)의 아들이다.(2) 풍손과 형교(邢喬)는 모두 사도(司徒) 이윤(李胤)의 외손(外孫)으로서 이윤의 아들 이순(李順)과 함께 이름이 알려져 있었다. 당시 이런 말이 있었다. "풍손의 재능은 청(淸), 이순의 재능은 명(明), 순수한 자는 형교."(3)

원문| 洛中雅雅有三嘏. 劉粹字純嘏, 宏字終嘏, 漠字沖嘏. 是親兄弟, 王安豊甥, 並是王安豊女壻. 宏. 眞長祖也.(1) 洛中錚錚馮惠卿, 名蓀. 是播子.(2) 蓀與邢喬俱司徒李胤外孫, 及胤子順並知名. 時稱, 馮才清, 李才明, 純粹邢.(3)

(1) 《진제공찬(晉諸公贊)》에 이런 이야기가 있다. '유수(劉粹)는 패국(沛國) 사람이다. 시중(侍中) · 남중랑장(南中郎將)을 역임했다. 유굉(劉宏)은 비서감(秘書監) · 광록대부(光祿大夫)를 역임했다.'
《진후략(晉後略)》에는 이런 이야기가 있다. '유막(劉漠)은 젊었을 때부터 사람을 감식하는 명철이 있는 것으로 이름이 알려졌다. 왕이보(王夷甫 : 王衍)와 친교가 있었으며 두 사람 모두 인물 비평을 즐겨했었다. 그래서 세상 사람들은 그를 재능과 지혜가 있는 인물로 인정했다. 상국우장사(相國右長史)에서 나아가 양주자사(襄州刺史)가 되었는데 고상하다는 평판을 받았다.'
생각하건대 《유씨보(劉氏譜)》를 보면 '유분(劉邠)의 아내는 무주(武周)의 딸로서 유수(劉粹) · 유굉(劉宏) · 유막(劉漠)을 낳았다고 되어 있다. 그렇다면 왕씨(王氏 : 王戎)의 외조카는 아니다.'
晉諸公贊曰, 粹, 沛國人. 歷侍中, 南中郎將. 宏歷秘書監, 光祿

大夫.

晉後略曰, 漠少以淸識爲名. 與王夷甫友善, 並好以人倫爲意. 故世人許以才智之名. 自相國右長史, 出爲襄州刺吏. 以貴簡稱. 按, 劉氏譜, 劉邠妻, 武周女, 生粹, 宏, 漠. 非王氏甥.

(2) 《진후략(晉後略)》에 이런 말이 있다. '풍파(馮播)의 자는 우성(友聲)이며 장락(長樂) 사람이다. 벼슬은 대종정(大宗正)에 이르렀고 풍손(馮蓀)을 낳았다.'

《팔왕고사(八王故事)》에 이런 이야기가 있다. '풍손(馮蓀)은 젊었을 때부터 현명하여 시의(時宜)를 파악하고 있었다. 일찍부터 청관(淸官)을 역임했고 출사하여 시중(侍中)에 이르렀다. 장사왕(長沙王 : 司馬乂)에게 죽음을 당했다.'

晉後略曰, 播字友聲, 長樂人. 位至大宗正, 生蓀.

八王故事曰, 蓀少以才悟, 識當世之宜. 蚤歷淸職, 仕至侍中. 爲長沙王所害.

(3) 《진제공찬(晉諸公贊)》에 이런 말이 있다. '형교(邢喬)의 자는 증백(曾伯)이며 하간(河間) 사람이다. 재학(才學)이 있었는데 벼슬하여 사예교위(司隷校尉)에 이르렀다. 이순(李順)의 자는 만장(曼長)이며 벼슬하여 태복경(太僕卿)에 이르렀다.'

晉諸公贊曰, 喬字曾伯, 河閒人. 有才學, 仕至司隷校尉. 順字曼長, 仕至太僕卿.

주해 | ㅇ漠字沖嘏(막자충하)－《진서(晉書)》 권75 〈유담전(劉惔傳)〉에서는 '막(漠)'을 '황(潢)'으로 적고 있다.

ㅇ錚錚(쟁쟁)－쇠붙이가 부딪쳐서 내는 소리. 대중들보다 뛰어난 인물의 비유.

ㅇ時稱云云(시칭운운)……－청(淸)·명(明)·형(邢)은 압운(押韻)이다.

ㅇ大宗正(대종정)－황족(皇族)을 통제하는 관직. 진(晉)나라에서는 황족

이외의 사람을 채용했다.

○淸職(청직)－청관(淸官). 명류(名流) 출신인 사람이 맡는 관직으로서 주로 시중(侍中)·황문시랑(黃門侍郎)·산기상시(散騎常侍)·산기시랑(散騎侍郎)·비서랑(秘書郎) 등, 천자 측근의 영직(榮職)을 가리킨다.

○順字曼長(순자만장)－송본(宋本)에서는 순(順)을 '신(愼)'으로 적고 있는데 여기서는 원본(袁本)에 따랐다. 《진서(晋書)》 권44 〈이윤전(李胤傳)〉에, '삼자(三子), 고(固), 진장(眞長), 수(脩)가 있었다'라고 되어 있고 《진서각주(晋書斠注)》에는 진장(眞長)이 이순(李順)의 자(字)라고 했으니 《세설(世說)》에서 말하는 만장(曼長)은 잘못일 것이다.

23. 위백옥(衛伯玉 : 衛瓘)은 상서령(尙書令)이었을 때, 악광(樂廣)이 서진(西晋)의 명사(名士)들과 담론하는 것을 보고 감탄하며 말했다. "옛날 사람들이 세상을 떠난 다음에는 미언(微言)이 끊어지고 말 것이라며 늘 걱정을 했었는데 이제 당신에게서 이런 말을 듣게 되었군요." 그리고 자제들에게 명하여 그에게로 가게 하였다. "이분은 인간의 수경(水鏡)이다. 그를 보노라면 구름과 안개를 헤치고 푸른 하늘을 보는 것 같은 생각이 든다."(1)

▌원문│ 衛伯玉爲尙書令, 見樂廣與中朝名士談議, 奇之曰, 自昔諸人沒已來, 常恐微言將絶, 今乃復聞斯言於君矣. 命子弟造之, 曰, 此人人之水鏡也, 見之若披雲霧覩靑天.(1)

(1) 《진양추(晋陽秋)》에 이런 말이 있다. '상서령(尙書令) 위관(衛瓘)은 악광(樂廣)을 보고 말했다. "옛날 하평숙(何平叔 : 何晏) 등이 세상을 떠난 후로 청담(淸談)이 없어졌다고 늘 생각해 왔었소이다. 그런데 이제 그대에게서 그것을 듣게 되었소이다그려."'

왕은(王隱)의 《진서(晋書)》에 이런 이야기가 있다. '위관은 논리에 뛰어났는데 하안(何晏)·등양(鄧颺) 등과 자주 담론을 하였다.

악광을 보고는 드물게 보는 인물이라고 생각하여 말했다. "이 사람과 만날 때마다 마음이 밝아지는 것이 마치 구름이나 안개를 헤치고 푸른 하늘을 보는 것 같은 생각이 든다."'

晉陽秋曰, 尚書令衛瓘見廣曰, 昔何平叔諸人沒, 常謂淸言盡矣. 今復聞之於君.

王隱晉書曰, 衛瓘有名理, 及與何晏, 鄧颺等數共談講. 見廣奇之曰, 每見此人, 則瑩然猶廓雲霧, 而覩靑天也.

주해 | ○微言(미언)－심원한 철리(哲理)에 대한 언설(言說)·논의(〈文學篇〉 83 참조).

○人之水鏡(인지수경)－사심(私心)을 섞는 일 없이 인물과 사물 등을 올바르게 평가하는 것. 《삼국지》 권40 〈이엄전(李嚴傳)〉의 배주(裴注)에 인용한 습착치(習鑿齒)의 말을 참고할 것.

○鄧颺(등양)－정시연간(正始年間), 위(魏)나라의 명사. 시중상서(侍中尚書)에 이르렀다. 《삼국지》 권9 〈조상전(曹爽傳)〉에 그 사정이 보이며 또 동전(同傳) 배주(裴注)에서 인용한 《위략(魏略)》에도 전(傳)이 있다.

○瑩然(형연)－밝게 빛나는 모양.

24. 왕태위(王太尉 : 王衍)가 말했다. "배영공(裴令公 : 裴楷)을 보면 그 정상(精爽)하고 명랑한 인품은 일세를 덮고 그 식견은 비범했었지. 만약 죽은 사람을 되살릴 수가 있다면 이런 인물과 행동을 같이하고 싶다구." 일설에는 왕융(王戎)의 말이라고도 한다.(1)

원문 | **王太尉曰, 見裴令公精明朗然, 籠蓋人上. 非凡識也. 若死而可作, 當與之同歸. 或云, 王戎語.**(1)

(1) 《예기(禮記)》에 이런 말이 있다. '조문자(趙文子)가 숙예(叔譽)와 함께 묘지(墓地)인 구원(九原)을 건너다보았다. 그리고 문자가 말

했다. "만약 죽은 사람을 작(作)할 수 있다면 나는 누구와 행동을 함께할 것인가?" '
정현(鄭玄)의 주(注)에 말했다. '작(作)은 기(起)이다.'
禮記曰, 趙文子與叔譽觀于九原. 文子曰, 死者如可作也, 吾誰與歸.
鄭玄曰, 作, 起也.

주해 ㅇ禮記(예기)－〈단궁편(檀弓篇)〉 하(下)의 기사.
ㅇ趙文子(조문자)－조무(趙武). 춘추시대 진(晋)나라 사람으로 도공(悼公)을 섬기어 상(相)이 되었다.
ㅇ九原(구원)－진(晋)나라의 경(卿)과 대부(大夫)의 묘지. 또는 전(轉)하여 묘지를 가리키기도 한다.

25. 왕이보(王夷甫 : 王衍)는 스스로 탄식하며 말했다. "나는 악령(樂令 : 樂廣)과 담론을 하면 언제나 내 말이 많다는 것을 느끼지 않을 수 없다."(1)

원문 **王夷甫自嘆, 我與樂令談, 未嘗不覺我言爲煩.**(1)

(1) 《진양추(晋陽秋)》에 이런 이야기가 있다. '악광(樂廣)은 간결한 말로 사람들의 마음을 만족시키기를 잘했는데 모르는 것에 대해서는 침묵을 지켰다. 태위(太尉) 왕이보(王夷甫 : 王衍)와 광록대부(光祿大夫) 배숙칙(裴叔則 : 裴楷)은 청담을 잘했는데 언제나 "악군(樂君)과 이야기를 나누면 그의 말은 간결하고 정곡을 찔렀으나 우리의 말은 모두 번잡하다는 것을 느끼었다."라고 말했다.'
晋陽秋曰, 樂廣善以約言厭人心, 其所不知, 默如也. 太尉王夷甫, 光祿大夫裴叔則能清言, 常曰, 與樂君言, 覺其簡至, 吾等皆煩也.

26. 곽자현(郭子玄 : 郭象)은 뛰어난 재능을 가지고 있었는데 노장(老莊)을 논하는 데 뛰어났다. 유애(庾敳)는 언제나 그를 칭찬하며 말했다. "곽자현은 나에게 뒤지지 않는 것 같더군."(1)

원문| **郭子玄有儁才, 能言老莊. 庾敳嘗稱之, 每曰, 郭子玄何必減庾子嵩.**(1)

(1) 《명사전(名士傳)》에 이런 이야기가 있다. '곽상(郭象)의 자는 자현(子玄)인데 황문랑(黃門郎)에서 태부(太傅 : 司馬越)의 주부(主簿)가 되었다. 직무를 수행함에 있어서는 권세를 휘둘러 관소(官所) 안을 자기 마음대로 움직였다. 유애(庾敳)는 곽상에게 말했다. "그대는 당초부터 금세(今世)의 대재(大才)이며 내가 진작부터 생각하고 있던 바는 모두 바닥이 났소이다." 그가 상대방의 이론에 감탄하여 탄복함이 모두 이와 같았다.'
名士傳曰, 郭象字子玄, 自黃門郎爲太傅主簿, 任事用勢, 傾動一府. 敳謂象曰, 卿自是當世大才, 我疇昔之意, 都已盡矣. 其伏理推心, 皆此類也.

27. 왕평자(王平子 : 王澄)는 형인 태위(太尉 : 王衍)를 평하여 말했다. "형님은 겉으로는 무위지도(無爲之道)를 터득하고 계신 듯합니다만 정신적으로는 그 기능이 너무 둔하십니다." 태위가 대답했다. "실로 그대의 진실되고 대범함에는 미치지 못하겠어."(1)

원문| **王平子目太尉, 阿兄形似道, 而神鋒太儁. 太尉答曰, 誠不如卿落落穆穆.**(1)

(1) 왕은(王隱)의 《진서(晉書)》에 이런 이야기가 있다. '왕징(王澄)은

사리에 밝아 인물을 평가하기 좋아했는데 조금도 정에 얽매이지 아니했다.'

王隱晉書曰, 澄通朗好人倫, 情無所係.

▒ **주해** | ㅇ落落(낙락)－도량이 넓고 마음이 대범·솔직한 것.
ㅇ穆穆(목목)－인품이 신중하고 장중한 것.

28. 태부(太傅 : 司馬越)의 관소(官所)에 삼재(三才)가 있었다. 유경손(劉慶孫 : 劉輿)은 장재(長才),(1) 반양중(潘陽仲 : 潘滔)은 대재(大才), 배경성(裴景聲 : 裴邈)은 청재(淸才)였다.(2)

▒ **원문** | **太傅府有三才. 劉慶孫長才,(1) 潘陽仲大才, 裴景聲淸才.(2)**

(1) 《진양추(晉陽秋)》에 이런 이야기가 있다. '태부(太傅)가 유여(劉輿)를 부르려고 했을 때, 어떤 사람이 "유여는 기름과 같은 사람입니다. 가까이하면 사람을 더럽힐 것입니다."라고 말했다. 태부는 어쩌면 그럴는지도 모르겠다는 생각에서 그를 멀리했다. 그러자 유여는 은밀히 천하의 병부(兵簿), 주둔군과 창고의 소재지, 인원과 양곡의 다소, 우마(牛馬)와 병기(兵器), 수륙의 지형 등을 조사하고 모두 묵묵히 가슴속에 외고 있었다. 당시 군사와 정치적 사건이 많아서 회의가 있을 때마다 반도(潘滔) 이하 여러 사람들은 그것에 대해 어찌할 바를 모르고 있었다. 유여는 즉시로 손가락을 세면서 작전을 세웠고, 병사와 무기의 징발·장소도, 그리고 군량의 수송도 지체하는 일이 없었다. 그래서 태부는 마침내 모든 것을 유여에게 맡겼다.'

晉陽秋曰, 太傅將召劉輿. 或曰, 輿猶膩也. 近將汙人. 太傅疑

而禦之. 輿乃密視天下兵簿, 諸屯戌及倉庫處所, 人穀多少, 牛馬器械, 水陸地形, 皆默識之. 是時軍國多事, 每會議事, 自潘滔以下, 皆不知所對. 輿便屈指籌計, 所發兵仗處所, 糧廩運轉, 事無凝滯. 於是太傅遂委仗之.

(2) 《팔왕고사(八王故事)》에 이런 이야기가 있다. '유여는 통괄하는 재주가 뛰어나고 반도는 박학하므로 이름이 알려졌으며 배막(裴邈)은 방정(方正)을 힘써 행했는데 모두 동해왕(東海王 : 司馬越)에게 신임을 받아 막부(幕府) 안에서 이름을 날렸다. 그래서 당시 사람들은 "유여는 장재(長才), 반도는 대재(大才), 배막은 청재(淸才)이다."라며 칭송했다.'

八王故事曰, 劉輿才長綜覈, 潘滔以博學爲名, 裴邈彊立方正, 皆爲東海王所暱, 俱顯一府. 故時人稱曰, 輿長才, 滔大才, 邈淸才也.

주해 | ㅇ劉慶孫云云(유경손운운)—유여(劉輿)는 〈아량편(雅量篇)〉 10, 반도(潘滔)는 〈식감편(識鑒篇)〉 6, 배막(裴邈)은 〈아량편〉 11에 각각 보인다.

ㅇ兵簿(병부)—병사의 성명을 기록한 장부. 《후한서(後漢書)》 권48 〈오한전(吳漢傳)〉 주(注)에 '병부는 군사의 명장(名帳)이다'라고 되어 있다.

29. 죽림칠현(竹林七賢)에게는 각기 훌륭한 아들들이 있었다. 완적(阮籍)의 아들 완혼(阮渾)은 인물이 컸고,(1) 혜강(嵇康)의 아들 혜소(嵇紹)는 고답적이며 행동이 올바랐으며,(2) 산도(山濤)의 아들 산간(山簡)은 사물에 구애받지 않고 고상·소박했고,(3) 완함(阮咸)의 아들 완첨(阮瞻)은 허심탄회하고 고원한 뜻이 있었으며, 완첨의 동생 완부(阮孚)는 명랑활달하여 사소한 일에 구애받지 않았고,(4) 상수(向秀)의 아들인 상순(向純)과 상제(向悌)는 모두 고상하고 청순한 아취가 있

었다.(5) 왕융(王戎)의 아들 만자(萬子)는 대성(大成)할 풍도가 있었는데 요절했다.(6) 단지 유령(劉伶)의 아들만큼은 이렇다 할 소문이 없었다. 이들 모든 사람들 가운데 완첨이 첫손가락을 꼽을 만한데 혜소·산간 두 사람도 당시 중시되었다.

| 원문 | 林下諸賢, 各有儁才子. 籍子渾, 器量弘曠,(1) 康子紹, 淸遠雅正,(2) 濤子簡, 疎通高素.(3) 咸子瞻, 虛夷有遠志. 瞻弟孚, 爽朗多所遺.(4) 秀子純, 悌, 並令淑有淸流.(5) 戎子萬子, 有大成之風, 苗而不秀.(6) 唯伶子無聞. 凡此諸子, 唯瞻爲冠. 紹, 簡亦見重當世.

(1) 《세어(世語)》에 이런 이야기가 있다. '완혼(阮渾)의 자는 장성(長成)이며 담박허심(淡泊虛心)하고 기욕(嗜欲)이 적었다. 벼슬은 태자중서자(太子中庶子)에 이르렀다.'
世語曰, 渾字長成, 淸虛寡欲. 位至太子中庶子.

(2) 앞에서 나왔다.
已見.

(3) 우예(虞預)의 《진서(晉書)》에 이런 이야기가 있다. '산간(山簡)의 자는 계륜(季倫)이며 마음이 온화하고 바르며, 아버지[山濤]의 풍도가 있었다. 혜소(嵇紹)·유막(劉漠) 등과 명성을 같이했으며 상서(尙書)로 옮겼다가 나아가서 정남장군(征南將軍)이 되었다.'
虞預晉書曰, 簡字季倫, 平雅有父風. 與嵇紹, 劉漠等齊名. 遷尙書, 出爲征南將軍.

(4) 《명사전(名士傳)》에는 이런 이야기가 있다. '완첨(阮瞻)의 자는 천리(千里)인데 자유로이 행동했고 과욕했다. 이름도 행위도 가식하지 아니하고 스스로 즐기되, 책을 읽더라도 깊이 궁구하려고 하

질 않고 요약만을 이해할 뿐이었다. 벼슬하여 태자사인(太子舍人)이 되었다가 30세에 세상을 떠났다.'

《중흥서(中興書)》에 이런 이야기가 있다. '완부(阮孚)는 사물에 구애받지 않는 인품으로서 젊었을 때 가문의 기풍을 지니고 있었다. 처음에 안동장군(安東將軍 : 元帝)의 참군(參軍)이 되었다. 머리를 빗지 아니하고 술을 많이 마셨으며 나랏일에 마음을 두지 아니했다.'

名士傳曰, 瞻字千里, 夷任而少嗜欲. 不修名行, 自得於懷. 讀書不甚硏求, 而識其要. 仕至太子舍人. 年三十卒.

中興書曰, 孚風韻疎誕, 少有門風. 初爲安東參軍. 蓬髮飮酒, 不以王務嬰心.

(5) 《죽림칠현론(竹林七賢論)》에 이런 이야기가 있다. '상순(向純)의 자는 장제(長悌)이고 벼슬은 시중(侍中)에 이르렀다. 상제(向悌)의 자는 숙손(叔遜)이며 벼슬은 어사중승(御史中丞)에 이르렀다.'

《진제공찬(晋諸公贊)》에는 이런 이야기가 있다. '낙양이 함락되었을 때 상순과 상제는 도망갔는데 적(賊)에게 죽음을 당했다.'

竹林七賢論曰, 純字長悌, 位至侍中. 悌字叔遜, 位至御史中丞.

晋諸公贊曰, 洛陽敗, 純, 悌出奔, 爲賊所害.

(6) 《진제공찬(晋諸公贊)》에 이런 이야기가 있다. '왕수(王綏)의 자는 만자(萬子)이며 태위연(太尉掾)으로 부름을 받았으나 나아가지 아니했다. 19세로 요절했다.'

《진서(晋書)》에 이런 말이 있다. '왕융(王戎)의 아들 왕만(王萬)은 평판이 높았는데 몹시 뚱뚱했다. 그래서 왕융은 겨를 먹였는데 도리어 점점 더 뚱뚱해졌다.'

晋諸公贊曰, 王綏字萬子. 辟太尉掾, 不就. 年十九卒.

晋書曰, 戎子萬, 有美號, 而太肥. 戎令食糠, 而肥愈甚也.

주해 ㅇ苗而不秀(묘이불수)－《논어(論語)》〈자한편(子罕篇)〉에 있는 말. 이 경우는 재능을 발휘하지 못한 채 요절한 것을 뜻한다.
ㅇ已見(이견)－〈덕행편(德行篇)〉 43.
ㅇ嬰心(영심)－마음에 두는 것.
ㅇ洛陽敗(낙양패)－영가(永嘉) 5년(311)의 난(亂).

30. 유자궁(庾子躬 : 庾琮)은 불구자였는데 이름이 아주 널리 알려졌다. 집이 성 서쪽에 있었던 관계로 '성서(城西)의 공부(公府)님'이라고 했다.(1)

원문 **庾子躬有廢疾, 甚知名. 家在城西, 號曰城西公府.(1)**

(1) 우예(虞預)의 《진서(晋書)》에 이런 이야기가 있다. '유종(庾琮)의 자는 자궁(子躬)이며 영천(潁川) 사람이다. 태상(太常) 유준(庾峻)의 차남이며 벼슬을 하여 태위연(太尉掾)이 되었다.'
虞預晋書曰, 琮字子躬, 潁川人, 太常峻第二子. 仕至太尉掾.

31. 왕이보(王夷甫 : 王衍)는 악령(樂令 : 樂廣)에게 말했다. "명사(名士)가 되는 데는 숱한 사람으로부터 인정받지 못하더라도 다만 평자(平子 : 王澄)에게 알려지면 되오."(1)

원문 **王夷甫語樂令, 名士無多人, 故當容平子知.(1)**

(1) 《왕징별전(王澄別傳)》에 이런 이야기가 있다. '왕징은 풍격이 고매하고 지기(志氣)가 탁월했다. 종형인 왕융(王戎), 형인 왕이보(王夷甫 : 王衍)는 당시 명성이 으뜸이었지만 천하 사람들은 일단 왕징에게 품평을 받으면 이 두 형의 말에는 신경도 쓰지 않으면

서 "이미 평자(平子)의 비평을 받은 바에는……"이라고 말했다. 왕징을 중시하기가 실로 이러했다. 그래서 명성은 점점 더 성해졌는데 천하에서 그를 아는 사람이나 모르는 사람이나 마음을 기대지 않는 사람이 없었다. 그러나 왕징은 그후의 사적(事跡)이 평판만 하지 못하여 조야(朝野)의 사람들은 실망했다. 하지만 구교(舊交)가 있었던 식견자들은 역시 "당세의 명사이다."라고 말했다.'

王澄別傳曰, 澄風韻邁達, 志氣不羣. 從兄戎, 兄夷甫, 名冠當年, 四海人士, 一爲澄所題目, 則二兄不復措意, 云, 已經平子. 其見重如此. 是以名聞益盛, 天下知與不知, 莫不傾注. 澄後事迹不逮, 朝野失望. 及舊遊識見者, 猶曰當今名士也.

32. 왕태위(王太尉 : 王衍)가 말했다. "곽자현(郭子玄 : 郭象)의 논의는 마치 도도하게 흐르는 대하(大河)의 물을 끊어, 떨어뜨리는 것과 같아서 아무리 붓더라도 다함이 없다."(1)

원문| **王太尉云, 郭子玄語議如懸河寫水, 注而不竭.**(1)

(1) 《명사전(名士傳)》에 이런 이야기가 있다. '곽자현(郭子玄 : 郭象)은 뛰어난 재능이 있었는데 노장(老莊)을 논하는 데 특히 빼어났다.'

名士傳曰, 子玄有儁才, 能言莊老.

주해| ㅇ懸河(현하)－하늘에서 떨어지는 급류(急流). 이른바 '현하지변(懸河之辯)'이다.

33. 사마태부(司馬太傅 : 司馬越)의 관소(官所)에는 명사(名士)가 많았는데 모두가 당시의 준재(俊才)였다. 유문강(庾文康 : 庾亮)은 말

했다. "자숭(子嵩 : 庾敳)이 그 안에 있는 것을 보면 언제나 정력이 왕성하다."(1)

원문| 司馬太傅府多名士, 一時儁異. 庾文康云, 見子嵩在其中, 常自神王.(1)

(1) 《진양추(晉陽秋)》에 이런 이야기가 있다. '유애(庾敳)는 태부(太傅 : 司馬越)의 종사중랑(從事中郞)이 되었다.'

晉陽秋曰, 敳爲太傅從事中郞.

주해| ㅇ神王(신왕)-조금도 구애받는 일 없이 마음이 왕성한 것. 왕(王)은 왕(旺)과 통하여 무성하다는 뜻이다.

34. 태부(大傅)인 동해왕(東海王 : 司馬越)이 허창(許昌)에 주둔하고 있을 때 왕안기(王安期 : 王承)를 기실참군(記室參軍)으로 삼았다. 일찍부터 그 인물 됨됨이를 인정했고 중시했으므로 세자인 사마비(司馬毗)에게 말했다. "원래 배워서 얻는 것은 얕지만 몸에 익힌 것은 깊다. 예법을 공부하기보다는 예식에 맞는 모습을 보고 배우는 편이 낫다. 또 옛사람의 말을 음미하는 것보다는 친히 교시(敎示)를 받는 편이 낫다. 참군(參軍 : 王承)은 남의 사표(師表)이다. 너는 그에게서 배워라." 또 이런 말도 했다고 한다. "왕승(王承)·조목(趙穆)·등유(鄧攸 : 鄧伯道) 등 세 참군은 모두 사람의 사표이다. 너는 이들을 스승으로 삼으라." 안기(安期 : 王承)·등백도·조목을 가리켜 말한 것이다.(1) 원굉(袁宏)이 저술한 《명사전(名士傳)》에는 오직 왕참군에 대한 것만 있는데 조가(趙家)에는 앞의 것처럼 쓰여있는 책이 있었다고도 한다.

원문| 太傅東海王鎭許昌, 以王安期爲記室參軍. 雅相知重,

敕世子毗曰, 夫學之所益者淺, 體之所安者深. 閑習禮度, 不如式瞻儀形, 諷味遺言, 不如親承音旨. 王參軍人倫之表. 汝其師之. 或曰, 王, 趙, 鄧三參軍, 人倫之表. 汝其師之. 謂安期, 鄧伯道, 趙穆也.(1) **袁宏作名士傳, 直云王參軍. 或云, 趙家先猶有此本.**

(1) 《조오군행장(趙吳郡行狀)》에 이런 이야기가 있다. '조목(趙穆)의 자는 계자(季子)이며 급군(汲郡) 사람이다. 순진·온아하고 재능과 식견이 있었으며 통탈(通脫)했다. 상서랑(尙書郎)·태부(太傅 : 司馬越)의 참군(參軍)을 역임했다. 태부 사마월을 대신하여 조목 및 왕승·완첨(阮瞻)·등유(鄧攸)에게 편지에서 이렇게 말했다. "《예기(禮記)》에 여덟 살이 되면 외부에 나가 교학(教學)의 스승을 찾고, 열 살을 유(幼)라 하여 학문을 시작한다고 되어 있소. 그렇게 하여 선왕(先王)의 도(道)로 나아가야 함을 밝히고 있는 것이오. 그러나 배워도 얻는 것은 얕고, 몸으로 체득(体得)한 것은 깊소. 그러므로 예법을 힘써 익히는 것은, 올바른 의용(儀容)을 모범삼아 견습하는 것만 못하고, (성현의) 말씀을 음미하는 것은 직접 가르침을 받는 것만 같지 못하오. 내 어린 아들 비(毗)는 원래 훌륭한 자질이 없는 데다가 아직 도덕의 말씀도 듣지 못하고 있소이다. 수고스럽더라도 여러분들이 한가한 틈을 내고 왕래하면서 가르쳤으며 하오." 조목은 진(晋)나라 명제(明帝 : 司馬紹)의 스승, 관군장군(冠軍將軍)·오군태수(吳郡太守)를 역임했고 남향후(南鄉侯)에 봉해졌다.'

趙吳郡行狀曰, 穆字季子, 汲郡人. 眞淑平粹, 才識清通. 歷尙書郎, 太傅參軍. 代太傅越與穆及王承, 阮瞻, 鄧攸書曰, 禮, 八歲出就外傅, 十年曰幼學. 明可以漸先王之教也. 然學之所受者淺, 體之所安者深. 是以閑習禮度, 不如式瞻軌儀, 諷味遺言, 不如親承辭旨. 小兒毗, 旣無令淑之資, 未聞道德之風. 欲屈諸

君, 時以閑豫, 周旋燕誨也. 穆歷晉明帝師, 冠軍將軍, 吳郡太守. 封南鄕侯.

주해| ㅇ鎭許昌(진허창)—허창의 수비와 치안에 임하는 것.
ㅇ世子(세자)—천자와 제후(諸侯)의 후계자.
ㅇ諷味遺言(풍미유언)—성현이 남긴 교훈을 풍송미독(諷誦味讀)하는 것.
ㅇ代太傅(대태부)—능몽초교정(凌濛初校訂)의 명간본(明刊本)에는 '대(代)'를 '후(後)'로 적었다. 《세설전본(世說箋本)》에는 대(代)자가 없다.
ㅇ禮(예)—《예기(禮記)》 〈내칙(內則)〉에 '10년, 나아가 외부(外傅)에 취하고', 〈곡례(曲禮)〉 상(上)에 '인생(人生) 10년을 유(幼)라 하며 배운다'라고 했다.
ㅇ漸(점)—차츰 나아가는 것.
ㅇ軌儀(궤의)—올바른 용의(容儀).
ㅇ閑豫(한예)—한가함.

35. 유태위(庾太尉 : 庾亮)는 젊었을 때부터 왕미자(王眉子 : 王玄)에게 인정을 받았는데 유량이 강남으로 옮겨간 다음 왕현을 찬탄하며 말했다. "그 지붕 아래에 있으면 사람에게 더위도 추위도 잊게 해준다."(1)

원문| 庾太尉少爲王眉子所知. 庾過江, 歎王曰, 庇其宇下, 使人忘寒暑.(1)

(1) 《진제공찬(晉諸公贊)》에 이런 이야기가 있다. '왕현(王玄)은 젊었을 때부터 사물에 구애받는 일 없이 마음 넓어지기를 원하고 있었다.'
《팔왕고사(八王故事)》에는 이런 이야기가 있다. '왕현(王玄)이 진류태수(陳留太守)로 있을 때, 어떤 사람이 강남에 건너가 낭야왕(琅邪王 : 司馬睿)에게 몸을 의지하는 게 어떻겠느냐고 권했으나 왕현은 말했다. “왕처중(王處仲 : 王敦)이 낭야왕 밑에서 세력을 얻고 있기 때문에 숙부인 왕징(王澄)조차도 죽음을 면할 수 없었소. 어찌 나를 받아들여주리까?” 왕현의 인물 됨됨이나 기량(器量)이 왕돈에게 받아들여질 수 없음을 말한 것이다.’

晉諸公贊曰, 玄少希慕簡曠.

八王故事曰, 玄爲陳留太守, 或勸玄過江投琅邪王, 玄曰, 王處仲得志於彼, 家叔猶不免害. 豈能容我. 謂其器宇不容于敦也.

주해| ㅇ得志於彼(득지어피)－왕돈(王敦)은 낭야왕(琅邪王 : 司馬睿) 밑에서 세력을 얻고 있었다.

ㅇ家叔(가숙)－숙부. 왕현의 아버지인 왕연(王衍)의 동생 왕징(王澄)을 가리킨다. 왕돈에게 살해되었다(《晋書》 권43).

36. 사유여(謝幼輿 : 謝鯤)가 말했다. “친구인 왕미자(王眉子 : 王玄)는 이치에 통달하고 자유분방하며, 혜연조(嵇延祖 : 嵇紹)는 고아하고 품덕이 뛰어나며, 동중도(董仲道 : 董養)는 탁월하고 기품이 있다.”(1)

원문| **謝幼輿曰, 友人王眉子清通簡暢, 嵇延祖弘雅劭長, 董仲道卓犖有致度.**(1)

(1) 왕은(王隱)의 《진서(晋書)》에 이런 이야기가 있다. ‘동양(董養)의 자는 중도(仲道)인데 태시연간(太始年間 : 265~274) 초, 낙양에 와서 사관(仕官)의 길을 찾아 영달을 꾀했다. 영가연간(永嘉年間 : 307~313)에 낙양성 동북쪽 보광리(步廣里)에서 토지가 함몰되는 일이 있었다. 그 속에 두 마리의 거위가 있었는데 푸른 거위

는 날아오르고 하얀 거위는 날지 못한 채 있었다. 이 일을 박식한 사람에게 물어도 알지 못했는데 동양은 이 말을 듣고는 탄식하며 말했다. "옛날 주(周)나라 때 회맹(會盟)이 있었던 곳이 바로 이곳 적천(狄泉)이다. 갑자기 두 마리의 거위가 나타났다고 하는데 푸른 거위는 호족(胡族)을 상징하는 것이요, 나중에 반드시 호족이 낙양에 침입하게 될 조짐이며, 하얀 거위가 날지 못한다는 것은 국가에 불길한 일이 있을 조짐이다."'

사곤(謝鯤)의 〈원화론서(元化論序)〉에 이런 이야기가 있다. '진류(陳留)의 동중도(董仲道 : 董養)는 원강연간(元康年間 : 291~299), 혜제(惠帝 : 司馬衷)가 계모인 양도후(楊悼后)를 폐하고 죽이는 것을 보고는 태학당(太學堂)에 올라가 개탄하며 말했다. "이 당(堂)을 세운 것은 도대체 무엇을 위해였을까? 평소 국가의 사면서(赦免書)를 보건대 반역을 도모한 자는 모두 사면을 받고 있으나 손자가 조부모를 죽인다든가 아들이 부모를 죽이는 경우에는 사면이 안된다. 그것은 왕법(王法)이 용인되지 않고 있기 때문이다. 그런데도 어찌하여 공경(公卿)들은 여러 가지로 의논하고 예전(禮典)을 분석하여 이러한 사태가 일어나지 않도록 하지 못하는 것일까? 천리인도(天理人道)가 없어졌으니 이제 곧 대란(大亂)이 일어나고 말 것이리라." 그리고 사곤(謝鯤)과 완부(阮孚)를 돌아보며 말했다. "《역경(易經)》에 사물의 기미를 아는 것은 신묘한 일이라고 했는데 그대들도 몸을 깊숙이 숨겨야 할 것이오." 그리고 아내와 짐을 싣고 촉(蜀) 땅으로 옮겨갔는데 그후 어떻게 되었는지 알 수가 없다.'

王隱晉書曰, 董養字仲道, 太始初到洛下, 干祿求榮. 永嘉中, 洛城東北角步廣里中地陷. 中有二鵝, 蒼者飛去, 白者不能飛. 問之博識者不能知. 養聞, 歎曰, 昔周時所盟會狄泉, 此地也. 卒有二鵝, 蒼者胡象, 後胡當入洛, 白者不能飛, 此國諱也.

謝鯤元化論序曰, 陳留董仲道, 於元康中, 見惠帝廢楊悼后, 升太學堂歎曰, 建此堂也, 將何爲乎. 每見國家赦書, 謀反逆皆赦, 孫殺王父母, 子殺父母不赦. 以爲王法所不容也. 奈何公卿處議, 文飾禮典以至此乎. 天人之理旣滅, 大亂斯起. 顧謂謝鯤, 阮孚曰, 易稱, 知幾其神乎. 君等可深藏矣. 乃與妻荷儋入蜀, 莫知其所終.

주해 | ㅇ干祿求榮(간록구영)－《진서(晋書)》 권94 〈동양전(董養傳)〉에는 '불간록구영(不干祿求榮)'으로 되어 있다. 이것에 의해 번역하면 '사관(仕官)의 도(道)를 구하여 영달을 꾀하는 일을 하지 않았다'가 된다.

ㅇ蒼(창)－이른바 푸른색은 아니라 푸른기를 띤 백색, 혹은 회색을 띤 백색을 가리킨다.

ㅇ所盟會狄泉(소맹회적천)－적천(狄泉)은 적천(翟泉)으로 적기도 한다. 춘추시대에 주(周)나라 희공(僖公)이 진(晋)·송(宋)·제(齊)·진(陳)·진(秦)의 제후들을 이곳에 모으고 정(鄭)나라를 칠 계획을 세웠다(《左傳)》 僖公 29년조).

ㅇ胡當入洛(호당입락)－영가(永嘉) 5년(311) 흉노인 유총(劉聰)이 낙양을 함락시킨 역사적 사건이 이에 해당한다. 이 사건에 의해 서진(西晋)은 멸망했다.

ㅇ元化論(원화론)－《진서(晋書)》 권94 〈동양전(董養傳)〉에 의하면 동양의 저작(著作)에 〈무화론(無化論)〉이 있다고 기록되어 있다. 원(元)이 무(旡)로, 그리고 다시 무(無)로 오기된 것일까? 사곤(謝鯤)이 이 책의 서(序)를 썼던 것이다.

ㅇ惠帝廢楊悼后(혜제폐양도후)－영평(永平) 원년(元年 : 291) 3월, 혜제의 비(妃) 가후(賈后)가 조서(詔書)를 날조하여 혜제의 계모인 양도후를 서인(庶人)으로 폐하고 금용성(金墉城)에서 살해한 사건(《晋書》 권4 〈惠帝紀〉, 권 31 〈武楊皇后傳〉 참조).

ㅇ易(역)－〈계사전(繫辭傳)〉 상(上).

37. 왕공(王公 : 王導)이 태위(太尉 : 王衍)를 평하여 말했다. "엄험

(嚴險)한 바위가 천인(千仞)이나 치솟아 있는 것 같다."(1)

원문 | 王公目太尉, 巖巖淸峙, 壁立千仞.(1)

(1) 고개지(顧愷之)의 〈왕이보화찬(王夷甫畫贊)〉에 이런 말이 있다. '왕이보(王夷甫 : 王衍)는 남들보다 특히 풍모가 뛰어나서 당시의 식자(識者)들은 "험준하고 준수하기가 천인의 벽이 치솟아 있는 것과 같다."고 했다.'
顧愷之夷甫畫贊曰, 夷甫天形瓌特, 識者以爲巖巖秀峙, 壁立天仞.

주해 | ㅇ巖巖(암암)-돌을 쌓아올리어 울퉁불퉁하고 험준한 모양. 《시경(詩經)》〈소아(小雅)〉'종남산(終南山)'에 '유석암암(維石巖巖)이다'란 구절이 있음.

38. 유태위(庾太尉 : 庾亮)가 낙양에 있을 때, 중랑(中郎 : 庾敳)을 찾아갔다. 중랑은 그를 붙잡으며 말했다. "여러 사람들이 곧 올 것이오." 잠시 후 온원보(溫元甫 : 溫幾)(1)·유왕교(劉王喬 : 劉疇)(2)·배숙칙(裴叔則 : 裴楷) 등이 함께 찾아왔고 온종일 논의 응답이 계속되었다. 유공(庾公)은 그후에도 유왕교와 배해의 훌륭한 재능, 온기의 공명중정(公明中正)한 인품을 잊지 아니했다.(3)

원문 | 庾太尉在洛下, 問訊中郎. 中郎留之云, 諸人當來. 尋溫元甫,(1) 劉王喬,(2) 裴叔則俱至, 酬酢終日. 庾公猶憶劉, 裴之才儁, 元甫之清中.(3)

(1) 《진제공찬(晋諸公贊)》에 이런 이야기가 있다. '온기(溫幾)의 자는

원보(元甫)이고 태원(太原) 사람이다. 성품이 맑고 고상했다. 사도우장사(司徒右長史)·상주자사(湘州刺史)를 역임했는데 관직에 있으면서 세상을 떠났다.'

晉諸公贊曰, 溫幾字元甫, 太原人. 才性淸婉. 歷司徒右長史, 湘州刺史, 卒官.

(2) 조가지(曹嘉之)의 《진기(晋紀)》에 이런 이야기가 있다. '유주(劉疇)의 자는 왕교(王喬)이고 팽성(彭城) 사람인데 아버지 유눌(劉訥)은 사예교위(司隸校尉)였다. 유주는 명리(名理)를 논하는 데 뛰어났다. 일찍이 병란(兵亂)을 피하여 조그마한 보루에 숨었는데 수백 명의 호인(胡人)이 그를 살해코자 했다. 유주는 두려워하는 기색도 없이 갈대 피리를 불되 출새(出塞)·입새(入塞)의 곡을 불어 호인들의 여수(旅愁)의 마음을 불러일으켰다. 그래서 호인들은 모두 눈물을 흘리며 떠나갔다. 벼슬은 사도좌장사(司徒左長史)에 이르렀다.'

曹嘉之晉紀曰, 劉疇字王喬, 彭城人. 父訥, 司隷校尉. 疇善談名理. 曾避亂塢壁, 有胡數百欲害之. 疇無懼色, 援笳而吹之, 爲出塞入塞之聲, 以動其遊客之思. 於是羣胡皆泣而去之. 位至司徒左長史.

(3) 공명중정(公明中正)의 '중(中)'이 어떤 책에는 '평(平)'으로 되어 있다.

中, 一作平.

주해 ㅇ中郎(중랑)－동진(東晋)·남북조(南北朝)의 제공부(諸公府) 및 장군은 모두 중랑을 두고 연속(掾屬)으로 삼았다. 수(隋)나라 이후에는 폐지했다.

ㅇ酬酢(수작)－담론과 응답을 하는 것.

ㅇ塢壁(오벽)－흙으로 만든 보루. 작은 보루.

ㅇ出塞入塞(출새입새)－악부횡취곡(樂府橫吹曲)의 이름.

ㅇ動其遊客之思(동기유객지사)－먼 곳에 온 나그네의 망향(望鄕)의 마음을 불러일으키는 것.

39. 채사도(蔡司徒 : 蔡謨)는 낙양에 있었을 때 육기(陸機) 형제가 속료(屬僚) 관사인 세 칸 기와집에 살고 있는 곳을 찾아갔다. 사룡(士龍 : 陸雲)은 동쪽에, 사형(士衡 : 陸機)은 서쪽에 살고 있었다. 사룡은 사람 됨됨이가 문아(文雅)하고 풍류가 있어 사귀기 쉬웠고, 사형은 7척(尺)이 넘는 키에 목소리가 종소리와 같았으며 그 하는 말에는 강개의 기가 가득했다.(1)

원문| **蔡司徒在洛. 見陸機兄弟, 住參佐廨中, 三間瓦屋. 士龍住東頭, 士衡住西頭. 士龍爲人, 文弱可愛, 士衡長七尺餘, 聲作鐘聲, 言多慷慨.**(1)

(1) 《문사전(文士傳)》에 이런 이야기가 있다. '육운(陸雲)은 마음이 차분하고 조용했으며 언제나 상냥하여 사우(士友)들로부터 존경받았다. 육기(陸機)는 결벽하고 엄격한 풍격이 있어서 향리 사람들에게 두려움의 대상이었다.'

文士傳曰, 雲性弘靜, 怡怡然爲士友所宗. 機清厲有風格, 爲鄕黨所憚.

주해| ㅇ參佐(참좌)－강기(綱紀) 아래에 있는 모든 속료(屬僚)들을 가리키며, 부(府)의 참군(參軍), 주(州)의 제조서좌(諸曹書佐), 군(郡)의 제조연사(諸曹掾史)를 가리킨다. 《진서(晋書)》 권54 〈육기전(陸機傳)〉에 조왕(趙王) 윤(倫)의 상국참군(相國參軍)이 되었다는 기록이 있는데 그때의 일일까.

ㅇ廨(해)－관소(官所).
ㅇ怡怡然(이이연)－화열(和悅)하는 모습.
ㅇ鄕黨(향당)－촌리(村里). 주대(周代)의 제도로 5백 호를 당(黨)이라 하고 2천5백 호를 향(鄕)이라 한다.

40. 왕장사(王長史 : 王濛)는 유자궁(庾子躬 : 庾琮)의 외손이다.(1) 승상(丞相 : 王導)이 유자궁을 평하여 말했다. "철리(哲理)를 깨닫기가 아주 깊도다. 나 이상의 인물이야."(2)

원문| **王長史是庾子躬外孫.(1) 丞相目子躬云, 入理泓然, 我已上人.(2)**

(1) 《왕씨보(王氏譜)》에 이런 이야기가 있다. '왕몽(王濛)의 아버지 왕눌(王訥)은 영천(穎川) 유종(庾琮)의 딸로서 자(字)를 삼수(三壽)라고 하는 여인에게 장가들었다.'
王氏譜曰, 濛父訥, 娶潁川庾琮之女, 字三壽也.

(2) 자궁(子躬)은 자숭(子嵩 : 庾敳)의 형(兄)이다.
子躬, 子嵩兄也.

주해| ㅇ泓然(홍연)－물을 깊이 담고 있는 모습.

41. 유태위(庾太尉 : 庾亮)는 유중랑(庾中郎 : 庾敳)을 위하여 말했다. "우리 숙부는 담론(談論)의 으뜸이다."(1)

원문| **庾太尉目庾中郎, 家從談談之許.(1)**

(1) 《명사전(名士傳)》에 이런 이야기가 있다. '유애(庾敳)는 자질구레한 논의는 하지 않고 그 대요(大要)를 말할 뿐이었는데 태위(太尉)인 왕이보(王夷甫 : 王衍)는 일찍부터 그를 중시하였다.'

어떤 책에는 '가종담지조(家從談之祖)'로 적고 있다. 종(從)을 어떤 책에는 송(誦)으로, 허(許)를 사(辭)로 적고 있다.

名士傳曰, 敳不爲辨析之談, 而擧其旨要. 太尉王夷甫雅重之也.

一作家從談之祖. 從, 一作誦. 許, 一作辭.

주해 | ㅇ談談之許(담담지허)－이 구절은 풀이하기 어려우므로 유주(劉注)의 '담지조(談之祖)'에 따라 번역했다.

ㅇ家從(가종)－우리집 종부(從父)란 뜻. 유애(庾敳)를 가리킨다. 유애는 유량(庾亮)의 아버지인 유종(庾琮)의 조카.

42. 유공(庾公 : 庾亮)이 중랑(中郎 : 庾敳)을 평했다. "정신과 기색이 고요하고 담박하여 어느 정도의 경지에 이른 듯하다."(1)

원문 | 庾公目中郎, 神氣融散, 差如得上.(1)

(1) 《진양추(晋陽秋)》에 이런 이야기가 있다. '유애(庾敳)는 위의(威儀)를 팽개치고 분방하고 활달했으므로 누구의 말에도 귀를 기울이지 않았다.'

晋陽秋曰, 敳積然淵放, 莫有動其聽者.

43. 유곤(劉琨)은 조거기(祖車騎 : 祖逖)를 가리켜, 명쾌하게 이치를 터득하고 있다고 칭찬하면서 말했다. "그는 젊었을 때, 왕돈(王敦)

을 감탄케 한 사람이야."(1)

원문| 劉琨稱祖車騎爲朗詣, 曰, 少爲王敦所歎.(1)

(1) 우예(虞預)의 《진서(晋書)》에 이런 이야기가 있다. '조적(祖逖)의 자는 사치(士稚)이며 범양(范陽) 주(遒) 땅 사람이다. 방일하고 활달하여 예의범절 따위를 익히지 않았고 재물을 가벼이 여기는 한편 베풀기를 좋아했다.'
《진양추(晋陽秋)》에는 이런 말이 있다. '조적(祖逖)은 사공(司空) 유곤(劉琨)과 함께 호걸로서 세상에 이름이 자자했다. 24세 때 유곤과 같이 사주주부(司州主簿)로 부름을 받았다. 서로 정이 두터워 함께 이불을 덮고 잔 일도 있었는데 한밤중에 닭이 우는 소리를 듣고 모두 일어나서 말했다. "이는 나쁜 소리만은 아니오." 두 사람은 항상 세상사에 대해서 이야기를 나누었다. 어느 날 밤중에 일어나서, "만약 천하가 문란해지고 호걸들이 사방에서 일어난다면 그대와 나는 중원(中原)에서 서로 침범을 피하며 공을 세우세." 라고 말했다. 여남태수(汝南太守)가 되었는데 경사(京師 : 洛陽)가 함락되자 난민 수백 호를 이끌고 남쪽으로 건너가 사구(泗口)에 이르렀다. 안동장군(安東將軍 : 元帝 司馬睿)이 불러 서주자사(徐州刺史)에 임명했다. 조적은 원래 웅재(雄才)가 있었으며 언제나 비분강개하며 중원의 회복은 자신의 임무라고 했다. 그리하여 중종(中宗 : 元帝 司馬睿)에게 중원 탈환의 계책을 진언했다. (중종은) 그를 예주자사(豫州刺史)로 임명하여 스스로 군사를 모으게 하였다. 조적은 부곡(部曲) 백여가(百餘家)를 이끌고 장강(長江)을 건너 북쪽으로 갔는데 맹세하여 말했다. "나 조적이 만약 중원을 평정하지 못하고 다시 이곳을 건너는 일이 있다면 천벌이 내리기를, 이 대강(大江)이 흐르는 것처럼 분명하리라." 마을을 공격하고 성을 함락시키며 의용군을 휘하에 모으고 차례로 석호(石虎)의 군단을 격파했다. 석호는 마침내 두번 다시 하남(河南)을 엿보려고 하지 않았다. 석륵(石勒)은 조적의 어머니 묘지를 지키는 묘지기를 두었다. 유곤은 친한 자에게 편지를 보내어 "나는 창을 베개 삼아 날이 밝기를 기다리며 역적을 쳐부술 생각인데 언제나 조군(祖君 : 祖逖)이 나보다 먼저 공을 세우지 않을까 두려워하고 있다."라고 하였다. (그리고) 자주 걱정을 하다가 병이 들어 죽게 되었을 때, 요성(妖星)이 예주의 하늘에 나타난 것을 보고 조적은 말했다. "이것은 분명 나 때문이오. 하늘은 아직 외적(外敵)을 멸절코자 하지 않음이오." 거기장군(車騎將軍)이 추증되었다.'

虞預晉書曰, 祖逖字士稚, 范陽道人. 豁蕩不修儀檢, 輕財好施.

晉陽秋曰, 逖與司空劉琨, 俱以雄豪著名. 年二十四, 與琨同辟司州主簿. 情好綢繆, 共被而寢, 中夜聞雞鳴, 俱起曰, 此非惡聲也. 每語世事, 或中宵起坐, 相謂曰, 若四海鼎沸, 豪傑共起, 吾與足下相避中原耳. 爲汝南太守. 值京師傾覆, 率流民數百家南度, 行達泗口. 安東板爲徐州刺史. 逖旣有豪才, 常慷慨以中原爲己任. 乃說中宗雪, 復神州之計. 拜爲豫州刺史, 使自招募. 逖遂率部曲百餘家, 北度江, 誓曰, 祖逖若不清中原, 而復濟此者, 有如大江. 攻城略地, 招懷義士, 屢摧石虎. 虎不敢復闚河南. 石勒爲逖母墓置守吏. 劉琨與親舊書曰, 吾枕戈待旦, 志梟逆虜, 常恐祖生先吾箸鞭耳. 會其病卒, 先有妖星見豫州分, 逖曰, 此必爲我也. 天未滅寇故耳. 贈車騎將軍.

주해| ㅇ司州(사주)-주(州) 이름. 낙양(洛陽) 일대의 땅.
ㅇ綢繆(주무)-뒤얽히다. 여기서는 교분이 두터운 것.
ㅇ中夜聞雞鳴(중야문계명)-닭은 새벽에 우는데, 한밤중에 우는 것은 불길한 조짐이라고 하였다. 이것을 '차비악성야(此非惡聲也)'라고 말한 것은, 천하에 대란이 일어나면 영웅이 활약할 시기가 도래하는 것을 말한

것이다. 《진서(晋書)》 권62 〈조적전(祖逖傳)〉에서는 조적이 닭 우는 것을 듣고 유곤에게 한 말로 되어 있다.

- 鼎沸(정비)—솥 속에서 펄펄 끓는 것처럼 천하가 문란해지는 것.
- 相避中原(상피중원)—상피는 여기서는 서로 상대방을 꺼리어 전쟁을 피하는 것. '일월상피(日月相避)'와 같다.
- 汝南太守(여남태수)—《진서(晋書)》 권62 〈조적전(祖逖傳)〉에는 '제음태수(濟陰太守)'로 되어 있다. 단, 모친의 상을 당하여 임지에는 가지 않았다.
- 京師傾覆(경사경복)—영가지란(永嘉之亂)을 가리킴.
- 泗口(사구)—사수(泗水)의 입구. 오늘날의 강소성(江蘇省).
- 板(판)—조판(詔板). 즉 조서(詔書).
- 部曲(부곡)—공적(公的)인 군대가 아니라 개인 소유의 사병(私兵)을 가리킨다.
- 有如大江(유여대강)—맹세하는 말. 이 대강(大江)에 걸고란 정도의 뜻. 중원을 평정하지 못한다면 결단코 돌아오지 않을 것을 장강(長江)에게 맹세했던 것이다.
- 石虎(석호)—석륵(石勒)의 조카로서 용감한 군대를 이끌고 석륵의 화북(華北) 평정에 힘을 기울였다.
- 梟(효)—목을 쳐서 옥문(獄門)에 걸어두는 것.
- 箸鞭(저편)—남보다 앞서 일을 하는 것. 선수를 치는 것.
- 豫州分(예주분)—분(分)은 하늘의 분야.

44. 당시 사람들은 유중랑(庾中郎 : 庾敳)을 평하여 말했다. "몸을 대도(大道)에 맡기기를 잘했으며, 스스로 재능을 숨겨 감추는 데 뛰어났다."(1)

원문| 時人目庾中郎, 善於託大, 長於自藏.(1)

(1) 《명사전(名士傳)》에 이런 이야기가 있다. '유애(庾敳)는 관직에

나아가 있기는 했지만 한번도 그 일로 마음을 번거롭게 하는 일이 없었다. 널리 조용하게 지냈으며, 이치에 통달하여 마음을 세상 밖에 둘 따름이었다. 당시는 세상에 변고가 많아서 사건들이 자주 일어났는데 야심을 가진 자는 기발한 지략을 내보였다가 화(禍)와 복(福)이 이어졌으나 유애는 항상 침묵을 지키어 그 몸에 기쁨도 걱정도 미치지 않았다.'

名士傳曰, 敳雖居職任, 未嘗以事自嬰. 從容博暢, 寄通而已. 是時天下多故, 機事屢起. 有爲者拔奇吐異, 而禍福繼之. 敳常默然, 故憂喜不至也.

주해| ㅇ託大(탁대)-현광지대(玄曠至大)의 경지에 몸을 맡기는 것.
ㅇ自藏(자장)-자신을 숨기는 것.
ㅇ寄通(기통)-대도(大道)에 몸을 맡기고 세속을 초월하는 것.
ㅇ拔奇吐異(발기토이)-기발한 재략(才略)을 기능시키는 것.

45. 왕평자(王平子 : 王澄)는 세상에서 뛰어난 준재(俊才)이며 함부로 남에게 경복(敬服)하지 않았는데 위개(衛玠)의 말을 듣자 언제나 탄식하며 졸도했다.(1)

원문| **王平子邁世有儁才. 少所推服, 每聞衛玠言, 輒歎息絶倒.**(1)

(1) 《위개별전(衛玠別傳)》에 이런 이야기가 있다. '위개는 젊었을 때 논리에 뛰어났고 노장(老莊)에 깊이 통하고 있었다. 낭야(琅邪)의 왕평자(王平子 : 王澄)는 기상이 탁월하여 세상에서 홀로 도도했는데 매번 위개의 언담을 듣다가, 이치를 꿰뚫을 때라든가 핵심적인 오묘한 경지에 이르게 되면 곧 그 자리에서 졸도했다. 전후 세 차례 듣고 그로 인하여 세 차례 졸도하였다. 그래서 세상 사람들

은 "위군(衛君 : 衛玠)이 도(道)를 논하면 평자(平子 : 王澄)가 세 번 졸도했다."라고 했다.'

玠別傳曰, 玠少有名理, 善通莊老. 琅邪王平子高氣不羣, 邁世獨傲, 每聞玠之語議, 至于理會之間, 要妙之際, 輒絶倒於坐. 前後三聞, 爲之三倒. 時人遂曰, 衛君談道, 平子三倒.

주해 | ㅇ絶倒(절도)—상대방의 설(說)에 감동한 나머지 기절하여 쓰러지는 것.

ㅇ要妙(요묘)—현묘한 도리. 사물의 요추(要樞)가 되는 것.

ㅇ衛君云云(위군운운)—도(道)와 도(倒)는 압운(押韻).

46. 왕대장군(王大將軍 : 王敦)이 원황(元皇 : 司馬睿)에게 올린 표문(表文)에서 이렇게 말했다. '왕서(王舒)는 풍격이 진솔하고 정대하여 진실로 전아(典雅)한 인물이며, 왕수(王邃)보다 뛰어납니다.(1) 제가 특별히 젊어서부터 눈여겨 보아오던 자입니다. 중간에 왕이보(王夷甫 : 王衍)와 왕징(王澄)이 저에게 이렇게 말했습니다. "그대는 처명(處明 : 王舒)과 무홍(茂弘 : 王導)을 인정해 주었는데 무홍은 이미 훌륭한 명성이 있어서, 진실로 그대의 품평(品平)에 부합되지만, 처명은 가까운 사람이나 먼 사람이나, 그를 인정해 주는 사람이 없소이다. 우리는 언제나 그대의 평어(評語)를 주시하고 있는데 (처명에 대해서는) 거의 합당함을 얻지 못했으니 아마도 이미 그것을 후회하고 있는 것은 아니오?" 저는 분연히 말했습니다. "당신은 시험해 보시지요. 근래에 이르러서야 겨우 처명을 칭찬하는 자가 생겼으니……." 왜 그랬느냐 하면 어쨌든 보통사람들은 남을 인정해 줄 때는 지나치게 칭찬하고, 인정하지 않을 때는 실제 이상으로 나쁘게 생각하기 쉽기 때문입니다.'(2)

원문 | **王大將軍與元皇表云, 舒風槩簡正, 允作雅人. 自多於**

邃.(1) 最是臣少所知拔. 中間夷甫, 澄見語, 卿知處明, 茂弘. 茂弘已有令名, 眞副卿清論. 處名親疎無知之者, 吾常以卿言爲意, 絶未有得. 恐已悔之. 臣慨然曰, 君以此試, 頃來始乃有稱之者. 言常人正自患知之使過, 不知使負實.(2)

(1) 왕서(王舒)는 앞에 나왔다.
《왕수별전(王邃別傳)》에 이런 이야기가 있다. '왕수의 자는 처중(處重)이고 낭야(琅邪) 사람이며 왕서(王舒)의 동생이다. 의지가 강했으며 청아했고, 정무(政務)를 잘 처리하여 칭송을 받았다. 중령군(中領軍)·상서좌복야(尙書左僕射)에 누천(累遷)되었다.' 왕서·왕수는 모두 왕돈(王敦)의 종제(從弟)이다.
王舒已見.
王邃別傳曰, 邃字處重, 琅邪人, 舒弟也. 意局剛清, 以政事稱. 累遷中領軍, 尙書左僕射. 舒, 邃並敦從弟.

(2) 사(使)는 어떤 책에는 '편(便)'으로 되어 있다.
使, 一作便.

▌주해▏ ㅇ已見(이견)-〈식감편(識鑒篇)〉 15.

47. 주후(周侯 : 周顗)는 형주(荊州)에서 있었던 전쟁에서 패하여 돌아온 다음, 아직 임용되지 않고 있었다. 왕승상(王丞相 : 王導)은 어떤 사람에게 보낸 편지에서 말했다. "가문도 훌륭한 큰 그릇인데, 어찌 버려둘 수 있겠는가?"(1)

▌원문▏ 周侯於荊州敗績還, 未得用. 王丞相與人書曰, 雅流弘器, 何可得遺.(1)

(1) 등찬(鄧粲)의 《진기(晋紀)》에 이런 이야기가 있다. '주의(周顗)가 형주자사(荊州刺史)가 되어 처음으로 주(州)에 부임했는데 건평(建平)의 유민(流民)인 부밀(傅密) 등이 반란을 일으키더니 촉(蜀) 땅의 적도(賊徒)를 끌어들였다. 주의는 당황하며 어찌할 바를 몰라했는데 도간(陶侃)이 이를 구하여 난을 면할 수가 있었다. 주의는 무창(武昌)에 가서 왕돈에게 몸을 의지하고 있었는데 왕돈은 도리어 주의 대신 도간을 기용했다. 주의는 건강(建康)으로 돌아왔으나 아직 기용되지 못하고 있었던 것이다.'

鄧粲晋紀曰, 顗爲荊州, 始至, 而建平民傅密等叛, 迎蜀賊. 顗狼狽失據, 陶侃救之, 得免. 顗至武昌投王敦, 敦更選侃代顗. 顗還建康, 未卽得用也.

주해 | ㅇ建平(건평)－형주(荊州)의 군(郡) 이름.
ㅇ蜀賊(촉적)－두도(杜弢).

48. 당시 사람들은 고좌도인(高坐道人 : 帛尸黎密多羅)의 인물됨을 품평하려고 했으나 아직 하지 못하였다. 환정위(桓廷尉 : 桓彝)가 그것을 주후(周侯 : 周顗)에게 묻자 주후가 말했다. "탁월명랑이라고 해둡시다." 환공(桓公 : 桓溫)은 말했다. "그 정신은 깊고 현저하다."(1)

원문 | **時人欲題目高坐而未能. 桓廷尉以問周侯. 周侯曰, 可謂卓朗. 桓公曰, 精神淵箸.**(1)

(1) 《고좌전(高坐傳)》에 이런 이야기가 있다. '유량(庾亮)·주의(周顗)·환이(桓彝)는 당대의 명사들이었는데 한번 화상(和尙)과 만난 후로는 흉금을 터놓고 친교를 맺게 되었다. 어느 때 화상의 인물을 비평하고자 했으나 좀처럼 할 수가 없었다. 어떤 사람이 말

했다. "백시리밀(帛尸利密 : 帛尸黎密)은 탁월명랑하다고 해둡시다." 그러자 환이는 비로소 탄식하며 그것이야말로 최고의 표어라고 생각했다. 또 환선무(桓宣武 : 桓溫)는 항상 말했다. "젊었을 때 화상과 만났는데 그 정신이 심오하고 현저하여 당대에 걸출하다는 점에 감심했소이다." 명사들이 감탄하기가 이와 같았다.'

高坐傳曰, 庾亮, 周顗, 桓彝一代名士, 一見和尚, 披衿致契. 曾爲和尚作目, 久之未得. 有云, 尸利密可稱卓朗. 於是桓始咨嗟, 以爲標之極. 但宣武嘗云, 少見和尚, 稱其精神淵箸, 當年出倫. 其爲名士所歎如此.

주해 | ㅇ高坐(고좌)—'고좌(高座)'로 적은 곳도 있다(〈言語篇〉 39). 영가연간(永嘉年間 : 307~313)에 중국에 온 서역(西域)의 승려 백시여밀다라(帛尸黎密多羅 : 帛은 出身國名. 尸黎密多羅는 이름. Śrimitha). 《고승전(高僧傳)》 권1, 《출삼장기집(出三藏記集)》 권13에 전(傳)이 있으며 〈언어편(言語篇)〉 39의 유주(劉注)에서 인용한 《고좌별전(高座別傳)》이라든가 《탑사기(塔寺記)》에도 상세하다.

49. 왕대장군(王大將軍 : 王敦)은 그 아들을 칭찬하며 말했다. "그 아이의 정신적 조짐을 보건대 아무래도 좋은 것만 같아."(1)

원문 | **王大將軍稱其兒云, 其神候似欲可.**(1)

(1) 그 아들이란 왕응(王應)이다.

王應也.

50. 변령(卞令 : 卞壼)은 숙향(叔向 : 羊舌肸)을 평하여 말했다. "명랑하고 공명정대한 점은 백 칸이나 되는 집과 같다."(1)

원문| 下令目叔向, 朗朗如百間屋.(1)

(1) 《춘추좌씨전(春秋左氏傳)》에 이런 말이 있다. '숙향(叔向)이란 양설힐(羊舌肸)이며 진(晋)나라 대부(大夫)이다.'
春秋左氏傳曰, 叔向, 羊舌肸也. 晉大夫.

주해| ㅇ百間(백간)−기둥과 기둥 사이를 1칸이라고 한다.
ㅇ羊舌肸(양설힐)−송본(宋本)은 '양힐(羊肸)'로, 원본(袁本)은 '양설혜(羊舌盻)'로 적고 있다. 여기서는 《좌전(左傳)》에 따라 고쳤다. 양설힐은 공명정대한 사람이며 《좌전》 소공(昭公) 14년조에 '중니왈(仲尼曰), 숙향(叔向) 고유직(古遺直)이라'라고 되어 있다.

51. 왕돈(王敦)이 대장군이 되어 예장(豫章)에 주둔하고 있을 때, 위개(衛玠)는 난을 피하여 낙양에서 왕돈에게로 와 몸을 의지하고 있었다. 두 사람은 만나서 기뻐했고 며칠을 두고 이야기를 나누었다. 때에 사곤(謝鯤)은 왕돈의 장사(長史)였다. 왕돈이 사곤에게 말했다. "이 영가지세(永嘉之世)에 또다시 정시(正始)의 청담(淸談)을 들을 줄은 생각도 하지 못했어. 아평(阿平 : 王澄)이 만약 살아있었더라면 틀림없이 감격하여 졸도했을 것이야."(1)

원문| 王敦爲大將軍, 鎭豫章, 衛玠避亂從洛投敦, 相見欣然, 談話彌日. 于時謝鯤爲長史. 敦謂鯤曰, 不意永嘉之中, 復聞正始之音. 阿平若在, 當復絶倒.(1)

(1) 《위개별전(衛玠別傳)》에 이런 이야기가 있다. '위개는 무창(武昌)에서 와 왕돈(王敦)을 만났다. 왕돈은 위개와 담론하며 이틀 밤낮을 보냈다. 왕돈이 속료를 돌아보며 말했다. "처음에 왕보사(王輔

嗣 : 王弼)는 중원(中原)에서 뛰어난 청담(淸談)으로 이름을 떨쳤는데 이 사나이는 이제 강남에서 멋지게 그 뒤를 빛내고 있어. 청담의 실마리가 한번 풀리면 다시 이어지곤 하는데 이 영가지세(永嘉之世)에 또다시 정시지음(正始之音)을 들을 줄은 생각도 못했지. 아평(阿平 : 王澄)이 살아있었더라면 또 틀림없이 졸도하고 말았을 것이야."'

玠別傳曰, 玠至武昌見王敦, 敦與之談論, 彌日信宿. 敦顧謂僚屬曰, 昔王輔嗣吐金聲於中朝, 此子今復玉振於江表, 微言之緒, 絶而復續. 不悟永嘉之中, 復聞正始之音. 阿平若在, 當復絶倒矣.

주해 | ㅇ爲大將軍(위대장군)－위개가 왕돈을 만난 것은 영가(永嘉) 6년(312)의 일이다(同年에 위개는 죽었다). 그해 왕돈은 촉적(蜀賊)인 두도(杜弢)를 토벌하기 위해 도간(陶侃) 등을 파견하고 자신은 예장(豫章)에 나가 주둔하고 있으면서 제군(諸軍)을 후원했다. 이때 왕돈은 양주자사(揚州刺史)·좌장군(左將軍)·도독정토제군사(都督征討諸軍事)였으며 대장군은 아니었다(《晋書》 권18 〈王敦傳〉 참조).

ㅇ正始之音(정시지음)－정시(正始)는 조위(曹魏) 제왕(齊王) 조방(曹芳)의 연호(240~249). 음(音)이란 하안(何晏)·왕필(王弼) 등의 청담(淸談)을 가리킴이다.

ㅇ阿平云云(아평운운)－왕징(王澄)이 졸도한 이야기는 〈상예편(賞譽篇)〉 45 및 유주(劉注)에 자세히 나와 있다.

ㅇ信宿(신숙)－이틀 밤을 묵는 것. 2박(泊).

ㅇ金聲(금성)·玉振(옥진)－《맹자(孟子)》 〈만장장구(萬章章句)〉 하(下)에 '집대성야자(集大成也者) 금성이옥진지야(金聲而玉振之也) 금성야자(金聲也者) 시조리야(始條理也) 옥진지야자(玉振之也者) 종조리야(終條理也)'라고 되어 있는 말. 음악의 연주는 종을 치면서 시작되고 경(磬)을 치면서 종결된다는 것이다. 금성(金聲)의 금(金)은 종류(鐘類)를 가리키며 옥진(玉振)의 옥(玉)은 경류(磬類)이며, 진(振)은 끝낸다, 정리한

다는 의미이다.

ㅇ阿平(아평)－《진서(晋書)》 권36의 〈위개전(衛玠傳)〉에는 하평숙(何平叔 : 何晏)으로 적고 있는데 유주(劉注)에서 인용한 《위개별전》 쪽이 올바를 것이다.

52. 왕평자(王平子 : 王澄)는 남에게 보낸 편지에 자기 아들을 칭찬하며 말했다. “날로 그 풍격이 뛰어나게 되어 내 고심을 덜어주는구려.”(1)

원문| **王平子與人書, 稱其皃, 風氣日上, 足散人懷.**(1)

(1) 《영가류인명(永嘉流人名)》에 이런 말이 있다. ‘왕징의 넷째 아들인 왕미(王微)이다.’

《왕징별전(王澄別傳)》에 이런 말이 있다. ‘왕미(王微)는 고매하고 아버지[王澄]의 풍도를 갖추고 있었다.’

永嘉流人名曰, 澄第四子微.

澄別傳曰, 微邁上有父風.

주해| ㅇ第四子微(제사자미)－《진서(晋書)》 권43 〈왕징전(王澄傳)〉에는 ‘장남 첨(詹)은 조사(早死)했고 차남 휘(徽)는 우군사마(右軍司馬)였다’라고만 되어 있다.

53. 호무언국(胡毋彦國 : 胡毋輔之)은 훌륭한 말을 마치 톱밥처럼 토해냈다. 젊은 층 가운데 지도자이다.(1)

원문| **胡毋彦國吐佳言如屑. 後進領袖.**(1)

(1) 언담(言談)의 흐르기가 이어져서 끊이지 않는 것이, 마치 톱밥이

나는 것 같다.

言談之流, 靡靡如解木出屑也.

주해| ㅇ靡靡(미미)－《진서(晋書)》 권49 〈호무보지전(胡毋輔之傳)〉에 '언국토가언(彥國吐佳彥) 여거목소(如鉅木屑) 비비부절(霏霏不絶)'이라고 되어 있는데 여기서는 비비(霏霏 : 끊이지 않고 이어지는 것)로 번역했다.

54. 왕승상(王丞相 : 王導)이 말했다. "조현량(刁玄亮 : 刁協)은 명찰(明察)하고 대약사(戴若思 : 戴儼)는 엄숙하며(1) 변망지(卞望之 : 卞壺)는 준엄하다."(2)

원문| **王丞相云, 刁玄亮之察察, 戴若思之巖巖,(1) 卞望之之峯距.(2)**

(1) 우예(虞預)의 《진서(晋書)》에 이런 이야기가 있다. '대엄(戴儼)의 자는 약사(若思)이며 광릉(廣陵) 사람이다. 재기(才氣)와 언변에 뛰어났고 훌륭한 풍격과 예리한 지혜를 지녔다. 정서장군(征西將軍)에 누천(累遷)되었고 왕돈(王敦)에게 죽음을 당했다. 좌광록대부(左光祿大夫), 의동삼사(儀同三司)가 추증되었다.'

虞預書曰, 戴儼字若思, 廣陵人. 才義辯濟, 有風標鋒穎. 累遷征西將軍, 爲王敦所害. 贈左光祿大夫, 儀同三司.

(2) 《변호별전(卞壺別傳)》에 이런 이야기가 있다. '변호의 자는 망지(望之)이고 제음(濟陰) 원구(寃句) 사람이다. 아버지 변수(卞粹)는 태상경(太常卿)이었으며 변호는 젊었을 때부터 고상하고 바른 인품이라는 칭찬을 받았다. 어사중승(御史中丞)에 누천(累遷)되자

권력자들도 그를 꺼렸다. 영군상서령(領軍尙書令)으로 옮겼다. 소준(蘇峻)이 난을 일으키자 군사를 이끌고 방어하다가 부자(父子) 모두 순국하였다.'

등찬(鄧粲)의 《진기(晋紀)》에 이런 이야기가 있다. '처음에 함화 연간(咸和年間)에는 귀족의 자제들로서 기꺼이 담론하기 좋아하고 세상을 비웃는 자들은 왕평자(王平子 : 王澄)나 사유여(謝幼輿 : 謝鯤) 등이야말로 세상에 통달한 자들이라며 경모했다. 변호는 조정에서 안색을 엄하게 하며 말했다. "예(禮)를 무너뜨리고 교(敎)를 위반하는 것보다 더 큰 죄는 없습니다. 서진(西晋) 왕실의 전복은 반드시 이런 자들에 의해서일 것입니다." 상주(上奏)하여 이를 조사하려고 했으나 왕도(王導) · 유량(庾亮) 등이 이에 따르지 않았으므로 중단했다. 그후 그 자제들은 모두 행위를 고치어 명사(名士)가 되었다.'

《어림(語林)》에 이런 말이 있다. '공탄(孔坦)은 시중(侍中)이었을 때, 성제(成帝 : 司馬衍)를 향하여 황제가 조부인(曹夫人 : 王導의 夫人)에게 배례하는 것은 좋지 않다고 은밀히 아뢰었다. 승상(丞相 : 王導)이 이 말을 듣고 말했다. "내가 아둔한 탓이야. 만약 내가 변망지(卞望之 : 卞壼)의 엄숙함과 조현량(刁玄亮)의 명철함과 대약사(戴若思)의 준엄함이 있었더라면 그런 일을 시키지 않을 것이다." 위에서 든 본문의 말에는 특히 이러한 일이 있었으므로 잠시 이를 적어두는 바이다.'

卞壼別傳曰, 壼字望之, 濟陰寃句人. 父粹, 太常卿. 壼少以貴正見稱. 累遷御史中丞, 權門屛迹. 轉領軍尚書令. 蘇峻作亂, 率衆拒戰, 父子二人俱死王難.

鄧粲晋紀曰, 初, 咸和中, 貴遊子弟能談嘲者, 慕王平子, 謝幼輿等爲達. 壼厲色於朝曰, 悖禮傷教, 罪莫斯甚. 中朝傾覆, 實由於此. 欲奏治之, 王導, 庾亮不從, 乃止. 其後皆折節爲名士. 語林曰, 孔坦爲侍中, 密啓成帝不宜拜曹夫人. 丞相聞之曰, 王

茂弘駑痾耳. 若卞望之之巖巖, 刁玄亮之察察, 戴若思之峯距, 當敢爾不. 此言殊有由緒, 故聊載之耳.

주해 | ㅇ察察(찰찰)－불결한 것이 없고 결백한 것. 작은 일을 밝혀낸다는 뜻으로도 사용된다. 명찰.

ㅇ巖巖(암암)－돌이 거듭 쌓여져서 위험한 모양. 〈상예편(賞譽篇)〉 37 주해 참조.

ㅇ峯距(봉거)－거(距)는 거(岠)와 통한다. 거(岠)는 높고 험준한 산.

ㅇ虞預書(우예서)－송본(宋本)·원본(袁本) 모두 '우예서(虞預書)'라고 되어 있는데 이것은 우예(虞預)의 《진서(晋書)》일 것이다.

ㅇ御史中丞(어사중승)－백관(百官)의 비위와 불법의 규찰(糾察)을 맡았던 어사대(御史臺)의 차관(次官).

ㅇ屛迹(병적)－뒤를 숨기고 멀리 피하다.

ㅇ蘇峻作亂(소준작란)－왕돈(王敦)의 난을 평정하는 데 공을 세운 소준에 대하여 당시 실권을 잡고 있던 외척인 유량(庾亮)은 그 세력을 억제코자 했다. 소준은 이에 대하여 327년 조약(祖約) 등과 함께 난을 일으키고 이듬해에는 도읍 건강(建康)을 함락시켰다.

ㅇ咸和(함화)－성제(成帝 : 司馬衍)의 연호. 326~334년.

ㅇ貴遊子弟(귀유자제)－왕공귀족의 자제들로서 아직 관직에 오르지 않은 자.

ㅇ達(달)－도(道)의 참뜻을 깨닫고 속사(俗事)에 구애당하지 않으며 자유불기(自由不羈)한 사람.

ㅇ折節(절절)－여기서는 행위를 고친다는 의미.

ㅇ不宜拜曹夫人(불의배조부인)－조부인은 왕도(王導)의 아내. 당시 유주(幼主)였던 성제(成帝)는 보정(輔政)의 임무를 맡고 있던 왕도의 부(府)에 행행할 때마다 가인(家人)과 함께 조부인에게 배례했다. 공탄(孔坦)은 그것을 비판했던 것이다(《晋書》 권70 〈卞壼傳〉).

ㅇ王茂弘(왕무홍)－무홍은 왕도의 자(字).

ㅇ駑痾(노아)－노(駑)는 아둔함, 아(痾)는 병(病)이란 뜻이다.

55. 대장군(大將軍 : 王敦)은 우군(右軍 : 王羲之)에게 고했다. "너는 우리 집안의 훌륭한 젊은이야.[(1)] 결코 완주부(阮主簿 : 阮裕)에게 뒤지지 마라."[(2)]

| 원문 | **大將軍語右軍, 汝是我佳子弟,[(1)] 當不減阮主簿.[(2)]**

(1) 생각하건대 《왕씨보(王氏譜)》에는 '왕희지는 왕돈(王敦)의 종형(從兄)의 아들'이라고 되어 있다.
案王氏譜, 羲之是敦從父兄子.

(2) 《중흥서(中興書)》에 이런 이야기가 있다. '완유(阮裕)는 젊었을 때부터 덕행(德行)이 있었는데 왕돈은 그 명성을 듣고 불러서 주부(主簿)로 삼았다. 왕돈에게 반역할 마음이 있는 것을 알고는 술에 빠져 매우 취했고 직무에 임하려고 하지 않았다.'
中興書曰, 阮裕少有德行, 王敦聞其名, 召爲主簿. 知敦有不臣之心, 縱酒昏酣, 不綜其事.

| 주해 | ㅇ我佳子弟(아가자제)-《진서(晋書)》〈왕희지전(王羲之傳)〉에는 '아가가자제(我家佳子弟)'로 되어 있다.

56. 세상에서는 주후(周侯 : 周顗)를 평하여 말했다. "그 준엄한 모습은 솟아있는 산과 같다."[(1)]

| 원문 | **世目周侯, 嶷如斷山.[(1)]**

(1) 《진양추(晋陽秋)》에 이런 이야기가 있다. '주의(周顗)는 정직 준범하여 당시의 동년배들까지도 모두 그를 함부로 대하지 못했다.'

晉陽秋曰, 顗正情嶷然, 雖一時儕類, 皆無敢媟近.

주해 ㅇ嶷(의)－산이 높게 솟아있는 모양.

57. 왕승상(王丞相 : 王導)은 조약(祖約)을 초대하고 밤새도록 이야기를 나누려고 새벽까지 잠을 자지 않았다. 다음날 아침에 손님이 왔는데 공(公 : 王導)은 머리도 매만지지 아니했고 다소 피곤한 눈치였다. 손님이 "그대는 어제 밤 아무래도 잠을 자지 못한 것 같군요."라고 말하자 공은 대답했다. "어제 밤, 사소(士少 : 祖約)와 이야기를 나누느라고 마침내 피곤한 것도 잊고 말았소이다."

원문 王丞相招祖約夜語, 至曉不眠. 明旦有客, 公頭鬢未理, 亦小倦. 客曰, 公昨如是似失眠. 公曰, 昨與士少語, 遂使人忘疲.

58. 왕대장군(王大將軍 : 王敦)은 승상(丞相 : 王導)에게 편지를 보내어 양랑(楊朗)을 칭찬하며 말했다. "세언(世彦 : 楊朗)은 사람을 보는 눈이 있으며 논리정연한 데다가 재능을 나타내려 하지 않아도 사물을 정확하게 판단하는 인물입니다. 국가 제1급의 인재인가 하면 양후회(楊侯淮)의 아들이기도 합니다.[1] 그러나 관위(官位)와 명망이 너무나 떨치지 못하고 있기 때문인데 당신이라면 그에게 자리를 마련해 줄 수 있을 것입니다."

원문 王大將軍與丞相書, 稱楊朗曰, 世彦識器理致, 才隱明斷. 旣爲國器, 且是楊侯淮之子.[1] 位望絶爲陵遲, 卿亦足與之處.

(1) 《세어(世語)》에 이런 이야기가 있다. '양회(楊淮)의 자는 시립(始立)이며 홍농(弘農) 화음(華陰) 사람이다. 증조부인 양표(楊彪), 조부인 양수(楊脩)는 모두 전대(前代)에 명성이 있었다. 아버지 양효(楊囂)는 전군교위(典軍校尉)였으며 양회는 원강연간(元康年間) 말에 기주자사(冀州刺史)가 되었다.'

순작(荀綽)의 《기주기(冀州記)》에 이런 이야기가 있다. '양회는 나라의 정치가 문란한 것을 보고 술에 탐닉하며 정무에 뜻을 두지 않고 허송세월을 할 뿐이었다. 성도왕(成都王 : 司馬穎)은 양회가 이처럼 직무에 태만한 것을 알고 있으면서도 그가 명사였기에 아쉬워하며 손을 떼지 않고 불러서 군자의좨주(軍咨議祭酒)로 삼았다. 성도왕의 막부가 해산되었으므로 그냥 집에 머물렀다. 관동(關東)의 제후들은 양회를 요추의 지위에 앉히어 현인을 임용하는 의향을 나타내고자 했으나 시행되지 못한 채 세상을 떠났다. 때에 나이 27세였다.'

世語曰, 淮字始立, 弘農華陰人. 曾祖彪, 祖脩, 有名前世. 父囂, 典軍校尉. 淮元康末爲冀州刺史.

荀綽冀州記曰, 淮見王綱不振, 遂縱酒不以官事規意, 消搖卒歲而已. 成都王知淮不治, 猶以其名士, 惜而不遣, 召爲軍咨議祭酒. 府散停家. 關東諸侯欲以淮補三事, 以示懷賢尚德之事, 未施行而卒. 時年二十有七矣.

주해 | ㅇ楊侯淮(양후회)－송본(宋本)・원본(袁本) 모두 '회(淮)'로 적고 있는데 《삼국지(三國志)》 권19 〈진사왕식전(陳思王植傳)〉의 배주(裴注)에서 인용한 《세어(世語)》에는 '준자시립(準字始立), 혜제말위기주자사(惠帝末爲冀州刺史)'로 되어 있고, 또 왕조(汪藻)의 《홍농화음양씨보(弘農華陰楊氏譜)》에도 '준(準) 효자(囂子), 자시립(字始立), 진기주자사(晋冀州刺史), 태상(太常), 졸년이십칠(卒年二十七)'이라고 되어 있는 것을 보아, 양준(楊準)이 맞을 것으로 생각된다.

ㅇ王綱(왕강)－제왕의 정치의 대강.

ㅇ三事(삼사)－삼공(三公)의 하나. 《상서(尙書)》〈입정편(立政篇)〉에 '입정(立政), 임인(任人), 준부(準夫), 목(牧), 작삼사(作三事)'라고 되어 있으며 천지인(天地人) 삼사(三事)를 다스리는 자란 의미이다.

59. 하차도(何次道 : 何充)가 승상(丞相 : 王導)에게로 가자 승상은 주미(麈尾)로 좌석을 가리키며 하차도를 불러 자기와 같이 앉자고 말했다. "어서 오시오, 어서 와요. 여기가 그대의 자리외다."(1)

▌원문 | 何次道往丞相許, 丞相以麈尾指坐, 呼何共坐曰, 來, 來, 此是君坐.(1)

(1) 하충(何充)은 앞에서 나왔다.
何充已見.

▌주해 | ㅇ麈尾(주미)－주미선(麈尾扇)이라고도 하며 부채 비슷한 것인데 그 가장자리에 동물의 털을 장식했다고 한다. 〈언어편(言語篇)〉 52의 주해 참조.
ㅇ已見(이견)－〈정사편(政事篇)〉 17.

60. 승상(丞相 : 王導)은 양주(揚州)의 관사(官舍)를 수리했는데 그 작업 광경을 둘러보면서 말했다. "나는 차도(次道 : 何充)를 위해 이것을 수리하는 것이오." 하충은 젊었을 때부터 왕공(王公 : 王導)으로부터 중시되었는데 왕도는 이런 감개를 자주 입밖에 냈던 것이다.(1)

▌원문 | 丞相治揚州廨舍, 按行而言曰, 我正爲次道治此爾. 何少爲王公所重, 故屢發此歎.(1)

(1) 《진양추(晋陽秋)》에 이런 이야기가 있다. '하충은 왕도의 처형(妻兄)의 아들이며 명목황후(明穆皇后 : 庾后)의 매부이다. 사려가 깊고 면밀하며 문리(文理)와 재기(才氣)를 갖추고 있었으므로 왕도는 그를 중시했다. 그 때문에 하충은 젊었을 때부터 훌륭한 명성이 있었으며 현관(顯官)을 역임했다. 왕도는 자기 자신을 보좌케 하다가 재상의 자리를 잇게 할 생각이었으므로 이런 취지를 자주 군신간(君臣間)에 분명히 했다.'

晋陽秋曰, 充, 導妻姊之子, 明穆皇后之妹夫也. 思韻淹濟, 有文義才情, 導深器之. 由是少有美譽, 遂歷顯位. 導有副貳己使繼相意, 故屢顯此指於上下.

주해 | ㅇ廨舍(해사)－관소(官所). 관청.
ㅇ明穆皇后(명목황후)－유후(庾后). 진(晋)나라 강제(康帝)의 후. 아들인 목제(穆帝)가 두 살의 나이에 즉위했으므로 조정에 나아가 정사를 보기 12년에 이르렀다. 시호는 명목유황후(明穆庾皇后)이다.
ㅇ副貳(부이)－보좌시키는 것.
ㅇ上下(상하)－'상(上)'은 천자(天子), '하(下)'는 군신(群臣)을 가리킨다.

61. 왕승상(王丞相 : 王導)은 사도(司徒)로 임명되자 탄식하며 말했다. "유왕교(劉王喬 : 劉疇)가 만약 장강(長江)을 건넜더라면 나만이 삼공(三公)에 임명되는 일은 없었을 거야."(1)

원문 | **王丞相拜司徒, 而歎曰, 劉王喬若過江, 我不獨拜公.**(1)

(1) 조가지(曹嘉之)의 《진기(晋紀)》에 이런 이야기가 있다. '유주(劉疇)는 높은 명성이 있었는데 영가연간(永嘉年間)에 염정(閻鼎)에 의해 죽음을 당했다. 사도(司徒)인 채모(蔡謨)는 탄식하며 말했다. "만약 유왕교(劉王喬 : 劉疇)를 남도(南渡)시킬 수만 있었더라면

그 사람이야말로 사도공(司徒公)의 최적임자였으리라.”'

曹嘉之晉紀曰, 疇有重名, 永嘉中爲閻鼎所害. 司徒蔡謨每歎曰, 若使劉王喬得南渡, 司徒公之美選也.

주해 | ㅇ爲閻鼎所害(위염정소해)－염정은 영가지란(永嘉之亂)에 낙양에서 피난한 진왕(秦王) 사마업(司馬鄴 : 孝愍帝)을 옹립한 인물. 염정이 향리에 가까운 관중(關中)에 진왕을 받들어 옮기고자 했을 때 유주(劉疇) 등은 산동(山東) 출신이었으므로 가기를 꺼리다가 도망했는데 그로 인하여 죽음을 당했다.

62. 왕남전(王藍田 : 王述)은 만성(晩成)한 인물이었기 때문에 당시 사람들은 그를 어리석은 사람이라고 했다.(1) 왕승상(王丞相 : 王導)은 그가 동해태수(東海太守 : 王承)의 아들이므로 불러서 연(掾)을 삼았다. 일찍이 집회가 있을 때, 왕공(王公 : 王導)이 한마디 말할 때마다 사람들은 앞다투어 그 말에 찬성했다. 왕술은 말석에 있다가 말했다. “주인(主人 : 王導)이라 해도 요순(堯舜)은 아니오. 어찌하여 하나하나 모두 다 올바르다고 말할 수 있으리요?” 승상은 크게 찬탄했다.(2)

원문 | **王藍田爲人晩成, 時人乃謂之癡.(1) 王丞相以其東海子, 辟爲掾. 常集聚, 王公每發言, 衆人競贊之. 述於末坐曰, 主非堯舜, 何得事事皆是. 丞相甚相歎賞.(2)**

(1) 《진양추(晉陽秋)》에 이런 이야기가 있다. '왕술(王述)은 도(導)를 체득하여 청순하고 대범·청고(淸高)했고 침착·정직했으며 기쁜 마음으로 스스로 만족하고 같은 무리가 아니면 교제하지 아니했다. 비록 많은 영재(英才)들이 분분히 일어나고 준걸들이 서로 치달린다 하더라도, 왕술은 홀로 가벼이 보면서 단 한번도 부러워해 본 적이 없다. 그로 인하여 명예를 오래 지닐 수 있었다.'

晉陽秋曰, 述體道清粹, 簡貴靜正. 怡然自足, 不交非類. 雖群英紛紛, 俊乂交馳, 述獨蔑然, 曾不慕羨. 由是名譽久蘊.

(2) 성인(聖人)이 아닌 이상, 과오가 없을 수 없다고 한다. 그런 뜻으로 (왕도의 말에) 추종한 무리들을 나무랐던 것이다.
言非聖人, 不能無過. 意譏讚述之徒.

63. 세상에서는 양랑(楊朗)을 평하여 "깊이 생각하고 즉석에서 결단한다."라고 말했다. 채사도(蔡司徒 : 蔡謨)는 "만약 서진(西晋) 왕조가 문란해지지 않았더라면 양가(楊家) 일문에서 삼공(三公)을 계속 지금까지도 배출하고 있을 것이다."라고 했으며 사안(謝安)은 "양랑은 대재(大才)이다."라고 말했다.[(1)]

원문| 世目楊朗, 沈審經斷. 蔡司徒云, 若使中朝不亂, 楊氏作公方未已. 謝公云, 朗是大才.[(1)]

(1) 《팔왕고사(八王故事)》에 이런 이야기가 있다. '양회(楊淮)에게는 6명의 아들이 있었는데 교(喬)·모(髦)·낭(朗)·임(琳)·준(俊)·신(伸)이라고 했으며 모두 좋은 평판이 있었다. 논자(論者)는 각각 모두 삼공(三公)이 될 인물들이라고 했다. 문강유공(文康庾公 : 庾亮)은 언제나 옛날을 추억하고 탄식하며 말했다. "만약 서진(西晋) 왕조가 문란해지지 않았더라면 양씨(楊氏) 일문의 사람들은 오늘날까지도 삼공(三公)으로 이어져 왔을 것이다."'
八王故事曰, 楊淮有六子, 曰喬, 髦, 朗, 琳, 俊, 伸, 皆得美名. 論者以謂悉有臺輔之望. 文康庾公每追歎曰, 中朝不亂. 諸楊作公未已也.

주해| ○經斷(경단)－경(經)을 경(徑), 즉 '곧'이란 의미로 번역하였다.

ㅇ楊氏作公方未已(양씨작공방미이)－양씨는 홍농(弘農)·화음(華陰)의 양씨. 양랑(楊朗)의 아버지 양준(楊準)은 기주자사(冀州刺史)·태상경(太常卿)에 지나지 않았지만 양준의 증조부 양표(楊彪)로부터 거슬러올라가 후한(後漢)의 양진(楊震)까지 4대에 걸쳐 태위(太尉)의 직책에 있었다.

ㅇ文康(문강)－문강은 유공(庾公 : 庾亮)의 시호이다.

ㅇ楊淮有六子(양회유육자)－송본(宋本)·원본(袁本) 모두 '양회(楊淮)'로 적고 있는데 〈상예편(賞譽篇)〉 주해의 경우와 마찬가지로 양준(楊準)이 올바를 것으로 생각된다.

64. 유만안(劉萬安 : 劉綏)은 도진(道眞 : 劉寶)의 조카인데 유공(庾公)[(1)]의 말대로 '눈이 부신 옥(玉)처럼 빼어난 사람'이었다. 또 유공은 이런 말도 하였다. "그는 1천 명 가운데서도 눈에 띄고 1백 명 가운데서도 눈에 띈다."[(2)]

▌원문| 劉萬安卽道眞從子, 庾公[(1)]所謂灼然玉擧. 又云, 千人亦見, 百人亦見.[(2)]

(1) 유종(庾琮)의 자는 자궁(子躬)이다.
琮字子躬.

(2) 《유씨보(劉氏譜)》에 이런 이야기가 있다. '유수(劉綏)의 자는 만안(萬安)이며 고평(高平) 사람이다. 조부인 유오(劉奧)는 태축령(太祝令)으로 아버지 유부(劉賦)는 저작랑(著作郞)이다. 유수는 표기장사(驃騎長史)를 역임했다.'
劉氏譜曰, 綏字萬安, 高平人. 祖奧, 太祝令. 父賦, 著作郞. 綏歷驃騎長史.

주해| ㅇ庾公(유공)－유주(劉注)는 유종(庾琮)이라고 했는데 《세설(世說)》에서 유공이라고 하면 유량(庾亮)을 가리키는 것이 통례이다. 유종에 대해서는 〈상예편(賞譽篇)〉 30의 유주(劉注)에 그 약력이 기록되어 있을 뿐, 자세한 것은 불명인데 삼공(三公)의 자리에 오르지 못한 것 같다.

ㅇ灼然(작연)－빛이 빛나서 밝은 모양.

ㅇ見(현)－현(現)과 같다.

ㅇ父賦(부부)－원본은 '부빈(父斌)'으로 적고 있다.

ㅇ驃騎長史(표기장사)－표기장군의 부(府)에 속한 속료의 장(長). 표기장군은 대장군과 함께 승상(丞相)에 버금가는 중직의 무관.

65. 유공(庾公 : 庾亮)이 호군장군(護軍將軍)이었을 때, 좋은 관원 한 명을 구해 달라고 환정위(桓廷尉 : 桓彝)에게 부탁했다. 그후 몇년이 지난 다음 환정위는 우연히 서녕(徐寧)을 만났고, 그의 인격에 매혹되어 유공에게 천거했다. "누구나 가지고 있는 것을 반드시 가지고 있다고는 말할 수 없지만, 누구나 가지고 있지 못한 것을 그가 가지고 있지 못하다고 말할 수는 없습니다. 그 사람이야말로 당세에 동해(東海) 제일의 훌륭한 인물입니다."(1)

원문| **庾公爲護軍, 屬桓廷尉覓一佳吏, 乃經年. 桓後遇見徐寧, 而知之, 遂致於庾公曰, 人所應有, 其不必有. 人所應無, 已不必無. 眞海岱清士.(1)**

(1) 《서강주본사(徐江州本事)》에 이런 이야기가 있다. '서녕(徐寧)의 자는 안기(安期)이고 동해(東海) 담(郯) 사람이다. 통탈명랑(通脫明朗)한 데다가 천성적으로 덕이 있어서 젊었을 때부터 이름이 알려졌다. 처음에 여현(輿縣)의 영(令)이 되었다. 초국(譙國)의 환

이(桓彝)는 인물의 감식이 뛰어났는데 어느 때 관직을 떠나 여가가 있었으므로 광릉(廣陵)에 가서 친척과 옛 친구들을 찾았다. 마침 바람이 몹시 불어서 며칠 동안 포구에 머물렀다. 환이는 배 안에서 하도 답답하여 강기슭에 올라가 소요하고 있자니, 덜렁 집 한 채가 있는데 관청 같았다. 환이가 묻자, "여현의 관청입니다. 이곳 장관의 성(姓)은 서씨(徐氏)이고 이름은 영(寧)이라고 합니다."라고 대답했다. 환이는 혼자 여행하던 차에 누군가 말벗이라도 만나고 싶었던지라 잠시 들어가서 만나보았다. 그러자 서녕은 실로 혜오박식(慧悟博識)하여 두 사람은 즐겁게 이야기를 나누었다. 그리고 며칠 동안 숙박하면서 서녕과 교분을 맺고 헤어졌다. 환이는 도읍으로 돌아오자 유량에게 말했다. "나는 당신을 위해 한 명의 좋은 이부랑(吏部郞)을 찾아냈습니다." 유량이 그가 있는 곳을 묻자 환이는 즉석에서 설명해 주었다. 이부랑·좌장군(左將軍)·강주자사(江州刺史)로 누천(累遷)되었다.'

徐江州本事曰, 徐寧字安期, 東海郯人. 通朗有德素, 少知名. 初爲輿縣令. 譙國桓彝有人倫鑒識, 嘗去職無事, 至廣陵尋親舊. 遇風, 停浦中累日. 在船憂邑, 上岸消搖見一空宇, 有似廨舍. 彝訪之. 云, 輿縣廨也. 令姓徐, 名寧. 彝旣獨行, 思逢悟賞, 聊造之. 寧淸惠博涉, 相遇怡然. 遂停宿, 因留數夕, 與寧結交而別. 至都, 謂庾亮曰, 吾爲卿得一佳吏部郎. 亮問所在, 彝卽敍之. 累遷吏部郎, 左將軍, 江州刺史.

주해 | ㅇ人所應有(인소응유)~已不必無(이불필무)-〈상예편(賞譽篇)〉 84에 똑같은 표현이 있는데 거기에는 '불(不)'자가 없다. 여기의 '불(不)'자는 어쩌면 연자(衍字)일까? 아니면 일부러 양쪽에서 다른 표현을 한 것일까?

ㅇ海岱(해대)-순제(舜帝) 때의 12주(州) 중 하나. 동해(東海)에서 태산(泰山)까지 사이의 땅. 옛날의 청주(靑州)이며 오늘날의 산동성(山東省) 지방이다. 대(岱)는 태산(泰山).

ㅇ憂邑(우읍)－음울한 것. '읍(邑)'은 '읍(悒)'과 통한다.
ㅇ消搖(소요)－소요(逍遙).
ㅇ悟賞(오상)－상심상오(賞心相悟)의 사람.
ㅇ淸惠(청혜)－'혜(惠)'는 혜(彗)의 뜻.

66. 환무륜(桓茂倫 : 桓彝)이 말했다. "저계야(褚季野 : 褚裒)는 뱃속에 《춘추(春秋)》를 담고 있다." (이것은) 그가 뱃속에서 훼예포폄(毁譽褒貶)을 하고 있다는 것을 말한 것이다.(1)

원문| **桓茂倫云, 褚季野皮裏陽秋. 謂其裁中也.(1)**

(1) 《진양추(晋陽秋)》에 이런 말이 있다. '저부(褚裒)는 온화한 성격에 인물 감정을 잘했다. 그러므로 환이(桓彝)로부터 이런 평을 받았던 것이다.'

晋陽秋曰, 裒簡穆有器識. 故爲彝所目也.

주해| ㅇ皮裏陽秋(피리양추)－《진서(晋書)》 권93의 〈저부전(褚裒傳)〉에는 이 말을 인용하여 '그의 밖에 장부(藏否)함이 없고, 속에 포폄하는 바가 있음을 말한 것이다'라고 설명했다. 피리(皮裏)는 마음속, 뱃속이란 뜻. '양추(陽秋)'는 《춘추(春秋)》. 동진(東晋) 원제(元帝) 간문정태후(簡文鄭太后)의 휘(諱) 아춘(阿春)의 춘(春)자를 피하여 이렇게 쓴 것이다. 《춘추》는 두말할 것도 없이 공자(孔子)가 비판하는 붓을 휘둘렀다고 하는 노(魯)나라 역사서를 가리키는데, 그 필법(筆法)에 훼예포폄의 미의(微意)가 가탁되어 있다고 한다.

67. 하차도(何次道 : 何充)가 어느 때 동국(東國) 사람을 배웅하러 갔는데 저멀리 가녕(賈寧)이 뒷수레 안에 있는 것을 보고 말했다. "저 사람은 죽지 않고 있으면 마침내는 제후(諸侯)의 상객(上客)이

될 것이다."(1)

▌원문▏ 何次道嘗送東人，瞻望見賈寧在後輪中，曰，此人不死，終爲諸侯上客.(1)

(1) 《진양추(晋陽秋)》에 이런 이야기가 있다. '가녕(賈寧)의 자는 건녕(建寧)이고 장락(長樂) 사람이며 가씨(賈氏)의 서자(庶子)이다. 처음에 스스로 왕응(王應)·제갈요(諸葛瑤) 등과 결탁했으나 왕응이 패한 다음에는 오군(吳郡)·회계(會稽) 등지를 주유했다. 오나라 사람들은 모두 그를 모욕했다. 도읍에 난이 일어났다는 말을 듣자 곧 달려가서 소준(蘇峻)에게 투항했다. 소준은 그를 크게 신임하고 군사(軍師)로 삼았다. (그리고) 소준은 토벌 의용군이 일어났다는 소식을 접하자 고숙(姑孰)에서 석두(石頭)로 옮겼는데 이것은 가녕이 세운 작전이다. 소준이 패배하자 가녕은 제일 먼저 항복했다. 벼슬을 하여 신안태수(新安太守)에 이르렀다.'

晋陽秋曰，寧字建寧，長樂人，賈氏孽子也. 初，自結於王應，諸葛瑤，應敗，浮遊吳會. 吳人咸侮辱之. 聞京師亂，馳出投蘇峻. 峻甚暱之，以爲謀主. 及峻聞義軍起，自姑孰屯于石頭，是寧之計. 峻敗，先降. 仕至新安太守.

▌주해▏ ㅇ上客(상객)－막료(幕僚)의 상석(上席).

ㅇ孽子(얼자)－서출(庶出)의 자식.

ㅇ王應(왕응)－왕함(王含)의 아들로서 숙부 왕돈(王敦)의 양자로 들어갔다. 왕돈이 반란을 일으켰다가 패한 다음 형주자사(荊州刺史) 왕서(王舒)에게 죽음을 당했다. 〈식감편(識鑒篇)〉 15 참조.

ㅇ諸葛瑤(제갈요)－왕돈 휘하의 부장(部將).

ㅇ義軍(의군)－온교(溫嶠)·도간(陶侃) 등이 무창(武昌)에서 의(義)를 앞세워 소준 토벌의 군사를 일으켰다.

68. 두홍치(杜弘治 : 杜乂)는 묘지가 허물어져도 그다지 슬퍼하는 기색이 없었다. 유공(庾公 : 庾亮)이 빈객들을 돌아보며 말했다. "홍치는 몸이 매우 쇠약해서 슬픔조차 다할 수가 없어."(1) 또 "홍치는 곡을 해도 슬픔을 모두 나타낼 수 없다."라고도 말했다.

원문| **杜弘治墓崩, 哀容不稱. 庾公顧謂諸客曰, 弘治至羸. 不可以致哀.(1) 又曰, 弘治哭不可哀.**

(1) 《진양추(晋陽秋)》에 이런 이야기가 있다. '두예(杜乂)의 자는 홍치(弘治)이고 경조(京兆) 사람이다. 조부인 두예(杜預), 아버지 두석(杜錫)은 모두 전조(前朝)에 명성이 있었다. 두예는 젊었을 때부터 영명(令名)이 있었으며 벼슬을 하여 단양(丹陽)의 승(丞)이 되었는데 젊은 나이로 세상을 떠났다. 성제(成帝 : 司馬衍)는 두예의 딸을 맞아들이어 후(后)로 삼았다.'
晋陽秋曰, 杜乂字弘治, 京兆人. 祖預, 父錫, 有譽前朝. 乂少有令名, 仕丹陽丞, 早卒. 成帝納乂女爲后.

주해| ㅇ哀容(애용)－부모상을 당했을 경우 등, 슬픔이 복받친 나머지 여윌 정도로 애통해하는 모습.
ㅇ哭(곡)－죽음을 애도하여 소리 높이 우는 예(禮).
ㅇ杜乂字弘治(두예자홍치)－《진서(晋書)》 권93 〈두예전(杜乂傳)〉에는 자(字)를 '홍리(弘理)'로 적고 있다.
ㅇ爲后(위후)－성공두황후(成恭杜皇后). 휘(諱)는 능양(陵陽)(《晋書》 권32 〈后妃傳〉 下).

69. 세상에서는 유문강(庾文康 : 庾亮)을 '풍년의 구슬', 동생인 유치공(庾穉恭 : 庾翼)을 '흉년의 곡식'이라고 칭송했다. 그러나 유가(庾

家)에서 논하는 바로는 유문강이 유치공을 '흉년의 곡식', 유장인(庾長仁 : 庾統)을 '풍년의 구슬'이라고 칭송했다고 한다.(1)

원문| 世稱庾文康爲豊年玉, 穉恭爲荒年穀. 庾家論云, 是文康稱恭爲荒年穀, 庾長仁爲豊年玉.(1)

(1) 유량은 조정에서 국정을 맡아볼 그릇이며, 유익에게는 구세(救世)의 재주가 있으므로 각각 쓸모가 따로 있다는 것을 말한 것이다.
謂亮廊廟之器, 翼有匡世之才, 各有用也.

주해| ㅇ豊年玉(풍년옥)－풍성한 수확이 있는 해의 구슬. 평화적인 치세(治世)를 빛낸다는 의미이다.

ㅇ荒年穀(황년곡)－흉작(凶作)인 해의 기근을 구휼하는 곡식. 난세의 위급함을 구해낸다는 의미.

ㅇ庾家論(유가론)－어쩌면 책이름일까?

ㅇ文康(문강)·穉恭(치공)·長仁(장인)－유량(庾亮 : 字는 元規)과 유익(庾翼 : 穉恭)은 형제간이다. 유통(庾統 : 長仁)은 유량의 동생인 유역(庾懌 : 字는 叔預)의 아들. 유통에 대해서는 〈상예편(賞譽篇)〉 89의 유주(劉注)를 참조할 것. 전(傳)은 모두 《진서(晋書)》 권73에 있다.

70. 세상에서는 이렇게 평했다. "두홍치(杜弘治 : 杜乂)는 두드러지게 화려하고, 계야(季野 : 褚裒)는 실로 부드럽고 아름답다."(1)

원문| 世目, 杜弘治標鮮, 季野穆少.(1)

(1) 《강좌명사전(江左名士傳)》에 이런 이야기가 있다. '두예(杜乂)는 청아하여 출중했다.'
江左名士傳曰, 乂清標令上也.

주해 ㅇ穆少(목소) - 《세설전본(世說箋本)》의 두주(頭注)에는 '화목정소(和穆靜少)'로 되어 있다. 여기서는 '묘(妙)'자로 보고 번역했다.

71. 어떤 사람이 두홍치(杜弘治 : 杜乂)를 평하여 말했다. "유난히 수려하고 청아한 기품이 있으며 그 성덕(盛德)의 풍격은 즐거이 노래부르기에 어울린다."(1)

원문 有人目杜弘治, 標鮮淸令, 盛德之風, 可樂詠也.(1)

(1) 《어림(語林)》에 이런 이야기가 있다. '어떤 사람이 두홍치(杜弘治 : 杜乂)를 평하여 말했다. "유난히 수려하고 두드러지게 청아한 기품이 있다. 원래 마음이 온화하고 용모에 운치가 넘치며, 그 성덕(盛德)의 기풍은 즐거이 노래부르기에 적합하다."'
語林曰, 有人目杜弘治, 標鮮甚淸令, 初若熙怡, 容無韻非. 盛德之風, 可樂詠也.

주해 ㅇ初若熙怡(초약희이) - 처음의 자(字), 혹은 '성(姓)'이라고 해야 할까?(《世說新語校箋》의 說).
ㅇ容無韻非(용무운비) - 운비(韻非)는 '비운(非韻)'의 잘못일까? 이곳은 문자에 오자가 있는 것 같고 번역하기 어려운데 그 대의(大意)를 기록해두었다.

72. 유공(庾公 : 庾亮)이 말했다. "일소(逸少 : 王羲之)는 국가적 인재로 거용(擧用)해야 할 인물이야." 그래서 유예(庾倪 : 庾倩)는 비문(碑文)에 '발췌국거(拔萃國擧)'라고 썼다.(1)

원문 庾公云, 逸少國擧. 故庾倪爲碑文云, 拔萃國擧.(1)

(1) 유예(庾倪)는 유천(庾倩)의 어렸을 때 자(字)이다.

서광(徐廣)의 《진기(晋紀)》에 이런 이야기가 있다. '유천의 자는 소언(少彦)이고 사공(司空) 유빙(庾氷)의 아들이며 폐제(廢帝) 효유황후(孝庾皇后)의 오빠이다. 재능이 있었다. 벼슬하여 태재장사(太宰長史)에 이르렀다. 환온(桓溫)은 그가 외척의 유력자이므로 하비(下邳)의 왕인 사마황(司馬晃)으로 하여금 그가 모반을 꾀한다고 무고케 하여 주살시키도록 했다.'

庾倪, 倩小字也.

徐廣晉紀曰, 倩字少彦, 司空氷子, 皇后兄也. 有才具. 仕至太宰長史. 桓溫以其宗彊, 使下邳王晃誣與謀反, 而誅之.

주해 | ㅇ庾倪(유예)－유량(庾亮)의 조카.

ㅇ拔萃(발췌)－많은 것에서 발탁하는 것. '발췌국거(拔萃國擧)'란 국가적인 인물로서 수많은 사람 가운데 발탁 등용된 것을 의미한다.

73. 유치공(庾穉恭 : 庾翼)은 환온(桓溫)에게 편지를 써보내어 말했다. "유도생(劉道生 : 劉恢)은 온종일 열심히 일을 하며 대소사를 명쾌하게 처리합니다. 도의를 마음에 품고 사리에 통달하면서도 낙관적이며 실로 훌륭한즉 벗으로 삼기에 충분합니다. 정말로 뛰어난 인물입니다. 이 사람을 당신에게 천거하겠습니다. 함께 힘을 합치어 환난을 구해 낼 만한 인물입니다."(1)

원문 | **庾穉恭與桓溫書, 稱, 劉道生日夕在事, 大小殊快. 義懷通樂, 旣佳且足作友. 正實良器. 推此與君. 同濟艱不者也.**(1)

(1) 송(宋)나라 명제(明帝)의 《문장지(文章志)》에 이런 이야기가 있

다. '유회(劉恢)의 자는 도생(道生)이고 패국(沛國) 사람이다. 식견이 밝았고 문무(文武)의 재주가 있었다. 왕몽(王濛)은 언제나 그의 생각이 널리 통하여 국가의 훌륭한 번병(蕃屛)이라고 칭찬했다. 거기장군(車騎將軍)의 사마(司馬)가 되었으며 36세로 세상을 떠났는데 전장군(前將軍)이 추증되었다.'

宋明帝文章志曰, 劉恢字道生, 沛國人. 識局明濟, 有文武才. 王濛每稱其思理淹通, 蕃屛之高選. 爲車騎司馬. 年三十六卒, 贈前將軍.

주해 ㅇ艱不(간불)－간난(艱難). 불(不)은 부(否)와 통한다.

ㅇ蕃屛(번병)－번(蕃)은 울타리, 병(屛)은 병풍. 즉 조정을 지키는 제후(諸侯)를 가리킴이다.

74. 왕남전(王藍田 : 王述)이 양주자사(揚州刺史)로 임명되었을 때 주부(主簿)가 부조(父祖)의 휘(諱)를 물었다. 그래서 대답했다. "작고하신 조부님과 아버님은 그 명성이 천하에 퍼졌었으니 원근 사람들 모두가 알고 있을 터이며, 부인의 휘(諱)는 문밖에 알리지 않게 되어 있소.(1) 그런즉 나머지는 기휘할 것이 없소."

원문 **王藍田拜揚州, 主簿請諱. 敎云, 亡祖先君, 名播海內, 遠近所知. 內諱不出於外.(1) 餘無所諱.**

(1) 《예기(禮記)》에 이런 이야기가 있다. '부인의 휘(諱)는 문밖에 내지 않는다.'

禮記曰, 婦人之諱不出門.

주해 ㅇ請諱(청휘)－생전의 본명(本名)을 그 사람 사후(死後)에는 휘

(諱)라고 한다. 대저 남의 본명을 부르는 것을 피하고 자(字)를 부르는 것이 예의이다. 특히 존속의 휘를 부르는 것은 금기였다. 《예기(禮記)》 〈곡례(曲禮)〉 상(上)에 '남의 집 문(門)에 들면 휘를 묻는다(入門而問諱)'라고 되어 있으며 이 금기를 범하지 않기 위하여 주인의 선조 휘를 물은 것이다. 육조시대(六朝時代)에는 특히 이 금기가 엄하게 지켜졌다. 그리하여 여기서도 주부(主簿)가 사전에 물었던 것이다.

ㅇ亡祖先君(망조선군)－왕술(王述)의 조부는 왕담(王湛 : 字는 處沖), 아버지는 왕승(王承 : 字는 安期). 〈문학편(文學篇)〉 22, 유주(劉注)에서 인용한 《왕술별전(王述別傳)》에는 '조부 담(湛), 아버지 승(承) 모두 고명(高名)이 있었다'라고 되어 있다.

ㅇ禮記(예기)－〈곡례(曲禮)〉 상(上). 부인의 휘는 집안에서만 부를 뿐 밖에 내지 말아야 함(婦諱不出門)을 일컬은 것이다.

75. 소중랑(蕭中郎 : 蕭輪)은 손승공(孫丞公 : 孫統)의 장인이었다. 유윤(劉尹 : 劉惔)이 무군(撫軍 : 司馬昱)이 마련한 자리에 있었을 때, 소중랑이 태상(太常)의 후보자로 거명되었다. 유윤이 말했다. "소조주(蕭祖周 : 蕭輪)는 삼공(三公)의 자리는 어떨는지 모르겠습니다만 그 아래 자리라면 어떤 자리라도 감당하지 못할 것이 없습니다."(1)

원문| 蕭中郎, 孫丞公婦父. 劉尹在撫軍坐, 時擬爲太常. 劉尹云, 蕭祖周不知便可作三公不. 自此以還, 無所不堪.(1)

(1) 《진백관명(晋百官名)》에 이런 말이 있다. '소륜(蕭輪)의 자는 조주(祖周)이며 낙안(樂安) 사람이다.'
유겸지(劉謙之)의 《진기(晋紀)》에 이런 이야기가 있다. '소륜은 재능과 학식이 있었으며 삼례(三禮)에 정통했다. 상시(常侍)와 국자박사(國子博士)를 역임했다.'

晉百官名曰, 蕭輪字祖周, 樂安人.
劉謙之晉紀曰, 輪有才學, 善三禮. 歷常侍, 國子博士.

주해 | ㅇ孫丞公(손승공)—《진서(晋書)》 권56 〈손통전(孫統傳)〉에는 손통의 자(字)를 '승공(承公)'으로 적고 있다.

ㅇ太常(태상)—삼공(三公)의 아래이고 구경(九卿)의 으뜸벼슬. 종묘(宗廟)의 의례(儀禮)를 관장한다.

ㅇ三禮(삼례)—중국 고대의 의례와 제도를 적은 책으로서《의례(儀禮)》《주례(周禮)》《예기(禮記)》를 가리킨다.

ㅇ常侍(상시)—천자의 시중직(侍中職). 진한시대(秦漢時代)에는 중상시(中常侍)가 있었고 위진시대(魏晋時代) 이후에는 산기상시(散騎常侍)가 있었다.

76. 사태부(謝太傅 : 謝安)는 아직 20세가 되지 않았을 때, 처음으로 서쪽에 나와 왕장사(王長史 : 王濛)를 찾아가 한참동안 청담을 나누었다. 사안이 돌아간 다음, 구자(苟子 : 王脩)가 물었다.(1) "아까 그 손님은 아버님과 비하면 어떠합니까?" 장사가 대답했다. "아까 왔던 손님은 열심히 노력하니, 장차 나를 따라올 것이다."

원문 | 謝太傅未冠, 始出西, 詣王長史, 清言良久. 去後, 苟子問曰,(1) 向客何如尊. 長史曰, 向客亹亹, 爲來逼人.

(1) 왕몽(王濛)과 아들 왕수(王脩)는 모두 앞에서 나왔다.
王濛, 子脩並已見.

주해 | ㅇ出西(출서)—회계(會稽)의 동산(東山)에서 도읍에 나온 것을 가리킨다.

ㅇ尊(존)—아버지에 대한 존칭.

ㅇ亹亹(미미)－열심으로 배우는 것. 《시경(詩經)》〈대아(大雅)〉 '문왕(文王)'에 '미미문왕(亹亹文王) 영문불이(令聞不已)'란 구절이 있다.
ㅇ已見(이견)－왕몽(王濛)은 〈언어편(言語篇)〉 66에 보이고 아들 왕수(王脩)는 〈문학편(文學篇)〉 38에 보인다.

77. 왕우군(王右軍 : 王羲之)이 유윤(劉尹 : 劉惔)에게 말했다. "물론 함께 안석(安石 : 謝安)을 추천하실 거지요?" 유윤이 대답했다. "만약 안석이 동산(東山)에 은거할 뜻이 섰다면, 마땅히 천하 사람들과 함께 그를 천거해야지요."(1)

원문| 王右軍語劉尹, 故當共推安石. 劉尹曰, 若安石東山志立, 當與天下共推之.(1)

(1) 《속진양추(續晋陽秋)》에 이런 이야기가 있다. '처음에 사안(謝安)은 회계군(會稽郡) 상우현(上虞縣)에 살면서 산림 속을 유유자적했다. 6, 7년 동안 부름을 받았으나 나아가지 아니했다. 그를 탄핵하는 상소문이 뒤를 이었고 다시 금고(禁錮)에 처해졌지만 그래도 태연하게 신경조차 쓰지 않았다.'
續晋陽秋曰, 初, 安家於會稽上虞縣, 優遊山林, 六七年間徵召不至. 雖彈奏相屬, 繼以禁錮, 而晏然不屑也.

주해| ㅇ劉尹曰(유윤왈)－사실로 동산(東山)에 은거하고자 하는 인물이라면 천하를 맡기기에 충분하므로 세상 사람들과 함께 추천하자는 의미.
ㅇ禁錮(금고)－관리가 될 자격을 정지시키는 형(刑).

78. 사공(謝公 : 謝安)은 남전(藍田 : 王述)을 칭찬했다. "살갗을 벗

겨내면 그 속은 모두 진(眞)이다."[1]

| 원문 | **謝公稱藍田, 掇皮皆眞.**[1]

(1) 서광(徐廣)의 《진기(晋紀)》에 이런 이야기가 있다. '왕술(王述)은 마음이 바르고 사리에 밝은데 그 가슴속의 진(眞)은 겉으로 나타나지 아니했다.'
徐廣晋紀曰, 述貞審, 眞意不顯.

| 주해 | ㅇ眞(진)－하늘에서 받은 대로의 자연을 바꿀 수 없는 것(《莊子》〈漁父篇〉).

79. 환온(桓溫)은 길을 가다가 왕돈(王敦)의 묘지 근처를 지나, 멀리서 바라보며 말했다. "좋은 사람이었어, 좋은 사람이었지."[1]

| 원문 | **桓溫行經王敦墓邊過, 望之云, 可兒. 可兒.**[1]

(1) 손작(孫綽)이 유량(庾亮)에게 보낸 편지에서 말했다. '왕돈(王敦이 좋은 사람이란 인정을 받은 것은 수십년 간이었소.'
孫綽與庾亮牋, 王敦可人之目, 數十年閒也.

| 주해 | ㅇ可兒(가아)－좋은 인물. 쓸모가 있는 사람이란 뜻.

80. 은중군(殷中軍 : 殷浩)은 왕우군(王右軍 : 王羲之)을 평하여 말했다. "일소(逸少 : 王羲之)는 청아하고 존귀한 인물이야. 나는 그를 매우 경애하고 있는데 그런 점에서는 당대의 누구에게도 뒤지지 않을 생각이다."[1]

▌원문| 殷中軍道王右軍云, 逸少淸貴人. 吾於之甚至, 一時無所後.(1)

(1) 《문장지(文章志)》에 이런 이야기가 있다. '왕희지(王羲之)는 고상하고 기품이 있어서 보통사람과는 달랐다.'
文章志曰, 羲之高爽有風氣, 不類常流也.(1)

81. 왕중조(王仲祖 : 王濛)는 은연원(殷淵源 : 殷浩)을 칭송하며 말했다. "자신의 장점으로 남을 능가하려는 것이 아니라, 그 장점을 어떻게 살려나가느냐는 점이 또한 남보다 나은 점이다."(1)

▌원문| 王仲祖稱殷淵源, 非以長勝人, 處長亦勝人.(1)

(1) 《진양추(晉陽秋)》에 이런 이야기가 있다. '은호(殷浩)는 구애받는 일 없이 부드럽게 남들과 접했다.'
晉陽秋曰, 浩善以通和接物也.

82. 왕사주(王司州 : 王胡之)는 은중군(殷中軍 : 殷浩)과 이야기하다가 감탄하여 말했다. "나는 곳간 바닥까지 모두 토해냈는데 은호의 진용을 보면 실로 넓은 강물과 같아서 연원(淵源)이 많으므로 도저히 측량할 수가 없다."(1)

▌원문| 王司州與殷中軍語, 歎云, 己之府奧, 蚤已傾寫. 而見殷陳勢, 浩汗衆源, 未可得測.(1)

(1) 서광(徐廣)의 《진기(晉紀)》에 이런 이야기가 있다. '은호(殷浩)의

청담은 현묘한 경지를 교묘하게 논하여 당시의 명사들은 모두 칭송했다.'

徐廣晉紀曰, 浩淸言, 妙辯玄致, 當時名流, 皆爲其美譽.

주해| ㅇ府奧(부오)-부(府)는 곳간. 《세설전본(世說箋本)》에서는 부(府)를 부(腑)로 취하여 '부오(府奧)는 뱃속에 감추는 곳이다'라고 주를 달고 있다.

ㅇ浩汗云云(호한운운)-은호의 이름인 호(浩)자의 연원(淵源)을 딴 것. 넓고 수원(水源)이 많은 것.

83. 왕장사(王長史 : 王濛)가 임공(林公 : 支遁)에게 말했다. "진장(眞長 : 劉惔)의 청담은 금옥(金玉)이 당(堂)에 가득 차 있는 것이라고 할 수 있겠소." 임공이 말했다. "금옥이 당에 가득 차 있다면 굳이 말을 고를 필요가 있겠소?" 왕몽이 말했다. "고르는 게 아니지요. 그저 하는 말이 자연히 적어질 뿐이오."(1)

원문| 王長史謂林公, 眞長可謂金玉滿堂. 林公曰, 金玉滿堂, 復可爲簡選. 王曰, 非爲簡選, 直致言處自寡耳.(1)

(1) 훌륭한 사람은 과묵한 것이지 특별하게 말을 골라서 하는 게 아니라는 것을 말한 것이다.

謂吉人之辭寡, 非擇言而出也.

주해| ㅇ金玉滿堂(금옥만당)-황금·보옥이 바닥에 가득 차 있는 것처럼 훌륭한 말로 가득 차 있다는 의미. 《노자(老子)》 제9장에 '금옥이 당(堂)에 가득 차면 운운'이라고 되어 있다.

ㅇ簡選(간선)-간택(簡擇)과 같다. 선택하는 것.

ㅇ吉人之辭寡(길인지사과)－《역경(易經)》〈계사전(繫辭傳)〉 하(下)에 '길인(吉人)의 말은 적고, 조인(躁人)의 말은 많다'라는 대목이 있다.

84. 왕장사(王長史 : 王濛)는 강도군(江道群 : 江灌)을 평하여 말했다. "누구나 가지고 있지 않으면 안되는 것은 반드시 가지고 있다고는 할 수 없지만, 누구나 가져서는 안되는 것은 애시당초부터 결코 가지고 있지 아니하다."(1)

| 원문 | 王長史道江道羣, 人可應有, 乃不必有. 人可應無, 己必無.(1)

(1) 《중흥서(中興書)》에 이런 이야기가 있다. '강관(江灌)의 자는 도군(道群)으로 진류(陳留) 사람이며 복야(僕射) 강반(江彪)의 종제(從弟)이다. 재능과 기량이 뛰어났으며 명성은 종형인 강유(江逌)에 버금갔다. 벼슬하여 상서(尙書)·중호군(中護軍)이 되었다.

中興書曰, 江灌字道羣, 陳留人, 僕射虨從弟也. 有才器, 與從兄逌名相亞. 仕尙書, 中護軍.

| 주해 | ㅇ人可應有(인가응유)…… －〈상예편(賞譽篇)〉 65 주해 참조.

ㅇ江灌(강관)－송본(宋本)은 '강권(江權)'으로 적고 있는데, 원본(袁本) 및 《진서(晋書)》 권83 본전(本傳)에 '강관(江灌)'으로 되어 있는 것에 근거했다.

ㅇ僕射(복야)－상서복야(尙書僕射). 좌복야(左僕射)와 우복야(右僕射)가 있었다. 상서성(尙書省)의 차관.

ㅇ從弟(종제)·從兄(종형)－아래 도표 참조.

ㅇ逌(유)－송본은 '형(逈)'으로 적고 있는데 원본(袁本)·《진서(晋書)》 권82 본전에 '유(逌)'라고 되어 있는 것에 근거했다.

ㅇ中護軍(중호군)–중앙의 군사를 통솔하는 관원으로서 가문이 높은 자가 영군(領軍)·호군(護軍)이 되었고 낮은 사람이 중령군(中領軍)·중호군(中護軍)이 되었다.

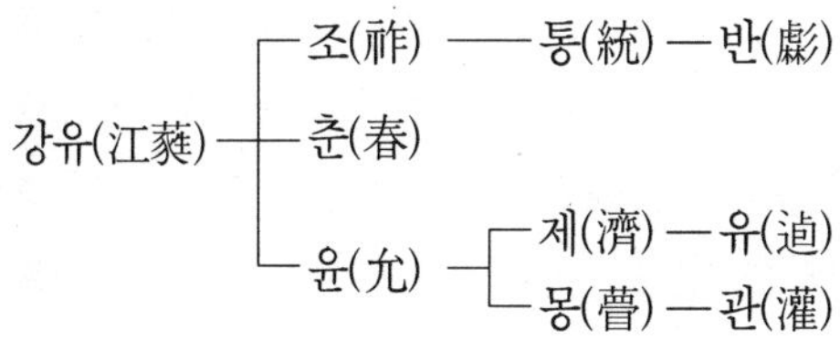

85. 회계(會稽)의 공침(孔沈)·위의(魏顗)·우구(虞球)·우존(虞存)·사봉(謝奉)은 모두 각기 그 일족(一族)에 있어 준수했으며 당세의 영걸(英傑)이다.(1) 손흥공(孫興公 : 孫綽)은 그들을 평하여 말했다. "공침은 공가(孔家)의 금(金)이고 위의는 위가(魏家)의 옥(玉)이다. 우가(虞家)는 장(長 : 虞存), 임(琳 : 虞球)을 종주(宗主)로 받들고 사가(謝家)는 홍도(弘道 : 謝奉)에게 탄복한다."(2)

▌원문▏ 會稽孔沈, 魏顗, 虞球, 虞存, 謝奉, 並是四族之儁, 于時之桀.(1) 孫興公目之曰, 沈爲孔家金, 顗爲魏家玉. 虞爲長, 琳宗, 謝爲弘道伏.(2)

(1) 공침(孔沈)·우존(虞存)·위의(魏顗)·사봉(謝奉)은 모두 따로 나왔다.
《우씨보(虞氏譜)》에 이런 이야기가 있다. '우구(虞球)의 자는 화림(和琳)이며 회계(會稽) 여요(餘姚) 사람이다. 조부인 우수(虞授)는 오(吳)나라 광주자사(廣州刺史), 아버지 우기(虞基)는 우군사마(右軍司馬)였다. 우구는 벼슬하여 황문시랑(黃門侍郎)에 이르렀다.'
沈, 存, 顗, 奉, 並別見.

虞氏譜曰, 球字和琳, 會稽餘姚人. 祖授, 吳廣州刺史. 父基, 右軍司馬. 球仕至黃門侍郞.

(2) 장(長)·임(琳)은 우존(虞存)과 우구(虞球)의 자(字)이다. 홍도(弘道)는 사봉(謝奉)의 자이다. 여기서는 우씨(虞氏)가 장(長)과 임(琳)의 재주를 존중하고 사씨(謝氏)가 홍도의 훌륭함에 경복하고 있음을 말하고 있다.

長, 琳, 卽存及球字也. 弘道, 謝奉字也. 言虞氏宗長, 琳之才, 謝氏伏弘道之美也.

주해 | ㅇ目之曰(목지왈)-옥(玉)과 복(伏)은 압운(押韻).

ㅇ別見(별견)-공침(孔沈)은 〈언어편(言語篇)〉 44, 우존(虞存)은 〈정사편(政事篇)〉 17, 위의(魏顗)는 〈배조편(排調篇)〉 48, 사봉(謝奉)은 〈아량편(雅量篇)〉 33.

86. 왕중조(王仲祖 : 王濛)와 유진장(劉眞長 : 劉惔)은 은중군(殷中軍 : 殷浩)을 찾아가서 이야기를 나누었다. 담론이 끝나자 함께 수레를 타고 돌아갔다. 유진장이 왕중조에게 말했다. "연원(淵源 : 殷浩)은 실로 훌륭하오" 왕중조가 대답했다. "그대는 그의 연기에 완전히 휩싸였구려."(1)

원문 | **王仲祖, 劉眞長造殷中軍談. 談竟, 俱載去. 劉謂王曰, 淵源眞可. 王曰, 卿故墮其雲霧中.**(1)

(1) 《중흥서(中興書)》에 이런 이야기가 있다. '은호(殷浩)는 논리를 득의로 했는데 그 담론은 정치(精緻)했으며 《노자(老子)》와 《역경(易經)》에 뛰어났다. 그래서 풍아한 선비들은 모두 그를 흠모

했다.'

中興書曰, 浩能言理, 談論精微, 長於老易. 故風流者皆宗歸之.

87. 유윤(劉尹 : 劉惔)은 언제나 왕장사(王長史 : 王濛)를 칭찬하며 말했다. "그 성품은 사물에 구애받지 아니하나 스스로 절도가 있다."(1)

원문| 劉尹每稱王長史云, 性至通, 而自然有節.(1)

(1) 《왕몽별전(王濛別傳)》에 이런 이야기가 있다. '왕몽의 교제술은 자신을 비우고 (남의) 훌륭한 점을 받아들였으며 (남의 처지를) 헤아린 뒤에 행동을 하여 기쁘고 화가 난 기색을 드러내는 경우가 드물었다. 대저 그와 한번 만나기만 하면 그를 경애하지 않는 자가 없었다. 젊었을 때 아버지를 여의었지만 아버지의 첩(妾)들까지 매우 공손하게 모시었다. 도의에 힘을 쓰면서 친족과 화목하게 지내고 사소한 예절에는 신경을 쓰지 않으면서, (특히) 청빈으로 칭송받았다.'

濛別傳曰, 濛之交物, 虛己納善, 恕而後行, 希見其喜慍之色. 凡與一面, 莫不敬而愛之. 然少孤, 事諸母甚謹, 篤義穆親, 不脩小潔, 以淸貧見稱.

88. 왕우군(王右軍 : 王羲之)은 사만석(謝萬石 : 謝萬)을 평하여 말했다. "산림 소택(沼澤) 속에 있으면서 저절로 고매하고 용맹스럽다." 임공(林公 : 支遁)을 찬탄하며 말했다. "인물이 총명하고 정신이 날카로우며 뛰어나다."(1) 조사소(祖士少 : 祖約)를 평하여 말했다. "풍격이며 풍모가 모두, 이 세상에서 두번 다시 그런 사람을 만나지 못할 것

이다." 유진장(劉眞長 : 劉惔)을 평하여 말했다. "그 줄기는 구름 위를 뚫고 올라가지만 그 지엽(枝葉)을 사방에 퍼뜨리려고 하지는 않는다."(2)

원문| 王右軍道謝萬石, 在林澤中, 爲自遒上. 歎林公, 器明神儁.(1) 道祖士少, 風領毛骨, 恐沒世不復見如此人. 道劉眞長, 標雲柯而不扶疎.(2)

(1) 《지둔별전(支遁別傳)》에 이런 이야기가 있다. '지둔은 마음 닿는 대로 행동했는데 그 풍격은 고매하고 명랑했다.'

支遁別傳曰, 遁任心獨往, 風期高亮.

(2) 《유윤별전(劉尹別傳)》에 이런 이야기가 있다. '유담(劉惔)은 명망이 높은 데다가 제실(帝室)과 인척관계를 맺고 있었으므로 자주 고관의 자리에 앉았다. 그러나 탈속(脫俗)의 기풍이 있었으며 영리에 담박하여 현관(顯官)의 자리에 오르더라도 언제나 겸양하면서 스스로 분수를 지켰다.'

劉尹別傳曰, 惔旣令望, 姻婭帝室, 故屢居達官. 然性不偶俗, 心淡榮利, 雖身登顯列, 而每挹降, 閑靜自守而已.

주해| ㅇ風領(풍령)－미상(未詳). 《세설신어보고(世說新語補考)》 상(上)에서는 '풍범(風範)', 《세설음석(世說音釋)》에서는 '풍표(風標)'로 풀이하고 있다.

ㅇ毛骨(모골)－피모골격(皮毛骨格)으로 풍모란 뜻.

ㅇ雲柯(운가)－구름을 능가하는 높은 나무 줄기.

ㅇ扶疎(부소)－사방으로 지엽(枝葉)이 퍼지는 것. 이것은 유담(劉惔)이 명제(明帝)의 딸을 아내로 맞이했으면서도 조정에서 위세를 펴려고 하지 않았음을 가리킨다.

ㅇ風期(풍기)－미상. 《세설해군습(世說解捃拾)》에서는 어쩌면 풍랑(風朗)의 잘못이 아닐까라고 했다.

ㅇ姻婭帝室(인아제실)—유담은 명제(明帝 : 司馬紹)의 딸 여륙공주(廬陸公主)를 아내로 맞았다.
ㅇ挹降(읍강)—읍(挹)은 퇴(退), 즉 겸손한 것.

89. 간문제(簡文帝 : 司馬昱)는 유적옥(庾赤玉 : 庾統)을 평하여 "불필요한 가식을 할 생각이 없고 깨끗하며 산뜻하다."고 말했다. 사인조(謝仁祖 : 謝尙)는 "유적옥은 가슴속에 응어리진 것이 아무것도 없다."고 말했다.(1)

원문| **簡文目庾赤玉, 省率治除. 謝仁祖云, 庾赤玉胸中無宿物.**(1)

(1) 적옥(赤玉)은 유통(庾統)의 어렸을 때 자(字)이다.
《중흥서(中興書)》에 이런 이야기가 있다. '유통의 자는 장인(長仁)이고 영천(潁川) 사람이며 위장군(衛將軍) 유택(庾擇)의 아들이다. 젊었을 때부터 명성이 높았는데 벼슬하여 심양태수(尋陽太守)에 이르렀다.'
赤玉, 庾統小字.
中興書曰, 統字長仁, 潁川人, 衛將軍擇子也. 少有令名. 仕至尋陽太守.

주해| ㅇ省率治除(성솔치제)—《세설신어보색해(世說新語補索解)》에는 '간성진솔(簡省眞率)하고 오탁(汚濁)을 치제(治除)하다'라고 주(注)를 달고 있다.
ㅇ衛將軍(위장군)—장군 이름의 하나. 한대(漢代)에는 삼공(三公)에 버금가는 자리. 진(晋)나라 이후에는 더욱 중직(重職)이 되었다.
ㅇ擇(택)—송본(宋本)·원본(袁本) 모두 '택(擇)'으로 적고 있는데 《진서

《진서(晉書)》 권73 본전(本傳)에는 '역(懌)'으로 되어 있다.

90. 은중군(殷中軍 : 殷浩)이 한태상(韓太常 : 韓伯)을 평하여 말했다. "강백(康伯 : 韓伯)은 젊었을 때부터 스스로 고상한 품격을 표방하여 확연하게 출중한 인재가 되었으며 그의 발언과 담론에는 종종 정취가 담겨져 있다."(1)

| 원문 | **殷中軍道韓太常曰, 康伯少自標置, 居然是出羣器. 及其發言遣辭, 往往有情致.**(1)

(1) 《속진양추(續晉陽秋)》에 이런 이야기가 있다. '한강백(韓康伯)은 청아하고 온화하여, 논리적인 사고(思考)를 지니고 있어서, 어렸을 때부터, 외숙부인 은호(殷浩)에게 칭찬을 받았다.'
續晉陽秋曰, 康伯清和有思理, 幼爲舅殷浩所稱.

| 주해 | ㅇ舅(구)－한백(韓伯)의 어머니는 은호(殷浩)의 누이동생이다.

91. 간문제(簡文帝 : 司馬昱)는 왕회조(王懷祖 : 王述)를 평하여 말했다. "재능도 뛰어나지 못하고 명리(名利)에 담박하지도 못하다. 다만 다소 진솔한 면이 있기 때문에 다른 여러 사람들의 장점에 필적할 만하다고 할 것이다."(1)

| 원문 | **簡文道王懷祖, 才既不長, 於榮利又不淡. 直以眞率少許, 便足對人多多許.**(1)

(1) 《진양추(晉陽秋)》에 이런 이야기가 있다. '왕술(王述)은 젊었을

때 빈궁하여 누항(陋巷)에 살았고 한 대그릇의 밥과 한 표주박의 물로 살면서도 명예 영달을 구하지 아니했다. 그래서 식자들로부터 중시되었다.'

晉陽秋曰, 述少貧約, 簞瓢陋巷, 不求聞達. 由是爲有識所重.

주해 ㅇ少許(소허)·多多許(다다허)－허(許)는 모두 조사(助詞).
ㅇ簞瓢陋巷(단표누항)－청빈한 생활에 안주하는 것. 《논어(論語)》〈옹야편(雍也篇)〉의 '현재회야(賢哉回也) 일단사일표음(一簞食一瓢飮) 재누항(在陋巷)'이란 구절에 근거한 말임. 여기서 단(簞)은 대나무를 엮어서 만든 밥그릇. 표(瓢)는 박을 반으로 쪼개서 만든 표주박이다.

92. 임공(林公 : 支遁)이 왕우군(王右軍 : 王羲之)에게 말했다. "장사(長史 : 王濛)는 수백 마디 말을 해도, 어느 것 하나 훌륭하지 않은 말이 없소. 그런데 아무래도 사람들을 몰아붙이지 못하는 게 흠이외다."(1) 그러자 왕우군이 대답했다. "장사는 원래 사람을 몰아붙이려는 생각을 하지 않고 있소이다."

원문 **林公謂王右軍, 長史作數百語, 無非德音. 如恨不苦.**(1) **王曰, 長史自不欲苦物.**

(1) 고(苦)는, 말로 사람을 몰아붙이는 것을 가리킴이다.
苦, 謂窮人以辭.

주해 ㅇ德音(덕음)－덕이 있는 사람의 말.

93. 은중군(殷中軍 : 殷浩)이 사람에게 편지를 보내어 사만(謝萬)을

평하여 말했다. "문장(文章)·논리가 드디어 힘차고 훌륭해졌소이다. 그 정도까지 되기란 실로 용이한 일이 아니오."(1)

원문| **殷中軍與人書, 道謝萬, 文理轉遒, 成殊不易.**(1)

(1) 《중흥서(中興書)》에 이런 이야기가 있다. '사만(謝萬)은 재능과 기량이 남보다 뛰어나고 자신을 과시하기를 좋아하며 당시에 명성을 얻었다. 그런데다가 문장을 잘 짓고 담론이 교묘했으므로 당시 사람들은 그를 칭송했다.'
中興書曰, 萬才器儁秀, 善自衒曜, 故致有時譽. 兼善屬文, 能談論, 時人稱之.

94. 왕장사(王長史 : 王濛)가 말했다. "강사전(江思悛 : 江惇)의 생각이 미치는 곳은 다만 유학(儒學)의 영역에 머무르지 아니한다."(1)

원문| **王長史云, 江思悛思懷所通, 不翅儒域.**(1)

(1) 서광(徐廣)의 《진기(晋紀)》에 이런 이야기가 있다. '강돈(江惇)의 자는 사전(思悛)이고 진류(陳留) 사람이며 복야(僕射) 강반(江虨)의 동생이다. 학문에 독실했던 성격으로, 책을 손에서 뗀 일이 없으며, 널리 고전(古典)을 읽어 유(儒)와 도(道)에 모두 통했다. 부름을 받았으나 관직에 나가지 않았으며 49세로 죽었다.'
徐廣晋紀曰, 江惇字思悛, 陳留人, 僕射虨弟也. 性篤學, 手不釋書, 博覽墳典, 儒道兼綜. 徵聘無所就, 年四十九而卒.

주해| ㅇ儒道(유도)—유학(儒學)과 노장(老莊)의 학(學).

95. 허현도(許玄度 : 許詢)가 어머니를 전송하고 처음으로 도읍에 나왔을 때, 어떤 사람이 유윤(劉尹 : 劉惔)에게 물었다. "현도(玄度)는 분명 평판대로의 인물인가요?" 유윤이 대답했다. "그의 재능은 평판 이상이라오."(1)

원문| 許玄度送母始出都. 人問劉尹, 玄度定稱所聞不. 劉曰, 才情過於所聞.(1)

(1) 《허씨보(許氏譜)》에 이런 이야기가 있다. '허현도(許玄度)의 어머니는 화일(華軼)의 딸이다.'

생각하건대 《허순집(許詢集)》에는 '허순은 도읍에 나가 누나를 맞았는데 그 길가에서 시를 지었다'라고 했다. 《속진양추(續晋陽秋)》에도 같은 기록이 있다. 그런데 여기서는 '어머니를 전송했다'라고 했다. 아마도 착오일 것이다.

許氏譜曰, 玄度母, 華軼女也.

案詢集, 詢出都迎姊, 於路賦詩. 續晉陽秋亦然. 而此言送母, 疑繆矣.

주해| ㅇ華軼(화일)－진(晋)나라 사람. 화흠(華歆)의 증손. 자는 언하(彦夏). 영가연중(永嘉年中)에 강주자사(江州刺史)가 되었으며 유랑하던 선비들이 이곳에 많이 모여들었다. 천하를 바로잡고자 하는 뜻을 가지고 원제(元帝)의 구명을 도모했으므로 황제는 왕돈(王敦)·주방(周訪) 등을 시켜 그를 참살했다.

ㅇ詢集(순집)－《수서(隋書)》〈경적지(經籍志)〉에는 《진징사허순집삼권(晋徵士許詢集三卷)》을 저록(著錄)했다. 단, 원주(原注)에 의하면 양대(梁代)에 8권이 있었다고 한다.

96. 완광록(阮光祿 : 阮裕)이 말했다. "왕가(王家)에는 세 사람의

젊은이가 있다. 우군(右軍 : 王羲之)·안기(安期 : 王應)·장예(長豫 : 王悅)이다."(1)

원문 | **阮光祿云, 王家有三年少, 右軍, 安期, 長豫.**(1)

(1) 완유(阮裕)·왕열(王悅)·왕응(王應 : 字는 安期)은 모두 앞에서 나왔다.
阮裕, 王悅, 安期王應並已見.

주해 | ㅇ安期(안기)—《진서(晋書)》 권80 〈왕희지전(王羲之傳)〉에는 '완유(阮裕)도 역시 왕희지와 왕승(王承)과 왕열(王悅) 등을 가리키어 왕씨(王氏)의 삼소(三少)라고 했다'라 했다. 왕승도 자(字)를 안기(安期)라 했다(《晋書》 〈列傳〉 45). 그러나 왕승은 태원(太原)의 왕씨이고 낭야(琅邪)의 왕씨가 아니므로 이것은 역시 왕응(王應)일 것이다.
ㅇ並已見(병이견)—완유(阮裕)는 〈덕행편(德行篇)〉 32, 왕열(王悅)은 〈덕행편〉 29, 왕응(王應)은 〈식감편(識鑒篇)〉 15에 각각 보인다.

97. 사공(謝公 : 謝安)은 예장(豫章 : 謝鯤)을 평해서 말했다. "만약 죽림칠현(竹林七賢)을 만났더라면 틀림없이 처음부터 손을 잡고 죽림으로 들어갔을 것이다."(1)

원문 | **謝公道豫章, 若遇七賢, 必自把臂入林.**(1)

(1) 《강좌명사전(江左名士傳)》에 이런 이야기가 있다. '사곤(謝鯤)은 사물에 구애당하는 일 없이 청신하고 식견이 있었으며 위의를 갖추려고 하지 않았다. 하는 일이 방일(放逸)하긴 했지만 마음은 올바랐고 풍체가 아름답지는 못해도 하는 말은 맑았고, 처신이 더러운 것 같았지만 그 행위는 고결함을 잃지 않았다. 이웃집에 아가

씨가 있었는데 어느 날 나가서 유혹했다. 아가씨는 마침 베를 짜고 있다가 북을 집어던져 사곤의 이 두 개가 부러졌다. 사곤은 돌아오자 도도하게 으스댔다. "그래도 아직 노래를 부를 수는 있다구." 그 겉모습에 신경을 쓰지 않는 것이 이와 같았다.'

江左名士傳曰, 鯤通簡有識, 不脩威儀好. 迹逸而心整, 形濁而言清, 居身若穢, 動不累高. 鄰家有女, 嘗往挑之. 女方織, 以梭投折其兩齒. 旣歸, 傲然長嘯曰, 猶不廢我嘯歌. 其不事形骸如此.

주해| ㅇ豫章(예장)－사곤(謝鯤)은 사공(謝公 : 謝安)의 백부(伯父)이다.

98. 왕장사(王長史 : 王濛)는 임공(林公 : 支遁)을 찬탄하여 말했다. "정묘한 이치를 궁구해 낸 공로는 보사(輔嗣 : 王弼)에 뒤지지 아니한다."(1)

원문| 王長史歎林公, 尋微之功, 不減輔嗣.(1)

(1) 《지둔별전(支遁別傳)》에 이런 이야기가 있다. '지둔은 정신과 마음이 명민하고 총명했으며 높은 식견은 현묘하고 심오했다. 일찍이 도읍에 올라왔을 때 왕중조(王仲祖 : 王濛)는 그의 정묘한 이치에 도달한 공로는 왕필(王弼)과 다름이 없다고 칭찬했다.'

支遁別傳曰, 遁神心警悟, 清識玄遠. 嘗至京師, 王仲祖稱其造微之功, 不異王弼.

주해| ㅇ輔嗣(보사)－위(魏)나라 왕필(王弼)의 자(字). 노장(老莊)의 학(學)에 밝고 《역경(易經)》와 《노자(老子)》의 주(注)를 썼다.

99. 은연원(殷淵源 : 殷浩)은 묘지에서 거의 10년간 살고 있었다.

당시 조야의 사람들은 그를 관중(管仲)·제갈량(諸葛亮)에 비유하면서, 그가 출사(出仕)하느냐 안하느냐에 따라 강남(江南 : 東晋)의 흥망을 점쳤다.[(1)]

원문| 殷淵源在墓所幾十年. 于時朝野以擬管葛, 起不起, 以卜江左興亡.[(1)]

(1) 《속진양추(續晋陽秋)》에 이런 이야기가 있다. '당시 목제(穆帝 : 司馬聃)가 어려서 황태후(皇太后 : 褚氏)가 정사를 보았다. 간문제(簡文帝 : 司馬昱)는 현인들과 절친하고 인망이 있었으며 이미 재상의 자리에 올라 있었다. 환온(桓溫)은 촉(蜀) 땅과 낙양을 평정한 공훈이 있었으며 서섬(西陝)의 땅에서 세력을 마음대로 휘두르고 있었다. 목제는 스스로 문약(文弱)하다고 생각하며 환온에게 대항하려는 생각을 하지 않았다. 진군(陳郡)의 은호(殷浩)는 이전부터 명성이 높았으며 당시의 여론은 관중(管中)·제갈량(諸葛亮)에 비교되고 있었다. 그래서 은호를 불러 양주자사(揚州刺史)로 삼았다. 환온은 그것이 자신에게 대항시키려는 의도임을 알고 매우 노했다.'

續晋陽秋曰, 時穆帝幼冲, 母后臨朝. 簡文親賢民望, 任登宰輔. 桓溫有平蜀洛之勳, 擅彊西陝. 帝自料文弱, 無以抗之. 陳郡殷浩, 素有盛名, 時論比之管葛. 故徵浩爲揚州. 溫知意在抗己, 甚忿焉.

주해| ㅇ在墓所幾十年(재묘소기십년)－〈식감편(識鑒篇)〉 18 참조.

ㅇ管葛(관갈)－관중(管仲)와 제갈량(諸葛亮). 관중은 춘추시대 제(齊)나라의 재상. 젊었을 때 포숙(鮑叔)과 친교가 있었으며 그의 천거로 환공(桓公)을 섬기면서 중부(仲父)로 불리기도 했고 대단한 신임을 받았다. 제후들을 규합하여 천하를 바로잡았고 환공을 패자(覇者)로 세우는 데

공이 있었다. 제갈량은 삼국시대 촉(蜀)나라의 재상. 유비(劉備)가 삼고초려(三顧草廬) 끝에 초빙하여 적벽(赤壁)에서 조조(曹操)의 대군을 격파하고 촉나라를 세워 위(魏) · 오(吳)와 정립(鼎立)시키는 데 공이 있었다.

- 穆帝幼冲(목제유충)－344년(건원 2년), 강제(康帝)가 붕어하자 목제는 2세의 나이로 즉위했다.
- 平蜀洛之勳(평촉낙지훈)－환온(桓溫)은 347년(목제, 永和 3년) 저족(氐族)인 성한(成漢)을 쳐서 촉(蜀) 땅을 동진(東晋)의 판도에 편입시켰다. 또 은호(殷浩)의 북정(北征) 실패 후 354년(영화 10년) 관중(關中)에 들어온 환온은 356년(영화 12년) 낙양을 탈환했다.
- 西陝(서섬)－서쪽, 섬서(陝西) 일대를 가리킴.
- 甚忿焉(심분언)－그후 환온은 은호의 북정(北征) 실패를 탄핵하여 실각시켰다(영화 10년).

100. 은중군(殷中軍 : 殷浩)은 우군(右軍 : 王羲之)을 평하여 말했다. "식견이 밝고 고귀한 사람이야."(1)

▌원문| 殷中軍道右軍, 淸鑒貴要.(1)

(1) 《진안제기(晉安帝紀)》에 이런 이야기가 있다. '왕희지는 풍격이 우수하기가 발군이었다.'

晉安帝紀曰, 羲之風骨淸擧也.

101. 사태부(謝太傅 : 謝安)가 환공(桓公 : 桓溫)의 사마(司馬)였을 때,(1) 환온이 사안을 방문하자 사안은 마침 머리를 빗고 있다가 당황하여 의관을 정제하려고 했다. 환공은 "번거롭게 하지 마오."라며 수레에서 내리어 해가 지도록 함께 이야기를 나누었다. 환온은 돌아간

다음 좌우의 사람들에게 말했다. "지금까지 그 정도의 사람을 본 일이 있는가?"

▌원문│ 謝太傅爲桓公司馬.[(1)] 桓詣謝, 値謝梳頭, 遽取衣幘. 桓公云, 何煩此. 因下, 共語至暝. 旣去, 謂左右曰, 頗曾見如此人不.

(1) 《속진양추(續晋陽秋)》에 이런 이야기가 있다. '처음에 사안(謝安)은 산수 가운데서 유유자적하며 글을 짓고, 철리(哲理)를 궁구하며 즐기고자 했다. 환온(桓溫)은 서부(西府 : 荊州)를 장악했을 때, 그의 명성을 듣고 곧 조정에 상신하여 그를 자기 사마(司馬)로 삼게 해달라고 하였다. 사안은 세상이 어수선하자, 천하를 구하고자 하는 뜻을 가지고 나이 40세에 나서서 정무(政務)를 맡았던 것이다.'
續晉陽秋曰, 初, 安優遊山水, 以敷文析理自娛. 桓溫在西蕃, 欽其盛名, 諷朝廷請爲司馬. 以世道未夷, 志存匡濟, 年四十, 起家應務世.

▌주해│ ㅇ頗(파)－《세설해군습(世說解捃拾)》에서는 '능야(能也)'라 했고, 《집운(集韻)》에 실린 일설(一說)에는 '의사(疑辭)'라고 했다.

102. 사공(謝公 : 謝安)은 선무(宣武 : 桓溫)의 사마(司馬)가 되자 문하생 수십 명을 전조중랑(田曹中郎) 조열자(趙悅子 : 趙悅)에게 부탁했다.[(1)] 열자가 그 사실을 선무에게 고하자 선무는 "그럼 반쯤만 채용하게나."라고 말했다. 조열자는 얼마 후 전원을 채용한 다음 말했다. "옛날 안석(安石 : 謝安)이 동산(東山)에 있을 무렵, 조정의 관원들은 그가 세상에 나오도록 강권했는데 그러면서도 그가 세상사에 관

계하지 않으면 어떻게 하나 걱정했었습니다. (그런데 이번에는) 그 자신이 천거한 것입니다. 어찌 그 부탁을 거역할 수 있겠습니까?"

원문| **謝公作宣武司馬, 屬門生數十人於田曹中郎趙悅子.**[(1)] **悅子以告宣武. 宣武云, 且爲用半. 趙俄而悉用之, 曰, 昔安石在東山, 縉紳敦逼, 恐不豫人事. 況今自鄉選. 反違之邪.**

(1) 복도(伏滔)의 《대사마료속명(大司馬寮屬名)》에 이런 이야기가 있다. '조열(趙悅)의 자는 열자(悅子), 하비(下邳) 사람이다. 대사마(大司馬 : 桓溫)의 참군(參軍) · 우위장군(右衛將軍)을 역임했다.'
伏滔大司馬寮屬名曰, 悅字悅子, 下邳人. 歷大司馬參軍, 左衛將軍.

주해| ㅇ田曹中郎(전조중랑)-전조참군(田曹參軍)일 것이다. 농사를 관장하는 관직.
ㅇ縉紳(진신)-진(縉)은 홀(笏)을 대대(大帶)에 끼우는 것.신(紳)은 대대(大帶). 전(轉)하여 조정의 고관을 가리킨다.
ㅇ敦逼(돈핍)-반복하여 요구하는 것.
ㅇ鄉選(향선)-향당(鄉黨)의 인물을 선별 추천하는 것.

103. 환선무(桓宣武 : 桓溫)의 상주문(上奏文)에 '사상(謝尙)은 정신력이 뛰어나고 마음이 진솔하여 젊어서부터 인망(人望)을 얻었습니다'라고 하였다.[(1)]

원문| **桓宣武表云, 謝尙神懷挺率, 少致民譽.**[(1)]

(1) 《환온집(桓溫集)》에 실려 있는 〈평낙표(平洛表)〉에 이런 말이 있다. '이제서야 중원(中原)이 평정되어 천하를 안정시킬 때입니다.

진서장군(鎭西將軍) · 예주자사(豫州刺史)인 사상(謝尙)은 마음씨가 솔직하고 젊었을 때부터 인망을 모으고 있습니다. 그러기에 조정에 들어와서는 국정을 논하고 나아가서는 지방의 수비를 할 수 있는 사나이입니다. 이번에 꼭 승진시키고 낙양에 있게 하여 백성들을 안무(安撫)시키도록 하는 게 좋겠는데, 도독사주제군사(都督司州諸軍事)를 맡겨야 할 것으로 생각합니다.'

溫集載其平洛表曰, 今中州旣平, 宜時綏定. 鎭西將軍豫州刺史尙, 神懷挺率, 少致人譽, 是以入論百揆, 出蕃方司. 宜進據洛陽, 撫寧黎庶. 謂可本官都督司州諸軍事.

주해 | ㅇ中州(중주)—중원(中原)을 가리키는 말.
ㅇ百揆(백규)—규(揆)는 정책 등의 뜻. 모든 정무(政務).
ㅇ方司(방사)—방목(方牧). 지방장관.
ㅇ司州(사주)—낙양을 중심으로 하는 지방.

104. 세상에서는 사상(謝尙)을 가리켜 통탈(通脫)한 사람이라고 평했다. 완요집(阮遙集 : 阮孚)은 '청아하고 시원시원하여 통달한 사람처럼 보인다'라고 했다. 또 어떤 사람은 '사상은 본디 출중하여 빼어나다'라고 했다.(1)

원문 | **世目謝尙爲令達. 阮遙集云, 淸暢似達. 或云, 尙自然令上.**(1)

(1) 《진양추(晋陽秋)》에 이런 이야기가 있다. '사상(謝尙)은 간결하고 솔직하여 통탈(通脫)했으며 명석하고 지혜로워 빼어난 인물이다.'
晉陽秋曰, 尙率易挺達, 昭悟令上也.

주해 | ㅇ達(달)—사물에 구애받지 않으며 자유로이 통탈(通脫)해 있는

것을 가리킴.

105. 환대사마(桓大司馬 : 桓溫)가 병에 걸렸을 때, 사공(謝公 : 謝安)이 문병하러 갔다. 동문(東門)으로 들어가자,(1) 환공은 멀리서 바라보고 감탄하며 말했다. "우리 문안에서 오래도록 이만한 사람을 보지 못했다."

원문| **桓大司馬病, 謝公往省病. 從東門入,(1) 桓公遙望, 歎曰, 吾門中久不見如此人.**

(1) 환온(桓溫)은 당시 고숙(姑孰)에 진을 치고 있었다.
溫時在姑孰.

주해| ㅇ姑孰(고숙)－성(城) 이름. 지금의 안휘성 당도현(當塗縣)에 있던 성. 고숙계(姑孰溪)에 임하는 위치이므로 이런 이름이 붙여졌다. 동진(東晋) 때 성을 쌓았는데 그후로 항상 중히 여기던 곳이다.

106. 간문제(簡文帝 : 司馬昱)는 경예(敬豫 : 王恬)를 평하여 경예(敬豫)라고 하기보다 낭예(朗豫)라고 했다.(1)

원문| **簡文目敬豫爲朗豫.(1)**

(1) 왕염(王恬)은 앞에서 나왔다.
《문자지(文字志)》에 이런 이야기가 있다. '왕염(王恬)은 사물의 이치를 잘 알고 품위가 있어서 젊은 시대의 영수(領袖)였다.'
王恬已見.
文字志曰, 恬識理明貴, 爲後進冠蓋也.

주해 ㅇ朗豫(낭예)－왕염의 자(字)인 '경예(敬豫)'의 경(敬)자를 낭(朗) 자로 바꾸어 그를 평한 것. 낭(朗)은 명랑하고 활달하다는 의미이다.

ㅇ已見(이견)－〈덕행편(德行篇)〉 29.

ㅇ冠蓋(관개)－원본(袁本)에는 '관면(冠冕)'으로 되어 있다.

107. 손흥공(孫興公 : 孫綽)이 유공(庾公 : 庾亮)의 참군(參軍)이었을 때, 백석산(白石山)에서 같이 놀았다. 위군장(衛君長 : 衛永)도 그 자리에 있었다.(1) 손흥공이 "이 사람의 심정은 오로지 산수(山水)에는 무관심한데 그래도 교묘하게 글을 짓는다구요."라고 하자 유공이 말했다. "위군장의 풍도는 그대들에게 미치지 못할지라도 마음을 기울이고 있는 것[詩文]은 속되지 아니하오." 손흥공은 그래서 이 말에 심복했다.

원문 **孫興公爲庾公參軍, 共遊白石山. 衛君長在坐.(1) 孫曰, 此子神情都不關山水, 而能作文. 庾公曰, 衛風韻雖不及卿諸人, 傾倒處亦不近. 孫遂沐浴此言.**

(1) 《위씨보(衛氏譜)》에 이런 이야기가 있다. '위영(衛永)의 자는 군장(君長)이며 성양(成陽) 사람이다. 벼슬은 좌군장사(左軍長史)에 이르렀다.'

衛氏譜曰, 永字君長, 成陽人. 位至左軍長史.

주해 ㅇ白石山(백석산)－강소성 오현(吳縣) 서북쪽에 있는 산.

ㅇ孫曰(손왈)－송본(宋本)에는 이 두 글자가 없다. 원본(袁本)에 의해 보충했다.

ㅇ沐浴(목욕)－심복(心服)하는 것. 《세설초촬(世說鈔撮)》에 '목욕(沐浴)은 심복을 뜻한다'라고 되어 있다.

ㅇ左軍長史(좌군장사)－좌장군(左將軍)의 장사(長史).

108. 왕우군(王右軍 : 王羲之)은 진현백(陳玄伯 : 陳泰)을 평하여 말했다. "거칠기는 하지만 올곧은 뼈대가 있다."(1)

원문 **王右軍目陳玄伯, 壘塊有正骨.**(1)

(1) 진태(陳泰)는 앞에서 나왔다.
陳泰已見.

주해 ㅇ壘塊(누괴)－거친 모양.
ㅇ已見(이견)－〈방정편(方正篇)〉 8.

109. 왕장사(王長史 : 王濛)가 말했다. "유윤(劉尹 : 劉惔)이 나를 알고 있는 것은 내가 자신을 알고 있는 것 이상이야."(1)

원문 **王長史云, 劉尹知我, 勝我自知.**(1)

(1) 《왕몽별전(王濛別傳)》에 이런 이야기가 있다. '왕몽은 패국(沛國)의 유담(劉惔)과 명성을 나란히 했는데, 당시 사람들은 왕몽을 원요경(袁曜卿 : 袁渙)에 비교하고, 유담을 순봉천(荀奉倩 : 荀粲)에 비교했다. 두 사람은 사이가 좋았으며 서로 인정해 주었다.'
濛別傳曰, 濛與沛國劉惔齊名, 時人以濛比袁曜卿, 惔比荀奉倩. 而共交友, 甚相知賞也.

주해 ㅇ袁曜卿(원요경)－원환(袁渙). 삼국시대 위(魏 : 陳郡 扶樂) 사람. 예의가 바르고 조용한 성격이었다. 조조(曹操)를 섬기어 패남부도위(沛南部都尉)가 되었고 낭중령(郎中令)에서 어사대부(御史大夫)가 되었다(《三國志》 권11).

ㅇ荀奉倩(순봉천)-순찬(荀粲). 삼국시대 위(魏 : 穎川 穎陰) 사람. 순욱(荀彧)의 아들. 현묘하고 유원(幽遠)한 철리(哲理)를 논하는 데 뛰어났으며 세상의 준재(俊才)들과 교유했다. 조홍(曹洪)의 딸에게 장가들었는데 애정이 돈독했던 것으로도 유명하다. 〈문학편(文學篇)〉 9의 유주(劉注)에서 인용한 《순찬별전(荀粲別傳)》을 참조할 것.

110. 왕(王 : 王濛)과 유(劉 : 劉惔)가 임공(林公 : 支遁)의 강론을 듣고 있을 때 왕몽이 유담에게 말했다. "저 높은 자리에 있는 사람은 실로 심술쟁이요." 한편 강론이 계속되는 동안에 왕몽은 다시 말했다. "이 사람은 진정코 불문(佛門)의 후왕(侯王)이오. 어찌된 사람일까요?"(1)

원문| **王, 劉聽林公講, 王語劉曰, 向高坐者, 故是凶物. 復更聽, 王又曰, 自是鉢釪後王. 何人也.**(1)

(1) 《고일사문전(高逸沙門傳)》에 이런 이야기가 있다. '왕몽은 언제나 지둔(支遁)을 찾았는데 때마침 지둔이 기원사(祇洹寺)에서 높은 자리에 올라 강론을 열심히 하고 있는 중이었다. 주미(麈尾)를 몹시 흔들어대면서 수백 마디의 말로 강론을 하는데 그 이야기의 이치는 명료했다. 한자리에 앉아 있던 백여 명 모두가 말 한마디 없이 귀를 기울이고 있었다. 왕몽이 경청하는 승려들에게 말했다. "저 높은 자리에 있는 인물은 실로 불문(佛門)의 후왕(後王)이오. 대체 어찌된 인물일까?"'

高逸沙門傳曰, 王濛恆尋遁, 遇祇洹寺中講, 正在高坐上. 每擧麈尾, 常領數百言, 而情理俱暢. 預坐百餘人, 皆結舌注耳. 濛云聽講衆僧, 向高坐者, 是鉢釪後王. 何人也.

주해 ㅇ向高坐者(향고좌자)－'향(向)'은 '재(在)'와 같다.

ㅇ鉢釪(발우)－승려의 식기(食器). 전(轉)하여 불문(佛門)의 사람을 가리킨다.

ㅇ後王(후왕)－선왕(先王)의 도(道)를 체득하고, 이것을 후세에 밝히는 왕자(王者). 여기서는 불문(佛門)에 있어서의 후왕이란 의미.《고승전(高僧傳)》 권4 〈지둔전(支遁傳)〉에는 '실로 치발(緇鉢)의 왕하(王何)이다'라고 되어 있을 뿐 후(後)자 및 인(人)자가 없다. 그럴 경우 '왕하(王何)'는 왕필(王弼)과 하안(何晏)을 가리키는 것으로 생각된다. 이쪽이 알기 쉬울는지도 모르겠는데 여기서는 본문의 후(後)자, 인(人)자를 살리어 번역했다.

ㅇ祇洹寺(기원사)－건강(建康)에 있던 사원.

ㅇ濛云(몽운)－'운(云)'은 송본(宋本)에는 없고 원본(袁本)에만 있다.

111. 허현도(許玄度 : 許詢)는 말했다. "《금부(琴賦)》에 '정치(精緻)함에 이른 사람이 아니면 이것을 연주하여 만물의 이치를 밝힐 수 없다'고 했는데 유윤(劉尹 : 劉惔)이야말로 그런 사람이다. 또 '심정(深靜)한 사람이 아니면 이것을 연주해도 조용한 경지를 즐길 수 없다'고 했는데 간문제(簡文帝 : 司馬昱)야말로 그런 사람이다."(1)

원문 **許玄度言, 琴賦所謂, 非至精者, 不能與之析理, 劉尹其人. 非淵靜者, 不能與之閑止, 簡文其人.**(1)

(1) 혜숙야(嵇叔夜 : 嵇康)의 《금부(琴賦)》이다. 유담(劉惔)은 자가 진장(眞長)이고 단양윤(丹陽尹)이다.
嵇叔夜琴賦也. 劉惔眞長, 丹陽尹.

주해 ㅇ琴賦(금부)－《문선(文選)》 권18 수록.

ㅇ析理(석리)－《장자(莊子)》 〈천하편(天下篇)〉에 '천지의 미(美)를 판별

하고 만물의 이치를 알아낸다'란 말을 근거로 하고 있다.
ㅇ閑止(한지)－한거(閑居)란 뜻.

112. 위은(魏隱) 형제는 어렸을 때부터 학문과 위의가 있었는데[(1)] 소년시절에 사봉(謝奉)을 찾아갔다. 사봉은 이 형제와 이야기를 나누고는 크게 기뻐하며 말했다. "위씨(魏氏)의 종가가 쇠해졌다고는 하지만 그 일족 중에는 이미 다시 훌륭한 인재가 나왔어."

원문| 魏隱兄弟, 少有學義.[(1)] 總角詣謝奉. 奉與語, 大說之, 曰, 大宗雖衰, 魏氏已復有人.

(1) 《위씨보(魏氏譜)》에 이런 이야기가 있다. '위은(魏隱)의 자는 안시(安時)이며 회계(會稽) 상우(上虞) 사람이다. 의흥태수(義興太守)·어사중승(御史中丞)을 역임했다. 동생 위적(魏逷)은 황문랑(黃門郎)이었다.'
魏氏譜曰, 隱字安時, 會稽上虞人. 歷義興太守, 御史中丞. 弟逷, 黃門郎.

113. 간문제(簡文帝 : 司馬昱)는 말했다. "은연원(殷淵源 : 殷浩)의 말은 그 즉석에서 핵심에 이르는 일은 없지만, 조리가 있어서 사려를 깊이 한다는 점에서는 처음부터 주도면밀한 배려가 있다."

원문| 簡文云, 淵源語不超詣簡至, 然經綸思尋處, 故有局陳.

주해| ㅇ局陳(국진)－바둑에서의 포진(布陣). 병진(兵陣)의 형국.

114. 당초 축법태(竺法汰)는 북쪽에서 갓 왔을 뿐으로 아직 이름이 알려져 있지 않았다.(1) 그때 왕영군(王領軍 : 王洽)이 그의 생활을 돌봐주었다.(2) 언제나 함께 다녔는데 명사(名士)를 찾을 때도 상시 동행했으며 만약 법태와 동행할 수 없는 일이 있으면 수레를 멈춰놓고 나가지 아니했다. 이 때문에 법태의 이름이 세상에서 중시되기에 이르렀다.(3)

| 원문 | **初, 法汰北來未知名,(1) 王領軍供養之.(2) 每與周旋行, 來往名勝許, 輒與俱. 不得汰, 便停車不行. 因此名遂重.(3)**

(1) 차빈(車頻)의 《진서(秦書)》에 이런 이야기가 있다. '석도안(釋道安)은 모용준(慕容儁)에게 위협을 받아 양양(襄陽)으로 피하려고 했는데 도중에 신야(新野)로 가서 무리를 모아놓고 의논했다. "올해는 흉년이 들었기 때문에 국군(國君)에게 의지하지 않으면 불법을 널리 일으키기 어려울 것이오." 그래서 스님들을 나누었는데 축법태는 양주(揚州)로 가게 되었다. 그리고 "그 지방에는 군자들이 많으니 상류 명사(名士)들에게 몸을 맡기도록 하오."라고 말했다. 법태는 장강(長江)을 건너 양주에 이르렀다.'

車頻秦書曰, 釋道安爲慕容儁所掠, 欲投襄陽, 行至新野, 集衆議曰, 今遭凶年, 不依國主, 則法事難擧. 仍分僧衆, 使竺法汰詣揚州. 曰, 彼多君子, 上勝可投. 法汰遂渡江, 至揚土焉.

(2) 《중흥서(中興書)》에 이런 말이 있다. '왕흡(王洽)의 자는 경화(敬和)이고 승상(丞相) 왕도(王導)의 셋째 아들이다. 오군내사(吳郡內史)로 누천(累遷)되었는데 백성들로부터 우러름을 받았다. 부름을 받아 중령군(中領軍)에 임명되었고 이어서 중서령(中書令)이 더해졌지만 취임하지 않았다. 26세로 죽었다.'

中興書曰, 王洽字敬和, 丞相導第三子. 累遷吳郡內史, 爲土民

所懷. 徵拜中領軍, 尋加中書令, 不拜. 年二十六而卒.

(3) 《명덕사문제목(名德沙門題目)》에 이런 이야기가 있다. '축법태(竺法汰)는 고명하고 활달한 인물이었다.'

손작(孫綽)의 〈축법태찬(竺法汰贊)〉에는 이런 말이 있다. '쓸쓸한 바람은 숲을 스쳐 지나가고 맑은 샘물은 계곡에 비추지. 탁월하고 영명한 법태는, 덕을 견주어도 부끄러움이 없소. 바깥일에는 대범하고 내면의 정신은 매우 너그럽지. 실천은 먼저 하고, 명성은 뒤따라서 높아졌다오.'

《태원기거주(泰元起居注)》에 이런 이야기가 있다. '축법태(竺法汰)는 태원(泰元) 15년에 죽었다. 열종(烈宗 : 孝武帝 司馬曜)은 조서(詔書)를 내리어, "축법태사(竺法汰師)가 서거함에 실로 애통함이 극에 이르러 10만 전(錢)을 보내어라."고 하였다.'

名德沙門題目曰, 法汰高亮開達.

孫綽爲汰贊曰, 淒風拂林, 明泉映壑. 爽爽法汰, 校德無怍. 事外蕭灑, 神內恢廓. 實從前起, 名隨後躍.

泰元起居注曰, 法汰以十五年卒. 烈宗詔曰, 法汰師喪逝, 哀痛傷懷, 可贈錢十萬.

주해 | ㅇ名勝(명승)－명망이 있는 선비. 명사(名士).

ㅇ爲慕容儁所掠(위모용준소략)－모용준은 352년 계(薊 : 北京)에서 대연황제(大燕皇帝)의 자리에 올라 전연(前燕)을 세우고 하남(河南)에서 산동으로 세력을 뻗치더니 357년에는 도읍을 업(鄴)으로 옮기고 화북(華北)의 동쪽 반(半)을 그 영역에 넣은 다음 산서(山西)로 진출을 꾀하였다.

ㅇ新野(신야)－현(縣) 이름. 하남성 남양현(南陽縣) 남쪽.

ㅇ上勝(상승)－상류의 명사들을 가리키는 말.

ㅇ法汰遂渡江(법태수도강)－《고승전(高僧傳)》 권8 〈석도안전(釋道安傳)〉에 의하면 이때 법태는 제자 혜원(慧遠) 등 4백여 명과 함께 강을

건너 양주로 왔다고 한다.

ㅇ士民(토민)－원본(袁本)은 '사민(士民)'으로 적고 있다.

ㅇ年二十六而卒(연이십륙이졸)－송본(宋本)·원본(袁本) 모두 26세에 죽었다고 되어 있는데 《진서(晋書)》 권65 〈왕흡전(王洽傳)〉에는 '승평(升平) 2년, 관(官)에 있으면서 졸(卒)하다. 연(年) 36'이라고 되어 있다. 또 《북당서초(北堂書鈔)》 권57에서 인용한 단도란(檀道鸞)의 《진양추(晋陽秋)》도 '왕흡(王洽) 중서령(中書令)에 제수되다. 때에 나이 29세. 장차 이를 사퇴하려고 했는데 종형(從兄) 낭지(朗之) 글을 올리어 운운……'이라고 되어 있으니 '나이 26세에 죽다'는 것은 잘못된 것으로 생각된다.

ㅇ泰元起居注(태원기거주)－태원(泰元)은 효무제(孝武帝 : 司馬曜)의 연호(年號). 기거주(起居注)란 천자(天子)의 언행을 기록한 책을 가리킴.

ㅇ以十五年卒(이십오년졸)－원본(袁本)은 '십이년(十二年)'으로 적고 있다. 또 《고승전(高僧傳)》 권5 〈축법태전(竺法汰傳)〉에도 '진(晋)나라 태원(太元) 12년에 졸(卒)하다. 춘추 68'이라고 되어 있다.

115. 왕장사(王長史 : 王濛)가 대사마(大司馬 : 桓溫)에게 편지를 보내어, 연원(淵源 : 殷浩)을 평하였다. "그 식견이든, 그 편안한 마음의 태도이든 모두가 세평(世評)에 충분히 어울리오."

원문| 王長史與大司馬書, 道淵源, 識致安處, 足副時談.

116. 사공(謝公 : 謝安)은 말했다. "유윤(劉尹 : 劉惔)의 이야기는 상세하고 치밀하다."(1)

원문| 謝公云, 劉尹語審細.(1)

(1) 손작(孫綽)의 〈유담뢰서(劉惔誄敍)〉에 이런 이야기가 있다. '정신

은 명경지수(明鏡止水)와 같고 말은 꼭 주옥(珠玉)과 같다.'

孫綽爲惔誄叙曰, 神猶淵鏡, 言必珠玉.

주해 | ㅇ孫綽爲惔誄叙(손작위담뢰서)－손작의 뇌문(誄文)의 일문(逸文)으로서 《진서(晋書)》 권75의 〈유담전(劉惔傳)〉에는, '관(官)에 있으면서 관(官)을 관(官)으로 보는 일이 없고 일을 하면서 일을 일로 보는 마음이 없다'라는 구절이 보인다(《全晋文》 권62에는 〈劉眞長誄〉란 제목으로 수록되어 있다).

117. 환공(桓公 : 桓溫)이 가빈(嘉賓 : 郗超)에게 말했다. "아원(阿源 : 殷浩)은 덕행도 있고 언어에도 뛰어나오. 만약 상서령(尙書令)이나 복야(僕射)가 되었다면 훌륭히 백관들의 모범이 되었을 것이외다. 조정의 인사법이 그의 재능과 달랐던 게요."(1)

원문 | **桓公語嘉賓, 阿源有德有言. 向使作令僕, 足以儀刑百揆. 朝廷用違其才耳.**(1)

(1) 가빈(嘉賓)은 치초(郗超)의 어렸을 때 자(字)이다. 아원(阿源)은 은호(殷浩)이다.

嘉賓, 郗超小字也. 阿源, 殷浩也.

주해 | ㅇ令僕(영복)－상서령(尙書令 : 尙書省의 장관)과 상서복야(尙書僕射 : 次官).

ㅇ儀刑(의형)－《시경(詩經)》 〈대아(大雅)〉 '문왕(文王)'에 '문왕을 본받으면 온 세상이 믿고 따르게 되리(儀刑文王 萬邦作孚)'라고 되어 있다. 본받는 것.

ㅇ朝廷用(조정용)－은호(殷浩)는 양주자사(揚州刺史)에 임명되었는데 환온(桓溫)과 대립하다가 서인(庶人)으로 강등되었다(《晋書》 권77 〈殷浩傳〉).

118. 간문제(簡文帝 : 司馬昱)가 가빈(嘉賓 : 郗超)에게 말했다. “유윤(劉尹 : 劉惔)의 이야기는 마지막이 아무래도 좀 이상한데 그 이야기를 되씹어보면 특별히 어디에도 잘못이 없소.”

원문| 簡文語嘉賓, 劉尹語, 末後亦小異, 迴復其言, 亦乃無過.

119. 손흥공(孫興公 : 孫綽)과 허현도(許玄度 : 許詢)는 함께 백루정(白樓亭)(1)에서 지금까지의 명사(名士)에 대하여 논했다. 임공(林公 : 支遁)에게는 관계가 없는 논의였는데 다 듣고 나자 이렇게 말했다. “두 분은 과연 재(才)와 정(情)을 겸비하고 계시오.”

원문| 孫興公, 許玄度共在白樓亭,(1) 共商略先往名達. 林公旣非所關, 聽訖云, 二賢故自有才情.

(1) 《회계기(會稽記)》에 이런 이야기가 있다. ‘백루정(白樓亭)은 산음현(山陰縣)에 있으며 흐름에 따라 계곡이 비친다.’
會稽記曰, 亭在山陰, 臨流映壑也.

주해| ㅇ商略(상략)—토론하여 품평하는 것.

120. 왕우군(王右軍 : 王羲之)이 동양(東陽 : 王臨之)을 평하여 말했다. “우리 집안의 아림(阿林 : 王臨之)은 그 청아한 기품이 사람들보다 뛰어나다.”(1)

원문| 王右軍道東陽, 我家阿林, 章清太出.(1)

(1) 아림(阿林)은 아림(阿臨)으로 써야 할 것이다.

《왕씨보(王氏譜)》에 이런 이야기가 있다. '왕임지(王臨之)의 자는 중산(仲產)이고 낭야(琅邪) 사람이며 복야(僕射)인 왕표지(王彪之)의 아들이다. 벼슬을 하여 동양태수(東陽太守)에 이르렀다.'

林, 應爲臨.

王氏譜曰, 臨之字仲產, 琅邪人, 僕射彪之子. 仕至東陽太守.

주해 | ㅇ東陽(동양)－왕임지(王臨之)는 왕희지(王羲之)의 조카이다.
ㅇ阿(아)－친밀함을 나타내는 말.
ㅇ章淸(장청)－장(章)은 분명하다는 뜻. 청(淸)은 기품이 고상하여 속기(俗氣)가 없다는 뜻.

121. 왕장사(王長史 : 王濛)가 유윤(劉尹 : 劉惔)에게 보낸 편지에 연원(淵源 : 殷浩)을 평하여 말했다. "어떤 일에 대해서든 《역경(易經)》의 이치를 잘 전개합니다."

원문 | 王長史與劉尹書, 道淵源, 觸事長易.

주해 | ㅇ觸事長易(촉사장역)－《역경(易經)》〈계사전(繫辭傳)〉 상(上)에 '촉류이장지(觸類而長之)'라고 되어 있는데 그것을 근거로 한 것일까? 은호(殷浩)가 《역경》에 뛰어났다는 것은 〈상예편(賞譽篇)〉 88의 유주(劉注)에서 인용한 《중흥서(中興書)》에 보인다.

122. 사중랑(謝中郎 : 謝萬)이 말했다. "왕수재(王脩載 : 王耆之)의 자유분방한 성격은 가풍(家風)에서 나온 것이다."(1)

원문 | 謝中郎云, 王脩載樂託之性, 出自門風.(1)

(1) 《왕씨보(王氏譜)》에 이런 이야기가 있다. '왕기지(王耆之)의 자는

수재(脩載)이고 낭야(琅邪) 사람이며 형주자사(荊州刺史) 왕이(王廙)의 셋째 아들이다. 중서랑(中書郞) · 파양태수(鄱陽太守) · 급사중랑(給事中郞)을 역임했다.'

王氏譜曰, 耆之字脩載, 琅邪人, 荊州刺史廙第三子. 歷中書郞, 鄱陽太守, 給事中.

주해| ㅇ樂託(낙탁)－'낙탁(落拓)' '낙탁(落托)'이라고도 쓰며 활달하여 작은 예절에 구애되지 않는 것.

123. 임공(林公 : 支遁)이 말했다. "왕경인(王敬仁 : 王脩)은 깨달음이 뛰어난 사람이다."(1)

원문| 林公云, 王敬仁是超悟人.(1)

(1) 《문자지(文字志)》에 이런 이야기가 있다. '왕수지(王脩之)는 젊었을 때부터 수재(秀才)라는 칭찬이 있었다.'

文字志曰, 脩之少有秀令之稱.

주해| ㅇ脩之(수지)－왕경인(王敬仁)의 이름은 《진서(晋書)》 권93 본전(本傳)에는 '왕수(王脩)'로 기록하고 있다.

124. 유윤(劉尹 : 劉惔)은 이전에 사진서(謝鎭西 : 謝尙)에게 경복(敬服)하고 있었다. 사상도 일찍부터 유윤을 중시하여 말하기를, "옛날에는 언제나 그 앞에서 머리가 올라가지 않았었어."(1)라고 말했다.

원문| 劉尹先推謝鎭西. 謝雅重劉曰, 昔嘗北面.(1)

(1) 생각하건대 사상(謝尙)은 유담(劉惔)보다 연장자이며 그 준영(俊英)함은 일찍부터 나타나 있었으므로 유담에게 북면(北面)했다 함은 믿기지 아니한다.

案, 謝尙年長於惔, 神穎夙彰, 而曰北面於劉, 非可信.

▌**주해**▏ ㅇ謝雅重劉(사아중유)-원본(袁本)에는 '사후아중유(謝後雅重劉)'라고 되어 있으며 '유윤선추(劉尹先推)'의 선(先)과 상대되는 어법(語法)으로 되어 있다.

ㅇ北面(북면)-군주가 남면(南面)하는 것에 비하여 신하가 되어 섬기는 것을 북면(北面)이라고 한다. 여기서는 실제로 군신관계(君臣關係)에 있었다는 것이 아니라 단지 그처럼 경복(敬服)했다는 뜻이다.

125. 사태부(謝太傅 : 謝安)는 왕수령(王脩齡 : 王胡之)을 칭찬하여 말했다. "사주(司州)는 산수에서 함께 놀 수가 있다."(1)

▌**원문**▏ **謝太傅稱王脩齡曰, 司州可與林澤遊.**(1)

(1) 《왕호지별전(王胡之別傳)》에 이런 이야기가 있다. '왕호지는 항상 세속의 잡무(雜務)를 잊고 고상한 풍정을 좋아했다. 사안(謝安)과 사이가 좋았다.'

王胡之別傳曰, 胡之常遺世務, 以高尙爲情. 與謝安相善也.

▌**주해**▏ ㅇ司州(사주)-왕호지(王胡之)는 사주자사(司州刺史)를 지낸 적이 있다. 〈언어편(言語篇)〉 81의 유주(劉注)에서 인용한 《왕호지별전》을 참조할 것.

126. 세상에 전해오는 말에, '양주(揚州) 땅에 독보적인 사람은 왕

문도(王文度 : 王坦之), 젊은 세대에서 훌륭한 인물은 치가빈(郗嘉賓 : 郗超)'이라 했다.(1)

원문 諺曰, 揚州獨步王文度, 後來出人郗嘉賓.(1)

(1) 《속진양추(續晋陽秋)》에 이런 이야기가 있다. '치초(郗超)는 젊었을 때부터 재기(才氣)가 있었으며 세속을 초월하여 일상적인 규범에 따르지 아니했다. 당시 사람들은 그를 당대의 뛰어난 명사라며 이런 말을 퍼뜨렸다. "대재(大才)가 웅장하기로는 사가(謝家)의 안(安 : 謝安), 강동(江東)에서 독보(獨步)하기로는 왕문도(王文度 : 王坦之), 성덕(盛德)이 날로 새로워지기로는 치가빈(郗嘉賓 : 郗超)."' 그 말이 본문과 다소 다르기 때문에 상세하게 기록하였다.

續晋陽秋曰, 超少有才氣, 越世負俗, 不循常檢. 時人爲一代盛譽者, 語曰, 大才槃槃謝家安, 江東獨步王文度, 盛德日新郗嘉賓. 其語小異, 故詳錄焉.

주해 ㅇ諺曰云云(언왈운운)－보(步)와 도(度), 인(人)과 빈(賓)은 압운(押韻).

ㅇ語曰云云(어왈운운)－반(槃)과 안(安), 보(步)와 도(度), 신(新)과 빈(賓)은 압운(押韻).

ㅇ槃槃(반반)－위대한 모양. 또는 반반(班班)과 통하여 아름다운 모양(《通雅》 권10).

127. 어떤 사람이 왕장사(王長史 : 王濛)에게 강반(江虨) 형제와 그 종형제(從兄弟)에 관한 일을 물었다. 왕장사가 대답했다. "강씨 일족은 모두 각기 훌륭하게 스스로의 삶을 살아가기에 충분하오."(1)

원문 人問王長史, 江虨兄弟羣從. 王答曰, 諸江皆復足自生活.(1)

(1) 강반(江虨) 및 그의 동생 강돈(江惇), 종제(從弟)인 강관(江灌)은 모두 덕행이 있었고 이름이 세상에 알려졌다.
虨及弟惇, 從灌, 並有德行, 知名於世.

주해 ㅇ弟惇(제돈)—송본(宋本)·원본(袁本) 모두 돈(惇)을 순(淳)으로 적고 있는데 본편 94의 유주(劉注)에서 인용한 《진기(晉紀)》 및 《진서(晉書)》 권56 〈강돈전(江惇傳)〉에 의거하여 고쳤다.
ㅇ從灌(종관)—송본·원본 모두 '종관(從灌)'으로 적고 있는데 본편 84의 유주에서 인용한 《중흥서(中興書)》에 의해 '제(弟)'자를 보충하여 번역했다.

128. 사태부(謝太傅 : 謝安)는 안북(安北 : 王坦之)을 평하여 말했다. "만나고 있노라면 싫증이 나지 않게 하는데, 방에서 나가고 나면 벌써 생각나지 않게 한다."(1)

원문 謝太傅道安北, 見之乃不使人厭, 然出戶去, 不復使人思.(1)

(1) 안북(安北)은 왕탄지(王坦之)이다.
《속진양추(續晉陽秋)》에 이런 이야기가 있다. '사안(謝安)은 처음에, 어린아이들이나 동호인(同好人)들을 데리고 다니며 바닷가에서 뜻을 길렀다. 마음씨는 매우 시원스러웠으며 음악을 굉장히 좋아했다. 그러나 예(禮)에 따라 절도를 지켰고 상(喪)을 당하면 예를 능히 다하였다. 동생인 사만(謝萬)이 세상을 떠났을 때에는 거의 10년간 관현(管弦)의 소리를 듣지 않았다. 그러나 정사를 보좌하게 된 다음에는 호화스런 저택을 짓고 수레와 의복을 화려하게 차렸으며 불과 1년상을 치르는 사이에도 기악(妓樂)을 멈추지 아니했다. 그래서 왕탄지는 이것을 간(諫)했었다.'

생각하건대 왕탄지가 평소에 직언을 좋아했으므로 사안은 각별하게 그것에 신경을 쓰지 않았던 것이리라.

安北, 王坦之也.

續晉陽秋曰, 謝安初攜幼稱同好, 養志海濱. 襟情超暢, 尤好聲律. 然抑之以禮, 在哀能至. 弟萬之喪, 不聽絲竹者將十年. 及輔政, 而修室第園館, 麗車服, 雖朞功之慘, 不廢妓樂. 王坦之因苦諫焉.

案, 謝公蓋以王坦之好直言, 故不思爾.

주해 ㅇ安北(안북)－왕탄지(王坦之)는 안북장군(安北將軍)의 벼슬이 추증되었었다.

ㅇ及輔政(급보정)－사안(謝安)은 태보(太保)가 되었으며 효무제(孝武帝 : 司馬曜)를 보좌했다.

ㅇ朞功(기공)－기(朞)는 기(期). 즉 1년상(一年喪). 공(功)은 대공(大功)·소공(小功) 등의 상(喪). 대공은 9개월, 소공은 5개월의 상이다.

ㅇ王坦之因苦諫焉(왕탄지인고간언)－이 사이에 주고받은 편지. 내용이 《진서(晉書)》 권75 〈왕탄지전(王坦之傳)〉에 보인다.

129. 사공(謝公 : 謝安)이 말했다. "사주(司州 : 王胡之)는 담론이 뛰어난 경지에 이르렀으며 단숨에 문제를 해결한다."(1)

원문 **謝公云, 司州造勝遍決.**(1)

(1) 송(宋)나라 명제(明帝)의 《문장지(文章志)》에 이런 말이 있다. '왕호지(王胡之)는 대범한 성격으로서, 현묘(玄妙)한 담론에 뛰어났었다.'

宋明帝文章志曰, 胡之性簡, 好達玄言也.

130. 유윤(劉尹 : 劉惔)은 말했다. “하차도(何次道 : 何充)가 술 마시는 것을 보노라면 집에서 빚은 술을 모두 다 내놓고 싶어진다.”(1)

원문| 劉尹云, 見何次道飮酒, 使人欲傾家釀.(1)

(1) 하충(何充)은 술을 마시더라도 능히 온화했고 문란해지지 않았다.
充飮酒能溫克.

주해| ㅇ飮酒能溫克(음주능온극)—《시경(詩經)》〈소아(小雅)〉‘소완(小宛)’에 ‘인지제성(人之齊聖) 음주온극(飮酒溫克)’이라고 되어 있으며 정전(鄭箋)에 ‘중정통지(中正通知)한 사람은 비록 술을 마시더라도 능히 온자자지(溫藉自持)하여 이를 이긴다’라고 되어 있다.

131. 사태부(謝太傅 : 謝安)가 진장(眞長 : 劉惔)에게 말했다. “아령(阿齡 : 王胡之)은 이 일에 대하여 아무래도 너무 엄격한 것 같소.”(1) 유담은 말했다. “역시 명사(名士) 중에서 고상한 절도를 지닌 자이지요.”(2)

원문| 謝太傅語眞長, 阿齡於此事, 故欲太厲.(1) 劉曰, 亦名士之高操者.(2)

(1) 수령(修齡)은 왕호지의 어렸을 때 자이다.
脩齡, 王胡之小字也.

(2) 《왕호지별전(王胡之別傳)》에 이런 이야기가 있다. ‘왕호지는 몸을

다스리기 청렴했으며 높은 절조로 처신했다.'

胡之別傳曰, 胡之治身淸約, 以風操自居.

주해| ㅇ於此事(어차사)－유주(劉注) (2)에 의하면 왕호지는 고결한 처신을 했다고 했는데 그런 처신에 대한 일이었으리라.

132. 왕자유(王子猷 : 王徽之)가 말했다. "세간에서는 사소(士少 : 祖約)를 명랑한 사람으로 보고 있는데 우리 집안에서도 그를 철저하게 밝은 인물로 생각하고 있다."(1)

원문| 王子猷說, 世目士少爲朗. 我家亦以爲徹朗.(1)

(1) 《진제공찬(晉諸公贊)》에 이런 이야기가 있다. '조약(祖約)은 젊었을 때, 뛰어난 인물이라는 평판이 있었다.'

晉諸公贊曰, 祖約少有淸稱.

주해| ㅇ徹朗(철랑)－송본(宋本)은 '오랑(傲朗)'이라 적고 있다. 여기서는 원본(袁本)에 따랐다. 단, 그 인물로 말한다면 '오랑(傲朗)'이라고 하는 편이 옳을는지도 모르겠다(〈雅量篇〉 15의 劉注에서 인용한 《祖約別傳》을 참조할 것).

133. 사공(謝公 : 謝安)이 말했다. "장사(長史 : 王濛)는 말수가 매우 적지만 뛰어난 말을 한다고 해야 할 것이다."(1)

원문| 謝公云, 長史語甚不多, 可謂有令音.(1)

(1) 《왕몽별전(王濛別傳)》에 이런 이야기가 있다. '왕몽은 성격이 온

화하고 청담(淸談)에 능했다. 도(道)를 논할 때에는 이(理)에 맞는 것을 귀히 여기고 언어는 간약(簡約)했지만 본질을 잘 파악하고 있었다. 옛날 성현들의 출처진퇴를 비평했는데 그 말은 아름다웠으며 종종 고상한 운치가 있었다.'

王濛別傳曰, 濛性和暢, 能清言, 談道貴理中, 簡而有會. 商略古賢顯默之際, 辭旨劭令, 往往有高致.

주해 | ㅇ顯默之際(현묵지제)-혹은 세상에 나오고, 혹은 물러나고 하는, 그 사이를 가리킴.

134. 사진서(謝鎭西 : 謝尙)가 경인(敬仁 : 王脩)을 평하여 말했다. "그의 문장과 학문은 참신하여 무엇 한 가지 새롭지 않은 것이 없다."(1)

원문 | **謝鎭西道敬仁, 文學鏃鏃, 無能不新.**(1)

(1) 《어림(語林)》에 이런 이야기가 있다. '왕경인(王敬仁 : 王脩)은 이재(異才)가 있어서 당시의 현인들은 모두 그를 중시했다. 왕우군(王右軍 : 王羲之)이 군(郡)에 있을 때 왕경인을 부르면 틀림없이 숙인(叔仁 : 王蘊)이 수레에 같이 타고 오므로, 언제나 늦게서야 오는 것을 마땅치 않게 생각했다. 그래서 나중에는 말을 보내어 왕경인을 데려오게 했는데, 비가 오고 바람이 불어도 수레로 맞이하게 하는 일은 없었다.'

語林曰, 敬仁有異才, 時賢皆重之. 王右軍在郡迎敬仁, 叔仁輒同車, 常惡其遲. 後以馬迎敬仁, 雖復風雨, 亦不以車也.

주해 | ㅇ鏃鏃(촉촉)-참신하고 뛰어난 모양.
ㅇ敬仁(경인)·叔仁(숙인)-경인(敬仁 : 王脩)과 숙인(叔仁 : 王蘊)은 형제

이다. 태원(太原) 진양(晉陽) 사람.

135. 유윤(劉尹 : 劉惔)이 강도군(江道群 : 江灌)을 평하여 말했다. "능변은 아니지만 무언(無言)의 웅변이다."(1)

| 원문 | **劉尹道江道羣, 不能言而能不言.**(1)

(1) 강관(江灌)은 앞에서 나왔다.
江灌已見.

| 주해 | ㅇ已見(이견)－〈상예편(賞譽篇)〉 84.

136. 임공(林公 : 支遁)이 말했다. "사주(司州 : 王胡之)와 만나면 깜짝 놀라며 고개를 끄덕여야 하는 말이 차례차례 나오므로, 잠시도 마음을 놓을 사이가 없는데, 그렇게 온종일 있더라도 피로감을 느끼게 하지 않는다."(1)

| 원문 | **林公云, 見司州, 警悟交至, 使人不得住, 亦終日忘疲.**(1)

(1) 《왕호지별전(王胡之別傳)》에 이런 이야기가 있다. '왕호지는 젊었을 때부터 풍격이 있으며, 재능과 기량(器量)이 보통사람보다 뛰어나서, 빼어나게 출중하다는 칭찬을 들었다.'
王胡之別傳曰, 胡之少有風尚, 才器率擧, 有秀悟之稱.

137. 세상에서 칭찬하여 말했다. "구자(苟子 : 王脩)는 빼어나게 출중하며, 아홍(阿興 : 王蘊)은 청아하고 온화하다."(1)

원문| 世稱, 苟子秀出, 阿興淸和.(1)

(1) 구자(苟子)는 앞에서 나왔다. 아흥(阿興)은 왕온(王蘊)의 어렸을 때 자(字)이다.

苟子已見. 阿興, 王蘊小字.

주해| ㅇ已見(이견)－〈문학편(文學篇)〉 38.
ㅇ王蘊(왕온)－왕온과 왕수(王脩)는 형제로서 왕몽(王濛)의 아들이다.

138. 간문제(簡文帝 : 司馬昱)가 말했다. "유윤(劉尹 : 劉惔)은 차(茶)나무와 같아서 (겉으로) 보기에는 어떻든 간에 속에는 충실한 결이 있다."(1)

원문| 簡文云, 劉尹茗柯有實理.(1)

(1) 가(柯)는 어떤 곳에는 정(朾)이라 하기도 하고, 또 정(仃)이라 하기도 하고, 또 타(打)라 하기도 했다.

柯, 一作朾, 又作仃, 又作打.

주해| ㅇ茗柯(명가)－유주(劉注)의 '명정(茗仃)' 혹은 '명정(茗朾)'으로 적은 것에 따르면 '명정(酩酊)'과 통하여, '유윤(劉尹)은 술에 취했더라도 그 말에는 진실된 이치가 있다'는 뜻이 된다. 한편 〈임탄편(任誕篇)〉 19에 '산공시일취(山公時一醉), 경조고양지(徑造高陽池), 일모도재귀(日莫倒載歸), 명정무소지(茗艼無所知)'라고 되어 있는 것을 참조할 것.

139. 사호아(謝胡兒 : 謝朗)가 저작랑(著作郞)이 되어 어느 때 〈왕감전(王堪傳)〉(1)을 쓰려고 했는데 왕감이 어떤 인물인지 잘 알지 못

하여 사공(謝公 : 謝安)에게 물었다. 사공이 말했다. "세주(世胄 : 王堪)도 세상에서 인정을 받은 인물이지. 왕감은 왕열(王烈)의 아들로서,(2) 완천리(阮千里 : 阮瞻)와는 동서간이고 반안인(潘安仁 : 潘岳)과는 내외종간이야. 반안인의 시(詩)에 '그대의 어머니는 나의 고모요, 우리 아버지는 그대의 외숙이시네'라고 되어 있지. 또 허윤(許允)의 사위이기도 하네."(3)

원문 謝胡兒作著作郞, 嘗作王堪傳,(1) 不諳堪是何似人, 咨謝公. 謝公曰, 世胄亦被遇. 堪, 烈之子,(2) 阮千里姨兄弟, 潘安仁中外. 安仁詩所謂子親伊姑, 我父唯舅. 是許允壻.(3)

(1) 《진제공찬(晋諸公贊)》에 이런 이야기가 있다. '왕감(王堪)의 자는 세주(世胄)이고 동평(東平) 수장(壽張) 사람이다. 젊었을 때부터 고명(高明) 정의(正義)의 사람이란 칭찬을 받았다. 상서좌승(尙書左丞)이 되었는데 엄격한 지조가 있었다. 석륵(石勒)에게 죽음을 당했으며 태위(太尉)로 추증되었다.'
晉諸公贊曰, 堪字世胄, 東平壽張人. 少以高亮義正稱. 爲尙書左丞, 有準繩操. 爲石勒所害, 贈太尉.

(2) 《진제공찬》에 이런 말이 있다. '왕열(王烈)의 자는 양수(陽秀)이며 일찍부터 이름이 알려져 있었는데 위조(魏朝)에서 치서어사(治書御史)가 되었다.'
晉諸公贊曰, 烈字陽秀, 早知名, 魏朝爲治書御史.

(3) 《반악집(潘岳集)》에 이런 이야기가 있다. '왕감(王堪)이 성도왕(成都王 : 司馬睿)의 군사마(軍司馬)가 되었는데, 내가 북망(北邙)에까지 가서 송별하며 시를 지어 이르기를, "유려한 머리카락과 피부는 부모님께로부터 받은 것이라네. 높고 높은 왕후(王侯)는

내외종간에 으뜸이라네. 그대의 어머니는 나의 고모요, 내 아버지는 그대의 외숙이라네."라고 하였다.'

岳集曰, 堪爲成都王軍司馬, 岳送至北邙別, 作詩曰, 微微髮膚, 受之父母. 峨峨王侯, 中外之首. 子親伊姑, 我父唯舅.

주해| ○著作郎(저작랑)－조정의 저작을 관장하는 관원으로서 오로지 사(史)의 임무를 맡았다. 《진서(晋書)》 권24 〈직관지(職官志)〉에 '저작랑이 처음으로 직무에 임할 때면 반드시 《명신전(名臣傳)》에 한 사람을 찬(撰)한다'라고 되어 있다.

○姨兄弟(이형제)－이(姨)는 아내의 자매. 왕감(王堪)의 아내와 완첨(阮瞻)의 아내는 모두 허윤(許允)의 딸로서 자매간이다.

○中外(중외)－아버지 자매의 자식.

○準繩(준승)－준(準)은 수평(水平)을 재는 수평기(水平器), 승(繩)은 직선을 긋는 먹줄. 모두 엄정한 규범이 되는 것.

○治書御史(치서어사)－치서시어사(治書侍御史). 의혹되는 일을 평결(評決)하고 6품 이하의 관직자들을 규찰(糾察)한다. 당(唐)나라 시대의 어사중승(御史中丞)에 해당한다.

○北邙(북망)－낙양(洛陽) 북쪽에 있는 산. 고래로 왕후귀족(王侯貴族)들의 묘지가 있었던 곳.

○詩曰(시왈)－《전진시(全晋詩)》 권4에는 《문관사림(文館詞林)》 권152에서 인용한 것이라며 〈증왕주일수(贈王冑一首)〉란 제목으로 전문을 싣고 있다.

140. 사태부(謝太傅 : 謝安)는 등복야(鄧僕射 : 鄧攸)를 중시하여 언제나 이렇게 말했다. "천지에는 마음이 없는 것일까? 백도(伯道 : 鄧攸)에게 아들을 주지 아니하다니."[(1)]

원문| **謝太傅重鄧僕射, 常言, 天地無知, 使伯道無兒.**[(1)]

(1) 《진양추(晋陽秋)》에 이런 이야기가 있다. '등유(鄧攸)는 아들을 버렸는데 끝내 후사를 잇지 못했다. 식자들은 이 일을 유감스럽게 생각했다.'

晋陽秋曰, 鄧攸旣棄子, 遂無復繼嗣, 爲有識傷惜.

주해 | ㅇ棄子(기자)－영가(永嘉)의 난(亂) 때, 도중에서 자기 아들을 버리고 동생의 아들을 구해냈다. 이 이야기는 〈덕행편(德行篇)〉 28에 보인다.

141. 사공(謝公 : 謝安)이 왕우군(王右軍 : 王羲之)에게 보낸 편지에서 말했다. "경화(敬和 : 王洽)는 심신(心身)을 모두 좋은 곳에 기탁하고 있소이다."(1)

원문 | **謝公與王右軍書曰, 敬和棲託好佳.**(1)

(1) 《중흥서(中興書)》에 이런 이야기가 있다. '왕흡(王洽)은 여러 공자(公子)들 가운데 이름이 제일 많이 알려져 있었으며, 영천(潁川)의 순선(荀羨)과 함께 좋은 평판이 있었다.'

中興書曰, 洽於公子中最知名, 與潁川荀羨, 俱有美稱.

142. 오(吳) 땅의 사성(四姓)에 대하여 예로부터 다음과 같이 평하고 있다. "장씨(張氏)는 문채(文采), 주씨(朱氏)는 무용(武勇), 육씨(陸氏)는 충의(忠義), 고씨(顧氏)는 독후(篤厚)이다."(1)

원문 | **吳四姓舊目云, 張文, 朱武, 陸忠, 顧厚.**(1)

(1) 《오록사림(吳錄士林)》에 이런 이야기가 있다. '오군(吳郡)에서는

고(顧)·육(陸)·주(朱)·장(張)을 사성(四姓)이라 부르고 있다. 삼국시대에는 이 사성이 번성했었다.'

吳錄士林曰, 吳郡有顧, 陸, 朱, 張爲四姓. 三國之間, 四姓盛焉.

143. 사공(謝公 : 謝安)이 왕효백(王孝伯 : 王恭)에게 말했다. "그대 집안의 남전(藍田 : 王述)은 모든 행동거지가 보통사람과는 다르오."(1)

원문| **謝公語王孝伯, 君家藍田, 擧體無常人事.**(1)

(1) 생각하건대 왕술(王述)은 비록 대범하긴 했지만 그 성격은 너그럽거나 여유가 있지 못했다. 투화(投火)라든가 노승(怒蠅)의 고사(故事)도 이 사람의 성급함에 비하면 나은 편이다. 만약 태부(太傅 : 謝安)가 헛되이 그를 추켜세운 것이 아니라면 《세설(世說)》이 이 이야기를 잘못 적은 게 될 것이다.

案, 述雖簡, 而性不寬裕. 投火怒蠅, 方之未甚. 若非太傅虛相褒飾, 則世說謬設斯語也.

주해| ㅇ性不寬裕(성불관유)-왕술의 성격이 조급했다는 이야기로는, 어느 때 달걀을 먹으려다가 그 달걀이 굴러가는 것에 화를 냈었다는 이야기가 〈분견편(忿狷篇)〉 2에 보인다.

ㅇ投火(투화)-《좌전(左傳)》 정공(定公) 3년의 '주자(邾子)가 궁문 위의 망대에 올라가 외정(外廷)을 바라보고 있는데 문지기가 항아리물을 그곳에 붓고 있었다. 주자가 화를 내며 물으니 문지기는 "이야고(夷射姑)님이 소변을 보았기 때문에 그것을 씻어 버리는 중입니다."라고 대답했다. 주자는 곧 이야고를 잡아들이라고 명했으나 이야고의 행방을 알 수 없다는 것이었다. 화가 치민 주자는 마침내 침상에서 떨어졌고 난로의 숯불 속에 굴러서 화상을 입었으며 그로 인하여 죽었다'는 기

사에 따름.

ㅇ怒蠅(노승)－《삼국지(三國志)》 권15 〈양습전(梁習傳)〉 배주(裴注)에서 인용한 《위략(魏略)》 〈가리전(苛吏傳)〉에 '왕사(王思)는 성질이 급했는데, 어느 때 붓을 들고 편지를 쓰던 중, 파리가 붓끝에 앉았다. 쫓으면 또 와서 앉고, 쫓으면 또 와서 앉곤 하기를 반복하다가 버럭 화를 내고 일어나 파리를 잡고자 했으나 잡지 못하고 붓을 땅바닥에 팽개치고는 발로 밟아 뭉갰다'고 되어 있다.

144. 허연(許掾 : 許詢)이 어느 때 간문제(簡文帝 : 司馬昱)를 방문했다. 그날 밤은 바람이 고요하고 달이 밝아서 이내 함께 밀실 안에서 담론을 했다. 가슴속의 정회(情懷)를 읊는 것은 특히 허연이 잘하던 일이었는데 이때 허연의 심정과 하는 말은 실로 청아하여 평소보다 뛰어났다. 간문제는 평소부터 그와 가까이 지내긴 했었지만 이날 밤의 만남에서는 더욱 감탄했으며 무의식중에 무릎을 마주하고 함께 손을 잡으며 이야기를 나누기를 새벽이 가까워지도록 하였다. 후일 간문제는 말했다. "허현도(許玄度 : 許詢)의 재능과 감성은 실로 아무데나 있는 것이 아니었어."(1)

원문| **許掾嘗詣簡文. 爾夜風恬月朗, 乃共作曲室中語. 襟情之詠, 偏是許之所長, 辭寄清婉, 有逾平日. 簡文雖契素, 此遇尤相咨嗟, 不覺造膝, 共叉手語, 達于將旦. 旣而曰, 玄度才情, 故未易多有許.**(1)

(1) 《속진양추(續晋陽秋)》에 이런 이야기가 있다. '허순(許詢)은 철리(哲理)를 논하는 데 능했다. 일찍이 누나를 맞으러 도읍에 간 일이 있는데 간문제(簡文帝)와 유진장(劉眞長 : 劉惔)은 그가 말하는 정리(情理)를 기뻐했고, 그 가슴속의 정회를 읊을 때에는 언제

나 무릎을 마주대고 칭찬했는데 (그러기를) 밤중까지 하였다.'

續晋陽秋曰, 詢能言理. 曾出都迎姊, 簡文皇帝, 劉眞長說其情旨, 及襟懷之詠, 每造膝賞對, 夜以係日.

주해| ㅇ曲室(곡실)－안방, 밀실.
ㅇ契素(결소)－평소부터 있어온 교분.
ㅇ許(허)－조사(助辭).

145. 은윤(殷允)이 서쪽으로 떠날 때, 치초(郗超)가 원호(袁虎 : 袁宏)에게 편지를 보내어 말했다. "자사(子思 : 殷允)는 좋은 벗을 구하여 그대와 우의(友誼)를 맺고자 하니, 그대는 상대방을 계발(啓發)시켜 주려는 태도로 접해서는 아니됩니다."(1) 세상에서는 원굉을 가리켜 계발자(啓發者)라고 했다. 그러므로 자경(子敬 : 王獻之)의 시에도 '원생(袁生)은 개미(開美)의 기량 지녔네'라고 했다.

원문| **殷允出西. 郗超與袁虎書云, 子思求良朋, 託好足下. 勿以開美求之.**(1) **世目袁爲開美. 故子敬詩曰, 袁生開美度.**

(1) 《중흥서(中興書)》에 이런 이야기가 있다. '은윤(殷允)의 자는 자사(子思)이고 진군(陳郡) 사람이며 태상(太常) 은강(殷康)의 여섯째 아들이다. 공손하고 겸양하여 유자(儒者)의 풍격이 있었으며 이부상서(吏部尙書)를 역임했다.'

中興書曰, 允字子思, 陳郡人, 太常康第六子. 恭素謙退, 有儒者之風. 歷吏部尙書.

주해| ㅇ出西(출서)－원굉(袁宏)이 환온(桓溫)의 기실(記室)이 되어 형주(荊州)에 갔던 때의 일일까?

ㅇ子敬詩(자경시)－《전진시(全晋詩)》 권5 왕헌지조(王獻之條)에 이 일문(逸文)은 수록되어 있지 않다.
ㅇ開美(개미)－미상(未詳). 남의 장점을 열어 인도해 주는 것으로서 여기서는 남을 가르치고 싶어하는 태도를 가리키는 것일까?
ㅇ度(도)－마음. 기량(器量).

146. 사거기(謝車騎 : 謝玄)가 사공(謝公 : 謝安)에게 물었다. "진장(眞長 : 劉惔)은 성질이 너무나 엄합니다. (그런데도) 어찌하여 그토록 존경받는 것입니까?" 사공이 대답했다. "너는 그 사람과 만난 일이 없기 때문이야. 너는 자경(子敬 : 王獻之)을 만났을 때조차 감탄하지 않았더냐?"(1)

| 원문 | **謝車騎問謝公, 眞長性至峭, 何足乃重. 答曰, 是不見耳. 阿見子敬, 尙使人不能已.**(1)

(1) 《어림(語林)》에 이런 이야기가 있다. '양린(羊驎)은 술에 취하여 사좌군(謝左軍 : 謝玄)의 어깨를 두드리면서, "이 사람이 어찌하여 진서(鎭西 : 謝尙)만 못하겠소이까?"라고 말하자 사태부는 말했다. "너는 자경(子敬 : 王獻之)을 만났을 때조차 즉석에서 존경하며 선배로 떠받들지 않았던가."' 이상의 이야기로 유추해보건대 이 글은, 사안(謝安)은, 사현(謝玄)이 진장(眞長 : 劉惔)을 만나보지 않았기에 존경하지 않는 것일 뿐이다. 자경(子敬)을 만나보고조차 그를 존경했으니 진장을 만나게 된다면……이란 의미이다.
語林曰, 羊驎因酒醉, 撫謝左軍謂太傅曰, 此家詎復後鎭西. 太傅曰, 汝阿見子敬, 便沐浴爲論兄輩. 推此言意, 則安以玄不見眞長, 故不重耳. 見子敬尙重之, 況眞長乎.

| 주해 | ㅇ阿見子敬(아견자경)－위진(魏晋)시대 이후로 상대방을 친하게

부를 때 '아(阿)'자를 붙이는 경우가 많았는데 이곳의 '아(阿)'도 그런 기분에서 붙인 것이리라.

147. 사공(謝公 : 謝安)이 중서감(中書監)으로 있을 때, 왕동정(王東亭 : 王珣)은 관소(官所)에 꼭 같이 나가야 할 용무가 있었다. 왕순이 늦게 왔으므로 자리가 차있었다. 왕가(王家)와 사가(謝家)는 절교하고 있었는데 태부(太傅 : 謝安)는 그래도 무릎을 오므리며 그를 끼어주었다.(1) 왕순은 태연자약한 표정이었으며 사공은 그를 눈여겨보았다. 사공이 집에 돌아온 다음 유부인(劉夫人)에게 말했다. "아까 아조(阿爪 : 王珣)를 만났는데 역시 보기 드문 인물이었소.(2) 나하고는 아무 상관도 없는데 사람을 실로 감복시키었다오."

| 원문 | **謝公領中書監, 王東亭有事應同上省. 王後至, 坐促. 王謝雖不通, 太傅猶斂膝容之.(1) 王神意閑暢, 謝公傾目. 還, 謂劉夫人曰, 向見阿爪, 故自未易有.(2) 雖不相關, 正自使人不能已已.**

(1) 왕가(王家)와 사가(謝家)가 절교한 일은 따로 나온다.
王謝不通事別見.

(2) 생각하건대 왕순(王珣)의 어렸을 때 자(字)는 법호(法護)인데 여기서 아조(阿爪)로 부른 것은 이해되지 않는다. 어쩌면 어렸을 때의 이름이 두 개가 아니었는지?
按, 王珣小字法護, 而此言阿爪, 未爲可解, 儻小名有兩耳.

| 주해 | ㅇ中書監(중서감)－중서성(中書省)의 장관으로서 중서령(中書令)과는 별도로 임명되며 추기(樞機)를 장악한다. 진(晋)·남북조(南

北朝)에서는 사실상 재상에 상당했다.
ㅇ劉夫人(유부인)-사안(謝安)의 아내. 유탐(劉耽)의 딸. 〈덕행편(德行篇)〉 36 참조.
ㅇ別見(별견)-〈상서편(傷逝篇)〉 15. 왕순(王珣) 형제는 모두 사씨(謝氏)에게서 아내를 취하였고, 사안은 왕씨(王氏)에게서 취했는데 모두 이혼했기 때문에 왕가와 사가는 절교하고 있었다.

148. 왕자경(王子敬 : 王獻之)이 사공(謝公 : 謝安)에게, "공(公)은 실로 시원시원하십니다."라고 말하자 사공이 말했다. "나는 시원시원하지 못한데 그대는 참으로 좋은 말을 해주었소. 내 기분이 썩 좋아지는구려."(1)

| 원문 | **王子敬語謝公, 公故蕭灑. 謝曰, 身不蕭灑, 君道身最得, 身正自調暢.**(1)

(1) 《속진양추(續晋陽秋)》에 이런 이야기가 있다. '사안(謝安)은 아량이 있으며 풍격이 갖추어져 있었다.'
續晋陽秋曰, 安弘雅有器, 風神調暢也.

149. 사거기(謝車騎 : 謝玄)는 처음 문도(文度 : 王坦之)와 만난 다음 이야기했다. "문도와 만나면 담담한 기분으로 만나더라도 어느 사이에 즐거워져서 밤을 새게 되고 만다."

| 원문 | **謝車騎初見王文度, 曰, 見文度, 雖蕭灑相遇, 其復愔愔竟夕.**

| 주해 | ㅇ愔愔(음음)-화기가 있어 즐거운 것.

150. 범예장(范豫章 : 范甯)은 왕형주(王荊州 : 王忱)에게 말했다.[1] "그대의 풍아함과 명성은 실로 젊은 세대에서 준수하구나." 왕침이 말했다. "외숙부가 아니셨다면 어찌 이런 조카가 있겠습니까?"

| 원문 | **范豫章謂王荊州,[1] 卿風流儁望, 眞後來之秀. 王曰, 不有此舅, 焉有此甥.**

(1) 범영(范甯), 왕침(王忱)은 모두 앞에서 나왔다.

范甯, 王忱並已見.

| 주해 | ㅇ已見(이견)－범영(范甯)은 〈언어편(言語篇)〉 97, 왕침(王忱)은 〈덕행편(德行篇)〉 44. 한편 왕침은 범영의 생질(누이의 아들)이다.

151. 자경(子敬 : 王獻之)이 자유(子猷 : 王徽之)에게 보낸 편지에 장형(長兄)을 평하여 말했다. "고고하여 흥을 돋우는 일이 드물지만 술을 보면 통음하여 기분이 좋아져서 돌아오는 것도 잊으니, 귀하게 여길 만합니다."

| 원문 | **子敬與子猷書, 道兄伯, 蕭索寡會, 遇酒則酣暢忘反. 乃自可矜.**

| 주해 | ㅇ兄伯(형백)－장형(長兄)인 왕현지(王玄之)일까? 단, 《진서(晋書)》 권80 〈왕희지전(王羲之傳)〉에 의하면 왕현지는 일찍 죽었다 했고 차형(次兄)인 왕응지(王凝之)의 이야기인지도 모르겠다.

ㅇ寡會(과회)－흥회(興會)가 적음을 뜻한다.

ㅇ可矜(가긍)－'가련(可憐)'과 마찬가지로 감동의 뜻을 나타낸다.

152. 장천석(張天錫)은 대대로 양주(涼州)에 패권을 잡고 있었는데

그 세력이 약해졌으므로 도읍[建康]에 와있었다. 먼 곳의 이민족(異民族)이라고는 하지만 역시 변경의 걸물(傑物)이다.(1) 도읍에는 준재(俊才)가 많이 있다고 듣고 있는 터라 경모(敬慕)의 염(念)이 점점 강해졌다. 아직 강 가에 머무르고 있을 때 저작랑(著作郞) 사마(司馬) 아무개란 자가 찾아왔다.(2) 그 하는 말과 용모에는 들을 만한 것과 볼 만한 것이 없었다. 장천석은 마음속으로 도읍에 온 것을 크게 후회했고, 변경에 수비를 굳히고 자립할 수도 있을 것이라고 생각했다. 왕미(王彌 : 王珉)는 뛰어난 재능과 명성이 있었는데 그때 장천석의 이야기를 듣고 찾아왔다.(3) 왕미가 와서 장천석이 만나보았는데 그 풍격은 청고(淸高)하고 하는 말은 흐르는 물과 같은데 고금의 일을 이야기함에 있어 상세하지 않은 게 없고 또 인물과 씨족(氏族)에 대해서도 훤히 알고 있는데, 그 하는 이야기에는 모두 근거가 있었으므로 장천석은 깜짝 놀라며 심복했다.

원문| 張天錫世雄涼州, 以力弱詣京師. 雖遠方殊類, 亦邊人之傑也.(1) 聞皇京多才, 欽羨彌至. 猶在渚住, 司馬著作往詣之.(2) 言容鄙陋, 無可觀聽. 天錫心甚悔來, 以遐外可以自固. 王彌有儁才美譽, 當時聞而造焉.(3) 旣至, 天錫見其風神淸令, 言話如流, 陳說古今, 無不貫悉. 又諳人物氏族, 中來皆有證據. 天錫訝服.

(1) 장천석(張天錫)은 앞에서 나왔다.
天錫已見.

(2) 미상(未詳).
未詳.

(3) 《속진양추(續晋陽秋)》에 이런 이야기가 있다. '왕민(王珉)은 풍운

수영(風韻秀穎), 문장의 재주가 많았다.'

續晉陽秋曰, 珉風情秀發, 才辭富贍.

주해| ㅇ以力弱詣京師(이력약예경사)－장천석(張天錫)은 양주(涼州)에서 자립한 5호(胡) 16국(國)의 하나인 전량(前涼)의 제9대 군주이다. 전량은 부견(苻堅)에 의해 멸망당했는데 장천석은 부견에게 귀순했다. 그후 부견이 비수지전(淝水之戰)에서 패하자 건강(建康)으로 올라와서 다시 동진(東晉)에 귀순했다.

ㅇ已見(이견)－〈언어편(言語篇)〉 94.

153. 왕공(王恭)은 왕건무(王建武 : 王忱)와 매우 사이가 좋았는데 후일 원열(袁悅)의 이간질로 마침내 불신의 깊은 골이 생기고 말았다.(1) 그러나 감흥(感興)이 솟아오를 때마다 늘 왕침을 생각하곤 했다. 어느 때 왕공은 행산(行散)을 하다가 경구(京口)의 사당(射堂)에 와보니 때마침 이슬이 아침해를 받으며 떨어지고 오동잎이 갓 트고 있는 중이었다. 왕공은 이것을 보며 말했다. "왕대(王大 : 王忱)는 역시 산뜻하고 말쑥했다구."

원문| **王恭始與王建武甚有情. 後遇袁悅之閒, 遂致疑隙.(1) 然每至興會, 故有相思. 時恭嘗行散至京口射堂. 于時清露晨流, 新桐初引. 恭目之曰, 王大故自濯濯.**

(1) 《진안제기(晉安帝紀)》에 이런 이야기가 있다. '처음에 왕침(王忱)과 일족인 왕공(王恭)은 어렸을 때부터 사이가 좋았고 (두 사람) 모두 명성을 얻었다. 함께 조정에 출사(出仕)하게 되었고 두 사람 모두 천자와 재상으로부터 우대를 받았다. 그 무렵 조정 안팎에 천자와 재상 사이가 안좋다는 소문이 나돌고 있었다. 왕공은 이

일을 혼자서 깊이 걱정하다가 왕침에게 말했다. “넓은 세상인지라 여러 가지 소문이 퍼져있는데, 이것은 틀림없이 표기장군(驃騎將軍 : 司馬道子)이 천자를 알현할 때 무례했기 때문일 것이오. 그러니 어서 간(諫)합시다. 만약 천자와 재상의 사이가 좋아지고 우리가 이 태평성대에 힘을 합칠 수 있다면 무엇이 걱정이리까?” 왕침도 과연 그럴 것으로 생각했으나 (간언했다가) 받아들여지지 않을 것을 걱정하던 나머지 원열(袁悅)에게 갖추어 진언해보라고 말했다. 원열은 평소부터 왕공을 못마땅하게 생각하던 끝이라 회계왕(會稽王 : 司馬道子)이 있는 자리에서 왕공을 힐난하며 말했다. “그대는 어찌하여 망령된 말을 하여 조야(朝野)에 의심과 오해를 일으키게 한단 말인가?” 그 말은 날카롭고 매서웠다. 왕공은 한탄하고 원망했는데 이는 왕침이 자기를 함정에 빠뜨리기 위해서 한 짓이라고 생각했다. 왕침은 왕공을 배신할 생각이 있었던 것은 아니지만 특별히 변명할 생각은 없었다. 이렇게 해서 두 사람의 우정은 매우 손상되었고 깊은 골이 생기고 말았던 것이다.’

晉安帝紀曰, 初, 忱與族子恭少相善, 齊聲見稱. 及並登朝, 俱爲主相所待. 内外始有不咸之論. 恭獨深憂之, 乃告忱曰, 悠悠之論, 頗有異同. 當由驃騎簡於朝覲故也. 將無從容切言之邪. 若主相諧睦, 吾徒得勠力明時, 復何憂哉. 忱以爲然, 而慮弗見用, 乃令袁悅具言之. 悅每欲閒恭, 乃於王坐嗔讓恭曰, 卿何妄生同異, 疑誤朝野. 其言切厲. 恭雖惋悵, 謂忱爲構己也. 忱雖心不負恭, 而無而自亮. 於是情好大離, 而怨隙成矣.

주해 | ㅇ行散(행산)－오석산(五石散)을 먹은 다음 그 약의 효과를 발산시키기 위해 걸어서 돌아다니는 것.

ㅇ濯濯(탁탁)－광명(光明)한 모양(《詩經》〈大雅〉‘崧高’의 毛傳).

ㅇ主相(주상)－주(主)는 천자(天子). 효무제(孝武帝 : 司馬曜). 상(相)은 재상(宰相 : 太傅) 사마도자(司馬道子).

ㅇ不咸之論(불함지론)－불화(不和)하다는 소문. 함(咸)은 화(和)의 뜻.
ㅇ悠悠之論(유유지론)－넓은 세상에 퍼져있는 무책임한 소문.
ㅇ切言(절언)－성심으로 간(諫)하는 것.

154. 사마태부(司馬太傅 : 司馬道子)는 이왕(二王 : 王恭과 王忱)을 비평하여 말했다. "왕효백(王孝伯 : 王恭)은 꼿꼿하게 위로 솟아있고, 아대(阿大 : 王忱)는 크고 널리 퍼져 있다."(1)

|원문| 司馬太傅爲二王目曰, 孝伯亭亭直上, 阿大羅羅清疎.(1)

(1) 왕공(王恭)은 곧고 기질이 격렬했으며, 왕침(王忱)은 활달하고 호방했다.
恭正直亢烈, 忱通朗誕放.

155. 왕공(王恭)은 말이 청아하고 논지가 간명하며 담론에 능했으나 독서량이 적었으므로 화제(話題)가 중복되는 단점이 있었다.(1) 어떤 사람은 말했다. "효백(孝伯 : 王恭)의 이야기는 언제나 새로운 맛이 있으므로 중복되는 번잡함을 느끼게 하지 않는다."

|원문| 王恭有清辭簡旨, 能敍說而讀書少, 頗有重出.(1) **有人道, 孝伯常有新意, 不覺爲煩.**

(1) 《중흥서(中興書)》에 이런 이야기가 있다. '왕공(王恭)은 다재(多才)하지는 못했지만 유창한 변설은 보통사람 이상이었다.'
中興書曰, 恭雖才不多, 而清辯過人.

156. 은중감(殷仲堪)이 죽은 다음, 환현(桓玄)이 은중문(殷仲文)에

게 물었다. "그대의 친척인 은중감은 도대체 어떤 인물인가?" 은중문이 대답했다. "이 세상을 훌륭하게 빛낼 수는 없었지만, 저승을 밝게 빛낼 수는 있을 것입니다."(1)

원문| **殷仲堪喪後, 桓玄問仲文, 卿家仲堪, 定是何似人. 仲文曰, 雖不能休明一世, 足以映徹九泉.**(1)

(1) 《속진양추(續晉陽秋)》에 이런 이야기가 있다. '은중감(殷仲堪)은 은중문(殷仲文)의 종형(從兄)이다. 젊었을 때부터 명성이 높았다.'
續晉陽秋曰, 仲堪, 仲文之從兄也. 少有美譽.

주해| ㅇ仲文曰云云(중문왈운운) - 은중감(殷仲堪)은 환현(桓玄)에게 공격을 받고 융안(隆安) 3년(399) 자살할 것을 강요받았는데 작계(柞溪)에서 죽었다(《晉書》 권84 〈殷仲堪傳〉). 은중문(殷仲文)의 대답에는 환현에 대한 풍간과 비아냥이 섞여 있는 것으로 생각된다.

품조 品藻

제9

1. 여남(汝南)의 진중거(陳仲擧 : 陳蕃)와 영천(潁川)의 이원례(李元禮 : 李膺) 등 두 명에 대해서 사람들은 모두 그 공적과 인덕(人德)을 논했는데 우열을 가릴 수 없었다. 채백개(蔡伯喈 : 蔡邕)(1)가 이 일을 논평했다. "진중거는 윗사람에게 직언을 하는 데 강직하고, 이원례는 아랫사람을 다루는 데 엄격하다. 윗사람에게 직언을 하는 것은 곤란하지만 아랫사람을 엄하게 다루기는 쉽지."(2) 이렇게 해서 진중거는 삼군(三君)의 맨 마지막 자리에 놓여졌고,(3) 이원례는 팔준(八俊)의 맨 윗자리에 놓여졌다.(4)

원문| 汝南陳仲擧, 潁川李元禮二人, 共論其功德, 不能定先後. 蔡伯喈(1)評之曰, 陳仲擧彊於犯上, 李元禮嚴於攝下. 犯上難, 攝下易.(2) 仲擧遂在三君之下,(3) 元禮居八俊之上.(4)

(1) 《속한서(續漢書)》에 이런 이야기가 있다. '채백개(蔡伯喈)는 진류(陳留) 어(圉) 땅 사람이다. 사리에 밝은 준재(俊才)였으며 박학하고 문장을 잘 짓는가 하면 신선(神仙) · 의술(醫術) · 복서(卜筮)

에 이르기까지 정통하지 않은 것이 없었다. 벼슬을 하여 좌중랑장(左中郎將)에 이르렀는데 왕윤(王允)에 의해 죽음을 당했다.'

續漢書曰, 蔡伯喈, 陳留圉人. 通達有儁才, 博學善屬文, 伎藝術數, 無不精綜. 仕至左中郎將, 爲王允所誅.

(2) 장번(張璠)의 《한기(漢紀)》에 이런 이야기가 있다. '당시 사람들은 이 일에 대해서 말했다. "권세를 두려워하지 않는 진중거(陳仲擧)요, 천하의 모범은 이원례(李元禮)로다."'

張璠漢紀曰, 時人爲之語曰, 不畏彊禦陳仲擧, 天下模楷李元禮.

(3) 사침(謝沈)의 《한서(漢書)》에는 이런 이야기가 있다. '삼군(三君)이란 그 당시 존경받던 사람들이다. 도무(竇武)·유숙(劉淑)·진번(陳蕃) 등 세 사람은 젊었을 때부터 절조가 높아서 천하 사람들이 그들을 존경하고 칭송했다. 그래서 삼군이란 호칭이 생긴 것이다.'

謝沈漢書曰, 三君者, 一時之所貴也. 竇武, 劉淑, 陳蕃, 少有高操, 海内尊而稱之. 故得因以爲目.

(4) 설영(薛瑩)의 《한서(漢書)》에 이런 말이 있다. '이응(李膺)·왕창(王暢)·순곤(荀緄)·주우(朱寓)·위랑(魏朗)·유우(劉佑)·두해(杜楷)·조전(趙典)을 팔준(八俊)이라고 한다.'

《영웅기(英雄記)》에 이런 이야기가 있다. '이보다 앞서 장검(張儉) 등이 함께 규탄할 관리들의 명단을 작성했는데 규탄을 당한 사람을 조사하던 중에 이런 말을 하는 자가 있었다. "우리가 조사해가는 사이에 실로 팔준(八俊)·팔예(八乂) 선비가 있었다. 마치 그 옛날의 팔원(八元)·팔개(八凱)와 같은 사람들이다."'

사침(謝沈)의 《한서》에는 이런 말이 있다. '준(俊)이란 탁월한 사람의 명칭이다.'

요신(姚信)의 《사위(士緯)》에 이런 이야기가 있다. '진중거(陳仲擧)는 뛰어난 기개가 고결하고 강직하여 제왕(帝王)의 신하가 될 절개를 지녔으며, 이원례(李元禮)는 충정하고 정직하여 사직을 보위할 수 있는 재능을 지녔다. 천하 사람들이 이 두 사람의 우열을 논하면서도 아직 결정을 보지 못하였는데 채백개(蔡伯喈)가 한마디 말로 그것을 판가름하여 분분하던 논의가 비로소 결정되었던 것이다.'

薛瑩漢書曰, 李膺, 王暢, 荀緄, 朱寓, 魏朗, 劉佑, 杜楷, 趙典爲八俊.

英雄記曰, 先是, 張儉等相與作衣冠糺彈. 彈中人相調言, 我彈中誠有八俊, 八乂, 猶古之八元, 八凱也.

謝沈書曰, 俊者, 卓出之名也.

姚信士緯曰, 陳仲擧勝氣高烈, 有王臣之節. 李元禮忠壯正直, 有社稷之能. 海内論之未決, 蔡伯喈抑一言以變之, 疑論乃定也.

주해 | ㅇ品藻(품조)－〈식감(識鑒)〉〈상예(賞譽)〉〈품조(品藻)〉는 모두 인물 비평에 대한 이야깃거리를 모은 것들인데 특히 이 〈품조편〉에서는 인물을 비교 품평한 이야기들을 많이 수록하고 있다.

ㅇ攝(섭)－통솔하는 것.

ㅇ八俊(팔준)－《후한서(後漢書)》 권67 〈당고전(黨錮傳)〉에는 '이응(李膺)·순욱(荀昱)·두밀(杜密)·왕창(王暢)·위우(魏祐)·위랑(魏朗)·조전(趙典)·주우(朱寓)를 팔준이라고 한다'라는 등 그 인명(人名)에는 다소의 차이가 있다.

ㅇ不畏彊禦(불외강어)－《시경(詩經)》〈대아(大雅)〉 '증민(烝民)'의 구절. '강어(彊禦)'는 강포한 자를 물리친다는 뜻.

ㅇ謝沈漢書(사침한서)－《진서(晋書)》 권82의 본전(本傳)에는 《후한서(後漢書)》 100권을 저술했다고 되어 있으며, 《수서(隋書)》〈경적지(經籍志)〉에도 《후한서》만을 저록(著錄)했다고 했다. 여기서도 《후한서》를 잘못 기재한 것일까?

ㅇ衣冠糺彈(의관규탄)-송본(宋本)에는 '관의규탄(冠衣糺彈)'으로 되어 있다. 여기서는 원본(袁本)에 따랐다. 의관은 의관을 갖춘 사람을 가리키며 관인(官人)을 의미한다. 규탄은 죄상을 조사하는 사람을 엄하게 품평하는 것.

ㅇ八乂(팔예)-《후한서》 권67 〈당고전(黨錮傳)〉에서는 천하의 인물을 가리켜 삼군(三君)·팔준(八俊)·팔고(八顧)·팔급(八及)·팔주(八廚) 등으로 칭한 것은 있으나 팔예(八乂)의 항목은 보이지 않는다.

2. 방사원(龐士元 : 龐統)이 오(吳) 땅에 가자 오 땅 사람들은 모두 그를 친구로 삼았다.(1) 방통은 육적(陸績)(2)·고소(顧劭)·전종(全琮)(3) 등을 만났는데 이 사람들을 평하여 말했다. "육자(陸子)는 이른바 둔한 말이지만 빨리 달릴 수 있다는 쓰임새가 있다. 고자(顧子)는 이른바 둔한 소이지만 무거운 짐을 싣고 멀리 갈 수 있다는 쓰임새가 있다." 어떤 사람이 물었다. "당신의 비평에 따른다면 육씨(陸氏) 쪽이 낫다는 것인가요?" 방통은 말했다. "둔한 말은 비록 발은 좀 빠르다 해도 한 사람밖에 실어 나를 수 없소. 둔한 소는 하루에 백 리밖에 못가지만 실어 나를 수 있는 짐은 한 사람뿐만이 아니라오." 오 땅의 사람들은 어느 누구도 반론하지 못했다. 그는 또 말했다. "전자(全子 : 全琮)가 명성을 좋아하는 것은 여남(汝南)의 번자소(樊子昭)와 비슷하다."(4)

|원문| **龐士元至吳, 吳人並友之.(1) 見陸績,(2) 顧劭, 全琮,(3) 而爲之目曰, 陸子所謂駑馬有逸足之用. 顧子所謂駑牛可以負重致遠. 或問, 如所目, 陸爲勝邪. 曰, 駑馬雖精速, 能致一人耳. 駑牛一日行百里, 所致豈一人哉. 吳人無以難. 全子好聲名, 似汝南樊子昭.(4)**

(1) 《촉지(蜀志)》에 이런 이야기가 있다. '주유(周瑜)가 남군(南郡)의

태수(太守)였을 때, 방사원(龐士元)은 군의 공조(功曹)였다. 주유가 죽자 방사원은 그 시신을 옮기어 오 땅으로 갔다. 오 땅의 많은 사람들은 방사원의 이름을 들어 알고 있었는데 방사원이 서쪽으로 돌아갈 때 창문(閶門)에 모여 그와 이야기를 나누었다.'

蜀志曰, 周瑜領南郡, 士元爲功曹. 瑜卒, 士元送喪至吳. 吳人多聞其名, 及當還西, 並會閶門與士元言.

(2) 《문사전(文士傳)》에 이런 이야기가 있다. '육적(陸績)의 자는 공기(公紀)인데 어렸을 때부터 재예(才藝)와 술수가 뛰어났으며 박학다식했다. 방사원은 육적보다 연장(年長)이었는데 함께 교제를 맺었다. 벼슬을 하여 울림태수(鬱林太守)에 이르렀다. 자신이 죽는 날을 알았고 32세에 세상을 떠났다.'

文士傳曰, 績字公紀, 幼有儁朗才數, 博學多通. 龐士元年長於績, 共爲交友. 仕至鬱林太守. 自知亡日, 年三十二而卒.

(3) 환제(環濟)의 《오기(吳紀)》에는 이런 이야기가 있다. '전종(全琮)의 자는 자황(子黃)이며 오군(吳郡) 전당(錢塘) 사람이다. 덕행이 있었으며 의기(義氣)가 넘쳤는데 대사마(大司馬)가 되었다.'

環濟吳紀曰, 琮字子黃, 吳郡錢塘人. 有德行義槩, 爲大司馬.

(4) 장제(蔣濟)의 《만기론(萬機論)》에 이런 말이 있다. '허자장(許子將 : 許劭)은 인물 평가를 불공평하게 하여 번자소(樊子昭)를 발탁하는 한편, 허문휴(許文休 : 許靖)를 물리쳤다. 유엽(劉曄)이 이 의견에 반론을 폈다. "번자소는 상인(商人)에서 발탁되었는데 나이 70이 되자 물러나서 조용히 쉴 수 있었고 나아가더라도 구차하게 다투지 않았소." 그래서 내가 대꾸했다. "번자소는 진실로 어려서부터 노년에 이르기까지 용모가 매우 고결했지만 이야기할 때면 입을 내밀고 볼을 불룩하게 하여 말을 마구 내뱉는 것으로

볼 때 진실로 허문휴의 적수가 아니외다."

蔣濟萬機論曰, 許子將褒貶不平, 以拔樊子昭, 而抑許文休. 劉曄難曰, 子昭拔自賈豎, 年至七十, 退能守靜, 進不苟競. 濟答曰, 子昭誠自幼至長, 容貌完潔, 然觀其插齒牙, 樹頰頦, 吐脣吻, 自非文休之敵.

주해| ㅇ蜀志(촉지)-《삼국지(三國志)》 권37 〈방통전(龐統傳)〉 및 권54 〈주유전(周瑜傳)〉에 의함.

ㅇ還西(환서)-당시 남군(南郡) 땅은 호북성 공안읍(公安邑)에 있었다. 오(吳) 땅에서 본다면 서쪽으로 돌아가는 것이 된다.

ㅇ樊子昭(번자소)-〈상예편(賞譽篇)〉 3 참조.

3. 고소(顧劭)는 일찍이 방사원(龐士元 : 龐統)과 밤새도록 이야기를 나누었는데 방사원에게 물었다. "그대는 사람을 보는 눈이 있다는 평판이던데 나와 그대를 비교한다면 어느 쪽이 낫다고 생각하오?" "세속(世俗)을 교화시키는 때의 움직임에 따라 처신하는 것이라면 내가 그대에 따르지 못하오.(1) 그러나 왕자(王者) 패자(覇者)의 유책(遺策)을 논하고 화복(禍福)이 생겨나는 요소를 꿰뚫어보는 점에서는 내가 다소 나을 것이외다." 고소도 그 이야기를 납득했다.(2)

원문| **顧劭嘗與龐士元宿語, 問曰, 聞子名知人. 吾與足下孰愈. 曰, 陶冶世俗, 與時浮沈, 吾不如子.(1) 論王霸之餘策, 覽倚伏之要害, 吾似有一日之長, 劭亦安其言.(2)**

(1) 《오지(吳志)》에 이런 이야기가 있다. '고소(顧劭)는 인물 평하기를 좋아했는데 그 대상은 주군(州郡)의 현인으로부터 천하의 명사에 이르기까지 다양했다. 길을 오가다가 사람을 만나면 어떤 사

람은 평을 해주고 가기도 하고 혹은 친구 사이가 되었다가 헤어지기도 하여 그의 품평에 대한 명성은 원근 사람들이 칭송하였다.'
吳志曰, 劭好樂人倫, 自州郡庶幾, 及四方人事. 往來相見, 或諷議而去. 或結友而別, 風聲流聞, 遠近稱之.

(2) 《오록(吳錄)》에 이런 이야기가 있다. '고소(顧劭)는 그의 말을 납득하고 더욱 친해지게 되었다.'
吳錄曰, 劭安其言, 更親之.

주해| ㅇ倚伏(의복)－《노자(老子)》 제58장에 '화(禍) 속에 복(福)이 깃들어 있고, 복 속에 화가 숨겨져 있다(禍兮 福之所倚, 福兮 禍之所伏)'란 말이 있는데 화와 복은 상인(相因)의 관계로 생긴다는 것.
ㅇ要害(요해)－사물의 중요한 곳. 급소.
ㅇ吳志(오지)－《삼국지(三國志)》 권52 〈고소전(顧劭傳)〉에는 소(劭)를 소(邵)로 적고 있다.
ㅇ人倫(인륜)－인물 비평.
ㅇ庶幾(서기)－현인(賢人).

4. 제갈근(諸葛瑾)과 동생 제갈량(諸葛亮), 그리고 종제(從弟)인 제갈탄(諸葛誕) 등 세 사람은[1] 모두 명성이 높았는데 각각 다른 나라에서 벼슬을 하고 있었다. 당시 이 일을 평하여 말했다. "촉(蜀)은 용(龍)을 얻었고, 오(吳)는 호랑이[虎]를 얻었으며, 위(魏)는 개[狗]를 얻었다." 제갈탄은 위나라를 섬기면서 하후현(夏侯玄)과 명성을 같이했고, 제갈근은 오나라를 섬겼는데 오나라에서는 그 인물의 크기에 감동했다.[2]

원문| **諸葛瑾, 弟亮, 及從弟誕,[1] 並有盛名, 各在一國. 于時以爲蜀得其龍, 吳得其虎, 魏得其狗. 誕在魏, 與夏侯玄齊名,**

瑾在吳, 吳朝服其弘量.(2)

(1) 《오서(吳書)》에 이런 이야기가 있다. '제갈근(諸葛瑾)의 자는 자유(子瑜)이고 그 조상은 갈씨(葛氏)이며 낭야(琅邪) 제현(諸縣) 사람이다. 후에 양도(陽都)로 옮겼다. 양도에도 일찍부터 갈씨 성을 가진 사람들이 있었으므로 당시 사람들은 그를 구별하여 제갈(諸葛)이라고 했는데 이에 따라 제갈을 성으로 삼았다. 제갈근은 젊었을 때부터 지극한 효성으로 칭송을 받았다. 예주(豫州)의 장관으로 누천(累遷)되었고 68세로 죽었다.'

《위지(魏志)》에 이런 이야기가 있다. '제갈탄(諸葛誕)의 자는 공휴(公休)로, 이부랑(吏部郎)이 되었을 때 사람들의 청탁이 있으면 곧장 그 (추천하는) 말을 공표하고 바로 임용토록 하였다. 나중에 (그 추천의 말이) 타당했었는지의 여부가 제기되면 그 득실을 공개적으로 논의하여 포폄을 결정했다. 이때부터 모든 관료들은 추천하는 일을 신중하게 하지 않을 수 없었다. 양주자사(揚州刺史)·진동장군(鎭東將軍)까지 누천(累遷)되었다. 역모를 꾀했다 하여 주살(誅殺)당했다.'

吳書曰, 瑾字子瑜, 其先葛氏, 琅邪諸縣人. 後徙陽都, 陽都先有姓葛者, 時人謂諸葛, 因爲氏. 瑾少以至孝稱. 累遷豫州牧, 六十八卒.

魏志曰, 誕字公休, 爲吏部郎, 人有所屬託, 輒顯其言而亟用之. 後有當不, 則公議其得失, 以爲褒貶. 自是羣寮莫不愼其所擧. 累遷揚州刺史, 鎭東將軍. 以其謀逆, 伏誅.

(2) 《오서(吳書)》에 이런 이야기가 있다. '제갈근(諸葛瑾)이 난을 피하여 장강(長江)을 건넜을 때 대황제(大皇帝 : 將叔)는 그를 불러 장사(長史)로 삼았고 촉(蜀)나라에 파견했다. 그는 아우 제갈량(諸葛亮)과는 공식석상에서만 만날 뿐 공석을 떠나 개인적으로

만나지 아니했다. 또 그에게는 훌륭한 용모와 곧은 사려가 있었다. 사람들은 그의 큰 기량(器量)에 감복했다.'

吳書曰, 瑾避亂渡江, 大皇帝取爲長史, 遣使蜀, 但與弟亮公會相見, 退無私面. 而又有容貌思度. 時人服其弘量.

주해| ㅇ狗(구)－개. 또는 곰의 새끼. 《이아(爾雅)》〈석수(釋獸)〉에는 '웅(熊)은 호추(虎醜). 그 새끼가 구(狗)'라고 했다.

ㅇ魏志(위지)－《삼국지(三國志)》 권28 〈제갈탄전(諸葛誕傳)〉.

ㅇ吏部郞(이부랑)－선거(選擧), 즉 관리의 추천 등을 관장하는 관원.

ㅇ當不(당불)－송본(宋本)에는 '득부당불(得不當不)'로 되어 있다. 여기서는 원본(袁本)을 따랐다.

ㅇ鎭東將軍(진동장군)－원본(袁本)에는 그 아래에 '사공(司空)'이란 두 자가 있다.

ㅇ大皇帝(대황제)－손권(孫權)은 죽은 다음 대황제라는 시호를 받았다.

5. 사마문왕(司馬文王 : 司馬昭)이 무해(武陔)에게 물었다. "진현백(陳玄伯 : 陳泰)은 그 아버지인 사공(司空 : 陳群)에 비하면 어느 쪽이 낫소?" 무해가 대답했다. "사리에 통하고 폭넓은 학문이 있으며 천하의 교화를 자신의 임무라며 힘쓰는 면에서는 아버지를 따르지 못합니다. 그러나 총명하고 세련되며 간명하게 공을 세워 일을 처리해 나가는 점에서는 아버지보다 낫지요."(1)

원문| **司馬文王問武陔, 陳玄伯何如其父司空. 陔曰, 通雅博暢, 能以天下聲敎爲己任者, 不如也. 明練簡至, 立功立事, 過之.**(1)

(1) 《위지(魏志)》에 이런 이야기가 있다. '무해(武陔)는 진태(陳泰)라 칭했다. 그래서 문왕(文王 : 司馬昭)은 그에게 물었던 것이다.'

魏志曰, 陔與泰善. 故文王問之.

주해 ㅇ魏志(위지)-《삼국지(三國志)》 권22 〈진태전(陳泰傳)〉.

6. 정시연간(正始年間), 인물들의 비교 논평에 순씨(荀氏) 5명을, 진씨(陳氏) 5명에 비교했다. 즉 순숙(荀淑)을 진식(陳寔)에, 순정(荀靖)을 진심(陳諶)[1]에, 순상(荀爽)을 진기(陳紀)에, 순욱(荀彧)을 진군(陳群)[2]에, 순의(荀顗)를 진태(陳泰)에 비교했다.[3] 또 배씨(裵氏) 8명을 왕씨(王氏) 8명에 비교했다. 배휘(裵徽)를 왕상(王祥)에, 배해(裵楷)를 왕이보(王夷甫 : 王衍)에, 배강(裵康)을 왕수(王綏)[4]에, 배작(裵綽)을 왕징(王澄)[5]에, 배찬(裵瓚)을 왕돈(王敦)[6]에, 배하(裵遐)를 왕도(王導)에, 배위(裵頠)를 왕융(王戎)에, 배막(裵邈)을 왕현(王玄)에 비교했던 것이다.

원문 **正始中, 人士比論, 以五荀方五陳. 荀淑方陳寔, 荀靖方陳諶,[1] 荀爽方陳紀, 荀彧方陳羣,[2] 荀顗方陳泰.[3] 又以八裴方八王. 裴徽方王祥, 裴楷方王夷甫, 裴康方王綏,[4] 裴綽方王澄,[5] 裴瓚方王敦,[6] 裴遐方王導, 裴頠方王戎, 裴邈方王玄.**

(1) 《일사전(逸士傳)》에 이런 이야기가 있다. '순정(荀靖)의 자는 숙자(叔慈)이며 영천(潁川) 사람이다. 준재(俊才)인데다가 효행으로 이름이 알려졌다. 8형제가 있었으며 8룡(龍)으로 불렸다. 은거하고 있으면서 학문을 닦았는데 거동은 모두가 예(禮)에 따랐다. 동생인 순상(荀爽)도 재학(才學)이 있었으며 당시에 이름이 알려졌다. 어떤 사람이 여남(汝南)의 허장(許章)에게 물었다. "순상과 순정 중 어느 쪽이 더 나을까요?" 허장은 대답했다 "두 사람 모두 보옥(寶玉)이오. 자명(慈明 : 荀爽)은 명랑함이 외부에 나타나

고, 숙자(叔慈 : 荀靖)는 풍윤(豊潤)함을 속에 비장하고 있소." 태위(太尉)가 불렀으나 나아가지 아니했고 나이 50세로 세상을 떠났다. 당시 사람들은 그를 애석히 여겼으며 현행선생(玄行先生)이라고 불렀다.'

逸士傳曰, 靖字叔慈, 潁川人. 有儁才, 以孝著名. 兄弟八人, 號八龍. 隱身修學, 動止合禮. 弟爽, 亦有才學, 顯名當世. 或問汝南許章, 爽與靖孰賢. 章曰, 二人皆玉也. 慈明外朗, 叔慈內潤. 太尉辟不就. 年五十終, 時人惜之, 號玄行先生.

(2) 《전략(典略)》에는 이런 이야기가 있다. '순욱(荀彧)의 자는 문약(文若)이며 영천(潁川) 사람이다. 후한(後漢) 때 시중(侍中)·수상서령(守尚書令)이 되었다. 순욱은 사람 됨됨이가 영준하였고, 겸손한 자세로 인사들을 예우했으며 자리에 앉을 때는 방석을 포개고 앉는 일이 없었다. 조정에 출사(出仕)한 동안에도 사욕(私欲)으로 뜻을 굽히는 일은 하지 아니했다. 나이 50에 세상을 떠났으며 시호는 경후(敬侯)이다. 그 덕망이 높았으므로 태위(太尉)가 추증되었다.'

典略曰, 彧字文若, 潁川人. 爲漢侍中, 守尚書令. 彧爲人英偉, 折節待士, 坐不累席. 其在臺閣閒, 不以私欲撓意. 年五十薨, 謚曰敬侯. 以其名德高, 追贈太尉.

(3) 《진제공찬(晋諸公贊)》에는 이런 말이 있다. '순의(荀顗)의 자는 경천(景倩)이며 순욱(荀彧)의 아들이다. 예의에 잘 따르고 덕행을 세웠으며 사고(思考)가 온아한데다가 국가의 근간을 깊이 알고 있어서 광록대부(光祿大夫)로 누천(累遷)되었다. 진(晋)나라가 위(魏)나라에게서 선양을 받자 임회공(臨淮公)에 봉해졌다. 조정의 의례(儀禮)를 관장하고, 국가의 법식을 갖추었으며 진조(晋朝) 일대(一代)의 제도를 정했다. 태위(太尉)로 옮겼다가 재상(宰相)이

되었는데, 덕망이 높아 세상의 예교(禮敎)를 바로잡을 것을 마음에 두었다. 세상을 떠나자 강공(康公)이란 시호가 내려졌다.'

晉諸公贊曰, 顗字景倩, 彧之子. 蹈禮立德, 思義溫雅, 加深識國體, 累遷光祿大夫. 晉受禪, 封臨淮公. 典朝儀, 刊正國式, 爲一代之制. 轉太尉, 爲臺輔, 德望淸重, 留心禮敎. 卒, 謚康公.

(4) 《진백관명(晉百官名)》에 이런 이야기가 있다. '배강(裵康)의 자는 중예(仲豫)이며 배휘(裵徽)의 아들이다.'

《진제공찬(晉諸公贊)》에 이런 말이 있다. '배강(裵康)은 큰 기량(器量)이 있었으며, 태자좌솔(太子左率)을 역임했다.'

晉百官名曰, 康字仲豫, 徽之子.

晉諸公贊曰, 康有弘量, 歷太子左率.

(5) 《왕조목록(王朝目錄)》에 이런 이야기가 있다. '배작(裵綽)의 자는 중서(仲舒)이며 배해(裵楷)의 동생이다. 명성은 배해에 버금갔다. 중서(中書) · 황문시랑(黃門侍郎)을 역임했다.'

王朝目錄曰, 綽字仲舒, 楷弟也. 名亞於楷. 歷中書黃門侍郎.

(6) 《진제공찬(晉諸公贊)》에는 이런 말이 있다. '배찬(裵瓚)의 자는 국보(國寶)이며 배해(裵楷)의 아들이다. 재기(才氣)가 출중했으며 중서랑(中書郎)으로 죽었다.'

晉諸公贊曰, 瓚字國寶, 楷之子. 才氣爽儁, 終中書郎.

주해 | ㅇ守尙書令(수상서령)－임시 상서령에 보직되는 것.

ㅇ臺輔(대보)－재보(宰輔). 재상(宰相)을 가리킨다.

ㅇ太子左率(태자좌솔)－태자좌위솔(太子左衛率)의 약어(略語). 태자가 외출할 때 수레를 경호하는 벼슬.

ㅇ仲舒(중서)－《삼국지(三國志)》 권23 〈배잠전(裵潛傳)〉 주(注), 왕조(汪藻)의 《배씨보(裵氏譜)》에는 계서(季舒)로 적고 있다.

○오순(五荀)

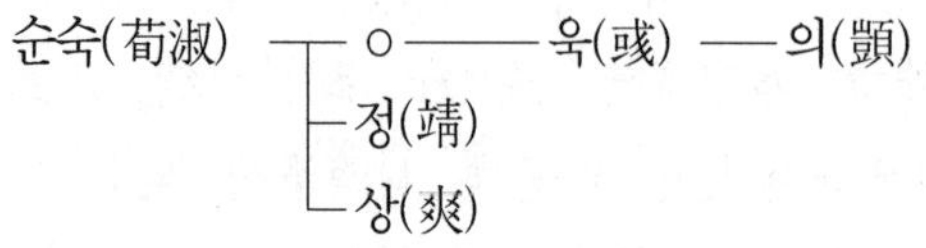

○오진(五陳)

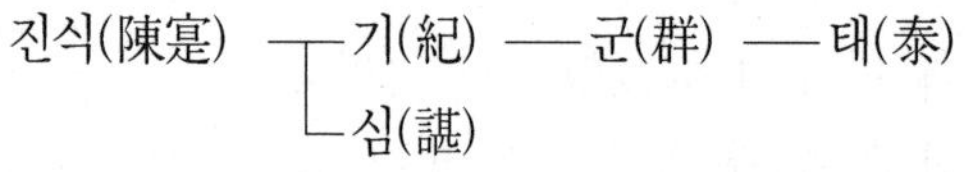

○팔배(八裴)

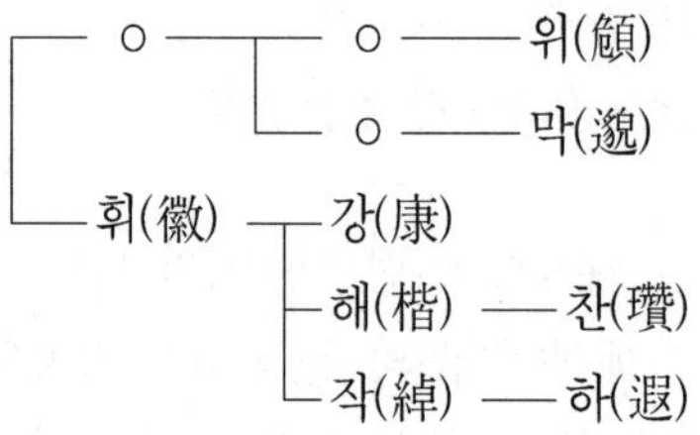

○팔왕(八王)

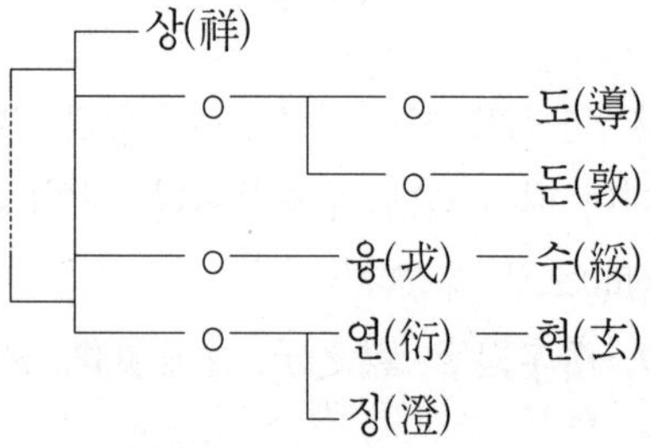

7. 기주자사(冀州刺史) 양회(楊淮)의 두 아들 양교(楊喬)와 양모(楊髦)는 모두 어렸을 때부터 숙성한 인물이었다. 양회는 배위(裴頠)·악광(樂廣)과 친한 사이였는데 (자기) 두 아들을 이 사람들에게 보여주었다. 배위는 대범하고 활달한 성품이었으므로 양교의 고매한

풍격을 사랑하여 양회에게 말했다. “양교는 틀림없이 그대만 못지 않은 인물이 될 것이오. 양모는 조금 뒤지겠소이다.” 악광은 청순한 인품이었으므로 양모의 뛰어난 조행(操行)을 사랑하여 양회에게 말했다. “양교는 물론 그대만 못지 않을 것이외다. 그러나 양모는 특별하게 걸출하오.” 양회는 웃으면서 말했다. “내 두 아들의 우열(優劣)은 바로 배위와 악광의 우열이로다.” 비평가들은 이 말을 평하여 말했다. “양교는 고매한 풍격이 있으나 행동이 느슨한 면이 있은즉 악광의 비평은 맞는다. 그러나 두 아이 모두 젊은 세대의 준재(俊才)들이다.”[1]

원문| **冀州刺史楊淮二子喬與髦, 俱總角爲成器. 淮與裴頠, 樂廣友善, 遣見之, 頠性弘方, 愛喬之有高韻, 謂淮曰, 喬當及卿, 髦小減也. 廣性淸淳, 愛髦之有神檢, 謂淮曰, 喬自及卿. 然髦尤精出. 淮笑曰, 我二兒之優劣, 乃裴, 樂之優劣, 論者評之, 以爲喬雖高韻, 而檢不匝, 樂言爲得. 然並爲後出之儁.**[1]

(1) 순작(荀綽)의 《기주기(冀州記)》에 이런 이야기가 있다. ‘양교(楊喬)의 자는 국언(國彦)이며 호쾌·활달하고 초속적(超俗的)인 마음을 지니고 있었다. 양모(楊髦)의 자는 사언(士彦)이며, 공평하고 고원한 감식(鑑識)이 있었다. 모두 젊은 세대의 준재(俊才)들이다. 배위(裴頠)와 악광(樂廣)이 중시했다.’
《진제공찬(晋諸公贊)》에 이런 이야기가 있다. ‘양교(楊喬)는 양회(楊淮)와 비슷하여 거친 면이 없었다. 양교·양모, 두 사람 모두 2천석의 신분에 올랐다. 양모는 석륵(石勒)에게 죽음을 당했다.’
荀綽冀州記曰, 喬字國彦, 爽朗有遠意. 髦字士彦, 淸平有貴識. 並爲後出之儁. 爲裴頠, 樂廣所重.
晋諸公贊曰, 喬似淮而疎. 皆爲二千石. 髦爲石勒所害.

주해| ㅇ冀州刺史楊淮(기주자사양회)—송본(宋本)·원본(袁本) 모두 양

회(楊淮)로 되어 있음. 그러나 《삼국지(三國志)》 권19 〈진사왕전(陳思王傳)〉의 배주(裵注)에서 인용한 《세어(世語)》 및 〈상예편(賞譽篇)〉 58의 유주(劉注)에서 인용한 《세어》에는 양준(楊準)으로 되어 있음. 또 《진서(晋書)》 권43 〈악광전(樂廣傳)〉에도 양준으로 되어 있음. 〈식감편(識鑒篇)〉 13의 유주(劉注), 63의 유주 등을 참조할 것.

ㅇ二千石(이천석)－군(郡)의 태수(太守) 등 봉록이 2천석인 벼슬아치. 《후한서(後漢書)》 〈백관지(百官志)〉에 의하면 '중이천석봉(中二千石奉), 월백팔십곡(月百八十斛), 이천석봉(二千石奉), 월백이십곡(月百二十斛), 비이천석봉(比二千石奉), 월백곡(月百斛)'이라고 되어 있는 등 2천 석의 벼슬아치에도 3등류가 있었다. 한편 〈품조편(品藻篇)〉 8의 주해 '질중이천석(秩中二千石)'의 항 참조.

8. 유영언(劉令言 : 劉納)이 처음으로 낙양(洛陽)에 들어갔을 때,(1) 여러 명사들을 만나보고 감탄하며 말했다. "왕이보(王夷甫 : 王衍)는 매우 명철하고, 악언보(樂彦輔 : 樂廣)는 내가 존경하는 인물이며, 장무선(張茂先 : 張華)은 내가 이해할 수 있는 인물이 아니고, 주홍무(周弘武 : 周恢)는 단점을 살피어 사용하기를 잘하며,(2) 두방숙(杜方叔 : 杜育)은 장점을 살리어 사용하기를 잘한다."(3)

▌원문▏ 劉令言始入洛,(1) 見諸名士而歎曰, 王夷甫太鮮明, 樂彦輔我所敬, 張茂先我所不解, 周弘武巧於用短,(2) 杜方叔拙於用長.(3)

(1) 《유씨보(劉氏譜)》에 이런 이야기가 있다. '유납(劉納)의 자는 영언(令言)이며 팽성(彭城) 총정(叢亭) 사람이다. 조부인 유근(劉瑾)은 낙안장(樂安長)이었고 아버지 유감(劉甝)은 위(魏)나라 낙양령(洛陽令)이었다. 유납은 사예교위(司隷校尉)를 역임했다.'

劉氏譜曰, 納字令言, 彭城叢亭人. 祖瑾, 樂安長. 父勉, 魏洛陽令. 納歷司隸校尉.

(2) 왕은(王隱)의 《진서(晋書)》에는 이런 이야기가 있다. '주회(周恢)의 자는 홍무(弘武)로 여남(汝南) 사람이다. 조부인 주비(周斐)는 영녕소부(永寧少府), 아버지 주융(周隆)은 주종사(州從事), 주회는 벼슬하여 진상(秦相)이 되었고 질중(秩中) 2천석에 이르렀다.'
王隱晉書曰, 周恢字弘武, 汝南人. 祖斐, 永寧少府. 父隆, 州從事. 恢仕至秦相, 秩中二千石.

(3) 《진제공찬(晋諸公贊)》에 이런 이야기가 있다. '두육(杜育)의 자는 방숙(方叔)이고 양성(襄城) 등릉(鄧陵) 사람이며 두습(杜襲)의 손자이다. 두육은 어렸을 때부터 재기가 뛰어나 신동(神童)으로 불렸다. 성장함에 따라 그 용모가 준수했고 문재(文才)가 풍부하여 당시 사람들은 '두성(杜聖)'이라고 하였다. 국자좨주(國子祭酒)에 누천(累遷)되었는데 낙양이 함락되려고 할 때 적도(賊徒)에게 죽음을 당했다.'
晉諸公贊曰, 杜育字方叔, 襄城鄧陵人, 杜襲孫也. 育幼便岐嶷, 號神童. 及長, 美風姿, 有才藻, 時人號曰杜聖. 累遷國子祭酒. 洛陽將沒, 爲賊所殺.

주해 | ㅇ王夷甫太鮮明(왕이보태선명)－《진서(晋書)》 권43 〈왕연전(王衍傳)〉에는, '연(衍), 이미 성재미모(盛才美貌)가 있었고 명오(明悟)는 신(神)과 같았다'라고 되어 있으며, 선명(鮮明)이 있었다 함은 그 재능과 미모를 가리키는 것이리라.

ㅇ納(납)－유납(劉納)의 이름을, 《진서》 권69 〈유외전(劉隗傳)〉에서는 '유눌(劉訥)'이라 적고 있다.

ㅇ樂安長(낙안장)－낙안현(樂安縣)의 장관이란 뜻. 통상 1만 호 이하인 현(縣)의 장관을 장(長)이라 하여 구별한다.

ㅇ永寧少府(영녕소부)－영녕(永寧)은 삼국시대 위(魏)나라에 있었던 태후(太后)의 궁 이름. 한대(漢代) 이후 태후의 궁실(宮室)에는 황제의 궁실에 따라 위위(衛尉)·소부(少府)·태복(太僕) 등 태후 삼경(三卿)이 두어져 궁실의 사무를 보았다.

ㅇ秩中二千石(질중이천석)－《후한서(後漢書)》〈백관지(百官志)〉 5의 '백관수봉례(百官受奉例)'에 의하면 중이천석(中二千石)의 질록(秩祿)은 월(月) 속(粟) 180곡(斛), 연간으로 환산하면 2천160곡이 되는데, 이것을 반은 돈, 반은 곡식으로 받았다. 중이천석의 중(中)이란, 만(滿)의 뜻으로서 만이 못되는 경우를 비이천석(比二千石)이라 하는데, 이런 경우를 통틀어서 2천석(혹은 眞二千石)이라고 한다.

ㅇ鄧陵(등릉)－《삼국지》 권23 〈두습전(杜襲傳)〉에는 '정릉(定陵)'으로 적고 있다.

ㅇ岐嶷(기억)－어렸을 때부터 재능과 지각이 남들보다 뛰어났다는 뜻. 《시경(詩經)》〈대아(大雅)〉 '생민(生民)'에 '극기극억(克岐克嶷)'이라고 되어 있으며 모전(毛傳)에 '기(岐)는 지의(知意)라' '억(嶷)은 식(識)이라'라고 했다.

ㅇ國子祭酒(국자좨주)－국자학(國子學)의 장관. 오늘날의 국립대학교 총장에 해당된다.

ㅇ洛陽將沒(낙양장몰)－이른바 영가지란(永嘉之亂)을 가리킨다.

9. 왕이보(王夷甫 : 王衍)가 말했다. "여구충(閭丘沖)(1)은 만분(滿奮)·학륭(郝隆)(2)보다도 우수하다. 이 세 사람은 모두 훌륭한 재능이 있는 인물인데 여구충이 선두에 서는 사람이다."(3)

▌원문｜ 王夷甫云, 閭丘沖,(1) 優於滿奮, 郝隆.(2) 此三人, 並是高才, 沖最先達.(3)

(1) 순작(荀綽)의 《연주기(兗州記)》에 이런 이야기가 있다. '여구충(閭丘沖)의 자는 빈경(賓卿)이며 고평(高平) 사람이다. 대대로 2

천석을 받았던 집안이다. 여구충은 공평했고, 인물을 보는 눈이 있었으며 박학한데다가 문장(文章)과 의리(義理)에 뛰어났다. 태부(太傅)의 장사(長史)로 누천(累遷)되었다. 공을 세워 일세를 풍미할 수는 없었지만 의(義)를 들으면 지체없이 행하고, 정무(政務)에 있어서는 공정을 기했으며 문서를 쓰는 데는 반드시 경전(經典)을 인용하고 문사(文辭)로 수식했는데 조금도 막힘이 없었다. 성품은 매우 대범하고 활달하여 자만하지 않았고 위세를 부리지도 않았다. 음악을 좋아하여 시녀들을 옆에 두고 악기를 손에서 놓지 아니했다. 출입할 때면 사망거(四望車 : 天子가 타는 수레)를 타고 태연했는데 그래도 공손한 행동을 잃지 아니했으며 담담하게 자신의 마음과 뜻대로 행동하였다. 세상의 논자(論者)들도 그를 사치스럽다고 말하지 않았고 참월되다고도 말하지 아니했다. 늙어서도 명성과 평판이 처음에 비하여 조금도 바뀌지 않았다. 광록훈(光祿勳)이 되었으며 경사(京師)가 아직 함락당하기 전, 수레를 타고 외출했다가 적도(賊徒)에게 죽음을 당했다. 당시 사람들은 모두 이를 통석(痛惜)했다.'

荀綽兗州記曰, 沖字賓卿, 高平人. 家世二千石. 沖清平有鑒識, 博學有文義. 累遷太傅長史. 雖不能立功蓋世, 然聞義不惑, 當世蒞事, 務於平允, 操持文案, 必引經誥, 飾以文采, 未嘗有滯. 性尤通達, 不矜不假. 好音樂, 侍婢在側, 不釋弦管. 出入乘四望車, 居之甚夷, 不以虧損恭素之行, 淡然肆其心志. 論者不以爲侈, 不以爲僭. 至於白首, 而清名令望, 不渝於始. 爲光祿勳, 京邑未潰, 乘車出, 爲賊所害. 時人皆痛惜之.

(2) 《진제공찬(晋諸公贊)》에는 이런 말이 있다. '학륭(郝隆)의 자는 홍시(弘始)이며 고평(高平) 사람이다. 그의 인품은 명랑했고 식견이 탁월했다. 이부랑(吏部郎)과 양주자사(揚州刺史)를 지냈다. 제왕(齊王) 사마경(司馬冏)이 의병을 일으켰을 때, 학륭은 격문(檄

文)에 따르기를 주저했으므로 참군(參軍) 왕수(王邃)에게 살해되었다.'

晉諸公贊曰, 隆字弘始, 高平人. 爲人通亮淸識. 爲吏部郞, 揚州刺史. 齊王冏起義, 隆應檄稽留, 爲參軍王邃所殺.

(3) 《연주기(兗州記)》에는 또 이런 이야기가 있다. '당시 고평(高平)에는 인사들이 실로 많았는데 만분(滿奮)·학륭(郝隆)이 여구충(閭丘沖)보다 먼저 영달하여 명성과 관위(官位)가 이미 높았다. 그러나 유보(劉寶)와 왕이보(王夷甫 : 王衍)는 여구충이 허정(虛靜)하고 기품이 있기 때문에, 그 두 사람보다 월등히 우수하다고 생각하였다.'

兗州記曰, 于時高平人士偶盛, 滿奮, 郝隆達在沖前, 名位已顯. 而劉寶, 王夷甫猶以沖之虛貴, 足先二人.

주해 | ㅇ郝隆(학륭)—송본(宋本)·원본(袁本) 모두 학륭(郝隆)으로 적고 있는데 유주(劉注) (2)의 기록에 의하면 '치감(郗鑒)'의 숙부인 '치륭(郗隆)'일 것으로 생각된다. 《진서(晉書)》 권67 〈치륭전〉 참조.

ㅇ先達(선달)—벼슬이나 학문 등이 남보다 앞선 사람. 또 어떤 길의 선배.

ㅇ博學有文義(박학유문의)—송본(宋本)에는 '박(博)'자가 없는데 원본(袁本)에 근거했다.

ㅇ太傅(태부)—미상(未詳). 어쩌면 사마월(司馬越)일까?

ㅇ四望車(사망거)—지체가 높은 귀척(貴戚)이 타는 수레로, 사방이 모두 내다보이는 것.

ㅇ虛貴(허귀)—미상(未詳). 허정(虛靜)이라고 번역했는데 어쩌면 명위(名位)를 가볍게 여긴다는 뜻일까?

10. 왕이보(王夷甫 : 王衍)는 왕동해(王東海 : 王丞)를 악령(樂令 : 樂廣)에 비교했다.(1) 그러므로 왕중랑(王中郞 : 王坦之)은 그의 비문

(碑文)을 지으며 말했다. “당시 사람들은 그를 상찬하며 악광의 짝이라고 했다.”

▌원문| 王夷甫以王東海比樂令.[(1)] 故王中郎作碑云, 當時標榜, 爲樂廣之儷.

(1) 《강좌명사전(江左名士傳)》에 이런 이야기가 있다. ‘왕승(王承)은 사물의 도리를 설명하는 경우, 다만 그 요지를 밝힐 뿐 쓸데없는 말은 삼갔다. 식견이 있는 사람들은 그러한 그의 간결함을 보고 사리에 깊이 통한다며 경복(敬服)했다. 태위(太尉) 왕이보(王夷甫 : 王衍)는 일세의 성망을 받고 있던 인물이었는데 그를 보고는 깊이 존경했으며 남양(南陽)의 악광(樂廣)에 비교했다.’
江左名士傳曰, 承言理辯物, 但明其旨要, 不爲辭費. 有識伏其約而能通. 太尉王夷甫一世龍門, 見而雅重之, 以比南陽樂廣.

11. 유중랑(庾中郎 : 庾敳)은 왕평자(王平子 : 王澄)와 안행(鴈行)하였다.[(1)]

▌원문| 庾中郎與王平子鴈行.[(1)]

(1) 《진양추(晋陽秋)》에 이런 이야기가 있다. ‘처음에 왕징(王澄)은 활달하고 명철함으로 칭찬을 받았으나 경박하여 품행을 닦지 않았다. 형인 왕이보(王夷甫 : 王衍)는 명성이 있었으며 당시 사람들은 그의 인물 감식을 인정해주었다. 왕연은 언제나 천하 선비들을 평했는데 이런 말을 했다. “아평(阿平 : 王澄)은 제1, 자숭(子嵩 : 庾敳)은 제2, 처중(處仲 : 王敦)은 제3이다.” 유애는 왕징과 왕돈이 자기에게 미치지 못할 것으로 생각했는데, 왕징이 죽고 왕돈이 패(敗)했건만 유애에 대한 세상의 평판은 변함이 없었다.’

晉陽秋曰, 初, 王澄有通朗稱, 而輕薄無行. 兄夷甫有盛名, 時人許以人倫鑒識. 常爲天下士目曰, 阿平第一, 子嵩第二, 處仲第三. 敳以澄, 敦莫己若也. 及澄喪, 敦敗, 敳世譽如初.

주해 | ㅇ鴈行(안행)-기러기가 날아가는 것처럼 조금 떨어져서 나란히 나아간다는 의미. 《예기》〈왕제편(王制篇)〉에 '부지치수행(父之齒隨行), 형지치안행(兄之齒鴈行), 붕우불상유(朋友不相踰)'라고 되어 있다.

12. 왕대장군(王大將軍 : 王敦)은 서진(西晋)의 조정에 있을 때, 주후(周侯 : 周顗)를 만날 때마다 계속하여 부채로 얼굴을 가리고 있지 않으면 안되었다.(1) 그후 강남(江南)으로 건너간 다음에는 그러지 아니했다. 왕돈이 한탄하며 말했다. "내가 진보한 것일까? 백인(伯仁 : 周顗)이 퇴보한 것일까?"(2)

원문 | **王大將軍在西朝時, 見周侯輒扇障面, 不得住.(1) 後渡江左, 不能復爾. 王歎曰, 不知是我進, 伯仁退.(2)**

(1) 왕돈(王敦)은 젊었을 때부터 성장해서까지 그 성격이 강포했다. 계륜(季倫 : 石崇)이 기녀(妓女)의 목을 벴을 때도 안색을 조금도 바꾸지 아니했다. 이처럼 오만하고 잔인했다면 어찌 주의(周顗)를 꺼렸겠는가? 여기서 말한 것은 타당치 않다.
敦性彊梁, 自少及長. 季倫斬妓, 曾無異色. 若斯傲狠, 豈憚於周顗乎. 此言不然也.

(2) 심약(沈約)의 《진서(晋書)》에는 이런 이야기가 있다. '주의(周顗)를 왕돈(王敦)은 일찍부터 꺼리고 있었는데 그와 만나면 얼굴이 달아올라서 선달이건만 얼굴에 부채질을 안할 수 없었다. 그 꺼리는 것이 이와 같았다.'

沈約晉書曰, 周顗, 王敦素憚之, 見輒面熱, 雖復臘月, 亦扇面不休, 其憚如此.

주해 | ㅇ扇(선)－주미선(麈尾扇).
ㅇ王歎(왕탄)－송본(宋本)은 '삼탄(三嘆)'으로 적고 있는데 원본(袁本)에 따랐다.
ㅇ彊梁(강량)－강강(剛强)하고 거친 것.
ㅇ季倫斬妓(계륜참기)－〈태치편(汰侈篇)〉 1 참조.

13. 회계(會稽)의 우비(虞騑)는 원황제(元皇帝 : 司馬睿) 때, 환선무(桓宣武 : 桓溫)와 동료였다. 그는 재기(才氣)와 철리(哲理)에 뛰어나고 명망이 높았다.(1) 왕승상(王丞相 : 王導)이 어느 때 우비에게 말했다. "공유(孔愉)는 삼공(三公)에 오를 재능은 있는데 삼공의 성망(聲望)이 없어. 정담(丁潭)은 삼공의 성망은 있으나 삼공에 오를 재능이 없고.(2) 양쪽을 모두 갖추고 있는 사람은 그대일 거야." 우비는 삼공에 이르기 전 세상을 떠났다.(3)

원문 | **會稽虞騑, 元皇時與桓宣武同俠, 其人有才理勝望.(1) 王丞相嘗謂騑曰, 孔愉有公才而無公望, 丁潭有公望而無公才.(2) 兼之者其在卿乎. 騑未達而喪.(3)**

(1) 《우광록전(虞光祿傳)》에 이런 이야기가 있다. '우비(虞騑)의 자는 사행(思行)이고 회계(會稽) 여요(餘姚) 사람이다. 우번(虞翻)의 증손이며 우광록(右光祿) 우담(虞潭)의 형의 아들이다. 재기에 넘치는 수완은 우담에게 미치지 못했으나 그 훌륭한 행위는 우담보다 앞섰다. 이부랑(吏部郞), 오흥태수(吳興太守)를 역임하고 부름을 받아 금자광록대부(金紫光祿大夫)가 되었는데 세상을 떠났다.'

虞光祿傳曰, 騑字思行, 會稽餘姚人. 虞翻曾孫, 右光祿潭兄子也. 雖機榦不及潭, 而至行過之. 歷吏部郎, 吳興守, 徵爲金紫光祿大夫卒.

(2) 공유(孔愉)는 앞에서 나왔다.
《회계후현기(會稽後賢記)》에는 이런 이야기가 있다. '정담(丁潭)의 자는 세강(世康)이고 산음(山陰) 사람이며 오(吳)나라 사도(司徒) 정고(丁固)의 증손이다. 침착하고 유순하여 명망이 있었으며 젊었을 때부터 공유(孔愉)와 명성을 같이했다. 벼슬하여 광록대부(光祿大夫)에 이르렀다.'
《진양추(晋陽秋)》에 이런 말이 있다. '공경강(孔敬康)·정세강(丁世康)·장위강(張偉康)은 모두 명성을 드날리어 당시 사람들은 회계의 삼강(三康)이라고 불렀다. 위강(偉康)의 이름은 무(茂)이다. 어느 때 큰 코끼리 꿈을 꾸고 만아(萬雅)에게 해몽을 부탁하자 만아는 말했다. "그대는 틀림없이 큰 군(郡)의 태수(太守)가 될 것이오. 그러나 흉몽이오. 코끼리는 대수(大獸)인데 그 수(獸)와 수(狩)의 음이 같기 때문에 큰 군의 태수가 될 것이오. 그러나 코끼리는 상아로 인하여 몸을 상하게 되오." 후에 오군태수(吳郡太守)가 되었는데 과연 심충(沈充)에게 죽음을 당했다.'
愉已見.
會稽後賢記曰, 潭字世康, 山陰人. 吳司徒固曾孫也. 沈婉有雅望, 少與孔愉齊名. 仕至光祿大夫.
晉陽秋曰, 孔敬康, 丁世康, 張偉康俱著名, 時謂會稽三康. 偉康名茂. 嘗夢得大象, 以問萬雅. 雅曰, 君當爲大郡, 而不善也. 象, 大獸也. 取其音狩, 故爲大郡. 然象以齒喪身. 後爲吳郡, 果爲沈充所殺.

(3) 《우광록전(虞光祿傳)》에 이런 이야기가 있다. '우비(虞騑)는 삼공

(三公)에 오르지 못했다. 당시 사람들은 불우하다고 했다.'

虞光祿傳曰, 騑未登台鼎, 時論稱屈.

주해 | ㅇ桓宣武同俠(환선무동협)－《진서(晉書)》 권76 〈우비전(虞騑傳)〉에는 '여초국환이구위이부랑(與譙國桓彝俱爲吏部郞), 정호심독(情好甚篤)'이라고 되어 있는데 선무(宣武)는 선성(宣城 : 桓彝)의 잘못인 듯하다. 또 '협(俠)'은 《세설강의(世說講義)》에 '협(俠), 구설당작료(舊說當作僚) 가종(可從)'이라고 되어 있는데 여기서는 그것에 따라 협(俠)을 요(僚)로 번역했다.

ㅇ已見(이견)－〈방정편(方正篇)〉 38.

ㅇ吳司徒固曾孫(오사도고증손)－《진서》 권78 〈정담전(丁潭傳)〉에는 '할아버지 고(固)는 오(吳)의 사도(司徒)'라고 하여 증손이 아닌 손자로 되어 있다.

ㅇ萬雅(만아)－《진서》 권78 〈장무전(張茂傳)〉에는 '만추(萬推)'로 되어 있다.

ㅇ取其音狩(취기음수)－수(獸)와 수(狩 : 守)는 음이 통한다. 《진서》 〈장무전〉에는 '코끼리는 대수(大獸)이다. 고로 마땅히 대군(大郡)을 얻게 될 것을 안다'라고 했다.

ㅇ象以齒喪身(상이치상신)－《좌전(左傳)》 양공(襄公) 24년조에 '상유치(象有齒), 이분기신(以焚其身)'이라고 되어 있다. 코끼리에는 상아가 있으므로 도리어 그 몸이 해(害)를 당한다는 것.

ㅇ台鼎(태정)－삼공(三公).

ㅇ屈(굴)－재덕(才德)을 갖추고 있으면서 그 능력을 충분히 발휘하지 못하고 뻗어나가지 못한 것을 의미한다.

14. 명제(明帝 : 司馬紹)가 주백인(周伯仁 : 周顗)에게 물었다. "그대는 자신이 치감(郗鑒)과 비하여 어떻다고 생각하오?" 주백인이 대답했다. "치감은 저와 비교하면 노력을 많이 한 사람으로 보입니다."

명제는 또 치감에게 물어보았다. 치감이 말했다. "주의는 저와 비교하면 국사(國士)의 가풍(家風)을 갖추고 있습니다."(1)

원문| **明帝問周伯仁, 卿自謂, 何如郗鑒. 周曰, 鑒方臣, 如有功夫. 復問郗. 郗曰, 周顗比臣, 有國士門風.**(1)

(1) 등찬(鄧粲)의 《진기(晋紀)》에 이런 이야기가 있다. '주백인(周伯仁 : 周顗)은 정직 준엄하고 덕망이 있다는 칭송을 받았다.'
鄧粲晋紀曰, 伯仁淸正嶷然, 以德望稱之.

주해| ㅇ功夫(공부)－정력을 다 쏟는 것.

15. 왕대장군(王大將軍 : 王敦)이 장강(長江)을 내려가 도읍으로 쳐들어갔을 때, 유공(庾公 : 庾亮)이 물었다. "그대에게는 네 명의 친구가 있다고 들었는데, 그게 누구누구요?" 왕돈이 대답했다. "당신의 친척인 중랑(中郎 : 庾敳), 내 친척인 태위(太尉 : 王衍), 아평(阿平 : 王澄), 그리고 호무언국(胡毋彦國 : 胡毋輔之)(1)인데 역시 아평이 제일 뒤질 것이외다." 유량이 말했다. "(아평 자신은) 뒤진다고 생각하지 않을 것 같소." 그리고 유량은 다시 물었다. "누가 제일 뛰어나오?" 왕돈은 대답했다. "그것은 자연히 정해져 있소이다." 다시 물었다. "그게 누구요?" 왕돈은 말했다. "그것에는 당연히 여론이란 게 있는 법이오." 좌우에 있던 사람이 유량의 발을 밟았으므로 유량도 여기서 그쳤다.(2)

원문| **王大將軍下. 庾公問, 聞卿有四友. 何者是. 答曰, 君家中郎, 我家太尉, 阿平, 胡毋彦國.**(1) **阿平故當最劣. 庾曰, 似未肯劣. 庾又問, 何者居其右. 王曰, 自有人. 又問. 何者是.**

王曰, 噫, 其自有公論. 左右躡庾公. 公乃止.(2)

(1) 《팔왕고사(八王故事)》에 이런 이야기가 있다. '호무보지(胡毋輔之)는 젊었을 때부터 인물의 아속기량(雅俗器量)을 꿰뚫어보는 식견을 가지고 있었으며, 왕징(王澄) · 유애(庾敳) · 왕돈(王敦) · 왕이보(王夷甫 : 王衍) 등 네 명을 친구로 삼고 있었다.' 그래서 지금 여기에서 이런 대답을 했던 것이다.

八王故事曰, 胡毋輔之少有雅俗鑒識, 與王澄, 庾敳, 王敦, 王夷甫爲四友. 今故答也.

(2) 왕돈(王敦)은 자기야말로 그들보다 뛰어나다고 생각하고 있었던 것이다.

敦自謂右者在己也.

주해 | ㅇ王大將軍下(왕대장군하)－왕돈(王敦)이 장강(長江)을 내려와 수도 건강(建康)을 제압했을 무렵, 조정의 실권은 왕돈 등 왕씨 일족에서 명제(明帝)의 외척(外戚)인 유량(庾亮)에게 옮겨졌다.

ㅇ君家中郎(군가중랑)－유씨(庾氏)는 영천(潁川) 출신으로서 유애(庾敳)의 아버지 유준(庾峻)은 유량의 조부 유순(庾純)과 형제간이다.

ㅇ我家太尉(아가태위) 阿平(아평)－태위 왕연(王衍)과 아평(阿平 : 王澄)은 형제간이다. 왕돈도 이 두 사람과 마찬가지로 낭야(琅邪) 출신인데 가계(家系)는 다르다.

ㅇ居其右(거기우)－그 중에서 뛰어나다. 고래로 중국에서는 우(右)를 존숭히 여기어 상위(上位)로 쳤다.

16. 어떤 사람이 승상(丞相 : 王導)에게 물었다. "주후(周侯 : 周顗)는 화교(和嶠)와 비하여 어떻습니까?" 대답했다. "장여(長輿 : 和嶠)는 높이 치솟아 있소."(1)

원문| **人問丞相, 周侯何如和嶠. 答曰, 長輿嵯櫱.**(1)

(1) 우예(虞預)의 《진서(晉書)》에 이런 이야기가 있다. '화교(和嶠)는 두텁게 스스로 수양하여 무리에서 탁월했다.'
虞預晉書曰, 嶠厚自封植, 嶷然不羣.

주해| ㅇ嵯櫱(차알)－차아(嵯峨)와 같다. 산이 뾰족하게 높이 치솟아 있는 모습.
ㅇ封植(봉식)－배양하여 뻗어나게 하는 것. 여기서는 몸을 수양하여 덕을 쌓는 것.

17. 명제(明帝 : 司馬紹)가 사곤(謝鯤)에게 물었다. "그대는 스스로 유량(庾亮)과 비교하여 어떻다고 생각하오?" 사곤이 대답했다. "예복을 단정하게 입고 조정에 나아가서 백관의 모범이 되는 점에서는 제가 유량을 따를 수 없습니다. 하오나 산언덕에 살며 골짜기에서 낚시질 하는 즐거움을 아는 점에서는 그보다 낫다고 생각합니다."(1)

원문| **明帝問謝鯤, 君自謂何如庾亮. 答曰, 端委廟堂, 使百僚準則, 臣不如亮. 一丘一壑, 自謂過之.**(1)

(1) 《진양추(晉陽秋)》에 이런 이야기가 있다. '사곤(謝鯤)은 왕돈(王敦)을 따라 장강(長江)을 내려와, 입조(入朝)하고 동궁에서 태자(太子 : 司馬昭)를 알현했으며 저녁때까지 이야기를 나누었다. 태자는 조용히 사곤에게 물었다. "논자(論者)는 그대를 유량(庾亮)과 비교합디다만 자신은 어느 쪽이 낫다고 생각하오?" 사곤이 대답했다. "종묘(宗廟)에 서서 백관을 이끄는 데 훌륭한 점에서는 제가 유량을 따르지 못합니다. 그러나 언덕과 골짜기에서 마음을

한가롭게 노니는 점에서는 제가 낫다고 생각합니다."'

등찬(鄧粲)의 《진기(晋紀)》에 이런 이야기가 있다. '사곤은 왕징(王澄) 등과 죽림(竹林) 사람들을 흠모하며, 관(冠)을 쓰지 아니하고 머리를 풀어 산발한 채 어깨를 드러내놓고 다리를 뻗고 앉았다. 그들을 팔달(八達)이라고 했다. 그래서 이웃집 아가씨가 그의 치아 두 개를 부러뜨리는 일이 있었고 세간에서는 이런 말이 유행되었다. "제멋대로 굴다가 유여(幼輿 : 사곤)는 마침내 치아가 부러졌다네." 사곤은 산수를 즐기는 마음과 세속을 초탈하는 취미가 있었는데 조정 사람들의 명망을 얻었다. 그리하여 당시에 유량으로 그와 비교했던 것이다.'

晉陽秋曰, 鯤隨王敦下, 入朝, 見太子於東宮, 語及夕. 太子從容問鯤曰, 論者以君方庾亮, 自謂孰愈. 對曰, 宗廟之美, 百官之富, 臣不如亮. 縱意丘壑, 自謂過之.

鄧粲晉紀曰, 鯤與王澄之徒, 慕竹林諸人, 散首披髮, 裸袒箕踞, 謂之八達. 故隣家之女, 折其兩齒. 世爲謠曰, 任達不已, 幼輿折齒. 鯤有勝情遠槩, 爲朝廷之望, 故時以庾亮方焉.

주해 | ㅇ端委(단위)－《좌전(左傳)》 소공(昭公) 원년조(元年條)에 '오여자변면단위(吾與子弁冕端委), 이치민임제후(以治民臨諸侯)'란 구절이 있고 그 두예주(杜預注)에 '단위예의야(端委禮衣也)'라고 하였다. 또 공영달(孔穎達)의 소(疏)에 인용한 복건(服虔)의 말에는 '예의단정무쇄(禮衣端正無殺), 고왈단(故曰端), 문덕지의상포장(文德之衣尙褒長), 고왈위(故曰委)'라고 되어 있다.

ㅇ廟堂(묘당)－조정. 옛날 천자(天子)가 정치에 관한 일을 종묘(宗廟)에서 조상의 영(靈)에게 고하고 조당(朝堂)에서 군신(群臣)들과 의논했으므로 이렇게 말한다.

ㅇ一丘一壑(일구일학)－세속을 떠나 자연 산수 속에서 지내며 즐기는 것을 가리킨다. 《한서(漢書)》 권100 〈서전(敍傳)〉 상(上)에 '어조우일학(漁釣于一壑) 즉만물불간기지(則萬物不干其志) 서지우일구(栖遲于一丘), 즉

천하불역기락(則天下不易其樂)'이라고 되어 있는 구절에 근거한다.

ㅇ宗廟之美(종묘지미), 百官之富(백관지부)－《논어(論語)》〈자장편(子張篇)〉에 있는 말.

ㅇ裸袒(나단)－옷을 벗고 어깨를 드러내는 것.

ㅇ箕距(기거)－양 발을 벌리고 키 모양으로 벌리고 앉는 것.

ㅇ八達(팔달)－《집성현군보록(集聖賢群輔錄)》 하(下)에는 진(晋) 중조(中朝)의 팔달로서, 동창(董昶), 완첨(阮瞻), 왕징(王澄), 유애(庾敳), 사곤(謝鯤), 호무보지(胡毋輔之), 우법룡(于法龍), 광일(光逸) 등 8명을 들고 있다. 또, 《진서(晋書)》 권49 〈광일전(光逸傳)〉에 의하면 호무보지, 사곤, 완방(阮放), 필탁(畢卓), 양만(羊曼), 환이(桓彝), 완부(阮孚), 광일 등 8명을 당시 사람들이 팔달이라고 불렀다고 한다.

ㅇ故隣家之女云云(고인가지녀운운)－〈상예편(賞譽篇)〉 97의 유주(劉注)에서 인용한 《강좌명사전(江左名士傳)》 참조.

18. 왕승상(王丞相 : 王導)의 두 동생은 강남으로 건너가지 아니했다. 이들을 왕영(王穎)·왕창(王敞)이라고 한다. 당시 사람들은 왕영을 등백도(鄧伯道 : 鄧攸)에게 비교하고, 왕창을 온충무(溫忠武 : 溫嶠)에게 비교했다. 왕영은 의랑(議郎), 왕창은 좨주(祭酒)였다.(1)

▌원문 | 王丞相二弟不過江. 曰穎, 曰敞. 時論以穎比鄧伯道, 敞比溫忠武. 議郎, 祭酒者也.(1)

(1) 《왕씨보(王氏譜)》에 이런 이야기가 있다. '왕영(王穎)의 자는 무영(茂英)이고 벼슬은 의랑(議郎)에 이르렀는데 나이 20세 때 죽었다. 왕창(王敞)의 자는 무평(茂平)이며 승상(丞相 : 王導)이 좨주(祭酒)로 불렀으나 취임하지 않았다. 당읍공(堂邑公)의 작위(爵位)를 이어받았고 나이 22세에 죽었다.'

王氏譜曰, 穎字茂英, 位至議郎, 年二十卒. 敞字茂平, 丞相祭

酒, 不就. 襲爵堂邑公, 年二十有二而卒.

주해 | ㅇ時論(시론)－《진서(晋書)》 권65 〈왕도전(王導傳)〉에서는 《세설신어》의 이 기록과는 반대로 시인(時人)이 왕영(王穎)을 온교(溫嶠)에, 왕창(王敞)을 등유(鄧攸)에 비교했다고 했다.

ㅇ溫忠武(온충무)－송본(宋本)에서는 충(忠)을 중(仲)으로 적고 있는데 여기서는 원본(袁本)에 따랐다. 충무(忠武)는 온교의 시호이다.

19. 명제(明帝 : 司馬紹)가 주후(周侯 : 周顗)에게 물었다. "세상의 논자들은 그대와 치감(郗鑒)을 비교합디다만 어떠하오?" 주후가 말했다. "폐하, 저를 끌어다가 비교하는 말은 하지 마옵소서."(1)

원문 | 明帝問周侯, 論者以卿比郗鑒, 云何. 周曰, 陛下, 不須牽顗比.(1)

(1) 생각하건대 주의(周顗)가 죽고 나서 해를 넘긴 후에야 명제가 비로소 즉위했으므로 《세설신어》의 이 이야기는 잘못이다.
案, 顗死彌年, 明帝乃卽位. 世說此言妄矣.

주해 | ㅇ案云云(안운운)－영창(永昌) 원년(元年 : 322) 3월, 주의(周顗)는 왕돈(王敦)에게 죽음을 당했고, 같은 해 겨울에 명제가 즉위했으므로 주의가 폐하라고 부르고 있는 것은 모순이다. 그래서 '세설차언망의(世說此言妄矣)'라고 한 것이다.

20. 왕승상(王丞相 : 王導)이 말했다. "요즘 세상의 평판으로는 나를 안기(安期 : 王承)·천리(千里 : 阮瞻)에 비교하고, 또 이 두 사람을 칭송하고 있다. 단 모두들 태위(太尉 : 王衍)도 칭송하고 있으므로,

이 두 사람은 특히 빼어나다고 생각된다."[1]

▌원문▏ 王丞相云, 頃下論, 以我比安期, 千里, 亦推此二人. 唯共推太尉. 此君特秀.[1]

(1) 《진제공찬(晋諸公贊)》에 이런 이야기가 있다. '이보(夷甫 : 王衍)의 성격은 자긍심이 높았으며 젊어서부터 동료들에게 칭송되었다.'
晉諸公贊曰, 夷甫性矜峻, 少爲同志所推.

▌주해▏ ㅇ王丞相云(왕승상운)－이 이야기의 내용은 주어(主語)가 확실치 않은 점도 있어서, 어쩌면 오탈(誤脫)일 것으로 생각된다.

21. 송위(宋禕)는 일찍이 왕대장군(王大將軍 : 王敦)의 첩이었는데 후일 사진서(謝鎭西 : 謝尙)에게 속하게 되었다. 사진서가 송위에게 물었다. "나를 왕돈과 비교하면 어떠한가?" 송위가 대답했다. "왕돈 나리를 나리와 비교하면 시골뜨기와 귀인이지요." 사진서가 미남이었기 때문이다.[1]

▌원문▏ 宋禕曾爲王大將軍妾, 後屬謝鎭西. 鎭西問禕, 我何如王. 答曰, 王比使君, 田舍貴人耳. 鎭西妖冶故也.[1]

(1) 송위(宋禕)에 대해서는 미상(未詳).
未詳宋禕.

▌주해▏ ㅇ使君(사군)－태수(太守)를 부군(府君)이라고 부르는 데 대하여 자사(刺史)를 사군(使君)이라고 존칭했다. 사상(謝尙)은 예주자사(預州刺史)를 역임했으므로 이렇게 부른 것이리라.
ㅇ未詳宋禕(미상송위)－《예문유취(藝文類聚)》 권44(笛)에 '속설에 말했

다. 송위는 석숭(石崇)의 기생 녹주(綠珠)의 제자이다. 국색(國色)이었으며 적(笛)을 잘 불었다. 후일 진(晋) 명제(明帝)의 궁(宮)에 있었다. 명제가 질환으로 위독해지자 군신들이 간언하기를 송위를 내보내라고 했다. 때에 조신(朝臣)들은 조용히 보고만 있었다. 명제가 말했다. "경들 가운데 데려갈 사람이 없는고?" 군신들은 말이 없었다. 완요집(阮遙集)에는 당시 이부상서(吏部尙書)가 대답하기를 "바라옵건대 신에게 내리소서."라고 했다. 그리하여 곧 내렸다'고 되어 있다. 《초학기(初學記)》 권16(笛)과 육구몽(陸龜夢)의 《소명록(小名錄)》 권상(卷上)에도 석숭의 애비(愛婢) 녹주의 제자, 송위의 이름이 보인다. 한편 녹주에 대해서는 〈구극편(仇隙篇)〉 1을 참조.

22. 명제(明帝 : 司馬紹)가 주백인(周伯仁 : 周顗)에게 물었다. "그대는 자신을 유원규(庾元規 : 庾亮)에 비하여 어떻다고 생각하는가?" 대답했다. "세속을 떠나 한적하게 조용히 사는 점에서는 저를 유량이 따르지 못합니다. 그러나 조정에서 일을 유유히 처리하는 점에서는 제가 유량을 따르지 못합니다."(1)

원문| 明帝問周伯仁, 卿自謂何如庾元規. 對曰, 蕭條方外, 亮不如臣. 從容廊廟, 臣不如亮.(1)

(1) 생각하건대 여러 책에서 모두 사곤(謝鯤)을 유량(庾亮)에 비교하고는 있지만 주의(周顗)에 대한 기록은 없다.
案, 諸書皆以謝鯤比亮, 不聞周顗.

주해| ㅇ蕭條(소조)－조용하게 생활하는 것.
ㅇ案(안)－〈품조편(品藻篇)〉 17 참조.

23. 왕승상(王丞相 : 王導)은 왕남전(王藍田 : 王述)을 불러 연(掾)

으로 삼았다. 유공(庾公 : 庾亮)이 승상에게 물었다. "왕남전은 어떤 인물입니까?" 왕승상이 대답했다. "진솔하고 자기를 지키며, 간소하고 고귀하다는 점에서는 그 부조(父祖)에 뒤지지 않소이다. 그러나 넓은 마음으로 사물에 구애되지 않는다는 점에서는 따르지 못하오."(1)

원문| **王丞相辟王藍田爲掾. 庾公問丞相, 藍田何似. 王曰, 眞獨簡貴, 不減父祖. 然曠澹處, 故當不如爾.**(1)

(1) 왕술(王述)이 꼿꼿하고 협량(狹量)이었기 때문이다.
王述狷隘故也.

주해| ㅇ藍田何似(남전하사)－왕술(王述)의 인품에 대해서는 〈상예편(賞譽篇)〉 62의 유주(劉注)에서 인용한《진양추(晋陽秋)》참조.
ㅇ父祖(부조)－왕술의 아버지는 왕승(王承), 조부는 왕담(王湛)이다.
ㅇ然曠澹處(연광담처)－송본(宋本)에는 '광연담처(曠然澹處)'로 적고 있는데 여기서는 원본(袁本)을 따랐다.《진서(晋書)》권75 〈왕술전(王述傳)〉에는 '단광담미불급이(但曠淡微不及耳)'로 되어 있다.

24. 변망지(卞望之 : 卞壼)가 말했다. "치공(郗公 : 郗愔)의 몸에는 세 가지 모순이 있다. 윗사람을 섬기는 것은 방정(方正)한데 아랫사람이 자기에게 아첨하는 것을 좋아한다. 첫 번째 모순이다. 몸을 청결하고 바르게 가지는 데 너무나 계산적이다. 두 번째 모순이다. 자기는 독서하기를 좋아하면서 남이 학문하는 것을 미워한다. 세 번째 모순이다."(1)

원문| **卞望之云, 郗公體中有三反. 方於事上, 好下佞己. 一反. 治身清貞, 大脩計校. 二反. 自好讀書, 憎人學問. 三反.**(1)

(1) 생각하건대 태위(太尉) 유식(劉寔)이 왕숙(王肅)을 논하여 '손윗사람을 섬기는 것은 방정한데 손아랫사람이 자기에게 아첨하는 것을 좋아한다. 그 성격은 영달(英達)을 좋아하지만 구차하게 영합하려고 하지 않았다. 그 처신법은 더럽지 아니했으나 재물을 너무 아까워했다'고 말했다. 왕숙·치음(郗愔)의 지향(志向)과 성품이 어쩌면 이렇게 비슷했을까?

按, 太尉劉寔論王肅, 方於事上, 好下佞己, 性嗜榮貴, 不求苟合, 治身不穢, 尤惜財物. 王郗志性, 儻亦同乎.

주해| ㅇ郗公(치공)－본편 29 주(注)를 참조.

ㅇ劉寔(유식)－송본(宋本)에서는 식(寔)을 보(寶)로 적고 있는데 여기서는 원본(袁本)을 따랐다. 유식은 동진(東晋) 평원(平原) 고당(高唐) 사람으로 벼슬은 사공(司空)·태보(太保)·태부(太傅)에 이르렀으며 《춘추조례(春秋條例)》 20권의 저서가 있었다. 전(傳)은 《진서(晋書)》 권41. 여기에 인용한 왕숙평(王肅平)은 《삼국지(三國志)》 권13 〈왕숙전(王肅傳)〉 배주(裵注)에 보인다.

ㅇ王肅(왕숙)－자는 자옹(子雍)이고 위(魏)나라 사공(司空) 왕랑(王朗)의 아들이며 중령군(中領軍)·산기상시(散騎常侍)에 이르렀다. 수많은 경서(經書)에 주(注)를 썼는데 《공자가어(孔子家語)》는 그의 위작(僞作)에 의한 것이라고 한다. 전(傳)은 《삼국지》 권13에 있다.

25. 세상에서는 온태진(溫太眞 : 溫嶠)은 동진(東晋)이 된 다음 제이류(第二流)의 상위(上位)에 속하는 인물이라는 평을 하고 있었다. 당시의 명사들이 함께 인물평을 할 때, 그 제일류 사람들의 이름을 거의 다 댈 즈음이 되면 온교는 언제나 안색이 변했다.(1)

원문| **世論溫太眞, 是過江第二流之高者. 時名輩共說人物, 第一將盡之閒, 溫常失色.**(1)

(1) 《온씨보(溫氏譜)》 서(序)에 이런 이야기가 있다. '진(晋)나라 대부 각지(郤至)가 온(溫) 땅에 봉해졌는데 자손들은 이 지명을 성(姓)으로 삼았다. 태원(太原)의 기현(祁縣)에 살았으며 태원군(太原郡)의 명족(名族)이 되었다.'

溫氏譜序曰, 晉大夫郤至封於溫, 子孫因氏. 居太原祁縣, 爲郡著姓.

주해 | ㅇ溫(온)-《통지(痛志)》 권27 〈씨족략(氏族略)〉에는 '온씨는 희성(姬姓)이며 당숙우(唐叔虞)의 후손이다. 진(晋)나라 각지(郤至)가 온(溫) 땅의 태부가 되었고 호를 온계(溫季)라 하였다. 이로서 성씨로 삼았다'라고 되어 있다. 진(晋)은 춘추시대의 진(晋)이다.

26. 왕승상(王丞相 : 王導)이 말했다. "사인조(謝仁祖 : 謝尙)를 만나면 언제나 사람을 계발향상(啓發向上)시켜주는데 하차도(何次道 : 何充)와 이야기를 하면 다만 손을 들어 땅바닥을 가리키며 '실로 그러하오'라고 말할 뿐이다."

원문 | **王丞相云, 見謝仁祖, 恆令人得上. 與何次道語, 唯擧手指地曰, 正自爾馨.**(1)

(1) 전편(前篇) 및 제서(諸書)에는 모두 왕공(王公 : 王導)이 하충(何充)을 중시하며, 틀림없이 자기 대신 재상(宰相)에 오르도록 하려고 생각했었다고 기록하고 있다. 그러나 이 글 속의, 손으로 땅바닥을 가리킨다고 한 기록은 다소 경멸하는 의미가 담겨져 있는 것 같다. 어쩌면 청담(淸談)의 논리란 점에서 하충이 사상(謝尙)에 미치지 못했기 때문일까?

前篇及諸書皆云, 王公重何充, 謂必代己相. 而此章以手指地, 意如輕詆. 或淸言析理, 何不逮謝故邪.

주해 ㅇ爾馨(이형)－형(馨)은 육조(六朝) 때의 어사(語辭). 그 용례(用例)가 〈문학편(文學篇)〉 22, 33, 〈분견편(忿狷篇)〉 3에도 보인다.
ㅇ前篇(전편)－〈상예편(賞譽篇)〉 59, 60.

27. 하차도(何次道 : 何充)가 재상으로 있을 때 그가 신임하는 인물은(그가 등용한 인물은) (그 지위에) 적합하지 않다고 비난하는 사람이 있었다.(1) 완사광(阮思曠 : 阮裕)이 개탄하며 말했다. "하차도가 실로 그런 짓을 했을 리 없소. 다만 그는 낮은 신분에서 일약 재상의 자리에 올랐소. 유감스런 일이라면 단지 이 일뿐이오."(2)

원문 **何次道爲宰相, 人有譏其信任不得其人.(1) 阮思曠慨然曰, 次道自不至此. 但布衣超居宰相之位. 可恨, 唯此一條而已.(2)**

(1) 《진양추(晋陽秋)》에 이런 이야기가 있다. '하충(何充)이 친하게 지내던 자들이 범용(凡庸)한 무리였기 때문에 명성이 손상되었던 것이다.'
晉陽秋曰, 充所昵庸雜, 以此損名.

(2) 《어림(語林)》에 이런 이야기가 있다. '완광록(阮光祿 : 阮裕)은 하차도(何次道 : 何充)가 재상에 올랐다는 말을 듣고 탄식하며 말했다. "나는 도대체 어디서 살아가야 좋단 말인가?"' 이 말에 의하면 완유(阮裕)는 하충을 재상이 될 만한 인물로 인정하지 않고 있는 것이다. 이 두 가지 이야기는 잘 부합된다.
語林曰, 阮光祿聞何次道爲宰相, 歎曰, 我當何處生活. 此則阮未許何爲鼎輔. 二說便相符也.

주해 ㅇ爲宰相(위재상)－하충(何充)은 왕도(王導)의 처형의 아들이며 또 그의 아내는 명목황후(明穆皇后)의 여동생이었으므로 젊었을 때부터 상당한 현관(顯官)을 역임했는데 왕도·유량(庾亮)의 천거로 이부상서(吏部尙書)가 되었고, 왕도가 죽은 후에는 상서사(尙書事)에서 상서령으로 옮겼다. 여기서 '위재상(爲宰相)'이라고 한 것은 상서령이 된 것을 가리킴이리라(《晋書》 권77 〈하충전〉).

ㅇ所昵庸雜(소닐용잡)－《진서(晋書)》 권77 본전(本傳)에는 '무릇 선용(選用)함에 있어 모두 공신(功臣)으로 먼저 하고 사은(私恩)으로 친척을 세우지 아니했다. 논(論)하는 자는 이를 중시하였다. 그러나 친근한 자를 마구 써서 사람들로부터 쓰임을 얻지 못하였다……'라고 되어 있다. 신분이 다소 낮으므로 주위에 인재를 모을 수가 없었을 것이리라.

28. 왕우군(王右軍 : 王羲之)이 젊었을 때 승상(丞相 : 王導)이 말했다. "일소(逸少 : 王羲之)는 어찌하여 또한 만안(萬安 : 劉綏)에게 뒤지겠는가?"(1)

▌원문| **王右軍少時, 丞相云, 逸少何緣復減萬安邪.**(1)

(1) 유수(劉綏)는 앞에서 나왔다.
劉綏已見.

▌주해| ㅇ已見(이견)－〈상예편(賞譽篇)〉 64.

29. 치사공(郗司空 : 郗愔)의 집에 북방 출신의 하인이 있었는데 문장을 이해할 수 있었고 만사에 의견을 가지고 있었다. 왕우군(王右軍 : 王羲之)이 유윤(劉尹 : 劉惔)에게 이 사나이를 칭찬하자 유윤이 물었다. "방회(方回 : 郗愔)에 비하면 어떠하오?"(1) 왕우군이 말했다. "이 사나이는 신분이 낮건만 의견을 가지고 있을 뿐이오. 어찌 방회

에게 직접 비교할 수 있겠소?" 유윤은 말했다. "만약 방회에 미치지 못한다면 역시 보통의 하인에 지나지 않소이다."

원문| 郗司空家有傖奴. 知及文章, 事事有意. 王右軍向劉尹稱之. 劉問, 何如方向.(1) 王曰, 此正小人有意向耳, 何得便比方回. 劉曰, 若不如方回, 故是常奴耳.

(1) 《치음별전(郗愔別傳)》에 이런 말이 있다. '치음의 자는 방회(方回)이고 고평(高平) 금향(金鄕) 사람이며 태재(太宰) 치감(郗鑒)의 장남이다. 침착하고 순박하며 고집스럽지도 않고 다툼도 없었다. 개인적인 친분관계를 줄여, 남과 교제하는 일이 드물었다. 회계내사(會稽內史)·시중(侍中)·사도(司徒)를 역임했다.'
郗愔別傳曰, 愔字方回, 高平金鄕人, 太宰鑒長子也. 淵端純素, 無執無競, 簡私暱, 罕交遊. 歷會稽內史, 侍中, 司徒.

주해| ㅇ傖奴(창노)－〈아량편(雅量篇)〉 18의 유주(劉注)에 인용한《진양추(晋陽秋)》에는 '오인(吳人)이 중주(中州) 사람을 가리켜 창(傖)이라고 한다'라 되어 있는데 이 창노란 말도 북방 출신의 하인을 가리키는 것일까?

ㅇ太宰(태재)－진(晋)나라 초, 경제(景帝 : 司馬師)의 휘(諱)를 피하여《주례(周禮)》에 있는 삼공(三公 : 太師·太傅·太保)의 하나인 태사(太師)를 고쳐 태재(太宰)라고 불렀다. 이 삼공은 위진남북조시대, 천자를 보좌하는 인신(人臣) 중 최고위(最高位)－삼공(三公 : 太尉·司徒·司空) 위에 놓여진 임시직이었는데 그 대부분은 증관(贈官)으로 주어졌다.

ㅇ淵端(연단)－원본(袁本)에는 '연정(淵靖)'으로 적고 있다.

ㅇ無執無競(무집무경)－《시경(詩經)》〈주송(周頌)〉 '집경(執競)'에 '집경무왕(執競武王), 무경유렬(無競維烈)'이라고 되어 있는데 여기서 무(無)는 의미를 강조하는 조어(助語)로서 굳이 하지 않는다는 뜻. 어쩌면 사물에 고집하지 않고 남과 다투지 않는다는 뜻일까?

ㅇ簡私暱(간사닐) 罕交遊(한교유)－이 6글자를 송본(宋本)에서는 '간닐교유(簡暱交遊)'로 적고 있다. 사닐(私暱)은 개인적으로 특별히 친애하는 것. 일(暱)은 근(近)의 뜻.

ㅇ司徒(사도)－《진서(晋書)》 권67의 〈치음전(郗愔傳)〉에는 사도 취임에 대한 기록이 없고, '시중(侍中)·사공(司空)을 추증하다'라고만 되어 있다. 본문에 '치사공(郗司空)'이라 되어 있기도 하니 아마도 사도(司徒)는 사공(司空)의 오기(誤記)인 듯하다.

30. 당시 사람들이 완사광(阮思曠 : 阮裕)에 대해서 말했다. "기골(氣骨)은 왕우군(王右軍 : 王羲之)에 미치지 못하고, 간결하게 빼어남은 진장(眞長 : 劉惔)에 미치지 못하며, 돋보이게 온아함은 중조(仲祖 : 王濛)에 미치지 못하고, 생각함의 치밀함은 연원(淵源 : 殷浩)에 미치지 못한다. 그러나 이 사람들의 장점을 모두 겸비(兼備)하고 있다."(1)

▌원문│ 時人道阮思曠, 骨氣不及右軍, 簡秀不如眞長, 韶潤不如仲祖, 思致不如淵源. 而兼有諸人之美.(1)

(1) 《중흥서(中興書)》에 이런 이야기가 있다. '완유(阮裕)는, 사람은 널리 배울 필요가 없고 정작 마땅히 예의와 겸양을 으뜸으로 삼아야 한다고 생각했다. 그래서 온종일 누워 있으면서 몸을 다스리는 바가 없었으나 사람들은 여전히 그를 존중했다.'

中興書曰, 裕以人不須廣學, 正應以禮讓爲先. 故終日頹然, 無所修綜, 而物自宗之.

▌주해│ ㅇ終日頹然(종일퇴연)－《진서(晋書)》 권49 〈완유전(阮裕傳)〉에는 '종일정묵(終日靜默)하고 수종(脩綜)하는 바가 없었다'라고 했으며 또 '종일감상(終日酣觴)'이라고도 했다.

31. 간문제(簡文帝 : 司馬昱)는 말했다. "하평숙(何平叔 : 何晏)은 교묘함이 지나쳐서 이(理)에 누가 되고, 혜숙야(嵇叔夜 : 嵇康)는 재기(才氣)가 넘치어 도(道)를 상하게 한다."(1)

원문| 簡文云, 何平叔巧累於理, 嵇叔夜儁傷其道.(1)

(1) 이(理)란 본디 진솔한 것이다. 지나치게 교묘하면 그 취지에 어긋난다. 도(道)란 본디 허담(虛淡)한 것인데, 지나치게 재기가 넘치면 그 본지(本旨)에 어긋난다. 이것이 두 사람이 면할 수 없는 약점이다.

理本眞率, 巧則乖其致. 道唯虛澹, 儁則違其宗. 所以二子不免也.

32. 당시 사람들이 모여서 진(晋) 무제(武帝)가 제왕(齊王 : 司馬攸)을 밖으로 내보낸 것과 혜제(惠帝 : 司馬衷)를 세운 것은 어느 쪽이 더 심한 실책이었는지를 논했다.(1) 대부분의 사람들은 혜제를 세운 것이 더 중대한 실책이었다고 했는데 환온(桓溫)은 말했다. "그렇지 않소. 아들에게 부업(父業)을 잇도록 하고, 동생에게 집안의 제사를 받들게 한 것인즉 무슨 잘못이 있단 말이오?"(2)

원문| 時人共論晉武帝出齊王之與立惠帝, 其失孰多.(1) 多謂, 立惠帝爲重. 桓溫曰, 不然. 使子繼父業, 弟承家祀, 有何不可.(2)

(1) 《진양추(晋陽秋)》에 이런 이야기가 있다. '제왕(齊王) 사마유(司馬攸)의 자는 대유(大猷)이며 문제(文帝 : 司馬昭)의 둘째 아들이다. 효경(孝敬) 충성스럽고, 청아·공평했으며, 현인(賢人)에게 친절히 대하고 선비에게 겸양하며, 어질고 은혜로워 베풀기를 좋아

했다. 문장을 잘 지었고 서간문에 뛰어났다. 처음에 순욱(荀勗)과 풍담(馮紞)은 무제(武帝)의 신임을 얻고 있었는데 사마유는 순욱이 아첨하는 것을 미워했다. 순욱은 사마유가 황제의 자리를 잇게 되면 틀림없이 자기를 죽일 것이라며 두려워했다. 더구나 사마유는 굉장히 중망(衆望)을 얻고 있었으며, 조정의 제현(諸賢)들도 모두 그에게 추종하고 있었다. 때마침 황제가 병이 들자, 사마유와 태자가 입궐하여 문병했다. 조정의 인사들은 모두 사마유를 주목하며 태자는 돌아보지 아니했다. 그러자 순욱이 조용히 아뢰었다. "폐하께 만일의 경우가 있을 경우 태자마마께서는 제위에 오르지 못할 것입니다." "그건 무슨 이유요?" 황제가 묻자 순욱이 대답했다. "안팎의 백관들 모두가 제왕(齊王)에게 마음을 두고 있기 때문에 태자마마께서는 도저히 제위에 못 오르십니다. 폐하, 시험삼아 조서를 내리시어 제왕을 그 나라로 돌아가게 해보십시오. 틀림없이 온 조정이 들고일어나서 반대할 것입니다. 만약 그대로 된다면 제가 드린 말씀이 증명되는 것입니다." 시중인 풍담도 아뢰었다. "폐하, 제후(諸侯)들을 꼭 5등으로 나누어 봉하시려면 마땅히 가까운 친족부터 하여야 합니다. 가까운 친족이라면 제왕을 따를 분이 없습니다." 황제는 그 말에 따랐다. 그리고 조서를 내리어 사마유는 귀국하라고 하였다. 사마유는 순욱과 풍담이 자기를 모함했다는 말을 듣자 근심하고 분노하여 어찌할 바를 몰랐다. 입궐하여 작별을 고하고 나오자 피를 토하고 죽었다. 황제는 그의 죽음을 한탄하고 슬퍼했다. 풍담이 옆에 모시고 있다가 말했다. "제왕은 명성이 그 실체를 상회하여 천하 사람들의 마음이 그에게 쏠려 있었던 것입니다. 이번에 세상을 떠난 일에 대하여 폐하께서는 어찌 그렇게도 슬퍼하시는 것입니까?" 그래서 황제는 애통해함을 멈추었다. 유의(劉毅)는 그 말을 듣고 일부러 병을 핑계대며 벼슬하지 않았다.'

晉陽秋曰, 齊王攸, 字大猷, 文帝第二子. 孝敬忠肅, 淸和平允,

親賢下士, 仁惠好施. 能屬文, 善尺牘. 初, 荀勗, 馮紞爲武帝親幸, 攸惡勗之佞. 勗懼攸或嗣立, 必誅己. 且攸甚得衆心, 朝賢景附. 會帝有疾, 攸及皇太子入問訊. 朝士皆屬目於攸, 而不在太子. 至是勗從容曰, 陛下萬年後, 太子不得立也. 帝曰, 何故. 勗曰, 百寮內外, 皆歸心於齊王, 太子安得立乎. 陛下試詔齊王歸國, 必擧朝謂之不可. 若然, 則臣言徵矣. 侍中馮紞又曰, 陛下必欲建諸侯, 成五等, 宜從親始, 親莫若齊王. 帝從之. 於是下詔, 使攸之國. 攸聞勗紞閒己, 憂忿不知所爲. 入辭, 出, 歐血薨. 帝哭之慟. 馮紞侍曰, 齊王名過其實, 而天下歸之. 今自薨殞, 陛下何哀之甚. 帝乃止. 劉毅聞之, 故終身稱疾焉.

(2) 무제(武帝)가 화란(禍亂)을 야기하여 중원(中原)을 망하게 한 것은 실로 여기에 있었다. 세상에서는 비천한 자들까지도 이 일을 모두 알고 있었는데 하물며 선무(宣武 : 桓溫)와 같이 뛰어난 준재(俊才)임에랴. 이 이야기는 잘못된 것이다.

武帝兆禍亂, 覆神州, 在斯而已. 輿隷且知其若此, 況宣武之弘儁乎. 此言非也.

주해 | ㅇ使子繼父業(사자계부업), 弟承家祀(제승가사)－태자 사마충(司馬衷)은 무제의 아들이고, 제왕(齊王) 사마유(司馬攸)는 무제의 동생이었으므로 이렇게 표현했다.

ㅇ字大猷(자대유), 文帝第二子(문제제이자)－《태평어람(太平御覽)》 권412에서 인용한 장영서(臧榮緖)의 《진서(晋書)》에는 '제헌왕유(齊獻王攸) 자문유(字文猷), 진문소자(晋文少子)'라고 되어 있다.

ㅇ成五等(성오등)－종래 서진(西晋)에서는 제왕(諸王)을 봉왕(封王)한 임지(任地)와 봉국(封國)이 일치하지 않았는데 이것을 시정하기 위해 함녕(咸寧) 3년(277) 봉국이 큰 제왕을 5등으로 나누는 봉왕제가 시행되어 그 일치가 지향되었다. 그리고 제왕은 차례대로 봉국에 돌아가 그 방면의 수호를 위한 장군직을 겸임하여 서진(西晉) 왕조의 번병(藩屛)

이 되도록 배속되었다. 제왕 유가 귀국하는 문제의 배경에는 이러한 사실이 있다. 그러나 그 결과 제왕(諸王)이 봉국에서 군사력을 장악하게 되었고 '팔왕(八王)의 난'을 일으키는 원인이 되었다.

ㅇ劉毅(유의)－서진(西晋)의 상서복야(尙書僕射)에 이르렀으며 강직한 성격과 구품관인법(九品官人法)의 폐해를 설명했던 것으로 유명한 인물. ㅇ輿隷(여예)－비천한 신분인 사람.

33. 어떤 사람이 은연원(殷淵源 : 殷浩)에게 물었다. "당대의 왕공(王公)들은 당신을 배숙도(裵叔道 : 裵遐)에게 비교하는데 어떻게 생각하시오?" 은호가 대답했다. "그것은 틀림없이 (우리 두 사람이) 유현(幽玄)한 경지에 이르렀기 때문일 것이오."(1)

원문| 人問殷淵源, 當世王公以卿比裴叔道, 云何. 殷曰, 故當以識通暗處.(1)

(1) 배하(裵遐)와 은호(殷浩)는 모두 청담(淸談)을 잘했다.
遐與浩並能淸言.

34. 무군(撫軍 : 司馬昱)이 은호(殷浩)에게 물었다. "과연 그대는 배일민(裵逸民 : 裵頠)과 견줄 때 어떠하오?" 잠시 후에 대답했다. "물론 (제가) 낫지요."

원문| 撫軍問殷浩, 卿定何如裴逸民. 良久答曰, 故當勝耳.

35. 환공(桓公 : 桓溫)은 젊었을 때부터 은후(殷侯 : 殷浩)와 명성을

나란히 하며 항상 경쟁심을 가지고 있었다. 환공이 은후에게 물었다. "그대와 나를 견주어보면 어떠하오?" 은후가 대답했다. "나와 나는 오랫동안 함께 있었으니 (계속해서) 나로 있겠소이다."

원문| **桓公少與殷侯齊名, 常有競心. 桓問殷, 卿何如我. 殷云, 我與我周旋久. 寧作我.**

주해| ○我與我周旋久(아여아주선구)-《진서(晋書)》 권77 〈은호전(殷浩傳)〉에는 '아여군주선구(我與君周旋久)'로 되어 있다.

36. 무군(撫軍 : 司馬昱)이 손흥공(孫興公 : 孫綽)에게 물었다. "유진장(劉眞長 : 劉惔)은 어떠하오?" "시원스럽고 고매합니다." "왕중조(王仲祖 : 王濛)는 어떠하오?" "온아하고 유순하며 차분하고 온화합니다."(1) "환온(桓溫)은 어떠하오?" "고명하고 호방하며 고매하고 출중합니다." "사인조(謝仁祖 : 謝尙)는 어떠하오?" "청아하고 훌륭하며 활달합니다." "완사광(阮思曠 : 阮裕)은 어떠하오?" "도량이 넓고 유순하며 통달하고 활달합니다." "원양(袁羊 : 袁喬)은 어떠하오?" "물에 씻은 듯이 청아하며 신속합니다." "은홍원(殷洪遠 : 殷融)은 어떠하오?" "멀리 세속을 떠난 마음가짐을 가지고 있습니다." "그대 자신은 어떻다고 생각하오?" "제 재능으로 할 수 있는 바는 모두 이 사람들에게 미치지 못합니다. 시대의 급선무(急先務)를 헤아리고 대를 통찰하여 파악하는 점 또한 멀리 미치지 못합니다. 그러나 재주가 없기는 하지만 때때로 현원(玄遠)한 경지에 마음을 의탁하고 《노자(老子)》와 《장자(莊子)》를 읊으며 한적한 심사(心思)를 고원하게 실은 채, 세상에 마음을 두지 않는, 그런 점에서는 누구에게도 양보할 수 없노라고 스스로 생각하고 있습니다."

▌원문▏ 撫軍問孫興公, 劉眞長何如. 曰, 淸蔚簡令. 王仲祖何如. 曰, 溫潤恬和.[1] 桓溫何如. 曰, 高爽邁出. 謝仁祖何如. 曰, 淸易令達. 阮思曠何如. 曰, 弘潤通長. 袁羊何如. 曰, 洮洮淸便. 殷洪遠何如. 曰, 遠有致思. 卿自謂何如. 曰, 下官才能所經, 悉不如諸賢. 至於斟酌時宜, 籠罩當世, 亦多所不及. 然以不才, 時復託懷玄勝, 遠詠老莊, 蕭條高寄, 不與時務經懷, 自謂此心無所與讓也.

(1) 서광(徐廣)의 《진기(晋紀)》에 이런 이야기가 있다. '대저 풍류를 말하는 사람은 왕몽(王濛)·유담(劉惔)의 이름을 들며 제일인자라고 했다.'
徐廣晉紀曰, 凡稱風流者, 皆擧王劉爲宗焉.

37. 환대사마(桓大司馬 : 桓溫)가 도읍 건강(建康)에 쳐들어갔을 때, 진장(眞長 : 劉惔)이 물었다. "회계왕(會稽王 : 司馬昱)의 담론이 아주 우수하다고 하던데 어떻게 생각하오?"[1] 유담이 대답했다. "아주 우수합니다. 그러나 본디 그는 제이류(第二流)의 인물에 지나지 않습니다." 환온은 말했다. "그렇다면 제일류(第一流)는 도대체 누구란 말이오?" 유담이 말했다. "다름 아닌 우리들이지요."

▌원문▏ 桓大司馬下都, 問眞長曰, 聞會稽王語奇進, 爾邪.[1] 劉曰, 極進. 然故是第二流中人耳. 桓曰, 第一流復是誰. 劉曰, 正是我輩耳.

(1) 《환온별전(桓溫別傳)》에 이런 이야기가 있다. '태화(太和) 6년(371) 환온(桓溫)은 구도(舊都)를 회복하고 중원을 평정했으므로

도독중외제군사(都督中外諸軍事)・시중(侍中)・대사마(大司馬)에 승진되었고 황월(黃鉞)이 주어졌으며 조정에 참여하라는 명령을 받았다.'

桓溫別傳曰, 興寧九年, 以溫克復舊京, 肅靜華夏, 進都督中外諸軍事, 侍中, 大司馬, 加黃鉞, 使入參朝政.

주해 ㅇ桓大司馬下都(환대사마하도)－함안(咸安) 원년(371) 환온은 도읍 건강(建康)에 들어가, 폐제(廢帝 : 司馬奕)를 폐하여 해서공(海西公)으로 삼고, 회계왕 사마욱(司馬昱)을 세웠다.

ㅇ黃鉞(황월)－황금도끼로서, 천자가 정벌(征伐)할 때 사용한다. 가황월(加黃鉞)이란 천자 대신 서방(西方) 정벌의 임무를 받게 된 것을 의미한다.

38. 은후(殷侯 : 殷浩)가 면관(免官)되어 서민이 되었을 때, 환공(桓公 : 桓溫)이 사람들에게 말했다. "어렸을 때 연원(淵源 : 殷浩)과 함께 죽마(竹馬)를 타고 좋았는데, 내가 놀다가 (죽마를) 버리면 언제나 그것을 주워서 타곤 했었지. 내 앞에서 머리가 올라가지 못하는 것은 당연해."(1)

원문 **殷侯旣廢. 桓公語諸人曰, 少時與淵源共騎竹馬, 我棄去, 已輒取之. 故當出我下.**(1)

(1) 《속진양추(續晋陽秋)》에 이런 이야기가 있다. '간문제(簡文帝 : 司馬昱)가 정치를 보좌하고 있을 때, 은호(殷浩)를 발탁하여 양주자사(揚州刺史)로 삼고, 환온(桓溫)에게 대항시키고자 하였다. 환온은 평소부터 은호를 가벼이 보았는데 아주 태연했다.'

續晋陽秋曰, 簡文輔政, 引殷浩爲揚州, 欲以抗桓. 桓素輕浩,

未之憚也.

▌주해│ ㅇ殷侯旣廢(은후기폐)－은호(殷浩)는 중군장군(中軍將軍)·가절(假節)·도독양예서연청오주군사(都督揚豫徐兗青五州軍事)로 북정(北征) 했는데 실패하고, 사이가 안좋았던 환온(桓溫)의 상소에 의해 파면되고 서민으로 강등되었다(《晉書》 권77 〈殷浩傳〉).

ㅇ輔政(보정)－《진서(晋書)》 〈은호전〉에서는 은호가 발탁된 것은 간문제(簡文帝)가 제위(帝位)에 있을 때라고 했다.

39. 어떤 사람이 무군(撫軍 : 司馬昱)에게 물었다. "은호(殷浩)의 청담(淸談)은 요컨대 어느 정도의 것일까요?" 대답했다. "남보다 낫다고는 할 수 없으나 거의 사람들의 의견을 듣고 응수할 수는 있을 게요."

▌원문│ 人問撫軍, 殷浩談竟何如. 答曰, 不能勝人, 差可獻酬羣心.

40. 간문제(簡文帝 : 司馬昱)가 말했다. "사안남(謝安南 : 謝奉)은, 좋은 성품이란 점에서는 그의 동생[謝聘]만 못하고,(1) 학문이란 점에서는 공암(孔巖)만 못하다.(2) 그런데도 자연스레 그들보다 낫다."(3)

▌원문│ 簡文云, 謝安南淸令不如其弟,(1) 學義不及孔巖.(2) 居然自勝.(3)

(1) 안남(安南)은 사봉(謝奉)이다. 앞에서 나왔다.
《사씨보(謝氏譜)》에 이런 이야기가 있다. '사봉(謝奉)의 동생인 사빙(謝聘)의 자는 홍원(弘遠)이다. 시중(侍中)·정위경(廷尉卿)

을 역임했다.'

安南, 謝奉也. 已見.

謝氏譜曰, 奉弟聘, 字弘遠. 歷侍中, 廷尉卿.

(2) 《중흥서(中興書)》에는 이런 이야기가 있다. '공암(孔巖)의 자는 팽조(彭祖)이고 회계(會稽) 산음(山陰) 사람이며 아버지 공륜(孔倫)은 황문시랑(黃門侍郎)이다. 공암은 재학(才學)이 있었는데 단양윤(丹陽尹)·상서(尙書)·서양후(西陽侯)를 역임했다. 조정에 있을 때는 정치를 바로잡은 일이 많았고, 오흥태수(吳興太守)가 되자 크게 민심을 얻었다. 후에 벼슬에서 물러나 집에서 죽었다.'

中興書曰, 巖字彭祖, 會稽山陰人. 父倫, 黃門侍郎. 巖有才學, 歷丹陽尹, 尚書, 西陽侯. 在朝多所匡正. 爲吳興太守, 大得民和. 後卒於家.

(3) 여기서는 사봉(謝奉)이 지극히 자연스러워서 가식이 없었음을 말해주고 있다.

言奉任天眞也.

주해 | ㅇ巖(암)-송본(宋本)·원본(袁本) 모두 '암(巖)'으로 적고 있는데, 《진서(晋書)》 권78의 본전(本傳)에는 '엄(嚴)'으로 되어 있다.

ㅇ已見(이견)-〈아량편(雅量篇)〉 33.

ㅇ廷尉卿(정위경)-정위(廷尉)는 관명(官名), 또는 관서(官署)의 이름. 장관을 경(卿)이라 했고, 그 밑에 정위감(廷尉監)·정위평(廷尉平)이 있었는데 오로지 옥송(獄訟)을 관장하고 군국(郡國)의 의옥(疑獄)을 겸심(兼審)했다.

ㅇ倫(윤)-원본(袁本)에는 '검(儉)'으로 적었다.

41. 해서공(海西公 : 司馬奕)이 아직 제위(帝位)에서 물러나기 전,

왕원림(王元琳 : 王珣)은 환원자(桓元子 : 桓溫)에게 물었다. "기자(箕子)와 비간(比干)은 그 행동이 달랐지만 뜻은 같았습니다. 당신은 어느 쪽을 옳다고 보고 어느 쪽을 그르다고 보십니까?" 환온이 대답했다. "똑같이 인자(仁者)로 불렀다면 오히려 관중(管仲)이고 싶소이다."[1]

원문| 未廢海西公時, 王元琳問桓元子, 箕子, 比干, 迹異心同. 不審明公孰是孰非. 曰, 仁稱不異, 寧爲管仲.[1]

(1) 《논어(論語)》에 이런 이야기가 있다. '미자(微子)는 은(殷)나라를 떠났다. 기자(箕子)는 주왕(紂王)의 노예가 되었으며 비간(比干)은 간언을 하다가 주왕에게 죽음을 당했다. 공자(孔子)는 말했다. "은(殷)에는 세 명의 인자(仁者)가 있다."'
'자로(子路)가 말했다. "환공(桓公)이 동생인 공자(公子) 규(糾)를 죽이자 소홀(召忽)은 주군(主君)을 따라 순사(殉死)했는데 관중은 죽지 않았습니다. 이는 인(仁)이 아니잖습니까?" 공자(孔子)가 대답했다. "환공이 제후들을 규합하여 그 맹주가 되었고 천하를 평정할 때 무력을 사용하지 않았던 것은 관중의 힘이다. 그것이 어찌 인(仁)에 이르지 못함이겠는가? 인에 이르지 못함이겠는가?"'
論語曰, 微子去之, 箕子爲之奴, 比干諫而死. 子曰, 殷有三仁焉. 子路曰, 桓公殺公子糾, 召忽死之, 管仲不死, 曰, 未仁乎. 子曰, 桓公九合諸侯, 一匡天下, 不以兵車, 管仲之力. 如其仁, 如其仁.

주해| ㅇ未廢海西公時(미폐해서공시)－폐제(廢帝) 해서공(海西公 : 司馬奕)은 동진(東晋) 제7대의 천자(天子). 태화(太和) 6년(371) 11월, 환온(桓溫)은 자신의 권위를 회복하기 위해 황제의 폐립(廢立)을 모의

했고, 사마혁(司馬奕)을 폐하여 동해왕(東海王)으로 삼는 한편 회계왕(會稽王) 사마욱(司馬昱)을 제위에 앉혔다. 다음해 정월, 사마혁은 해서현공(海西縣公)에 봉해졌다(《晋書》 권8 〈海西公紀〉에 근거함. 단 同 권9의 〈簡文帝紀〉에는 같은 해 12월 海西縣公에 봉해졌다고 되어 있다). 〈언어편(言語篇)〉 59의 유주(劉注) 참조.

- 箕子(기자)·比干(비간)－기자는 이름을 서여(胥余)라 했으며 주왕(紂王)의 일족이다. 기(箕)는 봉해졌던 나라 이름. 주왕의 무도함을 간했지만 받아들여지지 않자, 미치광이 짓을 하다가 노예의 신분이 되었다고 한다. 비간은 주왕의 숙부. 주왕의 포학함을 간하다가 가슴이 찢기어 죽었다고 한다.
- 迹異心同(적이심동)－하안(何晏)의 《논어집해(論語集解)》에는 〈미자편(微子篇)〉의 이 문장에 주를 달아 '세 사람의 행동은 각각 다르더라도 똑같이 인(仁)이라고 하겠다. 그들은 모두 어지러움을 근심하고 백성들을 편안하게 하고자 했다'라고 했다.
- 管仲(관중)－춘추시대 제(齊)나라의 재상(宰相). 이름은 이오(夷吾). 자는 중(仲)이다. 관중은 처음에 공자(公子) 규(糾)를 섬겼는데 공자 규가 죽은 다음 친구인 포숙아(鮑叔牙)의 천거로 환공을 섬기게 되었다. 환공은 그를 신임하고 후대하며 중부(仲父)라고 부르는 한편, 그의 힘에 의해 패자(覇者：春秋五覇의 筆頭)가 되었다.
- 論語曰(논어왈)－'미자(微子)～유삼인언(有三仁焉)'의 부분은 〈미자편(微子篇)〉, '자로왈운운(子路曰云云)' 이하의 부분은 〈헌문편(憲問篇)〉에 있다. 단, '일광천하(一匡天下)'의 4자는 《논어》 통행본(通行本)에는 보이지 않는 구절이다.
- 微子(미자)－이름을 계(啓)라고 하며 주왕(紂王)의 서형(庶兄)이다. 주왕에게 간언했으나 받아들여지지 않았고 비간(比干)이 죽음을 당하는 것을 보고 나라를 떠났으며 은(殷)나라의 제사를 이었다고 전하는 인물이다.

42. 유단양(劉丹陽：劉惔)과 왕장사(王長史：王濛)가 와관사(瓦官

寺) 집회에 출석했다. 환호군(桓護軍 : 桓伊)도 동석했는데(1) 모두 서진(西晋)과 동진(東晋)의 인물을 품평하였다. 어떤 사람이 "두홍치(杜弘治 : 杜乂)는 위호(衛虎 : 衛玠)에 비하여 어떻습니까?"라고 묻자 환호군이 대답했다. "두홍치는 외모가 수려하고, 위호는 정신이 빛나며 우수하지." 왕장사와 유단양은 그 말에 감동했다.(2)

| 원문 | **劉丹陽, 王長史在瓦官寺集. 桓護軍亦在坐,(1) 共商略西朝及江左人物. 或問, 杜弘治何如衛虎. 桓答曰, 弘治膚清, 衛虎奕奕神令. 王劉善其言.(2)**

(1) 환이(桓伊)는 앞에서 나왔다.
桓伊已見.

(2) 호(虎)는 위개(衛玠)의 어렸을 때 자(字)이다.
《위개별전(衛玠別傳)》에 이런 이야기가 있다. "영화(永和) 연간에 유진장(劉眞長 : 劉惔)과 사인조(謝仁祖 : 謝尙)가 함께 서진(西晉)의 인물을 품평했다. 어떤 사람이 "두홍치(杜弘治)는 위세마(衛洗馬 : 衛玠)에 비할 수 있겠습니까?"라고 묻자 사인조가 말했다. "어찌 비교할 수 있겠는가? 두 사람 사이에는 몇 명이나 들어갈 수 있어." '
《강좌명사전(江左名士傳)》에는 이런 이야기가 있다. '유진장(劉眞長)이 말했다. "나에게 논평을 하라면, 두홍치는 외모가 준수하고 숙보(叔寶 : 衛玠)는 정신이 훌륭하다고 말하겠다." 논자들은 핵심을 파악한 말이라고 생각했다.'
虎, 衛玠小字.
玠別傳曰, 永和中, 劉眞長, 謝仁祖共商畧中朝人. 或問, 杜弘治可方衛洗馬不. 謝曰, 安得比. 其閒可容數人.
江左名士傳曰, 劉眞長曰, 吾請評之, 弘治膚清, 叔寶神清. 論

者謂爲知言.

43. 유윤(劉尹 : 劉惔)이 왕장사(王長史 : 王濛)의 등을 두드리며 말했다. "아노(阿奴 : 王濛)는 재상(宰相 : 王導)에 비하면 특히 외모가 준수하고 (성품이) 뛰어나네."(1)

원문| 劉尹撫王長史背曰, 阿奴比丞相, 但有都長.(1)

(1) 아노(阿奴)는 왕몽(王濛)의 어렸을 때 자(字)이다. 도(都)는 미(美)이다. 〈사마상여전(司馬相如傳)〉에 이런 말이 있다. '한아(閑雅)하고 매우 도(都 : 훌륭하다)하다.'

《어림(語林)》에 이런 말이 있다. '유진장(劉眞長 : 劉惔)은 승상(丞相 : 王導)과 사이가 나빴는데 항상 이렇게 말했다. "아노(阿奴 : 王濛)는 승상에 비하면 청아하고 차분하다." '

阿奴, 濛小字也. 都, 美也. 司馬相如傳曰, 閒雅甚都.

語林曰, 劉眞長與丞相不相得, 每曰, 阿奴比丞相, 條達清長.

주해| ㅇ都長(도장) – 《문선(文選)》 권47, 원굉(袁宏)의 〈삼국명신서찬(三國名臣序贊)〉의 이선(李善) 주(注)에 '도장(都長)이란 체모(體貌)가 도한(都閑)하고 아성(雅性)이 장후(長厚)한 것을 이름이다'라 했고 여연제(呂延濟)의 주(注)에 '도(都)는 미(美), 장(長)은 선(善)이다'라고 하였다.

ㅇ司馬相如傳(사마상여전) – 《사기(史記)》 권117 및 《한서(漢書)》 권57 상(上)에, '옹용간아(雍容閒雅)하여 매우 도(都)하다'라고 되어 있다.

44. 유윤(劉尹 : 劉惔)과 왕장사(王長史 : 王濛)가 한자리에 앉아 주연(酒宴)이 무르익어 갈 무렵에 왕장사가 일어나서 춤을 추었다.

유윤이 말했다. "아노(阿奴 : 王濛)여! 오늘 그대는 상자기(向子期 : 向秀)에 비하여 조금도 손색이 없네."(1)

원문| 劉尹, 王長史同坐. 長史酒酣起舞. 劉尹曰, 阿奴今日不復減向子期.(1)

(1) 상수(向秀)의 자유롭고 솔직함과 비슷하다는 말이다.
類秀之任率也.

45. 환공(桓公 : 桓溫)이 공서양(孔西陽 : 孔巖)에게 물었다. "안석(安石 : 謝安)은 중문(仲文 : 殷仲文)과 견주어보아 어떠하오?"(1) 공암은 생각하다가 대답을 하지 않은 채 반대로 환공에게 물었다. "당신은 어떻게 생각하시오?" 환공이 대답했다. "안석은 확고부동하여 업신여길 수가 없소. 그가 (중문보다) 낫소이다."

원문| 桓公問孔西陽, 安石何如仲文.(1) 孔思未對, 反問公曰, 何如. 答曰, 安石居然不可陵踐其處. 故勝也.

(1) 서양(西陽)은 공암(孔巖)이다.
西陽, 卽孔巖也.

주해| ㅇ孔西陽(공서양)－〈품조편(品藻篇)〉 40 참조.

46. 사공(謝公 : 謝安)이 당시의 명사들과 인물 평론을 하고 있을 때, 알(遏 : 謝玄)과 호아(胡兒 : 謝朗)도 한자리에 있었다. 사공이 이홍도(李弘度 : 李充)에게 물었다. "그대 집안의 평양(平陽 : 李重)은

악령(樂令 : 樂廣)과 견줄 때 어떠하오?"(1) 그러자 이충(李充)은 눈물을 뚝뚝 떨구면서 말했다. "조왕(趙王 : 司馬倫)이 제위(帝位)를 찬탈하자 악령은 나아가서 옥새를 바쳤습니다.(2) 그러나 (저의) 백부님은 올곧은 분으로서, 문란한 조정에 몸을 두기를 부끄럽다며 약을 드시고 자살했습니다. 비교할 수가 없는 사이지요. 이는 명백한 사실입니다. 결코 집안일이라 하여 두둔하는 게 아닙니다."(3) 사공은 호아에게 말했다. "식견이 있는 사람은 역시 내 의견과 같구나."

원문| 謝公與時賢共賞說, 遏, 胡兒並在坐. 公問李弘度曰, 卿家平陽, 何如樂令.(1) 於是李潸然流涕曰, 趙王簒逆, 樂令親授璽綬.(2) 亡伯雅正, 恥處亂朝, 遂至仰藥. 恐難以相比. 此自顯於事實, 非私親之言.(3) 謝公語胡兒曰, 有識者果不異人意.

(1) 《진제공찬(晋諸公贊)》에 이런 이야기가 있다. '이중(李重)의 자는 무증(茂曾)이며 강하(江夏) 종무(鍾武) 사람이다. 어렸을 때부터 고상한 인격이 있어서 칭송받았다. 이부랑(吏部郎) · 평양태수(平陽太守)를 역임했다.'

晉諸公贊曰, 李重字茂曾, 江夏鍾武人. 少以清尚見稱. 歷吏部郎, 平陽太守.

(2) 《진양추(晋陽秋)》에 이런 이야기가 있다. '조왕(趙王) 사마윤(司馬倫)이 제위(帝位)를 찬탈하자 악광(樂廣)은 만분(滿奮) · 최수(崔隨)와 함께 옥새를 바쳤다.'

晉陽秋曰, 趙王倫簒位, 樂廣與滿奮, 崔隨進璽綬.

(3) 《진제공찬(晋諸公贊)》에는 이런 이야기가 있다. '조왕(趙王)이 승상이 되어, 이중(李重)을 좌사마(左司馬)에 발탁했다. 이중은 사마윤이 제위를 찬탈코자 함을 알고 있었으므로 병을 핑계로 사양

했다. 거듭하는 설득에 이중은 스스로 병을 치료코자 하지 않고 사양하다가 마침내는 중태에 빠졌다. 결국에는 부축을 받으며 나아가서 제수했으나 며칠 후에 죽었다. 당시 사람들은 그를 애석하게 여겼다. 산기상시(散騎常侍)가 추증되었다.'

晉諸公贊曰, 趙王爲相國, 取重爲左司馬, 重以倫長簒, 辭疾不就. 敦喩之, 重不復自治, 至於篤甚. 扶曳受拜, 數日卒, 時人惜之. 贈散騎常侍.

47. 왕수령(王脩齡 : 王胡之)이 왕장사(王長史 : 王濛)에게 물었다. "우리 집안인 임천(臨川 : 王羲之)은 그대 집안의 완릉(宛陵 : 王述)과 비하여 어떠할까?" 왕장사가 아직 대답을 하기도 전에 왕수령이 말했다. "임천은 평판이 높아." 그러자 왕장사가 말했다. "완릉도 높지 않다고 말할 수 없지."(1)

| 원문 | 王脩齡問王長史, 我家臨川, 何如卿家宛陵. 長史未答, 脩齡曰, 臨川譽貴. 長史曰, 宛陵未爲不貴.(1)

(1) 《중흥서(中興書)》에 이런 이야기가 있다. '왕희지(王羲之)는 회계왕(會稽王 : 司馬昱)의 우(友 : 보좌관)로 있다가 임천태수(臨川太守)로 임명되었고, 왕술(王述)은 표기장군(驃騎將軍)의 공조(功曹)에서 완릉(宛陵)의 영(令)으로 전출했다. 왕술은 완릉의 영이 되자 수시로 가구(家具)를 갖추었기 때문에 당시 백성들의 원성을 샀다. 승상인 왕도(王導)는 사람을 보내어, "이름있는 아버지[王承]의 아들이 굽히어 소현(小縣)의 영(令)이 되는 것은 매우 안좋다."고 말하게 하자, 왕술은 대답했다. "충분히 족해지면 당연히 그만두겠습니다." 당시 사람들은 아직 그 말의 의미를 알아차리지 못했다. 그후로는 여러 차례나 주군(州郡)에 나아가도 이미 가구

를 만드는 일은 없었으므로, 세상에서는 비로소 감탄했던 것이다.'

中興書曰, 義之自會稽王友, 改授臨川太守. 王述從驃騎功曹, 出爲宛陵令. 述之爲宛陵, 多脩爲家之具, 初有勞苦之聲. 丞相王導使人謂之曰, 名父之子, 屈臨小縣, 甚不宜爾. 述答曰, 足自當止. 時人未之達也. 後屢臨州郡, 無所造作, 世始歎服之.

주해 ㅇ我家(아가)·卿家(경가)－왕호지(王胡之)와 왕희지(王羲之)는 낭야왕씨(琅邪王氏)이고, 왕몽(王濛)과 왕술(王述)은 태원왕씨(太原王氏)이다.

ㅇ會稽王友(회계왕우)－《진서(晋書)》 권80 〈왕희지전(王羲之傳)〉 등에는, '회계내사(會稽內史)'로 적고 있다. '우(友)'의 관직에 대해서는 〈정치편(政治篇)〉 21의 주해 참조할 것.

ㅇ多脩爲家之具(다수위가지구)－《진서(晋書)》 권75 〈왕술전(王述傳)〉에는 '파수증유(頗受贈遺) 이수가구(而脩家具)'라고 되어 있다.

ㅇ名父之子(명부지자)－《진서》 〈왕술전〉에는 이 구절 아래에 '불환무록(不患無祿)'의 4자가 있다. 그것에 의하면 이름 있는 아버지의 아들인 이상 곧 관록을 얻지 못할 것이란 걱정은 없다, 그러므로 소현(小縣)의 영(令)이 되어 자질구레한 짓을 하지 말라는 훈계를 암암리에 하고 있는 것이다.

48. 유윤(劉尹 : 劉惔)이 왕장사(王長史 : 王濛)를 찾아가서 청담(淸談)을 하였다. 당시 구자(苟子 : 王脩)는 13세였는데 평상(平床) 가에 기대어 듣고 있었다. 유윤이 돌아가자 아버지 왕몽(王濛)에게 물었다. "유윤의 논의는 아버지와 비할 때 어떻습니까?" 왕장사가 말했다. "언어의 아름답기로는 나를 따르지 못하지만, 이야기를 하면 반드시 핵심을 찌르는 점에서는 나보다 낫지."(1)

원문 **劉尹至王長史許淸言. 時苟子年十三, 倚床邊聽. 旣去,**

問父曰, 劉尹語何如尊. 長史曰, 韶音令辭, 不如我, 往輒破的, 勝我.[1]

(1) 《유담별전(劉惔別傳)》에 이런 이야기가 있다. '유담(劉惔)은 준재(俊才)이며 현원(玄遠)한 가경(佳境)을 논했는데 그 이해하는 바가 미치기로는 왕몽(王濛)과 거의 같았다. 그러나 서술하는 취지는 왕몽보다 나았으며 그 말은 핵심을 찔렀다.'
劉惔別傳曰, 惔有儁才, 其談詠虛勝, 理會所歸, 王濛畧同. 而敍致過之, 其詞當也.

49. 사만(謝萬)이 수춘(壽春)에서 싸우다가 패한 다음 간문제(簡文帝 : 司馬昱)는 치초(郗超)에게 물었다. "사만이 패한 것은 당연하오. 어쩌다가 그처럼 사졸(士卒)들에게 신뢰를 잃었을까?" 치초가 말했다. "그 사람은 경솔한 성격으로서 자기 멋대로 지용(智勇)의 정도를 판단하고자 했기 때문입니다."[1]

| 원문 | 謝萬壽春敗後, 簡文問郗超, 萬自可敗, 那得乃爾失卒情. 超曰, 伊以率任之情, 欲區別智勇.[1]

(1) 《중흥서(中興書)》에 이런 이야기가 있다. '사만(謝萬)은 예주자사(豫州刺史)였을 때, 저족(氐族)·강족(羌族)이 사주(司州)·예주(豫州)를 공략하고, 선비(鮮卑)는 병주(幷州)·기주(冀州)에 집결하였다. 사만은 방강진무(方疆鎭撫)의 임무를 받았기 때문에 스스로 군사들을 이끌고 영수(潁水) 땅으로 들어가 낙양(洛陽)을 원호코자 했다. 사만은 교만하여 사람을 멸시하는 성격이 있었으므로 병사들과의 화목을 잃고 있었다. 북중랑(北中郎) 치담(郗曇)이

병들어서 팽성(彭城)으로 돌아온 것을, 사만은 적군의 군세(軍勢)가 강하여 퇴각한 것으로 생각하고 자신도 남쪽으로 퇴각하고자 했다. 그래서 군단은 자연히 궤멸되었고 사만은 낭패하여 혼자서 도읍으로 돌아왔다. 태종(太宗 : 簡文帝 司馬昱)은 이를 책망하고 사적(士籍)을 폐하여 서민으로 강등시켰다.'

中興書曰, 萬之爲豫州, 氐, 羌暴掠司豫, 鮮卑屯結幷冀, 萬旣受方任, 自率衆入潁, 以援洛陽. 萬矜豪傲物, 失士衆之和. 北中郎郗曇以疾還彭城, 萬以爲賊盛致退, 便回還南. 遂自潰亂, 狼狽單歸. 太宗責之, 廢爲庶人.

주해| ㅇ謝萬壽春敗後(사만수춘패후)—목제(穆帝) 승평(升平) 3년(359), 사만은 조서(詔書)를 받고 연(燕)의 모용준(慕容儁)과 수춘에서 싸웠는데 패했다. 《진서(晋書)》 권8 〈효종목제기(孝宗穆帝紀)〉에는 '(승평) 3년……모용준구동아(慕容儁寇東阿), 견서중랑장사만차하채(遣西中郎將謝萬次下蔡) 북중랑장치담차고평(北中郎將郗曇次高平) 이격지(以擊之) 왕사패속(王師敗績)'이라고 되어 있다.

ㅇ方任(방임)—방면의 임무. 방강진무(方疆鎭撫)의 임무.

50. 유윤(劉尹 : 劉惔)이 사인조(謝仁祖 : 謝尙)에게 말했다. "그대가 있으므로 '나에게 사우(四友)가 있고 제자들의 친근함을 더하도다'로다." 또한 허현도(許玄度 : 許詢)에게 말했다. "그대가 있으므로 '나에게 유(由 : 子路)가 있기에 나쁜 말이 귀에 미치지 않도다'로다." 두 사람 모두 이 말을 받아들이고 불평할 생각을 하지 않았다.(1)

원문| 劉尹謂謝仁祖曰, 自吾有四友, 門人加親. 謂許玄度曰, 自吾有由, 惡言不及於耳. 二人皆受而不恨.(1)

(1) 《상서대전(尙書大傳)》에 이런 이야기가 있다. '공자(孔子)께서 말

씀했다. 문왕(文王)에게 네 명의 벗이 있었다. 나는 내가 안회(顏回)를 얻었기에 제자들이 친근함을 더했으니 이것은 (안연이) 따라붙게 만든 것이 아니겠는가? 내가 단목사(端木賜 : 子貢)를 얻었기에 먼 지방의 선비들이 이르렀으니 이것은 (자공이) 몰려오게 만든 것이 아니겠는가? 내가 전손사(顓孫師)를 얻었기에 앞에는 광휘가 있고 뒤에는 광채가 있으니 이것은 (자장이) 앞뒤에서 이끌어 준 것이 아니겠는가? 내가 중유(仲由 : 子路)를 얻었기에 나쁜 말이 귀에 들어오지 않았으니 이는 자로가 모욕을 막아준 것이 아니겠는가?'

尚書大傳曰, 孔子曰, 文王有四友. 自吾得回也, 門人加親, 是非胥附邪. 自吾得賜也, 遠方之士至, 是非奔走邪. 自吾得師也, 前有輝, 後有光, 是非先後邪. 自吾得由也, 惡言不入於耳, 是非禦侮邪.

주해 | ㅇ謝仁祖(사인조)－그는 어렸을 때 매우 총명하여 안회(顏回)가 환생한 것이라고 한 적이 있었다(〈言語篇〉 46).

ㅇ文王有四友(문왕유사우)－굉요(閎夭)·태공망(太公望)·남궁괄(南宮适)·산의생(散宜生). 《시경(詩經)》〈대아(大雅)〉'면(緜)'의 '우예질궐성(虞芮質厥成) 문왕궤궐생(文王蹶厥生) 여왈유소부(予曰有疏附), 여왈유선후(予曰有先後), 여왈유분주(予曰有奔奏) 여왈유어모(予曰有禦侮)'라고 되어 있다. 소부(疏附)·선후(先後)·분주(奔奏)·어모(禦侮)는 모전(毛傳)에 '솔하친상왈소부(率下親上曰疏附) 상도선후왈선후(相道先後曰先後) 유덕선예왈분주(喩德宣譽曰奔奏) 무신절충왈어모(武臣折衝曰禦侮)'라고 되어 있다. 공자(孔子)는 이것을 인용하여 제자들을 평했다. 그리고 여기서는 유윤(劉尹)이 사인조(謝仁祖)를 안회(顏回)에 비유하고, 허현도(許玄度)를 자로(子路)에 비유해서 한 이야기일 것이다.

51. 세상에서는 은중군(殷中軍 : 殷浩)을 평하여 '사고(思考)의 맥

락이 두루 통하여 양숙자(羊叔子 : 羊祜)에 견줄 만하다'라고 하였다.[1]

▮원문| **世目殷中軍, 思緯淹通, 比羊叔子.**[1]

(1) 양호(羊祜)의 덕망은 당시 드높았는데 세상의 치란(治亂)을 경략할 재능을 지녔다. '연원(淵源 : 殷浩)의 횃불과 같은 작은 빛으로 어찌 양호의 일월(日月)과 같은 밝기에 비교할 수 있겠는가?'
羊祜德高一世, 才經夷險. 淵源蒸燭之曜, 豈喻日月之明也.

▮주해| ㅇ夷險(이험)－이(夷)는 태평하게 다스리는 것. 험(險)은 심하게 문란해진 것.
ㅇ蒸燭(증촉)－횃불.

52. 어떤 사람이 환공(桓公 : 桓溫)에게 사안석(謝安石 : 謝安)과 왕탄지(王坦之)의 우열(優劣)을 물었다. 환공은 말을 하다가 중단하더니 후회하며 말했다. "그대는 다른 사람 말하기를 좋아하니 역시 그대에게 대답할 수 없어."

▮원문| **有人問謝安石, 王坦之優劣於桓公. 桓公停欲言, 中悔曰, 卿喜傳人語, 不能復語卿.**

53. 왕중랑(王中郎 : 王坦之)이 유장사(劉長沙 : 劉奭)에게 물었다. "나는 구자(苟子 : 王脩)와 비할 때 어떠하오?"[1] 유장사가 대답했다. "그대는 재능면에서는 구자보다 앞서지 못하지만 명성(名聲)을 모으는 점에서는 앞서고 있소." 왕중랑은 웃으면서 말했다. "바보 같은

소리!"

원문 王中郎嘗問劉長沙曰, 我何如苟子.[1] 劉答曰, 卿才乃當不勝苟子. 然會名處多. 王笑曰, 癡.

(1) 《대사마관속명(大司馬官屬名)》에 이런 이야기가 있다. '유석(劉奭)의 자는 문시(文時)이며 팽성(彭城) 사람이다.'
《유씨보(劉氏譜)》에 이런 이야기가 있다. '유석(劉奭)의 조부인 유창(劉昶)은 팽성내사(彭城內史)이고 아버지 유제(劉濟)는 임해령(臨海令)이었다. 유석은 거기장군(車騎將軍)의 자의참군(咨議參軍)·장사상(長沙相)·산기상시(散騎常侍)를 역임했다.'
大司馬官屬名曰, 劉奭字文時, 彭城人.
劉氏譜曰, 奭祖昶, 彭城內史. 父濟, 臨海令. 奭歷車騎咨議, 長沙相, 散騎常侍.

주해 ㅇ長沙相(장사상)-장사(長沙)는 군(郡) 이름. 《진서(晋書)》 권15 〈지리지(地理志)〉 하(下) 장사군조(長沙郡條)의 원주(原注)에 '한(漢)나라 때 두다. 현(縣) 10을 통솔하다. 호수 3만 3천'이라고 했다. 군(郡)이 왕(王)의 영지(領地)일 때는 국(國)이라 하고 그 장관을 상(相)이라 한다.

54. 지도림(支道林 : 支遁)이 손흥공(孫興公 : 孫綽)에게 물었다. "당신은 허연(許掾 : 許詢)과 견줄 때 어떠합니까?" 손작이 대답했다. "풍격이 고원(高遠)한 점에 있어서는, 내가 이미 경복(敬服)하고 있습니다만, 시가(詩歌)로 노니는 풍아한 점에 있어서는 허연이 내 앞에서 머리를 숙일 것이리라."

원문 支道林問孫興公, 君何如許掾. 孫曰, 高情遠致, 弟子

早已服膺. 一吟一詠, 許將北面.

55. 왕우군(王右軍 : 王羲之)이 허현도(許玄度 : 許詢)에게 물었다. "그대는 안석(安石 : 謝安)과 비교할 때 어떻다고 생각하오?" 허현도가 대답하지 않고 있자 왕우군이 말했다. "안석은 원래 그대와 더불어 훌륭하오. 아만(阿萬 : 謝萬)이라면 틀림없이 눈을 부라리며 (그대와) 필사적으로 다투려고 할 것이오."(1)

원문| **王右軍問許玄度, 卿自言何如安石. 許未答. 王因曰, 安石故相與雄. 阿萬當裂眼爭邪.**(1)

(1) 《중흥서(中興書)》에 이런 이야기가 있다. '사만(謝萬)의 기량(器量)은 사안석(謝安石 : 謝安)에 미치지 못한다. 사만이 변방 수비를 하고 사안이 아직 집안에 있을 때는 사안의 명성이 사만의 명성보다 높았다.'
中興書曰, 萬器量不及安石. 雖居藩任, 安在私門之時, 名稱居萬之上.

56. 유윤(劉尹 : 劉惔)이 말했다. "사람들은 강반(江虨)을 시골뜨기라고 하지만, 강반은 풍요로운 장원(莊園)의 주인이다."(1)

원문| **劉尹云, 人言江虨田舍, 江乃自田宅屯.**(1)

(1) 많은 소출을 낼 수 있음을 말함이다.
謂能多出有也.

주해| ㅇ田宅屯(전택둔)―전사(田舍)가 시골집에 지나지 않는 데 비하

여 전택둔(田宅屯)은 대규모 장원(莊園)을 의미하는 것일까? 강씨(江氏) 일족은 〈상예편(賞譽篇)〉 127에 '제강(諸江) 모두 스스로 생활하기에 족했다'고 되어 있으니, 상당한 지주였던 것으로 생각된다. 본문은 그런 경제적인 측면도 포함하여 강반(江虨)의 재능에는 대단히 풍요로운 면이 있었음을 말하는 것이리라.

57. 사공(謝公 : 謝安)이 말했다. "금곡(金谷)의 모임 중에서 소소(蘇紹)가 제일 뛰어나다. 소소는 석숭(石崇)의 매부로서 소칙(蘇則)의 손자이며 소유(蘇愉)의 아들이다."(1)

▌원문| **謝公云, 金谷中, 蘇紹最勝. 紹是石崇姊夫, 蘇則孫, 愉子也.**(1)

(1) 석숭(石崇)의 《금곡시서(金谷詩叙)》에 이런 말이 있다. '나는 원강(元康) 6년(296), 태복경(太僕卿)에서 전출하여 사지절(使持節)·감청서제군사(監靑徐諸軍事)·정로장군(征虜將軍)이 되었다. 별장은 하남현(河南縣)의 경계에 있는 금곡간(金谷澗) 속에 지었다. 혹은 높고 혹은 낮은데 맑은 샘과 무성한 숲이 있으며 과실·대나무·잣나무와 약초류들이 두루 갖추어져 있다. 또 물레방아·고기·연못·동굴 등, 눈을 즐겁게 해주고 마음을 기쁘게 해주는 것이 두루 갖추어져 있었다. 때로 정서대장군(征西大將軍)·좨주(祭酒)인 왕후(王詡)가 장안에 돌아오면, 나는 명사들과 함께 이 금곡간에서 송별연을 열었는데, 밤낮으로 잔치를 베풀고, 자주 장소를 옮기었다. 혹은 언덕에 올라가서 사방을 내려다보고, 혹은 물가에 자리를 마련했다. 특히 금(琴)·슬(瑟)·생(笙)·축(筑)을 모조리 수레에 싣고 길을 가면서 일제히 불게 했는데 수레가 도착되면 반주악기가 함께 번갈아 연주하도록 했다. 마침내 각자 시

(詩)를 지어 가슴속의 정회(情懷)를 펴냈는데 시를 짓지 못하는 자는 3말의 벌주를 마셔야 하도록 했다. 생명이 영원하지 못함을 느끼고 쇠락이 기약 없음을 두려워했다. 그래서 당시 참석했던 사람들의 관직명·성명·연령 등을 열기(列記)하고 그 다음에 시를 써넣었다. 후세의 풍류가들이 이것을 보게 될 것이다. 도합 30명인데 오왕사(吳王師)·의랑(議郎)·관중후(關中侯)·시평무공(始平武公)으로 자(字)는 세사(世嗣)이고 50세인 소소(蘇紹)가 그 필두(筆頭)였다.'

《위서(魏書)》에 이런 이야기가 있다. '소칙(蘇則)의 자는 문사(文師)이며 부풍(扶風) 무공(武功) 사람이다. 강직하고 악을 미워했는데 언제나 급암(汲黯)의 사람 됨됨이를 사모했다. 벼슬하여 시중(侍中) 하동상(河東相)에 이르렀다.'

《진백관명(晋百官名)》에 이런 이야기가 있다. '소유(蘇愉)의 자는 휴예(休豫)이며 소칙(蘇則)의 차남이다.'

《산도계사(山濤啓事)》에는 이런 이야기가 있다. '소유는 충의로운 선비로서 총명했다. 벼슬은 광록대부(光祿大夫)에 이르렀다.'

石崇金谷詩敍曰, 余以元康六年, 從太僕卿, 出爲使持節, 監青徐諸軍事, 征虜將軍. 有別廬在河南縣界金谷澗中. 或高或下, 有清泉茂林, 衆果竹柏, 藥草之屬, 莫不畢備. 又有水碓, 魚池, 土窟, 其爲娛目歡心之物備矣. 時征西大將軍, 祭酒王詡當還長安, 余與衆賢共送往澗中, 晝夜遊宴, 屢遷其坐, 或登高臨下, 或列坐水濱. 時琴瑟笙筑, 合載車中, 道路並作, 及住, 令與鼓吹遞奏. 遂各賦詩, 以敍中懷. 或不能者, 罰酒三斗. 感性命之不永, 懼凋落之無期. 故具列時人官號, 姓名, 年紀, 又寫詩著後. 後之好事者, 其覽之哉. 凡三十人, 吳王師, 議郎, 關中侯, 始平武公蘇紹字世嗣, 年五十, 爲首.

魏書曰, 蘇則字文師, 扶風武功人. 剛直疾惡, 常慕汲黯之爲人. 仕至侍中, 河東相.

晉百官名曰, 愉字休豫, 則次子.
山濤啓事曰, 愉忠義有智意, 位至光祿大夫.

주해 | ㅇ金谷中(금곡중)－이 모임에 동석했던 반악(潘岳)의 시가 《문선(文選)》 권20에 수록되어 있다.

ㅇ使持節(사지절)－지방에 파견된 감독관으로서 사지절·지절(持節)·가절(假節)의 등급이 있었다.

ㅇ祭酒(좨주)－좨주종사사(祭酒從事史)의 약어. 주자사(州刺史)의 속관.

ㅇ王詡(왕후)－자는 계윤(季胤)이고 낭야(琅邪) 사람(〈容止篇〉 15의 劉注에서 인용한 石崇의 〈金谷詩敍〉).

ㅇ汲黯(급암)－전한(前漢) 사람. 자(字)는 장유(長孺). 무제(武帝)를 섬기면서 주작도위(主爵都尉)가 되었고 구경(九卿)에 들었다. 간언을 잘하여 무제가 '사직지신(社稷之臣)'이라 칭했고 중용했다(《史記》 권120, 《漢書》 권50).

58. 유윤(劉尹 : 劉惔)이 유중랑(庾中郞 : 庾敳)을 평하여 말했다. "그의 말에는 도(道)를 생각나게 하는, 조용하고 오묘한 것은 없지만 우뚝 홀로 솟아있는 모습은 거의 도(道)에 가까운 점이 있다."(1)

원문 | **劉尹目庾中郞, 雖言不愔愔似道, 突兀差可以擬道.**(1)

(1) 《명사전(名士傳)》에는 이런 이야기가 있다. '유애(庾敳)는 예절에 구애받지 않고 활달했으며 남의 말에 좌우되는 일이 없었다.'
名士傳曰, 敳頹然淵放, 莫有動其聽者.

주해 | ㅇ愔愔(음음)－조용하고 오묘한 것.

ㅇ突兀(돌올)－산 따위가 높이 솟은 모양. 한편 《진서(晋書)》 권50 〈유애전(庾敳傳)〉에는 유애의 사람 됨됨이를 설명하여 '중인(衆人) 속에 처하여 거연(居然)하게 독립한다'라고 했다.

ㅇ名士傳曰(명사전왈)－〈상예편(賞譽篇)〉 42의 유주(劉注)에서 인용한

《진양추(晋陽秋)》의 기사와 같다.

59. 손승공(孫承公 : 孫統)이 말했다. "사공(謝公 : 謝安)은 형인 무혁(無奕 : 謝奕)보다 청아하고[1] 임도(林道 : 陳逵)보다 온윤(溫潤)하다."[2]

| 원문 | **孫承公云, 謝公清於無奕,[1] 潤於林道.[2]**

(1) 《중흥서(中興書)》에 이런 이야기가 있다. '손통(孫統)의 자는 승공(承公)이고 태원(太原) 사람이다. 문장을 교묘하게 지었는데 당시 사람들은 그에게 조부인 손초(孫楚)의 기풍이 있다고 했다. 벼슬하여 여요령(餘姚令)에 이르렀다.'

中興書曰, 孫統字承公, 太原人. 善屬文, 時人謂其有祖楚風. 仕至餘姚令.

(2) 《진규별전(陳逵別傳)》에는 이런 이야기가 있다. '진규(陳逵)의 자는 임도(林道)이며 영천(潁川) 허창(許昌) 사람으로 조부인 진회(陳淮)는 태위(太尉), 아버지인 진진(陳畛)은 광록대부(光祿大夫)였다. 진규는 젊었을 때부터 재간이 있었으며 명민(明敏)으로 세상에 알려졌다. 광릉공(廣陵公)을 습봉(襲封)하고 황문시랑(黃門侍郎)·서중랑장(西中郎將)이 되었으며 양(梁)과 회남(淮南) 등 두 군의 태수를 지냈다.'

陳逵別傳曰, 逵字林道, 潁川許昌人. 祖淮, 太尉. 父畛, 光祿大夫. 逵少有幹, 以清敏立名. 襲封廣陵公, 黃門郎, 西中郎將, 領梁淮南二郡太守.

60. 어떤 사람이 임공(林公 : 支遁)에게 물었다. "사주(司州 : 王胡

之)는 이사(二謝 : 謝安 · 謝萬)와 견줄 때 어떠합니까?" 임공이 말했다. "당연히 사안에 대해서는 붙잡고 올라가려 하고, 사만에 대해서는 끌어올려 주려고 하지요."[1]

원문| **或問林公, 司州何如二謝. 林公曰, 故當攀安提萬.**[1]

(1) 《왕호지별전(王胡之別傳)》에 이런 이야기가 있다. '왕호지는 담론하기를 좋아하고 문장을 잘 지었으므로 당시에 중시되었다.'
王胡之別傳曰, 胡之好談講, 善屬文辭, 爲當世所重.

주해| ㅇ攀安提萬(반안제만)－왕호지의 사람 됨됨이가 사안(謝安)보다는 못하고, 사만(謝萬)보다는 낫다는 것을 뜻한다.

61. 손흥공(孫興公 : 孫綽)과 허현도(許玄度 : 許詢)는 모두 당시의 명사였다. 어떤 사람은 허순의 고매한 성품을 중시함과 동시에 손작의 지저분한 품행을 멸시했는데, 어떤 사람은 손작의 뛰어난 문재(文才)를 사랑하면서도 허순에게는 취할 바가 없노라고 하였다.[1]

원문| **孫興公, 許玄度皆一時名流. 或重許高情, 則鄙孫穢行, 或愛孫才藻, 而無取於許.**[1]

(1) 송(宋)나라 명제(明帝)의 《문장지(文章志)》에 이런 이야기가 있다. '손작(孫綽)은 널리 경서(經書)에 통하고 글을 짓는 데 뛰어났다. 허순(許詢)과 함께 세속을 등지고 담론을 했다. 허순은 끝까지 그 뜻을 굽히지 아니했으나 손작은 세속의 일에 말려들었다.' 《속진양추(續晋陽秋)》에는 이런 이야기가 있다. '손작은 문재(文才)는 있었으나 방종하며 지저분한 행동을 많이 했으므로 당시

사람들은 이를 멸시했다.'

宋明帝文章志曰, 綽博涉經史, 長於屬文. 與許詢俱有負俗之談. 詢卒不降志, 而綽嬰綸世務焉.

續晉陽秋曰, 綽雖有文才, 而誕縱多穢行. 時人鄙之.

62. 치가빈(郗嘉賓 : 郗超)이 사공(謝公 : 謝安)을 평하며 말했다. "무릎을 마주대고 담론해보니, 비록 깊이 (철리를) 통찰〔徹〕한 것은 아니었지만 (논리가) 면밀하고 매우 조리가 있다." 어떤 사람이 말했다. "우군(右軍 : 王羲之)은 깊은 경지에 이르렀소이다." 치가빈이 이 말을 듣고 말했다. "깊은 경지에 이르렀다고 할 수 없지. 사공(謝公)과 비슷할 뿐이야." 사공은 치가빈의 말이 타당하다고 생각했다.(1)

원문 郗嘉賓道謝公, 造膝雖不深徹, 而纏綿綸至. 又曰, 右軍詣(嘉賓). 嘉賓聞之云, 不得稱詣, 政得謂之朋耳. 謝公以嘉賓言爲得.(1)

(1) 대저 철(徹 : 통찰하다)이라든가 지(詣 : 경지에 이르다)라 한 것은 본질에 깊이 다가섬을 말한다. 사안은 철(徹)이 아니었고 왕희지는 지(詣)가 아니었다. 철리(哲理)에 있어서는 사안과 왕희지 모두 같은 무리였다는 의미이다.

凡徹詣者, 蓋深覈之名也. 謝不徹, 王亦不詣, 謝, 王於理, 相與爲朋儔也.

주해 ㅇ綸至(윤지)－조리가 있다.

ㅇ朋(붕)－동류(同類)란 뜻. 여기서는 유주(劉注)에 따라 왕희지(王羲之)는 사공(謝公)의 붕주(朋儔)로 번역했다. 그러나 본문 그대로 따를 경우 의미가 안 통하므로 '우군지가빈(右軍詣嘉賓)'의 '가빈(嘉賓)' 두 글

자를 연문(衍文)으로 보고 위와 같이 번역했다.

63. 유도계(庾道季 : 庾龢)가 말했다. "사고(思考)의 논리가 조리있고 조화가 잡힌 점에서는 내가 강백(康伯 : 韓伯)을 따르지 못하고, 의지력이 강직한 점에서는 내가 문도(文度 : 王坦之)를 따르지 못한다. 그러나 이하의 무리라면 내가 그들보다 모두 백 갑절이나 우수하다."(1)

원문| 庾道季云, 思理倫和, 吾愧康伯, 志力彊正, 吾愧文度. 自此以還, 吾皆百之.(1)

(1) 유화(庾龢)는 앞에서 나왔다.
庾龢已見.

주해| ㅇ已見(이견)－〈언어편(言語篇)〉 79.

64. 왕승은(王僧恩 : 王禕之)은 임공(林公 : 支遁)을 가벼이 여겼다. 아버지 남전(藍田 : 王述)이 말했다. "너의 형(兄 : 王坦之)처럼 굴지 말라. 너의 형은 본디 그[林公]에게 미치지 못하니라."(1)

원문| 王僧恩輕林公. 藍田曰, 勿學汝兄, 汝兄自不如伊.(1)

(1) 승은(僧恩)은 왕위지(王禕之)의 어렸을 때 자(字)이다.
《왕씨세가(王氏世家)》에 이런 이야기가 있다. '왕위지(王禕之)의 자는 문소(文劭)이며 왕술(王述)의 차남이다. 젊었을 때 이름이 알려졌고 심양공주(尋陽公主)를 맞아 장가들었다. 벼슬을 하여 중서랑(中書郎)에 이르렀는데 30세도 안 되어서 죽었다. 왕탄지(王

坦之)는 그의 죽음을 애도했으며 환온(桓溫)과 함께 그를 칭송했다. 산기상시(散騎常侍)가 추증되었다.'

僧恩, 王緯之小字也.

王氏世家曰, 緯之字文劭, 述次子. 少知名, 尚尋陽公主. 仕至中書郎, 未三十而卒. 坦之悼念, 與桓溫稱之, 贈散騎常侍.

주해 | ㅇ尙(상)－천자의 딸을 맞아 장가드는 것.
ㅇ尋陽公主(심양공주)－원제(元帝)의 딸.

65. 간문제(簡文帝 : 司馬昱)가 손흥공(孫興公 : 孫綽)에게 물었다. "원양(袁羊 : 袁喬)은 어떤 인물이오?" 손작이 대답했다. "그를 알지 못하는 자는 그의 재능을 인정해주고, 그를 아는 자는 그의 사람 됨됨이를 인정해주지 않습니다."(1)

원문 | 簡文問孫興公, 袁羊何似. 答曰, 不知者不負其才, 知之者無取其體.(1)

(1) 그에게 재능은 있었지만 인격이 없었음을 말함이다.
言其有才而無德也.

주해 | ㅇ負(부)－평가하지 않는다는 의미.

66. 채숙자(蔡叔子 : 蔡系)가 말했다. "한강백(韓康伯 : 韓伯)은 뼈대가 없지만 외모를 가지고 있다."

원문 | 蔡叔子云, 韓康伯雖無骨幹, 然亦膚立.

주해 | ㅇ蔡叔子(채숙자)-〈아량편(雅量篇)〉 31 및 그 유주(劉注)에서 인용한 《중흥서(中興書)》에서는 '자숙(子叔)'이라 적고 있다.

67. 치가빈(郗嘉賓 : 郗超)이 사태부(謝太傅 : 謝安)에게 물었다. "임공(林公 : 支遁)의 담론은 혜공(嵇公 : 嵇康)에 비하여 어떻습니까?" 사안이 대답했다. "혜공은 발걸음을 부지런히 해야 겨우 따라갈 수 있을 정도입니다."(1) 또 물었다. "은호(殷浩)는 지둔(支遁)에 비하여 어떻습니까?" 사안이 말했다. "진정 초탈하고 고매한 데가 있는 점에서는 지둔이 은호보다 낫다고 해야겠지요. 그러나 끊임없는 변설에서는 아마도 은호의 입이 지둔을 제압할 것입니다."

원문 | **郗嘉賓問謝太傅曰, 林公談何如嵇公. 謝云, 嵇公勤箸脚, 裁可得去耳.(1) 又問, 殷何如支. 謝曰, 正爾有超拔, 支乃過殷. 然亹亹論辯, 恐口欲制支.**

(1) 《지둔전(支遁傳)》에 이런 이야기가 있다. '지둔은 총명·기민하여, 도달한 바의 풍취가 자연히 초탈하고 고매하였다.'
支遁傳曰, 遁神悟機發, 風期所得, 自然超邁也.

주해 | ㅇ勤箸脚(근착각)-열심히 하는 것. 같은 이야기를 싣고 있는 《고승전(高僧傳)》 권4에서는 '혜노력(嵇努力), 재득거이(裁得去耳)'라고 했다.
ㅇ亹亹(미미)-열심으로 하는 모습. 《시경(詩經)》〈대아(大雅)〉 '문왕(文王)'에 '미미문왕(亹亹文王) 금문불이(令文不已)'라 되어 있고 그 모전(毛傳)에 '미미(亹亹)는 면(勉)이다'라고 되어 있다.

68. 유도계(庾道季 : 庾龢)가 말했다. "염파(廉頗)와 인상여(藺相

如)는 1천년 전 옛날에 세상을 떠났다고 하지만 아직도 늠름하게 이 세상에 살아있는 것 같다.[1] 조여(曹蜍 : 曹茂之)[2] · 이지(李志)[3]는 현재 살아있다고 하지만 미미하고 조용하여 마치 황천(黃泉) 사람과 같다. 사람마다 다 이와 같다면 새끼를 매듭지어서라도 다스릴 수 있겠지만 여우나 이리, 담비, 오소리 따위에게 잡혀 먹힐까 두렵다."[4]

▌원문▏ 庾道季云, 廉頗, 藺相如雖千載上死人, 懍懍恆有生氣.[1] 曹蜍,[2] 李志,[3] 雖見在, 厭厭如九泉下人. 人皆如此, 便可結繩而治. 但恐狐狸狢貒噉盡.[4]

(1) 《사기(史記)》에 이런 이야기가 있다. '염파(廉頗)는 조(趙)나라 명장(名將)이다. 용기있는 점으로, 제후(諸侯)들에게 이름을 떨쳤다. 인상여(藺相如)도 조나라 사람이다. 조나라 혜문왕(惠文王 : 趙何) 때 초(楚)나라의 화씨벽(和氏璧)을 손에 넣었다. 진(秦)나라 소왕(昭王)은 15개의 성(城)과 이 화씨벽을 교환하자고 요구했다. 조나라에서는 인상여를 시켜 화씨벽을 바쳤고 진나라에서는 그것을 받았는데 성을 내놓을 생각은 없었다. 인상여는 화씨벽의 흠집을 찾아주겠다며 구슬을 다시 받아 쥐더니 기둥을 등지고 서서 노기충관하여 말했다. "왕께서 나를 잡으려고 하신다면 나는 머리를 이 구슬과 함께 부숴 버리겠소." 그래서 진왕은 사과했다. 그 후 진왕이 (조왕과의 회견장에서) 조왕에게 슬(瑟)을 뜯게 하자 인상여는 진왕에게도 축(筑)을 뜯도록 강요했다. 조나라에서는 인상여의 공로가 크다 하여 상경(上卿)에 임명했는데 그 자리는 염파보다 높았다.'

史記曰, 廉頗者, 趙良將也. 以勇氣聞諸侯. 藺相如者, 趙人也. 趙惠文王時, 得楚和氏璧, 秦昭王請以十五城易之. 趙遣相如送璧, 秦受之, 無還城意. 相如請璧示其瑕, 因持璧卻立倚柱, 怒髮上衝冠曰, 王欲急臣, 臣頭今與璧俱碎. 秦王謝之. 後秦王

使趙王鼓瑟, 相如請秦王擊筑. 趙以相如功大, 拜上卿, 位在廉頗上.

(2) 여(鵌)는 조무지(曹茂之)의 어렸을 때 자(字)이다.
《조씨보(曹氏譜)》에 이런 이야기가 있다. '조무지의 자는 영세(永世)이고 팽성(彭城) 사람이다. 조부인 조소(曹韶)는 진동장군(鎭東將軍)의 사마(司馬), 아버지 조만(曹曼)은 소부경(少府卿)이었다. 조무지는 벼슬하여 상서랑(尙書郎)에 이르렀다.'
鵌, 曹茂之小字也.
曹氏譜曰, 茂之字永世, 彭城人也. 祖韶, 鎭東將軍司馬. 父曼, 少府卿. 茂之仕至尙書郎.

(3) 《진백관명(晋百官名)》에 이런 이야기가 있다. '이지(李志)의 자는 온조(溫祖)이고 강하(江夏) 종무(鍾武) 사람이다.'
《이씨보(李氏譜)》에는 이런 이야기가 있다. '이지(李志)의 조부인 이중(李重)은 산기상시(散騎常侍)이고 아버지 이모(李慕)는 순양령(純陽令)이었다. 이지는 벼슬하여 원외상시(員外常侍)·남강상(南康相)에 이르렀다.'
晉百官名曰, 志字溫祖, 江夏鍾武人.
李氏譜曰, 志祖重, 散騎常侍. 父慕, 純陽令. 志仕至員外常侍, 南康相.

(4) 사람이 모두 조여(曹鵌)와 이지(李志)처럼 질박하고 우직하다면 천하에 간민(姦民)이 없을 것이기에 새끼를 매듭지어서라도 다스릴 수가 있을 것이다. 그러나 재지(才智)가 나타나지 아니하고 공적도 없게 되어, 그 몸은 여우나 이리 따위에게 잡혀 먹힐 것이니 세상에 이름이 드날리게 될 수 없다는 뜻이다.
言人皆如曹李質魯淳慤, 則天下無姦民, 可結繩致治. 然才智無

聞, 功迹俱滅, 身盡於狐狸, 無擅世之名也.

주해 ㅇ結繩而治(결승이치)－《역경(易經)》〈계사전(繫辭傳)〉 하(下)에 '상고(上古)는 새끼를 매듭지어 다스리다'라고 되어 있다. 여기서는 사람들이 소박·온순하여 정치가 아주 쉬워지는 것을 가리키고 있다.
ㅇ狢(학)－담비.
ㅇ猯(단)－오소리.
ㅇ史記(사기)－권81 〈염파인상여전(廉頗藺相如傳)〉.
ㅇ筑(축)－금(琴)과 비슷한 현악기. 《사기》 권81에는 '부(缻: 동이 모양의 타악기)'로 적고 있다.

69. 위군장(衛君長 : 衛永)은 소조주(蕭祖周 : 蕭輪)의 처남이다. 사공(謝公 : 謝安)이 손승노(孫僧奴 : 孫騰)에게 물었다.(1) "그대네 집에서는 위군장을 어떻게 평하오?" "세상에서 뛰어난 사람이라고 하지요." 사안은 말했다. "그것은 아주 잘못이외다. 위장군은 본디 철리(哲理)에 뛰어난 인물이오." 당시 사람들은 위군장을 은홍원(殷洪遠 : 殷融)에게 비교했다.

원문 **衛君長是蕭祖周婦兄. 謝公問孫僧奴,(1) 君家道衛君長云何. 孫曰, 云是世業人. 謝曰, 殊不爾. 衛自是理義人. 于時以比殷洪遠.**

(1) 승노(僧奴)는 손등(孫騰)의 어렸을 때 자(字)이다.
《진백관명(晋百官名)》에 이런 이야기가 있다. '손등의 자는 백해(伯海)이고 태원(太原) 사람이다.'
《중흥서(中興書)》에는 이런 이야기가 있다. '손등은 손담(孫紞)의 아들이다. 박학하여 중서자(中庶子)·정위(廷尉)를 역임했다.'

僧奴, 孫騰小字也.
晉百官名曰, 騰字伯海, 太原人.
中興書曰, 騰, 紞子也. 博學. 歷中庶子, 廷尉.

주해| ㅇ蕭祖周婦兄(소조주부형) – 다음의 표 참조.

ㅇ世業人(세업인) – 《자치통감(資治通鑑)》 권65 건안(建安) 13년의 호주(胡注)에 '세업유언세사야(世業猶言世事也)'라고 되어 있는 것에 따른다. 혹은 대대로 가업을 잇는 사람이란 의미로도 푼다.

ㅇ殷洪遠(은홍원) – 〈품조편(品藻篇)〉 36에는 손작(孫綽)에 의해 '원유치사(遠有致思)'로 평가되어 있다.

ㅇ紞子(담자) – 송본(宋本)·원본(袁本) 모두 '담(紞)'으로 적고 있는데 《진서(晉書)》 권56에는 다음 표와 같이 손통(孫統)으로 적었다.

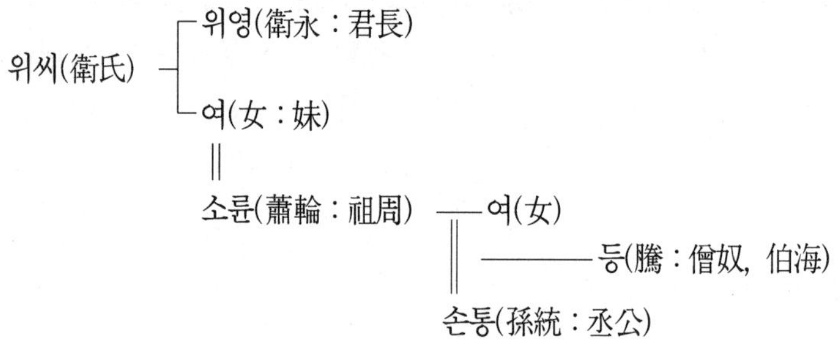

70. 왕자경(王子敬 : 王獻之)이 사공(謝公 : 謝安)에게 물었다. "임공(林公 : 支遁)은 유공(庾公 : 庾亮)에 견주어 어떻소?" 사안은 (그 질문에는) 개의치 않고 대답했다. "선인(先人)들은 그런 일은 아예 처음부터 문제시하지 않았습니다. 유공은 본디 임공쯤은 의식조차 하지 않을 정도의 인물이지요."(1)

원문| **王子敬問謝公, 林公何如庾公. 謝殊不受. 答曰, 先輩初無論, 庾公自足沒林公.**(1)

(1) 《은선언행(殷羨言行)》에는 이런 이야기가 있다. '당시 어떤 사람이 유태위(庾太衛 : 庾亮)의 철리(哲理)를 칭송했다. 은선이 말했다. "이 사람은 사람들을 기꺼이 천거했지만 근본적으로는 사람들에게 아주 엄했다."'

殷羨言行曰, 時有人稱庾太尉理者. 羨曰, 此公好擧, 素本槌人.

주해 ㅇ此公好擧(차공호거), 素本槌人(소본퇴인)－'소(素)'는 원본(袁本)에 '종(宗)'으로 되어 있다. 의미는 불상(不詳).

71. 사알(謝遏 : 謝玄) 등 여러 사람이 함께 죽림칠현(竹林七賢)의 우열을 비평했다. 사공(謝公 : 謝安)이 말했다. "선인(先人)은 본디 칠현에 대하여 포폄(褒貶)하지 않았다."(1)

원문 **謝遏諸人, 共道竹林優劣. 謝公云, 先輩初不臧貶七賢.**(1)

(1) 《위씨춘추(魏氏春秋)》에는 이런 이야기가 있다. '산도(山濤)는 대범하고 덕이 있으며 상수(向秀)·완함(阮咸)·왕융(王戎)·유영(劉伶)은 활달하고 준재(俊才)가 있었다. 당시의 담론으로는 완함을 필두(筆頭)로 하고 이어서 왕융을 꼽았으며 그리고 산도·상수 등은 모두 같은 무리였다.' 만약 손성의 말대로라면 포폄을 하지 않았던 것이 아니다. 이 본문의 말은 잘못이다.

魏氏春秋曰, 山濤通簡有德, 秀, 咸, 戎, 伶朗達有儁才. 于時之談, 以阮爲首, 王戎次之, 山, 向之徒, 皆其倫也. 若如盛言, 則非無臧貶, 此言謬也.

72. 어떤 사람이 왕중랑(王中郎 : 王坦之)을 거기(車騎 : 謝玄)에게

비교했다. 사현이 그 말을 듣고 말했다. "그는 차근차근 성취해 나가는 사람이오."[(1)]

원문| 有人以王中郎比車騎. 車騎聞之, 曰, 伊窟窟成就.[(1)]

(1) 《속진양추(續晉陽秋)》에 이런 이야기가 있다. '왕탄지(王坦之)는 고상하고, 식견이 있으며, 풍격은 단정하고 엄했다.'
續晉陽秋曰, 坦之雅貴有識量, 風格峻整.

73. 사태부(謝太傅 : 謝安)가 왕효백(王孝伯 : 王恭)에게 말했다. "유윤(劉尹 : 劉惔)은 자기자신을 잘 알고 있기는 하지만 (자기를 안다는 점에서는) 장사(長史 : 王濛)보다 낫지 못했다."

원문| 謝太傅謂王孝伯, 劉尹亦奇自知, 然不言勝長史.

주해| ㅇ劉尹亦奇自知云云(유윤역기자지운운)－유윤(劉尹)・왕장사(王長史)는 상대방을 서로 잘 이해했는데, 〈상예편(賞譽篇)〉 109에는 '왕장사가 말했다. 유윤이 나를 아는 것은 내가 자신을 아는 것보다 낫다'란 말이 있다.

74. 왕황문(王黃門) 형제 세 사람이 함께 사공(謝公 : 謝安)을 방문했다. 자유(子猷 : 王徽之)와 자중(子重 : 王操之)은 계속해서 세상사에 대한 이야기를 했는데,[(1)] 자경(子敬 : 王獻之)은 다만 계절에 대한 인사를 할 뿐이었다. 그들이 나간 다음, 그 자리에 있던 손님이 사공에게 물었다. "아까 그 세 사람 중 누가 제일 우수합니까?" 사공이 말했다. "막내가 제일 낫소." 손님이 물었다. "어떻게 그렇다는 것

을 알 수 있습니까?" 사공이 대답했다. "'훌륭한 사람은 말이 적고 경솔한 사람은 말이 많다'고 했소이다. 그것으로 미루어보아 알 수 있소이다."

원문| 王黃門兄弟三人, 俱詣謝公. 子猷, 子重多說俗事,(1) 子敬寒溫而已. 旣出, 坐客問謝公, 向三賢孰愈. 謝公曰, 小者最勝. 客曰, 何以知之. 謝公曰, 吉人之辭寡, 躁人之辭多. 推此知之.

(1) 《왕씨보(王氏譜)》에 이런 이야기가 있다. '왕조지(王操之)의 자는 자중(子重)이며 왕희지(王羲之)의 제6남이다. 비서감(秘書監)·시중(侍中)·상서(尙書)·예장태수(豫章太守)를 역임했다.'
王氏譜曰, 操之字子重, 羲之第六子. 歷秘書監, 侍中, 尙書, 豫章太守.

주해| ㅇ吉人之辭寡(길인지사과), 躁人之辭多(조인지사다)-《역경(易經)》〈계사전(繫辭傳)〉 하(下)에 있는 말. 선한 사람은 말이 적고 불온한 사람은 말이 많다는 뜻.

75. 사공(謝公 : 謝安)이 왕자경(王子敬 : 王獻之)에게 물었다. "당신의 글씨는 부군(父君)의 글씨와 비교할 때 어떠하오?" 대답했다. "물론 똑같지 않을 것이외다." 사공이 말했다. "세상 사람의 평판은 전혀 다릅니다." 왕자경이 말했다. "세상 사람들이 어찌 알겠소이까?"(1)

원문| 謝公問王子敬, 君書何如君家尊. 答曰, 固當不同. 公

曰, 外人論殊不爾. 王曰, 外人那得知.[(1)]

(1) 송(宋)나라 명제(明帝)의 《문장지(文章志)》에 이런 이야기가 있다. '왕헌지(王獻之)는 예서(隸書)를 잘 썼는데 아버지인 왕우군(王右軍 : 王羲之)의 서체를 바꾸어 금체(今體)를 만들어냈다. 그 자체(字體)가 수려하여 당시 무리 중에서 탁월하게 뛰어나 부친과 함께 명성을 얻었다. 그의 장초(章草)는 소약(疎弱)하여 부친에게 전혀 미치지 못했다. 어떤 사람이 왕헌지에게 물었다. "부친의 글씨가 당신의 글씨보다 나은가요?" "뭐라고 말할 수 없습니다." 또 어떤 사람이 왕희지에게 물었다. "세상에서는 그대의 글씨가 헌지의 글씨에 미치지 못한다고 논평합디다만 어떻습니까?" 대답했다. "아니오. 전혀 그렇지 않소." 후일 왕헌지를 만나서 물었다. "부친의 글씨는 어떠하오?" 왕헌지가 대답을 하지 않자, 또 물었다. "세상의 논자(論者)들은 그대의 글씨가 처음부터 따르지 못한다고 합디다." 왕헌지는 웃으면서 말했다. "남들이 어떻게 알 수 있겠소?"'

宋明帝文章志曰, 獻之善隸書, 變右軍法爲今體. 字畫秀媚, 妙絶時倫, 與父俱得名. 其章草疎弱, 殊不及父. 或訊獻之云, 羲之書勝不. 莫能判. 有問羲之云, 世論卿書不逮獻之. 答曰, 殊不爾也. 它日見獻之, 問, 尊君書何如. 獻之不答. 又問, 論者云, 君固當不如. 獻之笑而答曰, 人那得知之也.

주해 | ㅇ章草(장초)－초서(草書)의 고체(古體). 전한(前漢)의 사유(史游)가 《급취초(急就草)》를 썼을 때 이 서체를 사용했기 때문에 이런 이름이 붙었다고도 하고, 후한(後漢)의 장제(章帝)가 시작했다고도 하며, 혹은 두백도(杜伯度)가 이 서체를 잘 썼는데 장제가 장주(章奏)를 쓰는 데 사용했기 때문이라고도 하는 등 그 명칭의 유래에 대해서는 여러 가지 설이 있다.

76. 왕효백(王孝伯 : 王恭)이 사태부(謝太傅 : 謝安)에게 물었다. "임공(林公 : 支遁)은 장사(長史 : 王濛)에 비하여 어떠합니까?" 사태부가 말했다. "장사가 훌륭하오." 또 물었다. "유윤(劉尹 : 劉惔)에 비하면 어떠합니까?" 사안이 대답했다. "유윤 쪽이 우수하오." 왕몽이 말했다. "만약 당신의 말에 따른다면 임공은 이 두 사람에게 미치지 못한다는 것이로군요." 사태부가 말했다. "내 의견은 바로 그렇소이다."

| 원문 | **王孝伯問謝太傅, 林公何如長史. 太傅曰, 長史韶興. 問, 何如劉尹. 謝曰, 噫, 劉尹秀. 王曰, 若如公言, 並不如此二人邪. 謝云, 身意正爾也.**

| 주해 | ㅇ韶興(소흥)－〈용지편(容止篇)〉 29에도 보이는 '소거(韶擧)'와 같은 뜻이리라.

77. 어떤 사람이 태부(太傅 : 謝安)에게 물었다. "자경(子敬 : 王獻之)은 선배 중 누구에게 비교할 수 있겠습니까?" 사안이 대답했다. "아경(阿敬 : 王獻之)은 왕(王 : 王濛)과 유(劉 : 劉惔)의 높이를 얻고 있소이다."(1)

| 원문 | **人有問太傅, 子敬可是先輩誰比. 謝曰, 阿敬近撮王, 劉之標.**(1)

(1) 《속진양추(續晋陽秋)》에 이런 이야기가 있다. '왕헌지는 문장·논지에 있어 모두 뛰어나지는 못했어도, 그 훌륭한 경지를 체득할 수가 있었다. 그래서 당시에 명성을 날려 풍류(風流)의 으뜸이 되었다.'

續晉陽秋曰, 獻之文義, 並非所長, 而能撮其勝會. 故擅名一時, 爲風流之冠也.

▌주해│ ㅇ撮王(촬왕) 劉之標(유지표)－왕몽(王濛)과 유담(劉惔)이 당시 풍류의 으뜸이었다 함은《진서(晋書)》권93〈왕몽전(王濛傳)〉등에 기록되어 있다.

78. 사공(謝公 : 謝安)이 효백(孝伯 : 王恭)에게 말했다. "그대의 조부(祖父 : 王濛)는 유윤(劉尹 : 劉惔)에게 비교할 때, 어깨를 나란히 할 뿐이었지요." 왕효백이 대답했다. "유윤은 조부와 어깨를 나란히 할 수 없는 처지가 아니었습니다. 다만 어깨를 나란히 하지 않았을 뿐입니다."(1)

▌원문│ 謝公語孝伯, 君祖比劉尹, 故爲得逮. 孝伯云, 劉尹非不能逮, 直不逮.(1)

(1) 왕몽(王濛)은 질박했고 유담(劉惔)은 화려했음을 가리킨다.
言濛質, 而惔文也.

79. 원언백(袁彦伯 : 袁宏)이 이부랑(吏部郎)이 되었을 때, 자경(子敬 : 王獻之)이 치가빈(郗嘉賓 : 郗超)에게 편지를 써보내어 말했다. '언백(彦伯)이 이미 (조정에) 들어갔으니 왕성한 흥취가 많이 꺾였을 것이오. 원래 사람을 매질하는 벼슬자리는 어려운 것이외다. 얼마동안 (시간이) 지나면 다소 나아지겠지요.'

▌원문│ 袁彦伯爲吏部郎, 子敬與郗嘉賓書曰, 彦伯已入, 殊足

頓興往之氣. 故知捶撻自難爲人. 冀小卻. 當復差耳.

주해| ㅇ捶撻(수달)－수달관(捶撻官). 사람을 매질하는 관원. 이부랑(吏部郎)은 하급관원의 인사를 관장하였다.

80. 왕자유(王子猷 : 王徽之)·자경(子敬 : 王獻之) 형제가 함께 《고사전(高士傳)》 속의 인물과 찬(贊)을 품평했다. 자경이 정단(井丹)의 고결함을 칭찬하자 자유가 말했다. "아니야. 장경(長卿 : 司馬相如)이 세상에 도도했던 것만은 못하지."(1)

원문| **王子猷, 子敬兄弟, 共賞高士傳人及贊. 子敬賞井丹高潔. 子猷云, 未若長卿慢世.**(1)

(1) 혜강(嵇康)의 《고사전(高士傳)》에 이런 이야기가 있다. '정단(井丹)의 자는 대춘(大春)이며 부풍(扶風) 미(郿) 땅 사람이다. 박학하고 논의에 뛰어나 경사(京師)에서는 그를 '오경(五經)에 통달한 정대춘(井大春), 누구에게도 면회(面會)를 청한 적이 없다'라고 하였다. 북궁(北宮)의 다섯 왕이 차례로 청했지만 그를 오도록 하지는 못했다. 그러나 신양후(新陽侯) 음취(陰就)가 사람을 보내어 그를 오라고 하자 하는 수 없이 갔다. 신양후는 보리밥에 푸성귀 반찬을 내놓으면서 그의 반응을 살피자 정단은 물리치면서 말했다. "군후(君侯)께서 좋은 음식을 주실 것으로 생각하여 왔는데 이처럼 대접하는 것은 무슨 뜻인가요?" 그래서 좋은 음식을 갖다 주었다. 신양후가 일어나자 좌우에 있던 자들이 손수레를 대령했다. 그러자 정단이 웃으면서 말했다. "걸(桀)·주(紂)가 사람 수레에 탔었다고 들었는데 이것이 이른바 사람 수레로군요." 신양후는 곧 손수레를 하사했다. 월기장교(越騎將校)인 양송(梁松)은 조정

에서 권세를 마음대로 휘두르고 있었는데 정단과 교제하기를 바랐으나 정단은 만나려고 하지 않았다. 그 후 정단이 돌림병에 걸렸을 때 양송이 의원(醫員)을 데리고 문병하러 왔다. 정단의 병이 낫고 얼마 지나자, 양송이 장남인 양뢰(梁磊)를 잃었다. 정단은 찾아가서 조문(弔問)했다. 그때 조문객들이 집안에 가득했는데 정단은 허름한 옷조차 제대로 갖추어 입지 못하고 왔으므로 배석했던 사람들은 그의 안색을 살피고 있었다. 정단은 사방을 향하여 길게 읍하고 주객간에 인사가 끝나자 한 번 읍하고 즉시 자리에 앉아 누구하고도 이야기를 나누지 않았다. 관리가 되려고 하지도 않았으며 곧 도읍에서 떠났는데 나중에는 운둔하고 말았다. 그 찬(贊)에 이런 말이 있다. "정단은 고결하여 영화와 부귀를 사모하지 않았다. 다섯 왕에게 절개를 굽히지 아니하고 같은 무리가 아니면 교제를 하지 않았다. 드러내놓고 음씨(陰氏)의 손수레를 비난하자 좌우 사람들이 안색을 잃었다. 허름한 옷을 걸친 채 단 한 번 읍했을 뿐인데 그 절의(節義)는 모든 사람을 압도했다."'

사마상여(司馬相如)는 촉군(蜀郡) 성도(成都) 사람이며 자는 장경(長卿)이다. 처음에 낭(郎)이 되어 경제(景帝)를 섬겼다. 양(梁)나라 효왕(孝王)이 내조(來朝)하면서 추양(鄒陽) 등을 데리고 왔는데 사마상여는 그들과 의기투합한 나머지 칭병(稱病)하고 벼슬을 내놓은 다음 양나라에 갔다. 그 후 임공(臨邛)에 있을 때 부호인 탁왕손(卓王孫)의 딸, 탁문군(卓文君)이 얼마 전 과부가 되었는데 음악을 좋아했으므로 사마상여는 금(琴)을 뜯어 (그녀를) 유혹했다. 탁문군은 사마상여에게로 도망쳤고 두 사람은 성도로 돌아왔다. 그 후 살림살이가 어려웠으므로 임공 땅에 돌아가서 술집을 사들이어 탁문군은 술청을 지키고 사마상여는 행주치마를 걸친 채 시장에서 접시를 닦았다. 사마상여는 선천적으로 말을 더듬었는데 글을 교묘하게 지었다. 벼슬을 한 다음에는 고관이 되고자 하지 않았으며 언제나 칭병(稱病)하고 공경(公卿)의 대사(大事)

에 참석하지 아니했다. 벼슬을 그만둔 다음 집에서 죽었다. 그 찬(贊)에 이런 말이 있다. '사마장경은 세상사에 도도하고 예법을 무시하며 자유분방했다. 행주치마를 걸치고 시장에 있어도 그런 모습을 부끄러워하지 않았다. 병을 핑계대며 관직을 피한 채 공경대신들을 무시했다. 그러면서 〈대인부(大人賦)〉를 지었으니 탁월하여 더할 것이 없었다.'

嵇康高士傳曰, 丹字大春, 扶風郿人. 博學高論, 京師爲之語曰, 五經紛綸井大春, 未嘗書刺謁一人. 北宮五王更請, 莫能致. 新陽侯陰就使人要之, 不得已而行. 侯設麥飯, 葱菜, 以觀其意. 丹推卻曰, 以君侯能供美膳, 故來相過, 何謂如此. 乃出盛饌. 侯起, 左右進輦. 丹笑曰, 聞桀, 紂駕人車, 此所謂人車者邪. 侯卽去輦. 越騎梁松, 貴震朝廷, 請交丹, 丹不肯見. 後丹得時疾, 松自將醫視之. 病愈久之, 松失大男磊, 丹一往弔之. 時賓客滿廷, 丹裘褐不完, 入門, 坐者皆悚望其顔色. 丹四向長揖, 前與松語, 客主禮畢後, 長揖徑坐, 莫得與語. 不肯爲吏, 徑出, 後遂隱遁. 其贊曰, 井丹高潔, 不慕榮貴. 抗節五王, 不交非類. 顯譏輦車, 左右失氣. 披褐長揖, 義陵羣萃.

司馬相如者, 蜀郡成都人, 字長卿. 初爲郎, 事景帝. 梁孝王來朝, 從遊說士鄒陽等. 相如說之, 因病免遊梁. 後過臨邛, 富人卓王孫女文君新寡, 好音, 相如以琴心挑之. 文君奔之, 倶歸成都. 後居貧, 至臨邛買酒舍, 文君當壚, 相如著犢鼻幝, 滌器市中. 爲人口吃, 善屬文. 仕官不慕高爵, 常託疾不與公卿大事. 終于家. 其贊曰, 長卿慢世, 越禮自放. 犢鼻居市, 不恥其狀. 託疾避官, 蔑此卿相. 乃賦大人, 超然莫尙.

주해 | ㅇ紛綸(분륜)-《후한서(後漢書)》 권113 〈정단전(井丹傳)〉의 이현(李賢) 주(注)에 '분륜(紛綸)은 또한 호박(浩博)과 같다'라고 되어 있다. ㅇ北宮五王(북궁오왕)-《후한서》 〈정단전〉에 '건무(建武) 말(末), 패왕

(沛王) 보(輔 : 光武帝의 아들) 등 오왕(五王)이 북궁(北宮)에 거했는데 모두 빈객을 좋아했다'라고 되어 있다.

- 陰就(음취)－광무제의 비(妃)인 광렬음씨(光烈陰氏)의 동생.
- 人車(인거)－《후한서》〈정단전〉의 주(注)에서 인용한《제왕기(帝王紀)》에 '걸(桀)은 사람으로 수레를 메게 했다'라고 되어 있다.
- 越騎(월기)－한(漢)나라 팔교위(八校尉)의 하나인 월기교위(越騎校尉)를 가리킴이다. 무제(武帝) 때 두었고 기병(騎兵)을 장악했다.
- 梁松(양송)－후한(後漢) 초기의 명신(名臣)인 양통(梁統)의 아들. 광무제의 딸에게 장가들었다. 《후한서》 권64 〈양송전(梁松傳)〉에는 '총애를 받기 비할 자가 없었다'라고 되어 있다.
- 賦大人(부대인)－〈대인부(大人賦)〉는《사기(史記)》권117 및《한서(漢書)》권57의 〈사마상여전(司馬相如傳)〉에 인용되어 있다.

81. 어떤 사람이 원시중(袁侍中 : 袁恪之)[(1)]에게 물었다. "은중감(殷仲堪)은 한강백(韓康伯)에 비할 때 어떠합니까?" 대답했다. "철리(哲理)에 대하여 이해하는 점에 있어서는 우열을 가릴 수 없습니다. 그러나 집안의 정적(靜寂)하고 차분하게 명사의 풍류를 지니는 점에 있어서는 은중감이 한강백을 따르지 못하지요." 그래서 은중감이 한강백의 뇌문(誄文)을 지어 말하기를, "사립문이 대낮에도 닫혀 있으니 한적한 뜰이 평온하다."라고 했다.

▒원문| **有人問袁侍中[(1)]曰, 殷仲堪何如韓康伯. 答曰, 義理所得優劣, 乃復未辨. 然門庭蕭寂, 居然有名士風流, 殷不及韓. 故殷作誄云, 荊門晝掩, 閑庭晏然.**

(1) 《원씨보(袁氏譜)》에 이런 이야기가 있다. '원각지(袁恪之)의 자는 원조(元祖)이며 진군(陳郡) 양하(陽夏) 사람이다. 조부인 원왕손(袁王孫)은 사도종사중랑(司徒從事中郎)이고 아버지 원륜(袁綸)

은 임여령(臨汝令)이다. 원각지는 벼슬하여 황문시랑(黃門侍郎)이 되었으며 의희연간(義熙年間 : 405~418) 초에 시중(侍中)이 되었다.'

袁氏譜曰, 恪之字元祖, 陳郡陽夏人. 祖王孫, 司徒從事中郎. 父綸, 臨汝令. 恪之仕黃門侍郎, 義熙初爲侍中.

주해| ㅇ荊門(형문)-시문(柴門)과 같다.

82. 왕자경(王子敬 : 王獻之)이 사공(謝公 : 謝安)에게 물었다. "가빈(嘉賓 : 郗超)은 도계(道季)에 비할 때 어떠합니까?" 대답했다. "도계는 실로 뛰어난 깨달음을 체득하고 있지만 가빈은 원래부터 훌륭하오."[1]

원문| **王子敬問謝公, 嘉賓何如道季. 答曰, 道季誠復鈔撮清悟, 嘉賓故自上.**[1]

(1) 치초(郗超) 쪽이 우수하다는 것을 말한 것이다.
謂超拔也.

83. 왕순(王珣)이 병에 걸려 중태에 빠졌을 때 왕무강(王武岡 : 王謐)에게 물었다.[1] "세상에서는 우리 아버지인 영군(領軍 : 王洽)을 누구에게 비교합니까?" 무강이 대답했다. "세상에서는 왕북중랑(王北中郎 : 王坦之)과 비교하오." 동정(東亭 : 王珣)은 벽을 향하고 돌아누워 탄식했다. "사람은 진실로 단명(短命)해서는 안되겠군요."[2]

원문| **王珣疾, 臨困, 問王武岡曰,**[1] **世論以我家領軍比誰.**

武岡曰, 世以比王北中郎. 東亭轉臥向壁, 嘆曰, 人固不可以無年.(2)

(1) 《중흥서(中興書)》에 이런 이야기가 있다. '왕밀(王謐)의 자는 아원(雅遠)이고 승상(丞相) 왕도(王導)의 손자이며, 거기장군(車騎將軍) 왕소(王劭)의 아들이다. 재능과 기량(器量)이 있었으며 무강후(武岡侯)의 작위(爵位)를 이어받았는데 벼슬은 사도(司徒)에 이르렀다.'

中興書曰, 謐字雅遠, 丞相導孫, 車騎劭子. 有才器, 襲爵武岡侯, 位至司徒.

(2) 영군(領軍)이란 왕흡(王洽), 즉 왕순(王珣)의 아버지이다. 26세로 세상을 떠났다. 아버지의 덕망은 왕탄지(王坦之)를 앞섰는데 단명(短命)했기 때문에 이런 세평(世評)를 받게 된 것으로 왕순은 생각했다.

領軍, 王洽, 珣之父也. 年二十六卒. 珣意以其父名德過坦之, 而無年, 故致此論.

▌주해 | ㅇ王北中郎(왕북중랑)－왕탄지(王坦之)는 태원왕씨(太原王氏)이다. 왕흡(王洽)·왕순(王珣)·왕밀(王謐)은 낭야왕씨(琅邪王氏)이다.

ㅇ雅遠(아원)－《진서(晋書)》 권65 〈왕밀전(王謐傳)〉에는 자를 '치원(稚遠)'으로 적고 있다.

ㅇ武岡侯(무강후)－왕도(王導)는 화일(華軼)을 쳐서 공을 세워 무강후에 봉해졌다. 아들인 왕협(王協)은 무강후의 작위를 이어받았으나 일찍 죽었고 아들이 없었기 때문에 동생인 왕소(王劭)의 아들 왕밀(王謐)이 상주가 되었고 작위를 이어받았다.

ㅇ年二十六卒(연이십륙졸)－《진서(晋書)》 권65 〈왕흡전(王洽傳)〉에는 '승평(升平) 2년, 관(官)에 있으면서 죽다. 향년 36세'라고 되어 있다.

84. 왕효백(王孝伯 : 王恭)이 말했다. “사공(謝公 : 謝安)은 지극히 정이 깊다.” 또 말했다. “장사(長史 : 王濛)는 허심(虛心)하고, 유윤(劉尹 : 劉惔)은 준수하며, 사공(謝公)은 화창하다.”(1)

| 원문 | 王孝伯道, 謝公濃至. 又曰, 長史虛, 劉尹秀, 謝公融.(1)

(1) 융(融)이란 화창하다는 뜻이다.
謂條暢也.

| 주해 | ㅇ長史虛(장사허)－《진서(晉書)》 권93 〈왕몽전(王濛傳)〉에 ‘자신을 비우고 사물에 능하다’라고 되어 있다.

85. 왕효백(王孝伯 : 王恭)이 사공(謝公 : 謝安)에게 물었다. “임공(林公 : 支遁)은 우군(右軍 : 王羲之)에 비교하면 어떠합니까?” 사공이 대답했다. “왕우군이 임공보다 뛰어나오. 그러나 임공도 사주(司州 : 王胡之) 앞에서는 상당히 품위가 있소이다.”(1)

| 원문 | 王孝伯問謝公, 林公何如右軍. 謝曰, 右軍勝林公. 林公在司州前亦貴徹.(1)

(1) 임공(林公)은 왕희지(王羲之)에게 미치지 못한다고 하지 않고, 왕호지(王胡之)보다 뛰어나다고 말한 것이다.
不言若羲之, 而言勝胡之.

| 주해 | ㅇ司州(사주)－왕호지(王胡之)는 도독사주제군사(都督司州諸軍事), 서중랑장(西中郎將) 사주자사(司州刺史)였다. 〈언어편(言語篇)〉 81 유주(劉注)에서 인용한 《왕호지별전(王胡之別傳)》 참조.

86. 환현(桓玄)이 태부(太傅)였을 때 성대한 회합을 개최했는데 조정 신하들이 속속 모였다. 자리가 다 정해지자 왕정지(王楨之)에게 물었다. "나와 그대의 일곱째 숙부(叔父 : 王獻之)를 비교하면 어떻소?"(1) 그러자 빈객들은 이 질문에 숨을 죽이고 있었다. 왕정지가 천천히 대답했다. "작고하신 숙부님은 한 시대의 준걸이고, 공(公)은 천년의 영준(英俊)이십니다." 좌중에 있던 사람들은 모두 기뻐했다.

원문| 桓玄爲太傅, 大會, 朝臣畢集. 坐裁竟, 問王楨之曰, 我何如卿第七叔.(1) 于時賓客爲之咽氣. 王徐徐答曰, 亡叔是一時之標, 公是千載之英. 一坐懽然.

(1) 《왕씨보(王氏譜)》에 이런 이야기가 있다. '왕정지(王楨之)의 자는 공간(公榦)이고 낭야(琅邪) 사람이며 왕휘지(王徽之)의 아들이다. 시중(侍中) · 대사마장사(大司馬長史)를 역임했다.'
일곱째 숙부란 왕헌지(王獻之)를 가리킴이다.
王氏譜曰, 楨之字公榦, 琅邪人, 徽之子. 歷侍中, 大司馬長史. 第七叔, 獻之也.

주해| ㅇ爲太傅(위태부)－《진서(晋書)》 권80 〈왕정지전(王楨之傳)〉에서는 이 이야기를 환현(桓玄)이 태위(太尉)였을 때의 일이라고 기록했다.

87. 환현(桓玄)이 유태상(劉太常 : 劉瑾)에게 물었다. "나와 사태부(謝太傅 : 謝安)를 비교하면 어떻소?"(1) 유근이 대답했다. "공(公)은 높으시고 사태부는 깊습니다." 또 말했다. "그대의 외숙인 자경(子敬)과 비교하면 어떠하오?" 대답했다. "풀명자와 배 · 귤 · 유자는 각각 그 맛이 다릅니다."(2)

원문| **桓玄問劉太常曰, 我何如謝太傅.**[(1)] **劉答曰, 公高, 太傅深. 又曰, 何如賢舅子敬. 答曰, 樝, 梨, 橘, 柚, 各有其美.**[(2)]

(1) 《유근집서(劉瑾集敘)》에 이런 이야기가 있다. '유근(劉瑾)의 자는 중장(仲璋)이고 남양(南陽) 사람이다. 조부는 유하(劉遐)이고 아버지는 유창(劉暢)이다. 유창은 왕희지(王羲之)의 딸에게 장가들어 유근을 낳았다. 유근은 재지역량(才知力量)이 있었으며 상서(尙書)·태상경(太常卿)을 역임했다.'

劉瑾集敍曰, 瑾字仲璋, 南陽人. 祖遐, 父暢. 暢娶王羲之女, 生瑾. 瑾有才力, 歷尙書, 太常卿.

(2) 《장자(莊子)》에 이런 이야기가 있다. '풀명자·배·귤·유자는 그 맛이 각각 다르지만 모두 맛이 있다.'

莊子曰, 樝, 梨, 橘, 柚, 其味相反, 皆可於口也.

주해| ㅇ樝(자)－풀명자. 산과 들에 자생하는 과수(果樹). 열매는 모과보다 작고 신맛이 있는데 설탕에 재었다가 먹기도 한다.

ㅇ莊子(장자)－〈천운편(天運篇)〉에 '그러므로 삼황(三皇)·오제(五帝)의 예의와 법도를 비유하면 풀명자·배·귤·유자와 같다고 할까. 그 맛은 모두 다르지만 맛이 있다. 고로 예의와 법도는 때에 따라 변하는 것이다'라고 되어 있다.

88. 이전에 환겸(桓謙)을 은중문(殷仲文)에게 비교했다.[(1)] 환현(桓玄)의 전성시대에 은중문이 찾아왔다. 환현은 정원에 있는 그를 바라보다가 동석(同席)한 사람들에게 말했다. "우리 집안의 중군(中軍 : 桓謙)이 어찌 그에게 미칠 수 있겠는가?"

원문| **舊以桓謙比殷仲文.**[(1)] **桓玄時, 仲文入. 桓於庭中望見**

之, 謂同坐曰, 我家中軍, 那得及此也.

(1) 《중흥서(中興書)》에 이런 이야기가 있다. '환겸(桓謙)의 자는 경조(敬祖)이며 환충(桓沖)의 셋째 아들이다. 상서복야(尙書僕射), 중군장군(中軍將軍)이 되었다.'
《진안제기(晉安帝紀)》에는 이런 이야기가 있다. '은중문(殷仲文)은 재기(才器)와 용모 모두 뛰어났다.'
中興書曰, 謙字敬祖, 沖第三子. 尙書僕射, 中軍將軍.
晉安帝紀曰, 仲文有器貌才思.

주해 | ㅇ第三子(제삼자)－《진서(晉書)》 권74 〈환충전(桓沖傳)〉에는 '일곱 아들이 있었다. 사(嗣)・겸(謙)・수(脩)・숭(崇)・홍(弘)・선(羨)・이(怡)'라고 되어 있다.

규 잠
規 箴
………
제10

1. 한(漢) 무제(武帝 : 劉徹)의 유모(乳母)가 어느 때 궁궐 밖에서 죄를 범했다. 무제는 법에 따라 처벌코자 했으므로 유모는 동방삭(東方朔)에게 구원해 줄 것을 청했다.[(1)] 동방삭은 말했다. “이 일은 말로 다투어서 될 일이 아니오. 당신이 꼭 성사(成事)되기를 바란다면 작별할 때 오로지 몇 번이고 황제 쪽을 뒤돌아보시오. 절대로 말을 해서는 안되오. 그렇게만 한다면 만에 하나 희망이 있을는지도 모르오.” 유모가 황제 앞에 오자 동방삭도 그 옆에 시립하고 있더니 유모를 향하여 말했다. “너는 어리석기 짝이 없구나. 폐하께서 어찌 네가 젖을 먹여주던 때의 은혜를 더 이상 기억하시겠느냐?” 황제는 비록 재기(才氣)가 매섭고 마음이 모질었지만 정(情)에 약하기도 했으므로 측은한 마음이 들었다. 그래서 즉시 조서를 내리어 죄를 용서해 주었다.[(2)]

원문| 漢武帝乳母嘗於外犯事. 帝欲申憲, 乳母求救東方朔.[(1)] 朔曰, 此非脣舌所爭. 爾必望濟者, 將去時, 但當屢顧帝, 愼勿言. 此或可萬一冀耳. 乳母旣至. 朔亦侍側, 因謂曰, 汝癡

耳. 帝豈復憶汝乳哺時恩邪. 帝雖才雄心忍, 亦深有情戀. 乃悽然愍之, 卽敕免罪.(2)

(1) 《한서(漢書)》에 이런 이야기가 있다. '동방삭(東方朔)의 자는 만천(曼倩)이며 평원(平原) 염차(厭次) 사람이다.'
《동방삭별전(東方朔別傳)》에는 이런 이야기가 있다. '동방삭은 남양(南陽) 보광리(步廣里) 사람이다.'
《열선전(列仙傳)》에 이런 이야기가 있다. '동방삭은 초(楚) 땅 사람이다. 무제(武帝) 때 상소하여 절절한 시책을 설명했으며 낭중(郎中)에 임명되었다. 선제(宣帝 : 劉詢) 초기에 벼슬을 버리고 떠났다. 사람들은 모두 그를 목성(木星)의 정(精)이라고 하였다.'
漢書曰, 朔字曼倩, 平原厭次人.
朔別傳曰, 朔, 南陽步廣里人.
列仙傳曰, 朔是楚人. 武帝時上書說便宜, 拜郎中. 宣帝初, 棄官而去, 共謂歲星也.

(2) 《사기(史記)》 〈골계전(滑稽傳)〉에 이런 이야기가 있다. '한(漢)나라 무제가 어렸을 때 동무후(東武侯 : 郭他)의 어머니는 무제를 양육한 적이 있으므로 후에 대유모(大乳母)로 불리었다. 그래서 그 자손들과 노복들까지 장안의 거리에서 안하무인격으로 행동했는데 길을 가로막고는 남의 의복을 뺏기도 하였다. 관원들이 유모를 변경으로 내쫓아야겠다고 청하자 황제도 허락했다. 유모는 입궐하여 작별인사를 드리게 되었다. 황제에게 총애를 받던 배우 곽사인(郭舍人)은 하는 발언과 진술이 비록 대도(大道)에 부합되지는 않았지만 주군의 마음을 기쁘게 해주곤 하였다. 유모는 우선이 곽사인을 만나서 눈물을 흘렸다. 곽사인이 말했다. "입궐하고 작별을 고할 때 즉시 떠나지 말고, 몇 번이고 뒤돌아보시오." 유모는 시키는 대로 하였다. 그러자 곽사인이 심한 말로 꾸짖었다.

"저런 늙은이 같으니라구! 어서 나가지 못해! 폐하께서는 이제 장성하신 어른이시다! 유모 따위는 필요없어! 어찌 그런 행동을 한단 말인가?" 그러자 천자는 불쌍히 여기어 곧 조서를 내림으로써 그 유모를 추방하지 않았으며 처벌하라고 청한 자를 처벌했다.'

史記滑稽傳曰, 漢武帝少時, 東武侯母嘗養帝, 後號大乳母. 其子孫從奴, 橫暴長安中, 當道奪人衣物. 有司請徙乳母於邊. 奏可, 乳母入辭. 帝所幸倡郭舍人發言陳辭, 雖不合大道, 然令人主和說. 乳母乃先見, 爲下泣. 舍人曰, 卽入辭, 勿去, 數還顧. 乳母如其言. 舍人疾言罵之曰, 咄. 老女子. 何不疾行. 陛下已壯矣, 寧尚須乳母活邪. 尚何還顧邪. 於是人主憐之, 詔止毋徙, 罰請者.

주해 | ○規箴(규잠)-규(規)는 바로잡다, 간(諫)하다란 뜻이다. 잠(箴)은 바늘이란 뜻으로, 병을 치료하거나 예방하는 침(鍼)에 비유되며, 자기 자신이나 남을 경계하여 과오를 예방하는 것이다. 이 〈규잠편〉에서는 남의 잘못을 간하거나 경계한 이야기를 모아놓고 있다.

○漢書(한서)-권65 〈동방삭전(東方朔傳)〉.

○列仙傳(열선전)-권하(卷下).

○史記滑稽傳(사기골계전)-권126(褚少孫의 追輔 부분).

○卽入辭云云(즉입사운운)-'즉입사(卽入辭) 물거(勿去) 수환고(數還顧)'의 구절이 《사기》 〈골계전 : 東方朔傳〉에는 '즉입견(卽入見) 사거(辭去) 질보(疾步) 수환고(數還顧)'로 되어 있다.

2. 경방(京房)은 한(漢) 원제(元帝 : 劉奭)와 담론하다가 황제에게 물었다. "유왕(幽王)·여왕(厲王)은 어찌다가 나라를 멸망시킨 것일까요? 어떤 인물을 신임했던 것일까요?" 황제가 대답했다. "그 임용된 자가 불충(不忠)했기 때문이오." "불충하다는 것을 알면서 왜 신용한 것입니까?" "망국(亡國)의 군주는 모두 자기 신하는 현인(賢人)이라

고 생각하는 법이지 불충하다는 것을 알면서 임용하겠는가?" 경방은 머리를 깊이 숙이며 말했다. "오늘날의 사람들이 옛날 일을 보듯이, 후세의 사람들이 또한 오늘날의 세상을 잊게 될 것이 걱정됩니다."(1)

원문| **京房與漢元帝共論, 因問帝, 幽厲之君何以亡. 所任何人. 答曰, 其任人不忠. 房曰, 知不忠而任之, 何邪. 曰, 亡國之君, 各賢其臣. 豈知不忠而任之. 房稽首曰, 將恐今之視古, 亦猶後之視今也.**(1)

(1) 《한서(漢書)》에 이런 이야기가 있다. '경방(京房)의 자는 군명(君明)이고 동군(東郡) 돈구(頓丘) 사람이다. 악률(樂律)을 매우 좋아하고 음악에 밝았으며 효렴(孝廉)으로 낭관(郎官)이 되었다. 그 당시 중서령(中書令)인 석현(石顯)이 권력을 마음대로 휘둘렀는데, 또 그의 친구인 오록(五鹿)의 충종(充宗)이 상서령이 되었다. 충종은 경방과 마찬가지로 《역경(易經)》을 연구했는데 서로 시비를 논쟁했다. 이 석현과 충종, 두 사람이 정치를 전횡하고 있었던 것이다. 경방은 어느 때 황제가 한가한 틈을 보아, 황제에게 물었다. "유왕(幽王)·여왕(厲王)은 어찌하여 나라를 멸망시킨 것일까요? 어떤 사람을 등용했던 것일까요?" 황제가 대답했다. "군주도 현명하지 못하고 신하도 교묘하게 아첨이나 하는 자들이었기 때문이오." "교묘하게 아첨이나 하는 자란 것을 알고 임용한 것일까요? 아니면 현명한 신하인 줄 알고 임용한 것일까요?" "현명한 것으로 생각했을 게요." "그렇다면 오늘날, 그들이 현명하지 않았다는 것을 알 수 있을까요?" "세상이 어지러워졌고 군주의 지위가 위태로워졌던 것으로 그것을 알 수 있소." "대저 현인을 임용하면 나라가 다스려지고 불초한 자를 쓰면 나라가 문란해지는 것은 자연의 도리입니다. 유왕·여왕은 어찌하여 일찍이 그것을 알고 현인을 쓰지 않았던 것일까요? 어찌하여 가벼이 불초한 자를

임용하여 나라를 멸망에 이르도록 한 것일까요?" 그러자 황제는 말했다. "나라를 멸망시키는 군주들은 각각 자기 신하들을 현인일 것으로 생각하는 게요. 모두가 그것을 깨닫고 있다면 어찌하여 나라를 멸망시키고 나라를 문란케 만드는 군주가 있으리요." "제(齊)나라 환공(桓公)이나 진(秦)나라 2세황제(二世皇帝)는 생각해보지 아니하고 수조(豎刁)라든가 조고(趙高)를 임용하여 정치가 날로 문란해지게 했던가요?" "오직 도(道)를 터득한 자만이 지나간 일을 비추어 장래의 일을 알게 되는 것이오." 경방은 "폐하께서 즉위하신 이후로 도둑은 끊이지 않고 죄인은 거리에 넘칩니다." 운운 말한 다음 황제에게 물었다. "오늘날의 세상은 잘 다스려지고 있을까요?" "그래도 유왕·여왕 때보다야 낫지." "방금 전에 말씀드린 제나라 환공이나 진나라 2세황제도 모두 그렇게 생각했었습니다. 신(臣)은 후세의 사람들이 오늘날의 일을 보기를, 마치 오늘날의 사람들이 그 옛날의 일을 보듯 할 것이 아닌가 하여 걱정이 됩니다." "지금 세상을 문란케 한다는 자가 누구요?" "폐하께서 친히 함께 휘장 안에서 정사를 상담하시는 자들입니다." 경방은 석현 및 충종을 가리켜 말했던 것이다. 그러자 석현 등은 경방을 군수(郡守)로 기용해 보는 게 어떻겠느냐고 건의했다. 경방은 동군태수(東郡太守)에 기용되었다. 석현은 경방의 밀사(密事)를 까발리고 그 일로 해서 경방을 기시형(棄市刑)에 처했다.'

漢書曰, 京房字君明, 東郡頓丘人. 尤好鍾律, 知音聲, 以孝廉爲郎. 是時, 中書令石顯專權, 及友人五鹿充宗爲尚書令, 與房同經, 論議相是非, 而此二人用事. 房嘗宴見, 問上曰, 幽厲之君何以亡. 所任何人. 上曰, 君亦不明, 而臣巧佞. 房曰, 知其巧佞而任之邪. 將以爲賢邪. 上曰, 賢之. 房曰, 然則, 今何以知其不賢. 上曰, 以其時亂而君危知之. 房曰, 是任賢而理, 任不肖而亂, 自然之道也. 幽厲何不覺悟而蚤納賢. 何爲卒任不

肖以至亡. 於是上曰, 亂亡之君, 各賢其臣. 令皆覺悟, 安得亂亡之君. 房曰, 齊桓二世, 何不以幽厲卜之, 而任豎刁趙高, 政治日亂邪. 上曰, 唯有道者能以往知來耳. 房曰, 自陛下卽位, 盜賊不禁, 刑人滿市, 云云. 問上曰, 今治邪, 亂也. 上曰, 然愈於彼. 房曰, 前二君皆然. 臣恐後之視今, 猶今之視前也. 上曰, 今爲亂者誰. 房曰, 上所親與圖事帷幄中者. 房指謂石顯及充宗. 顯等乃建言, 宜試房以郡守. 遂以房爲東郡. 顯發其私事, 坐棄市.

주해 | ㅇ幽厲之君(유여지군)－유왕(幽王)은 주(周)나라 제12대 천자. 정부인인 신씨(申氏)와 그 태자 의구(宜臼)를 쫓아내는 한편 포사(褒姒)를 총애하고 포사가 낳은 백복(伯服)을 태자로 삼았다. 그로 인하여 외척 신후(申侯)가 견융(犬戎)의 힘을 빌어 여산(驪山) 기슭에서 유왕을 죽였다. 여왕(厲王)은 주나라 제10대 천자. 실정을 많이 하면서도 예양부(芮良夫) 등의 간언을 받아들이지 않았기 때문에 끝내는 백성들이 등을 돌렸으며, 정치의 실권을 뺏겼다(《史記》 권4 〈周本紀〉).

ㅇ稽首(계수)－앉아서 머리를 바닥에 대는 최고의 경례.

ㅇ漢書(한서)－〈경방전(京房傳)〉.

ㅇ與房同經(여방동경) 論議相是非(논의상시비)－경방은 전한(前漢) 역학(易學)의 대가(大家)이며, 충종(充宗)도 또한 역학을 연구했는데 서로 의견이 상충되는 바가 많았다.

ㅇ宴見(연견)－《한서(漢書)》 〈경방전〉의 안사고(顔師古) 주(注)에 '한연(閑宴)은 때를 보아 들어가서 천자를 뵙다'라고 했다.

ㅇ齊桓(제환)－춘추시대 제(齊)나라 환공(桓公). 처음에는 관중(管仲)을 재상으로 삼아, 제나라 국위를 크게 떨치도록 했는데, 만년에는 수조(豎刁) 등을 신임했다가 나라가 문란해졌을 뿐 아니라, 자신이 죽은 후에도 내란으로 인하여 장례를 2개월 동안 치르지 못했다(《史記》 권32 〈齊太公世家〉).

ㅇ二世(이세)－진(秦)나라 2세황제인 호해(胡亥). 아버지 시황제(始皇帝)가 죽은 다음 환관(宦官) 조고(趙高) 등의 옹립으로 2세황제가 되었으

나 조고의 전횡으로 나라는 문란해졌고 끝내는 조고의 강요로 자살하고 말았다.

ㅇ東郡(동군)—송본(宋本)·원본(袁本)에는 모두 동군(東郡)으로 되어 있으나 《한서》〈경방전〉에는 '위군(魏郡)'으로 되어 있다.

ㅇ坐棄市(좌기시)—기시(棄市)는 시장에서 사형당하는 것. 경방은 회양(淮陽) 헌왕(憲王)의 장인인 장박(張博)을 통하여 헌왕에게 군주의 측근에 있는 간신들을 제거하라는 상소를 올리도록 하려다가 이 일이 석현 등에게 발각되어 장박 등과 함께 처형되었다.

3. 진원방(陳元方 : 陳紀)은 아버지의 상(喪)을 당하여 통곡하고 슬퍼하던 끝에 뼈가 드러날만큼 여위었다. 어머니는 불쌍히 생각하여 은밀히 비단 이불을 덮어주었다. 곽임종(郭林宗 : 郭泰)이 조문을 왔다가 이 모습을 보고 말했다. "그대는 천하의 준재(俊才)이기에 모든 사람이 그대를 본보기로 삼고 있소. 그런데 어찌하여 친상중(親喪中)에 있으면서 비단 이불을 덮고 있단 말이오? 공자님도 말씀하시었소. '비단옷을 입고 쌀밥 먹는 것이 너는 편안하겠느냐?'라고[(1)] —. 나는 찬성할 수 없소이다." 말을 마치자마자 옷을 털고 일어나 가버렸다. 그런 후 백일 정도 내객(來客)이 끊겼다.[(2)]

원문| **陳元方遭父喪, 哭泣哀慟, 軀體骨立. 其母愍之, 竊以錦被蒙上. 郭林宗弔而見之, 謂曰, 卿海內之儁才, 四方是則. 如何當喪, 錦被蒙上. 孔子曰, 衣夫錦也, 食夫稻也, 於汝安乎.[(1)] 吾不取也. 奮衣而去. 自後賓客絶百所日.[(2)]**

(1) 《논어(論語)》에 이런 이야기가 있다. '재아(宰我)가 물었다. "3년 상은 고사하고 1년도 깁니다." 공자가 말했다. "쌀밥을 먹고, 비단 옷을 입어도 네 마음이 편안하겠느냐? 군자가 상중에 있을 때에

는 맛있는 음식을 먹어도 달지 않고, 음악을 들어도 즐겁지 않으며 안락하게 있어도 편하지 않기 때문에 그렇게 하지 않는 것이다. 그러나 네 마음에 편하다면 그렇게 해라.”’

論語曰, 宰我問, 三年之喪, 朞已久矣. 子曰, 食夫稻, 衣夫錦, 於汝安乎. 夫君子居喪, 食旨不甘, 聞樂不樂, 居處不安, 故不爲也. 今汝安, 則爲之.

(2) 소(所)는 허(許)로 되어 있는 것도 있다.

所, 一作許.

주해 | ㅇ論語(논어)－〈양화편(陽貨篇)〉.
ㅇ朞(기)－만 1년.
ㅇ所(소)－…… 정도란 뜻.

4. 손휴(孫休)는 꿩사냥을 좋아했다. 사냥 계절이 되면 이른 아침부터 나갔다가 저녁 늦게서야 돌아왔다. 군신(群臣)들은 모두 간하지 않는 자가 없었다. 그리고 아뢰었다. “꿩은 하찮은 것입니다. 심히 탐닉할 가치가 없는 것입니다.” 그러자 손휴는 말했다. “하찮은 짐승이긴 하지만 그 굳은 절조(節操)는 사람보다 낫소이다. 그러기에 짐(朕)은 좋아하는 것이오.”[(1)]

원문 | **孫休好射雉. 至其時, 則晨去夕反. 羣臣莫不止諫. 此爲小物, 何足甚耽. 休曰, 雖爲小物, 耿介過人, 朕所以好之.**[(1)]

(1) 환제(環濟)의 《오기(吳紀)》에 이런 이야기가 있다. ‘손휴(孫休)의 자는 자열(子烈)이며 오나라 대재(大帝) 손권(孫權)의 여섯째 아들이다. 처음에는 낭야왕(琅邪王)에 봉해졌는데 어느 날 밤 꿈에 용을 타고 하늘로 올라가다가 문득 뒤돌아보니 꼬리가 보이지 않

았다. 손림(孫琳)이 소주(少主 : 孫亮)를 폐하고 손휴를 옹립했다. 손휴는 전적(典籍)에 주(注)를 달아가며 백가(百家)의 책들을 모두 독파하려고 했다. 다만 꿩사냥을 무척 좋아하여 봄철이 되면 이른 아침에 나갔다가 저녁 때에나 돌아왔는데 이때만은 책을 손에 들지 않았다. 붕어하자 경황제(景皇帝)란 시호가 바쳐졌다.'

《조열오사(條列吳事)》에 이런 이야기가 있다. '손휴는 제위(帝位)에 있을 때 정무(政務)에 힘을 기울이며 유루(遺淚)가 없었다. 다만 꿩사냥을 좋아했는데 그것만이 비판받을 점이었다.'

環濟吳紀曰, 休字子烈, 吳大帝第六子. 初封琅邪王, 夢乘龍上天, 顧不見尾. 孫琳廢少主, 迎休立之. 銳意典籍, 欲畢覽百家之事. 頗好射雉, 至春, 晨出莫反, 唯此時舍書. 崩, 謚景皇帝. 條列吳事曰, 休在位烝烝, 無有遺事. 唯射雉可譏.

주해 | ㅇ孫休(손휴)－당사본(唐寫本)은 손휴(孫烋)로 적고 있다.

ㅇ莫不止諫(막부지간)－당사본에는 이 구절 아래에 왈(曰)자를 써넣었는데 여기서는 그것을 보충하여 번역했다.

ㅇ耿介(경개)－굳게 절조를 지키는 것. 《의례(儀禮)》〈사상견례(士相見禮)〉의 '지동용치(贄冬用雉)'의 주(注)에 '꿩에게는 올바른 절조가 있어서 선비의 폐백에 쓰기에 알맞은 새이므로 후세에 꿩을 경개금(耿介禽)으로 부르게 되었다'라고 하였다.

ㅇ莫反(모반)－당사본(唐寫本)은 모반(暮反)으로 적고 있다.

5. 손호(孫皓)가 승상인 육개(陸凱)에게 물었다. "그대의 일족(一族)은 조정에 몇 사람 있소?" 육개가 대답했다. "재상이 2명, 후작(侯爵)이 5명, 장군이 10여 명 있습니다." 손호가 말했다. "흥성하도다!" 그러자 육개가 말했다. "군주가 현명하고 신하가 충성스런 것은 국가의 흥성입니다. 아비가 자애롭고 자식이 효도하는 것은 가문의 흥성이고요. 지금 정치는 황폐하고 백성은 피폐하여 국가의 전복이 두려

운 데 제가 어찌 감히 홍성하다고 할 수 있겠습니까?"(1)

원문| 孫皓問丞相陸凱曰, 卿一宗在朝有幾人. 陸曰, 二相, 五侯. 將軍十餘人. 皓曰, 盛哉. 陸曰, 君賢臣忠, 國之盛也. 父慈子孝, 家之盛也. 今政荒民弊, 覆亡是懼. 臣何敢言盛.(1)

(1) 《오록(吳錄)》에 이런 이야기가 있다. '육개(陸凱)의 자는 경풍(敬風)이며 오나라 사람 승상 육손(陸遜)의 족자(族子)이다. 충의로운 신하로서 절의(節義)가 굳고 뜻이 깊으며 학문을 좋아했다. 처음에 건충교위(建忠校尉)가 되었는데 군무(軍務)에 있을 때도 책을 손에서 떼지 아니했다. 좌승상(左丞相)으로 누천(累遷)되었다. 당시 후주(後主 : 孫皓)가 포학했으므로 육개는 직언을 해가며 강력히 간했다. 그 일족(一族)의 세(勢)가 홍성했으므로 손호도 감히 주벌(誅罰)하지 못하였다.'

吳錄曰, 凱字敬風, 吳人, 丞相遜族子. 忠鯁有大節, 篤志好學. 初爲建忠校尉, 雖有軍事, 手不釋卷. 累遷左丞相. 時後主暴虐, 凱正直彊諫. 以其宗族彊盛, 不敢加誅也.

주해| ㅇ初爲建忠校尉(초위건충교위)—《삼국지(三國志)》 권61 〈육개전(陸凱傳)〉에는 건무도위(建武都尉)에 임명되었다가 그 후 주애(朱崖)를 토벌한 공로에 의하여 건무교위(建武校尉)로 옮겼다고 되어 있다.

6. 하안(何晏)과 등양(鄧颺)이 관로(管輅)에게 팔괘(八卦)를 보여주면서 말했다. "벼슬은 삼공(三公)에까지 오를 수 있을는지요?" 점괘가 나오자, 관로가 고래(古來)의 해석을 인용하여 그들을 깊이 경계시켰다. 등양이 말했다. "이는 노서생(老書生)이 으레 하는 말일 뿐이오."(1) 하안은 말했다. " '기미(幾微)를 아는 것은 신묘하도다'라고 하

였듯이, 사물의 사소한 조짐을 꿰뚫어본다는 것은 지극히 중요한 일이며, 옛사람들도 이것을 매우 어려운 일로 보았소이다. 또 그다지 친교도 없건만 성의있는 말을 한다는 것은 오늘날의 사람으로서는 매우 어려운 일이고요. 지금 당신은 단지 일면식뿐인 우리에게 이 두 가지 어려운 일을 기탄없이 해주었소이다. 실로 '명덕(明德)이 오로지 향기롭다'고 할 만하오. 《시경(詩經)》에도 이런 말이 있지 않소. '마음속에 품고 있거늘 어찌 하룬들 그대 잊으리(中心藏之 何日忘之)'라고요."(2)

원문| 何晏, 鄧颺令管輅作卦云, 不知位至三公不. 卦成, 輅稱引古義, 深以戒之. 颺曰, 此老生之常談.(1) 晏曰, 知幾其神乎, 古人以爲難. 交疎而吐誠, 今人以爲難. 今君一面盡二難之道, 可謂明德惟馨. 詩不云乎, 中心藏之, 何日忘之.(2)

(1) 《관로별전(管輅別傳)》에 이런 이야기가 있다. '관로의 자는 공명(公明)이며 평원(平原) 사람이다. 《주역(周易)》에 밝아서 그 명성은 서주(徐州)에 울려퍼졌다. 기주자사(冀州刺史)인 배휘(裵徽)는 그를 수재(秀才)로 천거하면서 말했다. "하(何 : 何晏)와 등(鄧 : 鄧颺) 두 상서(尙書)는 모두 경국(經國)의 재략(才略)이 있으며 사물의 도리에 정통하오. 특히 하상서는 정신이 명철하여 아무리 미세한 것이더라도 간파해내고 만다오. 그대는 정신을 바싹 차려야 하오. 그는 스스로 《주역》 중 아홉 가지 일을 모르겠다고 말했으니 그것에 대하여 틀림없이 그대에게 질문을 할 것이오. 그대가 낙양(洛陽)에 가거든 그 도리를 반드시 상세하게 설명하시오." 관로가 말했다. "그 아홉 가지 일이라면 모두 《주역》의 신수(神髓)여서 깊이 생각해야 할 정도의 것은 아닙니다. 또 음양에 대해서는 평소에 상세히 고찰하고 있습니다." 관로가 낙양에 이르자 과연 하상서로부터 예의 아홉 가지 일에 대한 질문을 받았는데 그는 그것들을 모두 설명하여 밝혔다. 하안이 말했다. "그대의 음양

에 대한 논설은 천하 제일이오." 그때 등상서(鄧尙書)가 옆에 있다가 말했다. "이 사람은《주역》에 밝을텐데 처음부터《주역》의 사의(辭意)에 대해서 언급하지 않는 것은 무슨 이유요?" 관로가 대답했다. "대저《주역》에 밝은 사람은《주역》에 대하여 이것저것 논하지 않습니다." 하상서는 웃음을 띠고 칭찬하며 말했다. "과연, 요체를 체득한 말은 번잡하지 않다는 뜻이구려." 그리고 관로에게 말했다. "그대는 단지《주역》의 논(論)만을 상세히 알고 있을 뿐 아니라 시초(蓍草)를 사용하여 팔괘(八卦)를 보는 데도 상당히 뛰어나다고 들었소이다만 한번 보여주지 않으려오? 벼슬이 삼공(三公)의 자리에 오를 수 있을는지 어떤지? 또 꿈속에서 수십 마리의 쉬파리가 콧등에 앉아있는데 아무리 쫓으려고 해도 꿈쩍도 하지 않았는데 이것은 무슨 의미겠소?" 관로가 말했다. "부엉이는 이 세상에서 천한 새입니다. 그러나 숲에 와서 오디를 먹으면 고운 목소리를 내어 나를 달래준다고 합니다. 하물며 저의 마음은 초목보다 낫지 않겠습니까? 해를 바라보는 해바라기와 콩잎의 마음을 지니고 있습니다. 어찌 군후(君侯 : 何晏)에게 충성을 다하지 않을 수 있겠습니까? 다만 깊이 생각할 뿐입니다. 옛날 팔원팔개(八元八凱)가 우순(虞舜)을 보좌했을 때, 실로 자애로워서 백성들은 모두 평화를 누렸습니다. 이것이야말로 인의(仁義)의 지극함입니다. 또 주공(周公)이 성왕(成王)을 섭정했을 때 앉아서 날이 새기를 기다렸던 것은 신중(愼重)의 지극함입니다. 그러기에 넓은 세상에 은덕을 베푸는데 그 감화에 의하여 만국(萬國)이 두루 평안한 것입니다. 이러한 때에 신하로서 삼공(三公)의 지위에 오르고 음양을 조화시키어 만인을 구제하는 것, 이것은 그들이 도(道)를 실천한, 훌륭한 보응이지 복서(卜筮)에 의하여 밝혀지는 것이 아닙니다. 지금 군후(君侯)의 지위는 태산보다도 무겁고 위세는 우레와 같이 격렬한즉 천하 사람들은 모두 바람을 따라 군후를 추종하고 있습니다. 그러나 그 덕을 사모하는 자는 적고 그 위세를 두려워하는 자는 많습니다. 이렇게 되어서는 아무래도 소심익익(小心翼翼)으로 삼가야 하니 다복(多福)을 불러들이는 것이라 말할 수 없겠습니다. 또 코는 간괘(艮卦)에 해당합니다. 얼굴 중앙에 있는 산(山)인 코는 높아도 위태롭지 아니하고 그러기에 오랫동안 고귀한 것입니다. 그런데 지금 추악한 쉬파리가 이 코에 앉았다고 했습니다. 무릇 높은 지위에 있는 사람은 넘어지고, 호사를 부리는 자는 망하는 것이 필연입니다. 변화는 서로 맞물리어 생기는 것이며 극에 이르면 해(害)가 됩니다. 가득 차고 이지러지는 것은 차례로 바뀌어가며 일어나는 것으로서 넘치게 되면 없어집니다. 성인(聖人)은 음양의 묘(妙)을 살피면서 존망(存亡)의 이치를 밝히고 너무 많은 것은 줄이어 세(勢)를 약화시키기도 하고 너무 나아간 것은 억제하여 되돌아오게 합니다. 그러므로 땅속에 산이 있는 것을 겸(謙)이라 하고, 하늘 위에 번개가 있는 것을 대장(大壯)이라고 합니다. 겸(謙)하면 많은 것을 줄이어 적은 것을 더해주고, 대장(大壯)하면 예(禮)에 위배되는 행동을 절대로 하지 아니합니다. 삼가 바라건대 군후(君侯)께서는 멀리는 문왕(文王)이 만든 육효(六爻)의 주지(主旨)를 고찰하시고, 가까이는 공자(孔子)의 단전(彖傳)과 상전(象傳)의 의의를 생각하십시오. 그렇게 하시면 삼공(三公)의 일이 분명해질 것이며 쉬파리를 쫓아 버릴 수 있을 것입니다." 등양이 말했다. "이것은 노서생(老書生)이 늘 하는 말이리다." 관로가 말했다. "대저 노서생은 지금까지 나타나지 않았던 것을 꿰뚫어보고 감추어진 진리를 알아맞출 수 있는 법입니다."'

輅別傳曰, 輅字公明, 平原人也. 明周易, 聲發徐州. 冀州刺史裴徽擧秀才, 謂曰, 何, 鄧二尙書, 有經國才略, 於物理無不精也. 何尙書神明淸徹, 殆破秋毫, 君當愼之. 自言不解易中九事. 必當相問. 比至洛, 宜善精其理. 輅曰, 若九事皆至義, 不足勞思. 若陰陽者, 精之久矣. 輅至洛陽, 果爲何尙書問九事, 皆明.

何曰, 君論陰陽, 此世無雙也. 時鄧尚書在曰, 此君善易, 而語初不論易中辭義, 何邪. 輅答曰, 夫善易者, 不論易也. 何尚書含笑贊之曰, 可謂要言不煩也. 因謂輅曰, 聞君非徒善論易, 至於分蓍, 思爻, 亦爲神妙. 試爲作一卦, 短位當至三公不. 又夢青蠅數十來鼻頭上, 驅之不去, 有何意故. 輅曰, 鴟, 天下賤鳥也. 及其在林, 食其桑椹, 則懷我好音. 況輅心過草木, 注情葵藿, 敢不盡忠. 唯察之爾. 昔元, 凱之相重華, 宣慈惠和, 仁義之至也. 周公之翼成王, 坐以待旦, 敬愼之至也. 故能流光六合, 萬國咸寧, 然後據鼎足而登金鉉, 調陰陽而濟兆民. 此履道之休應, 非卜筮之所明也. 今君侯位重東嶽, 勢若雷霆, 望雲赴景, 萬里馳風. 而懷德者少, 畏威者衆, 殆非小心翼翼, 多福之士. 又鼻者, 艮也. 此天中之山, 高而不危, 所以長守貴也. 今青蠅臭惡之物, 而集之焉. 位峻者顚, 輕豪者亡, 必至之分也. 夫變化雖相生, 極則有害. 虛滿雖相受, 溢則有竭. 聖人見陰陽之性, 明存亡之理, 損益以爲衰, 抑進以爲退. 是故山在地中曰謙, 雷在天上曰大壯. 謙則衰多益寡, 大壯則非禮不履. 伏願君侯上尋文王六爻之旨, 下思尼父彖, 象之義, 則三公可決, 青蠅可驅. 鄧曰, 此老生之常談. 輅曰, 夫老生者, 見不生. 常談者, 見不談也.

(2) 《명사전(名士傳)》에 이런 이야기가 있다. '당시 조상(曹爽)은 정치를 보좌했는데 뜻있는 사람은 머지않아 위기가 찾아오는 게 아니냐며 걱정했다. 하안(何晏)은 성망이 높았으며 위조(魏朝)와 인척관계에 있었으므로 마음 속으로 걱정을 하고 있기는 했지만 물러날래야 물러날 수가 없었다. 오언시(五言詩)를 지어 자신의 뜻을 읊었다. "큰 기러기 날개 나란히 노닐고, 떼지어 날며 창공에서 유희하네. 큰 그물의 근심과 화(禍)가 하루아침에 들이닥칠까 늘 두렵다네. 어찌 오호(五湖)에 모여 물결따라 부평초 쪼아 먹는 것만 같으랴? 언제나 편안하게 속마음 밝힌다면 어찌하여 두려움

때문에 놀라랴!" 이것은 관로가 한 말에 의하여 두려워서 지은 시였던 것이다.'

名士傳曰, 是時曹爽輔政, 識者慮有危機. 晏有重名, 與魏姻戚, 內雖懷憂, 而無復退也. 著五言詩以言志曰, 鴻鵠比翼遊, 羣飛戲太清. 常畏大網羅, 憂禍一旦幷. 豈若集五湖, 從流唼浮萍. 永寧曠中懷, 何爲怵惕驚. 因輅言懼而賦詩.

주해 | ㅇ知機其神乎(지기기신호)—사전에 사물의 미세한 나타남을 알아낸다는 것은 실로 신묘(神妙)하다는 뜻. 《주역(周易)》 〈계사전(繫辭傳)〉 하(下)에 '공자는 말했다. "기미를 아는 것이 신기하도다(知幾其神乎). 군자는 윗사람과 사귀어도 아첨하지 않고 아랫사람과 사귀어도 탁하지 않도다. 기밀이란 것은 움직임의 미묘한 것이니 길조(吉兆)가 먼저 나타나는 것이다. 군자는 기기를 보고 일을 하되 해가 질 때까지 기다리지 않는다"'라고 되어 있다.

ㅇ明德惟馨(명덕유형)—신(神)은 제물의 향기보다 제사지내는 사람의 덕향(德香)을 받아들인다는 뜻. 《서경(書經)》 〈군진(君陳)〉에 있는 말이다.

ㅇ中心藏之(중심장지), 何日忘之(하일망지)—《시경(詩經)》 〈소아(小雅)〉 '습상(隰桑)'에 '마음속에 품고 있거늘 어찌 하룬들 잊으리?(中心臧之, 何日忘之)'라고 되어 있다.

ㅇ於物理無之精也(어물리무지정야)—송본(宋本)에는 '무(無)'자가 없다. 여기서는 원본(袁本)에 따랐다.

ㅇ若九事皆至義(약구사개지의)—송본(宋本)에는 '약구사개왕의자(若九事皆王義者)'로 되어 있다. 여기서는 원본(袁本)에 따라 번역했다.

ㅇ及其在林(급기재림), 食其桑椹(식기상심), 則懷我好音(즉회아호음)—《시경》 〈노송(魯頌)〉 '반수(泮水)'에 '편피비효(翩彼飛鴞) 집우반림(集于泮林) 식아상심(食我桑椹) 회아호음(懷我好音)'이라고 되어 있다. 천한 자가 먼 시골에서 나와 도읍의 훌륭한 사람들에게로 와서 그 은덕에 감화되는 것을 가리킴.

ㅇ葵(규) 藿(곽)—해바라기와 콩잎. 이것들은 항상 해를 향하기 때문에

전(轉)하여 군주 또는 윗사람을 존경하고 충성을 다한다는 비유로 쓴 것임.

- 元(원), 凱(개)－팔원팔개(八元八凱). 〈품조편(品藻篇)〉 1의 주해 참조.
- 宣慈惠和(선자혜화)－《좌전(左傳)》 문공(文公) 18년조에 '고신씨(高辛氏)에게 재자(才子) 8명이 있었다. 백분(伯奮), 중감(仲堪), 숙헌(叔獻), 계중(季仲), 백호(伯虎), 중웅(仲熊), 숙표(叔豹), 계리(季貍)이다. 충숙(忠肅)하고 공의(恭懿)하며 선자(宣慈)하고 혜화(惠和)하여 천하 사람들은 이들을 팔원(八元)이라고 하였다'라고 되어 있다.
- 坐以待旦(좌이대단)－밤중에 앉은 채로 날이 밝기를 기다리는 것. 《맹자(孟子)》 〈이루장구(離婁章句)〉 하(下)에 '주공(周公)은 3대의 임금들이 행한 것을 아울러 행함으로써 그 네 분들의 일을 실천하려고 했는데, 그 중 지금의 일에 맞지 않는 일이 있으면, 하늘을 우러르며 생각하되 밤에도 자지 않고 계속하다가 다행히도 터득하는 것이 있게 되면 그것을 실행하려고 앉은 채로 날이 밝기를 기다렸다'라고 되어 있다.
- 六合(육합)－천지(天地 : 上下)와 동서남북. 즉 세계.
- 流光(유광)－은덕과 감화를 널리 펼치는 것.
- 萬國咸寧(만국함녕)－성인(聖人)의 덕(德)에 의하여 만국 모두가 태평하게 되는 것. 《주역》 '정괘(鼎卦)'에 '먼저 여러 물건을 내놓으니 온갖 나라가 다 편안하다(首出庶物 萬國咸寧)'라고 되어 있다.
- 鼎足(정족)－여기서는 삼공(三公)의 벼슬을 가리킨다.
- 金鉉(금현)－정(鼎)의 세 발. 《주역》 정괘(鼎卦)에 '육오(六五)라, 솥의 누런 귀는 구리로 만든 솥귀라. 마음을 곧고 바르게 가져야 이롭다(六五, 鼎黃耳 金鉉 貞利)'라고 되어 있다. 한편 여기서는 솥을 제위(帝位)에, 솥의 금현(金鉉)을 솥을 받치는 삼공(三公)에 비유하고 있다. 삼현(三鉉)이라고도 한다.
- 休應(휴응)－훌륭한 행위에 응하여 나타나는 상서로운 표식.
- 東岳(동악)－원본(袁本)에는 '산악(山岳)'으로 되어 있다.
- 赴景(부경)·馳風(치풍)－《세설전본(世說箋本)》에 '위사방래귀(謂四方來歸)'라고 되어 있다.
- 小心翼翼(소심익익), 多福之士(다복지사)－《시경(詩經)》 〈대아(大雅)〉

'대명(大明)'에, '문왕께선 삼가고 조심하시며 하느님을 밝게 섬기어 많은 복을 누리셨네(維此文王 小心翼翼 昭事上帝 聿懷多福)'라고 되어 있다.

o 艮(간)－역(易)의 팔괘(八卦) 중 하나. 자연물로는 산(山)을 의미한다.

o 天中(천중)－관상학(觀相學)에서는 코가 있는 곳을 가리킨다.

o 高而不危(고이불위)－《효경(孝經)》〈제후장(諸侯章)〉에 '윗자리에 있으면서도 교만하지 아니하면 높으면서도 위태롭지 아니하고(在上不驕, 高而不危), 비용을 절제하고 예법을 삼가면 가득 차면서도 넘치지 아니한다. 높으면서도 위태롭지 아니하면 오래도록 존귀함을 지킨다'라고 되어 있다.

o 謙(겸)－역(易)의 64괘 중 하나. 겸손의 덕을 나타낸다. 한편 《주역》 겸괘(謙卦)에는 '땅속에 산이 있는 것이 겸괘이다. 군자는 그것으로 많은 것을 덜어서 적은 것을 보태되 다투어 균등하게 베푼다'라고 되어 있다.

o 大壯(대장)－역(易)의 64괘 중 하나. 융성한 모양을 나타낸다. 한편 《주역》 대장괘(大壯卦)에는 '우레가 하늘에 있는 것이 대장괘이다. 군자는 그것으로 예(禮)가 아니면 이행하지 않는다'라고 되어 있다.

o 見不生(견불생)－참고로 그 후 이 두 사람은 주살당했는데 《통감(通鑑)》 권75의 호삼성(胡三省) 주(注)에는 '말한 바는 반드시 그 죽음을 보다'라고 되어 있으며, 이 한 구절이 두 사람의 죽음을 예지(豫知)한 뜻이라고 했다.

o 姻戚(인척)－하안(何晏)은 위(魏)나라 조조(曹操)의 딸 금향공주(金鄕公主)에게 장가들었다.

o 五言詩(오언시)－《전삼국시(全三國詩)》 권3에는 시제(詩題)가 하안의 〈의고(擬古)〉로 되어 있다. 한편 《예문유취(藝文類聚)》 권90, 《초학기(初學期)》 권30에도 이 시가 인용되어 있는데 자구(字句)에 다소의 이동(異同)이 있다.

7. 진(晋) 무제(武帝 : 司馬炎)는 태자(太子 : 惠帝 司馬衷)의 우둔

함을 알아차리지 못한 채 (그로 하여금) 꼭 뒤를 잇게 하려는 생각을 가지고 있었다. 명신들은 여러 가지로 솔직한 의견을 아뢰었다. 어느 때 황제가 능운대(陵雲臺)에 앉아 있을 때 위관(衛瓘)이 그 옆에 있었는데 자기 흉중(胸中)을 아뢰기 위해 술취한 척하며 황제 앞에 무릎을 꿇고 손으로 옥좌를 더듬으며 말했다. "이 자리가 아깝습니다." 황제는 그 뜻을 알아차렸다는 듯 그냥 웃으면서 말했다. "공(公)은 취했구려."(1)

원문 晉武帝旣不悟太子之愚, 必有傳後意. 諸名臣亦多獻直言. 帝嘗在陵雲臺上坐. 衛瓘在側, 欲申其懷, 因如醉跪帝前, 以手撫牀曰, 此坐可惜. 帝雖悟, 因笑曰, 公醉邪.(1)

(1) 《진양추(晋陽秋)》에 이런 이야기가 있다. '처음에 혜제(惠帝 : 司馬衷)가 태자의 자리에 오르자 사람들은 모두 태자는 스스로 정치를 할 수 없을 것으로 생각했다. 위관(衛瓘)은 늘 상소하여 태자를 폐위시켜야겠다고 생각했으나 그것을 과감하게 실행하지 못하고 있었다. 그 후 마침 술에 취한 것을 기화로 하여 무제의 옥좌 앞에 무릎을 꿇고 아뢰었다. "신(臣)은 아뢰고 싶은 것이 있습니다." 무제가 말했다. "공이 하고 싶은 말은 무엇이오?" 위관은 하려던 말을 그만두기 세 차례에 이르렀다. 그리고 손으로 옥좌를 더듬으면서 말했다. "이 자리가 아깝습니다." 황제는 (그 말뜻을) 알아차렸으나 일부러 이렇게 말했다. "공은 매우 취했소이다." 그 후 황제는 동궁의 관원들을 불러놓고 성대하게 연회를 베푸는 한편, 좌우에 있던 자들에게 명하여 상서성(尙書省)으로부터 처리해야 할 일을 가져오게 한 다음, 태자에게 주고 결재하라고 했다. 태자는 어떻게 해야 할지를 몰랐다. 가비(賈妃)는 외부 사람에게 물어보고 태자를 대신하여 그 해답을 만들게 했던 바, 자주 고전(古典)의 문구를 인용하였다. 급사(給使)인 장홍(張弘)이 말했다.

"태자의 무학(無學)은 폐하께서도 알고 계십니다. 사실을 보고 판단할 일이지 고서(古書) 등은 인용하지 않는 것이 좋을 것입니다." 가비는 그 말에 따랐다. 장홍은 상소문을 기안(起案)하고 태자가 그것을 스스로 베껴내도록 하였다. 황제는 크게 기뻐하며 위관에게 보였다. 그러자 가충이 가비에게 말했다. "위관 늙은이가 자칫했으면 마마의 집안을 망칠 뻔했소이다." 이로 인하여 가비는 위관을 미워했고 후일 마침내 그를 주살(誅殺)하였다.'

晉陽秋曰, 初, 惠帝之爲太子, 咸謂太子不能親政事. 衛瓘每欲陳啓廢之, 而未敢也. 後因會醉, 遂跪牀前曰, 臣欲有所啓. 帝曰, 公所欲言者何邪. 瓘欲言而復止者三. 因以手撫牀曰, 此坐可惜. 帝意乃悟. 因謬曰, 公眞大醉也. 帝後悉召東宮官屬大會, 令左右齎尚書處事, 以示太子令處決. 太子不知所對. 賈妃以問外人, 代太子對, 多引古詞義. 給使張弘曰, 太子不學, 陛下所知, 宜以見事斷, 不宜引書也. 妃從之. 弘具草奏, 令太子書呈. 帝大說, 以示瓘. 於是賈充語妃曰, 衛瓘老奴, 幾敗汝家. 妃由是怨瓘, 後遂誅之.

주해 ㅣ ㅇ衛瓘(위관)－당시 태자소부(太子少傅)였다.

ㅇ賈妃(가비)－가충(賈充)의 딸. 이름은 남풍(南風), 혜제(惠帝)가 태자였던 태시(泰始) 8년(272) 태자비가 되었으며 즉위 후에 황후가 되었다. 혜제가 암우(暗愚)했으므로 가후(賈后)는 정치의 실권을 잡았는데 매우 황음 방자하였다. 민회태자(愍懷太子)를 폐하고 죽였는데 나중에 조왕(趙王) 사마윤(司馬倫)에 의해 황후의 자리에서 쫓겨나고 죽음을 당했다. 이때의 부패한 정치는 서진(西晉) 왕조를 근저에서 흔들어놓은 팔왕(八王)의 난(亂)의 원인(遠因) 중 하나가 되었다.

ㅇ給使(급사)－《자치통감(資治通鑑)》 권99에서 인용한 호삼성(胡三省)의 주(注)에는 '좌우에 있으면서 사령(使令)을 전달하는 자이다'라고 하였다.

ㅇ張弘(장홍)－《진서(晋書)》 권31 〈가후전(賈后傳)〉에는 '홍(弘)'을 '홍

(泓)'으로 적고 있다.

8. 왕이보(王夷甫 : 王衍)의 아내는 곽태영(郭泰寧 : 郭豫)의 딸이다.[1] 머리는 좋지 않았지만 성질이 괴팍하여 지칠 줄 모르고 재물을 긁어모았으며 공사(公事)에까지 간섭했다. 왕이보는 그것을 걱정했으나 말릴 수가 없었다. 당시 동향 사람으로 유주자사(幽州刺史)였던 이양(李陽)은 도읍에서 이름이 난 협사(俠士)로서[2] 한(漢)나라의 누호(樓護)와 같았는데[3] 곽씨도 그를 두려워했다. 왕이보는 자주 아내를 말리면서 말했다. "나만 당신을 옳지 않다고 말하는 것이 아니오. 이양 역시 당신이 옳지 않다고 말합니다." 곽씨는 그 말을 듣고 다소 주춤했다.

원문| **王夷甫婦, 郭泰寧女.[1] 才拙而性剛, 聚斂無厭, 干豫人事. 夷甫患之, 而不能禁. 時其鄕人幽州刺史李陽, 京都大俠,[2] 猶漢之樓護.[3] 郭氏憚之. 夷甫驟諫之, 乃曰, 非但我言卿不可, 李陽亦謂不可. 郭氏小爲之損.**

(1) 《진제공찬(晉諸公贊)》에 이런 이야기가 있다. '곽예(郭豫)의 자는 태영(泰寧)이며 태원(太原) 사람이다. 벼슬하여 상국참군(相國參軍)에 이르렀으며 이름이 알려졌다. 일찍 세상을 떠났다.'
晉諸公贊曰, 郭豫字泰寧, 太原人. 仕至相國參軍, 知名. 蚤卒.

(2) 《진백관명(晋百官名)》에는 이런 이야기가 있다. '이양(李陽)의 자는 경상(景相)이며 고평(高平) 사람이다. 무제(武帝 : 司馬炎) 때 유주자사(幽州刺史)가 되었다.'
《어림(語林)》에 이런 말이 있다. '이양은 협사(俠士)로서 유주자사에 부임하게 되었을 때 몹시 더운 날이었는데도 하루 동안 수백 집을 방문하고 작별을 고했다. 또 작별을 고하러 온 빈객들이 언제나 그 집 문을 메웠으며 마침내는 안석 아래에서 죽는 사람도 있었다. 그랬기에 곽씨(郭氏)도 그를 두려워했던 것이다.'

晉百官名曰, 陽字景相, 高平人. 武帝時爲幽州刺史.

語林曰, 陽性遊俠, 盛暑, 一日詣數百家別. 賓客與別, 常塡門, 遂死于几下. 故懼之.

(3) 《한서(漢書)》 〈유협전(遊俠傳)〉에 이런 이야기가 있다. '누호(樓護)의 자는 군경(君卿)이고 제(齊) 땅 사람이다. 경학(經學)을 배웠고 상당한 명성을 얻었다. 그 어머니가 죽었을 때 장례행렬의 수레가 3천량에 이르렀다. 벼슬하여 천수태수(天水太守)에 이르렀다.'

漢書遊俠傳曰, 護字君卿, 齊人. 學經傳, 甚得名譽. 母死, 送葬車三千兩. 仕至天水太守.

주해 | ㅇ王夷甫婦(왕이보부)-《진서(晉書)》 권43 〈왕연전(王衍傳)〉에 '왕연의 아내 곽씨(郭氏)는 가후(賈后)의 친척이다. 중궁(中宮)의 세도를 믿고 탐욕하고 강퍅하여 재물을 긁어모으는 데 지칠 줄을 몰랐다'라고 되어 있다. 곽씨와 가후의 관계는 다음 도표와 같다.

ㅇ陽字景相(양자경상)-송본(宋本)은 '경상(景相)' 원본(袁本) 및 당사본(唐寫本)은 '경조(景祖)'로 적고 있다.

ㅇ盛暑(성서)-당사본에는 그 위에 '위유주(爲幽州)' 3자가 있으며 여기서는 이것을 넣어서 보충했다.

ㅇ賓客與別(빈객여별)-《세설초찰(世說鈔撮)》에 '별(別)은 도(到)의 잘못일까?'라고 되어 있다.

ㅇ故懼之(고구지)-이양(李陽)은 발이 넓었고 큰 세력을 가지고 있었으므로 곽씨도 그를 두려워했다.

ㅇ漢書遊俠傳(한서유협전)-권92.

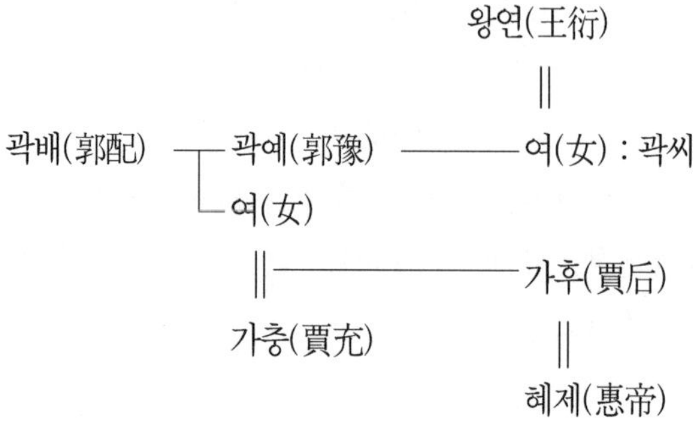

9. 왕이보(王夷甫 : 王衍)는 평소에 현묘유원(玄妙幽遠)한 철리(哲理)를 좋아했는데 탐욕스런 아내를 미워했고, 돈이란 말을 입밖으로 내지 아니했다.(1) 아내가 그 일을 시험해 보려고, 하녀에게 명하여 침상 주위에 돈을 깔아놓음으로써 걷지 못하게 하였다. 왕이보는 아침에 일어나자 돈으로 말미암아 밟을 곳이 없음을 보고는, 하녀에게 말했다. "이 물건을 어서 치워라."

▒원문| **王夷甫雅尚玄遠, 常嫉其婦貪濁, 口未嘗言錢字.(1) 婦欲試之, 令婢以錢繞牀, 不得行. 夷甫晨起, 見錢閡行, 呼婢曰, 擧卻阿堵物.**

(1) 《진양추(晋陽秋)》에 이런 이야기가 있다. '왕이보(王夷甫)는 베풀기를 좋아했는데 아버지가 남에게 돈을 꾸어주면 그 증거를 모두 불태우고 이식(利殖) 따위는 생각하지 아니했다.'
왕은(王隱)의 《진서(晋書)》에는 이런 이야기가 있다. '왕이보는 부귀를 구하여 부귀를 얻었고 재산이 산더미처럼 모여져서, 아무리 써도 다 쓸 수 없을 정도였다. 그런즉 어찌 돈을 문제삼을 리 있겠는가? 그런데 세간에서는 돈을 문제삼지 않으므로 훌륭하다

고 했다. 이 어찌 착각이 아니겠는가.'

晉陽秋曰, 夷甫善施舍, 父時有假貸者, 皆與焚券, 未嘗謀貨利之事.

王隱晉書曰, 夷甫求富貴得富貴, 資財山積, 用不能消, 安須問錢乎. 而世以不問爲高, 不亦惑乎.

주해 | ㅇ阿堵物(아도물)－아(阿)는 발어사(發語辭), 도(堵)는 이것이란 의미이다. 육조시대(六朝時代)의 속어(俗語)로 이 물건이란 뜻이다.

10. 왕평자(王平子 : 王澄)가 14, 5세였을 때다. 형인 왕이보(王夷甫 : 王衍)의 부인 곽씨(郭氏)가 탐욕스러워서 하녀로 하여금 길가에서 분뇨를 메고 가게 하는 것을 보았다. 왕평자는 이를 말리면서 이런 짓을 해서는 안된다고 말했다. 곽씨는 크게 노하며 왕평자에게 말했다. "옛날 어머님께서 돌아가실 때 서방님에 관하여 나에게 당부하셨거니와 나에 대하여 서방님에게 당부하지는 않으시었소!"(1) 그리고 갑자기 옷깃을 붙잡으며 막대기로 때리려고 하였다. 왕평자는 힘을 다하여 겨우 창문을 넘어 도망칠 수가 있었다.

원문 | **王平子年十四五, 見王夷甫妻郭氏貪欲, 令婢路上儋糞. 平子諫之, 並言不可. 郭大怒, 謂平子曰, 昔夫人臨終, 以小郎囑新婦, 不以新婦囑小郎.(1) 急捉衣裾, 將與杖. 平子饒力, 爭得脫, 踰窓而走.**

(1) 《영가류인명(永嘉流人名)》에 이런 이야기가 있다. '왕징(王澄)의 아버지 왕예(王乂)는 세 번째로 낙안(樂安) 임씨(任氏)의 딸을 취하여 왕징을 낳았다.

永嘉流人名曰, 澄父乂, 第三取樂安任氏女, 生澄.

주해| ㅇ王平子(왕평자)・王夷甫(왕이보)－왕평자[왕징 : 王澄]는 왕이보[왕연 : 王衍]의 동생이다.

11. 원제(元帝 : 司馬睿)는 강남에 건너간 다음에도 변함없이 술을 자주 마셨다. 왕무홍(王茂弘 : 王導)은 황제와 친분이 있었으므로 눈물을 흘리면서 간했다. 황제는 이 말을 받아들이어 술을 따르게 하고 한번 실컷 취한 다음에 마침내는 술을 끊었다.(1)

원문| **元帝過江猶好酒. 王茂弘與帝有舊, 常流涕諫. 帝許之, 命酌酒一酣, 從是遂斷.**(1)

(1) 등찬(鄧粲)의 《진기(晋紀)》에 이런 이야기가 있다. '황제[元帝]는 스스로 검약에 힘쓰며 당시의 정무(政務)를 최우선으로 삼았다. 그러나 천성적으로 술을 좋아하여, 강남으로 건너가고자 했을 때, 왕도(王導)는 강력히 그 일을 간했다. 그래서 황제는 좌우에 있는 자에게 술을 따르게 한 다음 그것을 다 마시자 술잔을 엎어놓았으며 그 후로는 마침내 술을 들지 않았다. 황제의 그러한 극기복례(克己復禮)하는 모습을 신하들이 배웠는데 진왕조(晋王朝) 중흥의 대업이 여기서 융성해졌다.'

鄧粲晋紀曰, 上身服儉約, 以先時務. 性素好酒, 將渡江, 王導深以諫. 帝乃令左右進觴, 飮而覆之, 自是遂不復飮. 克己復禮, 官脩其方, 而中興之業隆焉.

주해| ㅇ上身服儉約云云(상신복검약운운)－《진서(晋書)》 권6 〈원제기(元帝紀)〉에 '중종(中宗 : 元帝)의 성격이 간검(簡儉) 충소(沖素)하고 직언을 용납했으며 자신을 비우고 사태를 기다렸다. 처음 강동에 진을 쳤을 때 술로 인하여 일을 그르쳤다. 왕도(王導)는 이 일을 깊이 간했다. 황제는 명하여 술을 따르게 하고 그것을 든 다음 마침내 술을 끊었다'라

고 하였다.

ㅇ克己復禮(극기복례) - 《논어(論語)》 〈안연편(顔淵篇)〉에 '공자(孔子)가 말했다. "자신의 이기적 욕심을 극복하고 천리(天理)로 돌아가는 것이 곧 인(仁)의 실천이다(克己復禮 爲仁). 하루만이라도 (임금이) 이기적 욕심을 극복하고 천리에 돌아가면 천하 만민이 다 인에 돌아가게 된다(一日克己復禮 天下歸仁焉)……"'라고 되어 있다.

12. 사곤(謝鯤)은 예장태수(豫章太守) 때 대장군(大將軍 : 王敦)을 따라 장강(長江)으로 공격해 내려갔고 석두(石頭)에 이르렀다. 왕돈이 사곤에게 말했다. "나는 이제 덕을 흥성케 하는 일은 할 수 없게 되었소." 사곤이 말했다. "어찌하여 그러십니까? 앞으로는 하루하루, 지난 일들을 잊으시면 됩니다."(1) 왕돈은 또 칭병(稱病)하고 조정에 참례하지 않았다. 사곤이 왕돈에게 권유했다. "근자에 공(公)의 거동은 비록 국가의 위급함을 구하고자 하는, 훌륭한 의지에 의한 것입니다만, 천하는 아직 공의 그 본심을 이해하지 못하고 있습니다. 만약 폐하를 배알하고 군신(群臣)의 협의를 밝히신다면 천하 만백성들의 마음은 틀림없이 공에게 복종하고 말 것입니다. 만민의 신망을 소중히 하시고 백성들의 기대에 화합하시며 오로지 사심(私心)을 비추시어 겸손히 하시고 한마음으로 천자를 섬기신다면 그 공훈은 천하를 크게 바로잡아서 저 관중(管仲)의 공훈에 뒤지지 아니하고 그 명성은 천년 뒤에까지 남을 것입니다." 당시 사람들은 이 말을 명언이라고 하였다.(2)

▌원문▏ 謝鯤爲豫章太守, 從大將軍下, 至石頭. 敦謂鯤曰, 余不得復爲盛德之事矣. 鯤曰, 何爲其然. 但使自今已後, 日亡日去耳.(1) 敦又稱疾不朝. 鯤諭敦曰, 近者, 明公之擧, 雖欲大存社稷, 然四海之內, 實懷未達. 若能朝天子, 使羣臣釋然, 萬

物之心, 於是乃服. 仗民望以從衆懷, 盡沖退以奉主上. 如斯, 則動侔一匡, 名垂千載. 時人以爲名言.(2)

(1) 《사곤별전(謝鯤別傳)》에 이런 이야기가 있다. '사곤의 풍간(諷諫)이 올바르고 훌륭하기가 모두 이와 같았다.'
鯤別傳曰, 鯤之諷切雅正, 皆此類也.

(2) 《진양추(晋陽秋)》에는 이런 이야기가 있다. '사곤이 예장태수(豫章太守)로 있을 때 왕돈(王敦)은 모반을 기도하려다가 당시 사곤이 중망(衆望)을 얻고 있었으므로 그를 강제로 동참케 했다. 이미 경사(京師)를 함락시키고 무창(武昌)에 개선하려고 하자 사곤이 말했다. "만약 나아가 천자를 뵙지 않으면 천하 사람들은 이러쿵 저러쿵 억측이 많을 것입니다. 나는 그것을 두려워합니다." 왕돈이 말했다. "그대는 아무 일도 없을 것이라고 보증할 수 있소?" "제가 근자에 입궐해보니 천자(天子 : 元帝)는 자리를 비우시고 늦더라도 공(公)의 알현을 기다리고 계시었습니다. 궁궐 안은 평온했으며 불온한 기색은 찾아볼 수 없었구요. 만약 공께서 입궐하신다면 저도 꼭 함께 들어가겠습니다." 왕돈이 말했다. "그대와 같은 사람들 수백 명을 죽인들 이 세상에 무슨 손실이 되리까?" 마침내 입궐하지 않은 채 그냥 떠났다.'
晋陽秋曰, 鯤爲豫章太守, 王敦將肆逆, 以鯤有時望, 逼與俱行. 旣克京邑, 將旋武昌. 鯤曰, 不就朝覲, 鯤懼天下私議也. 敦曰, 君能保無變乎. 對曰, 鯤近日入覲, 主上側席, 遲得見公, 宮省穆然, 必無不虞之慮. 公若入朝, 鯤請侍從. 敦曰, 正復殺君等數百, 何損於時. 遂不朝而去.

주해 | ㅇ盛德之事(성덕지사)—천자를 보좌하여 공훈을 세우는 것.
ㅇ日亡日去(일망일거)—하루하루 전날의 일을 잊고 군신간의 의문을 밝

힌다는 뜻. 참고로 《통감(通鑑)》 권92의 호삼성(胡三省) 주(注)에는 '언일부일일(言日復一日), 침망전사(浸忘前事), 즉군신시협지적역일거이(則君臣猜嫌之迹亦日去耳)'라고 되어 있다. 또 《진서(晋書)》 권49 〈사곤전(謝鯤傳)〉에는 '망(亡)'을 '망(忘)'으로 적고 있다.

- 沖退(충퇴)－마음을 비우고 겸손해지다. 충양(沖讓)과 같다.
- 一匡(일광)－천하를 통일하고 질서를 잡는 것. 《논어》 〈헌문편(憲問篇)〉에 '관중(管仲)은 환공(桓公)의 재상으로 그를 도와 패자(覇者)로 만들고 또 천하를 크게 바로잡았다(管仲相桓公 覇諸侯 一匡天下)'라고 되어 있다.
- 武昌(무창)－오늘날의 호북성(湖北省)에 있는 지명. 당시 왕돈(王敦)은 무창군공(武昌郡公)의 작(爵)을 권유받고 있었다.
- 側席(측석)－자신의 자리를 비워놓고 현인을 기다리어 대우하는 것.
- 穆然(목연)－화평한 것.

13. 원황제(元皇帝 : 司馬睿) 때, 정위(廷尉) 장개(張闓)[1]는 작은 마을에 살면서 그곳에 사사로이 이문(里門)을 만들어 놓고는 일찍 닫고 늦게 열었다. 사람들은 어려움을 겪던 끝에 주(州) 관청에 나아가서 호소했으나 조금도 나아지지 아니했다. 그래서 등문고(登聞鼓)까지 치면서 직소(直訴)했는데 그래도 심의(審議)해주지 않았다. 하사공(賀司空 : 賀循)이 임지를 떠나 파강(破岡)에 왔다는 소식을 접하자 연서(連署)하여 하사공에게 가서 호소했다.[2] 하사공이 말했다. "나는 예관(禮官)으로 부름받은 사람이니 그 일과는 무관하다." 사람들은 머리를 조아리며 말했다. "만약 부군(府君 : 賀循)께서도 다루어주지 않으신다면 이제는 호소할 곳이 없습니다." 하사공은 대답을 하지 않은 채 일단 돌려보냈는데 장정위를 만나게 되면 그들을 위해 이 일에 대해서 말할 생각이었다. 장개는 이 이야기를 전해 듣자 곧 문을 부수고 스스로 방산(方山)에 나아가서 하사공을 영접했다. 하사공은 나와 맞으며 인사했다. "이 일은 나와 관계가 없는 일이지만 단지 (그

대) 가문을 위해 애석하게 생각했습니다." 장개는 면목이 없다는 듯 사과하며 말했다. "사람들이 그처럼 어려운 일을 겪는지는 전혀 알지 못했습니다. 문은 벌써 부숴 버렸습니다."

| 원문 | 元皇帝時, 廷尉張闓,(1) 在小市居, 私作都門, 早閉晩開. 羣小患之, 詣州府訴, 不得理. 遂至檛登聞鼓, 猶不被判. 聞賀司空出, 至破岡, 連名詣賀訴.(2) 賀曰, 身被徵作禮官. 不關此事. 羣小叩頭曰, 若府君復不見治, 便無所訴. 賀未語, 令且去, 見張廷尉當爲及之. 張聞, 卽毁門, 自至方山迎賀. 賀出見, 辭之曰, 此不必見關, 但與君門情, 相爲惜之. 張愧謝曰, 小人有如此, 始不卽知, 早已毁壞.

(1) 갈홍(葛洪)의 〈부민당송(富民塘頌)〉에 이런 이야기가 있다. '장개(張闓)의 자는 경서(敬緖)이고 단양(丹陽) 사람이며 장소(張昭)의 손자이다.'
《중흥서(中興書)》에는 이런 이야기가 있다. '장개는 진릉내사(晋陵內史)가 되었는데 굉장한 위덕(威德)이 있었다. 전근되어 정위경(廷尉卿)에 이르렀다.'
葛洪富民塘頌曰, 闓字敬緖, 丹楊人, 張昭孫也.
中興書曰, 闓晉陵內史, 甚有威德. 轉至廷尉卿.

(2) 《하순별전(賀循別傳)》에는 이런 말이 있다. '하순의 자는 언선(彦先)이며 회계(會稽) 산음(山陰) 사람이다. 본성(本姓)은 경(慶)이었는데 고조인 순(純)이 한제(漢帝)의 휘(諱)를 피하여 성을 하씨(賀氏)로 고쳤다. 아버지인 소(劭)는 오(吳)나라 중서령(中書令)이었는데 충정했기 때문에 죽음을 당했다. 하순은 젊었을 때 불행한 일을 당하고 먼 땅을 유랑했는데 오나라가 평정되자 비로소

돌아왔다. 절조를 지키면서 고상하게 처신하였다. 원제(元帝)가 안동왕(安東王)이 되자 하순은 오국내사(吳國內史)가 되었다.'

賀循別傳曰, 循字彦先, 會稽山陰人. 本姓慶, 高祖純, 避漢帝諱, 改爲賀氏. 父劭, 吳中書令, 以忠正見害. 循少嬰家禍, 流放荒裔, 吳平乃還. 秉節高擧. 元帝爲安東王, 循爲吳國內史.

주해 | ㅇ在小市居云云(재소시거운운) -《진서(晋書)》 권68 〈하순전(賀循傳)〉에 '정위(廷尉) 장개(張闓), 소시(小市)에 살고 있으면서 장차 좌우의 근택(近宅)을 빼앗고 이로써 자기집을 넓히려고 했다. 그래서 사사로이 도문(都門)을 만들다' 운운이라고 되어 있다.

ㅇ都門(도문) - 청(淸)나라 계복(桂馥)이 찬(撰)한 《예박(禮樸)》 권6에는 이 조목을 인용하여 '도문이란 도중(都中)의 이문(里門)이다'라고 하였다.

ㅇ登聞鼓(등문고) - 백성들이 억울한 죄를 직소(直訴)하거나 위정자료를 간하기 위해 궁문 왼쪽에 설치해 놓은 북. 《자치통감(資治通鑑)》 권122 〈송기(宋紀)〉 4에는 '궁궐 좌측에 등문고를 걸어놓고 억울한 백성을 구해준다'라고 되어 있으며 그 호삼성(胡三省)의 주(注)에는 '등문고는 억울한 자가 궁궐에 와서 북을 치면 등시(登時 : 즉시란 의미) 상달되는 것이다'라고 했다.

ㅇ破岡(파강) - 도읍 건강(建康)의 동남쪽에 있는 지명. 〈아량편(雅量篇)〉 33에도 보인다. 강소성 구용현(句容縣).

ㅇ被徵作禮官(피징작례관) - 《진서》 〈하순전〉에 의하면 이때 하순은 원제(元帝)의 부름을 받고 군자좨주(軍諮祭酒)가 되었던 것으로 생각된다.

ㅇ方山(방산) - 역시 도읍 건강(建康) 동남쪽에 있는 지명으로서 산기슭에는 진회하(秦淮河)가 흐르는 교통의 요충지. 강소성 강녕현(江寧縣)에 있으며 파강(破岡) 땅과 가깝다. 〈방정편(方正篇)〉 53에도 보인다.

ㅇ張昭孫也(장소손야) - 《진서》 권76 〈장개전(張 闓傳)〉에는 '오보오장군소지증손야(吳輔吳將軍昭之曾孫也)'라고 되어 있다. 단, 장개가 누구 아들인지는 미상이므로 손자인지 증손인지 알 수 없다.

ㅇ避漢帝諱(피한제휘), 改爲賀氏(개위하씨) - 《진서》 권68 〈하순전〉에는

'족(族)의 고조순(高祖純)……한(漢)나라 안제(安帝) 때 시중(侍中)이 되었는데 안제의 부(父) 휘(諱)를 피하여 고쳐서 하씨(賀氏)로 하다'라고 되어 있으며 우예(虞預)의 《진서》에도 '안제의 부(父) 효덕황(孝德皇)의 휘(諱)를 피하여 고쳐서 하씨(賀氏)로 하다'(《三國志》 권60 裵注에서 인용함)라고 되어 있다. 《후한서(後漢書)》 〈안제기(安帝紀)〉 및 그 이현(李賢) 주(注)에 의하면 안제의 휘는 호(祜)이고 안제의 부(父 : 淸河孝王)의 휘가 경(慶)이다. 그런 까닭에 유주(劉注)에서 인용한 《하순별전(賀循別傳)》의 '한제(漢帝)의 휘를 피하여'란 말은 다소 잘못된 것으로 생각된다.

- 劭(소) — 《진서》 〈하순전〉과 《삼국지(三國志)》 권65 〈하소전(賀劭傳)〉에는 소(劭)자를 '소(邵)'로 적고 있다.
- 以忠正見害(이충정견해) — 《삼국지》 〈하소전〉에 의하면 오주(吳主) 손호(孫皓)는 흉포하고 교만하여 정치가 날로 부패되어 갔는데 그것을 본 하소(賀邵)가 상소하여 강력히 간했다. 그러나 도리어 손호의 미움을 사게 되었다. 그 후 하소는 나쁜 병에 걸려 벼슬을 내놓고 있었는데 손호는 꾀병을 하는 것으로 생각하고 붙잡아다가 채찍질을 했다. 하소는 말 한마디 하지 않았는데 결국에는 죽고 말았다. 그때가 천책(天冊) 원년(275)이었으며 하소의 나이 49세였다.
- 元帝爲安東王(원제위안동왕) — 《진서》 권6 〈원제기(元帝紀)〉에 의하면 원제(元帝 : 司馬睿)는 안동장군도독양주제군사(安東將軍都督揚州諸軍事)가 되어 있었는데 그렇다면 안동왕은 안동장군의 잘못일까? 참고로 당사본(唐寫本)에는 '원제위안동(元帝爲安東)'으로 되어 있을 뿐 '왕(王)'자가 없다. 어쩌면 당사본 쪽이 맞을 것으로 생각된다.

14. 치태위(郗太尉 : 郗鑒)는 만년에 담론하기를 좋아했다. 일찍이 경험을 쌓은 것도 아니건만 그것을 매우 자만하고 있었다.(1) 그 후 조정에 참례했을 때, 왕승상(王丞相 : 王導)이 말년에는 마음에 안드는 일을 많이 했으므로 만날 때마다 반드시 충고해 주리라고 생각했다. 왕공(王公 : 王導)은 그런 일을 눈치채고 언제나 화제를 돌리어 다른

이야기를 했다. 치태위가 진지로 돌아갈 때가 되었는데 다시 거마를 돌리어 승상에게로 가니 승상은 턱수염을 쓰다듬으며 얼굴이 긴장되었다. 치감은 자리에 앉자 “이제 이별입니다.”라고 말한 다음 자신의 소견을 말하고자 했다. 마음은 그러했는데 입이 무거워서 말이 유창하게 나오지 아니했다. 왕공이 그의 말꼬리를 잡으며 말했다. “다음에 또 언제 만날지 모르니 마음 편하게 말하시구려. 공은 이 이상 논의를 그만두는 게 좋겠소이다.” 듣고 있던 치감은 크게 노하였고 가슴 속은 얼음처럼 얼어붙은 채 방에서 나갔는데 한마디 말도 할 수가 없었다.

원문| 郗太尉晩節好談. 旣雅非所經, 而甚矜之.(1) 後朝覲, 以王丞相末年多可恨, 每見, 必欲苦相規誡. 王公知其意, 每引作佗言. 臨還鎭, 故命駕詣丞相. 丞相翹須厲色. 上坐便言方當乖別, 必欲言其所見. 意滿口重, 辭殊不流. 王公攝其次曰, 後面未期, 亦欲盡所懷. 願公勿復談. 郗遂大瞋, 冰衿而出, 不得一言.

(1) 《중흥서(中興書)》에 이런 이야기가 있다. ‘치감(郗鑒)은 젊었을 때부터 학문을 좋아하여 박학했다. 장구(章句)에 구애되지 아니했는데 많은 것에 통달한 바가 있었다.’
中興書曰, 鑒少好學, 博覽. 雖不及章句, 而多所通綜.

15. 왕승상(王丞相 : 王導)이 양주자사(揚州刺史)였을 때 8명의 부종사(部從事)에게 각각 임무를 맡겼다. 고화(顧和)는 그때 하급 사자(使者)였는데 돌아오자 다른 사람과 마찬가지로 왕도를 배알했다. 종사들은 각각 그 지방장관의 공과(功過)를 보고했다. 고화의 차례가

되었는데 그는 아무 말도 하지 않았다. 왕도가 고화에게 물었다. "그대는 무엇을 들었는고?" 고화가 대답했다. "공(公)께서는 천자를 보좌하고 계십니다. 비록 배를 삼킬 만한 큰 물고기를 그물에서 놓칠망정 어찌 풍평(風評)을 모아서 자질구레한 일까지 감시하는 정치를 하시는 겁니까?" 승상은 감복하여 과연 그렇겠다며 칭찬했고 종사들은 반성하되 자신의 부족했던 점을 부끄러워했다.

원문| **王丞相爲揚州, 遣八部從事之職. 顧和時爲下傳, 還, 同時俱見. 諸從事各奏二千石官長得失. 至和獨無言. 王問顧曰, 卿何所聞. 答曰, 明公作輔, 寧使網漏呑舟, 何緣採聽風聞, 以爲察察之政. 丞相咨嗟稱佳, 諸從事自視缺然也.**

주해| ㅇ部從事(부종사)－부군국종사(部軍國從事). 주자사(州刺史)의 속관(屬官). 《통전(通典)》 권32 〈직관(職官)〉 14에 '부군국종사사(部郡國從事史) 매군국각일인(每郡國各一人) 한제야(漢制也). 주독촉문서(主督促文書) 거비법(擧非法)'이라고 되어 있다.

ㅇ下傳(하전)－전(傳)은 사자(使者)의 뜻.

ㅇ二千石官長(이천석관장)－2천석은 군수(郡守)·제후(諸侯)의 상(相)이 받는 녹(祿). 《한서(漢書)》 권89 〈순리전서(循吏傳序)〉에 '서민소이안(庶民所以安) 기전리이망(其田里而亡) 탄식수한지심자(歎息愁恨之心者), 정평송리야(政平訟理也), 여아공차자(與我共此者), 기유량이천석호(其唯良二千石乎)'라고 되어 있으며 그 '2천석'의 안사고(顔師古) 주(注)에 '군수·제후의 상(相)을 가리킨다'라고 되어 있다. 〈품조편(品藻篇)〉 7 및 8의 주해를 참조할 것.

ㅇ寧使網漏呑舟(영사망루탄주)－《사기(史記)》 권122 〈혹리열전(酷吏列傳)〉의 서(序)에 '망루어탄주지어(網漏於呑舟之魚), 이리치증증(而吏治烝烝), 부지어간(不至於姦), 여민애안(黎民艾安)'이라고 되어 있다.

ㅇ察察之政(찰찰지정)－《노자(老子)》 제58장에 '그 나라의 정치가 빈틈이

없으면 백성들은 불안해진다(其政察察 其民缺缺)'라고 되어 있다.

ㅇ 自視缺然(자시결연)—《장자(莊子)》〈소요유편(逍遙遊篇)〉에 있는 말. 〈상예편(賞譽篇)〉 17의 주해 참조.

16. 소준(蘇峻)이 동쪽으로 심충(沈充)을 정벌하던 때(1) 이부랑(吏部郞) 육매(陸邁)에게 청하여 동행하였다.(2) 오군(吳郡 : 蘇州)에 도착하자 소준은 은밀히 좌우에 명하여 창문(閶門)으로 잠입하여 불을 지르게 함으로써 위세를 과시코자 하였다. 육매는 그런 의도를 알아차리고 소준에게 말했다. "오군(吳郡)은 평정된 지 얼마 안되었습니다. 반드시 반란이 일어날 것입니다. 만약 소란의 단서를 만드시려면 우리집부터 시작하십시오." 그래서 소준은 마침내 취소했다.

원문| **蘇峻東征沈充,(1) 請吏部郎陸邁與俱.(2) 將至吳, 密敕左右令入閶門, 放火以示威. 陸知其意, 謂峻曰, 吳治平未久, 必將有亂. 若爲亂階, 請從我家始. 峻遂止.**

(1) 《진양추(晋陽秋)》에 이런 이야기가 있다. '심충(沈充)의 자는 사거(士居)이며 오흥(吳興) 사람이다. 젊었을 때 병마(兵馬)를 좋아했는데 아첨하여 왕돈(王敦)을 섬겼다. 왕돈이 도읍 건강(建康)을 정복하자 심충을 거기장군(車騎將軍)으로 삼고 오국내사(吳國內史)를 맡도록 하였다. 명제(明帝 : 司馬紹)가 왕돈을 토벌하러 나가자, 심충은 무리를 이끌고 왕함(王含)에게 몸을 의지하며 자기 아내에게 말했다. "사나이인 이상 이 세상에서 영달(榮達)을 얻지 못하면 다시 돌아오지 않으리라." 왕돈이 패사(敗死)하자 부하 장수 오유(吳儒)가 도읍에서 심충의 목을 베었다.'

晋陽秋曰, 充字士居, 吳興人. 少好兵, 諂事王敦. 敦克京邑, 以充爲車騎將軍, 領吳國內史. 明帝伐王敦, 充率衆就王含,

謂其妻曰，男兒不建豹尾，不復歸矣．敦死，充將吳儒斬首於京都．

(2) 육매(陸邁)의 비석에 이런 글이 있다. '육매의 자는 공고(功高)이며 오군(吳郡) 사람이다. 기량과 식견이 넓었으며 풍격이 준엄했는데 진위장군(振威將軍)·태수(太守)·상서이부랑(尙書吏部郎)에 누천(累遷)되었다.'

陸碑曰，邁字功高，吳郡人．器識淸敏，風檢澄峻．累遷振威，太守，尙書吏部郎．

주해 | ㅇ亂階(난계)－세상이 문란해지는 동기. 《시경(詩經)》〈소아(小雅)〉'교언(巧言)'에 '힘도 없고 용기도 없으나 어지러움 일으킴을 일삼고 있네(無拳無勇 職爲亂階)'라고 되어 있다.

ㅇ王含(왕함)－동진(東晋)의 서주자사(徐州刺史). 왕돈(王敦)의 형으로서 322년에 동생과 함께 반란을 일으켰다가 주살당했다.

ㅇ豹尾(표미)－원래는 천자의 속거(屬車)를 장식하는 장식품이었는데 후에는 신하도 사용하게 되었다. 전(轉)하여 고관을 뜻한다.

ㅇ充將吳儒斬首於京都(충장오유참수어경도)－당사본(唐寫本)에는 '충장오유참송충수(充將吳儒斬送充首)'라고 되어 있으며 《진서(晋書)》 권98 〈심충전(沈充傳)〉에는, 심충이 지난날 휘하 장수 오유의 집에 도망쳤다가 그곳에서 죽음을 당했다고 되어 있다.

ㅇ功高(공고)－당사본에는 '공고(公高)'로 되어 있다. ㅇ振威(진위)－진위장군(振威將軍). 정식장군의 관호(官號)는 아닌 듯하므로 잡호장군(雜號將軍)의 하나였던 듯하다.

ㅇ太守(태수)－당사본에는 '장사(長史)'로 적고 있다.

17. 육완(陸玩)이 사공(司空)에 임명되었다.(1) 어떤 사람이 그를 찾아와서 좋은 술을 달라고 청했다. 술을 받자 그는 벌떡 일어나더니

대들보와 기둥 사이에 (술을) 붓고 축도(祝禱)했다. "지금은 재주가 있는 사람이 부족하여 너를 주춧돌의 쓰임으로 삼았으니 남의 동량(棟梁)을 기울게 하지 말지어다." 육완은 웃으면서 말했다. "그대의 훌륭한 충고를 가슴속에 깊이 새겨두겠소."

원문| **陸玩拜司空.**(1) **有人詣之, 索美酒. 得便自起, 瀉箸梁柱閒地, 祝曰, 當今乏才, 以爾爲柱石之用. 莫傾人棟梁. 玩笑曰, 戢卿良箴.**

(1) 《육완별전(陸玩別傳)》에 이런 이야기가 있다. '당시 왕도(王導)·치감(郗鑒)·유량(庾亮)이, 이어서 이 세상을 떠나자 조야(朝野)에서는 근심 걱정을 하다가 육완이 덕망이 있다고 하여 그를 사공에 앉히려고 하였다. 육완은 사양했으나 받아들여지지 아니했다. 그래서 탄식하며 친구에게 말했다. "나를 삼공(三公)에 앉히려고 하는 것은 천하에 사람이 없기 때문이야." 당시 사람들은 이를 지자(知者)의 말이라고 하였다.'

玩別傳曰, 是時王導, 郗鑒, 庾亮相繼薨殂, 朝野憂懼, 以玩德望, 乃拜司空. 玩辭讓不獲. 乃歎息謂朋友曰, 以我爲三公, 是天下無人矣. 時人以爲知言.

주해| ㅇ柱石(주석)-주춧돌. 국가의 책임을 지는 사람을 가리킨다.
ㅇ棟梁(동량)-기둥과 대들보.

18. 소유(小庾 : 庾翼)가 형주자사(荊州刺史)였을 때, 관청의 대회가 열린 자리에서 막료에게 물었다. "나는 한(漢) 고조(高祖 : 劉邦)라든가 위(魏) 무제(武帝 : 曹操)가 되고자 하는데 어떠하오?"(1) 동석한 사람들 중 아무도 대답하는 자가 없었다. 장사(長史)인 강반(江虨)

이 말했다. “공(公)께서는 제(齊) 환공(桓公)이나 진(晋) 문공(文公)과 같은 사업을 해주셨으면 합니다. 한고조나 위무제와 같은 분이 되시는 것은 원하지 아니합니다.”

원문| 小庾在荊州, 公朝大會, 問諸僚佐曰, 我欲爲漢高, 魏武, 何如.(1) 一坐莫答. 長史江虨曰, 願明公爲桓, 文之事, 不願作漢高, 魏武也.

(1) 유익(庾翼)은 따로 나왔다.
송(宋)나라 명제(明帝)의 《문장지(文章志)》에 이런 이야기가 있다. ‘유익(庾翼)과 같은 명사가 어찌 이처럼 분별없는 말을 했겠는가? 당시 이런 이야기가 있었다면 역시 헛되게 전문(傳聞)하던 자가 있었기 때문일 것이다.’
翼別見.
宋明帝文章志曰, 庾翼名輩, 豈應狂狷如此哉. 若有斯言, 亦傳聞者之謬矣.

주해| ㅇ桓(환), 文之事(문지사)－제(齊)나라 환공(桓公)과 진(晋)나라 문공(文公). 모두 춘추시대 오패(五覇)의 한 사람. 후세의 한고조와 위무제와는 달리 어디까지나 주(周)나라 조정을 받들면서 천하의 패권(覇權)을 외쳤다. 한편 유익(庾翼)은 형인 유량(庾亮)이 죽은 다음 형주자사(荊州刺史)로서 실권을 잡고 무창(武昌)에 진을 치고 있었다.
ㅇ別見(별견)－〈언어편(言語篇)〉 53.
ㅇ狂狷(광견)－행동이 거칠고 독선적인 것.

19. 나군장(羅君章 : 羅含)은 환선무(桓宣武 : 桓溫)의 종사(從事)

였을 때,[1] 강하상(江夏相)이었던 사진서(謝鎭西 : 謝尙)를 감찰하기 위해서 갔다.[2] 나군장은 군(郡)의 정치에 대해서는 한 가지도 질문하지 않은 채 곧바로 사진서에게 갔고 며칠동안 술을 마시고 돌아왔다. 환공이 어떤 일이 있었더냐고 묻자 나군장은 대답했다. "공(公)께서는 사상을 어떤 인물이라고 생각하십니까?" 환공이 대답했다. "인조(仁祖 : 謝尙)는 우리네가 따를 수 없는, 뛰어난 인물이지." 나군장이 말했다. "공보다 훌륭한 인물로서 잘못을 저지르는 자가 있겠습니까? 그러기에 아무것도 물어보지 않았습니다." 환온은 그 의견에 감동되어 책망하고자 하지 않았다.

원문| **羅君章爲桓宣武從事,[1] 謝鎭西作江夏, 往檢校之.[2] 羅旣至, 初不問郡事, 徑就謝數日飮酒而還. 桓公問, 有何事. 君章云, 不審公謂謝尙何似人. 桓公曰, 仁祖是勝我許人. 君章云, 豈有勝公人而行非者. 故一無所問. 桓公奇其意, 而不責也.**

(1) 《나함별전(羅含別傳)》에 이런 이야기가 있다. '자사(刺史) 유량(庾亮)은 처음에 나함을 부종사(部從事)에 임명했는데 환온(桓溫)이 자사가 되자 참군(參軍)으로 옮기었다.'

含別傳曰, 刺史庾亮初命含爲部從事, 桓溫臨州, 轉參軍也.

(2) 《중흥서(中興書)》에는 이런 이야기가 있다. '사상(謝尙)은 건무장군(建武將軍)·강하상(江夏相)이 되었다.

中興書曰, 尙爲建武將軍, 江夏相.

주해| ㅇ部從事(부종사)-부군국종사(部郡國從事)란 의미. 한 군(郡)의 행정을 감찰하는 역할을 한다. 〈규잠편(規箴篇)〉 15 주해 참조. 《진서(晋書)》 권92 〈나함전(羅含傳 : 文苑傳)〉에는 '자사유량(刺史庾亮) 부강하종사(部江夏從事)'라고 되어 있음.

ㅇ轉參軍(전참군)－《진서》〈나함전〉에는 '정서참군(征西參軍)'이라고 되어 있다.

20. 왕우군(王右軍 : 王羲之)은 왕경인(王敬仁 : 王脩)·허현도(許玄度 : 許詢)와 사이가 좋았다. 두 사람이 죽은 다음, 왕우군은 그들에 대한 비판을 심하게 하였다. 공암(孔巖)이 그것을 경계하며 말했다. "공(公)께서는 지난날, 왕경인과 허현도와 아주 친하게 지내셨는데, 돌아간 후로는 고인들을 애도하는 기색이 안보입니다. 그 점이 저로서는 감심(感心)할 수 없는 점입니다." 왕우군은 크게 부끄러워했다.

원문| 王右軍與王敬仁, 許玄度並善. 二人亡後, 右軍爲論議更克. 孔巖誡之曰, 明府昔與王許周旋有情. 及逝沒之後, 無愼終之好, 民所不取. 右軍甚愧.

주해| ㅇ克(극)－각(刻)과 같다. 심하게 비판하는 것을 가리킴.
ㅇ愼終(신종)－사물의 마지막을 신중하게 하는 것. 여기서는 죽은 사람에 대한 애도의 뜻을 다하는 것. 《논어(論語)》〈학이편(學而篇)〉에 '사망을 진정으로 애도하고 잘 받들며 추모하면 백성들의 덕성이 한결 돈후해진다(愼終追遠 民德歸厚矣)'라고 되어 있다.

21. 사중랑(謝中郎 : 謝萬)은 수춘(壽春)에서 패하고 도망갈 때 옥이 박힌 갑옷을 찾았다. 태부(太傅 : 謝安)는 군중(軍中)에 있으면서 시종 아무런 조언(助言)도 하지 않았는데 이 날도 다만 이렇게 말할 뿐이었다. "이런 때 그런 것을 입을 필요가 있겠는가?"(1)

원문| 謝中郎在壽春敗, 臨奔走, 猶求玉帖鐙. 太傅在軍, 前

後初無損益之言. 爾日猶云, 當今豈須煩此.[(1)]

(1) 생각하건대 사만(謝萬)이 아직 살아있을 동안에는 사안(謝安)이 아직 출사(出仕)하지 않았다. 동산(東山)에 은거하고 있었다. 어찌 또 가볍게 북정군(北征軍) 속에 참가하는 일이 있었겠는가? 《세설(世說)》의 이 이야기는 매우 잘못된 것이다.

案, 萬未死之前, 安猶未仕, 高臥東山. 又何肯輕入軍旅邪. 世說此言, 迂謬已甚.

주해 ㅇ在壽春敗(재수춘패)－동진(東晋) 목제(穆帝) 승평(升平) 3년(359), 모용준(慕容儁)과 싸워서 패했던 일.

ㅇ萬未死之前云云(만미사지전운운)－《진서(晋書)》 권79 〈사안전(謝安傳)〉에는 '급만출폐(及萬黜廢), 안시유사진지(安始有仕進志) 시년이사십여의(時年已四十餘矣)'라고 되어 있다. 또 사안은 태원(太元) 10년(385) 66세로 세상을 떠났으므로 사안의 출사(出仕)는 360년 이후가 된다. 한편 사만(謝萬)이 북정(北征)에 나가서 모용준과 싸웠던 것은 승평 3년(359)이었으니 이때는 사안이 출사치 않은 게 된다. 그러나 《세설(世說)》 〈간오편(簡傲篇)〉 14에 '사만북정(謝萬北征) 상이소영자고(常以嘯詠自高), 미상무위중사(未嘗撫慰衆士), 사공심기애만(謝公甚器愛萬), 이심기필패(而審其必敗), 내구행(乃俱行)'이란 글이 있으며, 사만의 북정 때 형인 사안도 동행한 것이 된다. 출사하기 전에 사적(私的)인 충고역을 맡았던 것이 아닌가 하는 생각이 든다.

22. 왕대(王大 : 王忱)가 동정(東亭 : 王珣)에게 말했다. "그대의 담론(談論)도 나쁘지는 않지만 어찌 승미(僧彌 : 王珉)와 겨룰 수가 있겠는가?"[(1)]

원문 **王大語東亭, 卿乃復論成不惡. 那得與僧彌戲.**[(1)]

(1) 《속진양추(續晉陽秋)》에 이런 이야기가 있다. '왕민(王珉)은 뛰어난 재능을 갖추어, 형인 왕순(王珣)과 함께 유명했는데 더구나 그 명성은 왕순을 앞지르고 있었다. 그래서 당시 사람들은 그 일에 대하여 이렇게 말했다. "법호(法護 : 王珣)가 우수하지 않다는 것이 아니라 승미의 형이 되기는 어렵다.'[1]

續晉陽秋曰, 珉有儁才, 與兄珣並有名, 而聲出珣右. 故時人爲之語曰, 法護非不佳, 僧彌難爲兄.

주해 | ㅇ論成(논성)－당사본(唐寫本)은 윤오(倫伍)로 적고 있는데 어느 쪽을 택해도 의미가 통하기 어려운 점이 있다.

ㅇ珣右(순우)－송본(宋本)은 우(右)자가 없는데 원본(袁本)에 나와 보충했다.

23. 은기(殷覬)는 병이 위독하여 사람을 보더라도 그 얼굴의 반쯤만 보았다. 은형주(殷荊州 : 殷仲堪)는 진양(晉陽)의 군사를 일으킬 때[1] 은기를 찾아가서 작별을 고했다. 그리고 눈물을 흘리면서 요양을 잘 하라고 당부했다. 은기가 대답했다. "내 병은 반드시 낫겠지만 그대의 병이야말로 걱정이로다."[2]

원문 | **殷覬病困, 看人政見半面. 殷荊州興晉陽之甲,[1] 往與覬別. 涕零, 屬以消息所患. 覬答曰, 我病自當差, 正憂汝患耳.[2]**

(1) 《춘추공양전(春秋公羊傳)》에 이런 이야기가 있다. '진(晋)나라 조앙(趙鞅)은 진양(晋陽)의 군사를 모아 순인(荀寅)과 사길석(士吉射)을 토벌했다. 순인과 사길석은 군주 측근의 악인들이다.'

春秋公羊傳曰, 晉趙鞅取晉陽之甲, 以逐荀寅, 士吉射. 寅, 吉射者, 君側之惡人.

(2) 《진안제기(晉安帝紀)》에는 이런 이야기가 있다. '은중감(殷仲堪)이 군사를 일으켰을 때 은기(殷覬)는 동조하지 않았다. 또한 자기는 소임(小任)을 맡고 있는 자이므로 오직 이 직분을 지킬 뿐이며 진양의 일은 관여할 일이 아니라고 생각했다. 은중감이 데리러 올 때마다 은기는 언제나 말했다. "나는 진퇴에 대해서는 군이 남들과 똑같이 하려 하지 않으며 그렇다고 해서 특별히 다르게 하려고 하지도 않소." 마침내 걱정하다가 죽었다.'

晉安帝紀曰, 殷仲堪擧兵, 覬弗與同, 且以己居小任, 唯當守局而已, 晉陽之事, 非所宜豫也. 仲堪每邀之, 覬輒曰, 吾進不敢同, 退不敢異. 遂以憂卒.

주해 | ㅇ殷覬(은기)－은기는 은중감(殷仲堪)의 종형(從兄). '기(覬)'는 《진서(晉書)》 권83 본전(本傳)에는 '의(顗)'로 되어 있다.

ㅇ殷荊州興晉陽之甲(은형주흥진양지갑)－은중감은 이때 왕공(王恭)·양전기(楊佺期)·환현(桓玄) 등과 모의하여 효무제(孝武帝)가 죽은 다음, 조정의 실권을 잡았던 회계왕(會稽王) 사마도자(司馬道子)를 치기 위해 군사를 일으켰다. '진양지갑(晉陽之甲)'이란 유주(劉注)에서 인용한 《춘추공양전(春秋公羊傳)》에 있는 것처럼 조앙(趙鞅)이 군주 측근의 간신인 순인(荀寅)·사길석(士吉射) 등을 토벌하기 위해 진양(晉陽 : 山西省 太原)에서 거병(擧兵)했던 일에 근거함.

ㅇ屬(촉)－촉(囑)과 같다. 부탁한다, 당부한다란 의미.

ㅇ消息(소식)－질병을 치료하고 양생(養生)하는 것.

ㅇ覬答曰(기답왈)－《진서》 권83 〈은기전(殷覬傳)〉에는 이때 은기가 했던 대답은 '내 병은 내 몸 하나의 죽음에 지나지 않지만 네 병은 가문을 멸망시킨다. 깊이 생각하되 내 걱정은 말라'고 되어 있다. 은중감의 행동에 의해 온 가문이 멸족당하게 될 것을 걱정했던 것이다.

ㅇ春秋公羊傳(춘추공양전)－ 정공(定公) 13년.

24. 원공(遠公 : 慧遠)이 여산(廬山)에 있을 때,[(1)] 노령임에도 불구

하고 계속하여 불경을 강론했다. 제자 중에 태만한 자가 있으면 원공은 말했다. "나와 같은 황혼의 빛으로는 두말할 것도 없이 먼 곳을 비출 수가 없어. 단, 제군과 같은 아침 햇살은 시간이 흐름과 동시에 그 밝기를 더해갈 것이니 그것을 바랄 뿐이야." 불경을 손에 들고 높은 자리에 올라가 낭랑하게 외는데, 그 말과 표정에는 지극히 절절한 면이 있었다. 고제(高弟)들은 모두 숙연해졌으며 그에 대한 존경심이 점점 더해갔다.

원문| 遠公在廬山中.[(1)] 雖老, 講論不輟. 弟子中或有墮者, 遠公曰, 桑楡之光, 理無遠照. 但願朝陽之暉, 與時並明耳. 執經登坐, 諷誦朗暢, 詞色甚苦. 高足之徒, 皆肅然增敬.

(1) 《예장구지(豫章舊志)》에 이런 이야기가 있다. '여속(廬俗)의 자는 군효(君孝)이며 본성(本姓)은 광(匡)으로, 하(夏)나라 우왕(禹王)의 후손인 동야왕(東野王)의 아들이다. 진(秦)나라 말년에 백월(百越)의 수장(首長)들이 오예(吳芮)와 함께 한(漢)의 천하통일을 도울 때, 야왕(野王)은 그 군중(軍中)에서 죽었다. 한나라 8년 여속을 언양(鄢陽)의 남작(男爵)으로 봉했고 자부(玆部)를 식읍으로 내렸으며 여군(廬君)이란 인장(印章)을 주었다. 여속의 형제 7명은 모두 도술을 좋아했는데 끝내는 동정(洞庭)의 산속에 우거했다. 그리하여 세상에서는 이 산을 여산(廬山)이라고 했다. 효무제(孝武帝) 원봉(元封) 5년, 황제는 남방의 제국(諸國)을 순찰하고 배를 장강(長江)에 띄워, 친히 신령을 목격했다. 이내 여속을 봉하여 대명공(大明公)이라 하고 계절마다 이를 제사지냈다.'
혜원법사(慧遠法師)의 《여산기(廬山記)》에 이런 이야기가 있다. '이 산은 강주(江州) 심양군(尋陽郡)에 있으며, 왼쪽은 팽택(彭澤)을 끼고 있으며 오른쪽으로는 통천(通川)에 연이어 있다. 광속선생(匡俗先生)이란 사람이 있었는데 은주(殷周) 사이에 태어났고 세상을 피하여 이 산속에서 숨어살았다. 어떤 사람은 말한다. 광속은 선인(仙人)으로부터 도(道)를 배우고 함께 이 산마루에서 놀았으며 벼랑에 굴을 파고서는 굴을 방으로 삼고 암혈(巖穴)을 집으로 삼았다. 당시 사람들은 이 산을 신선의 오두막이라 했으며 이를 여산(廬山)이라 이름 붙였다.'

《법사유산기(法師遊山記)》에는 이런 이야기가 있다. '이 산에 몸을 의지하기 23년, 두 차례 석문(石門)을 밟았고 네 차례 남령(南嶺)에서 놀았다. 동쪽으로는 향로봉(香鑪峰)을 바라보고, 북쪽으로는 구강(九江)을 내다본다. 전하는 바에 의하면 석정방호(石井方湖)가 있고 그 속에는 빨간 물고기가 뛰고 있으며 마을 사람들도 이것을 무어라 형용하기 어려워했으며 그 기이함에 감탄할 뿐이었다고 한다.'

豫章舊志曰, 廬俗字君孝, 本姓匡, 夏禹苗裔, 東野王之子. 秦末, 百越君長與吳芮助漢定天下, 野王亡軍中. 漢八年, 封俗鄡陽男, 食邑茲部, 印曰廬君. 俗兄弟七人, 皆好道術, 遂寓于洞庭之山. 故世謂廬山. 孝武元封五年, 南巡狩浮江, 親覩神靈. 乃封俗爲大明公, 四時秩祭焉.

遠法師廬山記曰, 山在江州尋陽郡, 左挾彭澤, 右傍通川. 有匡俗先生, 出自殷周之際, 遁世隱時, 潛居其下. 或云, 匡俗受道於仙人, 而共遊其嶺, 遂託室崖岫, 卽巖成館. 故時人謂爲神仙之廬而命焉.

法師遊山記曰, 自託此山二十三載, 再踐石門, 四遊南嶺. 東望香鑪峯北眺九江. 傳聞有石井方湖, 中有赤鱗踊出, 野人不能敍, 直嘆其奇而已矣.

주해 | ㅇ桑榆(상유)－서쪽의 해가 지는 곳. 전(轉)하여 황혼, 저녁때란 뜻이 되었다. 여기서는 인생의 만년(晩年), 노년(老年).

ㅇ百越(백월)－고대(古代), 오늘날의 절강성 남쪽으로부터 복건·광동·

광서성 등의 각 지역에 살던 여러 미개 종족의 총칭.

ㅇ吳芮(오예)－진(秦)의 번양(番陽) 사람. 시호는 문왕(文王). 처음에는 번양의 영(令)이 되어 번군(番君)이라 칭했다. 군사를 일으키어 한(漢)나라에 호응했으며 후일 장사왕(長沙王)에 봉해졌다.

ㅇ印曰廬君(인왈려군)－당사본(唐寫本)에는 '호왈월려군(號曰越廬君)'으로 적고 있다.

ㅇ匡俗先生(광속선생)－주(周)나라 사람. 자(字)는 자효(子孝). 무왕(武王) 때 신선술을 터득하고 남장산(南障山)에 숨었다. 정왕(定王)의 초빙에도 응하지 않았는데, 사자(使者)가 찾아가보니 단지 오두막만이 있었다고 한다. 그래서 그 산을 광산(匡山), 또는 여산(廬山)이라고 했다(明 廖用賢의 《尙友錄》 권11).

ㅇ託室崖岫(탁실애수)－송본(宋本)에는 '탁(託)'자가 없다. 여기서는 원본(袁本)에 따랐다.

25. 환남군(桓南郡 : 桓玄)은 사냥을 좋아했는데, 사냥을 갈 때마다 따르는 거마(車馬)가 성대했으며 5, 60리에 걸쳐 기치가 소택(沼澤)을 덮었다. 양마(良馬)를 달리어 추격하는 모습은 나는 것 같았고 좌우 양익(兩翼) 몰이꾼들은 언덕이나 골짜기를 가리지 아니하고 전진했다. 만약 그 대열이 가지런하지 않거나, 노루·토끼 따위가 도망치는 일이 있으면 막료 가운데 결박당하지 않는 자가 없었다. 환도공(桓道恭)은 환현의 친족이었으며(1) 적조참군(賊曹參軍)이었다. 기탄없이 직언을 하는 사나이였는데 언제나 빨간색의 비단끈을 허리에 차고 다녔다. 환현이 물었다. "그것은 무엇에 쓰기 위한 것인가?" 환도공이 대답했다. "공(公)은 사냥을 하실 때, 사람을 결박하기 좋아하십니다. 저도 언젠가는 결박당하게 될 것입니다. (그때) 거친 끈으로 결박당하면 손이 아플 것 같아서요." 환현은 그 이후 다소 누그러졌다.

원문 桓南郡好獵, 每田狩, 車騎甚盛, 五六十里中, 旌旗蔽隰. 騁良馬, 馳擊若飛, 雙甄所指, 不避陵壑. 或行陳不整, 麏兎騰逸, 參佐無不被繫束. 桓道恭, 玄之族也.(1) 時爲賊曹參軍. 頗敢直言, 常自帶絳綿繩箸腰中. 玄問, 此何爲. 答曰, 公獵, 好縛人士. 會當被縛, 手不能堪芒也. 玄自此小差.

(1) 《환씨보(桓氏譜)》에 이런 이야기가 있다. '환도공(桓道恭)의 자는 조유(祖猷)이고 환이(桓彝)의 집안 동생이며 아버지인 환적지(桓赤之)는 태학박사(太學博士)이다. 환도공은 회남태수(淮南太守), 위초(僞楚)의 강하상(江夏相)을 역임하고 의희연간(義熙年間) 초에 주살당했다.'

桓氏譜曰, 道恭字祖猷, 彝同堂弟也. 父赤之, 太學博士. 道恭歷淮南太守, 僞楚江夏相, 義熙初伏誅.

주해 ㅇ雙甄(쌍견)-견(甄)이란 전진(戰陣)의 이름으로 쌍견은 양익(兩翼)의 진형(陣形)을 가리킨다. 새가 날개를 펴고 나는 것을 견견(甄甄)이라고 하는데 그것에 따라서 이름지은 것이라고 한다. 《좌전(左傳)》 문공(文公) 10년조의 두예주(杜豫注)에 '장렵장양견(將獵張兩甄)'이라고 했다. 《자치통감(資治通鑑)》 권90 〈진기(晋紀)〉 12에서 인용한 호삼성(胡三省)의 주(注)에는 '(전진에) 좌견(左甄) 우견(右甄)이 있다. 견(甄)은 좌우의 날개이다…… 좌우의 견(甄)이란 뜻은 초(楚)나라 목왕(穆王)의 맹저(孟諸)의 전(田)에 보인다. 맹저의 전에 송공(宋公)은 우우(右盂)가 되고 정백(鄭伯)은 좌우(左盂)가 되다. 두예(杜預)의 주(注)에 말했다. 장차 수렵을 하려면 양견(兩甄)을 편다고 했다. 대저 진인(晋人)은 좌우의 날개를 좌우의 견(甄)이라고 한다. 두예는 당시의 말을 취하여 좌우의 우(盂)를 해석했다'라고 했다. 우(盂)는 전렵(田獵)의 진지 이름.

ㅇ賊曹參軍(적조참군)-도독부(都督府)의 정참군(正參軍) 중 하나이며 형옥(刑獄)을 관장하는 벼슬.

ㅇ芒(망)－망삭(芒索)으로 거친 끈이란 뜻.

ㅇ同堂弟(동당제)－동당(同堂)은 동조(同祖)란 의미.

ㅇ僞楚(위초)－동진(東晋)의 원흥(元興) 2년(403) 9월, 환현(桓玄)은 초왕(楚王)으로 구석(九錫)이 더해졌다. 그 해 12월 환현은 마침내 안제(安帝 : 司馬德宗)를 폐하고 심양(尋陽)으로 옮기어 스스로 제위(帝位)에 올라 나라를 초(楚)라고 했다. 위(僞)자는 사마씨(司馬氏)의 진조(晋朝)에 대하여 정통이 아니란 뜻이다.

26. 왕서(王緖)와 왕국보(王國寶)는 서로 순치(脣齒) 관계에 있었는데, 두 사람이 중요한 지위를 마음대로 주무르고 있었다.(1) 왕대(王大 : 王忱)는 그러한 것이 불만이어서 왕서에게 말했다. "그대는 그처럼 경솔한 짓을 하는데 옥리(獄吏)의 위대함을 생각해 본 적이 없는가?"(2)

원문| 王緖, 王國寶相爲脣齒, 並上下權要.(1) 王大不平其如此, 乃謂緖曰, 汝爲此欻欻, 曾不慮獄吏之爲貴乎.(2)

(1) 《왕씨보(王氏譜)》에 이런 이야기가 있다. '왕서(王緖)의 자는 중업(仲業)이고 태원(太原) 사람이며 조부는 왕연(王延)이고 아버지 왕예(王乂)는 무군장군(撫軍將軍)이다.'

《진안제기(晋安帝紀)》에는 이런 이야기가 있다. '왕서는 회계왕(會稽王 : 司馬道子)의 종사중랑(從事中郎)이 되자 간사하게 아첨하여 총애를 받았다. 왕순(王珣)·왕공(王恭)은 왕국보(王國寶)와 왕서가 정치를 문란케 하는 것을 미워하다가, 은중감(殷仲堪)과 때를 맞추어 궐기해서 조정 안을 숙청코자 하였다. 왕공이 상소함과 동시에 왕서를 목베어 제후들을 기쁘게 했다.'

[《왕국보별전(王國寶別傳)》에는 이런 이야기가 있다] '왕국보는

평북장군(平北將軍) 왕탄지(王坦之)의 셋째 아들이다. 태부(太傅) 사안(謝安)은 왕국보의 장인인데 그를 미워하여 물리치고 등용하지 아니했다. 사안이 죽고 상왕(相王 : 司馬道子)이 정치를 보좌하게 되자 왕국보는 중서령(中書令)으로 옮겼다. 첩을 수백 명 거느리고 있었다. 종제(從弟)인 왕서(王緖)는 상왕에게 총애를 받고 있었는데 왕국보를 위해 상왕에게 늘 진언했으므로 왕국보는 안팎으로 권력을 휘두르고 있었다. 왕순(王珣)·왕공(王恭)·은중감(殷仲堪)은 효무제(孝武帝 : 司馬曜)에게 우대받고 있었으며 상왕과는 친하지 않았다. 왕공은 상소하여 왕국보를 치고자 했고 차윤(車胤)도 또한 왕국보 등과 대립하였다. 회계왕(會稽王 : 司馬道子)은 더 이상 제후들의 군대를 물리칠 수 없게 되자 마침내 죄를 왕국보에게 물었고 정위(廷尉)에게 붙여 죽음을 내렸다.'

王氏譜曰, 緖字仲業, 太原人. 祖延, 父乂, 撫軍.

晉安帝紀曰, 緖爲會稽王從事中郎, 以佞邪親幸. 王珣, 王恭惡國寶與緖亂政, 與殷仲堪尅期同擧, 內匡朝廷. 及恭表至, 乃斬緖, 以悅諸侯.

國寶, 平北將軍坦之第三子. 太傅謝安, 國寶婦父也. 惡而抑之, 不用. 安薨, 相王輔政, 遷中書令. 有妾數百. 從弟緖, 有寵於王, 深爲其說, 國寶權動內外. 王珣, 王恭, 殷仲堪, 爲孝武所待, 不爲相王所眄. 恭抗表討之, 車胤又爭之. 會稽王旣不能拒諸侯兵, 遂委罪國寶, 付廷尉, 賜死.

(2) 《사기(史記)》에는 이런 이야기가 있다. '한(漢)나라 승상(丞相 : 周勃)이 모반을 꾀하고 있다고 상소한 자가 있었다. 문제(文帝)는 그를 정위(廷尉)에 붙이어 조사토록 하였다. 주발은 옥에서 나오다가 한탄하며 말했다. "나는 일찍이 백만 대군을 이끈 일도 있었거니와 옥리(獄吏)가 이처럼 존귀한 줄을 어찌 알았으랴?" '

史記曰, 有上書告漢丞相欲反, 文帝下之廷尉. 勃旣出, 歎曰,

吾常將百萬之軍, 安知獄吏之爲貴也.

주해 ㅇ脣齒(순치)－《좌전(左傳)》 희공(僖公) 5년과 애공(哀公) 8년 조에, 《묵자(墨子)》 〈비공(非攻)〉 중(中) 등에, 인용되어 있는 고어(古語)에 '순망치한(脣亡齒寒)'이라고 되어 있으며, 이해관계가 밀접하고 상호간에 돕는 사이임을 비유하고 있다.

ㅇ上下(상하)－송본(宋本)·원본(袁本)은 상하(上下), 당사본(唐寫本)은 농(弄)으로 적고 있다. 권력을 농간한다는 의미. 주일량(周一良)의 《세설신어찰기(世說新語札記)》에서는, 당사본이나 육조(六朝)의 비각(碑刻) 등에서 농(弄)을 상하(上下)로 기록한 경우가 있다고 했다(《世說新語校箋》에서 인용함).

ㅇ欻欻(담담)－담(欻)은 홀(忽)과 같다. 경솔한 행동을 가리킨다.

ㅇ祖延(조연)－당사본에는 이 아래에 '조종(早終)' 두 글자가 있다.

ㅇ國寶(국보)－평북장군(平北將軍) 왕탄지(王坦之)의 셋째 아들. 당사본에서는 이 위에 '국보별전왈(國寶別傳曰)'이라고 되어 있는데 여기서는 그것을 보충해서 번역했다. 한편 당사본의 이 부분은 송본·원본과 현저하게 다르므로 참고하기 위해 이 부분을 싣는다. '국보별전왈(國寶別傳曰), 국보자국보(國寶字國寶), 평북장군탄지제삼자야(平北將軍坦之第三子也), 소불수사업(少不脩士業), 진취당세(進取當世), 태부사안(太傅謝安), 국보부부야(國寶婦父也), 기오위인(其惡爲人), 매억이불용(每抑而不用), 회계왕비(會稽王妃), 국보종매야(國寶從妹也), 유시득여왕조유(由是得與王早遊), 간안어왕(間安於王). 안홍(安薨), 상왕보정(相王輔政), 초천시중(超遷侍中), 중서령(中書令). 이탐자성색(而貪恣聲色). 기첩이백수(妓妾以百數), 좌사면관(坐事免官). 국보수위상왕소중(國寶雖爲相王所重), 기미위효무소치(旣未爲孝武所親), 급상람만기(及上覽萬機), 내자진어상(乃自進於上), 상심애지(上甚愛之). 아이상붕(俄而上崩), 정유재보(政由宰輔), 국보종제서(國寶從弟緖), 유총어왕(有寵於王), 심위기설(深爲其說), 왕분기거취(王忿其去就), 미지납야(未之納也). 서설점행(緖說漸行), 천좌복야(遷左僕射), 영이부(領吏部), 단양윤(丹陽尹), 이동궁병배지(以東宮兵配之), 국보기득지(國寶旣得志), 권진

외내(權震外內). 왕순(王珣), 공(恭), 은중감병위효무소대(殷仲堪並爲孝武所待), 불위상왕소닐(不爲相王所昵), 국보심탄질지(國寶深憚疾之). 중감(仲堪), 왕공질기란정(王恭疾其亂政), 항표토지(抗表討之), 국보구(國寶懼), 부지소위(不知所爲), 내구계어왕순(乃求計於王珣). 순왈(珣曰), 은(殷), 왕여경(王與卿), 소무심수(素無深讎), 소경불과세리지간이(所競不過勢利之間耳), 약방병권(若放兵權), 필무대화(必無大禍). 국보왈(國寶曰), 장불위조상호(將不爲曹爽乎). 순왈(珣曰), 시하언여(是何言與), 경녕유조상지죄(卿寧有曹爽之罪), 은(殷), 왕(王), 선왕지주야(宣王之疇耶). 차윤우권지(車胤又勸之), 국보우구(國寶尤懼), 수해직(遂解職). 회계왕기불능거제후지병(會稽王旣不能距諸侯之兵), 수위죄국보(遂委罪國寶), 수부정위(收付廷尉), 사사야(賜死也).'

ㅇ抗表(항표)－강경한 의견서를 천자에게 제출하고 직언을 하다.

ㅇ史記(사기)－권57 〈강후주발세가(絳侯周勃世家)〉. 주발은 한고조(漢高祖)와 동향인 패(沛) 땅 사람으로서 고조를 따라 진군(秦軍)을 토벌했고 한조(漢朝) 성립 이후에는 태위(太尉), 상국(相國) 등을 역임했다. 고조가 세상을 떠난 후, 위세를 떨치던 여후(呂后) 일족을 토벌하고 문제(文帝)를 옹립하고 승상이 되었다.

ㅇ安知獄吏之爲貴也(안지옥리지위귀야)－모반을 일으키려 한다는 헛소문에 의해 정위(廷尉)에게 붙여진 주발은 장안(長安)의 옥리(獄吏)에 의하여 체포되었고 조사를 받았다. 주발은 두려워서 변명할 여지도 없었는데 천금을 옥리에게 건네주었던 바 옥리는 목간(木簡) 뒷면에 '공주(公主)를 증인으로 세우시오'라고 써주었다. 공주란 주발의 아들 승지(勝之)의 아내로서 문제의 딸이기도 하다. 옥리는 그녀로 하여금 주발이 무죄라는 증인이 되도록 가르쳐 주었던 것이다. 그 말에 따라 주발은 석방되었다.

27. 환현(桓玄)은 사태부(謝太傅 : 謝安)의 고택(故宅)을 병영(兵營)으로 만들고자 했다. 그러자 사혼(謝混)이 말했다. "소백(召伯)의 인덕(仁德)은 그 은택이 팥배나무에까지 미쳤다고 하오.(1) 그런데 지금

문정(文靖 : 謝安)의 인덕은 다섯 무(畝)의 택지도 보유할 수 없다는 게요?" 환현은 부끄러워하며 그만두었다.

원문| 桓玄欲以謝太傅宅爲營. 謝混曰, 召伯之仁, 猶惠及甘棠.(1) 文靖之德, 更不保五畝之宅. 玄慙而止.

(1) 《한시외전(韓詩外傳)》에 이런 이야기가 있다. '옛날 주(周)나라 정치가 융성했을 때, 소백(召伯)은 조정에 있었다. 한 관원이 백성들을 소집해야겠다고 청했다. 소백이 말했다. "내 한 몸 편하자고 백성들을 수고롭게 만드는 것은 우리 선왕(先王)이신 문왕(文王)의 뜻이 아니야." 그리고 팥배나무 밑에서 야영하며 송사(訟事)를 들었다. 시인(詩人)은, 그 소백이 휴식하던 팥배나무를 바라보며 찬미하고 노래불렀다. "무성한 팥배나무, 자르지 말고 베지 마라. 소백께서 쉬시던 장소라네."'
韓詩外傳曰, 昔周道之隆, 召伯在朝, 有司請召民. 召伯曰, 以一身勞百姓, 非吾先君文王之志也. 乃暴處於棠下, 而聽訟焉. 詩人見召伯休息之樹, 美而歌之曰, 蔽芾甘棠, 勿剪勿伐, 召伯所茇.

주해| ㅇ召伯(소백)-주(周)나라 문왕(文王)의 서자(庶子). 이름은 석(奭). 소(召)를 소(邵)로 쓰기도 한다.

ㅇ五畝之宅(오무지택)-한 가장(家長)이 소유했던 택지. 《맹자(孟子)》〈양혜왕(梁惠王)〉 상(上)에, '오무(五畝)의 택지에 뽕나무를 심고 운운……' 이라고 되어 있다.

ㅇ韓詩外傳(한시외전)-권1.

ㅇ暴處(포처)-야영(野營)하는 것.

ㅇ蔽芾甘棠云云(폐비감당운운)-《시경(詩經)》〈소남(召南)〉 '감당(甘棠)'에 있는 구절. 폐비(蔽芾)는 '감당'의 모전(毛傳)에 '작은 모양'이라고 되어 있는데 여기서는 잎이 무성하게 피었다는 형용.

첩 오
捷 悟
………
제11

1. 양덕조(楊德祖 : 楊脩)는 위(魏) 무제(武帝 : 曹操)의 주부(主簿)였다. 그 무렵 승상부(丞相府)의 대문이 건조되었고 막 서까래를 올렸다. 무제는 친히 그것을 보러 나왔다가 사람에게 명하여 대문 편액에 '활(活)'자를 쓰라고 하더니 그대로 사라졌다. 양덕조는 그것을 보자 즉각 대문을 부수게 하였고 다 부수자 말했다. "문 속에 활(活)자가 있으면 '활(闊)'자가 되니 왕께서는 문이 큰 것을 싫어하시는 것이다."(1)

원문| 楊德祖爲魏武主簿. 時作相國門, 始構榱桷. 魏武自出看, 使人題門作活字, 便去. 楊見, 卽令壞之, 旣竟, 曰, 門中活, 闊字. 王正嫌門大也.(1)

(1) 《문사전(文士傳)》에 이런 이야기가 있다. '양수(楊脩)의 자는 덕조(德祖)이고 홍농(弘農) 사람이며 태위(太尉) 양표(楊彪)의 아들이다. 젊었을 때부터 학문의 재간이 있었다. 위무제(魏武帝)가 승상이 되었을 때 초대하여 주부로 삼았다. 양수는 어느 때 정무(政務)에 관한 의견을 말했는데 그것에 대하여 무제의 질문이 반

드시 있을 것이라 생각했다. 그래서 사전에 답변 내용을 여러 장의 종이에 정리한 다음 그것을 순서대로 쌓아놓았다. 그리고 당직자에게 명했다. "앞서 말씀드린 것에 대하여 틀림없이 명령이 있으실 것이고 대답하게 될 것이야. 그대는 이 순서에 따라 차례로 대답을 하오." 그런데 바람이 불어서 그 서류가 날아갔고 순서가 엉망이 되어 당직자는 구별하지 못한 채 순서를 바꾸고 말았다. 공(公 : 曹操)은 크게 노하여 양수를 꾸짖었고 양수는 황공하여 어찌할 바를 몰랐다. 그러나 하는 말이 매우 조리 있어서 나중에는 양수를 옳다고 여겼다. 후에 무제에게 주살(誅殺)당했다.'

文士傳曰, 楊脩字德祖, 弘農人, 太尉彪子. 少有才學思幹. 魏武爲丞相, 辟爲主簿. 脩常白事, 知必有反覆敎. 豫爲答對數紙, 以次牒之而行. 敕守者曰, 向白事, 必敎出相反覆. 若按此次第連答之. 已而風吹紙次亂, 守者不別, 而遂錯誤. 公怒推問, 脩慙懼. 然以所白甚有理, 終亦是脩. 後爲武帝所誅.

주해 | ○捷悟(첩오)－깨달음이 빠른 것. 이 편(篇)에서는 두뇌회전이 빨라서 재치있게 알아차린 사람들의 일화를 수록하고 있다.

○相國(상국)－승상(丞相)을 가리킨다. 조조(曹操)는 건안(建安) 13년(208)에 후한 (後漢)의 승상이 되었다.

○榱桷(최각)－서까래.

○門中活(문중활), 濶字云云(활자운운)－당시 조조는 후한 왕조를 찬탈코자 하는 뜻이 있다는 소문이 나 있었으므로 그런 혐의를 벗기 위하여 대문이 큰 것을 싫어했던 것일까? 양수는 그러한 조조의 속내를 재빠르게 알아차렸던 것이다.

○敎(교)－문체(文體)의 이름. 제후의 명령서를 가리킨다. 《문선(文選)》 권36, 교(敎)의 이선(李善) 주(注)에 채옹(蔡邕)의 《독단(獨斷)》을 인용하고 '제후의 말을 교(敎)라고 한다'라 하였다.

○爲武帝所誅(위무제소주)－양수가 주살당한 이면의 이유는 정무의 비밀사항 누설과, 제후와의 불온한 교제였는데, 실제 이유는 조식(曹植)의

폐립(廢立)을 둘러싼 정쟁에 의한 것이었다. 그 사건은 건안 24년(219)에 일어났다(《三國志》 권19 〈陳思王傳〉에서 인용한 《典略》).

2. 어떤 사람이 위(魏) 무제(武帝 : 曹操)에게 유즙(乳汁) 한 잔을 바쳤다. 무제는 조금 마신 다음 뚜껑 위에 '합(合)'자를 쓰더니 한자리에 있던 사람들에게 보여주었다. 사람들은 그 뜻을 풀 수가 없었다. 순서가 양수(楊脩) 차례가 되자 양수는 얼른 마시면서 말했다. "공께서는 모든 사람들에게 한 모금씩 마시라고 하신 것이오. 무얼 의심하리까?"

원문| 人餉魏武一盃酪. 魏武噉少許, 蓋頭上題合字以示衆. 衆莫能解. 次至楊脩. 脩便噉, 曰, 公敎人噉一口也. 復何疑.

주해| ㅇ酪(낙)－소, 또는 양의 젖을 발효시키어 만든 음료의 일종. 즉 요구르트류.

ㅇ公敎人噉一口也(공교인담일구야)－합(合)자는 인(人)·일(一)·구(口)로 이루어지는 것이므로 이렇게 말한 것이다.

3. 위(魏) 무제(武帝)가 어느 때 조아비(曹娥碑) 아래를 지나갔는데 양수(楊脩)도 따라갔다. 비석 뒷면에 '황견(黃絹) 유부(幼婦)·외손(外孫)·제구(韲臼) 등 8자가 쓰여 있는 것을 보고 무제가 양수에게 말했다. "알겠는가?" 양수가 "알겠습니다."라고 대답하자 무제는 말했다. "그대는 아직 그것에 대한 말을 하면 안돼. 내가 생각해낼 때까지 기다리라." 30리쯤 갔을 때 무제가 말했다. "좋아. 나도 알았네." 그래서 양수에게 따로 해답을 쓰도록 하였다. 양수의 대답에는 이렇게 쓰여 있었다. "황견은 색사(色糸)입니다. 문자로 만들면 절(絶)이

됩니다. 유부(幼婦)는 소녀(少女)입지요. 문자로 만들면 묘(妙)가 됩니다. 외손(外孫)은 딸[女]의 자(子)입니다. 문자로 만들면 호(好)가 되지요. 제구(虀臼)는 매운[辛] 양념을 받아들이니[受] 글자로는 사(辭 : 辤)가 됩니다. 즉 '절묘호사(絶妙好辭)'란 의미입니다." 무제도 역시 스스로 써놓은 것이 있었는데 그것은 양수의 의견과 같았다. 그리하여 감탄하면서 말했다. "내 재능이 그대에 미치지 못하기, 30리임을 이제야 알았네."(1)

원문| **魏武嘗過曹娥碑下. 楊脩從. 碑背上見題作黃絹, 幼婦, 外孫, 虀臼八字. 魏武謂脩曰, 解不. 答曰, 解. 魏武曰, 卿未可言, 待我思之. 行三十里, 魏武乃曰, 吾已得. 令脩別記所知. 脩曰, 黃絹, 色絲也, 於字爲絶. 幼婦, 少女也, 於字爲妙. 外孫, 女子也, 於字爲好. 虀臼, 受辛也, 於字爲辭. 所謂絶妙好辭也. 魏武亦記之, 與脩同. 乃歎曰, 我才不及卿, 乃覺三十里.**(1)

(1) 《회계전록(會稽典錄)》에 이런 이야기가 있다. '효녀인 조아(曹娥)는 상우(上虞) 사람이다. 아버지 조우(曹旴)는 박자를 맞추며 노래를 잘 불렀으며 춤을 추어 즐겁게 해주었다. 한안(漢安) 2년(143)에 오군신(伍君神)을 불러오고자 하여 파도를 거슬러올라가다가 물에 빠졌고 그 시신이 안보이게 되었다. 당시 조아는 열네 살이었는데 통곡하며 아버지 조우를 사모하다가 오이를 강물에 던져 아버지의 시체를 찾으면서 말했다. "오이여! 우리 아버지가 계신 곳에서 멎으라!" (그러기를) 17일만에 오이가 마침내 가라앉았다. 조아는 그대로 강물에 몸을 던져 죽었다. 현령(縣令)인 도상(度尙)이 그 효성을 가엾게 여기어 그녀를 장사지내주고, 그의 제자인 한단자례(邯鄲子禮 : 邯鄲淳)에게 명하여 비석을 만들게 하였다.'

생각하건대 조아비는 회계(會稽)에 있으며 위무제도, 양수도 강을 건넌 적이 없었다.

《이원(異苑)》에는 이런 이야기가 있다. '진류(陳留)의 채옹(蔡邕)은 난을 피하여 오(吳) 땅으로 왔다가 비문을 읽고, 이 시인(詩人)의 작품이 거짓과 망령됨이 없다고 생각했다. 그래서 돌에 여덟글자를 새기어 그 옆에 세웠다. 위나라 무제는 이것을 보고 이해할 수가 없어서 군신(群臣)들에게 물었는데 누구 한 사람도 대답하지 못했다. 분저(汾渚)에서 빨래를 하고 있던 한 부인이 말했다. "네 번째 수레에 탄 인물이라면 알 수 있을 것입니다." 그것은 예정평(禰正平 : 禰衡)이었다. 예정평은 즉시로 그 문자들을 이리저리 조합(祖合)하여 보고 그 의미를 맞췄다. 어떤 사람은 그 부인이 곧 조아의 영(靈)이라고 말했다.'

會稽典錄曰, 孝女曹娥者, 上虞人. 父盱, 能撫節按歌, 婆娑樂神. 漢安二年, 迎伍君神, 泝濤而上, 爲水所淹, 不得其尸. 娥年十四, 號慕思盱, 乃投瓜于江, 存其父尸曰, 父在此, 瓜當沈. 旬有七日, 瓜偶沈. 遂自投於江而死. 縣長度尚, 悲憐其義, 爲之改葬, 命其弟子邯鄲子禮爲之作碑.

按, 曹娥碑, 在會稽中, 而魏武, 楊脩未嘗過江也.

異苑曰, 陳留蔡邕避難過吳, 讀碑文, 以爲詩人之作, 無詭妄也. 因刻石旁作八字. 魏武見而不能了, 以問羣寮, 莫有解者. 有婦人浣於汾渚, 曰, 第四車解. 旣而, 禰正平也. 衡卽以離合義解之. 或謂此婦人, 卽娥靈也.

주해 | ㅇ韲臼(제구)－제(韲)는 양념. 야채나 고기 등을 무치고 재는 데 사용하는 향신료.

ㅇ辭(사)－당사본(唐寫本)에는 사(辤 : 辭의 古字)로 적고 있다. 글씨의 모양으로 볼 때 매운 것[辛]을 받아들인다[受]로 볼 수 있으며, 따라서 양념을 받아들인다고 한 것이다.

ㅇ伍君神(오군신)－오자서(伍子胥). 오자서는 춘추시대 초(楚)나라 사람.

이름은 원(員). 오왕(吳王)을 도와 초(楚)나라를 힘으로써 토벌해 아버지와 형의 복수를 하였다. 후일 오왕 부차(夫差)에게 죽음을 당했으며 그 시체는 강물 속에 던져졌다. 후에 수신(水神)으로서 제사지내졌다.
ㅇ瓜(과)-당사본에는 '의(衣)'자로 적고 있다. 《후한서(後漢書)》 권114 〈효녀조아전(孝女曹娥傳)〉의 이현(李賢) 주(注)에는 항원(項原)의 〈열녀전(列女傳)〉을 인용하여 '아(娥), 옷을 물속에 던지면서 축수하고 말하기를, 아버지의 시신이 있는 곳에서 옷이여 가라앉으라고 하였다. …… 옷이란 글자가 어떤 곳에는 과(瓜)로 적고 있다'라고 했다.
ㅇ存(존)-묻는 것.
ㅇ邯鄲子禮(한단자례)-한단순(邯鄲淳). 삼국시대 위(魏)나라 영천(潁川) 사람. 창힐(蒼頡)·이아(爾雅)·설문(說文)·충서(蟲書)·전서(篆書) 등 문자학(文字學)에 뛰어났다. 일찍이 〈투호부(投壺賦)〉를 지어 문제(文帝)에게 올리고 비단 천 필을 받았다. 벼슬은 박사·급사중(給事中)에 이르렀다. 단, 《삼국지(三國志)》 권21의 배주(裵注)에서 인용한 《위략(魏略)》에는 자(字)를 '자숙(子叔)'으로 적고 있다.
ㅇ離合義(이합의)-문자의 모양을 합치거나 쪼개거나 하여 그 의미를 푸는 것.

4. 위(魏) 무제(武帝 : 曹操)가 원본초(袁本初 : 袁紹)를 치기 위해 군장(軍裝)을 갖추었을 때 수십곡(斛)의 죽편(竹片)이 남았다. 모두가 길이 몇 촌(寸)씩이었다. 사람들은 '아무 쓸모도 없다'며 불태워 버리고자 했다. 태조(太祖 : 曹操)는 그 사용처를 생각하다가 대나무 방패를 만들면 좋겠다는 생각이 들었지만 아직 입밖에 내지는 아니했다. 그리고 주부(主簿) 양덕조(楊德祖 : 楊脩)에게 사람을 급히 보내어 물어보도록 했던 바 즉석에서 대답했는데 그것은 태조의 생각과 일치되었다. 사람들은 그 알아차리기가 빠른 것을 보고 감탄했다.

원문| 魏武征袁本初, 治裝餘有數十斛竹片. 咸長數寸. 衆云,

並不堪用. 正令燒除. 太祖思所以用之, 謂可爲竹椑楯. 而未顯其言. 馳使問主簿楊德祖. 應聲答之, 與帝心同. 衆伏其辯悟.

주해| ㅇ魏武征袁本初(위무정원본초)－조조(曹操)와 원소(袁紹)는 모두 후한말(後漢末)을 대표하는 군웅(群雄)들. 조조는 조부가 환관(宦官)이었던 이른바 탁류(濁流) 가문 출신이었던 데 비하여 원소는 사세오공(四世五公)의 명문 출신이었으며 문생(門生)·고리(故吏)가 천하에 넘치고 있었다. 두 사람은 서로 다툼이 끊이지 않았는데 마침내는 건안 5년(220) 관도지전(官渡之戰)에서 조조가 대승(大勝)했고 북방의 패권을 잡게 되었다.

ㅇ竹椑楯(죽비순)－대나무를 엮어서 만든 원형(圓形)의 방패.

5. 왕돈(王敦)이 군을 이끌고 와서 대항(大桁)에 육박하려고 했을 때, 명제(明帝 : 司馬紹)가 친히 중당(中堂)으로 나아갔다. 온교(溫嶠)는 (당시) 단양윤(丹陽尹)이었다. 명제가 (그에게) 대항을 끊어 버리라고 명하였건만 아직 다리를 끊지 아니했다. 명제는 크게 노하여 눈을 부라렸으며 좌우에 있던 자들은 모두 두려워했다.(1) 제공(諸公)이 소집되었고 온교도 왔는데 사과를 하기는커녕 오로지 술과 안주를 찾을 뿐이었다. 잠시 후 왕도(王導)가 오더니 맨발로 땅에 엎드려 사죄하며 말했다. "하늘의 위엄이 면전에 계신지라 온교로 하여금 사죄할 수 없게 만든 모양입니다." 온교가 그제서야 땅에 엎드려 사죄했고 명제도 마음을 겨우 풀었다. 제공들은 모두 왕도의 기지와 명언에 감탄했다.

원문| 王敦引軍垂至大桁. 明帝自出中堂. 溫嶠爲丹陽尹. 帝令斷大桁, 故未斷. 帝大怒, 瞋目, 左右莫不悚懼.(1) 召諸公來, 嶠至不謝, 但求酒炙. 王導須臾至, 徒跣下地, 謝曰, 天威

在顔, 遂使溫嶠不容得謝, 嶠於是下謝, 帝迺釋然. 諸公共嘆王機悟名言.

(1) 생각하건대 《진양추(晋陽秋)》와 등찬(鄧粲)의 《진기(晋紀)》에는 모두 '왕돈(王敦)이 들이닥치려고 하자 온교(溫嶠)는 주작교(朱雀橋)를 불태워서 그 병사를 막았다'라고 기록하고 있으니, 아직 대항(大桁)을 끊지 않았으므로 황제의 분노를 샀다는 것은 크게 잘못된 것이다. 어떤 책에는 '황제가 친히 온교에게 들어오라고 권했다'라고 했다. 또 어떤 책에는 '먹고 마셔서 황제가 노했다'라고 되어 있는데 이것이 사실에 가깝다고 할 수 있겠다.

按晋陽秋, 鄧粲晋紀皆云, 敦將至, 嶠燒朱雀橋以阻其兵. 而云未斷大桁, 致帝大怒, 大爲訛謬. 一本云, 帝自勸嶠入, 一本作噉飮帝怒. 此則近也.

주해 | ㅇ王敦引軍(왕돈인군)－왕돈은 태녕(太寧) 2년(324), 온교를 제거한다는 기치를 들고 두 번째 반란을 일으켰다.

ㅇ大桁(대항)－주작교(朱雀橋)의 다른 이름. 건강(建康) 남쪽 주작문 밖 진회하(秦淮河)에 놓인 다리이다.

ㅇ中堂(중당)－선양문(宣陽門) 밖에 있었으며 근위군을 주둔시켰던 곳이다.

ㅇ天威在顔(천위재안)－《좌전(左傳)》 희공(僖公) 9년조에 '천위불위안지척(天威不違顔咫尺)'이라고 되어 있음.

6. 치사공(郗司空 : 郗愔)이 북부(北府)에 있을 때, 환선무(桓宣武 : 桓溫)는 그가 병권(兵權)을 장악하고 있는 것이 마땅치 아니했다.[1] 치음은 선천적으로 시의(時宜)를 파악하는 데 어두웠는데 환선무에게 서찰을 써보내되 "같이 왕실을 도와 제릉(帝陵)의 땅을 회복하십시다."라고 했다. (치음의) 큰아들인 치가빈(郗嘉賓 : 郗超)이 때

마침 외출했다가 돌아오던 중, 아버지가 환온에게 보내는 사자(使者)가 왔다는 말을 듣고 서둘러 그 편지를 빼어서 보았다. 읽기를 마치자 그는 (편지를) 갈기갈기 찢어 버리고 편지를 고쳐 썼는데 이렇게 말했다. "나는 늙고 병이 있어서 세상일을 감당할 수가 없으니 한직(閑職)이나 맡고 있으면서 스스로 양생(養生)코자 합니다." 환선무는 편지를 받아보고 크게 기뻐하며 곧 조서를 내리게 하되 치사공을 독오군(督五郡)·회계태수(會稽太守)로 전임시켰다.(2)

원문| **郗司空在北府, 桓宣武惡其居兵權.(1) 郗於事機素暗, 遣牋詣桓, 方欲共奬王室, 脩復園陵. 世子嘉賓出行於道上, 聞信至, 急取牋. 視竟, 寸寸毁裂, 便迴還更作牋, 自陳老病不堪人間, 欲乞閒地自養. 宣武得牋, 大喜, 卽詔轉公督五郡, 會稽太守.(2)**

(1) 《남서주기(南徐州記)》에 이런 이야기가 있다. '서주(徐州)의 백성에는 힘이 세고 용맹스러운 자가 많았다. 그래서 환온은 언제나 이렇게 말했다. "경구(京口)의 술은 마실 만하고, 키[箕]는 사용할 만하며, 병사는 부릴 만하다."'
南徐州記曰, 徐州民多勁悍, 號精兵. 故桓溫常曰, 京口酒可飮, 箕可用, 兵可使.

(2) 《진양추(晋陽秋)》에는 이런 이야기가 있다. '대사마(大司馬 : 桓溫)는 장차 연(燕)의 모용위(慕容暐)를 치려고 할 때 상주(上奏)하여 평북장군(平北將軍) 치음(郗愔)과 원진(袁眞) 등에게 행장을 단단히 준비하도록 권고해 줄 것을 요청했다. 치음이 병약하다는 것을 이유로 사퇴할 것을 청하자 (황제는) 대사마(大司馬 : 桓溫)에게 조서를 내리어 치음의 관직을 맡도록 하였다.'
생각하건대 《중흥서(中興書)》에는 '치음이 이 원정(遠征)에서 사되하자, 환온은 치음이 명령에 따르지 않은 것을 책망하여 회계태수로 전임시켰다'라고 되어 있다. 《세설(世說)》은 잘못되었다.

晉陽秋曰, 大司馬將討慕容暐, 表求申勸平北將軍愔及袁眞等嚴辦. 以羸疾, 求退, 詔大司馬領愔所任.

按中興書, 愔辭此行, 溫責其不從, 轉授會稽. 世說爲謬.

주해 | ㅇ在北府(재북부)－북부란 경구(京口 : 강소성 丹徒縣 관할)의 군부(軍府). 진(晋)나라 도읍 건강(建康) 북쪽에 있다 하여 북부라고 한다. 《자치통감(資治通鑑)》 권102 〈진기(晋紀)〉 24의 호삼성(胡三省) 주(注)에는 '진도건강(晋都建康), 이경구위북부(以京口爲北府), 역양위서부(歷陽爲西府), 고숙위남주(姑孰爲南州)'라고 되어 있다.

ㅇ脩復園陵(수복원릉)－진왕조(晋王朝)의 도읍은 낙양(洛陽)이었는데 흉노족(匈奴族)인 유연(劉淵)·유총(劉聰) 등의 침범으로 무너졌고, 그 이후로 중원은 이민족에 의해 다스려졌다. 그래서 사마예(司馬睿 : 元帝)가 건강에서 즉위하고 동진(東晋) 왕조가 성립되자, 이윽고 옛날 선제(先帝)의 능묘(陵廟)가 있는 낙양을 회복하고자 하는 기운이 일어났다.

ㅇ世子嘉賓(세자가빈)－《자치통감》 권102 〈진기(晋紀)〉 24 태화(太和) 4년(369)에는 '초음재북부(初愔在北府), 온상운(溫常云), 경구주가음(京口酒可飮), 병가용(兵可用). 심불욕음거지(深不欲愔居之), ……음자초위온참군(愔子超爲溫參軍), 취시(取視), 촌촌훼렬(寸寸毁裂) 운운'이라고 되어 있는데, 가빈(嘉賓 : 郗超)은 이때 환온의 참군이었다.

ㅇ督五郡(독오군)－도독절강동오군사(都督浙江東五郡事).

ㅇ慕容暐(모용위)－전연(前燕)의 유제(幽帝). 경소제(景昭帝) 모용준(慕容儁)의 셋째 아들.

ㅇ平北將軍(평북장군)－사평장군(四平將軍)의 하나. 《통전(通典)》 권29 〈직관(職官)〉 '무관하(武官下)' 사평장군(四平將軍)에, '평동장군(平東將軍)·평남장군(平南將軍)·평서장군(平西將軍)·평북장군(平北將軍), 각각 1명을 한위간(漢魏間)에 두었다. 후위(後魏)도 역시 두었다'라고 되어 있다. 북방의 진무(鎭武)를 임무로 했다.

ㅇ嚴辦(엄판)－여장(旅裝)을 충분히 갖추는 것.

7. 왕동정(王東亭 : 王珣)이 선무(宣武 : 桓溫)의 주부(主簿)가 되었는데 어느 봄날, 석두(石頭 : 桓遐) 형제와 말을 타고 교외로 나갔다. 동행했던 당시의 명사들은 말재갈을 나란히 하고 걸었는데[1] 동정 한 사람만은 언제나 수십보쯤 앞서 있었다. 사람들은 모두 그 까닭을 알 수가 없었다. 석두 형제가 이윽고 지쳐서 서둘러 수레에 타고 돌아오게 되었던 바 사람들은 모두 그 시종관(侍從官) 꼴이 되었다. 다만 동정만은 당당하게 말을 타고 수레 앞에 있었다. 그의 민첩한 재치가 이와 같았다.

원문| 王東亭作宣武主簿, 嘗春月與石頭兄弟乘馬出郊. 時彦同遊者, 連鑣俱進.[1] 唯東亭一人常在前, 覺數十步. 諸人莫之解. 石頭等旣疲倦, 俄而乘輿回. 諸人皆似從官. 唯東亭奔奔在前. 其悟捷如此.

(1) 석두(石頭)는 환하(桓遐)의 어렸을 때 자(字)이다.
《중흥서(中興書)》에 이런 이야기가 있다. '환하의 자는 백도(伯道)이며 환온의 장남이다. 벼슬하여 예주자사(豫州刺史)에 이르렀다.'
石頭, 桓遐小字.
中興書曰, 遐字伯道, 溫長子也. 仕至豫州刺史也.

주해| ㅇ時彦(시언)－당시의 뛰어난 명사들.

ㅇ乘輿回(승여회)－송본(宋本)은 '승여향(乘輿向)'으로 적고 있는데 원본(袁本)을 근거로 고쳤다.

ㅇ桓遐(환하)－당사본(唐寫本) 및 《진서(晋書)》 권98 〈환온전〉에는 환희(桓熙)로 적고 있다.

ㅇ奔奔(혁혁)－위세 당당한 모습.

숙혜
夙慧
………
제12

1. 손님이 진태구(陳太丘 : 陳寔)를 방문하여 묵게 되었다. 진태구는 아들인 원방(元方 : 陳紀)·계방(季方 : 陳諶)에게 밥을 지으라고 했다. 손님과 진태구가 담론을 하는데 두 아들은 불을 지펴놓은 채 내버려두고 살며시 엿듣는 바람에, 밥을 할 때 발 까는 것을 잊고 쌀을 솥 속에 그냥 쏟아붓고 말았다. 진태구가 물었다. "밥을 지으면서 어찌하여, (발을 깔고) 찌지 않은 거냐?" 원방과 계방이 무릎을 꿇고 말했다. "아버님께서 손님과 담론하시기에, 저희 두 사람은 함께 엿들었습니다. 발 까는 것을 잊었기 때문에 밥이 그만 죽이 되고 말았습니다." 진태구가 말했다. "너희는 조금 전에 한 이야기를 이해했더냐?" (아이들은) 대답했다. "어렴풋하나마 기억하고 있습니다." 그리고 두 아이는 서로 번갈아가면서 함께 이야기했는데 그 말에는 조금도 빠뜨린 것이 없었다. 진태구는 말했다. "이와 같다면 죽이 되었다고 해도 상관없다. 어찌 반드시 밥이어야 하겠느냐?"

원문| 賓客詣陳太丘宿. 太丘使元方, 季方炊. 客與太丘論議. 二人進火, 俱委而竊聽, 炊忘箸箄. 飯落釜中. 太丘問, 炊

何不餾. 元方, 季方長跪曰, 大人與客語, 乃俱竊聽, 炊忘箸箄, 飯今成糜. 太丘曰, 爾頗有所識不. 對曰, 髣髴志之. 二子俱說, 更相易奪, 言無遺失. 太丘曰, 如此, 但糜自可, 何必飯也.

주해 | ㅇ夙慧(숙혜)—숙(夙)은 빠른 것. 혜(慧)는 총명한 것. 즉 어려서부터 총명하다는 의미. 이 편(篇)에서는 신동(神童)으로 불린 인물들의 이야기를 모으고 있다.

ㅇ箄(비)—비(箅)와 같다. 솥이나 시루 바닥에 까는 대나무 발.

ㅇ餾(유)—쌀을 찌는 것. 당시에는 밥을 지을 때 물과 함께 쌀을 솥 안에 붓고 삶는 것이 아니라 쌀을 쪄서 먹었다.

ㅇ糜(미)—죽. 쌀을 물과 함께 끓인 것을 미(糜)라 한다. 이것에 비하여 쌀을 찐 것이 반(飯)이다.

2. 하안(何晏)은 일곱살 때, 그 총명하기가 신(神)과 같았다. 위(魏) 무제(武帝 : 曹操)는 그를 비범하다며 귀여워했고 하안이 궁중에 있는 것을 기화로 하여 자기 양자로 삼을 생각이었다. 그런데 하안은 땅바닥에 사각형을 그리고 그 속에 들어가 있었다. 사람들이 그 이유를 묻자 (그는) 대답했다. "하씨(何氏)네 오두막입니다." 무제는 그 뜻을 알아차리고 곧 집으로 돌려보냈다.(1)

원문 | **何晏七歲, 明惠若神. 魏武奇愛之, 因晏在宮內, 欲以爲子. 晏乃畫地令方, 自處其中. 人問其故, 答曰, 何氏之廬也. 魏武知之, 卽遣還.(1)**

(1) 《위략(魏略)》에 이런 이야기가 있다. '하안(何晏)의 아버지는 일찍 죽었는데 태조(太祖 : 曹操)는 사공(司空)으로 있을 때 하안의 어머니를 첩으로 삼았다. 그때 진의록(秦宜祿)의 아들 진아표(秦阿

鰾 : 秦朗)도 어머니를 따라 어전에 있었는데 (조조는) 함께 친아들처럼 총애했다. (조조는) 언제나 하안을 가리켜 가자(假子)라고 불렀다.'

魏略曰, 晏父蚤亡, 太祖爲司空時, 納晏母, 其時秦宜祿阿鰾亦隨母在宮, 並寵如子. 常謂晏爲假子也.

주해 | ㅇ秦宜祿阿鰾(진의록아표)－여기서는 《삼국지(三國志)》 권9 〈하안전(何晏傳)〉의 배주(裵注)에서 인용한 《위략(魏略)》에 따라 '진의록(秦宜祿)' 아래에 '아(兒)'자를 보충하여 번역했다. 또한 아표(阿鰾)는 '아소(阿蘇)'로 적고 있다. 《삼국지》 권3 〈명제기(明帝紀)〉의 배주(裵注) 참조.

ㅇ常謂晏爲假子也(상위안위가자야)－가자(假子)는 덤받이. 당사본에는 이 글 위에 '소성근신(鰺性謹愼), 이안무소고(而晏無所顧), 복식의태자(服餝擬太子). 고태자특증지(故太子特憎之), 매불호기성자(每不呼其姓字)'라고 되어 있다. '식(餝)'은 '식(飾)'과 같다. 또 당사본에는 그 다음에 《위씨춘추(魏氏春秋)》를 인용하여 '안모윤(晏母尹), 위무왕부인(爲武王夫人). 고안장어왕궁야(故晏長於王宮也)'라고 되어 있다.

3. 진(晋) 명제(明帝 : 司馬紹)가 몇 살 안되었을 때, 원제(元帝 : 司馬睿)의 무릎에 앉아 있었는데 장안에서 온 자가 있었다. 원제는 낙양(洛陽) 소식을 물었고 눈물을 흘렸다. 명제가 "왜 우십니까?"하고 묻자, 강남으로 건너오지 않으면 안되었던 당시의 이야기를 상세히 들려주었다. 그리고 명제에게 물었다. "너는 장안과 태양 중 어느 쪽이 더 멀다고 생각하는고?" (명제가) 대답했다. "태양 쪽이 더 멉니다. 태양에서 사람이 왔다는 말은 듣지 못했습니다. 그러므로 알 수 있습니다." 원제는 감탄했다. 이튿날 군신(群臣)을 모으고 연회를 열었는데 이 이야기를 한 다음 다시 한 번 물었다. 그러자 명제는 대답했다. "태양 쪽이 가깝습니다." 원제는 얼굴색이 변하며 말했다. "어

찌하여 어제 한 대답과 다른고?" 명제가 대답했다. "눈을 뜨고 보니 태양은 보입니다만 장안은 안보입니다."

원문| 晉明帝數歲, 坐元帝膝上, 有人從長安來. 元帝問洛下消息, 潸然流涕. 明帝問, 何以致泣. 具以東渡意告之. 因問明帝, 汝意謂長安何如日遠. 答曰, 日遠. 不聞人從日邊來. 居然可知. 元帝異之. 明日集群臣宴會, 告以此意, 更重問之. 乃答曰, 日近. 元帝失色曰, 爾何故異昨日之言邪. 答曰, 擧目見日, 不見長安.

주해| ㅇ東渡意(동도의)—진(晋)나라 도읍 낙양(洛陽)은 혜제(惠帝) 때 이른바 팔왕(八王)의 난(亂)에 의해 황폐화되었고, 다음 대인 회제(懷帝) 영가(永嘉) 5년(311)에는 한(漢)의 유총(劉聰)이 파견한 유요(劉曜)·왕미(王彌)의 군단에 의해 함락되었다. 이때 한군(漢軍)은 궁궐 등을 불태우고 약탈했으며 왕공(王公)·백관(百官)·사민(士民) 등 3만 여명을 죽였다. 낙양이 함락되었다는 소식이 전해지자 사마업(司馬鄴 : 愍帝)이 장안에서 즉위했다. 그러나 이윽고 유요의 군대에게 패했으며 그 후 곧 회제와 민제는 유총에게 죽음을 당했다. 이때 장강을 건너 대흥(大興) 원년(元年 : 318)에 제위(帝位)에 오른 사람이 동진(東晋) 제1대 천자인 원제(元帝 : 司馬睿)였다.

4. 사공(司空)인 고화(顧和)가 당시의 명사들과 청담을 했을 때 장현지(張玄之)와 고부(顧敷)는 각각 외손자와 친손자로서 모두 일곱 살이었는데,(1) 평상 옆에서 놀고 있었다. 그때 그들의 청담을 듣고 있기는 했지만 전혀 관심이 없는 것 같았다. 밤이 되자 등잔불 밑에서 두 아이는 주인과 손님이 나누었던 청담을 흉내냈는데 조금도 다르지 아니했다. 고화는 자리에서 일어나 아이들의 귀를 잡아끌

며 말했다. "우리 쇠해진 가문에 이런 보배가 태어날 줄은 전혀 생각하지 못했다."

원문| **司空顧和與時賢共淸言. 張玄之, 顧敷是中外孫, 年並七歲,[(1)] 在牀邊戱. 于時聞語, 神情如不相屬. 瞑於燈下, 二兒共敍客主之言, 都無遺失. 顧公越席而提其耳曰, 不意衰宗, 復生此寶.**

(1) 《고개지가전(顧愷之家傳)》에 이런 이야기가 있다. '고부(顧敷)의 자는 조근(祖根)이며 오군(吳郡) 오(吳) 땅 사람이다. 크게 성공할 기량을 넘치게 가지고 있었다. 벼슬하여 저작랑(著作郎)에 이르렀는데 나이 23세에 죽었다.'

顧愷之家傳曰, 敷字祖根, 吳郡吳人. 滔然有大成之量. 仕至著作郎, 年二十三卒.

주해| ㅇ中外孫(중외손)－고부(顧敷)는 고이지(顧履之 : 顧和의 아들)의 아들. 장현지(張玄之)는 고화의 딸이 장팽조(張彭祖)에게 시집가서 낳은 아들.

ㅇ年並七歲(연병칠세)－고화와 그의 두 손자에 관한 이야기는 상권(上卷) 〈언어편(言語篇)〉 15에도 보이는데 거기서는 장현지가 고부보다 두살 연장으로 되어 있다.

ㅇ提其耳(제기이)－《시경(詩經)》 〈대아(大雅)〉 '억(抑)'에, '비면명지(匪面命之), 언제기이(言提其耳)'라고 되어 있다.

5. 한강백(韓康伯 : 韓伯)이 몇 살 안되었을 때 집안은 몹시 가난하여, 대한(大寒)이 되어도 저고리만 입고 다닐 뿐이었다. 어머니 은부인(殷夫人)은 손수 저고리를 지었는데 한강백에게 다리미를 들고 있으라며 말했다. "잠시 저고리를 입고 있어라. 곧 겹바지를 만들어 주

마." 한강백은 말했다. "충분합니다. 겹바지는 필요치 않습니다." 어머니가 그 까닭을 묻자 이렇게 대답했다. "불이 다리미 속에 있으면 다리미 자루가 뜨거워집니다. 이제 저고리를 입으면 아래쪽도 틀림없이 따뜻해질 것입니다. 그러므로 필요치 않습니다." 어머니는 크게 감탄했으며 한강백이 이윽고는 국가에서 큰일을 하는 인물이 될 것이라고 생각했다.

원문| 韓康伯數歲, 家酷貧. 至大寒, 止得襦. 母殷夫人自成之, 令康伯捉熨斗, 謂康伯曰, 且箸襦, 尋作複褌. 乃云, 已足, 不復須複褌. 母問其故. 答曰, 火在熨斗中而柄熱. 今旣箸襦, 下亦當暖. 故不須耳. 母甚異之, 知爲國器.

주해| ㅇ襦(수)—저고리. 허리까지 내려오고 안감을 댄, 짧은 윗도리. ㅇ熨斗(울두)—다리미. 숯불을 안에 넣고, 그 열로 천의 주름을 펴거나 주름을 잡기도 하는 금속제의 기구.

6. 동진(東晋)의 효무제(孝武帝 : 司馬曜)가 열두살이 되는 해 겨울철이었다. 낮에는 겹옷을 입지 아니하고 명주 홑적삼만 대여섯겹으로 입었으며, 밤에는 이부자리를 포개어 덮었다. 그래서 사공(謝公 : 謝安)이 간했다. "성체(聖體)는 마땅히 일정한 체온을 유지하도록 하여야 하는데, 폐하께서는 낮에는 너무 차게 하시고 밤에는 너무 덥게 하시니 아마도 보양하시는 방법이 아닌 듯합니다. "황제가 대답했다. "낮에는 활동을 하고 밤에는 가만히 있기 때문이오."(1) 사공은 물러나온 다음 감탄하며 말했다. "황상(皇上)의 논리는 선제(先帝 : 簡文帝)보다 못지않으시다!"(2)

원문| 晉孝武年十二, 時冬天, 晝日不箸複衣, 但箸單練衫五

六重. 夜則累茵褥. 謝公諫曰, 聖體宜令有常. 陛下晝過冷, 夜過熱, 恐非攝養之術. 帝曰, 晝動夜靜.(1) **謝公出歎曰, 上理不減先帝.**(2)

(1) 《노자(老子)》에 '몸을 움직이면 추위를 이기고 가만히 있으면 더위를 이긴다'라고 했는데, 여기서 이야기하고 있는 것은 밤에는 가만히 있기 때문에 추우니까 이부자리를 겹쳐서 덮어야 한다는 것이다.

老子曰, 躁勝寒, 靜勝暑. 此言夜靜寒, 宜重肅.

(2) 간문제(簡文帝 : 司馬昱)는 이치를 논하는 데 뛰어났다.

簡文帝善言理也.

주해 | ㅇ十二(십이)－당사본(唐寫本)은 '십삼사(十三四)'로 적고 있다.
ㅇ複衣(복의)－솜을 둔 겹옷.
ㅇ單練衫(단련삼)－얇은 명주옷.
ㅇ茵褥(인욕)－요. 이부자리. 인(茵)은 인(裀)으로도 쓴다.
ㅇ攝養(섭양)－건강을 유지하고 생명을 늘이는 것. 양생(養生)과 같다.
ㅇ老子(노자)－제45장. 단 '정승서(靜勝暑)'는 '정승열(靜勝熱)'로 되어 있으며 원본(袁本)도 열(熱)로 적고 있다.
ㅇ夜靜寒(야정한), 宜重肅(의중숙)－이렇게 되어서는 의미가 통하지 않으므로 당사본에 '야정즉한(夜靜則寒), 의중인(宜重茵)'으로 되어 있는 것에 따라 번역했다.

7. 환선무(桓宣武 : 桓溫)가 죽었을 때 환남군(桓南郡 : 桓玄)은 다섯살이었다. 상(喪)을 치르었을 때 환거기(桓車騎 : 桓沖)는 환현과 함께, 환온을 섬기던 문무관원들과 이별하였다.(1) 그때 그들을 가리키며 환현에게 말했다. "이 사람들은 모두 지난날 너희집 막료였느니

라." 환현은 그 말을 듣자마자 통곡하여 주위 사람들을 감동시켰다. 환충은 늘 자기 자리를 돌아보면서 이렇게 말했다. "영보(靈寶 : 桓玄)가 성인이 되면 틀림없이 이 자리를 되돌려줄 것이야."(2) 그가 아끼고 사랑함이 자기 친자식 이상이었다.

원문| **桓宣武薨. 桓南郡年五歲, 服始除, 桓車騎與送故文武別.(1) 因指語南郡, 此皆汝家故吏佐. 玄應聲慟哭, 酸感傍人. 車騎每自目己坐曰, 靈寶成人, 當以此坐還之.(2) 鞠愛過於所生.**

(1) 《환충별전(桓沖別傳)》에 이런 이야기가 있다. '환충의 자는 현숙(玄叔)이며 환온(桓溫)의 동생이다. 거기장군(車騎將軍)·도독칠주제군사(都督七州諸軍事)로 누천(累遷)되었다.'

桓沖別傳曰, 沖字玄叔, 溫弟也. 累遷車騎將軍, 都督七州諸軍事.

(2) 영보(靈寶)는 환현의 어렸을 때 자(字)이다.

靈寶, 玄小字也.

주해| ㅇ桓宣武(환선무)·桓南郡(환남군)—환온은 사망한 후 선무후(宣武侯)의 시호를 받았고, 아들인 환현은 일곱살의 나이로 남군공(南郡公)의 작위를 세습하였다.

ㅇ服(복)—복상(服喪)하는 것.

ㅇ酸感(산감)—애처로운 마음을 가지는 것.

ㅇ鞠愛(국애)—사랑으로 양육하는 것.

ㅇ所生(소생)—자신이 낳은 자식. 《진서(晉書)》 권74 〈환충전(桓沖傳)〉에 의하면 환충에게는 일곱 명의 아들[嗣·謙·修·崇·弘·羨·怡]이 있었다.

ㅇ玄叔(현숙)—환충의 자는 《진서》 권74의 본전(本傳)에는 '유자(幼子)'라

고 되어 있으며. 또 당사본(唐寫本)에는 '현자(玄子)'라고 되어 있다. 여기에 '현숙(玄叔)'이라고 되어 있는 것은 잘못이리라.

ㅇ七州(칠주)－여기서는 강주(江州)·형주(荊州)·양주(梁州)·익주(益州)·영주(寧州)·교주(交州)·광주(廣州) 등 7주를 가리킨다(《晉書》〈桓沖傳〉).

호 상
豪 爽

………

제13

1. 왕대장군(王大將軍 : 王敦)은 어렸을 때 시골뜨기로 불렸는데 그가 하는 말에는 시골의 사투리가 섞여 있었다. 무제(武帝 : 司馬炎)가 당시의 명사들을 초대하여 모두들 기능과 재예(才藝)에 대한 이야기를 나눈 일이 있었는데 그때 사람들은 모두 득의(得意)한 것들이 있었지만 왕돈만은 마땅히 입밖에 낼 것이 없어서 재미없다는 표정을 짓고 있었다. 그러다가 "북을 치는 것이라면 할 수 있습니다."라고 말했다. 황제가 북을 가져오게 한 다음 주자 그는 그 자리에서 소매를 걷어올리고 북채를 들어 세게 치기 시작하였다. 그 소리가 경쾌하고 잘 어우러지니 호쾌한 기백을 더하여, 마치 방약무인격이었다. 그 자리에 있던 사람들은 그 호방함에 감탄했다.(1)

원문| 王大將軍年少時, 舊有田舍名, 語音亦楚. 武帝喚時賢共言伎藝事, 人皆多有所知, 唯王都無所關, 意色殊惡. 自言知打鼓吹. 帝令取鼓與之, 於坐振袖而起, 揚槌奮擊. 音節諧捷, 神氣豪上, 傍若無人. 擧坐歎其雄爽.(1)

(1) 어떤 사람은 말했다. 왕돈(王敦)이 어느 때 무창(武昌)의 조대(釣臺)에 앉아있다가 그 앞을 지나가는 배에서 북을 치는 소리를 듣고 그 교묘함을 칭찬하였다. 잠시 후 한 박자가 약간 다르자 왕돈은 부채 자루로 안석(案席)을 치면서 "아깝구나!"라고 말했다. 옆에서 모시고 있던 왕응(王應)이 말했다. "그렇지 않습니다. 이는 돛을 돌릴 때 난 소리입니다." 사람을 보내어 알아보았더니 "뱃사람이 방금 강어귀에 들어가고 있습니다."라고 말했다. 왕응의 북에 대한 조예가 왕돈 이상이었다.

或曰, 敦嘗坐武昌釣臺, 聞行船打鼓, 嗟稱其能. 俄而一槌小異, 敦以扇柄撞几曰, 可恨. 應侍側曰, 不然. 此是回颿檛. 使視之, 云, 船人入夾口. 應知鼓又善於敦也.

주해| ㅇ豪爽(호상)－호기(豪氣)있고 상쾌한 이야기들을 모아놓은 편이다.

ㅇ舊有田舍名(구유전사명)－〈품조편(品藻篇)〉 21에는 왕돈을 시골뜨기라고 비웃은 에피소드가 보인다.

ㅇ楚(초)－창초(傖楚)란 의미. 하는 말이 촌스럽다는 뜻이다.

ㅇ打鼓吹(타고취)－취(吹)자는 연자(衍字)일까? 《진서(晋書)》 권98 〈왕돈전(王敦傳)〉에는 '자언지격고(自言知擊鼓)'라고 되어 있다.

ㅇ或曰(혹왈)－이 조(條)가 당사본(唐寫本)과 송본(宋本)에는 모두 없다. 여기서는 원본(袁本)에 따라 번역했다.

ㅇ回颿檛(회범과)－범(颿)은 '범(帆)'과 같다. 과(檛)는 북채로 치는 것.

2. 왕처중(王處仲 : 王敦)은 세상에서 고상하다는 인정을 받고 있었는데 어느 때 여색에 빠졌고, 그로 인하여 몸이 허약해졌다. 좌우 사람들이 이를 간하자 왕처중은 말했다. "나는 어리석게도 깨닫지 못했었구려. 그런 일쯤이야 아주 간단하지." 그리고 후방(後房)을 열고 하녀와 첩 등 수십 명을 쫓아냈고, 각자 가고 싶은 곳으로 가게 하였다.

당시 사람들은 이 일에 감탄했다.[(1)]

▌원문│ 王處仲世許高尚之目. 嘗荒恣於色, 體爲之弊, 左右諫之. 處仲曰, 吾乃不覺爾. 如此者, 甚易耳. 乃開後閤, 驅諸婢妾數十人出路, 任其所之. 時人歎焉.[(1)]

(1) 등찬(鄧粲)의 《진기(晋紀)》에 이런 이야기가 있다. '왕돈의 사람됨됨이는 대범하여 사물에 구애받지 아니했으며 재화(財貨)에 대한 이야기를 하지 아니했다. 그 평생의 뜻이 이와 같았다.'
鄧粲晋紀曰, 敦性簡脫, 口不言財. 其存尙如此.

▌주해│ ㅇ閤(합)-부인의 침실을 가리킨다. 양원제(梁元帝)의 〈오서곡(烏棲曲)〉에 '난방초합야방개(蘭房椒閤夜方開)'라고 되어 있다.
ㅇ口不言財(구불언재)-당사본(唐寫本)에는 '구불언재위(口不言財位)'로 적고 있다. 《진서(晋書)》 권98 〈왕돈전(王敦傳)〉에는 '처음에 왕돈은 …… 입밖에 재색(財色)을 내지 아니했다'라고 되어 있다.

3. 왕대장군(王大將軍 : 王敦)이 스스로 자신을 평하여 말했다. "고매하고 명랑하며 사물에 구애받지 아니하고 솔직하다. 학문은 《춘추좌씨전(春秋左氏傳)》에 통달했다."[(1)]

▌원문│ 王大將軍自目, 高朗疎率, 學通左氏.[(1)]

(1) 《진양추(晋陽秋)》에 이런 이야기가 있다. '왕돈은 젊었을 때부터 고매하고 솔직하며, 통탈(通脫)하고 명랑했으며 인물감정의 재능이 있다고 했다.'
晋陽秋曰, 敦少稱高率通朗, 有鑒裁.

4. 왕처중(王處仲 : 王敦)은 술을 마시면 언제나 위(魏) 무제(武帝)의 '늙은 준마(駿馬)는 말구유에 엎드려 있지만 그 뜻은 천리 밖에 있고, 열사(烈士)는 노년(老年)이지만 장한 마음 끊임없어라'[(1)]라는 구절을 읊으면서 여의봉(如意捧)으로 타구(唾具)를 두드렸는데 타구 주둥이가 모두 부서졌다.

원문 | **王處仲每酒後, 輒詠, 老驥伏櫪, 志在千里, 烈士莫年, 壯心不已.[(1)] 以如意打唾壺, 壺口盡缺.**

(1) 위(魏) 무제(武帝 : 曹操)의 악부시(樂府詩).
　魏武帝樂府詩.

주해 | ㅇ老驥伏櫪云云(노기복력운운)－이 구절은 '늙은 준마는 마구간에 매여 있어도 그 뜻은 천리 저쪽을 달리고, 장사는 늙었어도 아직 그 장심(壯心)을 품고 있다'란 뜻.
ㅇ樂府詩(악부시)－'보출하문행(步出夏門行)'(《宋書》 권21 〈樂志〉 3).

5. 동진(東晋)의 명제(明帝 : 司馬紹)가 지대(池臺)를 만들고자 했는데 아버지인 원제(元帝 : 司馬睿)가 허락하지 않았다. 명제는 당시 태자로서 무용을 좋아하여 무사(武士)들을 양성하고 있었으므로 하룻밤 사이에 못[池]을 파서 새벽녘에는 완성되었다. 오늘날의 태자서지(太子西池)가 그것이다.[(1)]

원문 | **晉明帝欲起池臺, 元帝不許. 帝時爲太子. 好武養士. 一夕中作池, 比曉便成. 今太子西池是也.[(1)]**

(1) 《단양기(丹陽記)》에 이런 이야기가 있다. '서지(西池)는 손등(孫

登)이 만든 것으로서《오사(吳史)》에서 말하는 서원(西苑)이다. 명제(明帝)는 이것을 보수했을 뿐이다.'

丹陽記曰, 西池孫登所創, 吳史所稱西苑也. 明帝修復之耳.

주해| ㅇ池臺(지대)-못을 파내고 그 흙을 옆에 쌓아서 관망대를 만든 것.

ㅇ好武養士(호무양사)-원본(袁本)은 '호양무사(好養武士)'로 적고 있다.

ㅇ孫登(손등)-삼국시대 오(吳)나라 손권(孫權)의 아들.

6. 왕대장군(王大將軍 : 王敦)은 장강(長江)을 내려와 도읍으로 쳐들어가, 마음대로 정사(政事)를 다루고 정부를 뜯어고칠 생각으로, 우선 참군(參軍)을 보내어 조정에 고하도록 했다. 당시의 명사들에게 그 뜻을 퍼뜨렸다. 조거기(祖車騎 : 祖逖)는 아직 수춘(壽春)에 진을 치기 전이었는데 눈을 부라리며 거친 목소리로 사자(使者)를 향하여 말했다. "너는 아흑(阿黑 : 王敦)에게 말하라.(1) 어디서 감히 불손한 짓을! 서둘러 군대를 수습하여 돌아가라! 즉시로 그렇게 하지 아니하면 내가 3천 군사를 이끌고 가서 장창(長槍) 자루를 휘둘러 (장강 상류로) 올라가게 만들 것이야!" 이 말을 듣고 왕대장군은 생각을 고쳤다.

원문| **王大將軍始欲下都, 處分樹置, 先遣參軍告朝廷, 諷旨時賢. 祖車騎尚未鎭壽春, 瞋目厲聲, 語使人曰, 卿語阿黑,(1) 何敢不遜. 催攝面去. 須臾不爾, 我將三千兵槊脚令上. 王聞之而止.**

(1) [아흑(阿黑)은] 왕돈의 어렸을 때 자(字)이다.

敦小字也.

주해| ㅇ處分樹置(처분수치)-송본(宋本)은 '갱분수치(更分樹置)'로 적

고 있고 당사본(唐寫本)은 '갱처분수치(更處分樹置)'로 적고 있는데 《세설전본(世說箋本)》 두주(頭注)에 '정사를 처분하고 관사(官司)를 수치(樹置)하는 것이다'라고 되어 있다. 왕돈은 이때 원제(元帝) 측에 있으면서 실권을 잡고 있던 유외(劉隗) 등을 치겠다는 명분으로 상소하고 도읍 건강(建康)에 쳐들어가려고 하였다.

ㅇ未鎭壽春(미진수춘)－수춘은 예주(豫州 : 하남성)에 있으며 이 일이 있은 후, 조적(祖逖)은 예주자사(豫州刺史)가 되었다.

ㅇ催攝面去(최섭면거)－최(催)는 '재촉한다'는 뜻. 섭(攝)은 다스리는 것. 당사본에는 '향거(向去)', 《세설전본》은 '회거(回去)'로 적고 있다. 여기서는 《세설전본》에 따라 번역했다.

ㅇ槊脚令上(삭각영상)－'삭각'의 의미는 미상(未詳). 삭(槊)은 창의 자루를 가리키는 말일까? '영상'의 상(上)은 도읍에서 장강 상류 땅으로 쫓아내겠다는 뜻일까?

7. 유치공(庾穉恭 : 庾翼)은 이전부터 중원(中原)을 회복코자 하는 뜻을 가지고 있었으나 문강(文康 : 庾亮)이 살아 있을 때는 그 권력이 강했고, 그런 실권이 자기에게는 없었다. (둘째 형) 계견(季堅 : 庾冰)이 재상의 자리에 오르자 전화(戰禍)를 꺼리고 두려워했다. 유치공은 그와 오랫동안 시비를 벌인 다음에야 겨우 출병하기에 이르렀다. 형(荊)·한(漢) 지방의 총병력을 투입하고, 군선(軍船)과 병거(兵車)를 있는 대로 총동원했으며 군단을 양양(襄陽)에 진주시켰다.(1) 그곳에서 치공은 막료들을 전원 집합시키고 군기(軍旗)와 무기 일체를 도열시킨 다음 친히 활과 화살을 주면서 말했다. "이번에 내가 출전한 것은 이 화살을 쏘는 것과 같다!" 그렇게 말한 다음 일어나서 세 번 쏘았고 세 번 다 명중시켰다. 병사들은 이것을 보고 용기가 10배나 올라갔다.

원문| 庾穉恭旣常有中原之志, 文康時權重, 未在己. 及季堅

作相, 忌兵畏禍. 與稚恭歷同異者久之, 乃果行. 傾荊, 漢之力, 窮舟車之勢, 師次于襄陽.(1) 大會參佐, 陳其旌甲, 親授弧矢曰, 我之此行, 若此射矣. 遂三起三疊. 徒衆屬目, 其氣十倍.

(1) 《한진춘추(漢晋春秋)》에 이런 이야기가 있다. '유익(庾翼)은 풍자(風姿)가 화려하고 재능이 풍부하여 젊었을 때부터 경세(經世)의 대략(大略)이 있었다. 형인 유량(庾亮)의 뒤를 이어 자사(刺史)에 오르자 안팎을 바로잡아 유지하고 여러 적도(賊徒)들을 소탕하려는 뜻을 가지고 있었다. 당시 두예(杜乂)·은호(殷浩) 등의 사람들은 높은 이름을 세상에 드날리고 있었는데, 유익은 그들을 존중하려고 하지 않고 늘 이렇게 말했다. "이 무리들을 고각(高閣)에 묶어 두었다가 천하가 평정된 후에 그들의 소임을 의논하는 것이 마땅하다." 그의 의기가 이와 같았다. 오직 환온(桓溫)과는 사이가 좋아서 천하를 편안하게 구해낼 것을 서로 맹세하였다. 처음에 유익은 부하 병사와 거마(車馬) 수만을 출동시키어 그 대군을 이끌고 면하(沔河)로 들어갔고 이적(夷狄)을 정벌코자 하여 양양(襄陽)에 진주하였다.'

《유익별전(庾翼別傳)》에 이런 이야기가 있다. '유익이 형주자사였을 때, 평소 원대한 뜻을 가지고 있었다. 그는 언제나 생각했다. "가문의 위세가 혁혁하고 형제들 모두가 은총을 입어 높은 벼슬을 받고 있는데도 힘을 다하여 충성하지 않으면 어찌 나라에 보답할 수 있으리요. 촉(蜀) 땅은 험준한 요새로 둘러싸여 있고 호적(胡賊)은 흉포한 힘을 의지하고 있다고는 하지만, 그러나 그들은 무도하고 또한 잔혹하니 이 점을 이용하여 쉽게 멸망시킬 수 있다. 이 때에 즈음하여 촉과 호(胡), 두 적도들을 일소하고 왕업을 회복할 수가 없다면 사나이가 아니지." 그래서 3주(州)의 백성을 총동원하고 그 재물들을 모두 바치게 하여 총병력 5만의 대군단을 편성했다. 또 유민(流民) 노예를 이끌고 군비를 갖추어 대대적으로 거병하여 곧바로 위(魏) · 조(趙)를 향했다. 군단은 양양에 진주하고, 그 위력은 한북(漢北) 땅에 떨쳤다.'

漢晉春秋曰, 翼風儀美劭, 才能豊贍, 少有經緯大略. 及繼兄亮居方州之任, 有匡維內外, 掃蕩羣凶之志. 是時杜乂, 殷浩諸人, 盛名冠世, 翼未之貴也. 常曰, 此輩宜束之高閣, 俟天下淸定, 然後議其所任耳. 其意氣如此. 唯與桓友善, 相期以寧濟宇宙之事. 初, 翼輒發所部奴及車馬萬數, 率大軍入沔, 將謀伐狄, 遂次于襄陽.

翼別傳曰, 翼爲荊州, 雅有大志. 每以門地威重, 兄弟寵授, 不陳力竭誠, 何以報國. 雖蜀阻險塞, 胡負凶力, 然皆無道酷虐, 易可乘滅. 當此時, 不得掃除二寇, 以復王業, 非丈夫也. 於是徵役三州, 悉其帑實, 戍衆五萬. 兼率荒附, 治戎大擧, 直指魏趙, 軍次襄陽, 耀威漢北.

주해 | ㅇ三疊(삼첩)－미상. 화살을 세 번 쏘았다는 뜻인 듯.

ㅇ束之高閣(속지고각)－추대하다. 송본(宋本)에는 '각(閣)'을 '합(閤)'으로 적고 있다.

ㅇ掃除(소제)－송본에는 '소(掃)'를 '죄(罪)'로 적고 있다. 여기서는 원본(袁本)에 따랐다.

ㅇ荒附(황부)－황민부예(荒民附隷)란 뜻.

8. 환선무(桓宣武 : 桓溫)는 후촉(後蜀)을 평정하자 막료들을 모아 이세(李勢)의 궁궐에서 주연(酒宴)을 열었다. 파(巴) · 촉(蜀)의 벼슬아치들은 한 사람 빠짐없이 모였다. 환온은 본디 호탕한 기품의 소유자였는데 그것에 더하여 이 날은 목소리가 더욱 낭랑하였다. 그리고 고금의 성공이나 실패는 인물 여하에 달려 있고, 국가의 존망은 첫째로 인재(人才)에 달려 있다고 서술했다. 그 기백에 넘치는 모습에

좌중은 모두 찬탄했다. 산회(散會)한 후에도 사람들은 (환선무가 한) 말들을 되새겨가며 음미했다. 이때 심양(尋陽)의 주복(周馥)이 말했다. "그대들이 왕대장군(王大將軍 : 王敦)을 만나보지 못한 것이 안타깝소."[(1)]

원문| **桓宣武平蜀, 集參僚置酒於李勢殿. 巴蜀縉紳, 莫不來萃. 桓旣素有雄情爽氣, 加爾日音調英發, 敍古今成敗由人, 存亡繫才. 其狀磊落, 一坐歎賞. 旣散, 諸人追味餘言. 于時尋陽周馥曰, 恨卿輩不見王大將軍.**[(1)]

(1) 《중흥서(中興書)》에 이런 이야기가 있다. '주복(周馥)은 주무(周撫)의 손자이다. 자는 담은(湛隱)인데 장수로서의 지략이 있었으며 일찍이 왕돈(王敦)의 연(掾)이 되었다.'

中興書曰, 馥, 周撫孫也. 字湛隱. 有將略, 曾作敦掾.

주해| ㅇ李勢(이세)—이세는 후촉(後蜀 : 成漢) 최후인 제6대 군주. 구신(舊臣)을 싫어하고 좌우를 신임한 결과 참언·아첨이 넘쳤고 형벌은 가혹하게 됨으로써, 안팎으로 신임을 잃었다. 환온(桓溫)은 목제(穆帝) 영화(永和) 2년(346), 익주자사(益州刺史) 주무(周撫)와 남군태수(南郡太守) 초왕(譙王) 무기(無忌) 등을 이끌고 그 토벌에 나섰다. 그후 환온은 참군 손성(孫盛)과 주초(周楚 : 주무의 아들)를 머물게 하여 치중(輜重)을 지키도록 하고 자기 자신은 성도(成都)로 직진하여 이세의 군단을 크게 격파했다. 〈식감편(識鑒篇)〉 20의 유주(劉注) 참조.

ㅇ巴(파)·蜀(촉)—사천성(四川省) 지역. 파(巴)는 중경(重慶) 일대를 가리키며 촉(蜀)은 성도 일대를 가리킨다.

ㅇ字湛隱(자담은)—당사본(唐寫本)에는 '자'자가 없다. 만약 그것에 따라 '담은유장략(湛隱有將略)'으로 본다면 마음이 깊고 대장(大將)의 지략이 있다는 뜻이 될 것이다.

9. 환공(桓公 : 桓溫)은 《고사전(高士傳)》을 읽다가 오릉중자(於陵仲子 : 陳仲子) 조(條)에 이르자 책을 집어던지며 말했다. "대체 누가 이처럼 각박하게 살아갈 수 있단 말인가?"(1)

| 원문 | 桓公讀高士傳, 至於陵仲子, 便擲去曰, 誰能作此溪刻自處.(1)

(1) 황보밀(皇甫謐)의 《고사전(高士傳)》에 이런 이야기가 있다. '진중자(陳仲子)의 자는 자종(子終)이며 제(齊) 땅 사람이다. 형인 진재(陳載)는 제(齊)의 재상으로서 식록(食祿)은 만종(萬鍾)이었다. 진중자는 형이 받는 식록이 불의한 것이라며 초(楚) 땅으로 가 오릉(於陵)에서 살았다. 식량이 떨어지기 3일 ―. 그는 엉금엉금 기어서 우물가에 있는 오얏나무 열매를 주워 세 번 먹고 나서야 겨우 눈을 뜨게 된 적도 있었다. 자기 자신이 신발을 삼았고 아내에게는 삼실을 잣게 하여 그것으로 식량과 옷감을 바꾸었다. 어느 때 귀향하여 어머니를 뵈었는데 때마침 형에게 살아있는 거위를 선물한 사람이 있었다. 진중자는 얼굴을 찡그리며 "이 따위 꽥꽥거리는 것을 누가 먹는단 말인가?"라고 말했다. 그 후 어머니가 거위를 잡았는데 진중자는 그런 사실을 모르고 그것을 먹었다. 밖에서 들어온 형이 "꽥꽥이 고기잖아!"라고 말했다. 진중자는 문밖으로 나가서 '왝'하고 토했다. 초왕(楚王)이 그의 명성을 듣고 불러 재상으로 삼고자 했으므로 부부가 도망하여 남을 위해 그 밭에 물을 대주는 일을 하였다.'

皇甫謐高士傳曰, 陳仲子字子終, 齊人. 兄載, 齊相, 食祿萬鍾. 仲子以兄祿爲不義, 乃適楚, 居於陵. 曾乏糧三日, 匍匐而食井李之實, 三咽而後能視. 身自織屨, 令妻擗纑, 以易衣食. 嘗歸省母, 有饋其兄生鵝者. 仲子嚬顣曰, 惡用此鶃鶃爲哉. 後母殺鵝, 仲子不知而食之. 兄自外入曰, 鶃鶃肉邪. 仲子出門, 哇而

吐之. 楚王聞其名, 聘以爲相. 乃夫婦逃去, 爲人灌園.

주해 | ㅇ於陵仲子(오릉중자)－오릉에 사는 진중자(陳仲子)에 대한 이야기는 옛날 《맹자(孟子)》〈등문공(滕文公)〉 하(下)에 '광장왈(匡章曰), 진중자개불성렴사재(陳仲子豈不誠廉士哉), 거오릉(居於陵), 삼일불식(三日不食), 이무문(耳無聞), 목무견야(目無見也), 정상유리(井上有李) …… 포복왕(匍匐往), 장식지(將食之), 삼인(三咽), 연후이유문(然後耳有聞), 목유견(目有見), 운운'이란 구절이 보인다. 또 초왕(楚王)의 부름이 있자 부부가 함께 도망쳤다는 이야기는 《열녀전(列女傳)》에 기록되어 있고 그밖에 '오릉사빙(於陵辭聘)'이란 제목으로 《몽구(蒙求)》에도 보인다. 오늘날 진중자의 저서로 전해지는 《오릉자(於陵子)》 1권은 명(明)나라 사람의 위작(僞作)이라고 한다.

ㅇ溪刻(계각)－마음이 편협하고 일처리가 각박한 것.

ㅇ兄載(형재)－송본(宋本)·당사본(唐寫本)은 '재(載)', 원본(袁本)·《맹자(孟子)》는 '대(戴)'로 적고 있다.

ㅇ萬鍾(만종)－녹이 후한 것. 종(鍾)은 용량의 단위로서 《좌전(左傳)》 소공(昭公) 3년조의 두예주(杜預注)에서는 6곡(斛) 4두(斗), 《회남자(淮南子)》〈요략편(要略篇)〉의 고유주(高誘注)에서는 10곡(斛)으로 되어 있는 등, 여러 설이 있다.

ㅇ擗纑(벽로)－《맹자》에는 '벽로(辟纑)'로 적고 있으며 조주(趙注)에 '집적기마왈벽(緝績其麻曰辟), 연기마왈로(練其麻曰纑)'라고 했다.

ㅇ嚬顣(빈축)－빈축(顰蹙)과 같다. 얼굴을 찡그리는 것.

ㅇ鶂鶂(역역)－거위가 우는 소리. 꽥꽥.

ㅇ哇(와)－토하는 것. 구토.

10. 환석건(桓石虔)은 사공(司空) 환활(桓豁)의 서자 가운데 장남이다.[(1)] 어렸을 때의 자(字)는 진악(鎭惡)이었는데 17, 8세 무렵 아직 사관(仕官)하지 않았을 때 하인들은 이미 그를 진악랑(鎭惡郞)이라고

불렀다. 일찍이 선무(宣武 : 환온)의 서재에서 머무르고 있을 때 방두전(枋頭戰)에 종군했다. 거기장군(車騎將軍) 환충(桓沖)이 적군에게 포위당했는데 좌우의 사람들은 아무도 앞장서서 그를 구해내려고 하지 않았다. 환온은 말했다. "네 숙부가 적의 수중에 잡혀 있다. 알고 있느냐!" 환석건은 그 말을 듣자마자 용기를 내어, 주벽(朱辟)을 보좌관에 명하고 수만 명의 적병 속에서 말을 채찍질했다. 그에게 맞서려는 적군은 없어서 즉시로 환충을 구하여 돌아갔다. 적군은 모두 감탄했다. 그 후 하북(河北) 땅에서는 그의 이름을 가지고 학질을 낫게 하였다.(2)

원문| 桓石虔, 司空豁之長庶也.(1) 小字鎭惡, 年十七八, 未被擧, 而童隸已呼爲鎭惡郎. 嘗住宣武齋頭, 從征枋頭. 車騎沖沒陳, 左右莫能先救. 宣武謂曰, 汝叔落賊, 汝知不. 石虔聞之, 氣甚奮, 命朱辟爲副, 策馬於數萬衆中. 莫有抗者. 徑致沖還. 三軍歎服. 河朔後以其名斷瘧.(2)

(1) 《환활별전(桓豁別戰)》에 이런 이야기가 있다. '환활의 자는 낭자(朗子)이며 환온(桓溫)의 동생이다. 형주자사(荊州刺史)에 누천(累遷)되었으며 사공(司空)이 추증되었다.'
豁別傳曰, 豁字朗子, 溫之弟也. 累遷荊州刺史. 贈司空.

(2) 《중흥서(中興書)》에는 이런 이야기가 있다. '석건(石虔)은 재간이 있었으며 사학(史學)에 통했다. 전공(戰功)을 거듭 쌓았으며 벼슬을 하여 예주자사(豫州刺史)에 이르렀고 후군장군(後軍將軍)이 추증되었다.'
中興書曰, 石虔有才幹, 有史學. 累有戰功. 仕至豫州刺史, 贈後軍將軍.

주해 ㅇ郞(낭)－하인이나 종이 주인을 가리켜 낭(郞)이라고 부르기도 하였다.

ㅇ從征枋頭(종정방두)－방두는 하남성 준현(濬縣)의 서남쪽 기문도(淇門渡). 태화(太和) 4년(369), 환온(桓溫)은 북벌(北伐)에 나섰고, 연(燕)의모용위(慕容暐)·모용수(慕容垂)·부말파(傅末波) 등과 임저(林渚)에서 싸워 이를 격파하고 방두까지 쳐들어갔는데 병량(兵糧)이 떨어져 퇴각할 수밖에 없었다. 이때 도중에서 모용수의 추격을 받아, 3만 명의 전사자를 내는 등 크게 패했다.

ㅇ車騎沖(거기충)－환충(桓沖). 환온·환활(桓豁)의 동생. 석건(石虔)의 숙부.

ㅇ以其名斷瘧(이기명단학)－《진서(晋書)》 권74 〈석건전(石虔傳)〉에는 '시유환학질자(時有患瘧疾者), 위왈(謂曰), 환석건래(桓石虔來), 이포지(以怖之), 병자다유(病者多愈). 기견외여차(其見畏如此)'라고 되어 있다.

11. 진임도(陳林道 : 陳逵)가 장강(長江)의 서안(西岸)에 진을 치고 있을 때,(1) 도읍 사람들이 모두 그를 맞아 우저(牛渚)에까지 나가서 회합을 가졌다. 진임도의 담론은 철리(哲理)에 통하고 있었으므로, 사람들은 함께 논하여 그를 공박하고자 했다. 그런데 진임도는 여의(如意)로 볼을 괸 채 계롱산(雞籠山)을 바라보고 탄식하며 말했다. "손백부(孫伯符 : 孫策)의 큰 뜻과 공업(功業)이 이루어지지 못했도다!"(2) 그래서 사람들은 그 회합이 끝날 때까지 그와 담론을 할 수가 없었다.

원문 **陳林道在西岸,(1) 都下諸人共要至牛渚會. 陳理旣佳. 人欲共言折. 陳以如意拄頰望雞籠山, 嘆曰, 孫伯符志業不遂.(2) 於是竟坐不得談.**

(1) 《진양추(晋陽秋)》에 이런 이야기가 있다. '진규(陳逵)는 서중랑장

(西中郎將)이 되어 회남태수(淮南太守)를 맡았으며 역양(歷陽)에 진을 쳤다.'

晉陽秋曰, 逵爲西中郎將, 領淮南太守, 戍歷陽.

(2) 《오록(吳錄)》에는 이런 이야기가 있다. '장사환왕(長沙桓王)의 휘(諱)는 책(策)이고 자는 백부(伯符)이며 오군(吳郡) 부춘(富春) 사람이다. 젊었을 때부터 당당한 풍모를 갖추고 있었다. 19세 때 아버지 손업(孫業)의 뒤를 이었는데 사람들은 그를 손랑(孫郎)이라고 불렀다. 강동 땅을 평정할 때 허공(許貢)의 식객(食客)이 쏜 화살에 얼굴을 맞고 말았다. 손책은 거울에 얼굴을 비쳐보다가 좌우 사람에게 말했다. "얼굴이 이렇게 되었으니 어찌 또 공업을 이룰 수가 있겠는가?" 그래서 장소(張昭)에게 "중원(中原)은 실로 문란하오. 이쪽에는 오월(吳越)의 군중과 두 강(江)의 요해(要害)가 있은즉 충분히 승패를 살필 수 있을 것이오. 제군들은 내 아우를 잘 도와주오."라고 말한 다음 대황제(大皇帝 : 孫權)를 불러 인수(印綬)를 주면서 말했다. "강동의 군중들을 동원하되 양군(兩軍)의 틈을 보다가 기선을 제압하는 데는 그대가 나에게 미치지 못하지만, 현인(賢人)에게 맡기고 유능한 자를 쓰되 각자에게 그 마음을 다하도록 하는 데는 내가 그대에게 미치지 못해. 결코 북쪽으로 강을 건너가지는 말도록!" 말을 마친 후 눈을 감았다. 향년 26세였다.'

吳錄曰, 長沙桓王諱策, 字伯符, 吳郡富春人. 少有雄姿風氣. 年十九而襲業, 衆號孫郎. 平定江東, 爲許貢客射破其面. 引鏡自照, 謂左右曰, 面如此, 豈可復立功乎. 乃謂張昭曰, 中國方亂. 夫以吳, 越之衆, 二江之固, 足以觀成敗. 公等善相吾弟. 呼大皇帝, 授以印綬, 曰, 擧江東之衆, 決機於兩陳之閒, 卿不如我, 任賢使能, 各盡其心, 我不如卿. 愼勿北渡. 語畢而薨. 年二十有六.

주해 ㅇ西岸(서안)－양자강 북쪽 역양(歷陽 : 오늘날의 안휘성 和縣).

ㅇ牛渚(우저)－현재의 안휘성 당도현(當塗縣) 서북쪽 양자강에 이어지는 곳.

ㅇ雞籠山(계롱산)－이 일대는 손책(孫策)의 고전장(古戰場). 현재의 안휘성 화현(和縣) 서북쪽 40리에 있는 산.

ㅇ許貢(허공)－후한말(後漢末)의 오군태수(吳郡太守). 헌제(獻帝)에게 손책(孫策)을 지방관으로 쓸 경우의 위험함을 참언했는데 그 일로 인하여 손책에게 교살(絞殺)당했다. 그 후 손책은 이 허공의 명령을 받은 그의 식객에게 시상(矢傷)을 당하고 그로 인하여 사망하게 된다(《삼국지》 권46 〈孫策傳〉에서 인용한 《江表傳》).

ㅇ張昭(장소)－당사본(唐寫本)은 '장조(張照)'로 적고 있다.

ㅇ二江(이강)－원본(袁本) 및 《삼국지》 〈손책전〉은 '삼강(三江)'으로 적고 있다. 보통 삼강이라고 하는 경우 오송강(吳松江)・전당강(錢塘江)・포양강(浦陽江)을 가리킨다(《資治通鑑》 권63, 建安 5년의 條 胡注에서 인용한 韋昭의 說).

12. 왕사주(王司州 : 王胡之)는 사공(謝公 : 謝安)의 연석(宴席)에서 《초사(楚辭)》 구절을 읊었다. "드실 때도 말이 없고 나가실 때도 말이 없으며 돌개바람 타고 구름 깃발 날리시네."(1) 그리고 사람들에게 말했다. "그 때는 그 자리에 아무도 없는 것 같은 기분이었소."

원문 **王司州在謝公坐, 詠入不言兮出不辭, 乘迴風兮載雲旗.(1) 語人云, 當爾時, 覺一坐無人.**

(1) 《초사(楚辭)》 〈구가(九歌)〉 '소사명(少司命)'의 구절이다.
離騷九歌少司命之辭.

주해 ㅇ入不言兮(입불언혜)－사명신(司命神)이 인간세계에 내려올 때도 천계(天界)에 올라갈 때도 말을 하지 않고 오직 표연한 선풍(旋風)에 실려, 구름 깃발을 세우고 천상(天上)으로 돌아가는데 그 모습을 읊은 구절. 회풍(迴風)은 회오리바람. 운기(雲旗)는 뻗쳐 있는 구름 깃발.
ㅇ離騷(이소)－원래 〈이소〉는 굴원(屈原)이 지은 작품으로 전해지는 작품 중 하나인데, 이미 한대(漢代)부터 〈이소〉를 《초사》라고 칭했던 적이 있다.

13. 환현(桓玄)이 서쪽에서 장강(長江)을 내려가 석두(石頭)에 들어가자, 외부로부터 사마양왕(司馬梁王 : 司馬珍之)이 배반하고 도망쳤다는 정보가 들어왔다.(1) 환현은 당시 이미 제위(帝位) 찬탈의 형태를 갖추고 있었는데 대선(大船)의 누상(樓上)에서 피리와 북소리가 동시에 일어나자 큰 소리 높이 노래부르며 말했다. "퉁소 피리 소리에 여음(餘音)이 남아 있는데, 양왕(梁王)은 어디에 있는가?"(2)

원문| 桓玄西下, 入石頭, 外白司馬梁王奔叛.(1) 玄時事形已濟, 在平乘上笳鼓並作. 直高詠云, 簫管有遺音, 梁王安在哉.(2)

(1) 《속진양추(續晉陽秋)》에 이런 이야기가 있다. '양왕(梁王) 사마진지(司馬珍之)는 자가 경도(景度)이다.'
《중흥서(中興書)》에는 이런 이야기가 있다. '처음에 환공(桓公)이 제위를 찬탈하자 양왕(梁王)의 백성 중 공박(孔璞)이란 자가 있었는데 사마진지를 받들며 심양(尋陽)으로 도망했다. 그 후 의병이 일어나자 조정으로 돌아왔다. 벼슬하여 태상경(太常卿)에 이르렀는데 죄를 짓고 주살(誅殺)당했다.'
續晉陽秋曰, 梁王珍之, 字景度.
中興書曰, 初, 桓玄簒位, 國人有孔璞者奉珍之奔尋陽. 義旗旣興, 歸朝廷. 仕至太常卿, 以罪誅.

(2) 완적(阮籍)의 〈영회시(詠懷詩)〉이다.

阮籍詠懷詩也.

주해 | ㅇ西下(서하)－형주(荊州)에서 내려왔음을 일컫는다.

ㅇ平乘(평승)－대선(大船)이란 뜻. 《자치통감(資治通鑑)》 권100에는 '(환온) 요속(寮屬)들과 평승루(平乘樓)에 올라 중원(中原)을 바라보다'라고 되어 있으며, 그 호삼성(胡三省) 주(注)에 '평승루는 대선(大船)의 누(樓)'라고 되어 있다.

ㅇ尋陽(심양)－당사본(唐寫本) 및 《진서(晋書)》 권64 〈원사왕전(元四王傳)〉에는 '수양(壽陽)'으로 적고 있다.

ㅇ義旗既興(의기기흥)－의기(義旗)는 정의(正義)의 기(旗), 전(轉)하여 정의의 군대란 뜻. 여기서는 원흥(元興) 3년(404) 유유(劉裕)가 군사를 일으키어 환현(桓玄)을 토벌한 것을 가리킨다.

ㅇ詠懷詩(영회시)－그 대의(大意)는 '퉁소 소리에 옛날의 여운이 남아 있는데 그 양왕(梁王)은 지금 어디에 있는가?'란 뜻. 이 〈영회시〉 속의 양왕은 옛날 전국시대의 양왕 위영(魏嬰)을 가리키는데 여기서는 그것에 양왕 사마진지(司馬珍之)를 대입시키고 있다.

신완역 世說新語(中)

초판 발행 – 2006년 5월 30일
3쇄 발행 – 2021년 7월 15일

撰 者 – 劉 義 慶
譯 者 – 安 吉 煥
발행인 – 金 東 求
발행처 – 명 문 당(창립 1923년 10월 1일)
서울시 종로구 윤보선길 61(안국동)
우체국 010579-01-000682
전 화 (02) 733-3039, 734-4798
FAX (02) 734-9209
Homepage www.myungmundang.net
E-mail mmdbook1@hanmail.net
등록 1977.11.19. 제1-148호

■

* 정가 25,000원

ISBN 89-7270-811-9 94150
ISBN 89-7270-052-5 (세트)